의미의 지도

일러두기

1. 본문에 인용된 성경 번역은 새번역 성경을 따랐다. 개신교 성경에 포함되지 않는 「지혜서」의 번역은 공동번역을 따랐다. 외경으로 분류되는 「도마복음」은 책의 원문을 번역했다.

2. 이 책의 각주는 역주이고, 미주 및 대괄호는 원주이다.

3. 본문에 인용된 성경 구절은 새번역 성경을 따랐으나, 고유명사에 한해 본문과의 관계를 고려하여 일부 맞춤법 표기에 따라 수정하였다.

　예) 리워야단 → 리바이어던

Maps of

THE ARCHITECTURE OF BELIEF

Meaning

인생의 본질을 잃어버린 시대에 삶의 의미를 찾아서

의미의 지도

조던 B. 피터슨 지음 | 김진주 옮김

Angle Books

나는 내 입을 열어서 비유로 말할 터인데,
창세 이래로 숨겨 둔 것을 털어놓을 것이다.

―「마태복음」 13장 35절

차례

나는 어떤 생각을 관념적으로 이해했다면 그 생각에 대한 권리를 주
장할 수 있다고 생각했다. 그것이 내 생각인 것처럼, 나 자신인 것처
럼 받아들일 수 있다고 여겼다. 당시 내 머릿속은 다른 사람들의 생각
으로, 내가 논리적으로 반박할 수 없는 주장으로 가득 차 있었다. 나는
반박할 여지가 없는 주장이라고 해서 반드시 진실은 아니며, 어떤 생
각을 자기 것으로 만들려면 그 권리를 획득해야만 한다는 사실을 알지
못했다.

제2장 의미의 지도: 세 가지 분석 차원

인생에서 경험하는 참혹한 일들이 사실은 인생의 필수 전제일 수 있다는 것과 이 조건 역시 이해하고 수용할 수 있음을 배웠다. 생존을 위해서는 반드시 '의미'를 모형화해야 한다. 우리에게 꼭 필요한 이 이야기 형식을 띤 의미의 지도는 우리가 그린 이상과 비교하여 현실의 가치를 보여 주고 더불어 원하는 대상을 얻기위한 실용적인 방법, 즉 행동 방안을 알려준다.

제3장 훈련 기간과 사회화: '공유된 지도'의 수용

지형이 변하면 잘 다져진 길을 따라 걷기만 해서는 목표 지점에 다다를 수 없다. 변화에 발맞춰 습관과 신념을 바꾸지 못하면 스스로를 기만하고 세계를 부정하며 곧 으스러질 소망으로 현실을 대체하게 된다. 이들은 있는 그대로의 현실을 직시하지 못한 결과, 자기 삶의 토대를 무너뜨려 불안한 미래를 맞으며 안식처가 되어 주던 과거에 갇히고 만다.

제4장 변칙의 출현: '공유된 지도'에 대한 도전

경험 세계에 변칙이 발생했다는 사실은 그저 현재의 행동과 평가 기준을 제시하는 목표 지향 도식에 오류가 있다는 뜻이다. 그 오류가 정확히 어디서 무슨 이유로 발생했는지, 의미가 무엇인지는 발생한 변칙을 분석하는 첫 단계에서는 '가설'에 해당할 뿐이다. 변칙을 제대로 이해하고 경험하려면 변칙의 구체적인 의미를 끄집어내어야 한다. 공을 들여서 순전한 정서 정보로부터 행동과 신념, 더 나아가 정신과 인격의 변화를 이끌어 내야 한다.

제5장 대립하는 형제들: 미지에 대한 원형적 반응

의미는 본능이 가장 심오하게 발현된 것이다. 인간은 미지에 끌리고, 미지를 정복하는 데 익숙한 존재이다. 우리 마음속에서 의미를 감지하는 본능은 미지와 어느 정도로 접촉할지를 조절한다. 미지를 너무 많이 접하면 변화는 혼돈으로 뒤바뀐다. 너무 적게 접하면 정체되고 퇴보한다. 그 사이에서 균형을 적절히 이루는 사람은 강인한 인격을 갖추게 된다. 인생을 견뎌 낼 수 있다는 자신감과 자연과 사회에 적절히 대처할 적응력을 갖추고, 영웅적 이상에 가까이 다가갈 수 있게 된다.

에필로그

"지옥에 내려가시어"*

"누군가가 어떤 보편적인 문제에 골몰해 있다면,

그는 그 문제를 진정으로 체험했을 터이며

그 고통으로부터 어떤 교훈을 얻었을 것이다.

그로써 그는 우리를 대신해 자신의 삶에서 그 문제를 깊이 생각하게 되고,

우리에게 진리를 보여 줄 것이다."[1]

나는 흔히 말하는 기독교 울타리 안에서 성장했다. 그렇다고 해서 독실한 기독교 집안은 아니었다. 어머니는 어린 나를 데리고 보수적인 개신교 예배에 참석하셨지만 독단적이거나 엄격한 신앙인은 아니셨다. 집안에서 종교적인 이야기가 오가는 일도 없었다. 아버지는 적어도 전통적인 관점에서는 뼛속까지 불가지론자셨고, 결혼식이나 장례식 때가 아니면 교회에 발을 들이지도 않으셨다. 그럼에도 대대로 전해 내려온 기독교적 도덕관은 우리 집 가장 깊숙한 곳까지 스

---

* descensus ad inferos. 「사도신경」의 일부분으로 천주교 번역문에는 "저승에 가시어"로 되어 있고, 개신교 번역문에는 이 구절이 빠져 있다. 여기서는 원문의 뜻을 살려 번역했다.

며 있어 가족 규범과 인간관계에 큰 영향을 미쳤다. 어쨌든 내 유년 시절에는 대부분의 사람들이 교회에 예배를 보러 갔고, 중산층 사회의 규칙과 규범은 본질적으로 기독교에 바탕을 두고 있었다. 기독교 신앙을 버리고 정규 예배에 참석하지 않는 사람들이 점점 늘어났지만, 그런 사람들조차도 기독교적인 규칙을 은연중에 받아들이고 따랐다.

내가 열두 살 무렵에 어머니는 나를 정식 기독교인이 되는 관문인 입교 교육에 등록시켰다. 나는 입교 교육이 싫었다. 신앙심을 대놓고 드러내는 몇몇 친구들의 태도가 영 마음에 들지 않았을 뿐더러, 그 애들처럼 주변의 눈총을 사고 싶지 않았기 때문이다. 딱딱한 수업 분위기도 썩 내키지 않았다. 무엇보다 수업 내용을 도저히 받아들일 수가 없었다. 한번은 목사님께 성경의 「창세기」와 진화론을 어떻게 조화롭게 받아들일 수 있는지 물어보았다. 하지만 목사님은 그런 고민을 해 보기는커녕 마음속으로는 진화론을 더 그럴싸하게 여기는 듯했다. 안 그래도 입교 교육을 그만둘 구실을 찾고 있던 내게 이 일은 결정타가 되었다. 나는 종교란 나약하고 무지해서 미신에 사로잡힌 사람들을 위해 존재한다고 생각했고, 그 길로 교회에 발길을 끊고 현대 문명의 세계로 합류했다.

기독교 문화에서 자랐고, 어느 정도는 그 덕분에 어린 시절을 나무랄 데 없이 행복하게 보냈지만, 나는 이런 성장 배경을 기꺼이 벗어던졌다.

내가 교회를 떠난 일에 대해 우리 가족이나 마을 사람들이 걱정했을까? 그렇지는 않았다. 모두들 예상했던 일이어서 어머니 말고는 누구도 실망하지 않았고, 어머니마저 곧 어쩔 수 없지 않냐며 단념하셨다. 같은 교회를 다니던 사람들조차 내가 교회를 떠난 사실을 알아차리지 못했다.

그렇다면 교회를 떠난 뒤로 내 마음이 흔들렸을까? 그랬다. 그렇지만 아주 미묘한 수준이라, 그랬다는 사실도 몇 년이 지나서야 깨달았다. 교회에 발길을 끊을 때쯤 나는 때 이르게 정치, 사회적 문제에 관심을 갖게 되었다. 어떤 국가나 개인은 부유하고 행복한데, 왜 어떤 국가는 비참하기 짝이 없을까? 나토와 소련은 왜 서로 못 잡아먹어서 안달일까? 사람이 어떻게 제2차 세계대전 당시 나치가 벌인 만행과 같은 짓을 저지를 수 있을까? 이런 구체적인 의문들 위에는 조금 더 광범위한 의문이 자리하고 있었다.

'이 세상에 악이, 특히 집단적으로 조성된 악이 활개를 치는 이유는 무엇일까?'라는 것.

유년기가 끝날 무렵 나는 그동안 삶의 버팀목이 되어 주던 가치 체계를 버렸다. 이는 곧 내가 성장하면서 눈뜨게 된 존재론적 문제를 이해하도록 도와줄, 사회적으로 구축된 보편적 '철학'이 내 안에 없다는 뜻이었다. 철학의 부재가 초래한 결과를 온전히 깨닫기까지는 수년이 걸렸다. 하지만 그 사실을 깨닫기도 전에, 나는 당시에 품었던 도덕적 의문에 대한 답을 내렸다. 온건 사회주의 정당에서 자원봉사자로 활동하며 정당의 기본 방침을 그대로 받아들인 것이다.

정당에서는 모든 악의 근원을 경제적 불평등으로 규정했다. 이 불평등을 바로잡으려면 사회 조직을 개편해야 했다. 나는 이 찬란한 혁명에 일익을 담당하며 신념을 행동으로 옮길 수 있을 터였다. 의심은 사라지고 내 역할은 명확해졌다. 지금 와서 돌이켜보면, 당시의 내가 어찌나 전형적으로 행동하고 반응했던지 놀라울 정도이다. 이성적으로 기독교 교리를 받아들일 수 없게 되자, 정치적 유토피아와 개인적 권력을 꿈꾼 것이다. 최근 수 세기에 걸쳐 나 같이 이념의 함정에 빠진 사람은 수백만 명이 넘는다.

열일곱 살 때 나는 고향을 떠나 가까운 2년제 대학에 입학했다. 거기서 당시 다소 좌파적이던 학내 정치 활동에 참여했고, 대학 운영위원으로 선출되었다. 운영위원회는 정치적으로나 이념적으로 보수적인 인물들로 구성되었는데, 거기에는 변호사, 의사, 경영인 들도 있었다. 이들은 적어도 현실적인 면에서는 교육을 잘 받고, 실리적이며 자신감 넘치고 거침이 없었다. 모두 어렵고 가치 있는 성취를 이룬 사람들이었다. 정치적 입장은 달랐지만 나는 그들을 존경했다. 하지만 이런 마음을 품는다는 게 영 불편했다.

나는 학생 정치인이자 활동적인 당원으로서 여러 좌파 정당 모임에도 참석했다. 나는 사회주의 지도자들을 닮고 싶었다. 캐나다에서 좌파는 명예롭고 긴 역사를 갖고 있고, 진정으로 유능하고 따뜻한 지도자들을 많이 배출했다. 하지만 정당 모임에서 만나는 하급 당원들은 존경심을 갖고 대하기가 힘들었다. 그들은 불평불만을 늘어놓으려고 태어난 사람들 같았다. 직업이 없을 때가 잦았고, 가족도, 학교 졸업장도 없이 가진 것이라고는 이념뿐이었다. 그들은 신경질적이고 성마르며 보잘것없었다. 그러다 보니 그들과 함께 있으면 대학 운영위원회에서 맞닥뜨린 것과는 정반대의 문제가 생겨났다. 신념을 공유하고 있지만 그들을 도무지 존경할 수가 없다는 점이었다. 이 문제 역시 내 혼란을 더욱 부채질했다.

통찰력 있고 냉소적이던 룸메이트는 내가 사회주의 이념을 따르는 것에 회의적이었다. 그는 사회주의 철학으로는 이 세상을 전부 담아 낼 수 없다고 말했다. 나 역시 어느 정도는 그와 같은 결론에 도달했지만, 당시에는 그 사실을 인정하지 않았다. 그로부터 얼마 지나지 않아 조지 오웰의 『위건 부두로 가는 길』을 읽게 됐는데, 이 책은 사회주의 이념뿐 아니라 이념 자체에 대한 내 믿음을 뒤흔들었다. 영국의 좌파 출판사인 브리티시 레프트 북클럽의 청탁으로 쓰였지만 출판사를 낭패에 빠뜨린 이 책의 말미에는 유명한 산문이 실려 있다. 그 글에서 오웰은 사회주의의 치명적인 결점을 설명하며, 사회주의가 (최소한 영국에서는) 민주적인 세력을 끌어들이고 그 세력을 유지하는 데 어째서 실패했는지를 밝혔다. 그는 사회주의자들이 근본적으로 가난한 사람들을 진심으로 사랑하지 않는다고 주장했다. 그들은 그저 부유한 사람들을 증오할 뿐이었다.[2] 오웰의 지적은 정곡을 찔렀다. 사회주의 이념은 실패에서 비롯된 분노와 증오를 감추는 가면이었다. 내가 만난 수많은 당원들은 사회정의라는 이상을 내세우며 개인의 복수 추구를 합리화하고 있었다.

내가 가난하고 배우지 못하고 존경받지 못하게 된 건 누구 탓인가? 당연히 부유하고 고등교육을 받은 존경받는 사람들 탓이다. 복수심과 이념적 정의가 이렇게 잘 맞아떨어지다니 정말 편리하지 않은가! 그렇다면 나보다 운이 좋은 부류에게 보상을 받는 게 당연했다.

물론 나와 사회주의자 동료들은 누군가에게 해를 끼칠 생각이 전혀 없었다. 오히려 그 반대였다. 우리는 문제를 개선하려고 나선 터였다. 하지만 우리는 다른 사람들을 변화시켜서 문제를 해결하려고 들었다. 마침내 나는 그런 식의 논리에 깃든 유혹과 분명한 결함, 위험을 깨달았다. 그리고 이런 문제가 단지 사회주의에 국한되지 않는다는 사실도 알게 되었다. 만일 누군가가 세상을 변화시키고자 다른 사람들을 변화시키려고 든다면, 그 당사자부터 의심해 봐야 한다. 그러한 사고방식에는 저항하기 힘든 유혹이 도사리고 있기 때문이다.

이 문제는 단지 사회주의 이념의 문제가 아니라 이념 자체의 문제였다. 이념의 틀로 보면, 사람은 제대로 생각하고 행동하는 사람과 그렇지 못한 사람으로 나뉜다. 이념의 신봉자들은 불쾌하고 용납되기 어려운 자신의 환상과 소망을 이념으로 가린다. 이 사실을 깨닫고 나자 사회주의 이념은 물론, 이념 그 자체에 대한 믿음이 무너졌다. 더불어 그 이념을 바탕으로 세운 인생 계획도 흔들렸다. 이를테면 더이상 누가 좋은 사람이고 누가 나쁜 사람인지 가려낼 수가 없어졌다. 누구를 지지하고 누구에게 맞서 싸워야 할지 구분할 수 없게 된 것이다. 이런 상태는 단순히 철학적인 문제뿐 아니라 현실에서도 심각한 문제를 일으켰다. 나는 기업 변호사가 되고 싶었는데, 이에 따라 로스쿨 입학시험을 치르고, 2년짜리 로스쿨 예비 과정을 수강한 터였다. 사회주의에서 적으로 간주하는 기업의 생리를 터득한 뒤에 정치계에 입문하려고 했던 것이다. 하지만 그 계획은 산산조각이 났다. 이 세상은 변호사가 한 명 더 있든 없든 별 차이가 없을 테니까. 그리고 더 이상 나 자신이 지도자가 될 만큼 세상을 잘 알고 있다는 생각도 들지 않았다.

동시에 당시 전공이던 정치학에도 환멸을 느꼈다. 정치학을 택한

건 인간의 신념 체계를 배우고, 앞서 언급한 대로 정치계에 입문하기 위해서였다. 정치학은 2년제 대학에서 정치 철학의 역사를 배울 때까지만 해도 아주 흥미로웠다. 하지만 앨버타 대학으로 편입한 후에는 흥미가 싹 사라졌다. 정치학에서는 사람들이 이성적으로 행동하며, 인간의 신념과 행동은 경제적 동인動因에 의해 결정된다고 가르쳤다. 하지만 이런 설명은 충분치 않아 보였다. 상품, 예를 들어 '천연자원'에 내재적인 가치가 있다는 말을 나는 믿을 수가 없었다. 그리고 아직까지도 그렇다. 상품에 내재적인 가치가 없다면, 그 가치는 사회적으로나 문화적 혹은 개인적으로 결정될 것이다. 나는 상품의 가치란 어떤 사회나 문화, 개인이 받아들인 도덕 철학의 결과로 결정된다고, 다시 말해 본질적으로 도덕적인 문제라고 생각했다. 어떤 상품의 경제적 가치는 단순히 사람들이 중요하다고 생각하는 믿음을 반영한 것일 뿐이다. 그렇다면 인간의 진정한 동인은 이성과 경제가 아니라 가치와 도덕의 영역에 있을 것이다. 정치학은 이 점을 깨닫지 못하거나 간과하고 있었다.

종교적 신념은 어린 시절에 사라졌고, 사회주의와 정치적 유토피아에 대한 확신은 세계를 단순히 경제학으로 이해할 수 없다는 사실을 깨닫고 나서 무너졌다. 이념에 대한 믿음 역시 그것으로 사람을 구분하는 일이 근본적으로 얼마나 위험한지 알게 되면서 깨져 버렸다. 전공인 정치학의 이론들을 더 이상 받아들일 수 없게 되자 계속 그 길을 가야 할 실질적인 이유가 없어졌다. 나는 학사 과정을 마치고 대학을 떠났다. 존재론적 혼란에 잠시나마 질서를 부여해 주었던 신념은 모두 환상일 뿐이었다. 나는 어느 곳에서도 의미를 찾을 수가 없었다. 나는 방황했다. 무슨 일을 해야 할지, 무슨 생각을 해야 할지 도무지 알 수가 없었다.

그렇다면 다른 사람들은 어떨까? 내가 직면한 문제를 만족스럽게 해결한 사람이 주변에 있을까? 하지만 친구나 가족 들의 관습적인 행동과 태도에서는 아무런 답을 얻을 수 없었다. 친한 사람들은 나만큼이나 목표가 불분명했고 삶에 만족하지 못했다. 그들의 신념과 생활방식은 잦은 의심과 근원적인 불안을 감추는 가림막일 뿐이었다. 게다가 시야를 조금 넓히면, 세상에서는 정말 말도 안 되는 일들이 벌어지고 있었다. 선진국이라고 하는 국가들은 너 나 할 것 없이 막강한 파괴력을 지닌 핵무기 개발에 열을 올렸다. 누군가 끔찍한 일을 꾸미고 있었다. 도대체 왜 그런 일을 꾸미는 것일까? 상황이 이런데도, 흔히 정상인이라는 사람들은 아무 문제가 없다는 듯 일상을 영위했다. 사람들은 왜 이런 문제에 동요하지 않을까? 왜 아무런 관심도 보이지 않을까? 나는 왜 그런 문제에 눈감고 있었을까?

사회주의와 정치학에 몰두하느라 잠시 사그라졌던, 이 세상에 만연한 정치적, 사회적 광기와 악에 대한 관심이 맹렬히 되살아났다. 냉전이라는 기이한 현실이 점점 내 의식의 전면을 차지하기 시작했다. 세상은 어쩌다 이 지경이 됐을까?

역사는 미치광이들의 소굴일 뿐
한 글자 한 글자 빠짐없이 들춰 보고
아무리 주의 깊게 읽어 봐도
미지의 것에 관해서는 그다지 얻을 게 없다네.

나는 핵 개발 경쟁을 이해할 수가 없었다. 도대체 무엇이 현재뿐 아니라 과거와 미래까지 전멸시킬 위험을 감수할 만한 가치가 있을까? 또 무엇이 모든 걸 파괴할 만한 위험을 정당화할 수 있단 말인가?

이 의문에 답할 수는 없었지만, 내게는 적어도 문제의식이 있었다.

나는 대학으로 돌아가 심리학을 공부하기 시작했다. 그러던 어느 날 앨버타 대학 심리학과의 괴짜 부교수와 함께 에드먼턴 외곽의 교도소를 방문하게 되었다. 이 교도소는 최고 수준의 보안 등급을 자랑하는 곳으로 살인범, 강간범, 무장강도 들이 넘쳐났으며, 부교수의 주 업무는 재소자들의 정신 건강을 돌보는 것이었다. 그런 부교수와 처음 교도소를 방문하던 날 그는 아무런 언질도 없이 교도소의 체육관에 나만 덩그러니 남겨 놓고 어디론가 사라져 버렸다. 곧 낯선 남자들이 나를 둘러쌌다. 그중 몇몇은 덩치가 거대하고 인상이 험상궂었다. 그중에서 유독 기억이 생생한 사람이 하나 있다. 그는 엄청난 근육질에 문신을 새긴 맨가슴을 훤히 드러내고 있었는데, 쇄골에서부터 가슴까지 지독한 흉터 자국이 있었다. 어쩌면 심장 수술 자국일지도 몰랐다. 아니면 도끼에 맞아 생긴 상처일지도 몰랐다. 어쨌든 나 같은 사람은 죽음으로 이어졌을 법한 상처였다.

재소자 몇몇이 자신의 남루한 옷과 내 옷을 바꾸자고 제안했다. 나는 포르투갈에서 구입한, 1890년경 생산된 기다란 모직 망토를 입고 긴 가죽 장화를 신고 있었다. 나는 어떻게 거절해야 될지 몰라 쩔쩔맸다. 그때 다른 쪽에서 키가 작고 비쩍 마른 몸에 턱수염을 기른 사내가 다가왔다. 그는 부교수가 자기를 이리로 보냈다며 같이 가자고 말했다. 내 망토에 눈독을 들이며 나를 둘러싼 자들은 덩치가 크고 여럿이었지만 그는 왜소한 데다 혼자였기에 나는 곧바로 그를 따라가기로 결정했다. 그는 나를 체육관 문밖으로 데리고 나와 교도소 뜰로 이끌었다. 그때 무슨 이야기를 나눴는지는 정확히 기억이 나지 않지만, 그는 악의 없는 말을 조용하고 차분하게 이어 나갔다. 나는 계속 뒤쪽을 힐끗거리며 혹시나 하는 마음에 열려 있는 체육관 문을 돌아봤다. 그때 마침 지도교수가 나타나 내게 돌아오라고 손짓을 했다. 우리는 그 재소자를 남겨 두고 행정실로 들어갔다. 교수는 나를 체육관 밖으로 데리고 나간 키 작고 멀쩡하게 생긴 남자가 실은 살인자라고 이야기해 주었다. 경찰관 두 명에게 자신의 무덤을 파도록 시킨 뒤 살해했다고 말이다. 살인범의 진술에 따르면, 그가 죽인 경찰관 한 사람은 무덤을 파는 내내 자기에게는 아이들이 있으니 제발 살려 달라고 간절히 애원했다고 한다.

나는 소스라치게 놀랐다. 그런 사건을 기사로 읽은 적이야 있지만 실제로 접한 적은 평생 한 번도 없었기 때문이다. 더더군다나 내 주위에는 이런 사건을 간접적으로 경험해 본 사람조차 없었다. 나와 평범하게 이야기를 나눴던 사람이, 겉보기에 멀쩡하고 별 볼일 없어 보이던 사람이 어떻게 그토록 잔인한 범죄를 저지를 수 있었을까?

그 무렵 나는 임상심리학 입문 강의를 들으면서 그 내용에 걸맞게 반복적인 충동에 시달리고 있었다. 대형 강의여서 학생들이 계단식 강의실에 줄줄이 앉아 있었는데, 강의를 듣는 동안 번번이 앞에 앉은 사람의 목을 펜 끝으로 찌르고 싶은 충동을 느낀 것이다. 행동으로 옮길 만큼 압도적인 충동은 아니었지만 마음이 불편해지기엔 충분했다. 그런 충동을 품는다면 지독히도 악랄한 사람이 아니겠는가?

내가 그런 사람일리는 없었다. 학창 시절 늘 작고 어린 축에 속했던 나는 공격적인 행동을 한 적이 없었다.

한 달쯤 지나 나는 다시 교도소를 방문했다. 그 사이 두 재소자가 밀고자로 의심되는 다른 재소자를 붙들고 납 파이프로 다리를 으스러뜨린 사건이 일어나 있었다. 또 다시 충격에 빠진 나는 새로운 시도를 해 보기로 했다. 이번에는 내가 그런 짓을 저지르면 어떨지 '실감나게 상상해 보려고' 한 것이다. 며칠이고 상상에 몰두한 끝에 나는 섬뜩한 깨달음을 얻었다. 내 순진한 추측처럼 그런 포악한 행위가 내게는 불가능한 일이 아니라 손쉽게 저지를 수 있는 일이었기 때문이다. 나도 그 폭력적인 재소자들과 그다지 다를 바가 없었다. 그들과 나 사이에는 '본질적인' 차이가 없었다. 나는 비록 그들처럼 행동하지는 않았지만, 나 역시 그들과 똑같은 짓을 저지를 수 있었다.

이런 사실을 깨닫고 나자 깊은 혼란에 빠졌다. 나는 스스로 생각하듯 선량한 사람이 아니었다. 그런데 놀랍게도 펜으로 다른 사람을 찌르고 싶은 충동이 어느 순간 자취를 감추었다. 그 충동이 의식 속에 명백히 떠오르고 나자, 다시 말해서 감정적으로, 또한 이미지화 되어 구체적으로 그려지자 더 이상 존재할 이유가 없어진 것이다. 그 충동은 내가 "사람이 사람에게 어떻게 그런 끔찍한 일을 저지를 수 있을까?"라는 질문에 해답을 구하고 있었기 때문에 생긴 것이었다. 그런 의문을 품었을 때는 물론 내가 아니라 타인이, 그중에서도 악인이 어떻게 그런 끔찍한 일을 저지르는 걸까가 궁금했지만, 그 일이 나와는 무관하리라고 가정할 근거는 어디에도 없었다.

그때부터 내 대화 능력에 문제가 나타나기 시작했다. 나는 원래 주제를 가리지 않고 논쟁을 즐기는 편이었다. 논쟁은 내게 일종의 유희였다(딱히 특이한 성향은 아닐 것이다). 하지만 별안간 말을 할 수가 없었다. 더 정확하게는 '내 말소리를 가만히 듣고 있을 수가' 없었다. 머릿속에서 내 의견을 지적하는 목소리가 들려왔기 때문이다. 말을 할 때마다 그 목소리가 비판을 쏟아 냈다. 지루하고 무미건조한 어투로 같은 말이 반복해서 들려왔다. "그렇게 생각하지 않잖아.", "그건 사실이 아니야.", "그렇게 생각하지 않잖아.", "그건 사실이 아니야."

이 현상을 어떻게 이해해야 할지 알 수 없었다. 지적을 하는 주체 역시 또 다른 나였지만, 그 사실은 머릿속을 더욱 복잡하게 만들 뿐이었다. 정확하게 어느 쪽이 나일까? '말하는 쪽'일까, '비판하는 쪽'일까? 말하는 쪽이 진짜 나라면 비판하는 쪽은 도대체 누구일까? 혼란스럽고 종잡을 수가 없어진 나는 실험을 해 보기로 했다. 내면의 비평가가 이의를 제기하지 않는 말만 해 보기로 한 것이다. 그러자면 스스로 하는 말을 주의 깊게 듣고, 말수를 많이 줄이고, 당혹스럽더라도 문장을 말하다 말고 멈춰서 다시 생각해야 했다. 곧 나는 목소리가 반대하지 않는 말을 할 때 마음이 훨씬 편안하고 자신감이 느껴진다는 것을 알게 되었다. 안도감이 몰려왔다. 실험은 성공적이었다. '진짜 나'는 비판하는 쪽이었다. 그럼에도 내가 품은 생각이 대부분 진실이 아니라는 사실을, 아니 적어도 내 것은 아니라는 사실을 받아들이기까지는 아주 오랜 시간이 걸렸다.

내가 믿었던 생각은 모두 내 눈에는 선하고 용맹하며 흠모할 만한 것이었다. 하지만 그건 내 생각이 아니라 누군가에게 가져온 생각이었다. 대부분은 책에서 얻은 것이었다. 나는 어떤 생각을 관념적으로

'이해'했다면 그 생각에 대한 권리를 주장할 수 있다고 생각했다. 그것이 내 생각인 것처럼, '나 자신'인 것처럼 받아들일 수 있다고 여겼다. 당시 내 머릿속은 다른 사람들의 생각으로, 내가 논리적으로 반박할 수 없는 주장으로 가득 차 있었다. 그때 나는 반박할 여지가 없는 주장이라고 해서 반드시 진실은 아니며, 어떤 생각을 자기 것으로 만들려면 그 권리를 획득해야만 한다는 사실을 알지 못했다.

그 무렵 읽은 칼 융의 책은 이런 경험을 이해하는 데 도움이 됐다. 융은 '페르소나'라는 개념을 만들었는데, 페르소나는 '인격을 가장하는'[3] 가면이며, 사람들은 이 페르소나가 진실하다고 믿는다고 주장했다.

페르소나를 분석해서 가면을 벗겨 보면 개인적 요소라고 생각되던 것이 실제로는 집단적 요소임을 알게 된다. 그러니까 페르소나는 집단 정신의 가면일 뿐이다. 근본적으로 페르소나는 허구이다. 각자 어떤 모습을 보여야 할지 개인과 사회가 타협한 결과이다. 우리는 이름을 택하고, 직함을 얻고, 역할을 수행하며, 어떠한 사람이 된다. 이 모든 것이 진짜 같아 보이지만, 본질적이고 개별적인 차원에서 본다면 이는 부차적인 현실이자 타협안일 뿐이다. 그리고 많은 경우 이 과정에는 그 자신보다 타인이 더 많이 관여한다. 별칭하자면, 페르소나는 겉모습이고 2차원적인 현실이다.[4]

나는 말재주가 뛰어났지만 그건 허상에 불과했다. 이 사실을 인정하기란 괴로웠다.

게다가 정말이지 끔찍한 악몽까지 꾸기 시작했다. 이전의 나는 비교적 평범한 꿈을 꾸는 편이었고, 또 시각적 상상력이 그다지 뛰어난 편도 아니었다. 어쨌든 마음을 온통 뒤흔들 만큼 끔찍한 악몽 때문에 잠자리에 들기가 무서웠다. 악몽은 현실처럼 생생했다. 꿈에서 벗어날 수도, 꿈을 무시할 수도 없었다. 꿈은 대체로 핵전쟁과 종말이라는 한 가지 주제를 맴돌았다. 그게 당시 내가 상상할 수 있는 가장 큰 악이었기 때문이다.

내 고향집은 앨버타 북부의 조그마한 중산층 동네에 있는 전형적인 단층집이었다. 나는 고향집 지하에 있는 가족실에서 내가 본 가장 아름다운 여인인 사촌 다이앤과 함께 어스름한 어둠 속에서 텔레비전을 보고 있었다. 그런데 뉴스 진행자가 갑자기 진행을 멈추더니, 화면과 소리가 일그러지고 화면 전체가 지지직거리는 회색 화면으로 바뀌었다. 다이앤이 일어나 텔레비전 뒤쪽의 전선을 확인하러 갔다. 전선에 손을 대는 순간 다이앤은 강한 전류에 얼어붙은 듯 똑바로 선 채로 입에 거품을 물고 경련을 일으키기 시작했다.

작은 창에서 눈부신 섬광이 번뜩이며 지하실로 쏟아져 들어왔다. 나는 위층으로 달려갔다. 위층은 통째로 사라져 있었다. 집은 형체도 없이 모조리 쓸려 나갔고 바닥만 남아 지하실 위에 지붕처럼 걸려 있었다. 붉은 화염이 지평선 이쪽 끝부터 저쪽 끝까지 온 하늘을 채웠다. 시커먼 잔해가 마치 해골처럼 곳곳에 튀어나와 있을 뿐 그 외에는 아무것도 보이지 않았다. 집도, 나무도, 다른 인간이나 생명체도 보이지 않았다. 마을과 마을을 둘러싼 너른 대평원이 모두 흔적도 없이 사라졌다.

하늘에서는 흙비가 세차게 내렸다. 모든 것이 흙으로 뒤덮여 땅은 흙빛으로 축축하게 젖어 칙칙해 보였고, 하늘은 납빛으로 한층 우중충했다. 몇몇 사람들이 놀라 넋이 나간 모습으로 모여들기 시작했다. 그들은 상표도 없는 찌그러진 깡통을 들고 있었는데, 거기 담겨 있는 것이라곤 옥수수죽과 채소뿐이었다. 진흙탕 위에 선 그들은 지치고 너저분해 보였다. 고향집 지하층에서 어디서 나타났는지 알 수 없는 개들이 나타났다. 개들은 뒷다리로 똑바로 서 있었는데, 모두 그레이하운드처럼 늘씬하고 코가 뾰족했다. 이집트 무덤에 있는 아누비스처럼 종교 의식에 등장하는 동물 같았다. 개들은 구운 고기 조각이 담긴 접시를 들고 고기와 깡통을 바꾸려 했다. 나는 접시를 받아 들었다. 접시 중간에는 지름 10센티미터에 두께가 2~3센티미터 정도인 둥근 모양의 살코기가 있었는데 그 중간에는 골수가 든 뼈가 있었고 기름지고 역겨운 느낌을 줬다. 이건 어디서 난 걸까?

끔찍한 생각이 떠올랐다. 나는 다이앤을 찾아 지하실로 내려갔다. 개들은 다이앤을 각 떠서 그 인육을 재앙에서 살아남은 자들에게 나눠 주고 있었다.

나는 일 년이 넘도록 이런 끔찍한 종말론적 악몽을 일주일에 두세 번씩 꿨고, 이와 동시에 아무렇지 않게 대학에서 강의를 듣고 일을 했다. 내 머릿속에서는 기이한 일이 벌어지고 있었다. 동시에 두 가지 '차원'에서 일어나는 사건들에 영향을 받고 있던 것이다. 첫 번째는 내가 주위 사람들과 공유하는 차원으로, 거기에서는 평범하고 일상적인 사건이 일어났다. 하지만 두 번째 차원에서는 나만이 경험하는 것 같은, 끔찍한 심상과 견디기 어려운 강렬한 감정에 시달렸다. 흔히 환상으로 치부될 만한 이 기이하고 주관적인 세계가 당시 내게 는 현실 세계의 이면에 존재하는 듯이 느껴졌다. 도대체 현실이란 무 엇인가? 자세히 들여다볼수록 점점 더 알 수 없었다. 현실은 과연 어 디에 존재하는가? 모든 것의 밑바닥에는 무엇이 있는가? 이를 알지 못한 채로는 도저히 살아갈 수 없을 것만 같았다.

냉전에 대한 관심은 집착으로 변해 갔다. 아침에 깨어나서 잠자리 에 들기까지 매일 매 순간 전쟁이 일어날 때를 대비해 자살과 살인 에 대해 생각했다. 나는 왜 이런 상태에 빠졌던 걸까? 누구 때문이었 을까?

꿈속에서 나는 무엇으로부터인가 탈출을 감행하며 쇼핑몰 주차장을 달리고 있었다. 나는 주차된 차들을 하나하나 한쪽 문을 열고 앞자리를 기어서 통과한 뒤 다른 쪽 문을 열고 옆 차로 이동했다. 그러다 어느 자 동차의 문이 난데없이 쾅 닫혔다. 나는 조수석에 있었다. 자동차가 저 절로 움직이기 시작했다. 냉혹한 목소리가 들려왔다. "여기서 벗어날 방법은 없어." 나는 내가 가고 싶지 않은 곳으로 실려 갔다. 운전자는 내가 아니었다.

우울과 불안이 나를 휘감았다. 간혹 막연하게 자살을 떠올리기도 했지만, 대개는 그저 이 모든 현상이 사라지기를 바랄 뿐이었다. 나 는 소파 아래로 푹 꺼지고 싶었다. 내 머릿속에 떠오르는 생각들을 도저히 감당할 수가 없었다.

어느 날 학교 술자리에 갔다가 밤늦게 돌아왔을 때 나는 스스로가 역겹고 화가 나서 견딜 수가 없었다. 그래서 캔버스와 물감을 꺼내서 냉혹하고 잔인한 그림을 그렸다. 캔버스 속에서 예수는 이글거리는 눈과 악마 같은 표정으로 십자가에 못 박혀 있었고, 벌거벗은 허리께에는 독사가 허리띠처럼 휘감겨 있었다. 나는 무신론자였음에도 신성모독을 저지른 느낌이었다. 그 그림이 무엇을 의미하는지, 왜 그런 그림을 그렸는지 도무지 이해할 수가 없었다. 이건 도대체 어디서 튀어나온 걸까?[5] 이미 수년이나 종교에는 전혀 관심이 없었는데. 나는 옷장 문을 열고 낡은 옷들 아래 그림을 감추고 바닥에 책상다리를 하고 앉았다. 그리고 고개를 떨궜다. 내가 나 자신을 비롯해 사람들을 제대로 이해하지 못하고 있다는 게 분명해졌다. 한때 사회와 나 자신의 본성에 대해 가졌던 신념들은 모두 거짓으로 판명됐고, 세상은 분명 미쳐 가고 있었으며, 머릿속에서는 기이하고 두려운 일들이 일어났다. 제임스 조이스는 "역사는 깨어나고 싶은 악몽"[6]이라고 말했다. 나에게 역사는 말 그대로 악몽 그 자체였다. 당시 가장 간절한 바람은 이 끔찍한 악몽에서 깨어나는 것이었다.

그 이후로 나는 나 자신을 포함해 인간이 얼마나 악해질 수 있는지, 특히 신념이 관련되면 얼마나 오만하고 잔인해질 수 있는지 이해하려 노력했다. 그리고 일단 내 꿈을 이해하는 데서 시작해 보기로 했다. 도저히 무시할 수가 없었던 그 꿈들이 내게 무언가를 말하려는 것은 아닐까? 이때 프로이트의 『꿈의 해석』은 꽤 유익했다. 적어도 프로이트는 꿈이라는 주제를 진지하게 다루고 있었다. 하지만 내 악몽은 소망 성취wish-fulfillment로 보기는 어려웠다. 그리고 성적性的이라기보다는 종교적인 성격이 강했다. 융이 신화와 종교에 관한 지식을 발전시켰다는 사실을 막연하게나마 알고 있던 나는 융의 글들을 찾아 읽기 시작했다. 내가 알기로 융의 사상은 학계에서 그다지 지지를 얻지 못했다. 학계는 꿈이라는 주제에 특별한 관심을 주지 않았다. 하지만 나는 꿈에 대한 관심을 끊으려야 끊을 수가 없었다. 너무 생생해서 이러다가 미쳐 버리는 게 아닐까 걱정될 정도였으니까. 내게는 다른 대안이 없었다. 그 악몽이 내게 일으킨 공포와 고통을 어떻게 '현실'이 아니라고 할 수 있을까?

나는 융이 하려는 말을 대부분 이해하지 못했다. 그는 이해할 수 없는 용어로 이해할 수 없는 주장을 폈다. 하지만 이따금씩 그의 문장은 정곡을 찔렀다. 예를 들어 다음과 같은 말이다.

> 집단 무의식의 원형적 내용물은 종종 기괴하고 끔찍한 꿈과 환상의 형태로 나타나기 때문에, 가장 엄격한 이성주의자조차 충격적인 악몽과 잊히지 않는 두려움의 그늘에서 완전히 벗어날 수 없다.[7]

이 문장에서 "집단 무의식의 원형적 내용물"이라는 용어는 이해하기 어려웠지만, 그 뒷부분은 확실히 내가 처한 상황에 해당됐다. 실마리가 보이는 느낌이었다. 적어도 융은 내가 겪는 현상이 일어날 수 있는 일임을 알았다. 게다가 그 원인에 대해서도 약간의 단서를 제시했다. 글을 계속 읽어 내려가니 다음과 같은 가설이 나타났다. 내 문제에 대한 해결책, 아니 적어도 그 해결책을 어디에서 찾아야 할지에 관한 것이었다.

조용히 지나치거나 못 본 척 넘어갈 수 없는 (꿈과 환상 속의) 심상들을 심리학적으로 해석하려면 반드시 종교현상학을 깊이 이해해야 한다. 광범위한 의미에서 (신화와 민담, 원시 심리학을 포함한) 종교의 역사는 원형의 보고이며, 의사는 원형에서 환자가 본 심상들과의 유사점을 끌어내고 이 둘을 비교하는 과정을 통해서 망망대해를 헤매는 의식을 밝히고 안정시킬 수 있다. 너무나 기이하고 두려운 환상 속 심상들을 이해하려면 일종의 맥락을 가지고 마음의 눈으로 보아야 한다. 내 경험상 맥락을 부여하는 최선의 방법은 비교신화학 자료의 도움을 받는 것이다.[8]

'비교신화학 자료'를 공부하고 나자 정말로 악몽이 사라졌다. 하지만 그 대가로 전면적이고 고통스러운 변화를 겪어야 했다. 지금 나의 신념과 그에 따른 행동은 어린 시절의 그것과는 너무나 달라서 지금의 나와 어린 시절의 나는 완전히 다른 사람이라고 봐야 할 정도였다.

나는 신념이 매우 실제적으로 세상을 빚으며, 단순히 형이상학적인 의미를 넘어서 세상 그 자체라는 점을 깨달았다. 그렇다고 해서 도덕적 상대주의자가 된 것은 아니다. 오히려 그 반대였다. 나는 신념의 세계에는 질서가 있으며, (다양한 견해를 수용하고 도리어 유익하게 받아들이는 체계를 갖추고 있는 한편으로) 보편적이고 절대적인 도덕률이 존재한다고 확신한다. 그렇기에 무지해서든 고의로든 이 절대적인 도덕률을 어긴 개인과 사회는 불행해지고 종국에는 파경에 이르고 만다고 믿는다.

또한 신념 체계의 가장 밑바탕에 깔린 '의미'는 회의적인 이성주의자에게도 명쾌하게 설명할 수 있으며, 사람들의 흥미를 끌 만한 심오하고도 필연적인 것임을 깨달았다. 나아가 인간이 왜 전쟁을 일으키는지, 자신의 신념을 유지하고 보호하고 확장하려는 욕망이 어떻게 집단적 탄압과 잔혹 행위를 일으키는 계기가 되는지, 그리고 이런 보편적인 현상을 개선하려면 무엇을 해야 하는지 알게 됐다. 마지막으로 인생에서 경험하는 참혹한 일들이 사실은 인생의 필수 전제일 수 있다는 점과 이 조건 역시 이해하고 수용할 수 있음을 배웠다. 여러분들이 이 책을 읽으면서 '비판적 판단을 유예'하지 않고도 같은 결론에 도달하기를 바란다. 다만 내 주장을 처음 접하는 동안만은 비판적 사고를 유예해 주기를 바란다. 이 책에서 내가 펼칠 주장은 다음과 같다.

세계는 행동의 장forum for action 혹은 사물의 공간place of things으로 해석할 수 있다. 과학은 세계를 사물이 존재하는 공간으로 설명한다. 하지만 신화와 문학, 연극과 같은 이야기는 세계를 행동이 벌어지는 무대로 그린다. 이 두 가지 세계관은 우리가 각각의 영역을 명확히 구분하지 못한 탓에 지금껏 불필요하게 갈등을 일으켜 왔다. 과학은 객관적인 세계를 설명하고, 모두의 공통된 인식을 바탕으로 현 상태를 파악하기 위해 존재한다. 반면 이야기는 가치의 세계를 설명하고, 정서와 행동의 관점에서 현 상태를 평가하고, 앞으로 그것을 어떻게 바꿔 나가야 할지 파악하기 위해 존재한다.

행동의 장으로서 세계는 세 가지 영역으로 구성된다. 첫 번째 영역은 '미탐험 영토unexplored territory'이다. 이것은 미지의 세계이며 위대한 어머니 신, 창조적인 동시에 파괴적인 자연, 모든 유한한 존재의 근원이자 마지막 안식처이다. 두 번째 영역은 '탐험된 영토explored territory'이다. 이것은 알려진 세계이며 위대한 아버지 신, 우리를 보호하는 동시에 억압하는 문화, 조상 대대로 전해 내려오는 지혜이다. 세 번째 영역은 이 둘 사이를 중재하는 과정이다. 이것은 흔히 신의 아들, 개인의 원형, 창조적 탐험가(영웅)와 복수심에 불타는 적대자로 비유된다. 인류는 객관적인 세계에 적응한 만큼 이러한 신들의 세계에 적응해 왔다. 인류가 이 두 세계에 적응해 왔다는 사실은, 세계가 실제로 사물의 공간일 뿐 아니라 행동의 장이기도 하다는 말이다.

아무런 보호 없이 미지의 세계에 들어서면 두려움이 일어난다. 이 두려움으로부터 우리 자신을 보호하려면 의례를 통해 위대한 아버지 신을 모방해야 한다. 이 말은 곧 집단 정체성을 수용한다는 뜻이며, 이때 사물의 의미가 정해지고 사회적 상호작용이 예측 가능해진다. 하지만 집단과의 동일시를 절대시하고 모든 것을 통제하며 미지의 것을 허용하지 않을 때, 창조적 탐험은 억제되고 집단은 정체된다. 이렇게 환경 변화에 대한 적응력이 떨어진 집단에서는 집단적 공격성이 발현될 가능성이 커진다.

미지의 세계를 거부하는 사람은 영웅의 영원한 숙적인 '사탄과 자신을 동일시'한다고 볼 수 있다. "내가 아는 것이 곧 세상의 전부이므로 그 이상은 알 필요가 없다."고 말하는 사탄처럼 교만하다. 이는 전체주의에서 국가가 모든 것을 안다는 식으로 전지적 관점을 내세우는 것이나 혹은 '이성'이 신의 자리를 고스란히 차지하는 꼴과 같아서, 필연적으로 개인과 사회를 지옥이나 다름없는 상태로 몰아간다.

인생에 납득할 만한 의미를 부여하여 우리를 보호하고 우리가 삶에 적응하도록 돕는 가치 체계는 창조적 탐험을 통해서만 수립되고 유지되는데, 이는 우리가 겸손하게 미지의 세계를 인정할 때만 가능해지기 때문이다.

'사탄과의 동일시'는 집단 정체성에 내재된 위험들을 증폭시켜 우리를 병적인 어리석음으로 몰아간다. 미지의 영역을 거부하는 치명적이고 끈질긴 유혹에서 벗어나려면 개인의 관심사, 즉 인생의 주관적 의미에 충실하게 살아야 한다. 개인의 관심사는 '탐험된 영토'와 '미탐험 영토'의 경계에서 드러나며, 개인과 사회가 환경의 변화에 계속 적응해 나가는 탐험 과정을 행하고 있다는 징표이다.

개인의 관심사에 충실한 사람은 순응을 요구하는 집단의 압력에 맞서 죽음 앞에서도 자신이 말씀이며 창조주라고 끝까지 주장했던 '구세주'*, 즉 영웅의 원형과 자신을 동일시하는 것이라고 볼 수 있다. 개인은 영웅과의 동일시를 통해서 미지의 세계에 대한 두려움을 줄이고, 나아가 집단에 속하면서도 집단을 초월할 수 있다.

---

* 유대교 지도자들에게 압박을 받고 십자가 형벌을 받으면서도 끝까지 자신이 신의 아들이며 구원자라고 주장한 예수를 지칭한다.

제1장

경험의 지도
사물과 의미에 대하여

우리는 다음의 네 가지 사항을 알아야 한다.

이 세상에 무엇이 있는가,

그것으로 무엇을 할 것인가.

'무엇이 있는지 아는 것'과

'그것으로 무엇을 할지 아는 것' 사이에는 차이가 있다.

그렇다면 그 차이는 무엇인가.

▼
▼

어떤 사물을 '탐색explore*'하여 그것이 무엇인지 파악한다는 말은, 가장 중요하게는 그 사물이 특정한 사회적 맥락에서 사람들의 행동에 어떤 영향을 주는지 알아낸다는 뜻이다. 세부적으로는 사물의 감각적, 물질적 특성을 정밀하고 객관적으로 밝혀낸다는 말이기도 하다. 이것은 가장 기초적인 지식으로, 대개는 이 정도만 알아도 충분하다.

아이가 머뭇거리며 주위를 탐색하는 모습을 떠올려 보자. 아기는 아장아장 걷다가 테이블 위에 놓인 값비싸고 깨지기 쉬운 유리 조각상을 만지려고 손을 뻗는다. 먼저 눈으로 조각상의 색깔과 반짝이는 모습을 보고 난 후, 조각상에 손을 대 보고는 그것이 매끈하고 차갑고 무겁다고 느낀다. 그때 갑자기 엄마가 나타나 아기의 손을 잡아 내리면서 "이건 절대 만지면 안 돼."라고 말한다. 아기는 지금 막 그 조각상에 대해서 구체적이고 중요한 지식을 몇 가지 배웠다. 먼저

---

* 원문에서 동사(explore), 형용사(exploratory), 명사(exploration)의 형태로 자주 언급되는 이 단어는 문맥에 맞게 탐험, 탐색, 탐구(-적, -하다)로, 동사형일 경우 때로 '살피다'로 옮겼다.

조각상의 감각적 특성을 분명히 파악했다. 하지만 그보다 더 중요하게 배운 건, 조각상에 손을 대면 위험하며 그것을 만지기보다는 그대로 두고 보는 편이 낫다는 것이다. 아기는 조각상이라는 하나의 대상에 관해 실증적 관점에서 접한 동시에, '사회와 문화 속에서 결정된 대상의 지위'를 배웠다. 실증적 관점에서 접한 대상의 감각적 특성은 그 대상에 '내재된' 특성으로 간주된다. 한편 대상의 '지위'는 대상의 의미, 다시 말해서 대상이 행동에 미치는 영향을 말한다. 아이가 접하는 대상들은 모두 이렇듯 두 가지 특성을 지니고 있지만 아이는 대상을 통합된 전체로 경험한다. 모든 대상에는 '본질'과 '의미'가 있는데, 이 본질과 의미는 서로 구별되지 않을 때가 많다.

대상의 의미, 특히 어떤 대상 근처에서 실제로 탐색한 결과로 밝혀진 의미는 자연스럽게 대상 자체에 동화되는 경향이 있다. 어쨌든 그 대상의 존재가 근접 원인 혹은 자극으로 작용하여 지금의 행동을 '불러왔기' 때문이다. 아이처럼 자연스럽게 사고하고 행동하는 사람들에게 대상의 의미는 떼려야 뗄 수 없는 대상의 한 부분으로서, 그 대상이 부리는 마법과 다름없다. 이 마법은 대상의 객관적인 감각 특성 때문이 아니라 문화적, 심리적으로 결정된 대상의 의미로 인해 힘을 발휘한다. 예를 들어 아이가 "무서운 사람을 보았어요."라고 말한다면 누구나 그 말뜻을 이해할 수 있다. 아이가 인식한 대상의 특성은 맥락 의존적이고 주관적이지만, 대상에 대한 설명은 즉각적이고 구체적이다. 하지만 두려움이나 위협이 '현실 세계'에 존재하는 것이 아니라 주관적인 감정과 인식이라는 점을 깨닫기란 쉬운 일이 아니다.

대상의 의미를 대상의 속성으로 보는 것 혹은 애초에 대상의 본질과 의미를 구분하지 못하는 것은 과학이 아니라 이야기와 신화의 특성이다. 이야기는 경험의 본질을 날것 그대로 정확히 잡아낸다. 뭔가가 무섭다, 누군가가 짜증 난다, 사건의 조짐이 좋다, 음식이 맛있다 같은 것 말이다. 적어도 기본적인 경험 차원에서는 그렇다. 현대인들은 자신이 이런 마술적 사고 바깥에 있다고 생각하지만, 여전히 '비합리적'인 감정적 반응을 할 때가 많다. 좌절감과 분노, 집념과 욕망을 그 감정의 근접적인 원인이 된 사람이나 상황 탓으로 돌리는 건 경험의 마법에 빠지는 것이다. 제아무리 냉철한 순간이라도 우리는 '객관적'이지 않다(그리고 그 사실에 감사해야 한다). 또 영화나 소설에 대해서는 기꺼이 의심을 내버리고 빠져든다. 문화적으로 영향력이 있는 인물 앞에서 자기도 모르게 감탄하거나 움츠러든다. 여기에는 유명 지식인이나 스포츠 스타, 영화배우, 정치 지도자, 교황, 이름난 미인, 직장 상사는 물론이고, 우리를 혼돈으로부터 보호하는 내재적 가치와 이상을 구현한 사람이라면 누구든지 포함될 수 있다. 또한 그 인물이 곁에 있지 않아도 그의 상징만으로도 영향을 받는다. 마치 중세인들처럼 말이다. 지금도 유명인이 걸쳤거나 만들거나 사용한 물건을 손에 넣으려고 기꺼이 엄청난 돈을 지불하는 사람이 있지 않은가.[9]

실증주의가 태동하기 이전, '자연스러운' 신화적 세계관 속에서 살던 사람들은 대상의 객관적 특성이 아니라 대상의 의미, 즉 대상이 행동에 미치는 영향에 주로 관심을 보였다. 신화적 환상에 사로잡힌 사람들에게 현대의 과학적 사고로 개념화한 대상의 형식은 본질적으로 흥미로운 부분이 모두 빠져 나가고 남은 무의미한 껍데기일 뿐이다. 실증주의 이전 시대에는 대상을 주관적으로, 즉 정서나 감정으로 경험했기 때문에 대상의 감각적 특성에 깃든 '의미'를 중심으로 인식했다. 사실 실생활에서 우리가 어떤 대상을 안다는 것은 대상의 구체적인 감각적 특성과 더불어 그 대상이 정서와 행동에 미치는 영향을 안다는 의미이다. 이를 동기적 관련성motivational relevance이라고 한다.

대상의 감각적 특성을 탐색하고 알아내려면 일단 대상에 주의를 기울여야 한다. 그런데 우리는 대개 어떤 감정을 불러일으키는 대상에 주의를 기울인다. 때문에 대체로 대상의 동기적 관련성을 먼저 경험한 이후에 대상의 감각적 특성을 파악하게 된다. 실증주의자와 경험주의자 들은 대상의 감각적 특성을 가장 중요하게 여기는데, 사실 이는 우리의 정서와 행동에 어떤 영향을 미칠지 단서를 제공하는 범위에서만 의미가 있다. 우리가 대상의 감각적 특성을 탐색하는 건 단순히 대상이 무엇인지 알아내기 위해서가 아니다. 대상의 의미를 파악하여 그 대상 앞에서 어떻게 행동해야 할지 알아내기 위해서이다.

인간이 그 자체로는 즉각적인 관심을 끌지 못하는 대상에 주목하고, 대상의 '감각적 특성'과 '동기적 관련성'을 구별하기까지는 수세기에 걸쳐 종교와 원시 과학, 과학 분야에서 지적 전통의 발전과 훈련이 필요했다. 이 사실은 어쩌면 신화가 과학 분야에서 모조리 사라진 것은 아니며, 지금껏 인류의 진보에 기여해 왔음을 암시하는 것일 수 있다. 그리고 과학자들이 초파리 따위를 부단히 연구하는 일에 열정을 불태우는 건 아직도 적잖이 신화가 남아 있기 때문인지도 모른다.

그렇다면 그리 오래되지 않은 과거, 실증주의가 태동하기 이전에 사람들은 어떤 식으로 사고했을까? 사물은 객관적 사물이기 이전에 무엇이었을까? 이는 대답하기 무척 어렵다. 실증 과학 이전 시대의 '사물'은 현대인의 관점에는 사물 그 자체로도, 사물의 의미 측면에서도 유효하지 않다. 한 가지 예로 '태양^{sol}'을 이루는 물질의 본질에 관한 의문은 실증주의 이전 시대의 '과학자'인 연금술사들의 마음을 수백 년간 사로잡았다.

하지만 우리는 더 이상 태양이 거기에만 존재하는 균일한 물질로 이루어졌다고 믿지 않는다. 설령 그런 물질의 존재를 인정한다 할지라도 중세 연금술사들이 가정한 이 가상 물질의 특성에는 분명 동의하지 못할 것이다. 연구 인생 막바지를 중세인의 사고방식을 연구하는 데 바친 칼 융은 태양을 다음과 같이 설명한다.

태양은 우선 순금을 의미하며, 연금술에서는 태양과 순금이 같은 기호로 표시된다. 하지만 '철학에서 말하는' 금이 '일반적으로 통용되는' 금이 아니듯이 태양은 단순히 금속으로서의 금도, 하늘에 떠 있는 구체도 아니다. 태양은 때로 금속에 숨겨진 활동성 물질을 의미하며, 이 물질은 (연금술로) 추출하면 붉은 팅크가 된다. 태양은 때로 광선을 내뿜는 천체를 의미하며, 태양 광선에는 마술적 효과와 변형을 일으키는 힘이 있다. 금이면서 동시에 천체이기도 한 태양은 붉은빛을 띠고 뜨겁고 건조한 성질을 지닌 활성 황을 함유하고 있다. 연금술에서는 이 붉은 황 때문에 태양이 금처럼 붉은빛을 띤다고 본다. 연금술사라면 누구나 알고 있듯이 금이 붉은 빛을 띠는 이유는 구리가 섞여 있기 때문이며,

구리는 키프리스(비너스)로 해석되고 그리스 연금술에서는 변형 물질로 언급되기도 했다. 붉고 뜨겁고 건조한 성질은 이집트 신화 속 어둠의 신 세트(그리스 신화의 티폰)의 전형적 특징이며 그 악한 성질은 연금술에서의 황과 마찬가지로 악마와 관련이 깊다. 티폰이 그의 왕국을 금단의 바다에 세웠듯이 태양도 그 중심이 바다에 있는데, 거기엔 '대략 감지할 수 있는 물'과 '감지하기 어려운 물'이 있다. 이 바닷물은 해와 달에서 추출된다.

활성 태양 물질에는 긍정적인 효과도 있다. 태양에서는 소위 '발삼'이라고 불리는 물질이 떨어지는데 이 물질은 레몬과 오렌지, 와인을 생산하고 광물로는 금을 만들어 낸다.[10]

이 설명은 중세 특유의 상상적, 신화적 연상들이 얽혀 있어서 이해하기가 어렵다. 하지만 이런 환상성 때문에 연금술에 관한 문헌은 살펴볼 만하다. 구시대의 사상을 객관적으로 살피는 과학사적 측면에서가 아니라, 주관적 해석 도식을 이해하는 데 중점을 두는 심리학적 관점에서 말이다.

그곳(인도양)에는 하늘과 땅, 봄과 여름과 가을과 겨울, 남성과 여성의 심상이 담겨 있다. 그곳이 영적이라는 말은 그럴싸한 표현이다. 물질적이라는 말 역시 진실이다. 천상과 같다는 말 역시 거짓은 아니다. 세속적이라는 말 역시 정확한 표현일 것이다.[11]

연금술사는 사물 그 자체와 사물의 본질에 대한 자신의 주관적인 생각을 구분하지 못했다. 이 가정은 추측에 바탕을 둔 문화적 '해설'을 아무 의심이나 인식 없이 수용한 결과이며, 상상의 산물에 불과하다. 이를테면 중세 사람들은 '도덕적' 세계에서 살았다고 볼 수 있는데, 그 세계에서는 모든 것이(광석과 금속까지도) 완벽을 추구했다.[12] 연금술사에게 사물은 대부분 그 도덕적 특성으로 설명된다. 사물이 정서, 감정 혹은 동기 등에 어떤 영향을 미치는지로 이해되는 것이다. 그에 따라 사물은 관련성 혹은 가치, 다시 말해 정서에 미치는 영향에 따라 분류됐다. 대상의 관련성은 서사와 신화의 형식으로 설명됐다. 융이 제시한 예에서처럼 태양에서 황과 같은 물질적 측면은 부정적이며 포악한 특징을 나타낸다. 과학이 발전하면서 우리는 '감정'을 배제하고 사물을 '인식'할 수 있게 됐고, 그 결과 자신의 경험을 공통의 이해에 바탕한 객관적 특성으로 설명할 수 있게 됐다. 하지만 우리가 무언가를 경험하는 과정에서 느낀 감정은 분명 '실재'한다.

신화가 사라진 시대

연금술사들은 감정과 감각을 구분하지 않았고, 경험에서 느낀 감정을 당연시했다. 우리는 사물에서 감정을 배제했고, 그 결과 사물을 놀라우리만큼 조작할 수 있게 됐다. 하지만 우리는 여전히 사물에 의해 생겨난, 더 정확히는 사물이 존재하기 때문에 생겨난 이해할 수 없는 감정의 희생양이 되곤 한다. 우리는 실증 과학 이전의 신화적 세계를 잃었다. 적어도 더 이상 발전시키지 않았다. 그 결과 우리는 여전히 무의식 차원에 남아 있는 가치 체계로 오늘날의 뛰어난 기술력을 제어해야 하는 그 어느 때보다 위험한 상황에 처하게 됐다.

데카르트와 베이컨, 뉴턴이 등장하기 이전에 사람들은 의미가 풍부하고 도덕적 목적의식에 고취된, 영적으로 활기찬 세계에 살았다. 도덕적 목적의식은 사람들이 서로에게 들려주는 이야기, 우주의 구조와 그 안에서 인간이 차지하는 위치를 알려 주는 이야기 속에서 드러났다. 그러나 현대인들이 과학적 사고방식을 따르면서 한때 이 세계에 존재했던 영적 존재들은 사라져 버렸다. 실험이 등장하면서 신화적 세계는 사정없이 파괴되었다. 융은 이런 상황을 다음과 같이 표현했다.

중세 사람들이 본 세상은 지금과 어쩌나 다른지! 그들에게 지구는 영원히 고정되어 우주 한가운데 멈춰 있고, 태양이 그 주위를 돌며 열심히 온기를 드리우는 곳이었다. 사람들은 모두 지극히 높은 분의 애정 어린 보살핌을 받는 신의 자녀였고, 신은 인간을 위해 영원한 복을 준비해 뒀다. 타락한 세상에서 들려 올라가 썩지 않고 기쁨이 가득한 존재가 되려면 무엇을 해야 하는지, 또 어떻게 처신해야 하는지 모두가 정확히 알고 있었다. 현대인에게는 이런 삶이 꿈에서조차 현실로 다가오지 않는다. 자연 과학은 오래전에 이 사랑스러운 베일을 갈가리 찢어 놓았다.[13]

중세 사람들 모두가 깊은 신앙심에서 우러나오는 기쁨을 누리진 않았을 터이다. 머릿속이 지옥에 대한 생각으로 가득한 사람이 없었을까? 그렇다 해도 이들은 적어도 현대의 우리들처럼 과도한 의심과 도덕적 불확실성에 시달리지는 않았을 것이다. 실증주의 이전 시대의 사람들에게 종교는 믿을지 말지를 선택할 수 있는 신념의 문제가 아니라 사실 그 자체였다. 종교관이 사회를 지배했다. 그저 여러 이론 중에서 두드러진 하나의 이론에 불과한 것이 아니었다.

하지만 지난 몇 세기 동안 사람들은 더 이상 종교적 '사실'을 믿을 수 없게 됐다. 이런 현상은 서구에서 시작되어 세계 전역으로 퍼졌다. 위대한 과학자와 인습 파괴자 들은 우주가 인간을 중심으로 돌아가지 않는다는 것, 인간이 동물과 다르다거나 동물보다 '우월하다'는 생각에는 과학적인 근거가 없다는 것, 하늘에는 신이 없다는 것, 눈에 보이는 하늘이 실제로는 존재하지 않는다는 것을 입증했다. 그리하여 인간은 더 이상 인간이 만들어 낸 이야기들을 믿지 못하게 됐다. 그 이야기들이 과거 인류에게 도움이 되었다는 사실조차 말이다. 갈릴레오가 발견한 달 표면에 있는 산들이나 케플러가 발견한 행성의 타원 궤도처럼, 과학계의 굵직한 발견들은 천상의 완벽성을 증명하는 신화적 질서를 명백히 거스르는 것처럼 보였다. 과학이 밝혀낸 새로운 현상들은 신화의 관점에서는 '있을 수 없는 일'이었다. 실증적 현실을 이해하기 위해 새로운 이론들이 생겨났지만, 이것들 역시 그동안 세계에 확실한 의미를 부여해 주던 전통적 현실 모형의 완결성을 심각하게 위협했다. 신화 속 우주에서는 사람이 우주의 중심에 있었다. 객관적 우주에서는 태양이 우주의 중심을 차지했다가, 나중에는 태양마저도 우주의 중심에서 밀려나고 말았다. 인간은 더 이상 무대의 중심을 차지하지 못했다. 그 결과 우리가 사는 세계는 예전과는 완전히 다른 곳이 되고 말았다.

과학적 세계관은 신화적 세계관을 완전히 뒤엎었다. 적어도 겉보기에는 그랬다. 우리가 신화라는 편리한 환상을 더 이상 믿지 못하게 되자 그에 근거한 도덕률 역시 함께 사라졌다. 프리드리히 니체는 100년도 더 전에 이 문제를 명확히 짚었다.

그리스도교 신앙을 포기한다면 그와 함께 그리스도교 도덕을 신봉할 권리도 포기한 것으로 본다. 그리스도교는 하나의 체계이며 종합적으로 사유된 전체적 견해이다. 따라서 그리스도교에서 신에 대한 믿음이라는 주요 개념을 빼내 버린다면 그로 인해 전체가 붕괴되고 만다. 그렇게 되면 필연적인 것은 아무것도 손가락 사이에 남아 있지 않게 된다. 그리스도교는 인간이 무엇이 자신에게 좋고 무엇이 나쁜지를 알지 못하며 알 수 없다고 전제한다. 그것을 알고 있는 존재는 오직 신뿐이며 인간은 이 신을 믿어야 한다. 그리스도교 도덕은 하나의 명령이다. 그것의 기원은 초월적이다. 그리스도교 도덕은 모든 비판과 비판할 수 있는 권리를 넘어서 있다. 그리스도교 도덕은 신이 진리일 때만 진리다. (그리스도교 도덕은 신에 대한 믿음과 함께 일어서기도 하고 쓰러지기도 한다.) 실제로 영국인들이 무엇이 선이고 악인지를 '직관적으로' 알고 있으며 도덕을 보증하는 것으로서의 그리스도교를 더 이상 필요로 하지 않는다고 믿더라도, 그들의 도덕은 단지 그리스도교적인 가치 평가의 지배에서 비롯된 결과일 뿐이며 그리스도교적 지배가 강렬하면서도 깊숙이까지 이루어지고 있다는 사실의 표현에 불과하다. 영국적 도덕의 기원은 망각되어 버렸으며 그것이 존립할 수 있는 정당성이 극히

제약되어 있다는 사실도 이제는 더 이상 느껴지지 않을 정도다.*14

　이론의 전제가 거짓으로 드러나면 이론 전체가 폐기된다고 니체는 말했다. 하지만 기독교 도덕관은 여전히 평범한 서구인의 가치 체계를 지배하고 있다. 무신론자든, 식자층이든, 인습 파괴자든 거기에서 완전히 벗어나지는 못한다. 평범한 서구인은 살인하거나 도둑질하지 않는다. 설령 그런 범죄를 저지르더라도 그 사실을 타인에게, 때로는 자기 스스로에게도 숨기려 들 것이다. 또 실천하지는 못할지언정 원론적으로는 이웃을 자신과 똑같이 대하려 할 것이다. 서구 사회(와 점점 더 많은 사회)15를 지배하는 원칙들은 여전히 개인의 가치, 즉 개인의 고유한 권리와 책임에 대한 신화적 관념에 바탕을 두고 있다. 또한 범죄 피해자들은, 설령 자신도 가끔 죄를 저지른다 할지라도, 마음속으로는 하늘을 향해 '정의'를 구현해 달라고 외치며 법을 의도적으로 어겼다면 벌을 받아 마땅하다고 생각한다.

　이렇듯 현대의 실증적 사고 체계와 신화적 정서 및 행동 체계는 역설적이지만 공존하고 있다. 전자는 신식이고 후자는 구식이다. 전자는 과학적이지만 후자는 전통적이며 미신적이기도 하다. 현대인은 말로는 무신론자가 됐지만 성향은 명백히 종교적이며 '도덕적'이다. 현대인이 진실이라고 믿는 신념과 행동하는 방식은 더 이상 합치하지 않는다. 현대인은 여전히 자신의 경험에 초월적 가치(의미)가 있다는 듯 행동하지만, 이러한 믿음을 합리적으로 정당화하지는 못한

＊ ⓒ 《우상의 황혼》(2015), 프리드리히 니체 지음, 박찬국 옮김, 아카넷

다. 추상적 사고 능력이 스스로를 얽어매는 올무가 된 셈이다. 추상적 사고 능력 덕분에 현대인은 세계에 대한 객관적 정보를 얻었지만, 그 대신 자기 존재의 의미와 유용성에 대한 신념을 잃었다. 이 문제는 종종 비극으로 여겨졌고 실존주의 철학과 문학에서 철저하게 다뤄졌다. 니체는 이런 현 시대의 문제를 '신이 죽었기' 때문에 생긴 필연적 결과로 보았다.

밝은 아침, 등불을 밝혀 들고 장터에 나와 "신을 찾소이다! 신을 찾고 있소!"라고 쉴 새 없이 부르짖었다는 광인의 이야기를 들어 본 적이 없는가? 그 당시 주변에는 신의 존재를 믿지 않는 사람이 많이 있었기 때문에 그는 큰 웃음거리가 되었다.

왜, 신이 길이라도 잃었나? 한 사람이 말했다. 어린아이처럼 길을 잃어버린 거야? 또 한 사람이 말했다. 아니면 어디 숨어 있는 건가? 우리한테 겁먹은 거야? 길이라도 떠났나? 다른 곳으로 가 버렸나? 사람들은 이렇게 떠들며 폭소를 터뜨렸다.

광인은 한복판으로 뛰어들어 사람들을 쏘아보았다. "어디로 가시었는가." 그가 외쳤다. "내가 대답해 주마. 그대들과 나, 우리가 신을 죽였다. 우리 모두가 신을 죽인 살해자다. 어찌 우리가 그럴 수 있었을까? 바닷물을 전부 마셔 버릴 힘이라도 있었다는 말인가? 누가 우리에게 지평선을 쓸어 버릴 빗자루라도 주었는가? 지구를 태양으로부터 떼어 냈을 때, 우리는 무슨 일을 저질렀는가? 지구는 이제 어디로 가는가? 또 우리는 어디로 가는가? 모든 항성으로부터 멀어지고 있는가? 계속 추락하고 있는 것은 아닌가? 뒤로, 옆으로, 앞으로, 모든 방향으로 말이다. 아직도 위나 아래가 남아 있기는 한가? 무한한 무의 공간을 표류하고 있지는 않은가? 우리는 텅 빈 공간의 숨결을 느끼지 못하는가? 점점 추워지고 있지는 않은가? 더욱 어두운 밤이 계속 이어지는 것이 아닌가? 아침에도 등불을 밝혀야 하는 것은 아닌가? 사토장이들이 신을 매장하고 있는 소리가 아직도 들리지 않는가? 신이 썩는 냄새가 아직도 나지 않는가? 신 또한 썩는다.

　신은 죽었다. 신은 여전히 죽은 상태이다. 그리고 우리가 그를 죽였다. 다른 존재도 아닌 신을 죽인 우리는 어떻게 스스로를 위로할 것인가? 세상에서 가장 신성하고 강력한 존재가 우리가 겨눈 칼에 피를 흘리며 죽었다. 누가 우리 손에 묻은 이 피를 닦아 줄 것인가? 어떤 물로 우리가 이 육신을 씻어 낼 수 있을까? 어떤 속죄 의식을, 어떤 성스러운 행위를 생각해 내야 하는 것인가? 이러한 행위의 고귀함은 우리가 짊어지기에 너무 크지 아니한가? 그렇다면, 그저 그럴 가치가 있어 보이기 위해서라도 우리 스스로 신이 되어야 하지 않겠는가?"[16]

현대의 우리들은 부조리하고 불운한 상황에 처해 있다. 인생에 내재적이고 종교적인 의미가 있다고 믿을 수 없다고 생각하면서도, 근본적으로는 아무것도 변한 게 없는 것처럼 삶을 영위한다. 하지만 우리의 사고와 행동이 모순된다는 사실에는 변함이 없다.

　실험이라는 위대한 방법론을 무기 삼아 득세한 경험주의와 이성주의는 신화를 죽였고, 신화는 부활할 가망이 없어 보인다. 그러나 우리는 스스로의 행동을 정당화하지 못하면서도 여전히 선조들의 계율을 '실천'한다. "살인하지 말라.", "남의 것을 탐내지 말라." 같이,

수천 년간 경험적 사고의 혜택 없이 살아온 선조들을 이끌었던 바로 그 신화적 규범이 여전히 우리의 행동을 (적어도 이상적으로는) 이끌고 있는 것이다. 이 규범은 영향력이 너무나 크고, 적어도 꼭 필요하기 때문에 그 타당성을 떨어뜨리는 이론 앞에서도 유지되고 확장된다. 참으로 불가사의한 일이다. 하지만 불가사의한 일은 더 있다.

존재의 가벼움과 불확실성

고대 문명이 애초에 터무니없는 사상을 기반으로 일어났다면 어떻게 그토록 세련되고 찬란한 문명으로 번성할 수 있었을까? 문화가 살아남고 발전한다는 말은 그 밑바탕이 된 사상이 타당하다는 말이 아닐까? 신화가 미신적이며 원시적인 이론에 불과하다면 그것이 어째서 그리도 효과적이었을까? 어째서 살아남은 걸까?

파시즘이나 공산주의 같은 순수 이성주의자들의 이념은 굉장히 합리적이고 설득력이 있었음에도 몇 세대 만에 본질적으로 무용함을 드러냈다. 종교적 사상에 바탕을 둔 전통 사회들은 경우에 따라서 수만 년간 그 본질이 변하지 않고 살아남았다. 그렇다면 이토록 오랜 세월 살아남은 전통을, 그 유용성을 무시한 채 그저 잘못된 사상에 기초하고 있다고 주장하는 게 과연 합리적일까? 어쩌면 그것이 겉보기에 너무나 비합리적이라서, 왜 옳은지를 우리가 제대로 이해하지 못하는 것뿐이라고 생각하는 편이 타당하지 않을까? 그렇다면 이는 고대 철학의 오류가 아니라 현대 철학의 무지를 드러내는 것은 아닐까?

우리는 조상들이 설명하는 '영적 세계'란 현대의 '물질세계'를 원시적으로 개념화한 것이라고 추정하는 잘못을 저질렀다. 이는 사실이 아니다(적어도 현대인들이 일반적으로 생각하는 것처럼 단순한 문제는 아니다). 신화 속 우주는 현대 과학의 우주와 같은 곳이 아니며, 그렇다고 해서 실재하지 않는 것도 아니다. 우리는 아직 우리 위에 있는 신도, 우리 아래에 있는 악마도 발견하지 못하고 있는데, 이는 '위'와 '아래'를 어디서 찾아야 할지 모르기 때문이다.

우리는 선조들이 무엇에 관해 이야기한 것인지 알지 못한다. 그리고 선조들 역시 자신들이 이야기하는 대상을 '알지' 못했다(하지만 선조들은 이런 사실을 전혀 개의치 않았다). 역사의 발상지인 고대 수메르의 창조 신화를 살펴보자.[17]

지금까지 우주 창조 신화에 관한 제대로 된 문헌은 발견되지 않았지만, 수메르인들이 생각했던 창조의 결정적인 순간을 재현해 볼 수 있는 암시는 몇몇 글에서 찾을 수 있다. 남무 여신(그녀의 이름은 원시 바다를 상징하는 상형문자로 쓰여 있다)은 '하늘과 지구를 낳은 어머니'이자 '모든 신을 탄생시킨 시조'로 표현된다. 우주적인 동시에 신적인 총체로 그려지는 원시의 물이라는 주제는 고대 우주 창조 신화에서 꽤 빈번하게 등장한다. 여기서도 마찬가지로, 물 덩어리는 처녀생식으로 한 쌍의 부부 신을 낳은 최초의 어머니와 동일시된다. 그녀는 남녀의 원리를 구현하는 하늘 신(안)과 땅 신(키)을 낳는다. 이 최초의 부부는 히에로스 가모스(신성 결혼)로 하나가 된다. 둘 사이에서는 대기의 신 엔릴이 태어난다. 엔릴이 부모를 떼어 놓았다고 서술하는 문헌도 있다……. 하

늘과 땅의 분리에 관한 우주 창조 신화의 주제 또한 널리 전파되었다.[18]

이 신화를 보면 고대인들이 세계를 어떻게 설명했는지 잘 알 수 있다. 세계는 원초적 바다에서 출현했고, 그 바다는 만물의 어머니이며, 하늘과 땅이 신의 행위로 갈라졌다. 이런 믿음에는 어떤 의미가 있을까?

우리로서는 잘 알 수가 없다. 우리는 이런 문제에 있어 한없이 무지함에도 그만큼 주의를 기울이지 않는다. 그저 이런 신화적 이야기들이 과학적 설명보다 방법론적으로 열등할 뿐 그 기능과 의도는 같은 것이라고 넘겨짚는다. 이런 터무니없는 추측으로 인해 현대인의 도덕 추론과 행동 체계에 종교적 전통이 미치는 영향력이 약해졌다고 볼 수 있다. 수메르인의 신화적 세계는 현대인의 객관적 현실 세계가 아니다. 그 세계는 객관적 현실 세계 이상이자 이하이다. 객관적 현실 이상이라 함은, 고대의 원시 세계가 우리가 더는 현실의 일부로 취급하지 않는 정서나 의미 같은 현상을 포함한다는 측면에서이다. 한편 객관적 현실 이하라 함은, 수메르인들은 창조 과정에 관해 현대 과학이 밝혀낸 사실들을 설명하지 못한다는 측면에서이다.

신화는 고대의 원시 과학이 아니다. 신화는 과학과 질적으로 다르다. 과학은 '모두가 공통적으로 인식하는 특성'이나 '분명한 목표가 있을 때 거기에 도달하는 가장 효과적인 방법'을 설명한다. 반면 신화는 '행동에 영향을 미치는 의미 차원의 세계'를 설명한다. 신화가 그린 세계는 '인식의 장'이 아니라 '행동의 장'이다. 신화는 사물을 그것이 지닌 정서적 가치와 동기적 의미의 측면에서 설명한다. 수메르인의 하늘(안)과 땅(키)은 현대인이 생각하는 하늘과 땅이 아니라 만물을 낳은 위대한 아버지이자 어머니이다.

　우리는 실증주의 이전 시대의 사고방식을 이해하지 못한다. 따라서 그것을 우리가 이해할 수 있는 방식으로 설명하려다가 결국 터무니없는 것으로 치부하고 만다. 우리는 과학적 사고방식을 익숙하게 여기고 높이 평가한 나머지 그것이 전부라고 추정하고, 그 외의 사고방식은 모조리 과학적 사고라는 이상에 못 미치는 근삿값에 불과하다고 치부한다. 하지만 이는 잘못된 생각이다. 우리가 사고하는 이유는 근본적으로 사물의 가치를 밝히고 그것으로 무엇을 해야 할지 알아내기 위해서이기 때문이다. 사물을 가치에 따라 '범주화'한다는 말은 사물을 '행동에 미치는 영향에 따라 분류'한다는 의미이다.

　예를 들어 수메르인의 '하늘'은 그들의 정서와 행동에 유사한 영향을 미치는 현상들을 모아 놓은 범주이다. 땅을 비롯한 다른 모든 신화적 범주도 마찬가지이다. '하늘'은 행동에 영향을 미치기 때문에, 다시 말해서 중요한 동기로 작용하기 때문에 '신'이 된다. 신은 행동을 관장하며, 적어도 우리가 섬겨야 할 대상이다. 이러한 범주가 갖는 의미를 이해하려면 지금과 다르게 생각하는 법을 배워야 한다.

　수메르인은 무엇보다 어떻게 행동할 것인가와 사물의 가치에 관심을 가졌다. 우리는 원시 과학의 특성으로 치부하지만 그들이 설명한 현실은 사실 현상, 즉 행동 무대로서의 세계를 그린 것이다. 수메르인들도 우리만큼이나 이런 사실을 분명하게 알지는 못했다. 그렇지만 그것이 사실임에는 틀림이 없다.

　실증 과학은 현실을 객관적으로 설명하려고 애써 왔다. 다시 말해 어떤 현상의 정체가 무엇인지 모두가 확인하고 이해할 수 있도록 밝히려고 한다. 실증 과학은 과거, 현재, 미래의 현상과 더불어 정적인 현상과 동적인 현상을 설명한다. 훌륭한 과학 이론은 현상을 밝힐 뿐 아니라 변화도 예측하고 통제하도록 해 준다. 하지만 어떤 '사물'을 마주할 때 일어난 '정서'는 그 사물의 일부가 아니다. 따라서 정서를 비롯한 모든 주관적인 현상은 과학적인 논의에서 제외하거나, 적어도 그 사물의 실제 특성으로 정의해서는 안 될 것이다.

사물을 파악하고 논의하고 비교하는 실증 과정은 수고롭지만, 집단이 이해할 수 있는 세계의 비교적 불변하는 특성을 밝히는 도구로는 굉장히 효과적이다. 하지만 불행히도 이 유용한 방법론은 사물의 가치를 밝히는 일, 다시 말해서 사물이 어떻게 바뀌어야 할지 논의하고, 어떤 방향으로 나아가야 할지를 밝히는 데에는 소용이 없다. 우리가 어떻게 행동해야 하고, 그 결과로 어떤 미래를 만들어 나가야 할지를 밝히는 데에는 소용이 없다는 말이다.

이런 식의 평가는 필연적으로 도덕 판단이 되고 만다. 과학적 방법론으로 얻은 정보는 도덕 판단의 길잡이 역할은 할 수 있지만, 옳고 그름을 판별해 주지는 못한다. 설명의 영역에서는 실험이라는 실증적 방법론이 설득력 있고 보편적인 검증 과정을 맡아 주지만, 도덕의 영역에는 이런 과정이 없다. 그렇다고 해서 도덕 판단을 건너뛸 수는 없다. 모든 사회와 개인은 그것이 필요하다고 여기든 아니든 도덕 판단을 한다. 행동에는 의식적이든 무의식적이든 가치 판단이 전제되기 때문이다. 살아 있는 모든 존재는 행동해야 하며, 행동은 우리가 무수한 대안들 가운데 어느 한 가지를 선호했다는 것을 의미한다. 행동은 곧 가치 판단이다. 우리는 모든 것을 다 알 수 없는 상황에서 충분치 않은 정보를 바탕으로 어려운 판단을 내려야만 한다. 전통적으로 도덕 판단은 선과 악에 대한 지식, 도덕적 감수성을 바탕으로 내려졌다. 어떤 행동을 할지는 암묵적, 명시적으로 작동하는 신화적 관습에 따라 선택되었다. 그런데 신화적 관습이란 도대체 무엇인가? 우리는 신화적 관습을, 그리고 그것이 여전히 존재한다는 사실을 어떻게 이해해야 할까?

니체는 다시 한 번 가치와 의미에 대한 현 시대의 문제를 정확히 짚어 낸다. 이제 문제는 예전처럼 "특정 문화적 제약 속에서 어떻게 행동할 것인가?"가 아니게 되었다. 니체는 "어떻게 행동할 것인가?"의 질문에 대한 대답은커녕 그런 질문 자체에 의문을 표했다.

> 우리의 도덕학자들은 도덕적 사실을 임의적인 발췌나 우발적인 기준(예를 들면 주변 환경, 계급, 종교, 시대정신, 기후와 지역 등)에서 아주 대략적으로 알았을 뿐이고, 각기 다른 민족과 시대, 과거에 대해 제대로 알지 못했으며 흥미조차 없었기 때문에 진정한 도덕 문제를 전혀 주시하지 않았다. 많은 도덕을 비교할 수 있어야만 진정한 도덕 문제가 부각되기 때문이다. 이상하게 들릴지도 모르지만, 지금까지 모든 '도덕학'에는 한 가지, 도덕 그 자체의 문제가 결여되어 있었다. 여기에 어떤 문제가 있지 않을까 하는 의구심을 품지 않았던 것이다.[19]

이러한 '도덕 문제'는 오늘날 매우 중요한 문제이다. 현실적으로 보편적 도덕률이 과연 존재하는가, 그렇다면 그것을 어떻게 이해할 것인가의 문제 말이다. 오늘날 인류는 엄청난 파괴력과 창조력을 지닌 기술력을 갖추고 있지만 그와 동시에 이에 비등하게 존재의 가벼움과 불확실성, 혼돈에 휩싸여 있다. 끊임없는 문화 교류와 비판적 사고 능력으로 인해 우리는 오랜 세월 내려온 전통을 더 이상 믿을 수 없게 되었다. 어쩌면 그럴 만한 이유가 있었을지도 모른다. 하지만 사람은 신념 없이는 살 수가 없고, 과학으로는 신념을 만들어 낼 수 없다. 우리는 무언가를 믿어야만 한다. 그렇다면 과학이 부상한 이후로 우리가 의지하게 된 신화가 거부한 신화보다 더 세련되고 완전했던가?

어떻게 행동해야 하는가

20세기를 지배했던 전체주의와 공산주의 이념은 겉보기에도 그것들이 대체한 과거의 신념 체계만큼이나 터무니없어 보인다. 거기에다 진정한 예술성과 창의성을 겸비한 창조물에 수반되기 마련인 신비하고 불가해한 요소도 결여되어 있다. 전체주의와 공산주의의 근본 명제는 합리성과 논리성, 명확성을 갖추었지만 끔찍이도 잘못된 결론에 이르렀다. 이제 세상은 거대한 이념 투쟁으로 갈가리 찢겨 있지는 않지만, 여전히 우리는 쉽게 속아 넘어간다. 한 예로 서구에서 뉴에이지 운동은 전통적 영성이 쇠락하면서 그 빈자리를 메우기 위해 나타난 것이지만, 우리가 아직도 작은 것에 연연하고 거대하고 터무니없는 문제는 묵인하고 넘어간다는 사실을 여실히 보여 준다.

그렇다면 이 문제를 해결할 더 좋은 방법은 없을까? 우리가 무언가를 믿어야 한다면, 이성적으로 납득되고, 더 나아가 경탄하고 믿을 만한 것이 무엇인지 알 수 없을까? 현대 인류가 지닌 막강한 힘 때문이라도 우리는 반드시 우리 자신을 이해하고 자제할 줄 알아야 한다. 그런 면에서 동기가 부여된 셈이다. 게다가 시기도 좋다. 세기말 무렵 공산주의 체제가 제대로 기능하지 못한다는 사실이 드러나고 새 천년이 다가왔다. 우리는 니체의 예언대로 자행된 20세기의 거대한 국가통제주의 실험의 여파 속에서 살아가고 있다.

사회주의 신조에는 '생을 부정하려는 의지'가 어설프게 숨겨져 있다. 사회주의 신조를 생각해 낸 인간과 종족은 반드시 멸망할 것이다. 나는 몇몇 대규모 실험을 통해서 사회주의 사회에서는 생이 생을 부정하며 그 뿌리를 잘라 낸다는 사실이 증명되기를 바란다. 지구는 크고 사람들에게는 아직 힘이 남아 있다. 따라서 귀류법을 통해서 그런 실질적인 교훈을 얻을 수 있다면 나는 그 대가로 엄청나게 많은 사람의 목숨을 지불한다 해도 나쁠 게 없다고 생각한다.[20]

개인으로서든 집단 속에서든 인간의 행동 양식에는 어떤 '자연적인' 혹은 감히 '절대적'이라고까지 말할 법한 제약이 있는 듯하다. 몇몇 도덕적 추론이나 이론 들은 명백히 '틀렸다.'고 할 수 있는데, 인간 본성에는 변하지 않는 측면이 있기 때문이다.

한 예로 태동기부터 소멸기까지 소련식 공산주의를 특징 짓던 관념적 순수 이성으로는 개인과 사회의 행동을 이끌어 갈 가치 체계를 만들어 낼 수 없음이 드러났다. 어떤 체계는 관념적으로는 이치에 맞더라도 제대로 기능하지 않는다. 그것이 현재 작동하는, 마구잡이로 이루어진 불가해한 체계보다 더 이치에 맞다고 해도 그렇다. 사회적 상호작용 양식은 사회적 행동의 본보기로 작용한다는 면에서 국가를 구성하는 요소인데, 그중 어떤 것들은 의도한 목적을 달성하지 못하고, 시간이 흐름에 따라 스스로를 지탱하지 못하며, 의도했던 것과는 전혀 다르게 그 양식을 추종하며 실천하던 사람들을 집어삼키는 결과를 낳는다. 이는 논리적이고 지적이며 계획적인 체계가, 도스토옙스키가 말한 비이성적이고 초월적이며 불가해하고 종종 어처구니없기까지 한 인간적 특성을 허용하지 않기 때문인지도 모른다.

이제 묻겠다. 인간이란 그리도 이상한 성격을 지니고 태어난 존재이거늘, 그에게 무엇을 기대할 수 있겠는가? 인간에게 지상의 모든 축복을 듬뿍 주고 행복의 바다에 흠뻑 잠기게 하여 오직 더할 나위 없는 기쁨의 물거품만 표면에 샘솟게 해 보라. 잠이나 자고 당밀 과자를 먹거나 세계사의 존속을 궁리하는 것 말고는 달리 할 것이 없을 만큼 경제적으로 부유하게 해 보라. 그리하더라도 그는 순전히 배은망덕과 악의만으로도 당신에게 비열한 속임수를 쓰려 할 것이다. 심지어 당밀 과자를 잃을 위험이 있더라도, 그저 자신의 치명적이고 기상천외한 요소를 이 모든 긍정적인 양식에 밀어 넣고 싶어서, 가장 치명적이며 효용성 없는 짓을 다분히 고의적으로 바랄 것이다. 그것이 바로, 인간이 계속 지니고 싶어 하던 환상적인 꿈이며 저속한 어리석음이다. 인간은 여전히 인간이지 자연 법칙이 일정표를 무시하고 아무것도 원하지 못할 정도로 막 두들겨 대는 피아노 건반이 아니라는 사실을 반드시 스스로에게 입증해 보여야 하듯이 말이다.

그뿐만이 아니다. 설령 인간이 피아노 건반에 지나지 않는다 하더라도, 자연과학과 수학으로 이 점이 증명된다 하더라도, 그는 사리를 알지 못하고 배은망덕하게, 자신의 주장을 관철하기 위해 고의적으로 비뚤어진 행동을 할 것이다. 그리고 만약 방법을 찾지 못한다면, 혼돈과 파멸을 초래하고 온갖 괴로움을 자초하면서라도 어떻게든 자신의 주장을 관철할 것이다! 그는 세상에 저주를 퍼부을 것이다. 오직 인간만이 저주할 수 있으니(이것이 인간의 특권이자, 인간을 다른 동물과 구별 짓는 주요한 차이점이다), 어쩌면 저주만으로 자신이 원하던 바에 이를 수도 있지 않은가! 다시 말해 자신이 피아노 건반이 아니라 인간이라는 것을 확신할 수도 있지 않겠느냐는 말이다! 만약 혼돈과 암흑과 저주, 이 모든 것 역시 계산하여 도식화할 수 있어, 사전에 계산할 수 있는 가능성만으로 이 모든 것을 정지시키고 이성을 다시 발휘할 수 있다고 말한다면, 인간은 이성을 없애고 자신의 주장을 관철하기 위해 미쳐 버리기라도 할 것이다! 장담할 수 있다. 내가 보기에 인간이 하는 일이라고는 자신은 피아노 건반이 아니라 인간이라고 매 순간 스스로에게 입증하는 것뿐이기 때문이다! 목숨을 희생해서라도, 동굴 생활을 해서라도! 그러니 아직까지 없던 일이라고 하여, 욕망이 무엇에 좌우되는지 모른다고 하여, 어찌 죄를 짓지 아니하고, 찬미하지 아니할 수 있겠는가.[21]

지금 우리는 인류 전통의 지혜가 담긴 신화와 의례에 관한 자료들을 대부분 온전히 접할 수 있다. 지금껏 살았던 거의 모든 인류의 명시적, 암묵적 가치 체계를 담고 있으며 동시에 형성해온 신화와 의례를 정확히 설명하는 자료를 갖게 된 것이다. 이들 신화는 적절하게도 성공적인 인간 존재의 본질을 중점적으로 다룬다. 우리의 무지를 인정하고 이 방대한 종교 철학 자료를 주의 깊게 비교 분석한다면, 인간의 동기와 도덕의 본질을 잠정적으로나마 밝힐 수 있을 것이다. 여러 신화의 공통적인 근원을 규명하는 일은, 진정한 인류 보편의 도덕 체계를 만드는 첫 단계가 될 것이다. 경험 과학의 정신과 종교의 정신을 동시에 충족시키는 보편적인 도덕 체계를 확립하면, 개인의 내적 갈등은 물론 개인 간, 집단 간 갈등이 줄어들 것이다. 엄격한 실증 연구를 바탕으로 삼는 심리학에 근거하여 여러 신화를 비교 분석하는 작업은 하나의 수렴적인 검증 방식이 될 수 있다. 그리하여 마침내 우리는 이상과 현실이 불가분의 관계에 있음을 깨닫게 될 것이다.

신화를 제대로 분석하려면, 단순히 세계 무대에서 벌어진 역사적 사건들을 논의하거나 원시 신앙을 살펴보는 수준에 그쳐서는 안 된다(전자는 전통적으로 종교에서 행했던 방식이고, 후자는 전통적으로 과학의 추정 방식이라 할 것이다). 그보다는 의미 체계를 검토하고 분석하여 통합해야 하는데, 이 의미 체계에는 경험의 가치가 위계적으로 조직화되어 있다. 신화는 객관적 세계를 설명하는 과학자의 관점이 아니라 주관적 현실의 본질을 밝히는 현상학자의 관점을 취한다. 신화 속에는 "지금 일어나는 경험을 어떤 의미로 이해할 것인가?"에 대한 해답이 심상의 형태로 담겨 있다. 여기서 경험의 의미란 곧 그 경험이 우리 정서와 동기에 어떤 영향을 미치는가, 그 결과 어떤 행동을 하게끔 유도하는가를 말한다.

그렇다면 신화에서 얻게 되는 정보는 "현실은 어떻게 바뀌어야 하는가?", "그렇게 바뀌려면 무엇을 해야 하는가?"라는 가장 근본적인 도덕 문제에 관한 해답일 것이다. 이상적 미래상을 그리려면 비교와 대조 대상으로서 현 상태를 진단해야 한다. 지금 어디에 있는지 알아야 앞으로 어디로 가야 할지 알 수 있기 때문이다. 게다가 우리가 추구해야 할 미래의 가치는 지금 떠나려는 장소의 가치에 따라 달라진다. 따라서 "현실은 어떻게 바뀌어야 하는가, 즉 어디로 갈 것인가?"라는 질문에는 다음과 같은 세 가지 하위 질문이 포함된다.

1. **현실은 어떠한가?** : 우리가 경험하는 현 상태에는 어떤 특성이 있는가?

2. **현실은 어떻게 바뀌어야 하는가?** : 우리가 추구해야 할 바람직하고 가치 있는 목표는 무엇인가?

3. **어떻게 행동해야 하는가?** : 현 상태를 이상적인 상태로 바꾸려면 구체적으로 어떤 과정을 거쳐야 하는가?

현재 상태를 진단하고 그것을 기초로 행동의 목표를 명확히 세우면 현재 행동의 결과를 평가하는 확실한 기준이 생긴다. 이때 목표는 머릿속에 떠올린 가상의 상태이며, 바람직한 동기나 정서가 존재하는 '장소'이다. 따라서 목표를 수립한다는 것은 곧 여러 동기 및 정서 상태의 이상적 위계에 대한, 다시 말해 무엇이 선인가에 대한 이론을 수립한다는 말이다. 목표는 현재 동원할 수 있는 온갖 지식을 고려하여 세운 완벽한 미래상으로, 계속해서 세부적, 전반적으로 현재 경험과 비교된다. 완벽한 미래상이란 신화적 용어로 풀이하자면 '약속의 땅'으로, 일종의 영적(심리적) 상태가 될 수도 있고 정치적 유토피아(국가)가 될 수도 있다. 또한 이 둘을 동시에 의미할 수도 있다.

"현실은 어떻게 바뀌어야 하는가?"라는 질문에 답하려면 이상적 미래상을 그려야 한다. 이상적 미래상은 현 상태에 대한 해석에 바탕을 둔다. 그리고 "현실은 어떠한가?"라는 질문에 답하려면, 현 상태가 정서적으로 수용할 만한가를 판단해야 한다. "그렇다면 우리는 어떻게 행동해야 하는가?"에 대해 답하려면, 현실을 지금보다 더 나은 미래로 바꾸기 위해 가장 효율적이고 합리적인 전략이 무엇인지가 결정되어야 한다.

이 세 가지 근본적 질문에 대한 답은 사회적 상호작용 과정에서 만들어지고 수정된다. 그리고 그 답이 우리 행동에 영향을 미치는 한 그것은 신화적 관점에서 우리 지식의 일부가 된다. 신화의 지식 구조는 "현실은 어떠한가?", "현실은 어떻게 바뀌어야 하는가?", "그렇다면 우리는 어떻게 행동해야 하는가?"라는 질문에 대한 해답으로 이루어져 있다.

'알려진 세계the known'는 탐험을 마친 영토이자 안전하고 익숙한 장소이고 세속에 실현된 '하나님의 나라'이다. 이 세계는 신화와 이야기 속에서 공동체, 왕국, 국가로 비유된다. 이런 서사 속에서 우리는 현재 상태의 특수하고 제한된 의미를 이상적인 미래상과 비교하여 이해하고, 그 틀 안에서 적절한 행동 양식을 구축하고 해석할 수 있다. 우리는 모두 현실과 이상을 비롯해 현실을 이상으로 바꾸는 방법에 대한 명확한 모형을 그리며, 그 과정에서 환상과 행위로 나타나

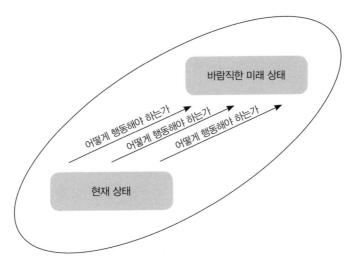

그림 1. 알려진 세계의 영역과 구성 요소

는 자신의 소망과 일상적으로 접촉하는 타인(개인, 가족, 공동체)의 소
망을 견준다. "어떻게 행동할 것인가?"의 문제는 본질적으로 사회 계
약이다. 따라서 알려진 세계는 암묵적, 명시적으로 전통과 신념을 공
유하는 사람들이 함께 살아가는 영토이다. 이렇듯 '사람들이 공유하
는 확실한 영토'는 신화 속에서 인생의 고정된 측면으로 묘사되는데,
이는 문화가 인간이 처한 환경에서 비교적 불변적 요소임을 고려할
때 일리가 있다.

  '알려진 세계에 관한 이야기', 다시 말해 애국심을 고양하는 의례,
민족 영웅 서사시, 문화적·민족적 정체성을 드러내는 신화와 상징
들은 탐험된 영토를 묘사하며 의미망을 짠다. 이 의미망을 공유하
고 있으면 의미를 놓고 옥신각신할 필요가 없다. 경기의 규칙을 이해

하고 수용하면 규칙을 놓고 다툴 필요 없이 경기를 할 수 있는 것과 마찬가지이다. 그러면 평화와 안정, 잠재적 번영의 시대가 온다. 좋은 경기를 펼치게 되는 것이다. 하지만 좋은 경기는 늘 더 나은 경기를 가로막기도 한다. 더 나은 경기를 할 가능성은 늘 존재하기 때문이다. 그 알려진 세계를 설명하는 역할에 있어서 신화는 가장 막중한 책임을 맡고 있다. 하지만 신화를 제대로 이해하면 알려진 세계에 대한 지식을 넘어서는, 그보다 훨씬 더 심오한 지식을 얻게 된다.

우리 모두는 현실과 이상을 비롯해 현실을 이상으로 바꾸기 위해 해야 할 행동에 대한 모형을 만든다. 그리고 행동의 결과가 기대와 다르면 행동을 수정한다. 하지만 단순히 행동을 바꾸는 것만으로는 부족할 때가 있다. 그럴 때 우리는 행동만이 아니라 생각도 바꿔야 한다. 현 상태의 의미를 재평가하고 이상적 미래상을 재구성해야 한다. 이것은 획기적이고 혁명적이라고 할 만한 변화이고, 그 변화가 실현되는 과정은 굉장히 복잡하다. 하지만 신화 속에는 이런 변화의 본질이 놀라울 정도로 자세히 그려져 있다.

이처럼 획기적인 변화를 다룬 신화들은 기본적으로 '길way'의 구조를 취한다. 문학 비평가 노스럽 프라이Northrop Frye는 길이라는 개념이 문학 작품과 종교 문헌에서 어떤 의미로 사용되는지 언급한다.

이야기를 따라가는 행위는 문학에서 흔히 메타포로 활용되는 길 떠나는 행위와 비슷하다. 이야기 속에는 가야 할 길과 나아갈 방향을 결정해서 여정을 떠나는 사람이 등장한다. 여정journey이라는 단어는 아침부터 저녁까지의 하루, 다시 말해서 낮 동안을 의미하는 주르jour나

주르네journee와 연관이 있으며, 이야기 속에서 여정은 대개 하루의 여정, 즉 해가 떴다가 지는 사이에 느린 이동수단으로 다닐 만한 공간을 일컫는다. 여정이라는 메타포를 단순하게 확장하면 이 하루의 순환은 인생 전체를 상징하게 된다. 하우스먼의 시 「기상나팔」("일어나라 청년아, 여정이 끝나면 잠을 잘 시간이 충분하리라.")에서 아침에 일어나는 행위는 곧 죽음으로 끝나게 될 생의 여정을 지속한다는 의미의 메타포이다. 이 심상의 원형은 「전도서」에서 찾을 수 있는데, 「전도서」는 누구도 일할 수 없는 밤이 오기 전에 낮 동안 일하라고 촉구한다.

'길'이라는 단어는 언어가 메타포적 비유를 겹겹이 쌓아 가는 방식을 잘 보여 준다. 영어에서 '길way'이라는 단어는 가장 흔하게 어떤 방식이나 방법을 나타내는데, 이때 이 방법이나 방식은 순차적으로 반복되는 과정을 암시하며, 이런 반복은 우리를 메타포의 핵심인 길로 이끈다. ……성경에서 '길'은 보통 히브리어 '데렉derek'과 그리스어 '호도스hodos'의 번역어인데, 성경은 시종일관 우리를 목적지로 이끄는 곧은 길과 우리를 호도하고 혼란에 빠뜨리는 굽은 길을 매우 강조해서 대비한다. 곧은길과 굽은 길이라는 메타포는 기독교 문학 작품에 빠짐없이 등장한다. 단테의 『신곡』을 읽다 보면 세 번째 줄에 잃어버린 혹은 잊힌 길에 대한 표현이 나온다("나는 올바른 길을 잃었네."). 길이라는 메타포는 다른 종교에서도 나타난다. 불교에서는 흔히 팔정도八正道라고 불리는 덕목에 대해 이야기한다. 도교에서 말하는 도道 역시 아서 웨일리Arthur Waley를 비롯한 여러 사람이 '길way'로 번역했는데, 나는 이 단어가 '향하여 가다head-going'를 의미하며, 급진성을 대표한다고 본다. 도교 경전인 『도덕경』은 "도라고 말할 수 있는 도는 참된 도가 아니다."

라는 말로 시작한다. 이는 메타포적 언어의 함정에 빠지지 않도록 조심하라는 경고인데, 동양에서 흔히 쓰는 경구로 표현하자면 달을 가리키는 손가락과 달을 혼동하지 말라는 말이다. 하지만 『도덕경』을 계속 읽어 내려가면, 결국 '도' 역시 어느 정도는 특징지을 수 있음을 깨닫게 된다. 도교에서 말하는 길은 구체적으로 '계곡 길'이며, 겸손과 몰아沒我, 모든 행위를 효과적으로 만드는 일종의 휴식 상태, 즉 무위無爲를 향해 가는 길이다.[22]

'길'은 인생의 여정이며 목적이다[23]. 더 자세히 말하자면, 길의 내용은 우리가 걸어온 인생의 구체적인 여정을 말한다. 반면 길의 형식은 어떤 중심 사상을 받아들이고 따르려는 인간의 타고난 본성을 말한다. 이런 본성 때문에 우리는 저마다 "인생의 의미는 무엇인가?"라는 의문을 품고 답을 찾는다.

이 길의 중심 사상은 구체적으로 네 종류의 신화로 드러나며, 앞서 제기한 세 가지 질문에 대해 극의 형식으로 더 온전한 해답을 제시한다. 네 종류의 신화는 다음과 같다.

1. 현재 혹은 기존의 안정된 상태를 묘사하는 신화(현 상태는 낙원으로 묘사될 때도 있고 폭정으로 묘사될 때도 있다.)

2. 기존의 안정된 상태를 위협하거나 희망을 주는, 예기치 못한 이례적인 사건의 발생을 묘사하는 신화

3. 예기치 못한 이례적인 사건의 발생으로 기존의 안정된 상태가 깨지고 혼돈이 도래하는 과정을 묘사하는 신화

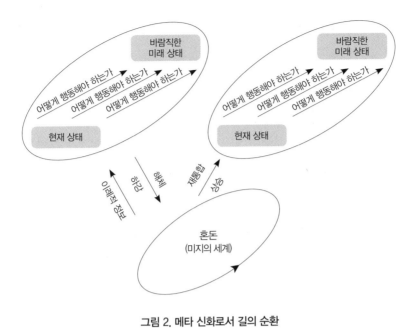

그림 2. 메타 신화로서 길의 순환

4. 혼돈으로부터 안정을 되찾는 과정을 묘사하는 신화(낙원을 되찾
   거나 폭정이 다시 시작된다.)

길이라는 메타 신화는 현재와 미래, 현재를 미래로 바꾸는 방식을
설명하는 특정한 관념(신화)이 구축되고 필요에 따라 완전히 재구축
되는 방식을 보여 준다.

태초에 신의 은총을 입었던 인간이 도덕적으로 타락하고, 그 결과
고통스러운 현 상태로 추락하여 낙원으로 되돌아가려는 소망을 품
는다는 전통적인 기독교 사상은 이러한 메타 신화의 한 예이다(이는

기독교뿐만 아니라 여러 종교에서 나타난다). 그러므로 기독교 도덕률은 이상적 미래로서 '하나님의 나라'의 재건을 목표로 삼는 하나의 '행동 양식'으로 봐야 한다. 인간은 구원받아야 할 존재이며, 오래전 잃어버린 낙원을 재건함으로써 구원받을 수 있다는 주제는 매우 다양한 문화권의 신화에서 보편적으로 나타난다.[24] 이 같은 주제가 보편적으로 나타나는 이유는 아마도 영원히 자의식을 벗지 못하는 인간의 실존적 고통과 그 고통에서 잠시라도 벗어나고자 하는 끈질긴 열망 때문일 것이다.

메타 신화에서 보면, 길은 출발지와 종착지가 같다. 그 지점은 바로 우리의 도덕 지식, 즉 신념이 조건부로 확립된 상태를 말한다. 신념은 언제든 '무너질 수 있다.' 유한한 인간의 이해를 넘어서는 무한한 신비가 어느 시점에서든 그동안 믿고 따랐던 행동 양식을 파고들어 와 그 체계를 무너뜨릴 수 있기 때문이다. 예를 들어 우리가 아이였을 때의 행동 방식은 아동기 환경에서는 더할 나위 없이 적절했을 수 있다. 하지만 성장하면서 환경이 변하면 한때 확실히 안다고 생각했던 장소에서 예기치 못한 일이 일어나고, 그에 따라 우리의 인생 계획과 목표도 바뀐다.

알려진 세계(현재의 이야기)는 미지의 세계(혼돈)로부터 우리를 지켜주고, 경험에 확실하고 예측 가능한 체계를 부여한다. 미지의 세계에도 나름의 특성이 있다. 하지만 혼돈을 처음 마주할 때 우리는 혼돈의 객관적 특성을 인식하는 것이 아니라 우리 감정에 미치는 영향, 정서적 가치로 인식한다. 목표를 세우고 계획을 실행하고 있는데 뜻밖의 일이 일어나면 우리는 일단 놀란다. 이 놀라움에는 걱정과 호기심이 뒤섞여 있으며, 이는 예상 밖의 일이 일어났을 때 경험하는 본능적인 감정이다. '예상 밖의 일'이라는 말은 곧 그 일에 어떻게 대처해야 할지 모른다는 의미이다. 기대한 결과를 얻는다는 것은 곧 우리의 지식이 온전하다는 말이나 마찬가지이다. 어떻게 행동해야 할지 모르는 장소에 있다는 것은 혼돈에 휩싸여 있다는 말이다. 그곳에서 뭔가 새롭게 배울 수도 있겠지만, 그래도 혼돈에 휩싸였다는 사실에는 변함이 없다. 혼돈에 휩싸일 때 우리는 겁을 집어먹는다. 알려진 세계에서는 두려울 이유가 없다. 하지만 그 세계 너머는 공포가 지배한다. 그 때문에 우리는 계획이 틀어지는 상황을 참지 못하고 알고 있는 것에 매달린다.

하지만 이런 보수적인 전략이 늘 통하지는 않는다. 현재 상태에 대한 우리의 이해 수준이 미래를 대비하기에 턱없이 부족할 수 있기 때문이다. 따라서 위험을 감수하고서라도 우리는 스스로가 이해하고 있는 세계를 수정해 나가야 한다. 이때 요령이라면 안정감을 잃지 않도록 조금씩 수정해 나가야 한다는 것이다. 하지만 이는 말처럼 그리 쉽지가 않다. 알려진 세계에 수정을 너무 많이 가하면 혼돈에 빠지고 만다. 그렇다고 수정을 너무 적게 가하면 현재 상태에 고착되어 미처 대비하지 못한 미래가 다가오는 순간 혼돈에 빠지고 만다.

준비되지 않은 상태에서 혼돈을 맞이하면 우리가 알던 세계는 뜻하지 않게 허물어져 내린다. 그때는 말 그대로 격한 감정의 소용돌이에 휩싸이고 만다. 그렇기에 우리는 미지의 세계가 불시에 등장하는 상황을 되도록 회피하려 든다. 이 때문에 우리가 자신을 보호해 주는 문화의 '이야기'를 온전히 지켜 내기 위해 물불 가리지 않는 것이다.

제2장

의미의 지도

세 가지 분석 차원

인생길에서 우리는 수많은 걸림돌을 만난다.

불행히도 재앙 역시, 그것이 우리가 초래한 것이든 아니든 곧잘 일어난다.

걸림돌에 적응하듯 우리는 재앙 역시 우리가 처한 환경의

변치 않는 특성으로 받아들이고 적응해 왔다.

인생의 걸림돌을 제거해 나가듯이 우리는 재앙도 해결할 수 있다.

하지만 그 과정에는 더 큰 대가가 따른다.

우리는 재앙에 적응하고 그것을 해결할 능력이 있기에,

재앙을 이겨 내고 새로운 활력을 얻게 될 수도,

혹은 완전히 파괴당할 수도 있다.

지난 반세기 동안 인지 및 정서 기능에 관한 연구가 성과를 거두면서 이제는 일반적으로 받아들여지는 정서 조절 이론이 생겨났다. 이 이론에 따르면 새롭고 이례적인 자극에 대한 본능적 반응은 인간의 정보 처리 과정에서 중추적인 역할을 담당한다. 미지의 대상을 맞닥뜨리거나 예기치 못한 일이 일어났을 때, 우리의 정서적, 인지적, 행동적 반응이 '자동화'되어 있다는 사실은 수많은 연구에서 분명하게 입증되었다. 따라서 우리는 예상을 빗나가는 일, 바람이나 기대와 다르게 진행되는 사건에 저절로 주의를 기울인다. 이러한 비자발적 주의는 의식 활동의 상당 부분을 차지한다. 주의를 기울인다는 것은 자신의 행동 및 경험 세계의 해석 도식을 조정하고 세계를 현재 상태에서 자기가 원하는 상태로 바꿔 나가는 첫 번째 단계이다.

러시아의 연구가 소콜로프E. N. Sokolov, 비노그라도바O. V. Vinogradova, 루리아A. R. Luria는 새로운 자극이 감정과 생각에 미치는 영향을 현대적 연구 방식으로 처음으로 밝혔으며, 이후 골드버그E. Goldberg가 여기에 합류했다. 이들은 인간의 기능을 독특하고 다양한 관점에서 조명했다. 이런 관점은 파블로프와 마르크스의 전통에서 비롯된 것으로 보인다. 파블로프는 반사궁을 매우 중요한 현상으로 다뤘으며, 마르크스는 노동이 창조적 행위이며 인간을 본질적 특성이라고 말한 바 있다.

구체적인 역사적 선례는 차치하고, 러시아 연구자들은 행동과 정서를 인간 경험의 핵심으로 보았다. 이는 역사적으로 인간의 뇌를 컴퓨터와 같은 정보 처리 기계로 간주한 서구의 연구자들과 구별되는 특징이다. 서구의 심리학자들은 소위 객관적인 관점에서 인간의 뇌가 자기 앞에 놓인 대상의 실체를 어떻게 탐색하는지를 밝히려고 애썼다. 이와 달리 러시아의 심리학자들은 두뇌가 행동을 관장하는 방식, 행동과 관련된 감정을 생성하는 방식을 중점으로 연구했다. 동물실험학계의 유명 인사인 제프리 그레이Jeffrey Gray[25]를 비롯한 현대의 동물실험학자들은 러시아의 지적 전통을 따라 인간이 예기치 못한 사건에 어떻게 반응하는지를 밝혀냈다.

러시아의 선구적 정신생물학자 소콜로프는 1950년대 들어 반사적 주의 전환 기제를 연구하기 시작하여 1960년대 초에 다음과 같은 핵심 명제를 만들어 냈다.

첫 번째 명제

우리가 세계를 인식하는 과정을 분석하는 한 가지 방법은, 신경계가 내부 구조를 구체적으로 변화시킴으로써 외부 세계의 모형을 만드는 메커니즘이라고 간주하는 것이다. 이런 의미에서 신경계에 나타나는 뚜렷한 일련의 변화는 그것이 외부 행위자를 반영하여 같은 형태가 된 것이다. 환경에 존재하는 행위자에 대한 반응으로 신경계에 내적 모형이 개발되면, 그 모형은 결정적으로 행동 특성을 수정하는 기능을 하며, 유기체가 사건을 예측하고 적극적으로 환경에 적응하도록 돕는다.[26]

두 번째 명제

나는 새로운 자극 특성에 대한 반응을 살펴보는 연구를 하면서 중추 신경계의 상위 조직에서 외부 행위자 모형이 형성된다는 사실을 시사하는 현상을 처음 접했다. (이 반응을) '지향 반사orienting reflex'라고 부르겠다. 이것의 특이한 점은 같은 자극을 여러 번(대체로 다섯 번에서 열다섯 번) 제시하면 반응이 사라진다는 점이다. (더 일반적으로 표현하자면, 반응이 '소멸한다.') 하지만 자극에 아주 미미한 변화만 생겨도 반응은 되살아난다. …… 연구에 따르면, 지향 반사는 감각 기관으로 들어오는 자극에 직접 반응하여 일어나는 것이 아니라 그 신호를 신경계 내에 형성된 이전 신호의 흔적과 비교해 보고 그것이 일치하지 않을 때 거기에 반응하여 일어난다.[27]

소콜로프는 인간이 객관적 외부 세계에서 일어나는 사건을 모형화하는 방식을 주로 연구했으며, 이때 본질적으로 '사실'을 모형화한다고 가정했다. 그를 따르던 학자들도 대부분 이 가정을 암묵적으로나마 그대로 수용했다. 하지만 이 가정은 약간 수정할 필요가 있다. 인간은 사실을 모형화하기도 하지만 주로 가치에 관심을 두기 때문이다. 우리가 만든 세계의 지도에는 감각 정보와 정서 정보라는 두 가지 유형의 정보가 포함되어 있다. 사물이 '무엇인지' 아는 것만으로는 충분하지 않다. 사물에 '무슨 의미가 있는지'를 알아야 한다. 인간을 포함한 모든 동물은 환경에 대한 객관적 정보보다 그 정서적 의미에 더 주목한다.

인간은 동물과 마찬가지로 본능에 충실하다. 이게 날 잡아먹을까? 내가 이걸 먹을 수 있을까? 이게 나를 쫓아올까? 내가 이것을 쫓아가야 할까? 이게 짝짓기 대상이 될 수 있을까? 우리는 '객관적 현실'을 모형화할 수 있고, 이런 모형화가 유용하다는 데는 의심의 여지가 없다. 하지만 생존을 위해서는 반드시 '의미'를 모형화해야 한다. 우리에게 꼭 필요한 이 (이야기 형식을 띤) 의미의 지도는 우리가 그린 이상과 비교하여 현실의 가치를 보여 주고, 더불어 원하는 대상을 얻기 위한 실용적인 방법, 즉 행동 방안을 알려 준다.

현 상태, 이상적 미래상, 현 상태를 이상적 미래로 바꾸기 위한 방안이라는 세 가지 요소를 설명하는 것은 가장 단순한 형태의 이야기를 엮어 내기 위한 필요충분조건이다. 이런 이야기는 시공간적으로 제한된 행동 양식과 관련하여 우리에게 주어진 환경이 어떤 가치를 지니고 있는지 설명해 준다. 우리는 지금 A지점에 있다는 전제하에 B지점으로 갈 수 있다. 지금 어디 있는지 알지 못하면 어디로 가야 할지 계획할 수 없기 때문이다. B지점이 최종 목표라는 사실은 B지점의 가치가 A지점의 가치보다 높다는 뜻이다. B지점은 현재 위치와 비교했을 때 더 이상적인 지점이다. B지점이 현재보다 더 낮다는 인식 때문에 지도에는 정서적 가치, 곧 의미가 부여된다. B지점과 같은 가상의 목표를 만들고 그것을 현재와 비교하는 능력 덕분에 인간은 인지 체계를 활용하여 정서 반응을 조절할 수 있게 됐다.[28]

제 기능을 발휘하는 이야기, 다시 말해 계획을 실행에 옮길 때 기대한 결과를 낳는 이야기에 나타난 영역은 '탐험된 영토'로, 그곳에서는 예상대로 일이 진행된다. 반면 실행에 옮겼을 때 예기치 않게 위협적이거나 가혹한 결과가 나타나는 영역은 미탐험 영토이며, 그곳에서는 기대와는 다른 일이 일어난다. 평소 익숙한 장소라고 해도 예기치 못한 일이 일어나기 시작하면 그곳은 더 이상 익숙한 곳이 아니다. 우리에게는 어떻게 행동해야 할지 아는 장소도 있고 모르는 장소도 있다. 우리의 계획들은 때로는 성공하고 때로는 실패한다. 그러므로 우리의 경험 세계에는 예측과 통제가 가능한 부분과 불가능한 부분이 늘 병존한다. 은유하자면 우주는 질서와 혼돈으로 이루어진다. 신경계는 바로 이런 우주에 적응한 듯하다.

소콜로프는 인간을 비롯한 동물들은 예상치 못한 상황, 바라지 않는 상황, 이해할 수 없는 상황에 선천적인 반응을 보인다는 것을 발견했다. 그는 아직 범주화되지 못한 모든 사물이 모여 있는 기이한 범주를 맞닥뜨릴 때 우리가 어떤 반응을 보이는지 그 핵심 특성을 밝혔다. 미지의 영역을 맞닥뜨릴 때 우리는 '본능적으로 양식화한' 반응을 보인다는 이 사실은 시사하는 바가 많다. 이야기를 통해 살펴보자.[29]

| 삶에서 일어나는 일상적 적응 과정

문제를 인정하고,

문제가 일어나기 전에 미리 대처하면,

문제를 예방하여 혼란을 막을 수 있다.

평화는 그렇게 유지된다.[30]

한 회사원이 승진을 노리고 있다고 해 보자. 그는 승진이라는 목표
에 걸맞게 행동한다. 회사의 계층 사다리를 오르기 위해 여러 활동을
계획하고 실행한다. 오늘은 장차 결정적인 영향을 미칠 회의가 있다.
그는 회의의 성격도, 참석자들의 일반적인 행동 양상도 분명히 알고
있으며, 마음속으로 자기가 회의에서 어떤 활약을 펼칠지 그려 본다.
이 잠정적 미래상은 환상에 불과하지만 과거 경험에서 끌어온 정보
를 토대로 그려진 것이다. 그는 회의 경험이 풍부하고 상식선에서 회
의에서 일어나는 일들을 잘 알고 있다. 회의에서 어떻게 행동해야 하
는지, 자기 행동이 주위 사람들에게 어떤 영향을 미칠지도 안다.

이 회사원의 머릿속에는 자신의 현재 상태를 표상하는 모형이 존
재하며, 이 모형은 끊임없이 작동하고 있다. 그는 자신의 지위가 사
내에서 낮은 축에 속한다는 사실도, 상사와 있느냐 부하 직원과 있느
냐에 따라 그 중요성이 상대적으로 달라진다는 사실도 알고 있다. 자
신이 처리하는 업무의 중요도 역시 잘 알고 있다. 누구에게 지시를
내릴 수 있는지, 누구의 얘기를 귀 기울여야 하는지, 누가 일을 잘하
는지, 누구는 무시해도 좋은지 등을 속속들이 안다. 그리고 불만족스
러운 현재 상태를 이상적 미래상과 비교한다. 자신의 지위가 점점 높
아지고 영향력이 커지며 부와 행복을 누리고 걱정과 근심에서 벗어
나는 성공적인 삶과 끊임없이 비교하는 것이다. 그러면서 계속해서
자신이 이해하고 있는 현재를 희망하는 미래로 바꾸려고 시도한다.
현재를 자신이 바라는 미래에 더 가깝게 만들기 위해서, 궁극적으로

는 이상을 실현하기 위해서 실행 방안을 마련한다. 그는 자기가 만든 현실 모형에 확신이 있으며, 계획만 실행하면 원하는 결과를 얻게 되리라고 믿는다.

회의를 준비하면서 그는 자기가 회의에서 핵심 역할을 수행하고, 회의 방향을 결정하며, 동료들에게 지대한 영향을 미치는 모습을 상상한다. 그러고 나서 사무실에서 나설 준비를 한다. 회의는 사무실에서 몇 블록 떨어진 다른 건물에서 열린다. 시간에 맞춰 회의 장소에 도착해야 한다. 사무실에서부터 대략 15분쯤 걸릴 것이다.

그의 사무실은 27층이다. 엘리베이터를 기다리는데 1분이 흐르고 2분이 흘러도 엘리베이터가 올라오지 않는다. 미처 예상하지 못한 일이다. 시간이 흐를수록 그는 점점 더 초조해진다. 아직 구체적으로 어떤 조치를 취할지 결정하지 못했지만 심장 박동은 빨라지고 행동을 대비한다. 손바닥에 땀이 나고 얼굴이 상기된다. 엘리베이터가 오지 않을 가능성을 왜 미리 고려하지 못했을까! 멍청하게. 그는 현실 모형을 수정하기 시작한다. 지금 이럴 때가 아니지. 그는 머릿속에서 잡생각을 몰아내고 눈앞에 닥친 일에 집중한다.

지금 막 예상치 못한 일이 일어났다. 엘리베이터가 사라진 것이다! 엘리베이터를 타고 회의 장소로 가려고 했는데 그 엘리베이터가 나타나지 않는다. 기존의 행동 계획은 기대했던 결과를 낳지 못했다. 그렇다면 그 계획은 나쁜 계획임이 틀림이 없다. 지금이라도 빨리 다른 계획을 세워야 한다. 다행히도 마땅한 대안이 있다. 계단이다! 그는 복도 뒤쪽으로 황급히 뛰어간다. 계단으로 통하는 문을 열려고 하는데 문이 잠겨 있다. 건물 관리인은 도대체 뭘 하고 다니는 거야! 화가 치솟고 걱정이 몰려온다. 예상치 못한 일이 또 벌어졌다. 이번에는 다른 쪽 문을 열어 봤다. 성공이다! 문이 열린다. 희망이 샘솟는다. 아직은 제시간에 도착할 수 있다. 그는 27층 사무실에서 1층 로비까지 계단을 뛰어 내려가서 거리로 나선다.

시간이 얼마 남지 않았다. 그는 발걸음을 재촉하면서 주위를 살핀다. 노부인이나 명랑한 아이들, 산책을 나선 연인들처럼 길을 가로막는 사람은 누구나 걸림돌이 된다. 평소 그는 자신이 대체로 좋은 사람이라고 생각해 왔다. 그렇다면 도대체 왜 이렇게 아무 잘못 없는 사람들에게 짜증이 날까? 그러다 복잡한 사거리에 다다른다. 횡단보도 앞 신호등이 빨간불이다. 그는 횡단보도 앞에 서서 씩씩거리며 투덜댄다. 혈압이 오른다. 드디어 파란불이다. 그는 싱긋 웃으며 급히 발걸음을 내딛는다. 오르막길을 달려간다. 몸이 다부진 편도 아닌데 어디서 이런 힘이 솟을까? 회의가 열리는 건물이 코앞이다. 시계를 흘낏 쳐다보니 5분이 남았다. 문제 될 건 없다. 안도감과 만족감이 몰려온다. 이제 다 왔어. 그래, 난 멍청이가 아니지. 신을 믿는 사람이라면 이때쯤 신에게 감사하는 마음을 품을 것이다.

만약 계획을 잘 세워서 회의 장소에 일찍 도착했더라면 다른 보행자들을 비롯한 갖가지 장애물이 그에게 아무런 영향을 미치지 않았을 것이다. 그랬더라면 길거리에서 만난 선남선녀들을 감상하는 시선으로 바라볼 수도 있었을 것이다. 적어도 다른 보행자들을 장애물로 여기지는 않았을 것이다. 남는 시간에 주위 풍경을 감상했을지도 모르고, 내일 열릴 회의 같은 다른 중요한 사안에 대해 생각했을지도 모른다.

계속 길을 가는데 뒤쪽에서 갑작스레 큰 소리가 들려온다. 커다란 차가 보도 위로 돌진하는 소리 같다. 방금 전까지만 해도 보도에 있어서 안전하다고 생각했는데 말이다. 회의에 관한 생각은 사라지고 늦었다는 사실도 더 이상 중요하지 않다. 새로운 현상이 등장하자 그는 발걸음을 멈추고 그 자리에 얼어붙는다. 청각 기관이 소리가 나는 위치를 3차원적으로 파악하고, 눈, 머리, 목, 몸이 저절로 소리가 나는 곳을 향한다.[31] 눈이 커지고 동공이 확장된다.[32] 심장 박동이 빨라지고 몸은 행동 태세를 취한다.[33]

그는 예상치 못한 일에 주의를 기울이고, 감각 및 인지 자원을 총동원해서 그 상황을 탐색한다. 몸을 돌리기도 전에 소리의 잠재적 원인들이 떠오른다. 승합차가 보도의 연석을 넘어온 걸까? 그 이미지가 머릿속에서 번쩍 떠오른다. 건물에서 무거운 물건이 떨어진 걸까? 광고판이나 간판 같은 게 바람에 떨어졌나? 눈은 부지런히 관련된 영역을 훑는다. 길 저편에서 트럭 한 대가 교량 부품을 싣고 움푹 팬 도로를 지나가는 모습이 눈에 들어온다. 수수께끼는 풀렸다. 불과 몇 초 전까지만 해도 위협적으로 느껴졌던 미지의 소리는 실제로는 아무런 의미가 없었다. 그저 짐을 가득 실은 트럭이 덜컹거렸을 뿐이다. 그게 뭐 대수라고! 심장 박동이 느려진다. 곧 회의가 열린다는 생각이 머릿속에 다시 떠오른다. 그는 아무 일도 없었다는 듯 가던 길을 간다.

이 이야기의 주인공에게는 무슨 일이 일어난 걸까? 엘리베이터가 오지 않는다고 해서, 지팡이를 든 노부인이나 느긋한 연인이 길을 걷고 있다고 해서, 덜컹거리는 소리가 들려온다고 해서 그는 왜 좌절하거나 두려워할까? 감정과 행동이 그토록 요동치는 이유는 무엇일까?

이처럼 일상적인 사건이 감정과 행동을 어떻게 움직이는지를 살펴보면 인간의 행동을 유발하는 동기를 이해할 수 있다. 소콜로프와 동료들이 발견한 것은, 현재와 미래에 대한 기존의 모형에서 예상하지 못한 미지의 사물은 '선험적인' 정서적 가치를 지닌다는 것이다. 달리 말하자면 미지의 사물은 '무조건 자극'으로 작용한다.

우리가 알지 못하는 미지의 사물에 선험적인 가치가 있다는 말은 무슨 의미일까? 애초에 그런 질문이 성립할 수 있을까? 미지의 사물이란 우리가 미처 경험하지 못한 것이다. 논리적으로 따지자면 경험해 보지 못한 것에 대해서는 아무런 말도 할 수가 없다. 하지만 우리는 감각 정보나 어떤 물리적 특성이 아니라 '정서적 가치'emotional valence(이하 정서가)에 대해 이야기하고 있다. 일명 정서가는 단순하게는 긍정적이거나 부정적이다(중립적인 경우도 있다). 그 양극단이 어디인지 우리는 잘 안다. 부정적인 정서가의 극단에는 바로 죽음이 있다. 인간이 죽을 수밖에 없는 나약한 존재라는 사실은 부정적인 정서가의 한계를 설정한다. 긍정적인 정서가의 극단은 비교적 구체화하기 어렵지만 어느 정도 일반화할 수는 있다. 우리는 부족한 것 없이 부유하고, 건강하고, 지혜롭고, 사랑받기를 바란다. 그렇다면 미지의 사물 중에 가장 긍정적인 정서가를 지닌 것은 우리가 타고난 제약(가난, 무지, 나약함)으로 인해 고통받지 않도록 그것을 뛰어넘게 해 주는 것일 터이다. 이렇듯 미지의 사물이 불러일으키는 감정의 영역은 매우 넓어서, 우리가 가장 두려워하는 것에서부터 가장 바라 마지않는 것까지 포함한다.

미지는 당연히 기존 지식의 반대말이다. 다시 말해서 우리가 이해하거나 탐색하지 못한 것은 모두 미지의 세계에 속한다. 이 자명한 사실을 깨닫고 나면 흔히 별개로 생각되던 '인지' 영역과 '정서' 영역 간의 관련성이 명확히 드러나고, 그런 처우가 부당함을 알게 된다. 예를 들어 우리는 '기대했던' 결과를 얻지 못하면 상처를 받는다.[34] 이 괴로움은 우리가 머리로 이해한 세계의 구조가 예상과 달리 갑작스럽게 바뀔 때 마음속에서 일어나는 자연스러운 감정이다. 특출난 성과를 거둬서 승진을 기대했던 사람은 자기보다 자격이 없다고 여긴 사람이 먼저 승진할 때 상처를 받는다("사람은 자기 미덕으로 인해 가장 큰 처벌을 받는다."[35]). 기대가 처참히 무너져 상처받은 사람은 이후 의욕이 줄고 분노와 원망을 품게 될 공산이 크다. 반대로 숙제를 다 못 한 학생은 자기 차례가 오기 전에 수업이 끝나는 종이 울리면 무척 기뻐한다. 이 종소리는 예상했던 처벌의 부재를 의미하며, 따라서 안도감이나 행복감과 같은 긍정적인 정서를 불러일으킨다.[36]

이처럼 목표의 심상, 즉 머릿속으로 기대하는 미래상이 현재 사건의 정서가를 결정하는 틀이 된다. 사람들은 저마다의 지식을 바탕으로 현재 사건의 정서적 균형이 최적화되는 가상의 상태를 구축한다. 그것은 장기적·단기적으로 충분한 만족과 최소한의 처벌, 감당할 만한 위협과 풍부한 희망이 모두 함께 적절한 균형을 이룬 이상적 상태이다. 이는 장기적으로 보아 완벽한 미래를 암시하는 일종의 승진 패턴이 되기도 하고, 기업의 최고경영자나 하버드 대학 종신교수와 같은 세속적인 목표가 되기도 한다. 불필요한 것은 소유하지 않는 무

소유의 삶이 될 수도 있다. 여기서 핵심은 이상적 미래상이 현재 활동의 목표 지점으로 작용한다는 점이다. 이런 활동은 그 끝이 이상적 미래상에 고정되어 있는 사슬의 고리로 볼 수 있다.

앞의 예에서 회의에 참석하는 행위도 최고경영자라는 이상적 상태에 도달하기 위한 사슬의 한 고리로 여겨질 수 있다. 따라서 회의를 잘 치러 낸다는 것은 '하위 목표'가 되며, 그 강도는 낮을지언정 상위 목표와 같은 정서가를 지닌다. '훌륭한' 회의는 이상적 미래상과 마찬가지로 모든 것을 고려했을 때 정서 상태가 최적화되는 역동적인 상황으로 그려진다. 회사원은 머릿속에 회의 장면을 떠올리고, 바람직한 결과의 심상을 그리고, 그런 결과를 낳기 위한 행동 방안을 정교하게 가다듬어 실행해 본다. 이런 시뮬레이션은 상상에 불과하지만 과거 지식에 바탕을 두고 있다(실제로 과거에 관련 지식이 생성됐고, 계획을 세우는 사람이 그 지식을 활용하려고 한다는 것을 전제로 한다).

처벌, 만족, 위협, 기회[37]에 대한 반응을 관장하는 정서 체계는 하나같이 이상적인 목표를 달성하는 것과 관련 있다. 지팡이를 짚은 노부인과 같이 목표 달성을 방해하는 것은 무엇이든 위협이나 처벌로 경험된다. 탁 트인 보도 같이 목표 달성 가능성을 높이는 것은 무엇이든 희망적이고 만족스러운 상황으로 경험된다. 이런 이유로 불교에서는 모든 것이 '마야maya', 즉 환영에 불과하다고 믿는다.[38]

현재 사건의 정서가는 우리의 행동 목표에 따라 달라진다. 행동 목표는 일화적 심상으로 그려진다. 우리는 현실과 이상을 끊임없이 비교하면서 정서 판단을 내리고 그에 따라 행동한다. 사소하지만 희망적이고 만족스러운 사건은 현재 상황이 순조로우며 목표를 향해 나아가고 있다는 증거이다. 보행자들 틈에서 종종걸음 치다가 길이 트이면 우리는 기뻐하며 발걸음을 재촉한다. 계획보다 약간 앞서 도착하면 계획을 잘 세웠다며 만족한다. 희망적이거나 만족스러운 주요 사건들은 세계에 대한 우리의 인식이 전반적으로 옳다는 것을 입증하며, 그럴 때 우리는 기존의 목표를 유지하고 그에 따라 정서를 조절하게 된다.

사소한 위협이나 처벌 경험은 목표 달성을 위한 수단에 오류가 있음을 의미한다. 이때는 적절히 행동을 수정하면서 위협 요인을 제거한다. 엘리베이터가 제시간에 나타나지 않으면 계단으로 내려간다. 신호등에 걸려 시간을 지체했다면 파란불이 켜졌을 때 발걸음을 재촉한다. 반면 흔히 트라우마로 불리는 중대한 위협이나 처벌 경험은 질적으로 다르다. 트라우마를 겪으면 현재 상태를 올바르게 인식하고 있는지, 목표가 적절한지에 대한 믿음이 흔들린다.

우리는 주어진 정보를 총동원해서 머릿속에 이상적 미래상을 구축하고 무엇을 해야 할지 계획한다. 자신이 해석한 현실이 현재라는 시간 속에 펼쳐질 때, 우리는 그 현실을 단순히 예상되는 미래와 비교하는 것이 아니라 머릿속에 그렸던 이상적 미래상과 비교한다. 즉 현실을 누리고 싶은 미래와 비교하지 냉철하게 예상한 미래와 비교하지 않는 것이다. 목표를 세우고 노력하는 과정에는 동기가 관여한다. 다시 말해서 우리는 끊임없이 정서 상태를 최적화하려고 애쓰면서 자신이 '갈망하는' 목표를 좇는다. (물론 현실에 제대로 적응한 사람이라면 목표를 현실로 만들기 위해 행동할 것이다. 여기서 강조하는 것은 우리가 이성적으로 예측한 미래가 아니라 기대하고 갈망하는 미래와 현재를 비교한다는 점이다.)

행동에 동기를 부여하는 의미의 지도는 구조가 명확하다. 그것은 '현재'와 '미래'라는 두 개의 본질적이며 상호 의존적인 기둥으로 이루어진다. 현재는 지금 눈앞에 펼쳐지는 상황에 대한 감각적 경험이자 이해한 현실로, 우리는 갖고 있는 지식과 욕구에 따라 현재 상태에 정서가를 부여한다. 미래는 우리가 떠올린 완벽한 상으로, 우리는 현재를 미래와 견주어 보고 미래의 정서가를 결정한다. 이 두 가지가 일치하지 않을 때, 즉 결과가 예상치 못한 것일 때 그 불일치는 주의를 사로잡고 두려움과 희망을 관장하는 정서 체계를 활성화시킨다.[39] 우리는 그 일을 계기로 예전에는 고려하지 못한 가능성을 생각하고 행동을 바꾸거나 표상 체계를 바꿈으로써 그 상황을 예측 가능한 영역으로 끌어들이려 한다. 또 현재와 미래를 잇는 길을 상상한다. 그 길은 우리가 바라는 변화를 이루어 내는 데 필요한 행동들, 다시 말해서 (영원토록) 불충분할 현재를 (계속 손에 잡히지 않는) 완벽한 미래로 바꾸는 데 필요한 행동들로 이루어진다. 이 길은 보통 직선으로 그려지는데, 이는 토머스 쿤의 '정상과학normal science' 개념과 유사하다. 그 길 위에서 현재에 대한 이해를 바탕으로 기존 행동 양식에 따라 행동하면 우리가 바람직하다고 확신하는 미래가 다가온다.[40]

구체화된 목표를 달성하는 수단이 될 만한 것을 방해하는 대상은 사소한 처벌이나 위협으로 간주된다. 이런 종류의 처벌이나 위협에 맞닥뜨리면 우리는 갖고 있는 여러 수단 중에서 하나의 수단을 선택하면 된다. 반면 어떤 수단을 사용해서 바라던 목표를 이루거나 초과 달성하면 만족을 경험한다(중간 목표를 달성해도 최종 목표 달성 가능성이 높아지기 때문에 희망을 느낀다). 이렇게 만족스러운 결과를 얻으면 이전에 하던 행동 중에서 몇 가지는 더 이상 하지 않게 된다. 그리고 다시 목표를 세우고 앞으로 나아간다. 각각의 수단을 활용하고 얻은 결과의 정서가를 바탕으로 수단을 변경하는 과정은 일상적 적응 과정으로 간주된다. 우리는 심상과 언어의 형태로 목표를 세우고 현재 상태와 목표를 비교한다. 우리는 목표 달성 가능성을 높이기 위해서 필요에 따라 자신의 행동, 즉 수단을 바꾼다. 경기를 하는 도중에 전략을 바꿀지언정 규칙은 의심 없이 받아들이는 것이다. 이때 현재에서 미래로 가는 길은 곧은길이다.

| 혁명적 적응 과정

혁명적 적응 모형은 조금 더 복잡하다. 토머스 쿤의 '과학 혁명'[41] 개념과 유사하다. 앞서 살펴본 회사원이 회의에서 돌아오는 상황을 그려 보자. 그는 회의 시간에 맞춰 도착했고 회의는 그가 생각한 대로 진행됐다. 그가 회의를 이끌자 몇몇 동료들이 다소 짜증스럽고 혼란스럽다는 반응을 보였지만, 그는 자신의 의견이 얼마나 좋은지 그들이 제대로 이해하지 못하고 질투한 탓이라고 생각한다. 그는 회의 결과에 잠정적으로 만족하고, 사무실로 돌아가는 길에 내일 할 일을 떠올린다. 사무실에 도착하자 메시지가 와 있다. 상사의 호출이다. 뜻밖이다. 심장 박동이 약간 빨라지기 시작한다. 좋은 소식이든 나쁜 소식이든 이 소식에 대비할 필요가 있다.[42] 상사가 왜 보자는 거지? 머릿속에 여러 가지 가능성이 떠오르기 시작한다. 어쩌면 회의 성과를 축하해 주려는지도 모른다. 상사를 만나러 가는 길에는 걱정과 희망이 교차한다.

그는 사무실 문을 노크하고 경쾌하게 걸어 들어간다. 상사가 그를 보더니 다소 언짢다는 듯 눈길을 돌린다. 걱정스러운 마음이 커진다. 앉으라는 상사의 몸짓에 그는 자리에 앉는다. 대체 무슨 일일까? 상사가 말한다. "자네에게 나쁜 소식이 있네." 좋지 않다. 바라던 일이 아니다. 심장 박동이 기분 나쁘게 빨라진다. 그는 상사에게 온전히 주의를 기울인다.

상사가 말을 잇는다. "오늘 회의에서 자네 행동이 적절치 못했다는 보고를 여럿 받았네. 자네 동료들은 하나같이 자네가 융통성 없고 고압적으로 행동한다고 여기더군. 또 자네는 주변에서 부족한 점을 지적하면 그걸 잘 받아들이지 못하네. 게다가 이 회사에서 자네가 맡은 역할이 뭔지 제대로 이해하지 못하고 있어."

그는 믿을 수 없을 만큼 충격을 받고 그 자리에 얼어붙는다. 회사 생활 동안 품었던 꿈은 물거품처럼 사라지고 실직과 실패, 그에 따른 사회적 수치를 당할 우려가 그 자리를 대신한다. 숨이 가빠진다. 얼굴이 상기되고 땀이 난다. 그는 공포를 간신히 억누른다. 상사가 이토록 못돼 먹은 인간이라니 믿을 수가 없다.

"자네가 우리 회사에서 일한 지 5년이 됐지." 상사가 말을 잇는다. "이제 자네가 지금보다 더 나은 성과를 낼 수 없다는 게 분명해졌네. 자네는 확실히 이런 일에 적합한 사람이 아닐세. 그리고 능력 있는 동료들의 앞길을 막고 있어. 그래서 우리는 자네와의 계약을 즉시 종료하기로 했네. 내가 자네라면 스스로를 돌아보는 시간을 갖겠네."

그는 지금 막 예상하지 못한 정보를 얻었다. 이 정보는 오전에 평

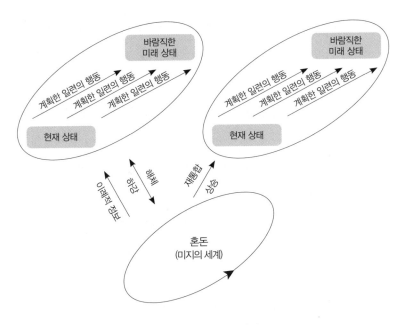

그림 3. 혁명적 적응 과정

정심을 잃게 만들던 이례적이고 짜증스럽지만 사소했던 사건들과는
차원이 다르다. 현재와 이상적 미래에 대한 자기 인식이 돌이킬 수
없을 정도로 잘못되어 있다는 확실한 증거를 마주한 것이다. 모든 게
생각과 달랐다. 아무것도 예상할 수 없고, 모든 게 다 달라 보인다.
그는 충격에 휩싸여 사무실을 떠난다. 왜 이런 일을 미처 예감하지
못했을까? 어떻게 그렇게 잘못 판단했던 걸까?

　어쩌면 모두 날 내쫓으려고 작당했을지 몰라.

　아니야. 그렇게 생각하지 않는 편이 나아.

　그는 망연자실하여 비틀거리며 집에 돌아와서는 쓰러지듯 소파에

앉는다. 꼼짝할 수가 없다. 상처 입은 그는 공포에 휩싸인다. 미쳐 버릴 것 같다. 이제 어쩌지? 사람들 얼굴을 어떻게 보지? 편안하고 예측 가능하고 보람 있는 현재는 사라졌다. 미래는 그의 앞에 구덩이를 파 놓았고, 그는 그 구덩이에 빠져 버렸다. 그 후 한 달 동안 그는 아무것도 할 수 없다. 꼭 혼이 나간 사람 같다. 수면 시간이 불규칙해지고 식욕도 들쑥날쑥해진다. 때로 걱정이 밀려왔다가 절망에 빠지기도 하고 공격적으로 행동하기도 한다. 가족들에게 화를 터뜨리기도 하고 스스로를 괴롭히기도 한다. 자살에 대한 생각도 일어난다. 무슨 생각을 하고 무슨 행동을 해야 할지 도무지 종잡을 수가 없다. 그는 감정이 일으킨 전쟁의 희생자이다.

미지의 사건이 그의 세계를 송두리째 뒤흔들었다. 그는 부지불식간에 예상치 못한 '혁명적' 사건에 노출됐다. 혼돈이 영혼을 집어삼켰다. 그는 장기적 목표를 다시 세워야 하고, 현재 환경에서 일어난 사건들의 정서가를 '재평가'해야 한다. 새로운 정보를 감안해서 모든 것을 완전히 재평가하는 능력은 미지를 탐험하고 새로운 정보를 생성하는 능력보다 훨씬 더 고유한 인간의 능력이다. 때로 우리는 일반적인 해석의 틀로는 도무지 이해할 수 없는 결과를 맞기도 한다. 이 새로운 현상을 탐색하여 발견한 지식을 기존 지식에 통합하는 과정에서 때로는 관련 지식을 재구성할 필요가 생겨난다.[43] 그러면 추후 다시 그 미지의 현상을 맞닥뜨렸을 때 더 이상 기존의 분류 방식으로 인해 제약받지 않게 된다.[44] 현재에서 미래로 나아가는 도중에 때때로 우리의 현재상과 미래상이 완전히 무너지기도 하며, 그 결과 우리가 현재상과 미래상을 재구성해야 한다는 말이다. 흔히 이야기하

듯 사람은 소멸되고 다시 태어나는 시기를 거치면서 비상한다.[45]

크게 '정상 상태, 이례적 사건의 발생, 위기, 시정'[46]의 네 단계로 구성되는 보편적인 인간의 적응 모형은 혁명적 적응 모형(그림 3)으로 귀결된다. 혁명적 적응 과정은 원시적 통과 의례[47]에서부터 정교한 종교 제도의 탄생[48]에 이르기까지 다양한 문화 현상의 기저를 이룬다. 실제로 우리 문화는 '낙원, 혼돈의 조우, 타락, 구원'으로 이어지는 하나의 위대한 이야기의 토대 위에 세워졌다.

실직 후 한 달이 지나자 회사원의 머릿속에 새로운 생각이 떠오른다. 그동안 인정하지는 않았지만 사실 그는 자기 일을 그다지 좋아하지 않았다. 그 일은 주변의 기대 때문에 시작한 일이었다. 일에 최선을 다한 적도 없었다. 사실 주위 사람들이 위험 부담이 크다면서 말렸던 일을 하고 싶었기 때문이다. 오래전 그는 잘못된 선택을 했던 것이다. 그때 포기했던 일을 한번 시도해 보면 길이 열릴지 모른다. 그는 새로운 미래를 그리기 시작한다. 그 일은 안정적이지 않을진 몰라도 정말로 하고 싶은 일이다. 그는 다시 잠을 푹 자고 밥을 제대로 챙겨 먹기 시작한다. 그는 예전보다 말수가 적고 너그러우며 겸손해졌다. 주위 사람들은 그의 변화를 알아차리고 감탄과 질투가 섞인 이야기를 건넨다. 오랜 지병을 털고 일어나 그는 새 삶을 시작한 것이다.

마음의 본질

인간의 기본적 욕구에 대해 고찰해 본 적이 있다면…… 이 욕구들이 저마다 한 번쯤은 철학을 논하면서, 각각 자기가 존재의 궁극적인 목적이자 다른 욕구의 적법한 지배자라고 주장하려 든다는 사실을 깨닫게 될 것이다. 모든 욕구는 지배자가 되길 원하므로, 그런 태도로 이론을 정립하려 한다.[49]

인간은 정녕 신을 섬기기 위해 창조되었다.
우선 음식을 먹이고 옷을 입혀야 하는 신 말이다.[50]

▎상황에 따라 달라지는 사물의 정서적 가치

우리는 보편적으로 좋은 것과 나쁜 것의 목록을 만들 수 있다. 내가 만든 목록은 다른 사람들의 눈에도 그럴 듯해 보일 수 있는데, 그것은 우리가 대체로 일반적이고 예상할 수 있는 방식으로 의미를 판단하는 경향이 있기 때문이다. 단순한 예로 입맛에 맞는 음식은 좋은 것이며, 머리를 가격당하는 것은 그 세기에 비례해서 나쁜 것이다. 보편적으로 좋은 것과 나쁜 것들은 조금만 생각하면 줄줄이 늘어놓을 수 있다. 물, 쉼터, 온기는 좋은 것이다. 질병, 가뭄, 기아, 전쟁은 나쁜 것이다.

사물의 의미를 판단할 때 그 판단 결과가 본질적으로 유사하기 때문에 우리는 어떤 사물의 좋고 나쁨이 고정되어 있다고 결론 내리기 쉽다. 하지만 우리가 현실을 주관적으로 해석하며, 그 해석이 가치 평가와 행동에 영향을 미친다는 사실은 단순한 그림을 복잡하게 만든다. 우리는 좋은 것을 획득하고 나쁜 것을 회피하기 위해서 일하고 노력하며 난관을 이겨 낸다. 하지만 음식이 풍족하다면 음식을 얻으려 열심히 일하지는 않을 것이다. 심지어 내가 배고픈 상황이 적이 굶주리는 상황을 의미한다면 기꺼이 배고픔을 감수하기도 한다. 우리의 예상과 기대와 바람에 따라 사물에 대한 가치 평가는 지극히 달라진다. 우리에게는 사물의 가치를 일반화하는 능력이 있긴 하지만, 사물에는 절대적으로 '고정된' 의미란 없다. 따라서 이 세계의 의미를 결정하는 것은 개인의 선호이다(물론 개인의 선호에도 제약이 따른다!).

사물에 부여되는 의미는 한결같지 않다. 누군가에게 중요한 것이 다른 누군가에게는 중요하지 않을 수 있다. 마찬가지로 아이의 욕구와 바람은 어른의 욕구와 바람과는 다르다. 사물은 우리가 품은 목표와 어떤 관련이 있느냐에 따라 그 의미가 엄청나게 달라진다. 목표가 변하면 그 목표에 수반된 기대와 소망이 바뀌고, 의미도 변한다. 우리는 사물의 가치에 대해서 전반적으로 동의하면서도 사물을 개인 고유의 방식으로 경험한다. 개인적으로 추구하는 목표와 기대하고 바라는 결과가 경험의 의미를 결정한다. 이는 실존주의 심리치료사 빅터 프랭클의 강제수용소 체험기 『죽음의 수용소』에서 여실히 드러난다.

아우슈비츠에서 다카우에 소속된 수용소로 이송되는 길에 있었던 일화를 예로 들어 보겠다. 호송 기차가 다뉴브강을 가로지르는 어떤 다리에 가까워질수록 우리의 긴장감은 더욱 팽팽해졌다. 경험 많은 수감자들이 마우트하우젠으로 가는 기차는 이 다리를 통과할 것이라고 말했기 때문이다. 비슷한 일을 겪어 보지 않은 사람들은, 수감자들이 기차가 다리를 건너는 대신 '그저' 다카우를 향해 달리는 것을 보고 객차에서 기쁨의 춤을 추는 광경을 도저히 상상할 수 없을 것이다.

그리고 이틀 낮 사흘 밤을 꼬박 달려 그 수용소에 도착했을 때 무슨 일이 일어났는지 아는가? 객차의 바닥은 모든 사람이 한꺼번에 웅크려 앉기에도 공간이 여의치 않았다. 그래서 우리 중 태반이 오는 내내 서 있어야 했으며, 몇몇은 번갈아 가며 드문드문 깔린, 그나마도 오줌에 흠뻑 젖은 짚더미에 쭈그려 앉았다. 우리가 수용소에 도착했을 때, 기존의 수감자들에게 들은 가장 중대한 소식은 비교적 작은 이 수용소(그곳의 수감자는 2,500명이었다)에는 '시체 소각로'도, 화장터도, 가스실도 없다는 점이었다! 그 말은 더는 작업 능력이 없는 '무슬림'이 되어 버린 사람도 곧장 가스실로 끌려갈 일은 없으며, '병상 호송차'가 아우슈비츠로 돌아가도록 재배치될 때까지 그 일이 미루어진다는 것을 의미했다. 이러한 뜻밖의 기쁨에 우리 모두는 기분이 좋았다. 아우슈비츠 수용소에서 우리 막사의 상급 간수가 바라던 일이 이렇게 이루어졌다. 우리는 아우슈비츠와는 달리 '굴뚝'이 없는 수용소로 가능한 한 빠르게 들어섰다. 그리고 그 후 몇 시간 동안 겪어야 했던 고초에도 아랑곳하지 않고 웃으며 농담을 지껄였다.

새로 들어온 수감자의 수를 집계하는데 한 사람이 사라지고 없었다. 그래서 우리는 실종자를 찾을 때까지 쌀쌀한 바람과 비를 맞으며 밖에서 대기해야 했다. 마침내 그가 막사 안에서 지쳐 쓰러지듯 잠에 빠진 상태로 발견되었다. 곧 점호는 기합 행렬로 바뀌었다. 오랜 여정에 무리한 상태였음에도 밤이 새고 이튿날 아침이 한참 지나도록 우리는 온

몸이 흠뻑 젖어 꽁꽁 언 채 밖에 서 있어야 했다. 그렇다 하더라도 참으로 매우 기쁘지 않았겠는가! 이 수용소에는 굴뚝이 없고, 아우슈비츠는 까마득히 먼 곳에 있었으니 말이다.[51]

세상에 강제수용소만큼 두려운 곳은 없을 것이다 그 수용소가 예상보다 나은 경우를 제외하면 말이다. 희망과 바람, 소망은 환경에 따라 변화하는 조건부의 것으로, 사물에 확실한 의미를 부여하고, 더 나아가 사물을 이해하는 맥락으로 작용한다. 우리는 타인, 적어도 우리가 잘 아는 사람이나 세계관을 공유하는 사람과 비교적 변하지 않는 인생의 '조건'을 공유하는데, 이 때문에 사물에 얼마간 고정된 의미가 있다고 추정한다. 이와 같이 문화적으로 의미가 결정된 사물은 당연시되기 때문에 눈에 띄지 않으며, '환경 자극'에 대한 정서 반응을 결정한다. 우리는 그것이 세계의 영구한 속성이라고 생각하지만 사실은 그렇지 않다. 우리가 처한 상황, 그러니까 '해석의 맥락'이 되는 상황은 어느 때고 극적으로 변할 수 있다. 그렇지 않다면 굉장히 운이 좋은 것이다. 하지만 우리는 이런 행운을 의식하지 못할 때가 많다.

사물의 객관적 특성을 관찰해서는 그 사물이 의미가 있는지 없는지, 의미가 있다면 그것은 무엇인지 최종적으로 결정할 수 없다. 가치는 객관적 현실과 달리 변화한다. 더 나아가 '현실'에서는 '가치'를 끌어낼 수 없다(이것이 데이비드 흄이 말한 자연주의적 오류*이다). 하지만

---

* 현상과 당위를 혼동하는 것. 즉 자연에 있는 것이기 때문에 좋은 것이라고 판단하는 오류이다. 예를 들어 적자생존이 자연에 존재하는 법칙이라는 이유로 적자생존이 좋고 바람직하다고 판단하는 것이다.

어떤 사물이 존재 혹은 결핍할 때 우리가 행동하는 방식을 관찰하면, 그 사물의 조건부 의미를 밝힐 수 있다. 상황(대상이나 과정)은 적어도 주관적 경험 세계에서는 행동의 결과로 나타난다. 예를 들어 A라는 행동이 B라는 현상을 불러일으킨다고 해 보자(우리가 항상 특정 맥락에서 하는 행동에 대해 이야기한다는 사실을 기억하자). 그 결과 행동 A의 빈도가 증가했다. 그러면 우리가 관찰한 행위자는 관찰된 상황이라는 특정 맥락 안에서 B라는 현상을 긍정적으로 여긴다고 추론할 수 있다. 만약 행동 A의 빈도가 감소한다면 당연히 정반대의 결론에 이를 것이다.

행동심리학자 B. F. 스키너B. F. Skinner는 강화물을 특정 행동의 빈도를 변화시키는 자극으로 정의했다.[52] 그는 강화가 일어나는 심리적 원인이나 정신적 기제에는 관심이 없었다. 그보다는 정의할 수 있는 대상을 연구했다. 만약 어떤 자극이 어떤 행동이 나타나는 빈도를 증가시켰다면 그것은 긍정적인 자극이다. 만약 어떤 자극이 어떤 행동의 빈도를 감소시켰다면 그것은 부정적인 자극이다. 물론 스키너도 자극의 정서가가 맥락에 따라 달라진다는 사실을 인식했다. 먹이가 긍정적인 강화물이 되려면 동물은 먹이를 박탈당하여 굶주린 상태여야 했다. 동물이 먹이를 먹고 허기가 줄면 먹이가 강화물로서 갖는 정서가와 효력은 줄어든다.

스키너는 동물(혹은 인간)의 심리 상태에 대한 논의가 불필요하다고 믿었다. 동물의 강화 내력만 알아내면 어떤 자극이 긍정적 정서가를 가질지 부정적 정서가를 가질지 알 수 있다고 여긴 것이다. 이 주장의 근본적인 문제는 비효율적이라는 것이다. 동물의 강화 내력, 특히 인간처럼 복잡하고 수명이 긴 동물의 강화 내력은 전부 알아낼 방법이 없다. 이것은 마치 "어떤 동물에게 일어난 모든 일을 알아야 한다."는 말이나 "우주에 존재하는 모든 입자의 현재 위치와 운동량을 알면, 미래의 위치와 운동량을 모두 밝힐 수 있다."는 구세대 결정론자의 주장과 유사하다. 모든 입자의 현재 위치와 운동량을 알아내는 건 불가능하다. 그 많은 입자를 모두 알 수도 없을 뿐더러 불확정성의 원리 때문에 어차피 측정 자체가 불가능하다. 이와 마찬가지로 강화 내력을 전부 알아낼 수도 없을뿐더러, 설사 알아낼 수 있다 한들 조사 과정에서 그 내력이 변하게 된다는 말이다.

스키너는 매우 단순한 실험 상황으로 연구 주제를 제한하여 '직전에 일어난 강화 내력만이 맥락을 결정하도록' 함으로써 이 문제를 해결했다. 이렇듯 은연중에 제한을 둔 덕분에 그는 근본적인 문제를 피할 수 있었지만 그 결과 잘못된 일반화를 하게 됐다. 실험 대상인 쥐를 충분히 오래 굶기면 6개월 전에 그 쥐가 어미와 어떤 관계를 맺었는지는 아무 상관이 없어진다. 오래 굶었다는 단기적 사실이 적어도 해당 실험 조건 아래서는 쥐의 개별성을 뛰어넘으며, 그 결과 그 차이는 편리하게 무시할 수 있게 된다. 이와 유사하게 인간도 심각하게 굶주리면 음식에 관심을 갖게 될 것이라고 확신할 수 있다. 하지만 이런 극단적인 경우에서조차 우리는 이 관심이 어떻게 발현될지, 어떤 도덕적 고려가 매개적인 혹은 결정적인 역할을 할지 예측할 수가 없다. 알렉산드르 솔제니친Alexnader Solzhenitsyn은 정치범으로 몰려 구소련의 '수용소 군도'에서 보낸 시간 동안 이런 문제를 목격했다.

1946년 사마르카 수용소에서 한 무리의 지식인들이 죽음의 문턱에 이르렀다. 그들은 굶주림과 추위, 힘에 부치는 노동으로 지쳐 있었다. 심지어 잠도 제대로 잘 수 없었다. 그들에게는 몸 뉘일 곳도 없었다. 막 사가 아직 지어지지 않았기 때문이다. 그럼 도둑질이라도 하러 갔을까? 아니면 동지를 밀고했을까? 몰락해 버린 인생에 대해 투덜거렸을까? 아니다! 몇 주도 아니고 며칠 앞으로 다가온 자신의 죽음을 예견한 이 지식인들은 벽에 등을 기대고 앉아 잠이 오지 않는 마지막 여가를 이렇게 보냈다. 티모페예프레소프스키가 그들을 모아 '토론식 수업'을 열고, 참가자들은 자신만 알고 다른 사람들은 모르는 지식을 서둘러 나누었다. 그들은 서로를 대상으로 마지막 수업을 했다. 사벨리 신부는 부끄럽지 않은 죽음에 관해 이야기했고, 대학 출신 사제는 교부학에 관해, 귀일교회의 한 교인은 교의학과 교리 서적에 관해 강의했다. 전기 기사는 미래 에너지학의 원리를, 레닌그라드 출신 경제학자는 소비에트 경제 원칙을 세우려는 노력이 새로운 아이디어를 내지 못해 실패한 과정을 이야기했다. 한 수업, 한 수업이 끝날 때마다 모습을 보이지 않는 참가자가 생겨났다. 그들은 이미 시체 안치실에 누워 있었다.

이 지식인들은 시시각각 다가오는 죽음에 무감각해진 데 반하여, 이 모든 것에는 관심을 보였다. 바로 이들이 진정한 인텔리 아니겠는가![53]

과거의 경험(학습)은 단순히 하나의 '조건'으로 작용하지 않는다. 그보다는 주어진 상황을 분석하는 준거 틀로 활용되어 맥락의 특성을 결정짓는다. 이런 인지적 준거 틀은 과거의 학습, 현재의 경험, 미래의 소망 간의 관계를 매개한다. 이 매개 요인은 추상화된 관념이 실재하듯 실재하는 현상으로서 과학적 탐구 대상이 될 만하다. 매개 요인 자체는 해석되지 않은 데다 측정할 수 없는 단순한 강화 내력의 총합보다 훨씬 간단하게 설명되고, 쉽게 관련된 정보를 얻을 수 있다. 또한 학습의 결과로 그 구조가 달라지며, 현재 경험의 정서가를 명확히 보여 준다. 주어진 시공간 안에서 무엇이 좋은지 나쁜지, 관련이 있는지 없는지를 결정하는 것이다. 게다가 타인의 행동을 관장하는 준거 틀을 추론해 보는 행위, 쉽게 말해 타인의 눈으로 세상을 보려는 행위는 강화 내력을 세세하게 이해하려는 시도보다 훨씬 더 유용하고, 광범위하게 일반화할 수 있으며, 인지 자원도 적게 소모한다.

초기 행동주의자들이 언급했듯이 정서가는 긍정적일 수도, 부정적일 수도 있다. 하지만 이 두 가지를 단순히 양극단에 있는 것으로 볼 수는 없다.[54] 이 두 상태는 서로를 억제하기는 하지만 각각 독립적인 것으로 보인다. 더 나아가 적어도 한 번씩은 세분화할 수 있다. 예를 들어 긍정적인 정서가를 지닌 사물은 만족감satisfaction을 줄 수도, 기회promise를 줄 수도 있다. 각각을 성취 보상consummatory reward, 유인 보상incentive reward이라 한다.[55] 우리에게 만족감을 주는 것들은 대개 소모되어 없어진다. 예를 들어 음식은 배고픈 사람에게 성취 보상이 된다. 다시 말해서 성취 보상은 특정 상황에서 만족감을 준다. 이와 유사하게 물은 목마른 사람에게 만족감을 준다. 욕정에 사로잡힌 사람에게는 성행위가, 집 없는 사람에게는 온기가 보상이 된다. 앞서 예로 든 것보다 더 복잡한 자극도 만족감을 줄 수 있다. 모든 것은 당사자가 지금 무엇을 바라는지 그리고 그 바람이 어떻게 사그라지는지에 달려 있다. 예를 들어 심하게 매질을 당하리라라고 예상했던 사람은 가벼운 질책을 받고 넘어가면 안도감을 느낀다. '예상된 처벌의 부재'는 보상으로서 꽤 효과가 좋다(실제로 폭군들이 즐겨 사용한다). 우리는 어떤 형태로든 만족을 경험하면 포만감이나 평온하고 나른한 기쁨을 느끼고 특정 목적을 달성하기 위한 행동을 잠정적으로 중단한다. 하지만 만족스러운 경험 이후에 종료된 행동은 미래에 본능적이고 자발적으로 욕구가 되살아나면 다시 나타날 공산이 크다.

기회는 만족감처럼 긍정적인 정서가를 갖지만 만족보다는 의미가 조금 더 추상적이다. 기회란 성취 보상이나 만족을 암시하는 단서로, 바라는 대상을 곧 획득하게 될 것임을 시사한다. 비교적 추상적인 특성이기 때문에 '이차적'이라거나 과거에 그러했듯이 '학습이 필요한' 것으로 생각될 수도 있지만 그렇지 않다. 잠재적 만족에 대한 반응은 만족 그 자체에 대한 반응만큼이나 기본적이고 일차적이다. 만족을 줄 단서로서 기회는 '유인 보상'이라고 부르는데, 단서가 이끄는 대로 만족을 획득할 만한 장소로 움직이게 하는, '전방 이동forward locomotion'을 유도하기 때문이다.[56] 우리는 보상과 관련된 단서에 노출되면 호기심[57], 희망[58], 가벼운 흥분을 느끼면서 앞으로 나아간다.[59] 기회를 부르는 행동 역시 만족을 일으키는 행동과 마찬가지로 시간이 흐름에 따라 빈도가 증가한다.[60]

부정적인 정서가는 긍정적인 정서가와 같은 구조를 이루며, 처벌punishment과 위협threat으로 나뉜다.[61] 처벌은 다양한 자극이나 맥락이 될 수 있지만, 모두 한 가지 특성을 공유한다. 잠정적 혹은 확정적으로 한 가지 이상의 수단을 사용하거나 목표를 성취할 수 없는 상태라는 것이다. 누구에게나 처벌로 경험되는 자극도 있다. 바로 만족스러운 경험이나 이상적 미래상이 무엇이든, 그것을 성취하기 위한 계획의 실현 가능성을 낮추는 자극이다. 신체적 상해를 일으키는 대다수 자극이 이 범주에 들어간다. 조금 더 일반적으로는 음식, 물, 최적 온도[62], 사회적 접촉[63] 등을 비자발적으로 박탈당한 상태, (예상된 보상의 부재[64]로 인한) 실망[65]과 좌절[66], 심각한 상해를 일으키는 자극 등이 바로 처벌이다. 우리는 처벌을 받으면 하던 행동을 중단하거나 후퇴하며(후방 이동backward locomotion[67]), 흔히 고통스럽고 쓰라린 감정을 느낀다. 처벌과 상처 때문에 중단된 행위는 대체로 시간이 흐름에 따라 빈도가 감소하면서 소멸된다.[68]

위협은 처벌과 마찬가지로 부정적인 정서가를 지니며, 기회와 마찬가지로 가능성을 나타낸다. 하지만 위협은 보상이 아니라 처벌로 인한 상처나 고통을 경험할 가능성을 나타낸다. 즉 처벌의 단서로, 처벌을 받을 가능성이 높다는 것을 의미한다.[69] 위협은 기회처럼 추상적이다. 하지만 기회와 마찬가지로 이차적이라거나 학습되어야 하는 것은 아니다.[70] 한 예로 우리는 예기치 못한 현상을 본능적으로 위협이라고 인식한다. 위협에 맞닥뜨리면 우리는 하던 일을 멈추고 불안을 경험한다.[71] 뱀과 같이 본능적으로 두려움을 불러일으키는 자극도 마찬가지이다.[72] 어떤 행동이 처벌의 단서 혹은 불안한 상황을 야기하는 위협으로 인해 중단되었다면, 그 행동은 시간이 흐르면서 빈도가 줄어드는 경향이 있다.[73] 즉각적인 처벌과 효과가 비슷한 것이다.

단순하게 말하면 만족감과 기회는 좋고, 처벌과 위협은 나쁘다. 좋은 사물을 맞닥뜨리면 우리는 앞으로 나아가고,[74] 희망과 호기심, 기쁨을 느끼며 소비한다(사랑을 나누고 먹고 마신다). 싫어하는 사물을 맞닥뜨리면 우리는 하던 행동을 멈추고, 불안감을 느끼며, 뒤로 물러선다(고통, 실망, 좌절감, 외로움을 느낀다). 익숙한 일을 할 때처럼 우리가 스스로 무슨 행동을 하고 있는지 잘 알고 있는 상황은 이렇듯 기본적인 반응 양식으로도 충분히 설명이 된다.

하지만 일상적으로 마주하는 상황은 거의 대부분 이보다 훨씬 더 복잡하다. 만약 사물이 늘 단순하게 긍정적이거나 부정적이라면, 그 것을 판단해서 언제, 어떻게 행동을 수정해야 할지 생각할 필요가 없다. 사실상 생각 자체를 할 필요가 없다. 하지만 우리는 좋으면서 동시에 나쁘기도 한, 양가적인 의미를 지닌 사물을 끊임없이 마주한다.[75] 예를 들어 치즈 케이크는 당장 주린 배를 채워 줄 수 있지만(좋은 점), 사회적으로 바람직하다고 여겨지는 호리호리한 몸매에서 멀어지게 한다(나쁜 점). 배변 훈련을 마친 지 얼마 안 된 아이가 지금 막 이불에 오줌을 눴다면, 생물학적으로 중요한 목표를 달성했다는 만족감을 느끼는 동시에 사회적으로 마주칠 결과를 걱정하게 될 것이다. 대가 없이 주어지는 것은 없다. 따라서 사물의 의미를 평가할 때는 항상 그 대가를 감안해야 한다. 의미는 맥락에 따라 달라지며, 맥락은 목표와 바람과 소망으로 이루어진다. 우리에게는 여러 가지 목표가 있으며, 한 가지 목표를 좇다 보면 종종 다른 목표를 달성할 가능성(혹은 타인이 목표를 달성할 가능성)이 낮아진다. 이는 인간의 적응 과정에 갈등을 일으킨다.

사물이 양가적 의미를 지닐 때, 우리는 사물의 가치를 이야기라는 테두리에서 해석함으로써 이 문제를 해결한다. 이야기는 경험과 가능성을 담은 가변적인 지도이며, 그 구체적인 내용은 신체적 욕구에 영향을 받는다. 중추신경계는 자동화된 여러 하위 조직으로 이루어진 생물학적 조절 장치이다. 예를 들어 체온의 항상성을 유지하고, 적절한 칼로리 섭취를 보장하고, 혈액 속 이산화탄소 농도를 점검한다. 각각의 하위 조직은 저마다 임무를 맡고 있다. 특정 시간 안에 임무를 수행하지 못하면 전체 조직이 영원히 기능을 멈출 수도 있다. 그러면 아무것도 성취할 수 없다. 그러므로 우리는 생존을 위해 반드시 뭔가 조치를 취해야 한다. 그렇다고 해서 우리 행동이 어떤 단순한 방식으로 결정되어 있다는 뜻은 아니다. 인간은 갈증, 배고픔, 기쁨, 욕정, 분노와 같은 본능을 담당하는 하위 조직을 가지고 있지만, 이것이 행동을 직접 통제하거나 우리를 자동화된 기계로 만드는 것은 아니다. 그보다는 우리의 환상과 계획에 영향력을 행사하면서 목표 및 이상적 미래의 내용과 우선순위를 수정한다.

기초 하위 조직은 저마다 순간순간 가장 유효한 목표에 관해 특정하고 단일한 심상을 갖고 있다. 며칠 동안 먹지 못한 사람의 이상적 미래상에는 음식을 먹는 심상이 포함될 것이다. 마찬가지로 한동안 물을 마시지 못한 사람에게는 물을 마시는 것이 목표가 될 것이다. 우리는 인간으로서 기본적인 생물학적 구조를 공유하며, 그 때문에 무엇을 중요하게 여겨야 할지에 관해 (적어도 특정한 맥락 안에서는) 대체로 동의하는 편이다. 이는 본질적으로 우리가 어떤 개인이나 사회가 어느 순간에 가치 있다고 여길 만한 대상을 '확률적으로' 추론할 수 있음을 의미한다. 더 나아가 계획적인 박탈을 통해서 추정의 정확도를 높일 수도 있다. 박탈은 해석의 맥락을 구체화하기 때문이다. 그럼에도 우리는 복잡하고 일상적인 사건의 흐름 속에서 누군가가 무엇을 원할지 절대 확실히 알 수는 없다.

특정 생물학적 목표가 다른 목표를 저해할 때 사물의 의미를 판단하는 과정은 점점 더 복잡해진다.[76] 예를 들어 성욕, 죄책감, 추위, 갈증, 두려움을 동시에 느낀다면 무엇을 목표로 행동해야 할까? 먹을 것을 얻으려면 도둑질을 할 수밖에 없는데, 자기와 마찬가지로 배고프고 연약한 사람에게서 도둑질을 해야 한다면 어떻게 해야 할까? 우리가 지닌 욕구들이 서로 경쟁할 때, 다시 말해서 하나를 원하면 다른 하나 혹은 여러 가지를 잃을 가능성이 높을 때 어떻게 행동해야 할까? 이 전문화된 하위 조직들이 한순간이라도 지금 가장 우선적으로 추구해야 할 목표가 무엇인지에 관해 합의하리라고 생각할 수는 없다. 이 사실은 인간이 '본질적으로 심리적 갈등을 겪기 쉽고', 그에 따라 정서 조절에 어려움을 겪음을 의미한다. 우리는 이 갈등을 해소하기 위해 환경이나 신념을 변화시키며, 희망과 만족을 키우고 두려움과 고통을 줄이기 위해 자신과 주위 사물을 변화시킨다.

우리가 바라는 여러 이상적 미래상의 상대적 가치를 결정하고 어떤 수단을 사용할지 적절한 우선순위를 결정하는 일은[77] 상위 조직인 대뇌피질이 담당한다. 대뇌피질은 계통발생학상 비교적 최근에 만들어진 조직으로, 뇌에서 고등한 집행 기능[78]을 담당하며, 최적의 상태에서라면 모든 욕구를 고려해서 그 욕구를 표출할 적절한 방법을 결정한다. 우리는 매 순간 무엇을 중요하게 여길지를 결정하는데, 이때 우리의 생존을 보장하고 각기 다른 측면에서 우리를 보존하게 하는 하위 신경 조직들은 저마다 이 결정에 참여할 권리를 갖고 있다. 인간이라는 왕국을 구성하는 각 부분은 다른 부분이 정상적으로 작동해야 제대로 기능할 수 있다. 그러므로 그중 하나를 완전히 무시하면 모든 것을 잃을 위험에 처한다. 한 하위 조직의 요구를 무시하면, 그 조직은 나중에 부당한 억압을 당했다고 주장하면서 예기치 못한 순간에 우리의 마음을 사로잡고 우리를 예기치 못한 미래로 이끌어 갈 것이다. 그러므로 최적의 길을 찾기 위해서는 우리 내부의 공동체인 기본적인 생리 욕구들을 적절히 고려해야 한다.

더불어 인간은 사회적 맥락 안에서 목표를 추구하기 때문에 타인의 평가나 행동 역시 정서와 동기에 영향을 미친다. 따라서 상위 조직은 자기 내부의 모든 욕구와 타인들의 욕구를 동시에 충족시킬 수 있는 상태로 만드는 것을 '공적인' 목표로 삼는다. 이러한 상위 목표, 즉 이론적으로 모두가 지향하는 미래상은 흔히 암묵적인 환상이자 약속의 땅에 대한 지도이다. 이 지도는 견디기 어려운 현재와의 관계 속에서 그려진 이상적 미래상이며, 여기에는 현재를 미래로 바꾸기 위한 구체적인 계획이 담겨 있다. 인생의 의미는 본질적으로 이 해석의 맥락에 따라 달라진다.

우리는 반드시 소중히 여겨야 하는 것들 중에서 스스로가 마땅히 소중히 여겨야 할 것을 선택한다. 그러므로 넓은 의미에서 우리의 선택은 예측 가능하다. 생존을 위해 반드시 해야 하는 행동들이 있기 때문이다. 하지만 이런 예측에는 제약이 있다. 우리가 살고 있는 세계는 무척이나 복잡해서 문제를 해결하는 방식은 물론이고 그 해결 방식의 정의마저 다양하기 때문이다. 우리 자신을 포함해서 사람들에게 가장 적절한 해결책이 무엇일지, 사람들이 가장 많이 선택하는 해결책이 무엇일지는 적어도 일반적인 상황에서는 정확히 예측할 수 없다. 우리는 이와 같이 뿌리 깊은 무지 속에서 순간순간 추구해야 할 가치 있는 목표가 무엇인지 판단하고, 그 목표를 추구하는 동안 잠시나마 무엇을 무시해도 좋을지를 결정하고 나서 행동에 돌입한다. 우리가 행동하고, 그로 인해 바라는 결과를 얻을 수 있는 것은 접근 가능한 모든 정보를 활용하여 가치 판단을 내리기 때문이다. 우리는 어느 시공간 안에서 무엇이 소유할 가치가 있는지를 결정하고, 그것을 목표로 삼는다. 그러한 목표가 생기는 순간 그 사물에는 '만족', 즉 성취 보상이라는 의미가 부여된다. 사물은 정서가를 획득하는 것만으로도 충분히 가치 있는 것으로 '간주된다'.

이것이 바로 인간의 상위 언어 및 인지 체계가 정서를 조절하는 방식이다. 이런 이유로 인간은 '한낱 상징에 불과한' 목표를 향해서 나아갈 수 있는 것이다. 연극과 문학[79], 스포츠 경기가 인간에게 지대한 영향을 미치는 이유도 여기에 있다. 하지만 어떤 사물이 갈망의 대상이라는 이유만으로 그것을 획득하는 것이 생존을 보장하지는 않는다. 우리가 어떤 사물을 가치 있게 여긴다고 해서 거기에 애초에 없던 가치가 떡하니 생기지도 않는다. 그러므로 살아남고 싶다면 생물학적 욕구에 바탕을 두고, 과거 경험을 바탕으로 '타당한' 목표를 세워야 한다. 우리가 타고난 한계에 대처하고, 우리에게 유전된 생물학적 하위 조직을 만족시키며, 영원히 먹이고 입혀 달라고 요구하는 이 초월적 '신들'을 기쁘게 해 줘야 한다는 게 고려된 타당한 목표 말이다.

타당한 목표를 세워야 한다고 해서 실제로 모든 목표가 타당하다거나 타당해질 것이라고 추정할 수는 없다. 또 무엇이 과연 '타당한' 목표인지 쉽고 확실하게 결정할 수 있는 것도 아니다. 누군가에게는 약이 다른 누군가에게는 독이 되기도 한다. 이상적 미래와 해석된 현재의 내용도 사람마다 다르다. 예를 들어 거식증 환자는 생명을 부지하기 어려울 정도로 마른 몸매를 목표로 삼는다. 그래서 음식을 처벌이나 위협처럼 회피해야 할 대상으로 여긴다. 신념은 단기적으로 거식증 환자가 초콜릿의 정서가를 결정하는 데 커다란 영향을 미치겠지만, 그 환자가 굶어 죽지 않게 보호해 줄 수는 없다. 권력에 눈이 먼 사람은 한낱 야망을 이루기 위해 무엇이든, 심지어 가족까지도 희생한다. 공감과 배려는 시간이 많이 걸리는 일이기 때문에 그가 궁극적인 가치를 부여하는 성취에 방해가 될 뿐이다. 성공의 가치를 절대시하는 사람은 사랑마저 위협이나 좌절로 치부한다. 신념은 음식이나 가족과 같이 중요하고 근본적인 것에 이르기까지 모든 것에 대한 반응을 뒤바꾼다.

그럼에도 우리는 여전히 생물학적 한계를 지니고 살아간다. 특히 어떤 준거 틀(구체적인 목표)에서는 특정한 의미가 있지만, 똑같이 혹은 더 중요한 다른 준거 틀에서는 그 의미가 다르거나 정반대인 사물의 경우 그것의 가치를 결정하기란 어렵다. 이런 방식으로 존재하는 자극은 '인류가 미처 해결하지 못한 적응 과제'가 된다. 그런 자극은 수수께끼 같아서 우리는 그 자극이 존재할 때 어떻게 행동해야 할지 알 수 없게 된다. 가장 기본적인 수준에서 멈춰야 할지, 소비해야 할지, 앞으로 나아가야 할지, 뒤로 물러서야 할지, 또 불안, 만족, 고통, 희망 중에서 어떤 감정을 느껴야 할지 모르게 되는 것이다. 어떤 사물은 적어도 현재 사용하는 준거 틀에서는 만족을 주는지 처벌을 주는지 확실하기 때문에 그 가치를 단순하게 판단할 수 있다. 하지만 의미가 모순되고 모호한 사물도 많다. 예를 들어 단기적으로는 만족이나 희망을 주지만 중장기적으로는 처벌로 작용하는 사물도 많다. 이런 상황은 인간의 평가 체계가 완벽한 적응을 보장할 만큼 정교하지는 않으며, 아직은 불완전하다는 사실을 여실히 보여 준다.

두뇌 하나가 통에 담긴 채 지금 막 선로의 분기점으로 달려가는 전차 바퀴에 연결되어 있다. 이 두뇌는 전차가 어느 길로 갈지 결정할 수 있다. 오른쪽 선로 아니면 왼쪽 선로, 선택지는 두 가지밖에 없다. 탈선하거나 전차를 멈출 방법은 없고, 두뇌도 이 사실을 잘 알고 있다. 오른쪽 선로에는 존스라는 철도원 한 사람이 있고, 전차가 오른쪽 선로를 택하면 그는 죽을 수밖에 없다. 만약 존스가 살아남는다면, 그는 다섯 명의 남자를 죽이고 서른 명의 고아를 구할 것이다(이 다섯 남자 중 하나가 그날 밤 고아들이 탄 버스가 건너게 될 다리를 폭파할 계획을 세우고 있다). 죽을 운명에 처한 고아들 중 한 명은 자라서 선량하고 실리적인 사람들이 악행을 자행하게 만드는 폭군이 되고, 다른 한 명은 존 수누누*가 되고, 또 다른 한 명은 자라서 고리로 따는 캔을 발명한다.

만약 두뇌가 왼쪽 선로를 택하면 다른 철도원인 레프티가 전차에 치어 죽고, 인근 병원에서 심장을 기증받지 못하면 죽게 될 열 명의 환자에게 이식될 열 개의 심장이 전차에 치여 망가지게 된다. 이 환자들이

---

* 뉴햄프셔주 주지사를 역임하고 조지 부시 대통령 아래에서 대통령 수석 보좌관을 역임한 정치가.

이식받을 수 있는 심장은 이것들뿐이고, 두뇌는 이 사실을 잘 알고 있다. 레프티 역시 인근 병원에서 이식될 심장을 싣고 급히 달리다가 다섯 명의 남자를 죽이게 될 것이다. 그 결과 그는 버스에 탄 고아들을 구하게 된다. 레프티가 죽일 남자 중 하나는 그 두뇌가 전차를 조종하도록 만든 장본인이다. 열 개의 심장과 레프티가 전차에 치이면, 심장 이식을 받을 예정이던 환자 열 사람의 신장은 신장 이식 환자 스무 사람의 목숨을 구하게 되는데, 그중 한 사람은 자라서 암을 치료하는 의사가 되고, 다른 한 사람은 자라서 히틀러가 된다. 이들은 다른 신장을 기증받을 수도 있고 혈액 투석을 받을 수도 있지만 두뇌는 이 사실을 알지 못한다.

이 두뇌가 어떤 결정을 내리든지, 그 결정이 통 속에 들어 있는 다른 두뇌들에게 본보기가 돼서 그 결정의 파급력이 배가된다고 가정해 보자. 또 두뇌가 오른쪽 선로를 선택하면 전쟁 범죄는 없지만 부당한 전쟁이 일어나고, 왼쪽 선로를 선택하면 전쟁 범죄가 난무하는 정당한 전쟁이 일어난다고 가정해 보자. 게다가 데카르트적인 악마가 이따금 두뇌에게 너는 자신이 속고 있는지 아닌지 절대 알 수 없을 것이라며 기만한다고 가정해 보자.

여기서 질문. 도덕적 관점에서 두뇌는 어떻게 행동해야 할까?[80]

우리는 동시에 두 가지 행동을 할 수 없다. 앞으로 나아가는 동시에 뒤로 물러설 수 없고, 멈추는 동시에 움직일 수 없다. 의미가 모호한 자극에 맞닥뜨릴 때 우리는 갈등을 겪는다. 이런 갈등을 풀어야 적응 행동이 가능해진다. 예측할 수 없이 혼란하고 위협적이며 위험한 상황에서 우리는 조화될 수 없는 여러 가지 일들을 동시에 처리하고자 하지만, 실제로는 한 번에 한 가지 일밖에 할 수 없기 때문이다.

| 우리가 '미지의 영역'에 적응해야 하는 이유

어떤 사물에 모순적인 여러 가지 의미가 동시에 존재할 때 이 딜레마를 해결하는 방법은 두 가지이다(물론 여러 다른 방식으로 회피할 수도 있다). 하나는 더 이상 원치 않는 결과나 해석할 수 없는 결과가 나오지 않도록 '행동을 수정하는 것'이다. 또 하나는 사물이 더 이상 모순된 의미를 갖지 않도록 '가치 평가의 맥락을 재구성'하는 것이다. 다시 말해 목표와 현재 상태에 대한 해석을 수정하는 것이다. 이 과정에는 의도적인 재평가가 일어나며, 이전에 적절하거나 중요하다고 판단했던 사물이 철저히 분석되고 재검토된다.

그러므로 의미가 불확실한 사물은 우리의 적응력을 시험한다. 주변 환경을 재평가하고 현재 행동을 바꾸도록 우리를 떠민다. 이런 일은 어떤 사물이 하나의 관점에서는 통제가 되지만, 다른 관점에서는 문제가 되거나 통제를 벗어날 때 일어난다. 통제 범위 밖에 있다는 말은 예측이 불가능하다는 뜻으로, 우리가 그런 대상과 상호작용할 때 이해하지 못하는 현상이 일어난다.

의미가 불확실한 사물 중 가장 중요한 부류는 어떤 계획을 실행했을 때 전혀 예상치 못한 생소한 결과를 가져오는 것들이다. 이는 우리가 알고 있는 것과 익숙한 결과가 무엇인지에 따라 달라지며, 늘 현재 실행 중인 계획과 관련되어 파악되고 평가된다. 평소 우리에게 익숙한 대상도 예상치 못한 장소나 시간에 등장하면 낯선 대상이 된다. 예를 들어 한 남자가 바람을 피운다고 해 보자. 그의 아내는 집에서라면 남편에게 익숙한 대상이다. 아내에 대한 사실이나 아내의 행동은 알려진 세계에 속한다. 하지만 아내가 남편이 밀회를 즐기고 있는 모텔 방에 불쑥 나타난다면, 이는 정서적 관점에서 전혀 다른 부류의 현상이 된다. 아내의 갑작스러운 등장에 남편은 어떻게 반응할까? 십중팔구 일단은 당황할 것이다. 그러고 나서 자기 행동을 설명할 이야기를 만들어 낼 것이다. 남편은 새로운 이야기를 생각해야 하며, '예전에 한 번도 해 본 적이 없는 일을 해야 한다.' 감쪽같이 속였다고 생각했던 아내를 상대해야 한다. 아내가 뜻밖에 모텔에 나타났다는 사실은 남편이 그녀에 대해 아직 모르는 사실이 많다는 증거이다. 어떤 사물에 확실한 의미가 있을 때는 습관적인 행동 양식만으로도 충분하다. 우리는 익숙한 사물 앞에서라면 어떻게 행동해야 할지 잘 안다. 반면 예상치 못한 존재가 나타나면, 자명한 세계에 생각 없이 안주하던 상태에서 벗어나 '생각해야 한다.'

예상치 못한 생소한 상황은 당연히 그 의미를 파악할 수 없다. 이 사실에는 매우 까다롭고 유용한 질문의 씨앗이 담겨 있다. 우리가 알지 못하는 사물에는 어떤 의미가 있는가? 논리적으로는 아무 의미가 없다는 대답을 내놓아야 할 듯하다. 어떤 사물을 아직 살펴보지 못했다면, 그 사물의 특성을 하나도 발견하지 못했기에 거기에는 아무런 의미가 없을 것 같다. 하지만 우리가 이해하지 못하는 사물에도 의미가 있다. 과연 무슨 의미일까? 우리는 예상하지 못한 일을 당하면 동요한다. 이제까지 경험하지 못한 생소한 상황은 우리가 그 상황에 적

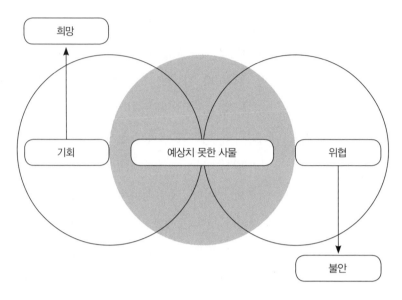

그림 4. 예상치 못한 사물의 양가적 특성

응하기 전부터, 그 상황이 나와 어떤 관련이 있는지, 내 행동에 어떤 영향을 미칠지를 파악하기 전부터 의미를 지닌다. 공들여 세운 계획을 실행하는 도중에 예기치 못하거나 바라지 않는 일이 일어날 때, 그 사건은 '선험적으로' 긍정적인 동시에 부정적인 양가적 의미를 지닌다. 예상치 못한 일은 계획 수립 과정에 오류가 있음을 암시한다. 운이 좋다면 그 오류는 사소한 실수에 불과할 것이고, 운이 나쁘다면 우리의 희망과 바람, 자존감을 산산조각 낼지도 모른다.

  예상하지 못한 생소한 사건, 정확히 말하자면 생소하다고 분류된 사건에는 무한한 의미가 잠재되어 있다. 어떤 일이 무엇이든 될 수 있다는 것은 무슨 의미일까? 극단적으로 생각해 보면 그 일은 일어날 수 있는, 적어도 우리가 상상할 수 있는 최악의 상황일 수도 있고, 반대로 최선의 상황일 수도 있다. 그 생소한 일은 견딜 수 없이 심한 고통을 겪고 무의미한 죽음을 맞이할 가능성처럼 사실상 한계가 없는 극한의 위협을 암시하는지도 모른다. 예를 들어 아침에 운동을 하다가 경미한 통증을 느꼈다고 하자. 그것은 암이 발병해 서서히 고통스럽게 죽어 갈 수 있다는 것을 의미할 수도 있다. 반대로 예상하지 못한 일은 우리의 능력과 행복을 키워 줄 엄청난 기회를 의미할 수도 있다. 앞에서 언급한 회사원은 안정적이긴 하지만 지루했던 직업을 예상치 못하게 잃었다. 그로부터 일 년 후 그는 평소에 정말로 하고 싶었던 일을 하면서 이전과는 비교할 수 없이 행복한 삶을 누린다.

목표로 나아가는 도중에 만난 예상치 못한 사물에는 본질적인 문제가 깃들어 있다. 이들은 처벌의 단서(위협)인 동시에 만족의 단서(기회)가 된다.[81] 예상치 못한 사물은 양가적 의미를 지니며, 그 결과 두 가지 상반된 정서 체계를 활성화시킨다. 이 두 정서 체계는 상호 억제적인 활동을 통해 추상적 인지 과정에 동기를 부여하며, 함께 협력하여 장기 기억을 형성한다. 또 이 두 정서 체계에서 분비되는 물질은 신경계를 관장하는 보편 물질로 작용한다. 둘 중 먼저 활성화되는 정서 체계는[82] 진행 중인 행동을 억제하고 목표 지향적 행동을 중단시킨다.[83] 첫 번째 체계와 영향력은 유사하지만 비교적 보수적인[84] 두 번째 정서 체계는 탐색과 행동의 활성화[85], 전방 이동[86]을 관장한다. 첫 번째 체계는 예상치 못한 위협에 대한 보편적이고 주관적 반응으로 불안, 두려움, 걱정과 같은 부정적 정서와 연관되어 작동한다.[87] 반면 두 번째 체계는 예상치 못한 기회에 대한 보편적이고

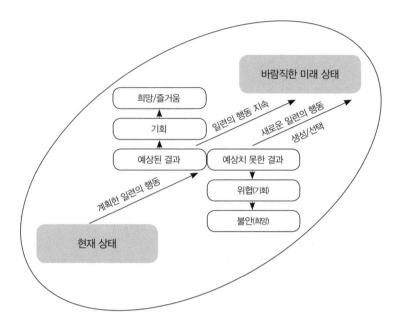

그림 5. 목표로 나아가는 도중에 일어난 일상적 사건

주관적 반응으로 희망, 호기심, 흥미와 같은 긍정적 정서와 연관되어 작동한다.[88] 따라서 미지의 사물을 탐색하는 과정은 호기심, 희망, 흥분과, 불안감이라는 두 부류의 감정 간의 상호작용으로 이루어지는 한편, 접근 행동(전방 이동)과 행동 억제를 담당하는 두 행동 체계 사이의 상호작용으로 이루어진다.

　앞서 언급했듯이 양가적 의미를 가지는 미지의 사물에는 두 가지 유형이 있다. 확실한 목표를 정한 이후에, 다시 말해서 'B' 지점으로 가는 것이 지금 여기서 해야 할 가장 중요한 일이라고 구체적으로 결정한 이후 그 목표의 제한된 '영역' 안에서 생소한 사물을 맞닥뜨렸다면 그 사물은 '일상적인' 유형에 속한다. 이때는 현 상태에 대한 평가와 목표를 그대로 유지한 채 '수단'만 바꾸면 된다. 예를 들어 한 사무직 회사원이 평소에 넓게 트인 복도를 지나서 엘리베이터로 걸어갔다고 가정해 보자. 사무실에서 엘리베이터로 가는 길은 너무나 익숙해서 서류를 들여다보며 걸을 때가 많다. 그러던 어느 날 서류를 훑어보면서 복도를 걸어가다가 누군가가 복도 중간에 내놓은 의자에 걸려 넘어진다. 이런 일이 바로 일상적 유형의 생소한 사건이다. 이런 사건이 발생했다고 해서 현재의 목표를 바꿀 필요는 없다. 여전히 계획한 시간 내에 엘리베이터를 탈 수 있으므로 그다지 동요하지도 않는다. 의자야 돌아서 가면 되고, 혹시나 다른 사람을 배려하고 싶다면 한쪽으로 치우고 지나가면 그만이다.

'혁명적' 사건은 이와 전혀 다르다. 할머니 댁에 가는 길에 뜻밖의 존재를 만나면 평소 다니던 길이 아니라 다른 길로 돌아서 갈 수 있다. 하지만 뜻밖의 존재가 등장하면서 할머니의 존재 자체가 의심되는 때도 있다(동화 『빨간 모자』 속 늑대를 떠올려 보라). 예를 하나 들어 보자. 늦은 밤 한 회사원이 홀로 고층 빌딩에 있는 사무실에서 일하고 있다. 일을 하던 그의 머릿속에 갑자기 엘리베이터를 타고 아래층 카페테리아로 가서 무언가를 먹는 장면이 떠오른다. 더 정확히 표현하자면 허기가 머릿속을 장악하여 목적을 달성하려 한다. 이 심상은 시공간적으로 제한된 이상적 미래상, 다시 말해서 무한한 잠재적 미래 가운데 실제로 이루어질 수 있는 미래의 모습을 뚜렷하게 보여 준다(그러므로 유용하다). 카페테리아로 내려가려고 엘리베이터 쪽으로 걸어가던 그는 이 뚜렷한 심상을 활용해서 지금 눈앞에 펼쳐진 현재를 구성하는 사건과 과정을 평가한다. 그는 현실과 환상이 맞아떨어져서 욕구(허기)가 가라앉기를, 비유적으로 신들을 기쁘게 해 주기를 바란다. 그때 예상에서 벗어나는 일이 발생한다. 엘리베이터가 작동하지 않는 것이다. 이렇듯 현실과 환상이 일치하지 않을 때 우리는 잠시 멈춰 선다. 그리고 목표는 유지한 채 계획을 수정해서 다른 전략을 사용한다. 이때는 상황 평가와 정서 조절에 활용되는 의미의 지도를 재구성할 필요가 없다. 그저 '수단'만 변경하면 된다.

회사원은 계단을 통해서 카페테리아로 내려가기로 한다. 그런데 공사 때문에 계단이 막혀 있다. 훨씬 더 심각한 문제에 직면한 것이다. 그가 원래 품었던 환상, '카페테리아로 내려가서 뭔가를 먹겠다는 계획'은 '아래층으로 내려갈 수 있다'는 암묵적인 전제에 근거하고 있다. 그런데 의식조차 하지 않던 이 '자명한' 전제가 깨졌다. '아래층으로 내려가서 음식을 먹는' 이야기는 적절한 층간 이동 수단이 있는 환경에서만 제 기능을 할 수 있다. 층간 이동 수단인 엘리베이터와 계단의 존재는 자주 이용하여 그 위치와 작동 방식을 알기 때문에 무시되는 상수였다. 어떤 대상을 철저히 탐색해서 적응했다면, 그 대상은 주의를 끌지도, '의식'되지도 않는다. 엘리베이터와 계단이 존재하는 한 새로운 행동 전략이나 준거 틀을 마련할 필요가 없는 것이다.

어쨌든 엘리베이터는 고장이 났고 계단은 막혀 있다. 주위 환경을 평가하는 데 활용했던 지도에 오류가 있음이 입증됐다. '목표'는 타당성을 잃었고 그 결과 목표 달성을 위한 수단, 즉 카페테리아로 가려던 계획 역시 의미를 잃었다. 더 이상 무엇을 해야 할지 알 수 없어

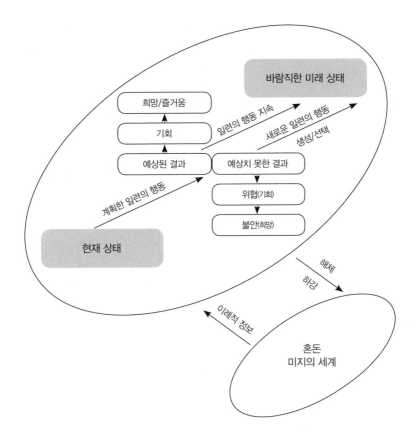

그림 6. 목표로 나아가는 도중에 일어난 혁명적 사건

졌다. '지금 있는 곳이 어디인지' 알 수 없게 된 것이다. 그는 익숙한 장소에 있다고 생각했다. 실제로 익숙한 모습 그대로 변치 않고 남아 있는 부분도 많다. 예를 들어 바닥이 있다는 사실에도 변함이 없다. 그럼에도 무언가가 근본적으로 달라졌고, 지금은 그게 얼마나 근본적인 변화인지 알 수가 없다. 지금 있는 장소는 쉽게 떠날 수 없는 곳이다. 채우지 못한 허기를 비롯해서 여러 가지 생소한 잠재적 문제에 직면한 것이다. 집에는 갈 수 있을까? 도와줄 사람을 찾아야 하나? 누가 나를 도와줄 수 있지? 누구에게 전화를 걸어서 도움을 청해야 할까? 불이라도 나면 어쩌지? 아래층으로 내려가서 뭔가를 좀 먹어야겠다는 이전의 계획, 이전의 '이야기'는 사라지고 현재 상황을 어떻게 평가해야 할지 종잡을 수가 없다. 조금 전까지 잠정적으로 유효한 계획에 의해 제한됐던 감정들이 혼란스럽게 뒤섞여 나타난다. 불안("어떻게 하지?", "불이라도 나면 어쩌지?")과 좌절("오늘 밤에 일을 더 하긴 글렀군!"), 분노("출구를 다 막아 놓은 바보가 누구야?")와 호기심("도대체 여기서 무슨 일이 일어나고 있는 거지?")이 인다. 예상하지 못한 일이 벌어져 계획이 다 어그러졌다. 혼돈의 밀사가 다가와 평온했던 감정 상태를 뒤흔들어 놓은 것이다.

우리는 꿈꾸는 완벽한 미래를 실현하기 위해 계획을 세운다. 그 계획은 '오류가 발생하기 전까지' 우리의 행동을 이끈다. 그러다가 미처 예상하지 못한 일이 일어나면 계획 자체와 계획의 바탕이 된 전제에 오류가 있다는 사실이 드러나고, 이런 계획과 전제를 갱신하거나 폐기해야 한다는 걸 깨닫게 된다. 일이 계획에 따라 진행된다면 우리는 익숙한 장소에 머문다. 하지만 오류가 일어나면 '미지의 영역으로 들어간다.'

어디까지가 기지의 영역이고 어디부터가 미지의 영역인지는 늘 상대적이다. 예상치 못한 상황이란 것은 전적으로 무엇을 예상하고 바랐는가에 따라, 무엇을 계획하고 전제로 삼았느냐 따라 달라지기 때문이다. 모든 것을 알고 있지 않은 이상, 실제로 무슨 일이 일어날 지나 무엇이 최선일지에 대해 완벽한 모형을 만들기란 불가능하다. 따라서 예기치 못한 일은 늘 일어날 수밖에 없다. 지금 내가 하는 행동이 어떤 결과를 가져올지는 정확하게 예측할 수가 없다. 견디기 어려운 현재와 이상적인 미래의 표상에 오류가 생길 수밖에 없기 때문에, 현재를 미래로 바꾸기 위한 수단의 표상과 실행 과정에도 오류가 생긴다. 인간이 오류를 저지를 가능성은 무한하다. 때문에 인간이라면 누구나 예상치 못한 상황을 경험할 수밖에 없다. 미지의 영역으로 들어갈 가능성을 안고 살아가는 것은 사람이 죽음을 맞는 것처럼 당연한 일이다. 따라서 다양한 모습으로 우리 앞에 존재를 드러내는 미지의 영역은 역설적이게도 우리가 처한 환경의 항구적 특성으로 볼 수 있다. 따라서 우리는 사회적, 생물학적 배경에 상관없이 어느 시대, 어느 문화에나 미지의 영역이 '존재'한다는 사실에 적응해야만 한다.

예상을 빗나간 사건은 상대적으로 생소한 사건이며, 이런 사건은 현재 상태, 현재에서 미래로 가는 과정, 이상적 미래를 분석할 때 사용한 전제에 오류가 있다는 점을 드러낸다. 이는 인간의 경험 세계에서 본질적으로 가장 흥미롭고 의미 있는 부분이다. 이런 식의 관심과 의미는 새로운 정보의 존재를 부각시키며, 인간 및 동물의 행동을 이끌어 내는 강력한 자극이 된다.[89] 예상치 못한 사건은 새롭고 유용한 정보가 존재할 가능성을 암시한다. 그 사건을 분석하는 과정에서 지식과 지혜가 생성되고 적응력이 확장되며, 낯선 영토가 탐험되고 지도에 기록되고 정복된다. 따라서 미지의 영역은 조건부 지식을 생성하는 기반이 된다. 우리가 알고 있는 예측 가능한 대상 역시 한때는 미지의 영역에 있었고, 적극적인 탐색 및 적응 과정을 거쳐서 우리에게 유익한지 해로운지, 우리와 관계가 있는지 없는지 예측할 수 있게 된 것이다. 미지의 세계는 무한하다. 우리에게는 선조들로부터 물려받은 지혜와 위대한 문화의 보고가 있지만, 인류는 근본적으로 무지하며, 앞으로 지식을 얼마나 더 쌓든지 계속해서 무지할 수밖에 없다. 우리를 둘러싼 미지의 세계는 마치 섬을 둘러싸고 있는 바다와 같다. 섬의 면적이 조금 넓어질 수는 있지만 바다의 면적은 결코 크게 줄지않는 것이다.

▮ 혼돈 속에서 안정을 되찾는 과정

미지의 영역은 인간의 경험 세계를 구성하는 항구적 요소이다. 그렇기에 우리는 무지한 상태로 불확실성을 안고 행동한다. 하지만 세상에는 개별성이나 문화와 상관없이 인간이라면 누구나 아는 사실도 있다. 사람들은 흔히 '환경'을 객관적 세계로 간주하지만, 환경이 가장 기본적인 수준에서 익숙한지 생소한지는 주관적으로 결정된다. 이는 결코 사소한 결정이 아니다. 현상에 대한 이 단순한 '해석'이 성공과 실패, 생과 사를 가를 수도 있기 때문이다. 인류가 지금까지 현실 세계에 적응해 왔다는 점을 고려해 보면, 환경을 미지와 기지, 자연과 문화, 생소한 것과 익숙한 것으로 범주화한 것은 그 어떤 객관적인 범주보다 더 '기본적인' 범주일 것이다. 실제로 인간과 고등동물의 뇌는 제각각 '질서의 영역'과 '혼돈의 영역'에서 작동하는 데 특화되어 있다. 이 두 영역은 단순히 은유에 불과한 것이 아니다.

우리는 흔히 인지 과정을 기초로 뇌의 작동 방식을 설명하려고 한다. 인간이 사고하는 방식을 토대로 뇌 속에서 일어나는 생리 작용을 유추하려는 것이다. 하지만 신경심리학이 발전하면서 이제는 거꾸로 생리적 반응을 기초로 인지 과정을 유추할 수 있게 됐다. 뇌 기능에 대해 알게 되면 사실상 '현실' 그 자체인 인간의 인식 세계를 더 객관적으로 이해할 수 있다. 계몽주의는 '이성'과 '감정'을 분리했다. 하지만 이성과 감정을 분리하려고 뇌의 구조와 기능을 실증적으로 연구한 결과, 오히려 이 두 요소가 상호 의존적이며 본질적으로 통합되어 있다는 사실이 드러났다.[90] 우리는 음과 양, 혼돈과 질서가 끊임없이 상호작용하는 세계에 살고 있다. '감정'은 우리가 스스로 무엇을 하는지 알지 못할 때, 다시 말해서 이성만으로는 환경에 대처할 수 없을 때 우리를 이끌어 준다.[91] 반면 '인지'는 감정과 대조적으로 질서 정연한 환경을 구축하고 유지하며, 혼돈과 감정을 억제하는 역할을 한다.

뇌는 크게 운동, 감각, 정서라는 세 가지 영역으로 구성되어 있다고 볼 수도, 좌반구와 우반구가 짝을 이루고 있다고 볼 수도 있다. 이 두 가지 분류법은 저마다 다른 이론적 장점을 갖고 있으며 상호 배타적이지 않다. 먼저 뇌의 각 영역에 대해서 알아보자.

먼저 신피질과 피질하 영역은 인류가 호모 사피엔스로 진화하는 과정에서 크기가 커지고 복잡해졌다. 특히 신피질의 앞쪽 반을 차지하는 운동 영역[92]이 그렇다. 이는 부분적으로 인간의 지능, 행동의 융통성, 실제적·잠재적 경험의 폭이 증가했기 때문이다. 그 결과 우리는 여러 가지 계획을 수립하고, 우선순위를 정하여 행동 방안을 마련하고, 실행 과정을 조율할 수 있게 됐다.[93]

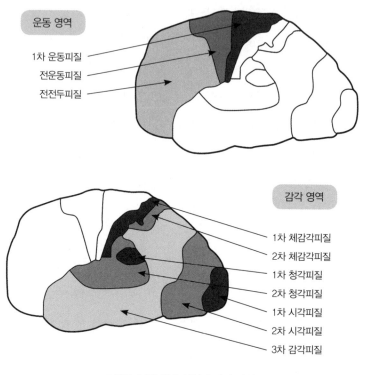

그림 7. 뇌의 운동 영역과 감각 영역

신피질의 뒤쪽 반을 차지하는 감각 영역[94]은 두정엽, 후두엽, 측두엽으로 구성된다. 감각 영역은 시각, 청각, 촉각 등의 개별 감각 체계를 관장하는 영역과, 여러 감각을 통합하여 의식 경험을 구성하는 통합된 인식 영역으로 이루어진다.[95] 감각 영역은 운동 영역에서 계획한 행동 방안을 실행하는 도중에 생긴 정보를 처리하면서 그 정보를 활용하여 우리가 인식할 수 있는 익숙한 세계를 구축한다.

마지막으로 신피질 아래쪽 깊숙이 박혀 있는 변연계는 계통발생학적으로 오래된 부위로, 행동의 결과로 일어난 상황을 우리가 예상하고 바라는 결과와 실시간으로 비교한다.[96] 그러므로 변연계의 가장 중요한 역할은 현재 벌어지는 상황의 '동기적 관련성', 즉 '정서가'를 파악하고 이와 관련된 기억을 생성하고 갱신하는 일이라고 볼 수 있다(기존 지식을 변화시키고, 우리 기억 속에 남는, 더 정확하게는 우리 기억을 바꿔 놓는 것은 바로 우리와 관련된 '의미 있는' 사건들이다). 우리는 경험의 정서가를 파악하는 과정에서 그다지 바람직하지 못한 현재 상태와 이상적 미래상을 비교한다. 이 두 가지 상을 비교하는 일은 뇌 중심 깊숙한 곳에 위치한 비교적 오래된 부위, 특히 해마[97]와 편도체[98]라는 긴밀히 통합된 구조에서 담당한다.

변연계가 하는 역할 중 하나는 지향 반사를 일으키는 것이다. 감정과 생각, 행동으로 발현되는 지향 반사는 낯선 사물을 마주했을 때 인간이 드러내는 근원적 반응이다. 이 반사 반응은 아주 오래전부터 이루어진 생물학적 과정으로, 허기나 갈증만큼 원초적이고 성욕만큼 근본적이며 동물의 왕국에서도 유사한 형태로 존재한다. 지향 반사는 아직 범주화되지 않은 모든 상황에 대한 일반적이고 본능적인 반응이자 예상치 못한 생소한 상황 자체에 대한 반응이다. 어떤 구체적인 특성을 지닌 특정한 사물에 대한 반응이 아니다. 따라서 사물의 감각 특성과 정서가에 대한 조건부 지식을 생성하는 과정에서 중추적인 역할을 담당한다. 이 지식은 가장 기본적으로는 특정 상황에서 어떻게 행동해야 할지 그리고 그 행동의 결과는 어떨지에 대한 지식이다. 더불어 객관적인 관점에서 사물이 무엇인지에 대한 정보와 행동하는 도중에 겪은 감각 경험에 대한 기억도 이 조건부 지식에 포함된다.

지향 반사는 갑자기 이해할 수 없는 일이 일어날 때 기존에 학습된 반응을 대신해서 일어난다. 미처 예상하지 못한 미지의 상황이 벌어지면 우리는 실행 중인 목표 지향 행동을 멈춘다. 예상하지 못한 일이 일어났다는 것은 곧 지금의 행동을 이끄는 이야기가 불완전하다는 증거이다. 현재 상태에 대한 판단이나 이상적 미래상 혹은 전자를 후자로 바꿀 수단에 오류가 있음을 보여 주는 것이다. 미지의 상황이 발생하면 호기심과 희망에 찬 탐색 행동이 유발된다. 탐색 행동은 두려움에 의해 조절되고, 이 행동을 통해 기억에 근거하는 현실 모형이 수정된다. 기지의 세계, 익숙하고 확실한 영토가 현실에 맞게 수정되는 것이다.

예상하지 못한 상황은 희망과 두려움이라는 상반된 감정을 동시에 불러일으키며, 무엇과도 비교할 수 없는 심리적 갈등을 낳는다. 계획대로 일이 풀리는 일반적인 상황에서는 이 심리적 갈등의 규모와 심각성을 짐작하기 어렵다. 삶을 이끌던 맥락에서 벗어난 경험의 위력은 추구하던 목표가 와해되고 나서야 드러나며, 처음에는 두려움으로 다가온다.[99] 이러한 갈등과 본능적 두려움으로부터 우리를 보호하는 것은 오랜 세월 생소한 사물을 마주하고 탐색하면서 얻은 적응적 정보와 지식 들이다. 우리가 공유하는 문화적 신념과 이야기들은 예측 불가능한 대상으로부터 우리를 지켜 준다. 이 이야기들은 익숙한 세계를 이루고 있는 가치, 우리가 공유하는 확실하고 한정된 가치를 지키기 위해서 어떻게 생각하고 행동해야 하는지 알려 준다.

생소한 사물에 자동적으로 주의를 기울이게 만드는 지향 반사는 자발적이고 의식적인 탐색 활동의 토대가 된다.[100] 예측 불가능한 사물에는 보편적이며 선험적인 정서가가 있는데, 우리는 사물을 탐색하여 구체적이고 확실하게 그 정서가를 분류한다. 탐색 결과 실제로 사물에 어떤 의미가 있는 경우, 그 의미는 처벌이나 만족 혹은 그것의 출현 가능성을 암시하는 위협이나 기회로 분류된다. 이 분류는 객관적인 감각 특성이 아니라 행동에 영향을 미치는 정서가에 따른 것이다.[101] 흔히 탐색은 해당 영역의 객관적 특성을 표현하는 심상을 만들기 위해 이루어진다고 여겨진다. 틀린 것은 아니지만 여기에는 우리가 그런 심상을 만드는 이유, 심상을 만들고자 하는 동기가 고려되어 있지 않다. 탐색 가능한 영역에는 객관적인 특성이 있지만, 가장 중요한 것은 이 새로운 영역이 우리의 행동에 미치는 영향력, 즉 동기적 관련성이다. 뭔가 딱딱하고 붉게 타오른다는 사실은 그 물체가 뜨거우므로 위험하고 닿으면 아프다는 사실을 알려 주는 수단으로써 의미가 있다. 그 물체의 정서가가 처벌이라는 사실을 알려 주는 수단인 것이다. 우리가 사물의 촉감과 생김새를 알아야 하는 이유는 우리가 무엇을 먹을 수 있고, 무엇에게 잡아먹힐 수 있을지를 알기 위해서이다.

새로운 영역을 탐색할 때 우리는 사물의 동기적 의미 혹은 정서가를 파악하며, 그 과정에서 접한 감각 정보는 무엇이 중요한 것인지 파악하기 위해 활용한다. 미지의 영역에서는 그 영역의 객관적 특성이 아니라 정서가를 파악해야만 생소한 자극이 본능적으로 공포와 호기심을 불러일으키는 상황을 막을 수 있다. 새로운 장소에 갔을 때 그곳에 위협적인 존재가 없다는 사실을 알게 되면, 더 구체적으로는 우리가 행동과 표상 체계를 조정해서 그곳에 있는 그 무엇도 위협적이지 않을 때 우리는 안전하다고 느낀다. 상황을 탐색한 결과, 그 상황에 대한 과학적, 객관적 설명이 아니라 그 상황에서 어떻게 행동해야 할지 알려 주는 범주화 정보를 얻을 때 정서가 조절되고 안정감이 생긴다. 이 같은 범주화는 본능적 정서와 주관적 경험의 관점에서 사물의 '정체'를 밝히는 작업이다. 지향 반사와 그에 뒤따른 탐색 활동으로 우리는 객관적 현실을 익숙한 범주로 분류할 수도 있지만, 객관적 사고 능력은 사고의 기본 기능이라고 보기는 어렵다. 역사가 불과 400년밖에 되지 않을 만큼[102] 뒤늦게 발달했기 때문이다. 모두가 공감할 수 있는 사물의 감각적 특성을 밝히는 일은 현대 과학에서 현실 세계를 설명할 때는 꼭 필요한 것일 수 있다. 하지만 잠재적, 실제적으로 우리 삶과 더 관련이 깊은 사물의 특성을 결정하는 근본적인 '가치 평가'에서는 보조적인 역할일 뿐이다.

일이 계획대로 진행되어 행동의 결과로 기대가 충족될 때 우리는 안정과 행복을 느낀다. 또 목표 지향 행동의 계획과 실행을 담당하는 피질 체계의 통제권이 굳건해진다. 하지만 피질에서 생성된 계획과 환상이 물거품이 되면, 피질은 통제권을 잃고 변연계의 해마와 편도체가 나서서 감정과 생각과 행동을 수정한다. 해마는 눈앞의 현재 상황을 주관적으로 해석한 현실과, 뇌의 운동 영역에서 그린 이상적 미래상을 비교하는 일에 특화되어 있다(운동 영역은 상위 중재자로서 한 나라의 왕과 같이 비교적 근본적이고 일차적인 두뇌의 하위 체계들을 조정한다). 미래상은 우리의 욕망을 반영하는 것으로, 목표 지향 행동의 결과로 일어날 수 있는 여러 가지 상황이 실제로 일어날 상대적 가능성을 나타낸다고 볼 수 있다. 우리가 '기대하는' 미래상(대부분의 경우 희망하는 미래상)은 바로 평소 가진 지식과 행동 과정에서 새로 습득한 지식을 함께 활용하여 만든 모형이다. 해마[103]는 무의식적으로 끊임없이 '실제로' 일어나고 있는 현상을 일어났어야 할 현상과 견주어 본다. 우리가 해석한 '견디기 어려운 현재 상태'를 이상적 미래상과 비교하는 것이다. 다시 말해서 현재 행동의 결과를 해석하고, 의도한 결과의 심상과 비교한다.

우리가 오류를 범하기 전까지는 과거의 경험이 행동을 관장한다. 그러다 의도치 않은 일이 일어나고, 우리가 해석한 실제 결과가 상정했던 바람직한 결과와 다를 때 해마는 작동 방식을 전환하여 피질에 저장된 기억을 갱신한다. 이때 우리의 행동을 관장하는 기관은 피질에서 변연계의 편도체로 바뀌는데, 편도체는 예상하지 못한 사건의 정서적 의미를 잠정적으로 결정하는 일을 관장하며 운동 조절 중추에 큰 영향력을 행사한다.[104] 이렇게 통제권이 바뀌면서 지향 반사를 관장하는 기관이 활성화되고 감각 정보 처리와 탐색 행동이 강화된다.

'고등' 피질 체계는 눈앞에 미지의 세계가 펼쳐지기 전까지 우리의 행동을 지휘한다. 그러다가 판단에 착오가 생기거나 기억이 더 이상 제 역할을 하지 못할 때, 실제로 나타난 행동의 결과가 바라던 결과와 다를 때 우리 마음속에서는 두려움과 호기심이 일어난다. 두려움과 호기심은 상황에 따라 느끼는 감정인데, 어떻게 이제껏 접해 본 적 없는 상황 앞에서 이런 감정이 일어나는 것일까? 전통적인 관점에서 보자면 이전에 자신과 관련이 없던 대상이나 상황에 의미를 부여하는 것은 학습의 결과이며, 따라서 그 의미를 학습하기 전까지 대상은 '아무런 의미가 없다.' 하지만 잘못된 행동의 결과로 미지의 세계가 눈앞에 펼쳐질 때 우리는 선행 학습 없이도 두려움과 호기심을 느낀다. 따라서 우리가 느끼는 감정은 학습된 것이 아니며, 예상치 못한 상황에 부여된 선험적인 정서가임을 알 수 있다. 이처럼 사물에 선험적인 의미를 부여하고 공포와 호기심을 불러일으키는 기관이 바로 편도체이다.

편도체는 활동이 억제되지 않는 한 모든 사물에 자동으로 반응하는 것으로 보인다. 진행 중인 목표 지향 행동이 의도대로 바람직한 결과를 낼 때는 편도체의 기능이 억제된다.[105] 하지만 오류가 발생해서 현존하는 기억에 따라 세워진 계획과 목표가 부족하다는 점이 드러나면 편도체가 억제 상태에서 풀려나면서 예상하지 못한 현상에 의미를 부여한다. 우리가 아직 알지 못하는 것은 무엇이든 위협인 동시에 기회이며, 탐색의 결과로 범주화되기 전에는 자동으로 불안, 호기심, 흥분, 희망과 같은 감정을 불러일으킨다. 미지의 사물에 우리가 확실히 주목하고 대처하게 만드는 것이 바로 편도체의 역할이다. 우리에게 "그것이 무엇을 의미하는지 모른다면 거기에 주의를 기울이는 편이 좋을걸."이라고 말하는 것이다. 편도체가 활성화되면 먼저 탐색의 첫 단계인 주의 전환이 이루어지며, 생소하면서 위협적인 대상 앞에서 조심스러운 태도를 유지하게 하는 불안과[106], 생소하지만 기회가 되는 대상에 접근하도록 떠미는 희망이[107] 상호작용하면서 탐색을 이끈다. 미지의 대상에 조심스럽게 접근하고 나면, 그 결과 기술技術과 표상이라는 두 가지 형태로 기억이 갱신된다. 탐색을 통해서 기억이 갱신되면 다음에 같은 대상을 다시 마주했을 때 선험적인 감정이 억제된다. 익숙한 곳, 이미 살펴본 영역에서는 두려움을 느끼지 않으며 호기심도 상대적으로 덜 느끼게 된다는 말이다.

현재의 전략이 실패하여 기대한 결과를 얻지 못하면 접근 및 탐색 체계가 활성화된다.[108] 이 접근 체계는 (1)지금의 딜레마를 해결하는 일련의 대안적 행동 양식을 만들거나, (2)이상적 미래상을 재구성하거나, (3)현재 상태의 정서가를 재평가한다. 다시 말해서 (1)기존 목표를 달성하기 위한 전략을 재구상하거나, (2)기존 목표와 같은 기능을 하는 대체 목표를 선택하거나, (3)해당 전략을 실행했을 때 치러야 할 대가를 고려해서 전략을 폐기한다. 세 번째 경우에는 '현실 세계'를 구성하는 생각, 적어도 지금 우리를 이끄는 이야기, 즉 준거 틀을 전부 재구축해야 한다.

탐색 결과는 대체로 행동 전략을 제한하거나 확장하거나 변경하는 것으로 마무리된다. 하지만 중대한 오류를 범한 이례적인 상황에서는 탐색 결과로 정서적 가치 평가와 행동 양식의 토대를 이루는 이야기 전체를 수정하는 '변혁'이 일어난다. 이처럼 이야기가 대대적으로 수정될 때는 탐색 중에 생성된 정보를 통합하여 과거, 현재, 미래의 현실 모형이 갱신된다. 탐색이 성공하면 미지의 사물은 예측 가능한 것으로 바뀌고, 다음번에 적용할 적절한 행동 방안과 그에 따른 예상 결과가 수립된다. 반대로 회피하거나 도피하여 탐색이 실패하는 경우, 그 생소한 사물은 '자연스레' 불안감을 조성하는 범주에 굳게 자리를 잡는다.

이런 관찰 결과는 인간이 생소한 사물을 마주할 때 느끼는 두려움이 학습의 결과가 아님을 보여 준다. 마찬가지로 이전에 안전하게 보였던 대상이 위험한 특성을 드러낼 때 느끼는 두려움 역시 학습의 결과가 아니다. 두려움은 '선험적 지위'를 지니고 있기 때문에 적응 체계가 구축되어 뿌리 내리지 못한 사물을 마주하면 저절로 생겨난다. 다시 말해 두려움이란 과거에 제대로 살피지 못해서 예측 가능성을 부여받지 못한 모든 사물에 대한 '선천적인' 반응이다. 르두LeDoux 는 다음과 같이 주장했다.

정서 중립적인 자극을 혐오 자극과 함께 제시하면 현저한 정서 반응을 일으킬 수 있다는 사실은 널리 알려져 있다. 조건화는 새로운 정서 반응을 일으킨다기보다는 새로운 자극이 종 특유의 타고난 정서 반응을 활성화시키는 방아쇠 역할을 하도록 만든다. 예를 들어 실험용 쥐에게 특정 소리를 들려줄 때 발바닥에 전기 충격을 주면 쥐는 그 소리를 들을 때마다 얼어붙는 행동을 보이고 혈압 및 심장 박동이 증가하는 등 자율신경계가 조절되고 조건화된 두려움 반응을 보인다.[109] 이런 반응은 실험용 쥐가 처음 고양이에 노출됐을 때 보이는 반응과 유사한데, 편도체가 손상된 쥐들은 이런 반응을 보이지 않는다.[110] 이런 결과는 해당 반응이 유전적으로 결정된 것이며(왜냐하면 쥐가 포식자인 고양이를 난생처음 보았을 때 보인 반응이므로) 편도체와 관련이 있다는 점을 암시한다. 편도체에 전기 자극을 가하면 이와 유사한 반응 패턴을 이끌어 낼 수 있다는 점도[111] 이런 반응이 선천적인 것임을 증명한다.[112]

두려움은 조건화된 반응이 아니다. 그보다는 특정 사물의 존재나 맥락 속에서 우리가 지닌 명시적, 암묵적 전제가 깨져 과거에 학습했던 안정감을 잃어버린 상태이다. 고전 행동주의 심리학자들은 일반 대중과 마찬가지로 오류를 범했다. 두려움은 이차적인 감정 혹은 학습된 반응이 아니다. 오히려 안정감이 이차적인 감정이며 학습된 것이다. 우리가 탐색하지 않은 모든 사물에는 '선험적인' 불안이 서려 있다. 그러므로 익숙하고 안정된 세계의 기반을 뒤흔드는 사물은 모두 두려움의 대상이다.[113]

예상하지 못한 사물에 대한 초기 반응을 관장하는 체계가 감정적으로 우리를 얼마나 뒤흔들 수 있을지는 명확히 파악하기가 어렵다. 인간은 주변의 모든 것들이 일상적인 상태를 유지하도록 온 힘을 다하기 때문이다. 일상적인 상황에서 이 원시적인 체계는 온전히 가동하는 법이 없다. 약간 과장하면 우리는 미지의 세계를 갑자기 마주하지 않기 위해, 적어도 '의도치 않게' 마주하지 않기 위해 평생을 바친다고 말할 수도 있다. 문명인으로서 우리는 안정감을 누린다. (타인이 우리와 이야기를 공유한다는 전제하에) 타인의 행동을 예측할 수 있고, 더 나아가 위협이나 처벌 가능성을 최소화하도록 환경을 통제할 수 있다. 이런 예측과 통제는 환경에 적응하려는 노력이 쌓여서 문화를 이룩한 결과로 가능해졌다. 하지만 바로 이 문화가 우리 눈을 가려 우리는 자신의 정서적 실체를, 그 범위가 얼마나 넓고 그 결과가 얼마나 극적인지를 알지 못한다.

지향 반사에 대한 과거의 연구가 인간의 정서 반응이 얼마나 극적일 수 있는지 제대로 밝히지 못한 이유는 실험이 극도로 통제된 상황에서 이루어졌기 때문이다. 실험에서는 지극히 '일반적인' 생소한 자극을 제시하고 그에 대한 반응을 평가했다. 예를 들어 예측 불가능한 방식이나 간격으로 다른 소리와 차이가 있는 소리를 들려주었지만, 그것 역시 여전히 하나의 소리일 뿐이며 과거에 수천 번 넘게 들어 봤던 소리였다. 게다가 실험 환경 역시 실험실이나 병원, 대학과 같은 장소에서 피험자들이 불안을 최소로 경험하게끔 통제된 상태였다. 이런 환경 때문에 지향 반사의 중요성은 과소평가되고, 지향 반사가 사라지는 현상이 왜곡되었다.

일반적인 실험 상황에서 지향 반사는 공포보다는 '주의'를 일으켰다. 또한 자극이 반복적으로 제시되면서 지향 반사가 점차 사라지는 '습관화' 현상이 일어났는데, 이는 자동적인 순응이나 적응, 둔감화와 같이 뻔한 과정으로 간주됐다. 하지만 습관화는 적어도 고등한 피질 수준의 처리 과정에서만큼은 수동적인 과정이 아니다. 그저 '상대적으로 사소한 상황에서 관찰했을 때' 수동적으로 보일 뿐이다. 현실에서 습관화는 항상 적극적인 탐색 과정을 거쳐 행동이나 준거 틀을 수정하는 결과로 이어진다. 한 예로 실험실에서 상대적으로 생소한 소리를 들으면 피질의 청각 체계에서 그 기본 구조를 탐색한다. 청각 체계는 들려오는 모든 소리의 구성 요소를 적극적으로 분석한다.[114] 이런 분석 결과 피험자들은 특정 소리를 예상하게 된다. 이때 예상을 벗어나는 새로운 소리가 들리면, 그 소리는 실험 상황이라는 구체적 맥락에서 그 의미가 불확실하기 때문에 상대적으로 유의미한 대상(위협이나 기회)으로 간주된다. 그러나 예상을 벗어난 소리가 반복적으로 제시되면 실험 참가자는 실험 상황이라는 한정된 맥락에서 반복되는 소리에 아무런 의미(처벌, 만족, 위협, 기회)가 없다는 사실을 알아차리고 반응을 멈춘다. 이때 피험자는 단순히 해당 자극에 '습관화'된 것이 아니다. 해당 맥락에서 자극의 의미가 없다는 사실을 파악한 것이다. 이 과정이 사소해 보이는 까닭은 '실험 상황이 이를 사소하게 보이도록 만들었기 때문'이다. 이 과정은 현실에서라면 뻔하고 지루한 과정이 되지 않는다.

동물의 정서와 동기에 대한 고전적 연구들은 사람을 대상으로 실시한 지향 반사 연구와 마찬가지로 통제된 상황에서 이루어졌다. 동물들(대체로 쥐)은 '무조건적인' 처벌 자극(학습이나 해석의 여지와 상관없이 부정적인 자극)과 연합된 중립 자극이 제시될 때 행동을 억제하고 두려워하도록 길들여진다. 이런 연구에서는 쥐를 실험 환경에 놓고 주위 환경에 익숙해지도록 기다려 준다. 중립 자극은 빛이고, 무조건 자극은 전기 충격이다. 빛이 들어오면 쥐가 있는 우리 바닥에 짧게 전기가 통한다. 이런 상황이 반복되면 곧 쥐는 빛이 들어오는 순간 '얼어붙는다.' 이전에는 중립적이었던 사물에 대해서 이론상 두려움을 나타내는 반응인 행동 억제라는 '조건화된 반응'을 보이게 된 것이다. 이와 같은 실험 절차를 거치면 효과적으로 두려움을 '생성'할 수 있다. 하지만 이런 실험은 암묵적으로 맥락의 제약을 받는데, 때문에 연구자들은 두려움이 생성되는 과정에 대해서 잘못된 결론을 내리고 말았다.

결과적으로 연구자들은 두 가지 결론을 내렸다. 첫째, 두려움은 주어진 상황에서 학습되는 것이다. 둘째, 두려움은 처벌의 결과로 생겨난다. 이런 식의 해석은 쥐가 새로운 실험 환경에 놓이자마자 끔찍한 일이 벌어지기 전부터 두려움을 느낀다는 점에서 문제가 있다. 쥐는 새로운 환경을 탐색한 후에야 진정한다. 실험자들은 쥐가 진정한 후에야 정상 상태라고 간주한다.

그들은 쥐가 예상하지 못한 고통스러운 자극, 즉 무조건 자극을 중립 자극과 함께 제시하여 정상 상태에 있던 쥐에게 충격을 준다. 그러고는 쥐가 두려움을 '학습'했다고 여긴다. 하지만 실험용 쥐는 예상하지 못한 일이 일어나자 우리에 처음 들어갔을 때의 상태로 되돌아갔을 뿐이다(강도가 조금 더 강해졌을지 몰라도 말이다). 빛과 함께 전기 충격이 올 때 쥐는 자신이 또다시 제대로 탐색하지 못한 영역에 있음을 깨닫는다. 이렇듯 낯선 영역에서 쥐가 느끼는 두려움은, 탐색 후에 위험 요소가 없다고 판단한 환경에서 느끼는 평온과 마찬가지로 지극히 정상적이다. 우리가 쥐의 평온한 상태가 실제 상태에 가깝다고 생각하는 까닭은 우리 자신의 습성을 잘못 해석하여 쥐에게 투사했기 때문이다. 도널드 헤브D. O. Hebb는 다음과 같이 말했다.

세련된 도시인으로서 우리는 교양 있고 친절하며 훌륭한 사람이 되고, 좋은 교육을 받아 지속적인 두려움에 시달리지 않는다. 이는 우리가 두려움을 일으키는 자극에 상대적으로 둔감해졌을 뿐 아니라, 애초에 불안감을 불러일으키는 자극을 회피하는 데 성공했기 때문이다. 감정적으로 무너질 수 있다는 사실을 은폐하고자 동물과 인간은 과도한 감정적 반응을 일으키는 자극을 최소화할 수 있는 환경을 찾거나 만든다. 사회가 이런 일을 너무나 효과적으로 해낸 나머지 우리 사회의 구성원들, 특히나 교육을 잘 받은 상류층은 자신이 감정적으로 무너질 수 있다는 사실을 짐작조차 하지 못한다. 사람들은 흔히 아이가 지략이 있고 정서가 안정된 어른으로 자라는 것은 교육 덕분이라고 생각하지만, 이런 특질이 나타나는 환경은 고려하지 못한다. 교육에 그런 효과가 있는 것은 분명 사실이지만, 교육은 정서적 안정감을 주는 안전한 사회 환경을 구축하는 수단이기도 하다. 다시 말해서 교육은 비합리적인 두려움이나 분노에 빠지지 않도록 개인을 굳건하게 만들어 주기도 하지만 동시에 구성원들의 외모와 행동을 균일하게 만들어서 사회의 각 구성원이 그런 감정의 원인을 마주할 가능성을 줄여 준다. 이런 관점에서 보자면 개인이 감정적으로 무너질 가능성은 감소하는 게 아니라 오히려 증가할 수도 있다. 개인의 외모와 태도 그리고 사회 활동이 획일성이라는 보호막 속에 갇히면, 관습에서 조금만 벗어나도 이상하게 여겨지고 사소한 차이도 용인할 수 없어질 것이다. 어쩔 수 없이 관습에서 약간 벗어나는 상황이 점점 더 큰일처럼 느껴지기 때문에 사회 구성원들은 자신이 그런 사소한 차이를 참아 낼 수 있다면 사회 적응력이 좋은 것이라고 착각하게 된다.[115]

원활한 정서 조절에는 흔히 '굳건한 자아(성격)'라고 표현되는 개인의 심리적 안정감도 중요하지만, 안정되고 예측 가능한 사회 환경도 그 못지않게 중요하다. 심리적 안정감은 사회 질서라는 필요조건이 충족되어야 얻을 수 있다. 주변 사람들과 그들의 행동에 따라 우리의 정서는 안정되기도, 흔들리기도 한다.

탐색을 마친 영역에 있을 때 쥐는 평온하다. 하지만 탐색해 본 적이 없는 영역에 들어서면 평온함은 온데간데없이 사라진다. 원래 살던 우리에서 자기가 알지 못하는 새로운 우리로 옮겨지면 일단 쥐는 얼어붙는다(새로운 상황에서 한 번도 처벌을 받지 않았다 하더라도 그렇다).
처벌이나 위협, 예측 불가능한 사물이 추가로 발생하지 않으면, 쥐는
냄새를 맡고 주위를 둘러보고 고개를 움직이면서 본능적으로 두려
움을 불러일으키는 장소에 대한 정보를 모으기 시작할 것이다. 그리
고 점차 여기저기 돌아다니면서 조금 더 자신감을 가지고 우리를 전
체적으로 둘러볼 것이다. 그리고 새로운 환경의 정서가를 파악한다.
거기에 자신을 죽일 포식자가 있는지, 먹잇감이 있는지, 짝짓기 대상
이 있는지, 자신에게 적대적이거나 우호적인 존재가 있는지 알고 싶
어 한다. 새로운 장소에 확실히 이득이 될 만한 것이 있는지 확인하
려고 최선을 다해서 그곳을 탐색한다. 쥐는 새로운 환경의 객관적 특
성에는 별로 관심이 없을뿐더러, 무엇이 객관적인 사실이고 무엇이
주관적 견해에 불과한 것인지 구분하지도 못한다. 단지 자신이 어떻
게 행동해야 할지 알고 싶을 뿐이다.

　어떤 동물이 기존의 신념 체계나 준거 틀에서 전혀 예상하지 못한,
있어서는 안 되는 대상을 마주하면 어떤 반응을 보일까? 이 질문에
대한 답은 지향 반사가 온전히 발현될 때의 모습을 적절히 보여 준
다. 오늘날 실험심리학자들은 자연의 신비와 위협 앞에서 동물들이
어떻게 반응하는지를 살펴보기 시작했다. 연구자들은 동물들이 현실
에서와 비슷하게 스스로 자기 환경을 만들어 가도록 허용해 주고 그
들이 현실에서 마주할 만한 놀라운 상황을 연출했다. 과거 탐색을 통
해 안전하다고 판단했던 공간에 포식자가 나타나는 상황도 그중 하
나가 될 수 있다. 블랑샤르와 동료 연구자들은 그런 상황에서 쥐가
자연스럽게 보이는 행동을 묘사했다.

실험용 쥐 한 무리가 투명한 굴에 살고 있다. 굴 밖 개방적인 공간에 고양이의 모습이 나타나면 쥐들은 대개 24시간 이상 평소와 전혀 다른 행동 양상을 보인다.[116] 일단 굴이나 방으로 도망치는 적극적인 방어 행동을 취하고, 뒤이어 꼼짝하지 않은 채 빠른 속도로 22킬로헤르츠의 초음파 경고음을 낸다.[117] 얼어붙은 몸이 풀리면서 개방된 공간을 회피했던 쥐들은 점차 그 장소의 '위험성을 평가'하려는 행동 양상을 보이기 시작한다. 쥐들은 수 분에서 수 시간 동안 고양이가 나타났던 개방된 공간에 머리를 내밀어 살펴보고 나서야 굴 밖으로 나온다. 나와서도 눈에 띄거나 포식자에게 잡아먹힐 가능성을 낮춰 주는 특유의 행동 패턴을 보이며 개방된 공간의 구석으로 짧은 거리를 달려갔다가 다시 굴 속으로 돌아오기를 반복한다. 이러한 위험 평가 활동은 잠재적 위험 대상에 대한 정보를 적극적으로 수집하는 과정으로,[118] 점차 평소의 행동 방식으로 돌아가기 위한 발판이 된다.[119] 고양이에게 노출된 직후에는 움직임을 멈추고 개방된 공간을 회피하는 행동이 지배적으로 나타났다가 그 뒤 적극적인 위험 평가 활동이 점차 증가한다. 이 활동은 7~10시간 이후에 가장 활발하게 일어나며 그 뒤로는 점차 감소한다. 먹고 마시는 행동이나 성적, 공격적 행동과 같이 방어적이지 않은 행동은[120] 같은 기간 동안 감소한다.[121]

확실히 안전하다고 여겨진 영역에 포식자가 등장하자 쥐는 너무나 놀란 나머지 오랜 시간 동안 소리를 지르며 포식자의 등장을 알렸다. 추후에 끔찍한 일(처벌)이 더 이상 발생하지 않으면 공포가 점점 누그러지면서 호기심이 일고, 쥐는 다시 사건 현장으로 돌아간다.

고양이의 등장으로 '낯설어진' 공간은 '단순히 수동적으로 예측 불가능한 대상에 둔감해지는 것'이 아니라 '적극적으로 행동과 표상 체계를 수정한 결과' 익숙한 공간으로 다시 바뀐다. 쥐는 고양이의 등장으로 '오염된' 공간을 가로지르며 위험한 존재가 계속 도사리고 있지는 않은지 확인한다. 만약 위험한 존재가 '없다'는 결론에 이르면 그 공간은 다시 일상적인 행동을 통해 기대한 결과를 얻는 익숙한 영역으로 바뀐다. 쥐는 자발적인 탐색의 결과로 위험한 미지의 영역을 익숙한 영역으로 바꾼다. 만일 탐색 활동이 일어나지 않으면 확인되지 않은 공포가 계속 쥐들을 지배한다.

쥐가 '탐색을 마친 영역'에 속하는 자신의 친족과 예측하기가 어려운 '낯선 쥐'를 각각 어떻게 대하는지 비교해 보자. 쥐들은 사회성이 매우 높은 동물로 무리를 지어 평화롭게 살아간다. 하지만 다른 무리의 쥐들을 싫어해서 침입자를 찾아내 죽인다. 침입이 실수였든 고의였든 상관하지 않는다. 쥐들은 서로를 냄새로 구분한다. 만약 연구자가 평소 동료들에게 사랑받던 쥐를 꺼내어 깨끗이 씻기고 새로운 향을 묻혀서 돌려보내면 예전에 그 쥐를 사랑했던 동료들은 즉시 그 쥐를 처치한다. 그 쥐의 존재는 현재의 안정된 환경에 대한 위협으로 간주된다(이를 터무니없는 판단이라고 볼 수는 없다).[122] '낯선 동족'을 죽일 줄 아는 침팬지도 쥐들과 비슷한 행동을 보인다.[123]

| '상상'하는 우뇌와 '완성'하는 좌뇌

우리는 탐색을 통해 낯선 사물이 갖는 불확실한 지위와 의미를 결정한다. 탐색 결과 사물이 우리에게 유용하면 다행스러운 일이지만,

때로는 아쉽게도 우리와 아무런 관련이 없다는 결론에 이르기도 한다. 동물들은 실제로 행동을 하면서 미지의 사물을 파악한다. 미지의 사물을 맞닥뜨릴 때 자세나 위치, 행동을 바꾸면서 정서가 측면에서 그 변화의 결과를 파악한다. 예상하지 못한 일이 일어날 때, 예를 들어 우리에 낯선 대상이 나타날 때 동물은 먼저 행동을 멈추고 대상을 응시한다. 잠자코 있는 동안 별다른 일이 일어나지 않으면 멀찍이서 천천히 움직이기 시작하면서 자신의 조심스러운 탐색 행동에 상대가 어떻게 반응하는지 지켜본다. 때로 가까이 다가가 냄새를 맡기도 하고 할퀴기도 하면서 낯선 대상이 자신에게 좋은지 나쁜지 알아본다. 동물들은 현재의 행동이나 미래에 가능한 행동과의 관련성 속에서 대상의 유용성과 가치를 파악한다. 탐색 중에 얻은 정보를 가지고 자기만의 의미망을 구축한다. 탐색 과정에서 다양한 학습(모방) 행동과 본능적 행동을 시험하고, 시행착오를 거듭하고 행동을 바꿔 가면서 그 행동(탐색, 놀이)의 결과로 나타나는 감각 및 정서 정보를 수집한다. 자신이 맞닥뜨린 불가사의한 상황 속에서 여러 가지 행동을 시도해 보고 그 결과를 지켜보는 것이다. 이러한 행동과 결과에 대한 체계적 해석이 바로 그 동물의 과거, 현재, 미래의 세계를 구성한다(물론 이 동물이 살아가는 세계에는 미지의 영역이 포함된다).

　동물들이 사물의 감각적, 정서적 특성을 파악할 수 있는 이유는 창의적 탐색 능력을 갖추고 있기 때문이라고 해도 과언이 아닐 것이다.[124] 고등 동물인 영장류와 비교했을 때 상대적으로 생체 구조가 단순한 동물들은 행동에 제약이 따른다. 예를 들어 쥐는 어떤 사물을 자세히 살피기 위해 집어 올릴 수 없을 뿐더러 시각 능력이 떨어져서 인간만큼 세밀한 부분에 초점을 맞추어 볼 수 없다. 반면 고등 영장류는 집어 올리는 능력이 발달해서 사물을 자세히 탐색할 수 있으며 전전두피질도 더 정교하다. 그 덕분에 영장류는 세상에 존재하는 여러 사물의 특징을 직접 이끌어 낼 수 있으며, 더불어 모방하고 실행하는 능력도 더 향상됐다. 전전두피질은 운동 영역에서 가장 최근에 발달한 부위로, 피질이 진화하는 과정에서 운동 제어 중추가 자라난 것이다.[125] 전전두피질이 정교하게 발달한 결과 인간은 실제로 행동하지 않고 '관념적'으로 탐색을 벌일 수 있다. 타인을 관찰하면서 학습하거나 혹은 실제 행동으로 옮기기 전에 실행 가능한 잠재적 행동을 머릿속에 떠올려보는 일이 가능해진 것이다. 이는 곧 추상적 행동 혹은 표상으로 간주되는 '사고' 능력의 향상을 의미한다.[126]

행동과 사고는 현상을 부른다. 그리고 새로운 행동이나 생각은 반드시 새로운 현상을 부른다. 그러므로 모든 창조적 탐색 활동은 그것이 실제 행동으로 옮겨졌든 추상적 사고 과정으로 이루어졌든 우리 인생에 직접적인 영향을 미친다. 탐색 능력이 향상되면 이전과는 질적으로 다른 새로운 세상이 펼쳐진다. 따라서 유연하게 행동할 줄 아는 고등 동물일수록 더 복잡한 세계에서 산다(더 복잡한 세계를 '구축한다.'[127]).

인간 두뇌의 전전두엽을 비롯한 여러 피질 영역은 크기와 구조 측면에서 유일무이한 발전을 이뤘다. 두뇌와 지능의 관계를 밝히는 데는 여러 가지 발달 지표가 사용되는데, 그중 하나는 뇌의 중량이고, 다른 하나는 뇌 표면의 주름이다. 뇌의 질량은 동물의 크기에 영향을 받기 때문에 단순히 지표로 사용하기는 어렵다. 몸집이 커질수록 뇌의 중량도 커지는 경향이 있기 때문이다. 뇌의 중량이 큰 동물이라고 해서 더 똑똑한 것도 아니다. 체중을 고려한 뇌 중량 지수인 대뇌화 지수는 동물의 지능을 대략적으로 알려 주는 추정치로 흔히 사용된다.[128] 뇌 표면의 주름 역시 유용한 지표로 사용된다. 뇌 표면은 지능과 연관된 기능을 수행하는 회백질로 이루어져 있는데, 주름이 있으면 이 회백질의 표면적이 크게 증가한다. 고래목을 대표하는 돌고래와 고래는 신피질의 두께가 인간의 절반 정도밖에 안 되지만[129] 대뇌화 지수가 인간과 비슷하고 뇌 표면은 인간보다 더 주름져 있다.[130] 이렇듯 고래목 동물들은 신경이 고도로 발달되어 있어서, 어떤 연구자들은 이들의 지능이 인간을 뛰어넘을지도 모른다고 추측한다.[131]

하지만 어떤 종의 경험의 특성과 능력의 한계를 결정하는 것은 단순히 뇌의 중량이나 혹은 상대적 중량, 표면적이 아니라 피질의 구조와 조직이다. 더 구체적으로는 뇌가 구현하는 몸의 구조와 조직이다. 육체와 정신, 몸과 마음이 독립된 영역이라는 오래된 관념과 달리 뇌 구조는 필연적으로 몸과 연관이 있을 수밖에 없다. 몸이 뇌가 적응해야 할 일차 환경이기 때문이다.

우리 몸은 신피질에 구체적으로 표상된다. 이를 그림으로 표현한 것이 바로 '작은 사람'이라고 불리기도 하는 '호문쿨루스', 뇌 난쟁이이다. 호문쿨루스는 와일더 펜필드라는 외과 의사가 뇌수술을 받는 환자들의 피질 일부분을 일일이 전기로 자극하여 발견한 것이다.[132] 그는 뇌진증이나 뇌암으로 수술 받는 환자들의 손상을 최소화하고자 뇌의 각 부위가 하는 역할을 알아내려고 했다. 뇌는 통증을 느끼지 못하기 때문에 뇌수술은 의식이 있는 상태에서 진행되는 경우가

그림 8. 운동 호문쿨루스

많다. 그리하여 그는 뇌수술 도중에 의식이 있는 환자의 대뇌피질을 자극하고는 직접 환자들을 관찰하거나 환자에게 질문을 해서 그 결과를 검토했다. 피질을 자극하면 때로는 환영이 나타났고 때로는 기억이 떠올랐다. 움직임이나 감각이 나타나는 경우도 있었다. 이런 방식으로 펜필드는 우리 몸이 중추신경계에 어떻게 그려져 있는지, 정신 내부에 어떻게 표상되어 있는지 밝혔다. 한 예로 호문쿨루스는 운동과 감각이라는 두 가지 형태로 나타나는데, 전자는 운동 영역의 일차 운동피질, 후자는 감각 영역의 일차 체감각피질과 관련된다. 이 책에서는 운동 결과물(행동)을 중점적으로 논의하고 있기 때문에, 그림 8과 같은 운동 호문쿨루스가 주요 관심사이다. 운동 호문쿨루스는 아주 기묘한 모습의 작은 생명체로, 얼굴(특히 입과 혀)과 손(특히 엄지손가락)이 신체의 다른 부분에 비해 지나치게 크다. 운동피질에서 얼굴과 손의 통제를 담당하는 영역이 상대적으로 크기 때문이다. 그 결과 우리는 얼굴과 손을 아주 복잡하고 정교하게 움직일 수 있다. 운동 호문쿨루스는 아주 흥미로운 존재이다. 뇌의 입장에서 본 몸이라고 할 수도 있을 것이다. 호문쿨루스는 정서와 행동으로 표출되는 인간의 특징을 드러내기 때문에 그 구조를 살펴볼 필요가 있다.

운동 호문쿨루스에서 가장 두드러지는 특징이자 인간을 다른 동물과 구분 짓는 특징은 손과 마주 보는 엄지손가락이다. 손으로 크고 작은 사물의 특성을 조작하고 탐색하는 능력은 가장 고등한 영장류인 인간에게만 나타나는 능력으로, 이런 능력 덕분에 인간은 사물의 특성을 최대한 끌어내어 도구로 활용할 수 있게 됐다. 인간은 손으로 사물의 행동과 기능을 복제하거나 모방하고 가리키며, 더 나아가서는 문자로 언어를 표상한다.[133] 손 덕분에 인간은 글이라는 매개를 통해 자신의 능력을 시공간적으로 멀리 떨어진 타인에게 전달할 수 있고, 또 글을 쓰는 과정에서 사고가 활성화되면서 사물을 더 면밀하고 깊이 있게 살펴볼 수 있다. 가장 분석적인 운동 기술인 음성 언어(말)의 발전도 사물을 분해하고 다시 조립하는 인간의 능력이 추상적으로 확장된 것으로 볼 수 있다.

손과 두뇌의 상호작용은 말 그대로 세계의 구조를 뒤바꿨다. 뇌의 기능과 구조를 살펴볼 때는 이 사실을 중요하게 고려해야 한다. 돌고래나 고래는 크고 복잡한 뇌와 고도로 발달한 신경계를 갖추고 있지만 자기가 살아가는 세계를 구축하지는 못한다. 바닷속 환경에 적합한 유선형 몸에 갇힌 돌고래와 고래는 자신이 처한 물리적 환경을 복합적으로 바꿀 능력이 없다. 따라서 그들의 뇌는 '창조적' 기능을 수행하기에 적합한 능력을 갖추지 못했을 공산이 크다(실제로 영장류의 뇌와 같은 정교한 구조를 갖추지 못했다[134]).

손은 인간을 여타 동물과 구분 짓는 가장 명백하고도 가장 중요한 단일 요인이지만 이것이 전부는 아니다. 손보다 더 인간을 인간답게 만든 것은 바로 인간이 환경에 적응해 온 방식이다. 인간은 사회적 맥락에서 미지의 영역을 탐색해 왔다. 언어를 매개로 새로운 행동 양식을 만들고 정교화하고 기억하고 설명하고 의사소통했으며, 새로운 행동 양식이 불러온 결과를 표현했다. 직립을 하면서 인간은 손을 더 자유롭게 쓸 수 있었을 뿐 아니라 시야가 넓어졌고, 상체는 더 이상 이동 기능을 담당할 필요가 없어졌다. 얼굴과 입술, 혀의 섬세한 근육 조직 덕분에 언어가 발달하고 미묘한 의사소통도 가능해졌다.

세부적인 정보를 교환할 수 있게 되자 개인과 사회는 서로 자원을 공유할 수 있게 됐다. 이렇게 서로 정보를 주고받는 과정에서 손은 이 세상에 지금까지 존재했던 모든 손들이 지녔던 능력을 잠재적으로 부여받으며 그 유용성과 범위가 크게 확장됐다. 인간의 눈은 중심부에 한정된 시야로 입력된 정보가 일차 시각피질에서 1만 배 확대되고 양반구의 여러 고등한 피질 부위에서 추가로 표상되도록 진화했는데[135], 그 결과 시각 언어가 발전하고 사물을 자세히 관찰할 수 있게 되면서 상세 정보를 수집하는 과정이 단순화됐다. 손과 눈 덕분에 호모 사피엔스는 다른 동물들과는 질적으로 다른 방식으로 사물을 조작할 수 있게 됐다. 뒤집어 보고 날려 보고 다른 사물에 부딪쳐 보고 산산조각 내 보고 불에 달궈 보는 등 여러 다양한 조건에서 사물을 파악할 수 있게 된 것이다. 손과 눈을 함께 활용해서 인간은 사물의 본질을 경험하고 분석할 수 있게 됐다. 그 자체만으로도 획기적인 이 능력은 손을 매개로 한 음성 및 문자 언어의 발달로 놀랍도록 확장됐다.

인간의 적응 방식은 명백히 신체적인 것으로부터 조금 더 미묘하게 심리적인 것으로까지 확장됐다. 예를 들어 가장 인간적인 특징이라고 볼 수 있는 '의식'이라는 현상은 신피질의 세포 활성화 범위와 관련이 있는 듯 보인다. 그러므로 피질에서 큰 영역을 차지하는 신체 부위는 의식에 더 자세하게 표상된다고 볼 수 있다. 피질에서 비교적 큰 영역을 차지하는 손과 비교적 작은 영역을 차지하는 등을 비교해 각 영역의 감각을 느끼거나 움직임을 통제해 보면 이런 사실을 쉽게 알 수 있다. 의식은 또한 인간의 적응력을 향상시키도록 고안된 활동, 다시 말해서 창조적 탐색 활동을 하는 과정에서 더 확장되고 또렷해진다. 생소하거나 흥미로운 정보를 처리할 때는 지향 반사가 일어나 의식이 고조되고 집중력이 높아지며 신피질에서 활성화되는 영역이 넓어진다.

이와 유사하게 기술을 습득하기 위해 연습할 때는 움직임을 의식적으로 통제하고자 활성화되는 피질 영역이 증가한다. 그러다가 무의식적이며 습관적으로 기술을 수행하는 수준에 이르면 혹은 감각 정보가 더 이상 생소하거나 흥미롭지 않으면 활성화되는 피질 영역이 줄어든다.[136] 또한 이러한 탐색 활동 중에 일어나는 피질계의 활성화는 본질적으로 강렬한 즐거움을 동반한다. 피질계는 부분적으로 도파민이라는 신경 전달 물질로 인해 활성화되는데[137], 이 물질은 보상의 단서에 대한 정서 및 행동 반응(희망, 호기심, 접근 행동)을 유발한다.

인간은 다른 동물들과는 질적으로 다른 탐색, 범주화, 의사소통 능력을 갖추고 있다. 인간의 신체 구조는 대상을 탐색하고 그 결과를 다른 사람에게 전달하기에 최적화되어 있으며, 그 과정에서 심리적으로 진정한 즐거움을 느낀다. 손을 비롯한 인간의 신체적 특성은 인간을 인간답게 만드는 요소이며, 그 덕분에 인간은 과거에 안정되고 예측 가능한 경험 속에서도 끝없이 새로운 특성을 끌어낼 수 있게 됐다. 사물은 무엇이든 인간에게 무한한 가능성을 제시한다. 단순한 동물들은 행동이 단순한 만큼 특성이 제한된 세계, 대부분의 정보가 잠복된 상태인 세계에서 살아간다. 반면 인간은 다른 동물들보다 훨씬 쉽게 사물의 특성을 분해하고 결합하는 조작을 할 수 있다. 나아가 의사소통 능력은 탐색을 훨씬 수월하게 만들었고, 덕분에 환경에 적응하는 방식 또한 더 다양해졌다.

사고는 직접적인 행동 없이 추상적으로 사물이나 상황을 분석하는 방법이다. 인간은 생소한 사물이나 예상하지 못한 상황을 언어적, 비언어적으로 분석하는데, 이러한 추상적 분석 능력은 다른 동물보다 인간에게 훨씬 중요하며 일반적으로 행동에 우선한다.[138] 부분적, 총체적으로 추상적 분석이 실패로 돌아가는 경우에만 한계와 위험성이 있는 탐색 행동이나 회피가 이루어진다. 탐색 활동을 그보다 훨씬 유연한 추상적 사고로 대체하면 위험에 직접 노출되지 않고 지식을 확장할 수 있는데, 이는 지능 발달의 주요한 이득 중 하나이다. 인간 특유의 추상적 사고 능력은 두뇌의 급격한 진화 과정에서 발달했다. 사물을 조작한 절차, 결과, 또 그 해석에 관하여 인간은 엄청난 시공간을 뛰어넘어 소통할 수 있다. 정교한 언어와 의사소통 능력은 인간의 탐색 능력을 놀랍도록 확장시켰다. 그로 인해 우리는 오랜 세월 타인이 창조적 행위의 결과로 만들고 소통해 온 모든 전략과 해석의 틀을 접할 수 있다. 이는 곧 우리가 세계의 더욱 다양한 측면을 '발견'할 수 있게 됐다는 의미이다. 하지만 나는 거기서 그치지 않고 이 새로운 절차와 해석 방식이 말 그대로 새로운 현상을 만들어 냈다는 점을 강조하고 싶다. 언어는 인간의 사고력을 차별화시키고 탐색 과정에서 사물을 조작하는 능력을 놀라운 수준으로 발전시켰다. 그 결과 인간의 경험 세계는 끊임없이 변화하고 새로워졌다.

미지의 사물에 반응하면서 새로운 행동 양식과 해석의 틀을 만들어 내는 능력은 인간 의식의 주요한 특징으로 볼 수 있다. 우리는 이 과정에 참여함으로써 지금까지 맞닥뜨리지 못한 '존재', 달리 말해서 미분화된 덩어리를 조각하여 세계를 구축한다. 우리는 미지의 대상과 직접 상호작용함으로써 세계를 개척하는데, 이때 손은 우리가 대상을 조작하고 대상의 감각 특성을 뒤바꾸고, 더 중요하게는 대상에 새로운 '가치'를 부여함으로써 대상의 의미를 변화시키는 중요한 역할을 맡는다. 손의 정교한 조작 능력은 인간 특유의 능력이며 경험의 본질을 변화시킨다. 하지만 직접 행동으로 옮겨 보지 않고도 행위와 그 결과에 대해서 생각할 수 있는 추상적 탐구 능력 또한 그에 못지않은 인간 고유의 능력이다. 추상적 탐구 또한 탐색 행위만큼이나 뇌의 생리적 구조와 연관이 깊다. 생소한 상황을 마주했을 때 우리의 행동은 두려움과 행동 억제를 관장하는 체계와, 희망과 행동 활성화를 관장하는 체계의 영향을 받는다. 추상적인 생각을 할 때, 심지어 타인의 생각을 가늠할 때도 이와 똑같은 일이 일어난다.[139]

동물의 탐색 활동은 대개 행동을 통해 이루어진다. 동물은 생소한 사물이 등장하거나 생소한 환경에 놓이면 주위를 돌아다니면서 그것의 정서가와 감각 특성을 파악한다. 이렇게 시험적으로 주위를 돌아다니는 과정은 각각 위협과 기회를 파악하는 두 체계가 상호작용한 결과로 일어난다. 인간의 경우 발달 과정에서 이 두 체계가 각각 좌반구와 우반구의 지배를 받게 된 것으로 보인다. 우반구는 위협이나 처벌에 대한 반응을 관장하고 좌반구는 기회와 (비교적 덜 명확하게 나타나지만) 만족에 대한 반응을 관장한다.[140] 다시 말해 우반구는 미지의 사물에 대한 초기 반응을 관장하는 반면, 좌반구는 우리가 무엇을 하고 있는지 알고 있는 상황에서 이루어지는 행동을 관장한다. 철저히 탐색된 사물은 기회나 만족을 주거나 적어도 우리와 관련이 없다는 결론에 이른 것이기 때문이다. 머물러 있어야 하는 장소에 여전히 위협이나 처벌이 존재한다면, 이는 곧 우리가 행동 차원에서 환경에 충분히 적응하지 못했으며 주위에 여전히 예측 불가능성이 도사리고 있다는 의미이다. 그리고 이는 낯선 환경에서 기대한 결과를 얻도록 행동을 수정하지 못한 결과이다.

리처드 데이비드슨과 동료들은 성인과 아동의 피질의 전기적 활동 패턴과 기분의 관계를 연구했다. 데이비드슨을 비롯한 연구자들은 두뇌의 양반구, 특히 그중에서도 전두엽 부위가 서로 다른 정서에 특화되어 있다고 결론지었다. 피질의 전기적 활동 패턴을 조사해 보니, 아기의 진심 어린 미소와 같은 긍정적인 정서가를 지닌 자극을 접할 때는 좌측 전두엽피질이 상대적으로 더 많이 활성화됐다. 반면 만성 우울증과 같이 부정적 정서 상태에서는 우측 전두엽피질이 더 활성화됐다.[141] 상당히 많은 연구 결과가 이와 같은 경향성을 입증했다. 근본적으로 뇌의 양반구가 각각 (1)사물의 감각 특성과 정서가 아직 밝혀지지 않은 미지의 영역과 (2)과거 탐색의 결과로 사물이 자신과 관련이 없거나 혹은 긍정적이라고 밝혀진 기지의 영역에 특화되어 있다는 것이다. 인간의 두뇌는 두 가지 정서 체계로 이루어져 있다. 한 체계는 우리가 무엇을 해야 할지 알지 못할 때 작동하여 탐색 과정을 이끌고 안전한 영역을 구축한다. 또 다른 체계는 우리가 실제로 안전한 환경에 있을 때 작동한다. 이렇듯 두 정서 체계가 각각 좌반구와 우반구에 위치한다는 사실은 비교적 최근에 밝혀졌지만, 이 두 체계가 존재한다는 사실은 꽤 오래전부터 알려져 있었다. 수십 년 전 이루어진 마이어와 슈니엘러의 연구[142] 및 슈니엘러의 단독 연구[143]는 진화 수준에 관계없이 모든 동물에게 나타나는 '회피' 기제와 '접근' 기제가 동기의 기초를 이룬다고 가정한다. 이 두 체계는 앞서 언급했듯이 정서와 행동의 관계성 속에서 그 특성을 가장 잘 이해할 수 있으며, 각각 서로 연관된 일련의 기능을 수행한다.

일반적으로 좌반구에 비해 비교적 언어적으로 덜 유창한 우반구는 행동을 억제하거나 소거하고, 부정적 정서를 불러일으키고, 복잡한 시각 및 청각 심상을 만들고 조작하며, 대근육 운동을 조정하고, 전체 패턴을 빠르게 인식하는 일을 담당한다.[144] 우반구는 불확실한 상황에서 작동하여 현재 상태와 해야 할 행동이 불분명할 때 행동을 관장한다.[145] 따라서 우반구는 낯선 대상을 발견하고 탐색 활동을 유발하는 '변연계의 통제' 아래 있다고 볼 수 있다. 이 오래된 통제 기제가 여러 '가설'을 세우는 추상적 탐색 과정을 이끌면서 미지의 대

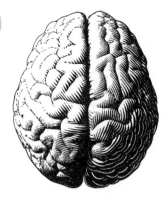

좌반구	우반구
기지의 영역에서 작동	미지의 영역에서 작동
긍정적 정서	부정적 정서
행동 활성화	행동 억제
언어 처리	심상 처리
직선적 사고	종합적 사고
세부 사항 인식	패턴 인식
세부 사항 생성	패턴 생성
소근육 운동	대근육 운동

그림 9. 좌반구와 우반구의 기능

상에 확실한 의미를 부여한다.

반대로 좌반구는 언어 처리와 의사소통, 직선적 사고, 소근육 운동, 전체를 세부 구성 요소로 분석하는 일에 능숙하다.[146] 좌반구는, 그중에서도 특히 전두엽에 위치한 운동 영역은 만족과 관련된 단서가 있을 때 접근 행동을 관장하며,[147] 긍정적 정서 생성에 핵심적인 역할을 담당하고, 숙련된 활동을 수행하고 익숙한 해석 틀을 적용하는 일에 특화되어 있다. 좌반구는 현재 상태에 대한 평가와 해야 할 행동이 명확할 때, 전통이 행동을 관장하고 상황의 본질과 의미가 비교적 고정되어 있을 때 가장 잘 기능한다. 좌반구가 능숙한 것과 긍정적인 것에 특화되어 있다는 사실을 알면, 기지의 세계는 긍정적인 정서가 지배하는 것이 당연하다는 점을 이해할 수 있다. 유용하거나(만족스럽거나) 유용하게 쓰일 가능성이 있는(희망적인) 사물이 가장 자세히 탐색되고 널리 알려지기 때문이다.

좌반구와 달리 우반구는 우리가 미지의 대상 앞에서 공포에 빠질 때, 그 대상을 범주화하거나 인지적으로 이해하기 전에 본능적인 동기와 정서의 영역에서 대상을 지각하는 일을 담당한다. 미지의 대상은 아직 이해할 수 없기 때문에 위험이 내포되어 있으며, 우반구는 우리로 하여금 그에 걸맞은 주의를 기울이게 한다. 탐색 과정에서 신중한 태도를 유지하게 하고, 도피 반응을 관장하며, 부정적 정서를 생성하여 행동을 억제하거나 소거한다. 우반구는 그 기본적인 신경 생리학적 구조로 인해[148] 전반적 패턴 인식에 능한데, 그 덕분에 낯선 사물을 마주할 때 머릿속에서 무슨 일이 일어난 것인지, 어떻게 행동해야 하는지, 여기서 어떤 사물이 연상되는지를 재빨리 떠올리게 해 준다. 우반구는 예상하지 못한 현상의 초기 분석 단계에서 중요한 역할을 담당하며 다음과 같은 선험적인 가정을 한다. "지금 맞닥뜨린 이 미지의 영역은 우리가 미처 탐색하지 못한 낯선 장소이므로 위험하며, 따라서 위험하다고 알려진 다른 장소나 혹은 아직 탐색하지 못한 다른 영역과 같은 특성을 공유한다." 이처럼 우반구는 'A'는 'B'라는 식의 은유적 정보 처리 방식을 사용한다. 꿈, 연극, 신화와 같은 이야기의 핵심 요소인 메타포를 생성하는 일은 가설 수립의 첫 단계로 볼 수 있다. 탐색 결과 해당 상황에 적합한 적응 행동이 생성되면 이 잠정적 가설은 수정된다. 그리고 그 과정에서 더 깊이 있고 상세한 학습이 이루어진다. 위협적인 상황이 더 이상 벌어지지 않으면 불안감이 줄어들고 좌반구의 통제 아래 희망이 정서의 중심을 차지하면서 앞으로 나아가 탐색하려는 욕구가 생겨난다.

우반구는 비교적 불확실한 정보를 다루는 데 능통하다. 아직 이해할 수는 없지만 확실히 존재하는 사물을 일단 수용하기 위해서 우반구는 사물을 일반적, 전체적,[149] 포괄적으로 인식한다. 우반구는 사물을 일반화하고 심상으로 이해하는 능력을 활용하여 생소한 자극을 '선험적으로' 범주화하고 그 자극에 초기 맥락을 부여한다. 이 맥락은 생소한 사물의 정서가에 의해 결정되며, 그 정서가는 처음에는 단순히 생소하다는 사실에 따라서(위협인 동시에 기회), 이후에는 구체적 탐색 과정을 통해 밝혀진다. 우반구는 '이 낯선 대상은 무엇인가?', '이 낯선 대상 앞에서 어떻게 행동해야 하는가?'를 알아내려 하며, '이 낯선 대상이 객관적으로 어떤 감각 특성을 지니는가?'에는 관심을 두지 않는다. '이 낯선 대상은 무엇인가?'라는 질문은 '이 대상이 위험한가, 위협적인가, 만족을 주는가, 기회를 주는가?'를 뜻한다. 대상을 정서가에 따라 범주화한다는 말은 곧 대상을 그것이 행동에 미치는 영향에 따라서 정의한다는 의미이다.

미지의 대상이 등장하면서 혼돈에 빠진 세계는 적응 행동과 표상 방식이 생성되면 예측 가능한 세계로 바뀐다. 이러한 적응 행동과 범주화 전략은 개별 탐색의 결과로 생성된다. 하지만 인간은 개별적 존재인 동시에 사회적 존재이다. 우리는 적절한 적응 수단과 목적에 관한 정보가 끊임없이 오가는 복잡한 사회 환경에서 살아간다. 언어적, 비언어적 의사소통 능력 덕분에 우리는 더욱 쉽게 적응 행동과 표상 방식을 생성할 수 있게 됐다. 토론이나 독서를 통해서 학습을 할 수도 있으며, 글을 매개로 먼 조상으로부터 직접 정보를 얻을 수도 있다. 그 뿐만이 아니다. 일상생활, 이야기, 극 속에서 맞닥뜨리는 사람들의 행동을 전부 기억하고 모방할 수도 있다. 모방 능력 덕분에 우

리는 스스로 '이해하지 못하는 일', 다시 말해서 분명하게 설명하지 못하는 일도 해낼 수 있다.[150]

적응 행동 양식 및 표상 양식은 '미지의 대상을 맞닥뜨려서' 그 대상을 활발하게 탐색하는 과정에서 만들어진다. 그리고 의사소통을 거치면서 수정되고 개선된다. A라는 사람이 새로운 행동을 처음 시도하고, B가 A의 행동을 수정하고, C가 B의 행동을 수정하며, D가 C의 행동을 수정하는 식으로 끝없이 수정이 이루어진다. 은유나 개념과 같은 표상 역시 이러한 수정 과정을 거친다. 이는 곧 인간의 탐색 과정이 시공간적으로 엄청나게 확장된다는 의미이다. 이런 확장은 가장 명백하게는 글을 읽고 쓰는 능력 덕분에 일어난다. 하지만 그 못지않게 모방 역시 탐색 과정을 확장시킨다.

적응 행동 양식과 표상 양식(범주화 도식)은 타인이나 자신을 관찰함으로써 도출할 수 있다. 우리가 어떤 대상 앞에서 어떻게 행동하는지를 관찰해 보면 그 대상에 어떤 의미가 있고, 그 대상이 무엇인지를 짐작할 수 있다. 예를 들어 누군가가 어떤 대상으로부터 달아나고 있다면, 일단 그 대상이 위험하다고 추정하는 편이 안전하다. 관찰자 자신을 포함한 공동체 구성원의 행동 양식을 관찰하면 그 공동체의 잠정적 가치관을 도출할 수 있다. 만약 누군가가 어떤 대상에 접근한다면, 그 대상에 대해 전혀 아는 것이 없다 해도 그 대상이 적어도 해당 맥락에서는 좋은 것이라고 추정할 수 있다. 따라서 어떻게 행동해야 할지 안다는 것은 결국 대상을 추상적으로 범주화하기 전에 동기적 의미에 따라 범주화한다는 뜻이며, 이때 대상의 감각적 특성은 동기적 의미를 알아내기 위한 단서로 작용한다.[151]

우리가 사용하는 기술이나 자동화된 범주화 전략은 의식 수준에서는 희미하게 인식된다. 이는 인간이 서로 다른 여러 기억 체계를 지니고 있으며, 각각의 기억 체계가 질적으로 다른 표상 방식을 사용하기 때문이다. 의식 수준에서 희미하다는 말은 본질적으로 우리가 '아는 것'보다 '이해하는 것'이 더 많다는 의미이다. 심리학자들이 계속 '무의식'이라는 개념으로 행동을 설명하는 것도 바로 이 때문이다. 무의식은 대상의 본질과 가치에 대한 암묵적 정보의 보고이다. 이 정보는 적극적 탐색 과정에서 생성되며, 종종 여러 세대에 걸쳐 사람들이 끊임없이 의사소통을 하는 사이 부지불식간에 수정된다. 인간은 사회 속에서 살아가며, 거기서 일어나는 상호작용은 대부분 사회적인 성격을 띤다. 우리는 대부분의 시간을 사람들 사이에서 보내며, 혼자 있을 때조차 자신의 행동을 이해하고 예측하며 통제하기를 바란다. 그러므로 우리가 이해한 세계의 지도는 대부분이 창조적 탐색의 결과로 만들어지고, 끊임없는 사회적 상호작용 속에서 수정된 '행동 양식'을 담게 된다. 우리는 자신의 행동을 관찰하면서 세계의 일부분인 자신의 행동을 포함한 세계의 본질을 추론한다.

우반구, 적어도 전두엽 부위가 처벌과 위협에 대한 반응에 특화되어 있다는 사실은 잘 알려져 있다. 우반구가 손상되면 패턴을 인식하거나 이야기의 의미를 이해하는 능력이 손상된다.[152] 이렇듯 정서와 심상, 이야기를 다루는 데 능숙하다면, 타인의 행동이나 낯선 사물의 정서가와 같이 복잡한 현상을 이해하는 초기 단계에서 우반구가 핵심적인 역할을 담당한다고 볼 수 있지 않을까?

낯선 대상을 마주할 때 우리는 그 대상의 본질에 대해 심상이나 언어로 상상을 한다. 이 말은 예기치 못한 대상이 우리가 이미 알고 있는 다른 대상과 관련이 있는지 혹은 아직 확실히 파악하지 못한 다른 대상과 관련이 있는지 알아내려고 시도한다는 뜻이다. "이 미해결 문제는 우리가 아직 풀지 못한 다른 문제와 비슷하군."은 해결책을 찾기 위한 하나의 단계일 수 있다. "이 기이한 현상들은 이런 점에서 잘 들어맞는군."은 세부 지식에 선행하는 일종의 직감으로, 아직 어떤 종류의 나무가 숲을 구성하는지는 알지 못하지만 숲을 볼 줄은 아는 능력이 있다는 말이다. 생소한 대상을 속속들이 파악하기 전에, 다시 말해서 그 의미를 효과적으로 제한하여 예측할 수 있게 되기 전에 우리는 그것이 무엇일지 '상상한다'. 상상은 생소한 대상에 적응하는 첫 단계로, 우리가 미지의 대상이 지닌 선험적 의미에 본능적으로 반응하지 않도록 해 주고, 더불어 그 대상에 대한 구체적이고 상세한 정보를 생성하는 과정을 촉진한다. 상상하는 능력은 우리가 대상을 명백하게 이해하기 위해서 꼭 필요하지만, 그렇다고 해서 우리가 이 능력을 분명하게 이해하고 있는 것은 아니다.

우반구는 이 특별한 능력을 활용해 행동을 반복적으로 관찰함으로써 행동 양식에 대한 심상을 도출하고, 언어에 능통한 좌반구는 이 행동 양식에 논리와 세부 정보를 더해서 '이야기'로 만들어 낸다. 이야기는 의미의 지도이자 정서 조절과 행동 도출을 위한 '수단'으로, 특정 상황에서 어떻게 행동해야 할지를 설명함으로써 상황이 긍정적인 특성을 유지하도록, 적어도 부정적인 특성이 가능한 줄어들도록 돕는다. 이야기를 만드는 초기 단계에서는 상상과 패턴 인식에 능한 우반구 특유의 능력이 동원되는데, 우반구는 이야기를 이해하는 과정에도 깊이 관여한다.[153] 우반구에는 담화의 비언어적, 선율적 특성을 해독하고 공감하며 심상과 은유, 비유를 이해하는 능력이 있다.[154] 좌반구의 '언어' 체계는 이야기에 논리와 적절한 시간 순서, 내적 일관성, 언어 표상, 빠르고 추상적이며 명시적인 의사소통 가능성을 더하여 이야기를 '완성'한다. 이런 식으로 우리는 자신의 '꿈'을 분석하고 가치에 대한 명시적 지식을 확장한다. 이런 이야기들 중에서 정서 조절 능력을 향상시키는 이야기는 타당하다는 평가를 받는다. 그렇게 우리는 점차 추상화되는 이야기가 타당한지를 확인한다.

창조적 탐색 과정의 목적은 행동 범위(기술)를 넓히고 표상 도식을 개선하는 것이다. 이 목적을 달성하기 위해서 우리는 두 가지 유형의 지식을 생성하고 장기 기억에 저장한다. 첫 번째 유형의 지식은 어떻게 하는지 아는 것, 노하우know-how이다. 운동 영역에서는 과거 행동 전략이 실패하여 기대한 결과를 내지 못하면 새로운 행동 전략을 고안한다. 대안적 행동 양식을 시험해 보고 기대한 결과가 나오는지 지켜본다. 기대한 결과가 나오면 이 새로운 행동 양식은 가능한 행동 중 하나로 자리 잡는데, 이는 새로운 '기술' 개발로 간주할 수 있다. 노하우는 곧 기술이다. 두 번째 유형의 지식은 표상으로, 대상 자체가 아니라 대상에 대한 심상이나 모형이다. 다시 말해 그것이 무엇인지 아는 것[155], 노왓know-what이다. 생소한 대상을 탐색하는 과정, 즉 탐색의 주체와 대상이 현실 혹은 상상 속에서 상호작용하는 과정에서 새로운 감각 정보가 입력된다. 이렇게 투입된 감각 정보를 기초로 우리는 경험 세계에 대한 영구적이지만 수정 가능한 사차원적(시공간적) 표상 모형을 구축하고 정교화하고 갱신한다. 이때 경험 세계의 모형은 하나의 이야기 형식을 취한다.

앞서 살펴봤듯 변연계는 미지의 대상 앞에서 느끼는 불안을 조절하는 데 중요한 역할을 한다. 행동을 관찰하고 그 과정에서 얻은 정보를 장기 기억에 저장하는 과정에 깊이 관여하는 이 기관은[156] 고등한 피질 체계와 더불어 기억된 표상을 발전시키고 정교하게 만드는 생리학적 기반이다. 미지의 대상으로 인해 활성화된 우반구는 재빨리 패턴을 생성하여 이야기에 초기 심상(상상의 내용)을 제공한다. 좌반구는 이 패턴에 체계와 의사소통 능력을 부여한다. 이를테면 그림이나 소설, 연극과 담화를 해석하는 것이다. 행동의 결과와 기대한 결과가 다를 때 해마는 그 차이를 알아차린다. 그러면 편도체가 억제 상태에서 풀려나고 불안과 호기심이 고개를 들어 탐색 활동을 유발한다. 이렇게 동기를 부여받은 우반구는 활용 가능한 정보 가운데서 현재 등장한 미지의 대상의 주요 특징을 포착하는 패턴을 이끌어 낸다. 이때 우반구가 사용하는 정보는 대부분 사회 환경에서 비롯된 것으로 행동 양식에 암묵적으로 담겨 있다. 이 정보는 추상화, 명시화되어 노왓 정보가 되기 전까지는 노하우 정보로 남는다. 정보가 추상화될수록 좌반구가 깊이 관여하게 된다.

각각 절차 지식procedural knowledge과 서술 지식declarative knowledge으로 불리기도 하는 노하우 정보와 노왓 정보는 생리학적 기반 물질뿐만 아니라 계통 발생적, 개체 발생적 발달 과정도 서로 다르다.[157] 진화적 혹은 개인적으로 절차 지식은 서술 지식보다 훨씬 앞서 발달하며 '무의식적'으로 발현되고 수행을 통해서만 드러난다. 반면 서술지식은 의식적인 접근이 가능하고 의사소통이 가능한 일화적 상상

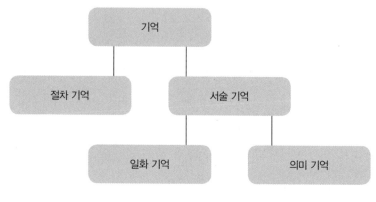

그림 10. 기억의 다중 구조

(환상의 세계)과, 이 상상의 내용을 추상적으로 표상하고 의사소통하게 해 주는 의미 지식(가장 최근에 발달됐다)으로 구성된다. 이 기억 유형들 간의 관계는 그림10[158]에 나타나 있다.[159] 절차 지식은 신경해부학적 기반이 확실하지 않지만, 생성에는 전운동피질이, 저장에는 소뇌가 관여하는 듯하다. 반면 서술 지식은 감각 영역과 해마의 상호작용을 통해서 생성된다.[160] 서술 지식의 상당 부분은, 그러니까 세계에 대한 우리의 설명은 대부분 노하우, 행동에 관한 지식이며, 다른 말로 하면 지혜이다. 우리는 문화의 지배를 받는 사회적 상호작용에서 자신과 타인이 어떻게 행동하는지 관찰하고 그 행동을 묘사함으로써 지혜를 얻는다.

우리는 자신의 행동 방식과 이유를 깨닫기 훨씬 전부터 어떻게 행동해야 하는지 알고 있다. 예를 들어 아이는 자기 행동을 추상적으로 설명하거나 묘사할 수 있게 되기 훨씬 전부터 적절하게 행동하는 법을 배운다.[161] 도덕철학을 배우지 못해도 착한 아이가 될 수 있다. 이는 아동 발달 과정에서 감각운동 수준의 적응이 추상적 사고 수준의 적응보다 먼저 이루어지고, 전자가 후자의 기초가 된다는 장 피아제의 주장과 일맥상통한다. 피아제는 감각운동기와 가장 고등하고 추상적인 인지 발달 단계인 형식적 조작기는 '상징적 표상'으로 매개된다고 봤다.* 더 나아가 이런 상징적 표상이 만들어지려면, 다시 말해서 행동 대신 심상이나 언어로 표현할 수 있으려면 먼저 모방 행동이 일어나야 한다고 여겼다. 이런 관점에서 '놀이'는 비교적 고차원적이고 추상적인 형태의 모방이다. 이와 관련해서 피아제는 두 가지 핵심 가설을 내놓았다.

> 첫 번째 가설은 놀이와 모방이 일어나는 현장에서 감각운동기의 동화assimilation와 조절accommodation**이 추상적 동화와 조절로 이행하는 과정을 추적할 수 있으며, 이 과정이 표상의 시발점이 된다는 것이다. …… (두 번째 가설은) 여러 유형의 표상들 간에 상호작용이 일어난다는 것이다. 현장에 없는 대상을 모방할 때 거기에는 표상이 자리한다. 상징 놀이 속에도, 상상 속에도, 꿈속에서도, 개념 체계와 논리적 관계 속에도 본능적인 혹은 조작적인 표상이 존재한다.[162]

---

* 피아제는 인간의 인지 능력이 감각운동기(0~2세), 전조작기(2~7세), 구체적 조작기(7~11세), 형식적 조작기(11세 이후)의 네 단계에 걸쳐 발달한다는 인지 발달 이론을 제시했다.

** 동화는 기존에 확립된 지식에 의거하여 현재 나타난 사물을 해석하고 이해하는 과정이며, 조절은 기존의 지식으로 이해할 수 없는 사물을 맞닥뜨릴 때 기존의 지식을 수정하여 적용해 나가는 과정이다.

피아제는 모방을 조절과 연관 지어 설명할 수 있다고 생각했다. "동화보다는 조절이 필요한 상황에서 모방이 일어나는 경향이 있다."[163] 이 말은 모방하는 아이는 자신이 '이해한'(표상한) 것보다 더 많은 정보를 행동으로 '구현'한다는 사실을 암시한다. 또한 피아제는 "표상은······ 일종의 내면화된 모방이며 그러므로 조절의 연장선상에 있다고 볼 수 있다."고 썼다.[164] 기억의 다중 구조 모형과 관련하여 살펴보면(피아제가 직접 언급한 내용은 아니다), 피아제의 인지 발달 단계와 명확히 밝혀진 기억의 구조 사이에는 어느 정도 관련이 있다. 하지만 피아제의 주장과 같이 인지 발달 단계들이 비연속적이라 하더라도, 전 단계의 인지 구조를 사용하는 동안 다음 단계의 인지 구조를 준비한다는 측면에서 각 단계는 기능적으로 연속선상에 있다.[165]

아동 발달 과정에서 일어나는 현상이 인간의 진화 과정에서도 비슷하게 일어난다. 우리가 아이일 때 모방을 통해 흡수하는 문화는 대부분 사회적 맥락에서 수행되는 행동 양식이다. 아이가 부모로부터 배우듯이 어른들은 문화로부터 배운다. 우리는 자신이 사용하는 행동 양식과 표상이 어떻게 만들어졌고 정확히 어떤 기능을 수행하는지, 그 장기적 목표와 목적이 무엇인지 알지 못한다.

사실, 행동 양식은 오랜 세월 동안 누적된 사회적 상호작용 속에서 싹튼 '출현 속성emergent properties'이다. 게다가 우리는 무의식적으로 정확히 실행에 옮기는 행동 양식을 추상적 언어로는 분명하게 설명하지 못한다(물론 문학 작품 속에서 일화적으로 표현할 수는 있다). 우리는 우리가 그렇게 행동하는 '이유'를 알지 못한다. 달리 표현하자면 우리 자신이 어떤 사람인지 알지 못한다. 우리는 우리 자신을 바라보면서 궁금해한다. 이런 궁금증은 이야기 형태로 나타나며 더 근본적으로는 '신화'의 형식으로 나타난다. 신화는 알려진 세계, 탐색된 영역, 우리가 알고는 있지만 명시적으로 설명하지는 못하는 노하우가 무엇인지 설명해 준다. 신화는 추상적 언어로 그 내용을 명쾌히 밝힐 수는 없지만 머릿속에서 형성된 적응 행동의 심상을 담고 있다. 신화는 행동과, 행동에 관한 추상적 언어 표상 사이를 매개한다. 신화는 특정 개인을 초월한 사회적 경험 세계에서 나타나는 행동 양식에 대해 우리 스스로에게 들려주는 이야기들의 정수이다. 우리는 관찰을 통해서 스스로도 이해하지 못하는, 다시 말해서 명확히 설명할 수 없는 이야기를 배운다. 그리고 우리가 관찰한 행동 양식을 '의례적인 활동과 심상, 언어로 표상한다. 먼저 행동하고, 그 후에 우리 자신의 행동을 표상하는 것이다. 이 표상이 점차 추상화되면 결국 명시적인 '의식' 차원에 이른다.

행동 양식의 특징은 곧 이야기의 핵심 요소가 된다. 일단 만들어진 이야기는 수세기 동안 반복해서 사람들의 입에 오르내리며 가다듬어진다. 그 안에는 안정성과 예측 불가능성이 공존하는 환경에서 해야 할 행동과 하지 말아야 할 행동이 명확히 담겨 있다. 인간은 지극히 모방적이고 극도로 사회적이며 끝없이 탐색하는 존재이다. 이런 특성 때문에 인간은 심상을 만들고 소통하며 이런 심상에 대해 궁금증을 품는다.

창조적으로 행동하는 능력 덕분에 인간은 계속해서 변화하는 '환경'에 적응할 수 있다. 창조적 행동을 표상하고, 타인의 창조적 행동을 관찰하고 모방하며, 창조성의 본질과 세부 사항을 표상하면서 인류는 적어도 의사소통이 가능한 범위 내에서는 서로의 창조적 행동의 덕을 볼 수 있게 됐다. 인간은 사회적 존재이기 때문에 인간의 적응 행동은 최소한 장기적으로는 사회 공동체를 염두에 두고 만들어지며 또한 창조적 행동을 공유할 가능성이 높아진다. 우리는 주위 사람들의 행동 중에서 본받을 만한 행동을 관찰하고 모방한다. 이런 방식으로 우리는 타인의 기술을 취한다. 추상화 능력 덕분에 인간의 모방 능력도 한 단계 더 발전했다. 우리는 구체적인 적응 행동뿐만 아니라 '적응 행동을 고안하는 과정'까지도 모방한다. 개별 기술만 학습하는 것이 아니라 메타 기술, 즉 새로운 기술을 창조하는 행동 양식까지도 모방할 수 있다는 말이다. 이야기가 위대한 까닭은 바로 이야기 속에 이 메타 기술이 담겨 있기 때문이다.

타인의 행동을 모방하는 성향이 조금 더 추상적으로 나타난 것이 바로 존경심을 품는 능력이다. 존경심은 선천적인 감정이며, 인간은 자연스럽게 쉬이 존경심을 느낀다. 경외심을 품고 모방하려는 욕구 덕분에 인간은 심리적, 인지적으로 발달한다. 예를 들어 사내아이들은 영웅을 추앙하기 때문에 영웅의 특징을 스스로 구현하려고 애쓴다. 모방 능력은 '마치 자신이 다른 사람이 된 것처럼'[166] 타인과 자신을 동일시하는 능력, 즉 상상 속에서 타인이 되는 능력에서 더욱 추상적으로 발현된다. 이 말은 이야기 속 타인과 자신을 동일시하고, 타인의 이야기를 무의식적으로 자기 이야기로 받아들이며, 타인의 목표를 자기 목표로 받아들인다는 의미이기도 하다.[167] '자신이 마치 타인인 것처럼' 행동하는 능력은 존경심(단순한 존경심에서부터 열렬한 숭배까지)으로 표현되기도 하고, 더 추상적으로는 이념을 따르는 행위로 나타나기도 한다. 이러한 모방 능력을 설명하기 위해서 모방 '본능'이 존재한다고 상정할 필요는 없다. 모방은 스스로 가치 있게 여기는 목표를 성취한 타인을 관찰하는 능력과, 그 관찰 결과로 부여된 동기를 기초로 타인의 목표 달성 과정을 관찰하고 그대로 복제하는 기술만 있으면 일어난다.

모방 성향 덕분에 인간의 행동 역량은 크게 확장됐고, 각 개인의 능력은 구성원 모두의 역량이 됐다.[168] 하지만 특정 행동을 모방하는 데는 한계가 뒤따른다. 어떤 행동은 제한된 환경 안에서만 적응에 도움이 되기 때문이다. 무슨 이유로든 환경이 변할 때 이전 환경에서 고안된 전략을 모방하면 기대한 결과는커녕 오히려 역효과가 일어날 수도 있다. 하지만 추상적 모방 능력(아동 발달 과정의 역할 놀이 능력) 덕분에 우리는 특정 행동이 일어났던 애초의 구체적 맥락을 배제한 채 행동만 모방하는 것이 아니라 행동을 서술적으로 표상하고 일반화하는 단계를 거친다. 역할 놀이는 흉내 내기(은유적, 상징적 행동)를 통해 자신감과 행동 능력을 키워 주며, 아이가 안전하고 예측 가능한 맥락에서 미지의 세계까지 자연스럽게 행동 범위를 확장하도록 도와준다. 실제로 놀이는 행동의 결과가 뒤따르는 현실 세계에서 행동하기 전에 '규칙이 있는' 환상 세계 속에서 행동을 연습하고 숙달하도록 도와준다. 일종의 '가상as-if' 행동으로, 현재 상태와 이상적 미래상, 현재를 미래로 바꾸기 위한 행동 방안을 꾸며 내어 허구의 이야기 속에서 실험해 볼 수 있는 기회인 것이다.

놀이를 할 때 우리는 가상의 목표를 세운다. 그 결과 다른 맥락에 서라면 의미가 없는 현상에 가치가 부여된다. 놀이 과정에서는 실제 행동에 따르는 결과를 무릅쓰지 않고도 자신의 목표와 수단을 실험해 볼 수 있으며 또 그 과정에서 정서적 혜택도 누린다. 놀이의 목표는 실제가 아니지만 놀이 속 가상의 목표에 다가간 결과로 얻는 유인 보상은 게임을 할 때 느끼는 불안감처럼 실재한다. 이렇듯 놀이 과정에서 우리가 실제로 경험하는 정서는 적어도 부분적으로나마 놀이에 동기와 내재적 흥미를 부여한다.

놀이는 맥락의 제한을 덜 받는다는 점에서 모방을 초월한다. 놀이 과정에서 우리는 모방할 만한 구체적인 행동의 핵심 원칙을 끌어 낼 수 있다. 또 발달 초기 단계인 아동기에는 놀이를 통해서 사회가 허용하는 이상적 행동에 대해 일반화된 모형을 만들 수 있다. 형식을 갖춘 연극은 역할 놀이를 정교화하여 놀이의 핵심 요소를 한 단계 더 추상화하고 '의례화'한 것으로, 연극 속에는 인간 행동의 가장 흥미로운 측면, 즉 적응을 위해 꼭 필요한 적극적 탐색 과정과 의사소통 양식이 농축되어 있다. 연극은 정형화되고 농축된 행동 양식이 개인과 사회에 어떤 결과를 불러오는지를 극적으로 표현한다. 등장 인물들이 지시받은 대로 혹은 자발적으로 한 갖가지 행동의 결과와 갈등을 카타르시스적으로 보여 주면서 본받거나 혹은 본받지 말아야 할 본보기를 보여 주는 것이다. 이 인물들은 역사적으로 누적된 행동 차원의 지혜를 구현한다. 이보다 덜 추상화되고 덜 의례화되어 있지만 일상 속 부모의 행동 역시 아이에게는 누적된 모방의 역사를 극의 형식으로 보여 주는 것이다.

행동 양식에 잠재된 지식은 이야기에서 한 단계 더 추상화된다. 따라서 이야기에는 명시적 언어로 표현된 것보다 훨씬 더 많은 정보가 담겨 있다. 이야기는 놀이나 연극을 언어로 나타낸 것으로, 사회적 상호작용과 개인의 노력이 추상화되어 일화로 제시된다. 이렇듯 온전히 언어로 표현된 행동 양식은 이야기를 듣는 사람의 상상 속 무대에서 실연된다. 우리가 이야기 속에서 얻는 정보는 대부분 '일화 기억'에 이미 저장되어 있던 정보이다. 어떤 의미에서 이야기는 듣는 사람의 기억 속에 이미 존재하고 있지만 명확하게 언어로 표현하거나 절차를 변경할 수 없는 정보를 인출하는 단서에 불과하다고 볼 수도 있다.[169/170] 바로 이런 이유로 셰익스피어를 프로이트의 선구자로 보기도 한다(햄릿을 떠올려 보라). 프로이트가 후에 발견한 지식을 셰익스피어 역시 알고 있었지만, 그의 지식은 프로이트에 비해 더 암묵적이고 심상적이었다. 지식의 추상화 정도가 달랐던 것이다. 사상은 허공에서 저절로 떠오르는 게 아니라 어딘가에서 비롯된다. 즉 정교한 심리학 이론들은 모두 앞선 이론과의 관계가 명확히 드러나지 않을지언정 오랜 기간 발달해 온 것들이다.

또한 이야기에는 각 인물이 극적 결말을 맞게 된 이유에 대한 해석이 담겨 있다. 이 해석은 곧 '도덕률'에 대한 분석이다. 이야기의 '목적'은 바로 이런 도덕률, 다시 말해서 행동 규칙이나 표상을 전파하는 것이다. 우리가 자기도 모르는 사이에 빠져들게 만드는 이야기의 매력은 바로 이런 목적을 달성하기 위한 '수단'이다. 이야기라는 형식이 발달하면서 중대한(따라서 흥미를 끄는) 행동 및 표상 양식을 설명하는 것만으로도 적극적인 모방을 이끌어 낼 수 있게 되었는데, 이때 의미 체계는 일화 기억에 있는 심상을 활성화하고 절차 변경의 장을 마련한다. 정보가 여러 의식의 차원을 오르락내리락하면서 수정되고 확장하는 '피드백 고리'가 생겨난다는 말이다. 이야기가 발달하는 과정에서 행동으로 구현되고 절차 기억으로 추상화된 지식은 언어로 한 단계 더 추상화됐다. 이야기에 담긴 지식은 서로 소통이 이뤄지는 집단 내에서 시간과 노력을 적게 들이고도 널리 빠르게 전파되고 미래 세대를 위해서 온전하면서도 간편하고 정확하게 보존될 수 있다. 원형적 행동 양식과 표상 도식을 담은 이야기, 즉 신화는 고도로 문명화된 개인의 생각, 행동, 욕망을 조절하고 사회를 건설하기 위해서 없어서는 안 되는 존재였다.

절차 지식, 즉 행동 차원의 지혜는 일화 기억으로 표상되고, 연극과 이야기로 그려진 후에야 '의식적' 언어로 표현되고 관념적으로 수정될 수 있다. 절차 지식은 기본적으로 머릿속에 표상되지 않는다. 탐색 활동 중에 생성된 노하우 정보는 물론 사회 공동체 안에서 모방이라는 수단을 통해서 개인과 개인 사이에 전파될 수 있다. 예를 들어 피아제는 아이들이 대상을 앞에 두고 먼저 어떤 행동을 해 보고, 그 결과 대상의 특성을 파악한 뒤에 거의 즉시 자기 행동을 모방하여 애초에 자연스럽게 했던 행동을 표상하고 의례화한다고 지적했다.[171] 이 같은 과정은 사회적 상호작용 속에서도 일어나 타인의 행동이 재빨리 모방, 의례화, 추상화, 성문화된다. 사회적으로 공유된 의례는 그 체계를 '의식'하지 않고도 만들어질 수 있지만, 만들어지고 나면 곧 (인지 능력이 충분히 발달하고 성숙했다는 전제하에) 그 체계를 설명하고 집대성하려는 시도가 이루어진다. 이 과정은 아이들이 자연스럽게 새로운 놀이를 만들고 체계화하는 과정에서도 관찰할 수 있다.[172] 이렇게 지속적인 의사소통을 통해서 '놀이'를 만들고 정교화하는 과정은 문화의 토대가 된다.

　우리는 누군가의 행동을 모방하고, 놀이로 추상화하며, 연극과 이야기로 형식을 갖추고, 신화로 확고히 다지며, 종교로 성문화한다. 그 후에야 철학적 비판을 하고 사후 합리적인 근거를 마련한다. 도덕 행동의 근거와 특성에 관한 철학적 주장은 이해할 수 있는 언어로 쓰였지만 이성의 힘으로 수립된 것은 아니다. 이 같은 체계화는 니체가 인식했듯이 확실히 부차적인 역할을 담당했을 뿐이다.

　　학자들이 '도덕을 위한 이성적 토대'라고 부르며 말하고자 했던 것
　　은, 정확하게 말하면, 널리 퍼져 있는 도덕에 대한 공통된 믿음을 학술
　　적으로 표현한 것에 지나지 않는다. 다시 말해 이 믿음을 표현하는 새
　　로운 방법인 것이다.[173]

　명시적 도덕 철학은 해당 문화의 '신화mythos'에서 나오며, 신화는 의례적으로 행동하고 이 행동을 관찰하면서 행동 양식을 점차 추상화하여 일화로 기억한다. 이처럼 점진적인 추상화 과정에서 노왓 체계는 노하우 체계가 관장하는 행동의 '암묵적 근거'를 머릿속에 표상해 낸다. 이런 정보가 생성되면 타인과 자신의 행동을 정확히 예측할 수 있게 되고 추상화된 도덕적(절차) 정보를 교환함으로써 예상 가능한 사회적 행동을 설정할 수 있게 된다. 니체의 글이다.

　　각각의 철학적 개념은 규칙 없이 독자적으로 발전하는 것이 아니라
　　서로 연관되어 진화한다. 언뜻 보기에는 사상의 역사에서 제멋대로 나

타난 것 같아도 사실 하나의 체제에 속해 있다. 마치 한 대륙에 살고 있는 생물이 모두 하나의 계통에 속하는 것과 같다. 이는 또한 별개의 다양한 철학자들이 하나의 확실하고 근본적인 체계를 계속해서 채워 나가고 있다는 사실로도 드러난다. 보이지 않는 강력한 힘에 의해, 그들은 항상 같은 궤도를 거듭 순환한다. 비판적, 체계적인 의지로서 자신을 다른 사람과 구별되는 독립적인 존재라고 느낄지라도, 내면의 무언가가 그들이 잇따라 내놓은 개념들이 하나의 명백한 질서, 즉 타고난 체계적 구조와 관련성을 이루도록 이끄는 것이다. 사실 그들의 생각은 발견이라기보다는 인식과 기억과 순환이며, 본디 그곳에서 이 개념들이 생겨나, 그 원시부터 이어져 오던 영혼의 안식처로 귀환한 것이다. 철학을 한다는 것은 원시 상태로의 수준 높은 회귀인 셈이다.[174]

일화 기억과 의미 기억을 포함하는 서술 지식(노왓) 체계는 길고 복잡한 추상화 과정을 통해서 행동과 절차에 관한 설명을 발전시켜 나간다. 행동과 행동 모방은 개개인의 발달에서 행동 규칙을 발견하거나 명확히 설명할 수 있기 전부터 일어난다. 놀이와 극을 통한 적응은 언어적 사고 발달에 선행하며 그 기초가 된다. 행동에서 시작되어 모방, 놀이, 의례, 연극, 이야기, 신화, 종교, 철학, 이성에 이르는 각각의 발전 단계에서는 바로 이전 단계에서 형성되고 구체화된 행동 지식을 한 단계 더 추상화, 일반화, 상세화한 표상이 만들어진다. 인간의 행동 영역에 의미 표상이 도입되면서 행동, 모방, 놀이, 극에서 비롯된 인지 과정이 지속되고 확장됐다. 언어는 연극을 신화로, 공식화된 종교로, 비판적인 철학으로 변화시키며 인간의 적응력을 기하급수적으로 확장했다. 다시 한 번 니체의 글을 살펴보자.

지금까지의 모든 위대한 철학이란 무엇을 일컫는지 서서히 명확해졌다. 이는 저자의 자기 고백이자 일종의 본능적이고 무의식적인 회고이다. 또한 모든 철학 속에 내재된 이 도덕적인(혹은 비도덕적인) 의도는 생명의 진정한 싹을 이루며, 이 싹에서 식물 전체가 자라난다.[175]

절차 체계는 행동에 대한 기억을 생성한다. 절차 기억에는 창조적 탐색 과정에서 자연스럽게 생성된 행동의 표상이 담겨 있는데, 어떤 행동이 일어난 세부적인 상황은 시간이 흐르면서 사라지지만 그 행동 표상은 문화적으로 확립된 일관된 행동 양식에 통합된다. 이런 통합은 서로 경쟁하는 개별 욕망(동기)이 사회 환경이라는 맥락에서 균형을 맞추고 사회적으로 용인되는 행동 표상으로 내면화된다는 의미이다. 또한 그 과정에서 여러 가치의 위계가 결정된다. 개인이 모방하거나 수용한 행동 양식이 상대적으로 얼마나 맥락에 적합한지(도덕성)가 결정된다는 말이다. 가치의 위계는 일화 혹은 의미 표상이라는 이차적 표상이 만들어지기 이전에 그 근거가 결정되지만, 또한 그 이차적 표상이 만들어져야만 행동 절차가 수정 가능해진다. 일단 상상을 하고 난 뒤에야 행동을 실행에 옮길 수 있는 것과 마찬가지이다. 이 순환 고리 속에서 명시적 '의식'이 발달한다. 절차를 수립하고, 표상하고, 추상화된 관념 속에서 절차를 변경하고 연습한다. 이렇게 수정한 절차를 연습하면서 절차가 바뀌면, 그에 따라 절차에 대한 표상이 바뀌는 식으로 여러 세대에 걸쳐 이 과정이 반복해서 일

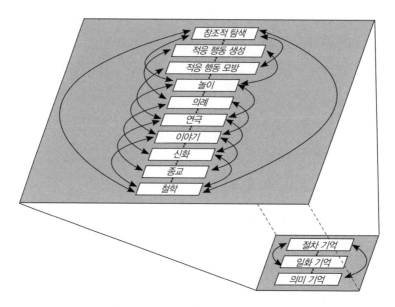

그림 11. 지식의 추상화, 추상화와 기억의 관계

어난다. 이 과정은 사회적 상호작용의 결과로 '외부적으로' 일어날 수도 있고 혹은 언어와 심상이 매개하는 추상적 탐색(사고)의 결과로 '내부적으로' 일어날 수도 있다. 이러한 상호적 순환 고리와 그 기저를 이루는 기억의 구조 사이의 관계가 그림 11에 표현되어 있다(지식의 추상화 단계들 사이의 상호작용은 도식을 단순화하고자 일부만 표시했다).

행동 차원의 지식은 창조적 탐색 과정에서 생성되며, 생성된 적응적 행동 양식은 모방되고 추상화된다. 여러 출처에서 얻은 행동 양식은 놀이를 통해서 통합되고 일반화된다(주어진 상황에 적합한 행동은 여러 가지일 수 있으며, 그 행동들 사이에 갈등이 일어날 수 있다. 따라서 적응 행동들은 맥락에 따라 가치나 중요성을 고려하며 그 위계가 결정돼야 한다). **추상화**

가 한 단계 더 진행될 때마다 이전 단계에서 얻은 지식은 모두 수정을 거치는데, 이는 아이가 말을 할 줄 알게 되면 할 수 있는 놀이가 크게 확장되는 것과 같다. 추상화 과정이 계속되면서 생존에 중요한 정보는 점점 더 단순하고 효율적으로 표상되고, 이 표상된 지식은 구체적인 적응 행동에서 일반적이고 광범위한 적응 양식, 즉 창조적 탐색 과정 자체로 바뀌게 된다. 이 과정을 다시 한 번 정리해 보자. 미지의 사물을 맞닥뜨렸을 때 어떤 자발적인 행동이 성공을 거두었다면 그것은 자연스럽게 모방을 유발하며 또 널리 모방될 수 있다. 이러한 적응 행동은 핵심(원형적[176]) 특성을 공유한다. 그리고 추상화가 진행되고 표상의 범위가 넓어지면서 적응 행동의 핵심 특성이 구체적 특성보다 두드러지게 된다.

엘리아데[177]가 지적했듯이 문자가 발달하지 않은 고대 문화에서는 역사적 기억이 몇 세대밖에 존재하지 못했다. 가장 나이 많은 사람의 나이만큼만 존재했던 것이다. 그 이전의 일들은 호주 토착 신화의 '꿈의 시대'와 같이 요약됐다. 꿈의 시대는 조상인 거인들이 지구상에 존재하면서 현재의 생활 방식을 이루는 행동 양식을 만들어 낸 시기이다. 이런 식으로 역사를 '신화화'하여 요약하는 행위는 '기억의 효율성' 측면에서는 매우 유용하다. 우리는 과거에 '객관적으로' 존재했던 역사적 인물로서 영웅 개개인을 모방하고 기억하는 것이 아니라 이런 영웅들이 표상하는 것, 즉 '그들을 영웅으로 만든 행동 양식'을 모방한다. 영웅은 미지의 세계를 자발적으로 마주하는 탐험을 통해 지혜를 얻는 행동 양식을 취한다. (여기서 의미·일화 체계가 직접 행동 절차를 수정할 수 있다고 말하려는 것은 아니다. 의미·일화 체계는 세계를 변화시키며, 세계가 변하면 행동 절차도 변한다. 언어와 심상은 대개 환경을 매개로 이차적으로 행동에 영향을 미치지만, 그렇다고 해서 그 영향력이 결코 작지는 않다.)

우리 삶을 이끄는 여러 '이야기'들은 행동을 모방함으로써 전파되는 단순한 절차 단계에서부터 명시적인 도덕 철학을 통해 전파되는 순수한 의미 단계에 이르기까지 다양한 추상화 단계로 표상되고 전파된다. 때문에 이 이야기들의 구조와 상호관계를 이해하기는 쉽지 않다. 게다가 이야기들은 저마다 다루고 있는 시공간적 범위(해상도)가 다르다. 다시 말해서 우리는 한 순간 단기적으로 단순하게 생각했다가 곧바로 조금 더 장기적이며 복합적으로 사고할 수도 있다. 예를 들어 한 기혼자가 '친구의 아내가 정말 매력적이야. 관계를 갖고 싶어.'라고 생각했다가 곧바로 '내게 추파를 던지는 걸 보니 문제가 있는 사람 같아.'라고 생각을 바꿀 수 있다. 이 두 가지 견해는 모두 타당하다. 같은 자극에 서로 상충하는 가치가 존재하는 일은 흔하다. 그렇지 않다면 우리는 생각을 할 필요가 없을 것이다.

우리가 이해할 수 있는 모든 현상에는 여러 가지 잠재적 유용성과 의미가 있다. 때문에 우리는 가능성에 압도당할 수 있다. 종이 한 장처럼 단순해 보이는 대상도 실제로는 그리 단순하지 않다. 다만 암묵적으로 맥락을 결정하는 요인으로 인해 종이가 단순해 보이는 것뿐이다. 비트겐슈타인은 이렇게 물었다.

한 장의 종이를 가리켜 보라. 이제 그 종이의 형태를, 그 종이의 색깔을, 그 종이의 수를 가리켜 보라(이 말은 이상하게 들린다). 당신은 어떻게 그렇게 했는가? 당신은 종이를 가리킬 때마다 매번 다른 것을 '의미했다'고 말할 것이다. 그리고 어떻게 그렇게 할 수 있냐고 물으면, 당신은 색깔, 형태 등에 주의를 기울였다고 말할 것이다. 하지만 다시 한 번 묻겠다. 그 일은 어떻게 하는가?[178]

부엌칼을 예로 들어 보자. 부엌칼은 저녁을 준비할 때는 야채 써는 도구로, 잭나이프 던지기 놀이를 할 때는 장난감으로, 선반을 고칠 때는 드라이버로, 정물화의 소재로 혹은 살인의 도구로 사용될 수 있다. 앞의 네 가지 경우에 부엌칼은 긍정적인 가치를 지닌다. 마지막 경우에는 분노로 광기에 사로잡히지 않은 이상 부정적인 가치를 지닐 것이다.

이렇듯 다양한 기능과 정서가를 어떻게 단일한, 그러므로 유용한 것으로 줄일 수 있을까? 우리는 선반을 고치는 동시에 저녁을 준비할 수는 없다. 하지만 언젠가 두 가지 일을 다 해야 할 수도 있으므로 다양한 용도와 가치를 가능성으로 남겨 두어야 한다. 이 말은 (1)한 가지 행동을 선택하고 나머지는 제외하되 (2)미래에 가능한 행동의 폭을 최대한 넓히기 위해서 나머지를 선택지로 남겨 둬야 한다는 의미이다.

이렇듯 갈등은 늘 존재할 수밖에 없는데, 그렇다면 이를 완화할 수 있을까? 이야기는 구체적인 것에서 추상적인 것에 이르기까지 다층적으로 존재하는데, 이런 완화 과정을 도대체 어떻게 파악할 수 있을까? 지금까지 우리는 준거 틀(이야기)의 '목적'과 '수단'을 질적으로 다른 현상으로 취급하면서 도덕학의 딜레마를 되풀이했다. 행동의 목적(목표)은 견디기 어려운 현재 상태와 대비되는 이상적 미래상이다. 이 목표를 이루기 위한 수단들은 각각 이상적 변화를 추구하는 과정에서 실행 가능한 실제 행동 단계로 구성된다.

이런 관점은 어느 한 순간을 놓고 보면 수단과 목적이 편리하게 구분된다는 점에서 매우 합리적으로 보인다. 도달하려는 목적은 그곳에 도달하기 위한 수단과는 확연히 다르다. 하지만 이렇듯 수단과 목적을 분리하여 개념화하는 방법은 아주 잠시 유용할 뿐이다. 수단과 목적을 구별하면 도리어 이야기를 상세하고 종합적으로 이해하기가 어려워지기 때문이다. 수단과 목적, 실행 계획과 목표는 질적으로 다르지 않으며, 수단이 목적으로, 목적이 수단으로 바뀌는 일은 언제든 일어날 수 있다. 그런 일은 계획을 실행하는 도중에 문제가 발생할 때마다, 미지의 사물이 출현할 때마다 일어난다. 이런 식으로 우리는 시공간적 해상도를 변환하여, 다시 말해 '설정'을 바꾸고 '준거 틀'을 변경하여 행동을 재평가하고 목표가 적절한지 판단한다.

이야기(준거 틀)는 '중첩된' 계층 구조로 이루어져 있다. 우리는 매 순간 그중에서 한 층위에만 주의를 기울일 수 있다. 이처럼 주의를 제한하는 능력 덕분에 어떤 현상의 가치나 유용성에 대해 잠정적이나마 필요한 판단을 내릴 수 있다. 그렇지만 필요에 따라 추상화 수준을 변화시킬 수도 있다. 시공간상에서 조금 더 크거나 작은 영역을 보여 주는 이야기로 주의를 전환할 수 있다는 말이다.

예를 들어 어떤 사람이 부엌에 있는데, 서재로 가서 책을 읽고 싶어 한다고 하자. 이 경우 현재 작동하는 이야기의 '목적' 혹은 '이상적 미래상'은 자신이 좋아하는 의자에 앉아서 책을 읽는 심상이 된다(이 상태는 아직 책을 읽지 못하고 있는 현재 상태와 대비된다). 이 '이야기'가 유지되는 시간이 약 10분 정도라고 해 보자. 또 이 이야기가 차지하는 공간은 독서용 스탠드와 의자, 의자까지 가는 길에 있는 바닥, 책, 책 읽을 때 쓰는 안경과 같이 독서와 관련된 대여섯 가지 '대상'과 그 대상이 차지하는 공간에 한정된다. 먼저 의자까지 걸어가서 책을 집어 든다. 그리고 스탠드를 켜는데 스탠드가 번쩍 하더니 불이 꺼진다. 전혀 예상하지 못한 미지의 상황이 발생한 것이다. 그러면 '설정'이 변경된다. 목표는 여전히 '책을 읽는' 이야기 속에 내포되어 있기는 하지만 이제는 '독서용 스탠드를 고치는' 것으로 바뀐다. 계획을 조정하고 새로운 전구를 찾아서 스탠드에 끼운다. 번쩍! 전구가 또 나간다. 이번에는 전선이 탄 듯한 냄새가 난다. 걱정스럽다. 이제 책 읽기는 머릿속에서 사라진다. 지금 상황에서는 책이 문제가 아니다. 스탠드에 문제가 생긴 것일까? 조금 더 일반화하자면, 그래서 스탠드를 활용해야 하는 미래의 계획에 지장이 있을까? 그는 스탠드를 자세히 살펴본다. 스탠드에서는 아무 냄새도 나지 않는다. 냄새는 벽에 있는 콘센트에서 난다. 게다가 콘센트 덮개가 뜨겁다! 이게 무슨 의미일까? 이제 시공간적 해상도가 몇 단계 더 올라간다. 어쩌면 집 전체의 전기 배선에 문제가 생겼을지 모른다! 이제 스탠드가 머릿속에서 사라진다. 돌연 집에 불이 나지 않도록 확실히 점검하는 일이 최우선 과제가 된다. 이러한 주의 전환은 어떻게 일어나는 것일까?

그림 12는 세 부분으로 이루어져 있는데, 이 그림을 보면 우리는 수단과 목적이 서로 별개의 것이 아니라 잠정적으로 구별되는 것임을 알 수 있다. (1)은 앞서 여러 번 살펴본 '일상적' 이야기를 나타내

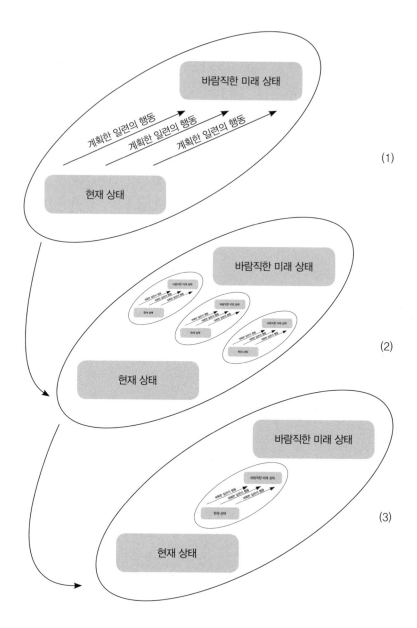

그림 12. 고정된 관계에서 역동적 관계로 수단과 목적의 개념적 변화

며, 현재 상태, 이상적 미래상, 전자를 후자로 변화시키기 위해 사용 가능한 세 가지 수단으로 구성된다. 이 그림은 A에서 B로 가는 길에 사용할 수 있는 수단이 여럿이라고 가정한다. 하지만 실제로 우리는 한 번에 가장 효율적이거나 바람직한 수단 한 가지만 사용할 수 있다(인간은 운동 출력 체계가 하나뿐이고 그러므로 '의식'도 하나라고 볼 수 있다). (2)는 (1)을 변형한 것으로, (1)에 포함된 '계획'들은 그 자체로 '이야기'로 간주할 수 있으며, 더 넓은 시공간 영역을 차지하는 '큰' 이야기가 사실상 '작은' 이야기들을 내포하고 있음을 보여 준다. (2)는 상대적으로 '작은' 여러 이야기들이 더 큰 목적을 위한 수단으로 활용될 수 있다고 가정한다. 예를 들어 회사가 파산 위기에 몰리면 경영자는 직원의 반을 해고할 수도 있고, 새로운 제품군을 선보일 수도 있으며, 고위 경영진의 연봉을 삭감할 수도 있다. 각각의 수단은 같은 목적을 달성하기 위한 것이지만 그 내적 구조는 완전히 다르다. 경영자는 한 가지 이상의 수단을 선택할 수도 있지만, 만약 두 가지 수단 사이에 갈등이 발생한다면 우선순위를 정하여 상대적 중요성에 따라 계획과 목표를 정리해야 한다. (3)은 계획들 간의 우선순위가 결정된 상태에서 선택받은 수단을 남겨 놓은 모습이다.[179]

우리는 시공간상의 한 지점에서 오직 몇 가지 수단과 목적만을 고려할 수 있다. 행동하기 위해서는 여러 대안을 마련하는 과정만큼 배제하는 과정도 필요하다.[180] 하지만 우리가 '관련 변수'로 간주하는 대상들은 바뀔 여지가 있어야 한다. 이는 우리가 목표 지향 행동을 할 때 핵심적인 역할을 담당하는[181] 전전두피질 덕분에 가능해졌다. 전전두피질은 일시적으로 사건과 활동의 우선순위를 정하고[182] 맥락 정보를 고려해서 행동을 관장하고[183] 설정을 변경함으로써[184] 이 일을 해낸다. 한 번에 하나의 사물을 순차적으로 현재 작동하는 '성취 보상'으로 간주하는 것이다. 이 성취 보상은 행동이 추구하는 목표이고, 지금 행동의 결과로 나타나는 경험을 비교 평가할 '이상적 미래상'이다. 그림 12에서 (3)의 그림은 중첩된 다층 구조로, 상호의존적인 목표와 계획 들이 '삶의 이야기'를 구성하는 모습을 보여 준다. 이 그림을 보면 '목표로 가는 층위'(비유하자면 천국으로 가는 계단)라는 개념을 이해할 수 있다.[185]

각 층위의 이야기는 서로 내용은 다르지만 구조는 같다. 다시 말해서 '좋은' 이야기를 구성하는 요소는 본질적으로 유사하다. 이야기는 세계와 마찬가지로 제대로 읽는다면 다양하게 읽힐 수 있고, 그 속에 담긴 정보를 다차원적으로 분석할 수 있다. 그래서 좋은 이야기는 '다의성'을 지닌다. 때문에 프라이는 다음과 같이 말했다.

> 독서를 할 때 가장 흔한 경험 중 하나는 같은 글 속에서 뭔가 더 발견할 것이 남아 있는 듯한 느낌, '여기서 무언가 더 얻을 것이 있다'는 느낌이다. 우리가 특히 흠모하는 책은 읽을 때마다 새로운 깨달음을 준다.[186]

한 층위에서 목표였던 것이 다음 층위에서는 유인 보상이 될 수 있다. 하위 목표를 달성해야 상위 목표를 이룰 수 있기 때문이다(이 사실은 대다수의 성취 보상이 유인 보상의 성격을 띤다는 사실을 암시한다). 전 전두피질에서 일어나는 인지 활동은 여러 층위를 오르락내리락하다가 가장 적합한 층위에 머물러서 해야 할 행동을 결정하고 해당 시공간상에서 나머지 층위는 암묵적 상태로 남겨 둔다. 그리고 필요에 따라 그 층위와 상대적 위계를 재구성한다.

그렇다면 생소하다는 개념은 어떻게 상대적으로 인식될 수 있을까? 사물은 어떻게 철저히 낯선 것에서부터 약간 낯선 것, 약간 익숙한 것, 완전히 익숙한 것으로 나뉠 수 있을까? 어떤 사물이 낯선 것과 익숙한 것으로 명확히 나뉘지 않고 상대성을 지니는 까닭은 그 사물이 갖는 유용성이나 의미가 시공간적 해상도(차원)에 따라 달라질 수 있기 때문이다. 다시 말해서 어느 차원에서 낯선 상황이 그다음 차원에서는 익숙한 상황으로 분석될 수 있으며, 따라서 어떤 사물이 생소하다는 특성은 '제한될' 수 있다. 이렇듯 사물이 '익숙하게' 인식되는 차원은 안전한 '벽'이 되어 준다. 이런 벽이 있으면 재앙에 대한 두려움 없이 환경에 필요한 변화를 이룰 수 있다.

'이야기'를 하나 예로 들어 보자. 여기 의사가 되고 싶은 대학생이 있다. 왜 의사가 되고 싶은지 정확히 말할 수는 없지만 그래도 별 상관없다. 은연중에 의사가 되고 싶다고 생각하는 것이다. 고등학교 성적이 좋았고 의과 대학원을 준비하는 입장에서 대학 성적도 좋다. 그래서 자연스럽게 의과 대학원 입학시험을 치렀는데 합격하지 못했다. 그것도 하위 20퍼센트의 성적이다. 그는 예상하지 못한 시험 결과를 받아 들고 돌연 자신이 의사가 될 수 없다는 사실을 깨닫는다. 하늘이 금방이라도 무너져 내릴 것 같다. 지금까지 경험에 확실한 가치를 부여해 주던 이야기에 의해 억제되었던 감정이 혼돈 속에 맹렬하게 되살아난다. 한동안 우울감과 불안감에 빠져 멍하게 지내다가 점차 회복하면서 지금까지의 인생을 되돌아본다. 나는 자제력이 뛰어나고 학업 능력도 우수하다. 대학에서 공부하는 것도, 사람들과 협력해서 일하는 것도 좋아한다. 의사가 되겠다는 이야기의 근거 대다수는 여전히 온전하고 수정할 필요가 없다. 그렇다면 난생처음 한 차원 위에서 생각해 봐야 한다. 이야기가 제대로 작동할 때 우리는 의문을 품지 않는다. 기대한 결과를 얻을 때는 그 이야기가 옳기 때문이다! 내가 왜 의사가 되려고 했지? 경제적 안정을 누리고 싶어서, 아버지가 의사이니 주변에서 나도 의사가 되리라고 기대해서, 사회적 지위 때문에, 사람들의 고통을 덜어 주는 좋은 사람이 되고 싶어서였다. 그렇다면 이제 우선순위를 정해야 한다(그러려면 생각을 해야 한다). (1)사람들을 돕는 일을 하고 싶다. (2)경제적 안정을 누리고 싶다. (3)의료 분야에 종사하고 싶다. (4)사회적 지위는 생각했던 것만큼 중요하지는 않다(그러므로 화가 난 신들을 달래고 우주의 질서를 되찾기 위해서 희생할 수도 있다). 그렇다면 의료기사나 간호사가 되자. 의사가 아니어도 '좋은 사람'이 될 수 있고, 어쩌면 그게 제일 중요한 일일지도 모른다. 이야기가 재구성된다. 지금까지 해 온 경험은 유용성을 되찾는다. 그 결과 정서적 안정감도 되돌아온다. 섣불리 행동하지 않아서 다행이다!

이러한 개념화와 관련하여, 동양에서 현실(우주)을 어떻게 표상해 왔는지 살펴보면 흥미롭기도 하거니와 이해에도 도움이 된다. 현실은 세계에 대한 여러 해석이 중첩된 형태로 구성되어 있는데, 각각의 해석은 대상이 도구로서 갖는 형태와 가치를 결정한다. 하지만 차원이 바뀔 때마다 현실에 대한 해석도 변한다. 이 같이 끝없는 변화가 잠정적인 안정과 더불어 '세계'를 이룬다. 인도 신화는 우주를 중첩된 상태로 끝없이 순환하는 모습으로 그린다. 다음은 엘리아데의 설명이다.

하나의 온전한 주기인 마하유가는 1만 2,000년으로 이루어진다. 마하유가는 프랄라야라고 불리는 해체로 끝이 나는데, 1천 번째 순환 주기마다 마하유가는 더 철저히 해체된다[마하프랄라야(대해체)]. '창조 — 파괴 — 창조……'의 전형적 도식이 끊임없이 반복된다. 마하유가에서 말하는 한 해는 신들의 해로, 인간의 해로 치면 360년이어서 우주가 한 주기를 순환하기까지 인간의 해로는 총 432만 년이 걸린다. 1천 개의 마하유가가 모여 칼파가 되고, 14개의 칼파가 모여 만반타라가 된다(신화 속 조상이자 왕인 마누에 의해 통치되기 때문에 만반타라라는 이름이 붙었다). 1칼파는 브라흐마의 생애에서 한 번의 낮에 해당하고, 그다음 칼파는 한 번의 밤에 해당한다. 브라흐마의 생애는 100년 동안 지속되는데, 이는 인간의 해로 환산하면 311조 년에 해당한다. 그렇지만 브라흐마의 생애가 지나도 시간은 고갈되지 않는다. 신들도 영원한 존재가 아니며, 우주의 창조와 파괴는 영원히 계속되기 때문이다.[187]

낯선 사물을 탐색하여 얻은 '학습 경험'에는 저마다 혁명적 요소가 있다. 하지만 '범위(시공간 영역)'가 매우 한정된 이야기에서 재구축이 일어날 때는 그에 걸맞은 정도의 감정이 생성된다. 그러므로 이러한 재구축을 일상적인 것과 혁명적인 것이라는 이분법으로 나누는 것은 적절하지 않다. 그저 정도의 차이가 있을 뿐이다. 사소한 문제가 생겼을 때는 삶의 이야기를 가볍게 수정하기만 해도 된다. 하지만 큰 재앙이 일어나면 모든 것이 흔들린다. 가장 커다란 재앙은 급격한 환경 변화로 인해 우리를 이끌던 가장 큰 이야기가 해체될 위험에 처할 때 일어난다. 급격한 변화는 지진이나 그와 비슷한 '신의 행위'로 인한 자연적인 것, 개인이 저지른 일탈로 인한 심리적인 것, 안정된 문화(중첩된 이야기, 탐험된 영토)를 위협하는 '외국인'(혼돈의 밀사)의 등장으로 인해 일어난다. 마지막의 경우 그 대책으로 전쟁을 고려하는 것도 무리는 아니다.

우리의 이야기는 중첩적이고 위계적인 구조를 지닌다. 중첩적이란 말은 하나의 이야기가 다음 이야기로 이어진다는 것이고, 위계적 구조란 말은 A를 추구하는 것이 B를 추구하는 것보다 후순위라는 의미다(예를 들어 돈보다는 사랑이 중요하다). 이런 중첩된 위계 속에서 의식이 자연스럽게 선택하는 시공간 범위가 있다. 이 범위는 앞서 언급한 대로 대상의 기본 분석 차원에 반영된다. 로저 브라운의 말을 빌리자면 우리는 자연스럽게 "최소한의 인지적 노력으로 최대한의 정보"[188]를 얻을 수 있는 차원에서 대상을 바라본다. 여기에는 확률과 예측 가능성도 한몫을 담당한다. 시공간 영역이 넓어질수록 고려해야 할 변수가 빠르고 폭발적으로 증가하면서 정확히 예측할 확률이 줄어든다. 오컴의 면도날 법칙*을 살짝 변형해서 '추가로 특별한 문제를 일으키지 않으면서 가장 단순한 해결책이 좋은 해결책'이라고 말할 수 있을 것이다. 예측 불가능한 대상을 '조건부'로 예측 가능하게 만들어 주

---

* 어떤 사실에 대한 설명들 중에서 논리적으로 가장 단순한 것이 진실일 개연성이 높다는 것.

는 탐색 전략이 여럿이라면, 그중에서 가장 단순한 것을 선택해야 한다. 이것은 유용성을 근거로 타당성을 판단하는 전략이다. 해결책이 효과를 발휘해서 목표에 더 가까워지는 데 도움이 됐다면 그 해결책은 '옳다.' 어쩌면 전전두피질이 현재 발생한 낯선 사건을 평가할 수 있는 가장 단순한 맥락이 무엇일지 결정하는지도 모른다.

정리하자면, 낯선 사건이 발생하면 탐색 과정이 시작되고, 그 사건을 평가하기에 가장 적합한 분석 차원이 결정된다. 이 과정에서 우리의 행동을 이끄는 이야기의 차원이 변경될 수도 있다. 우리는 어떤 자극을 모든 분석 차원에서 동시에 평가할 수 없다. 인지적 부담이 너무 크기 때문이다. 따라서 일시적으로 하나의 분석 차원을 정하고, 그것이 관련된 유일한 차원인 것처럼 행동해야 한다. 사물의 정서가가 고정된 것처럼 느껴지는 이유는 우리가 이런 전략을 취하기 때문이다. 하지만 이렇게 정보가 임의로 제한되어야 우리는 사물을 이해하고 행동할 수 있다.

생물학적 유기체로서 우리는 환경을 시공간적 한계가 있는, 즉 크기와 기간이 정해져 있는 영역으로 해석한다. 이렇듯 한계가 정해진 '환경' 속에서 어떤 현상이 '우리 주의를 끌고' '이름을 정해 달라고 외친다.'[189] 하지만 자연스럽게 선택된 해석 범주와 그 범주에서 선택된 행동 양식이 애초에 기대한 결과를 낳지 못하면 우리가 보는 시공간 영역의 크기를 넓히거나 줄여야 한다. 더 큰 그림을 보거나, 예전에 놓쳤던 세부적인 내용에 초점을 맞춰야 한다. 큰 그림과 세부 사항은 처음에는 잠재적 인지 대상으로 무의식에 희미하게 존재하다가 그다음에는 미지의 영역에서 잠재 정보나 미처 발견하지 못한

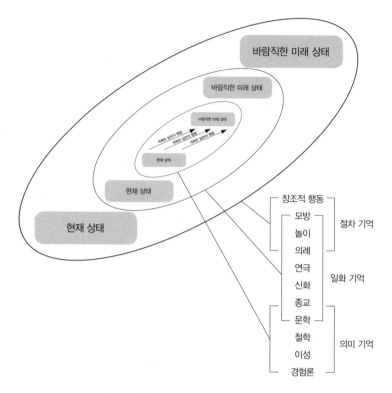

그림 13. 중첩된 이야기, 생성 과정, 다중 기억 체계

사실로 존재한다. 이런 맥락에서 무의식은 우리를 끊임없이 둘러싸는 미지의 영역과 기지의 영역 사이를 매개하는 중재자로 볼 수 있다. 이 중재자는 은유와 심상을 매개로 우리가 초기에 이야기를 만드는 과정을 돕는다. 중재자로서 '무의식'은 일화적, 절차적 특성을 지닌다. 중첩된 이야기 중에서 언어로 설명할 수 있는 '준거 틀', 다시 말해서 의식적인 이야기의 범위는 매우 좁다. 이런 사실은 어린아이나 순박한 어른에게 자기 행동의 '근거'를 설명해 보라고 질문하면

쉽게 알 수 있다.

모든 분석 차원(해야 할 행동을 결정하기 위한 모든 범주화 체계와 도식, 모든 확실한 이야기)은 탐색이 일어나고 그 탐색의 전략과 결과를 의사소통하는 과정에서 사회적으로 구축된다. 우리가 자연스럽게 선택하는 분석 차원, 즉 가장 쉽게 주의를 끄는 이야기는 상대적으로 의식에 쉽게 접근할 수 있고 언어로 표현하거나 의사소통하기도 수월하다. 이야기는 차원이 높아지고 점점 더 넓은 시공간 영역을 다룰수록 더 복잡해지며 쉽게 형성되기 어려워진다. 신화는 그 사이의 간극을 채워 준다.

신화 속에 나타난 경험의 구성 요소

메피스토펠레스: 당신이 떠나기 전에 칭찬 한마디해야겠소. 역시 그대는 이 악마를 제대로 알고 있는 게 분명하오. 자, 이 열쇠를 받으시오.

파우스트: 이렇게 볼품없는 열쇠라니! 받아서 무얼 한단 말인가?

메피스토펠레스: 꽉 쥐기나 하시오. 그리 얕잡아 볼 물건이 아니니.

파우스트: 반짝반짝 빛이 나는구나. 손에 쥐니 커지는군그래.

메피스토펠레스: 얼마나 귀한 열쇠인지 곧 알게 될 거요. 그 열쇠는 그대가 가야 하는 올바른 장소를 찾아낼 테니, 열쇠가 이끄는 대로 따라가면 어머니들이 있는 곳으로 갈 수 있소.[190]

| 눈에 보이는 세계와 보이지 않는 세계

적어도 제임스 조지 프레이저[191]의 시대 이래로, 합리적이고 박식한 연구자들은 창조 신화, 영웅적 행위와 속임수에 관한 이야기, 입문 의례, 동정녀와 아기처럼 보편적인 심상들이 시공간을 넘어 널리 퍼져 있다는 학설을 수립했다. 신화와 이야기, 의례, 심상 들은 대부분 시간 순서를 비롯해서 여러 측면에서 세부적으로는 다르지만 때로 완전히 똑같은 경우도 있다. 이런 유사성이 나타나는 까닭은 이들이 수백 년 전에 하나의 근거에서 퍼져 나갔기 때문일 수도 있다. 하지만 근거가 같다는 가정은 이런 보편적 이야기들이 퍼져 나간 이후 왜 기억됐는지, 왜 구조가 거의 변하지 않고 대대로 전해 내려 왔는지를 설명하지 못한다. 장기적으로 인류는 쓸모없는 정보를 대부분 잊어버리지만 신화는 잊지 않는다고 추측하는 편이 더 합리적이다. 실제로 대다수 문화적 행위는 신화를 끊임없이 표상하고 소통하려는 목적으로 이루어진다.

세계를 해석하는 데 있어 나타나는 이 같은 보편성을 칼 융은 '집단 무의식'이라고 설명했다. 융은 종교나 신화의 상징들이 하나의 근거에서 나왔으며, 근원을 거슬러 올라가 보면 끝에는 생물학적인, 그러므로 유전되는 요인이 있다고 봤다. 또한 집단 무의식이 유전되는 행동(범주화) 성향인 '콤플렉스'들로 이루어져 있다고 생각했다. 하지만 이런 생각은 대다수 사람들에게 제대로 이해되지 못하고 비웃음을 샀다. 융의 시대에는 유전 기제에 대한 지식이 오늘날만큼 발달하지 않았기 때문이다. 지금의 관점에서 보아도 융이 주장한 '집단 기억'은 라마르크설과 마찬가지로 있을 수 없는 것처럼 보인다. 하지만 융이 개별 기억이 유전된다고 생각한 것은 아니다. 그의 글이 몹시 난해하기 때문에 그 사실이 분명히 드러나지 않았을 뿐이다. 그는 공식석상에서 집단 무의식에 관해 이야기할 때 기억의 내용이 아니라 범주화 가능성이 유전된다는 점을 애써 강조했다. 하지만 융의 글을 보면 마치 기억의 내용도 유전된다는 것처럼 보인다.

'기억이 유전된다'는 융의 가설이 터무니없게 여겨지는 바람에 심리학자들은 실제로 다양한 문화권에서 나타난 이야기들이 정형화되어 있다는 놀라운 사실을 간과했다. 모든 문화권에서 '이야기'로 인식되는 것 혹은 확실히 극적인 성격을 지닌 '의례'를 명확하고 빠르게 활용한다는 사실은 그 자체로 이야기의 구조와 목적에 공통성이 있음을 암시한다. 하지만 이에 반론하는 학자들도 있다. 이야기에서 전형적인 양식을 찾아내려면 이야기를 해석하는 이론이 있어야 하는데, 이런 이론은 실제로 존재하지 않는 양식을 '읽어 낸' 것뿐이라는 말이다. 이 같은 주장은 문학의 해석이나 꿈의 분석, 역사학과 문화인류학에도 적용될 수 있다. 이 근본적인 문제로 인해 '가치의 영역'에서는 이론을 입증하기가 어렵다.

그럼에도 살아 있는 한 우리는 행동해야 한다. 행동에는 명시적, 암묵적으로 신념과 해석이 전제되어 있다. 신념은 결국 믿음에 뿌리를 둔다. 그렇다면 우리가 믿음에 관한 정보를 속속들이 파악하고 비판적으로 평가할 방법은 없을까? 다양한 신념 체계를 비교문화적으로 분석하고 인류의 주요 문헌들을 비교하면 인간 행동의 바탕이 되는 믿음에 대한 정보를 얻을 수 있지 않을까? 이것이 융의 접근 방식이었다. 융이 자신의 발견을 설명하기 위해 만든 집단 무의식이라는 개념은 현대의 실증주의적 관점에서 보면 그다지 정교하지 않을 수도 있다(물론 융의 개념은 일반적으로 생각하는 것보다 훨씬 더 복잡하고 이해하기 어렵다). 그렇다고 융의 방법론을 일축하거나 그의 가치 있는 통찰을 비웃을 필요는 없다. 심리학계 바깥에 있는 현대의 위대한 지성인들 역시 이야기가 보편적인 구조를 공유한다는 결론을 내리고 있다.

기억의 내용이 유전될 수 없다면, 인류 보편의 원형적 이야기들을 어떻게 이해해야 할까? 그 답을 찾으려면 우리는 언어가 '기억'되고 전파되는 과정을 자세히 살펴봐야 한다. 인간을 제외한 다른 동물들은 자연 상태에서는 언어를 구사하지 않으며, 교육받는다 해도 높은 수준의 언어를 구사하지는 못한다. 반면 인간의 아이들은 쉽사리 언어를 습득하고 자연스럽게 유창하고 창조적인 방식으로 언어를 구사한다. 언어를 활용하는 능력은 인간의 타고난 특성이며, 언어 체계는 생물학적 기반을 갖추고 있는 듯하다. 그럼에도 지역에 따라 사용하는 언어는 서로 다르다. 일본어가 모국어인 사람은 프랑스어가 모국어인 사람의 말을 이해할 수 없다. 서로가 언어를 구사하고 있다는 사실만 알아차릴 수 있을 뿐이다. 이처럼 하나의 분석 차원에서는 서로 다른 두 가지 현상이 또 다른 분석 차원에서는 유사할 수 있다.

그렇다면 말하고 읽고 쓰는 법을 배우는 아이는 언어에 대한 정보를 어디서 얻는 것일까? 아이는 주위 사람들이 쓰는 말을 듣고 배운다. 물론 일부는 교육받은 것도 있겠지만 대다수는 듣고 배운다. 타고난 생물학적 성향이 언어가 존재하는 문화적 현실을 접한 결과인 것이다. 부모는 아이에게 문화를 전달하는 매개자이다. 부모는 일상생활에서 언어를 행동으로 구현하면서 아이에게 언어를 전달한다.

부모가 종종 언어를 색다른 방식으로 창조적으로 사용할 수도 있지만 그렇다고 해도 부모가 언어의 '창조자'는 아니다. 언어의 창조자는 바로 그것이 무엇이든, 인간의 언어 활동을 가능하게 만든 능력 그 자체이다. 이 능력은 수 세기 동안 발휘되고 축적되면서 해당 언어의 '문화권'을 이루는 모든 개인의 행동을 조절해 왔다. 각 개인은 살아 있는 동안 자기가 속한 시대와 장소에서 일시적으로 문화 전체의 기억을 구현하는 행위자 역할을 맡는다. 하지만 한 개인을 잃는다고 해서 해당 문화권을 구성하는 '지식'을 잃을 위험은 없다. 왜냐하면 언어는 해당 언어를 사용하는 모든 사람들의 행동으로 구현되고 '기억'되기 때문이다. 아이들은 언어를 구현하는 어른들과 상호작용하면서 언어를 배운다. 그렇게 아이들은 말하는 법을 배우며, 그들이 언어를 구사한다는 사실을 배우고, 더 나아가 그들이 구사하는 언어를 관찰하고 연구하는 법을 배운다.

도덕 행동과 그 토대를 이루는 신념도 마찬가지이다. 어른들은 자신이 속한 문화권의 행동적 지혜를 구현한다. 아이들은 '문화의 특사' 구실을 하는 어른들과 상호작용한다. 언어를 세련되게 구사하는 부모가 있고 투박하게 구사하는 부모가 있듯이, 정면교사가 되는 어른이 있는가 하면 반면교사가 되는 어른도 있다. 하지만 반면교사도 정면교사만큼 좋은 가르침을 준다. 또 아이들이 단 한 사람의 영웅만 접하는 경우는 거의 없다. 주위에 본보기가 될 만한 어른이 전혀 없다 해도, 아이들은 의례, 연극, 문학, 신화와 같은 오락거리 속에서 영웅을 만나기 마련이다. 그러므로 이야기에 묘사된 행동 양식들은 우리 행동 속에 '담겨 있다'고 볼 수 있다. 이는 곧 이런 행동 양식들이 언제고 추상화될 수 있다는 사실을 암시한다. 이런 관점에서 집단 무의식은 본질적으로 행동으로 구현된 지혜이다.

인간은 추상화 능력 덕분에 현실 세계에서 끊임없이 실행되는 행동 양식을 관찰하여 그 속에서 성공적인 '적응' 양식을 뽑아낼 수 있다. 예를 들어 어른들이 상호작용할 때 나타나는 행동 양식은 매우 정교하며, 몸짓 하나까지도 수세기에 걸친 문화적 노력에 의한 결과이다. 우리는 이런 행동 양식의 '심상'을 뽑아낼 수 있는데, 이 심상은 행동 양식만큼이나 세련되며, 우리가 스스로를 이해하기 위해 만드는 이야기의 재료가 된다. (훌륭한 어른은 집을 깔끔하게 정돈하고, 다투는 형제를 화해시키며, 때에 따라 시련을 겪으면서 도덕적 교훈을 얻는다. 원형적 영웅은 혼돈에 질서를 부여하고, 세계에 평화를 가져다주며, 사회가 경직되고 시대에 뒤처질 때 사회를 개혁한다.) 사회가 공유하는 종교적 신화의 토대를 이루는 집단 무의식은 사실상 지금까지 살아온 전 세계 모든 사람들에 의해 생성, 전파, 모방, 수정되어 온 행동과 절차이다. 이런 행동과 그것이 일어난 초월적 '장소'(혼돈의 세계와 질서의 세계)의 심상은 '메타포'(상징적 심상)가 된다. 메타포는 행동 차원의 지혜와 명시적 지식 사이를 매개하며, 행동과 언어 사이를 심상과 이야기로 이어 준다.

인류는 수십만 년에 걸쳐 인간의 행동을 관찰하고 행동 방식에 관해 이야기해 왔다. 좋은 이야기는 보편적 특성을 지니며 모두가 공유하는 경험의 특성을 밝힌다. 그렇다면 시공간을 초월해서 모든 인간이 공유하는 경험의 특성은 과연 무엇일까? 석기 시대 조상들부터 현대의 우리들에 이르기까지, 또 여러 나라에서 살아가는 사람들을 가르는 이념적, 종교적 장애물을 초월해서 일정하게 유지되는 것에는 무엇이 있을까? 먼 조상들은 자연을 훨씬 더 가까이 접하며 살았고, 그들을 괴롭히던 문제는 현대인인 우리가 일상적으로 겪는 문제와는 동떨어진 것으로 보인다. 먼 조상들과 우리 사이에는 오늘날 다양한 문화권에서 나타나는 차이만큼이나 커다란 차이가 존재한다. 예를 들어 힌두교 신비주의자와 맨해튼에 사는 투자은행가는 전혀 다른 삶을 산다. 이처럼 살아가는 세계에 커다란 차이가 존재하기 때문에 우리 인류가 끊임없이 갈등을 겪는다는 사실이나, 조상들의 지혜가 현대인에게는 쓸모없어진 것처럼 느껴진다는 사실은 놀랍지 않다. 하지만 이런 차이에도 우리가 동의하고 공유하는 근본적인 가정이 존재할 수 있지 않을까?

대다수 경험 대상에는 공통점과 차이점이 존재한다. 일반적으로 공통점과 차이점에는 저마다 의미가 있다. 그것이 개인 간이든 문화 간이든 마찬가지이다. 하지만 우리는 공통점보다 차이점을 훨씬 쉽게 인식한다. 외부인의 관점에서 보면 많은 특성을 공유하는 집단(예를 들어 아일랜드 가톨릭교도와 신교도)도 자기 집단 고유의 특성을 훨씬 더 잘 의식한다. 이는 우리가 익숙하거나 예측 가능한 측면에는 주의를 기울이지 않도록 진화했기 때문이다. 우리는 자연환경이든 사회환경이든 자연스레 새로운 정보가 담겨 있는 환경적 측면에 주의를 기울인다. 세르비아와 크로아티아 간의 유사성은 습관화라는 장벽에 가로막혀 서로의 눈에 잘 띄지 않지만 차이점만큼은 크게 부각된다.

"두 가지 이상의 서로 다른 사물의 공통점은 무엇일까?"라는 질문은 곧 "두 가지 이상의 사물이 서로 같아지는 혹은 달라지는 분석 차원은 어디인가?"라는 질문과 같다. 나와 너를 구분 짓는 잣대는 각 개인에 대한 상세 정보(구체적 시간과 장소)이다. 하지만 우리 모두는 특정한 시간과 장소에 존재한다는 사실을 공유하며, 이 사실은 인간 존재의 본성에 영향을 미친다. 인생은 무한한 가능성을 안고 있는 동시에 질병과 죽음, 사회에 대한 예속이라는 한계 속에 영원히 갇혀 있다. 인간은 변화무쌍하지만 한정된 사회적 존재로서 엄청난 규모로 협력하고 경쟁한다. 최종 분석 차원에서 우리는 이러한 협력과 경쟁을 관장하는 규칙을 이해하지 못한다. 자신이 왜 협동하거나 경쟁하는지 명확히 설명하지 못하는 것이다. 예를 들어 우리 행동을 관장하는 '법체계'의 근본 원리를 담고 있는 민주주의 헌법은 인간의 '기본권'에 대한 신념("우리는 이러한 진리가 옳다는 확신을 가지고 있다."로 시작하는 신념의 선언)에 기초한다. 이처럼 현대를 살아가는 우리들은 '스스로 이해하지 못하는 이야기'를 모방한다. 이 이야기는 적어도 우리에게 관련이 있는 범위에서 가장 넓은 시공간을 아우르며 우리 행동에 암묵적으로 '담겨 있다'(때로 일화적 심상이나 의미적 서술로 표상된다). 이렇게 행동에 암묵적으로 담겨 있는 내용은 신화와 의례를 이루고 무의식 속에 존재하는 '상위 차원'의 준거 틀로 작용하면서 각 개인의 삶에서 조건부로 구축되고 표현되는 이야기들이 타당성을 유지하게끔 도와준다.

신화적 상상에서 나타나는 범주를 제대로 이해하려면 먼저 범주화 과정을 이해해야 한다. 범주화는 우리가 살아가는 신비롭고 복잡한 세계를 단순화하여 이해하도록 돕는다. 우리는 구조, 기능, 영향력을 공유하는 사물을 동일한 것으로 간주하여 세계를 단순화한다. 범주화는 매우 손쉽게 이루어지기 때문에 당연시되거나 단순한 과정으로 간주된다. 하지만 그 과정은 전혀 단순하지 않다. 또 범주화 '규칙'도 범주화 행위만큼이나 설명하기 어렵다. 언어심리학자 로저 브라운Roger Brown은 다음과 같이 말했다.

1973년경까지 범주 형성을 주제로 한 심리학 실험들은 인간의 범주를 '온전한 집합' 모형으로 이해했다. 한 예로 삼각형은 온전한 집합인데, 이 말은 곧 삼각형이라는 범주에 속하는 구성 요소들은 그 집합의 모든 구성 요소들에게는 참이고 거기에 속하지 않는 요소들에게는 거짓인 여러 특성으로 상세히 정의될 수 있다는 의미이다. 삼각형은 세 개의 선분으로 둘러싸인 도형이다. 이처럼 확실한 정의가 존재하기 때문에 이 집합에 속하느냐 속하지 않느냐는 정도의 문제가 아니다. 하나의 삼각형이 다른 삼각형보다 더 삼각형다울 수는 없다. 모두가 삼각형이거나 삼각형이 아닐 뿐이다.

돌이켜 보면 심리학에서 그토록 오랫동안 사람들이 실생활에서 사용하는 범주를 온전한 집합으로 간주했다는 사실이 놀라울 뿐이다. 우리는 그동안 사람이라면 누구나 '자연스럽게' 존재하는 것들을 정의하기가 무척 어렵다는 사실에 조금 더 주의를 기울였어야 했다. 이때 자연스럽게 존재하는 것에는 개나 당근 같은 자연물뿐 아니라 의자, 자동차, 연필 같은 인공물도 포함된다. 이런 것들을 보면 그게 무엇인지 이야기할 수는 있겠지만, 모든 개에게 해당되지만 고양이나 늑대나 하이에나에게는 해당되지 않는 특성, 모든 당근에게는 해당되지만 무나 순무에게는 해당되지 않는 특성, 모든 의자에는 해당되지만 소형 탁자나 무릎방석이나 벤치나 슬링에는 해당되지 않는 특성을 목록으로 만들려

고 시도해 보면 쉽지 않다는 것을 알 수 있다.[192]

자연 상태에서 인간은 논리학자나 실증주의자처럼 사고하지 않는 다. 그렇게 사고하려면 훈련이 필요하다. 이런 훈련을 받지 않았다 해도 사고를 할 수는 있지만, 그것은 훨씬 더 주관적인 사고이다. 구 체적이고 제한된 특성을 가지고 특정한 몸에 깃들어 사는 '비합리적 이고' 기이할 정도로 정서적인 존재처럼 말이다. 사물을 맞닥뜨릴 때 저절로 떠오르는 자연적 범주는 모두가 이해할 수 있는 사물들 간의 공통 특성으로만 이루어지지는 않는다. 또 자연적 범주는 경계가 분 명하지 않고 모호하며 중첩적이다. 우리는 분명 온전한 집합을 만들 어 낼 수 있고(온전한 집합이 존재하므로 당연하다), 또 이런 집합은 여러 면에서 유용하게 활용될 수 있다. 하지만 이런 능력은 계통발생학적 으로 비교적 최근에 발달한 것으로, 부분적으로나마 '실증적으로' 사 고하고 '객관적으로' 사물을 관찰할 수 있어야 발휘된다. 훈련을 받 거나 혹은 현대 서구 사회와 같이 객관적 사고가 보편화된 문화 속 에서 살아야 얻을 수 있는 능력이다. 이 능력이 결여된 사람들은 자 연스럽게 온전한 집합이 아니라 '인지 모형cognitive models'이라고 불리 는 것을 만들어 낸다. 인지 모형은 몇 가지 독특한 특성을 지닌다(부 분적으로 조지 레이코프의 표현을 차용했다).[193]

첫째, 인지 모형의 내용은 '행동으로 구현'된다. 따라서 정의하지 않고도 활용할 수 있으며 명확히 설명할 필요 없이 행동에 암묵적으 로 드러난다. 하나의 인지 모형으로 범주화된 두 가지 사물은 같은 행동을 유발하며, 따라서 행동의 관점에서는 하나의 사물로 간주할 수 있다. 인지 모형을 사용하는 중에 누군가가 그 내용을 설명해 보라고 했다고 치자. 예를 들어 "개는 어떤 동물이야?"라는 질문을 받으면, "글쎄, 뭐라고 설명해야 할지 모르겠지만 개가 주위에 있으면 알아볼 수 있어."라는 식으로 반응하게 된다. 개가 상냥하고 쓰다듬거나 데리고 놀 수 있다는 사실을 떠올릴 수도 있겠지만, 이런 지식은 독자가 개라고 생각하는 대상을 구성하는 모든 요소는 아니다. 실생활에서 우리가 사용하는 대다수 개념은 가장 기본적인 차원인 습관, 절차, 운동, 행동 차원에서 구현된다. 우리는 이런 개념을 생각하지 않고도 활용할 수 있다. 그렇지 않은 개념들은 시간을 들여 의식적으로 주의를 기울이고 노력해야만 활용할 수 있다.

둘째, 인지 모형은 '기초 범주basic-level categorization'의 특성을 지닌다. 인간이 가장 '자연스럽게' 이해할 수 있는 현상(하나의 독립체로 인식하고, 이름을 붙이고, 의사소통하고, 조작하고, 기억할 수 있는 현상)은 초기 범주화의 재료로 활용되며, 이 같은 기초 범주는 더 추상적인 개념을 발달시키기 위한 토대가 된다. 가장 자연스럽게 이해한다는 말은 곧 제일 먼저 배우고 이름 붙이며(대체로 짧은 단어로 이루어진다.) 구체적인 행동 수준에서 개념화한다는 의미이다. 예를 들어 '고양이'라는 범주에는 쓰다듬는 행동이, '꽃'이라는 범주에는 향기를 맡는 특유의 행동이 연관된다. 기초 범주는 외부 세계의 구조뿐 아니라 우리 자신의 구조를 반영한다. 우리는 가장 단순한 사물을 가장 정확하게 인식한다. 이렇듯 자연스럽게 이해할 수 있는 기초 범주보다 상위 혹은 하위 범주는 (로저 브라운의 표현을 빌자면) '상상력의 산물'이다.[194] 예를 들어 우리는 '고양이'를 인식하고, 거기서부터 고양이가 고양잇과에 속하고 구체적으로 품종은 샴고양이라는 점을 '추론'한다. 기초 범주는 대개 개념 체계의 중간에 위치한다. 여기에서 위로 올라가면 일반화, 아래로 내려가면 구체화하는 것이다.

셋째, 인지 모형은 '환유적 추론metonymic reasoning'에 활용된다. 환유적 추론은 정신분석학이나 문학적 의미에서 '상징성'이 있다는 말이다. 환유적이라는 말은 서로 호환성이 있다는 것으로, 하나의 인지 모형 안에 있는 사물들이 환유적 속성을 지닌다는 말은 이 사물 가운데 어느 하나를 골라도 모형 안에 있는 다른 모든 사물을 대신할 수 있다는 뜻이다. 같은 범주에 속한 사물들은 중요한 특성(대개 동기적 의미)을 공유하기 때문이다. 은유적으로 표현하고 심미적으로 감상하며 넌지시 말하는 인간의 능력은 환유적으로 추론하고 의미가 풍부한 인지 모형을 활용하는 능력과 연관된 것으로 보인다.

넷째, 하나의 인지 모형에 속한 사례들은 전형성에서 차이가 난다. 어떤 사례가 전형적이라는 말은 범주의 원형과 아주 유사하다는 뜻이다. 예를 들어 타조는 분명 새이기는 하지만 개똥지빠귀와 비교하면 새라는 범주를 대표하는 사례로 볼 수 없다. 개똥지빠귀가 새라는 범주의 핵심 특성을 더 많이 지니고 있기 때문이다. 어떤 사물은 범주의 좋은 예가 될 수도, 좋지 않은 예가 될 수도 있다. 그렇지만 좋지 않은 예라고 해서 범주에 속하지 않는 것은 아니다.

다섯째, 인지 모형은 가족 유사성familial resemblance을 지닌 현상들로 이루어진다. 가족 유사성이란 루트비히 비트겐슈타인[195]이 처음 제안한 용어로, 이를 지닌 사물들은 모두 어떤 가상의 대상과 유사성을 공유한다. 유명한 예[196]로, 스미스 형제의 원형은 콧수염이 짙고 눈은 번뜩이고 정수리는 벗어지기 시작했고 두꺼운 뿔테 안경을 끼며 턱수염이 덥수룩하고 목은 얇고 귀는 크고 턱 선이 가늘다. 스미스 형제는 실제로 여섯인데, 이들 중 스미스 형제의 원형적 특성을 모두 갖춘 이는 아무도 없다. 모건 스미스는 턱이 가늘고 귀가 크고 정수리가 벗겨지기 시작한 데다 목은 얇지만 안경은 쓰지 않고 콧수염과 턱수염이 없다. 반면 테리 스미스는 안경을 쓰고 콧수염과 턱수염을 길렀지만 머리는 벗어지지 않았고 귀가 작으며 목둘레는 보통이다. 넬슨 스미스는 정수리가 벗겨지기 시작했고 눈이 번뜩이며 턱수염과 콧수염이 짙다. 랜스, 랜디, 라일 스미스도 이런 식이다. 스미스 형제들은 서로 특별히 닮지는 않았지만 함께 있으면 이들이 한 가족이라는 사실을 금세 알아차리게 된다.

여섯째, 인지 모형은 신화의 특징이기도 한 다의성polysemy을 지닌다. 다의적인 이야기는 다양한 차원에서 읽힐 수 있다. 앞으로 더 자세히 다루겠지만, 다의성은 하나의 인지 모형에 속한 대상들 간의 관계가 어떤 방식으로든 인지 모형들 간의 관계와 유사할 때 일어난다. 위대한 문학 작품은 늘 다의성을 지닌다. 문학 작품 속 주인공들 간의 관계는 더 너른 세상에서 더 일반적인 의미를 지닌 대상들 간의 관계와 동일하다. 예를 들어 이집트 파라오에 대한 모세의 투쟁은 압제자에 대한 피압제자의 투쟁을 그린 우화로 볼 수 있으며, 더 일반화하면 사회에 대한 구세주(세계를 파괴하고 홍수로 심판하는 구세주)의 투쟁을 그린 우화로 볼 수도 있다.

두 가지 서로 다른 사물이 같은 범주에 속한다는 것을 파악하기란 쉬운 일이 아니다. 우리는 제대로 생각해 보지도 않은 채 인간이 사물을 범주화하는 것이 사물의 특성 때문이지 인간의 특성 때문이 아니라고 추정한다. 그렇다면 모든 의자가 공유하는 특성은 무엇인가? 의자 중에는 의자가 갖는 가장 일반적인 특징인 다리나 등받이나 팔걸이가 없는 것도 있다. 나무 그루터기는 의자일까? 그 위에 앉을 수 있다면 의자라고 말할 수 있다. 독립적으로 존재하는 사물로서 대상 자체가 갖는 어떤 특성이 그 사물을 의자로 만드는 것은 아니다. 그 사물을 의자로 만드는 것은 인간과 상호작용할 가능성이다. '의자'라는 범주에 포함되는 사물은 우리에게 유용한 기능을 제공한다. 의자는 잠재적으로 우리가 편안히 앉을 수 있는 사물이다. 이와 같이 대상을 앞에 두고 우리가 하는 행동은 기초적이지만 근본적인 범주가 된다(이 범주는 모든 범주의 근원이며, 이 범주로부터 모든 추상화된 범주가 파생된다). 이러한 근본적인 범주의 예로는 '보자마자 도망치고 싶어지는 것'이 있다. 이와 유사하지만 약간 더 추상적인 범주로는 '두려운 것'이나 '접근 방식에 따라 위험할 수도 있고 유익할 수도 있는 것'이 있다.

앞서 언급한 융의 '콤플렉스'가 바로 이처럼 의미가 풍부하지만 '비합리적인' 분류 체계이다(콤플렉스는 집단 무의식의 구성 요소이다). 콤플렉스는 의미(동기적 관련성이나 정서가)를 공유하기 때문에 함께 묶인 현상들의 집합이다. 융은 많은 콤플렉스가 생물학적 요인에 뿌리를 둔 원형적 기반을 가지고 있으며, 특히 기억과 관련된 요인에 근거하고 있다고 믿었다. 하지만 현실은 융이 생각했던 것보다 더 복잡해 보인다. 우리는 사물이 우리 앞에 나타나는 방식, 행동하는 방식, 사물의 의미(다시 말해서 그 사물 앞에서 우리가 어떻게 행동해야 할지)에 따라 사물을 분류하며, 이런 속성을 모두 '비합리적으로' (하지만 의미 있게) 뒤섞어서 단일 분류 체계로 분류한다. 인류는 지각 기관을 비롯해서 동기, 정서, 기억 체계, 관찰 가능한 행동으로 드러나는 신체적 조건을 공유하기 때문에 여러 문화권에 걸쳐서 사물을 비슷한 방식으로 범주화한다. 인류의 상상 속에도 자연적 범주가 존재한다. 이런 자연적 범주는 인간의 체화된 마음과 공유된 경험 세계가 상호작용한 결과로 나타난다. 어떤 현상은 예측 가능한 방식으로 이 범주들 중 하나에 속하게 된다. 이야기는 상상 속 범주를 이루는 구성 요소들 간의 상호작용을 묘사하는데, 이는 극중에서 인격체라는 체화된 형태로 나타난다. 예측 가능한 성격을 지닌 이 인격체들 간의 관계는 세계 곳곳에서 오랜 세월에 걸쳐 매혹적이며 양식화된 방식으로 묘사된다.

지금까지 우리는 이야기 구조에 보편성이 존재한다는 사실과 그 까닭을 살펴봤다. 그럼 이제 이야기에 나타나는 보편적 양식의 특성을 설명할 차례이다. 하지만 이런 설명에는 여러 가지 엄격한 제약이 따른다. '해석 이론'은 이론의 타당성을 증명하기 어렵기 때문에 주의를 기울여야 한다. 일단 이 이론은 이성적으로 납득할 수 있어야 하고 내적 일관성을 갖춰야 한다. 다시 말해서 실증주의와 실험 과학의 원칙에 어긋나지 않고, 시간과 공간을 초월하여 다양한 이야기에 적용할 수 있어야 한다. 더 나아가 좋은 이론이 다 그렇듯이 단순해야 한다. 그래야 이야기를 해석하는 틀도, 이야기 자체도 기억하기 쉬워진다. 또한 이 이론은 인간의 정서에 호소하는 매력이 있어야 한다. 좋은 이론은 정서적 요소를 지니는데, 흔히 '심미성'으로 묘사되는 요소이다. 잘 만들어진 도구는 효율성을 갖추고 있는데, 이때 심미성이 나타나기도 한다. 좋은 이론은 예전에는 쓸모없어 보이던 것을 활용해서 바람직한 목표를 이루도록 해 준다. 또 신화의 구조를 밝히는 좋은 이론은 독자가 이전에 이해할 수 없던 이야기를 새롭게 조명하여 삶의 의미를 깨닫도록 도와준다. 마지막으로 우리 뇌가 실제로 작동하는 방식에 관한 설명에 맞춰 신화를 설명할 것이다. 그러면 우리가 해석한 신화의 세계가 우리 마음이 인식하는 세계와 같은 세계가 될 것이다.

이 같은 일련의 제약 안에서 다음과 같은 단순한 가설을 세워 볼 수 있다. 인류가 환경에 적응하도록 이끌어 주는 신화나 환상은 일반적으로 경험 세계를 구성하는 세 요소, 즉 '미지'와 '기지' 그리고 이 둘 사이를 매개하는 과정인 인식자를 묘사한다. 신화적 관점에서 보자면 우주, 곧 경험 세계는 이 세 가지 구성 요소로 이뤄진다.

어느 시대, 어느 지역에 살든지 인간이라면 누구나 몇 가지 공통된 문제에 직면한다. 인간은 문화적 존재이기 때문에 문화가 존재한다는 사실에 익숙해져야 한다. 다시 말해서 기지의 영역, 탐험된 영토를 완전히 익혀야 하는데, 이 영역은 우리 각자가 사회에서 함께 살아가는 사람들과 공유하는 해석의 틀과 행동 양식이다. 인간은 누구나 사회 안에서 각자가 맡은 역할을 이해해야 한다. 때로는 전통을 보존하고 전달해야 하며, 필요에 따라 전통을 획기적으로 쇄신하고 혁신할 수 있어야 한다. 또한 지금까지 습관적으로 사용해 온 절차를 적용하는 것만으로는 대처할 수 없는 경험 세계의 한 측면으로써 미지의 영역, 미탐험 영토가 존재한다는 사실을 받아들이고 거기에서 유익한 정보를 얻을 줄 알아야 한다. 마지막으로 인간은 자기 자신이라는 존재에 적응해야 한다. 앎의 주체이자 인식자로서 경험 세계를 탐험하는 과정이자 죽을 수밖에 없는 유한한 존재라는 한없이 비극적인 문제에 직면해야 한다. 그리고 창조적이며 파괴적인 미지의 지하 세계와 안전하지만 억압적인 인간 문화의 가부장적 왕국 사이를 영원히 중재해야 한다.

우리는 의심 없이 받아들인 모든 익숙한 것들로부터 보호를 받고 있으며, 경험 세계에 '미지'가 존재한다는 사실을 알아차리지 못한다. 또 우리가 알고 있는 대상에 익숙해진 나머지 그 구조를 제대로 이해하지 못할 때가 많다. 심지어 그 존재 자체를 인식하지 못할 때도 많다. 더 나아가 우리 자신의 본성에 대해서도 무지하다. 인간이 본질적으로 복잡한 존재이기도 하지만, 타인과 함께 있을 때나 혼자 있을 때나 우리는 사회화된 방식으로, 다시 말해서 예측 가능한 방식으로 행동함으로써 스스로가 신비로운 존재라는 사실을 숨기기 때문이다. 하지만 신화 속 인물들은 우리 눈에 보이는 세계와 보이지 않는 세계를 모두 드러낸다. 신화 속 인물들을 분석하면 삶의 의미가 무엇이며, 그 의미가 우리 행동 속에서 어떻게 드러나는지 볼 수 있게 된다. 또 이런 분석을 통해서 우리가 지닌 감정의 잠재적 깊이와 너비를, 우리 존재의 참된 본성을, 우리가 잠재적으로 굉장히 악한 행위와 선한 행위를 할 수 있는 능력과 동기를 지니고 있음을 이해하게 될 것이다.

여기서 고대 수메르의 창조 신화를 다시 한 번 살펴보자.

지금까지 우주 창조 신화에 관한 제대로 된 문헌은 발견되지 않았지만, 수메르인들이 생각했던 창조의 결정적인 순간을 재현해 볼 수 있는 암시는 몇몇 글에서 찾을 수 있다. 남무 여신(그녀의 이름은 원시 바다를 상징하는 상형문자로 쓰여 있다)은 '하늘과 지구를 낳은 어머니'이자 '모든 신을 탄생시킨 시조'로 표현된다. 우주적인 동시에 신적인 총체로 그려지는 원시의 물이라는 주제는 고대 우주 창조 신화에서 꽤 빈번하게 등장한다. 여기서도 마찬가지로, 물 덩어리는 처녀생식으로 한 쌍의 부부 신을 낳은 최초의 어머니와 동일시된다. 그녀는 남녀의 원리를 구현하는 하늘 신(안)과 땅 신(키)을 낳는다. 이 최초의 부부는 히에로스 가모스(신성 결혼)로 하나가 된다. 둘 사이에서는 대기의 신 엔릴이 태어난다. 엔릴이 부모를 떼어 놓았다고 서술하는 문헌도 있다……. 하늘과 땅의 분리에 관한 우주 창조 신화의 주제 또한 널리 전파되었다.[197]

수메르인의 신화에 등장하는 '하늘'과 '땅'은 수메르 문화가 지닌 고유한 경험 세계를 이해하기 위한 범주이다. 따라서 현대 실증주의 과학의 관점에서 바라본 하늘과 땅과는 전혀 다르다. '안'과 '키'는 신화 속에서 만물의 위대한 아버지와 위대한 어머니인 동시에 위대한 아버지와 어머니를 '낳은' 아들을 나타낸다. 이 같은 역설은 신화의 전형적 특징이며, 창세 신화는 대부분 이런 식으로 전개된다. 예를 들어 문자로 기록된 가장 오래된 신화인 「에누마 엘리시」에서는 메소포타미아의 영웅 신 마르두크가 만물의 어머니인 물속에 사는 용 티아마트와 싸워 그녀를 갈가리 찢고 그 조각으로 세계를 창조한다.[198] 메소포타미아 황제는 마르두크를 '범례'로[199] 본받아서 '도덕적으로' 올바르게 행동함으로써 세계를 안정적으로 유지해야 한다. 유대교와 기독교 전통에서는 하나님의 말씀인 로고스[200]가 혼돈에서 질서를 창조하며[201] 이 로고스의 형상을 따라 인간이 창조된다고 보았다("우리가 우리의 형상을 따라서, 우리의 모양대로 사람을 만들자."(「창세기」 1장 26절)). 이런 생각은 「창세기」보다 앞서 초기 및 후기 이집트의 우주관에도 나타난다(이에 대해서는 앞으로 살펴볼 예정이다). 극동 지역에서도 이와 유사하게 세계가 '음'과 '양', 혼돈과 질서, 미지와 기지, 미탐험 영토와 탐험된 영토의 상호작용으로 이루어진다고 생각했다. 또한 이 둘 사이를 중재하며 우주를 끊임없이 창조하고 파괴하며 재창조하는 행동 양식을 '도'라고 불렀다(엔릴, 마르두크, 로고스와 유사하다). 동양에서는 도를 이루는 삶이 곧 '길'이고 '의미'이며, 모든 목표가 종속되어야 할 최상위 목표이다.

　신화에서 세계는 개괄적이긴 하지만 범주화될 수 있는 의미 있는 공간으로 묘사된다. 우리는 사회 집단을 구성하는 자신과 타인의 행동을 관찰함으로써 세계의 본질에 대한 정보를 수집한다. 또 사물에 대한 반응을 관찰하고 그에 따라 사물의 의미를 도출한다. 미지도 이런 방식으로 범주화할 수 있다. 미지가 등장할 때 우리가 예측 가능한 반응을 보이기 때문이다. 미지는 감정을 불러일으키고 행동을 유발한다. 두려움으로 얼어붙게 하는 동시에 앞으로 나아가라고 유혹한다. 호기심을 불러일으키고 감각을 일깨운다. 목숨을 담보로 새로운 정보와 더 만족스러운 삶을 제시한다. 우리는 미지 앞에서 각자가 드러내는 생물학적 반응을 관찰하고 그에 걸맞은 결론을 도출한다. 미지는 무한한 딜레마를 제시하기 때문에 본질적으로 흥미롭다. 미지에는 위협과 기회가 공존한다. 미지는 모든 확실한 정보의 '근원'

이며, 지금 개별적으로 존재하는 모든 존재가 궁극적으로 돌아가는 곳이다. 미지는 영원히 모든 것을 에워싸고 있으며, 모든 것을 창조하고 모든 것을 앗아간다. 그러므로 우리는 역설적이게도 비록 아직 탐색하지는 못했지만 미지의 영역에 대해서 구체적인 사실을 '알고 있고,' 약간은 이해하며, 거기에서 행동하고 그것을 표상할 수 있다고 말할 수 있다. 이런 역설적 능력에는 커다란 의미가 있다. 미지의 영역이 우리가 살아야 할 '환경'에서 사라지지 않는 요소라면 우리는 그것이 무엇인지, 거기에 무슨 의미가 있는지, 그것이 어떤 정서가를 지니고 어떤 행동을 이끌어 내는지 알아야만 한다.

기지의 영역은 이와 전혀 다르다. 확실한 것이라고는 아무것도 없는 미지의 영역에서는 겁에 질려 머뭇거리거나 주위를 살피는 행동이 유용할지 몰라도 기지의 영역에서는 습관적이고 익숙한 행동이 유용하다. 탐험된 영토에서 습관적이고 익숙한 행동이 일반 원칙이 된 이유는 바로 그 행동을 실행에 옮겼을 때 미탐험 영토가 안전하고 풍요로운 안식처로 탈바꿈되기 때문이다. 미탐험 영토가 기회와 위협이라는 '선험적' 정서가를 잃는 것은 수동적인 '습관화' 과정을 거쳐서가 아니라는 사실은 이미 철저히 밝혀졌다. 적응은 '적극적인' 과정이다. 아주 사소한 것이 아닌 이상 '습관화'는 창조적 탐험이 성공한 결과로, 새로운 사물이 지닌 불확실한 의미를 긍정적(최선의 경우) 혹은 중립적(최악의 경우)인 것으로 바꾸는 행동 양식이 생성되었음을 의미한다. 불은 위험한가 아니면 유익한가? 이는 불에 어떻게 접근하느냐에 달려 있다. 다시 말해서 불은 맥락에 따라 우리에게 해를 가할 수도 있고 유익할 수도 있다. 여러 가지 '가능성' 중에서 불이 실제로 어떤 특성을 드러낼지는 불이 존재할 때 우리가 어떤 행동 전략을 취하느냐에 달려 있다. 불은 집을 따뜻하게 데워 준다. 하지만 조심하지 않으면 집을 태우기도 한다. 동기적 의미 측면에서 불이 어떤 작용을 할지는, 다시 말해서 불이 무엇인지는 우리가 불을 어떻게 다루느냐에 달려 있다.

인간이 더 이상 불을 두려워하지 않게 된 것은 그저 불에 익숙해졌기 때문이 아니라 불을 제어하는 법을 배웠기 때문이다. 우리는 불 앞에서 행동하는 방식을 수정하여 불에 '내재된' 양가적인 정서가를 구체화하고 제한하는 법을 배웠다. 우리가 불을 제어할 수 있는 한 불은 종잡을 수 없거나 위험한 존재가 아니라 익숙하고 위안을 주는 존재가 된다. 우리의 통제 아래 있는 것은 무엇이든 예측 가능한 존재이다. '탐험된 영토'는 '안전한 곳'이다. 어떻게 행동해야 하는지 아는 곳이다. 이곳에서는 지금의 행동이 바라던 결과를 가져올 것이라고 확신할 수 있다. 여기에서 일어나는 현상은 그 정서가가 다 정해져 있다. 이 의미의 지도는 이야기 형식을 띠며, 현재 상태와 이상적 미래상 그리고 현재를 이상적 미래로 바꾸기 위한 유용한 수단들을 묘사한다. 이야기 속에서 유익하다고 묘사된 영토는 어느 곳이든 '홈 그라운드'가 된다.

홈그라운드에는 낯선 것이 없다. 그런데 우리가 마주하는 대상은 대개 타인이다. 그렇다면 탐험된 영토에서는 낯선 행동을 맞닥뜨리지 않는다고 볼 수 있다. 그곳에서 우리는 관습적인 활동에 참여하며, 주변 사람들도 똑같이 관습적으로 행동한다. 같은 목표를 추구하고, 같은 신념을 갖고 있으며, 서로의 감정에 공감하고, 행동을 예측할 수 있는 것이다. 우리가 알고 있는 행동 양식들은 대부분 사회적으로 적절한 행동이다. 각 개인의 행동은 그를 둘러싼 타인들의 누적된 행동에 맞춰서 적응되고 조절된다. 그러므로 탐험된 영토는 '타인의 행위를 예측할 수 있는 곳'이며 '일이 자연스럽게 어떻게 흘러갈지 정확히 알 수 있는 곳'이다. 결과적으로 이 세계를 익숙하게 만들어주는 의미의 지도는 대부분 우리 자신의 행동을 비롯해 우리가 끊임없이 맞닥뜨리며 행동을 맞추는 타인의 행동을 포함한 행동 표상으로 이루어진다. 우리가 자신과 타인의 행동을 표상하는 이유는 바로 이런 행동이 우리가 경험하는 세계의 대부분을 이루고 있기 때문이다.

그럼에도 우리가 자신이 행동하는 방식을 명시적으로 이해하고 있다고 보기는 어렵다. 인간의 행동 양식은 매우 복잡하고, 심리학은 비교적 신생 학문이다. 인간이 행동 차원에서 이룩한 지혜의 반경은 명시적으로 해석할 수 있는 행동 범위를 넘어선다. 인간은 이해하지 못한 채 행동을 하고, 또 그 행동을 다른 사람에게 가르치기까지 한다. 스스로 설명할 수 없는데 어떻게 행동할 수 있는 것일까?

앞서 우리는 스스로 이해하지 못하는 사물을 표상할 수 있음을 살펴봤다. 우리는 미지 앞에서 자신의 행동을 관찰함으로써 위협과 기회가 공존하는 미지의 본질에 대한 지식을 도출한다. 사회와, 사회를 구성하는 행동에 대한 지식도 이와 같은 방식으로 도출된다. 다른 사람이 행동하는 방식을 관찰하고 모방하여 어떻게 행동해야 할지 배우는 것이다. 더 나아가 우리는 사회에서 벌어지는 행동을 관찰하고 사회를 직접 탐색하면서 탐험된 영토의 많은 부분을 차지하는 그 사회를 표상하는 법을 배운다. 이 표상은 처음에는 행동 양식이었다가,

이 행동 양식의 특성이 파악되고 서술적으로 표현되면 이야기가 된다. 좋은 이야기는 너른 영토에서 유효한 행동 양식을 그린다. 따라서 가장 위대한 이야기는 우리가 상상할 수 있는 가장 너른 영토에서 이루어지는 행동 양식을 묘사한다고 볼 수 있다.

우리는 효과적으로 목표를 달성하도록 도와주는 적응 행동을 모방하고 기억하며, 이를 통해 수수께끼인 미지의 영역을 이상적이고 예측 가능한 영역으로 바꾸고 경험 세계를 통제하려 한다. 우리가 모방하고 표상하는 구체적인 행동은 일관성 있게 조직되어 타인과 공유되며, 문화를 구성하고 이 문화는 경험 세계에 질서를 부여한다. 적응 행동을 담은 지도는 행동 자체를 표상할 뿐 아니라 행동이 나타나는 무대인 세계(기지의 영토와 미지의 영토)를 그린다. 개인의 과거나 역사에 대해 인류가 전하는 이야기 속에는 서술 기억 체계에 저장된 기억이 담겨 있다. 하지만 대부분의 이야기들은 살아 움직이는 대상, 즉 동기와 정서를 느끼는 존재에 대한 것이며, 행동을 선행 사건, 결과, 맥락과 함께 그려 낸다. 이런 이야기 속에는 절차 기억 체계에서 도출된 행동과 그 행동을 이끌고 관장하는 동기 및 정서 요인에 대한 명시적, 암묵적 추론이 담겨 있다. 서술 체계는 절차 체계의 행동을 언어와 심상으로 설명한 것으로, 이 설명은 복잡한 사회적, 역사적 과정을 통해 이야기 형식으로 만들어진다. 이러한 표상 능력은 행동에서 시작해서 추상적 인지 능력이 발달하기까지의 복잡하고 긴 발달 과정의 결과로 생겨난 것이다.

경험 세계의 표상을 생성하는 일화 체계는 대부분 자신과 타인의 행동으로 구성된 현상학적 세계에 대한 정교한 모형을 담고 있다. 행

동은 인간의 경험 세계에서 가장 복잡하고 정서적 의미가 큰 현상
이다. 상상 속에서 모형이 구축되고 이후 의미 체계에 의해 설명되
면서, 표상은 심상과 극의 형식을 취하다가 이후에는 이야기와 신화
의 형태로 발전한다. 이야기와 신화는 기지와 미지가 상호작용하는
환경에서 만들어진 행동 양식, 즉 '도덕률'의 핵심을 이루는 행동 양
식을 상상 속에서 심상으로 표상한 '현실'이다. 이 현실은 행동의 장
으로서의 세계이지 '객관적 사물이 존재하는 공간'이 아니다.

> 이 세상은 하나의 무대요,
>
> 모든 인간은 배우에 지나지 않는다.
>
> 각기 등장할 때와 퇴장할 때가 있고,
>
> 사는 동안 여러 배역을 연기한다.[202]

경험 세계의 주체와 객체를 구분하는 실증 과학이 등장하기 전에,
세계의 모형은 존재의 본질에 대한 추상적 추론으로 이루어져 있었
으며, 주로 인간의 행동을 관찰함으로써 도출된 것이었다. 실증주의
이전에는 본질적으로 인간의 행동에서 '도덕률'을 관찰했으며, 그 도
덕률의 출처나 근거가 '우주' 그 자체의 구조에 있다고 추론했다는
말이다. 여기에서의 '우주'는 정서와 상상 등으로 이루어진 '경험 세
계'이지 경험적 사고의 결과로 구축된 '객관적' 세계가 아니다. 이처
럼 과학이 발전하기 이전 대다수 '현실 모형'은 행동 양식과 행동의
맥락을 이야기로 표상했고, 사건과 과정의 동기적 의미에 관심을 두
었다. 이러한 현실 모형이 점차 추상화됨에 따라, 즉 이야기 형식으

로 제시된 정보가 의미 체계에 의해 분석됨에 따라 이 원형적 세계에 가장 적합한 행동 양식에 대한 가설이 심상의 형태로 만들어졌다. 이 원형적 세계는 세 범주로 이루어지며, 흔히 '인격체'로 묘사된다.

'미지'는 아직 탐험하지 않은 영토, 자연, 무의식, 디오니소스적 힘, 본능, 위대한 어머니 신, 여왕, 모체, 여족장, 그릇, 수태될 대상, 만물의 근원, 낯선 사람, 관능적 여인, 이방인, 종착지이자 안식처, 땅에 파인 구덩이, 야수의 배 속, 용, 못된 계모, 깊은 곳, 비옥한 곳, 수태한 존재, 계곡, 갈라진 틈, 동굴, 지옥, 죽음, 무덤, 달(밤과 신비한 어둠의 세계의 지배자), 걷잡을 수 없는 감정, 물질 그리고 땅이다.[203] 이들 중 어느 하나를 언급하는 이야기는 곧 이 모두를 끌어들이는 셈이다. 예를 들어 무덤과 동굴은 모성의 파괴적 특성, 즉 고통, 슬픔, 상실, 깊은 물과 어두운 숲을 상징한다. 반면 숲과 물의 또 다른 측면인 숲속의 샘은 안식처, 평화, 부활, 회복을 연상시킨다.

'인식자'는 창조적 탐험가, 자아, 나我, 눈, 남근, 쟁기, 주체, 의식, 깨우친 자, 사기꾼, 어리석은 자, 영웅, 겁쟁이, (물질과 도그마의 반의어로서) 정신, 태양, 미지와 기지(위대한 어머니와 위대한 아버지)의 아들이다.[204] 이야기 속 주인공은 반드시 영웅이나 기만하는 자로 등장하며, 태양 혹은 '빛의 통치'에 끝없이 맞서는 적대자로 나타난다.

'기지'는 탐험된 영토, 문화, 아폴로 신의 통치, 초자아, 양심, 이성, 왕, 족장, 지혜로운 노인이자 폭군, 거인, 오그르*, 키클롭스**, 질서,

---

* 사람을 잡아먹는 거인.

** 외눈박이 거인.

권위, 전통의 무게, 도그마, 낮의 하늘, 동포, 섬, 고원, 조상의 영혼, 죽은 자의 행위이다.[205] 이야기 속에서 권위와 권위에 깃든 위험성이 핵심적인 역할을 하는 까닭은 인간 사회가 위계적이고 어느 사회에나 조직이 존재하기 때문이다. 권위와 권력은 모든 인간관계에서 암묵적, 명시적으로 드러난다. 인류는 타인이 없는 세상에서 살았던 적이 없으며 살 수도 없다. 권력 관계와 권위는 인간의 경험 세계에 필요하지만 풀기 어려운 문제로 늘 존재해 왔다.

미지는 '음'의 세계이자 차갑고 어두운 여성성이다. 기지는 '양'의 세계이자 따듯하고 밝은 남성성이다. 인식자는 도道, 면도날처럼 곧고 좁은 길, 올바른 길 위에 선 사람이자 의미 속에, 하나님의 나라에, 산꼭대기 위에 있는 자이며 세계수에 달려 죽은 자이다. 이처럼 원형(미지, 인식자, 기지)과 연관된 상징을 해석하기란 쉬운 일이 아니다. 같은 단어도 맥락에 따라 다른 것을 상징하기 때문이다. 예를 들어 땅은 하늘과의 관계에서는 미지(여성성)를 상징하지만, 물과의 관계에서는 기지(남성성)를 상징한다. 용은 여성성과 남성성, 주체를 모두 상징한다. 이 같은 의미의 변화를 불합리하다고 볼 수는 없다. 다만 의미가 고정적이지 않음을 암시할 뿐이다.[206] 의미는 해석의 맥락(준거 틀, 해당 이야기)에 따라 결정되며, 언제든 달라질 수 있다. 같은 단어도 서로 다른 문장, 예를 들어 풍자적인 문장과 직설적인 문장에서 정반대의 의미를 지닐 수 있다. 또 맥락에서 떼어 낸 문장은 저자의 의도와 전혀 다르게 해석될 수 있다. 이처럼 의미에 맥락 의존적 특성이 있음을 인정한다고 해서 불합리하거나 원시적이거나 생각이 엉성한 것은 아니다. 단지 맥락이 의미를 결정한다는 사실을 인정하는 것뿐이다. 하지만 이 때문에 상징을 해석하기란 쉽지 않다. 특히 애초에 상징이 만들어진 문화적 환경에서 상징을 떼어 낸 상황에서는 더욱 그렇다.

미지와 기지, 인식자는 하나같이 매우 양가적인 특성을 지닌다. 자연의 영역을 다스리는 위대한 어머니는 창조적인 측면과 파괴적인 측면을 모두 지니고 있는데, 그 이유는 창조와 파괴가 불가분하게 엮여 있기 때문이다. 낡은 것이 파괴되면 새로운 것에 길을 내준다. 수수께끼인 만물의 근원은 곧 만물이 되돌아갈 목적지이다. 문화의 영역을 다스리는 위대한 아버지 역시 질서인 동시에 압제를 상징하는데, 그 이유는 신체와 소유물의 안전을 보장받으려면 그 대가로 절대적 자유를 내놓아야 하기 때문이다. 영원한 주체인 인간, 즉 인식자도 양가적 존재이다. 인식자는 땅 위의 작은 신이자 죽을 수밖에 없는 벌레 같은 존재이며, 용맹한 동시에 비겁하고, 영웅인 동시에 기만하는 자이며, 위대한 동시에 위험한 잠재력을 지녔고, 선과 악을 안다. 미지는 그 정의상 설명할 수 없는 존재이다. 기지는 너무 복잡해서 이해할 수 없다. 마찬가지로 인식자(의식을 지닌 인간)도 자기 자신의 이해 능력을 설명하지 못한다. 이처럼 근원적으로 불가해한 '존재'들이 상호작용하면서 세계를 이루며, 우리는 그곳에서 행동하고 적응해야 한다. 이런 세계에 맞춰 행동을 구성해야 하는 것이다. 우리가 세계를 이해하기 위해 사용하는 자연적 범주[207]들은 이 구성을 반영한다.

도는 본디 이름이 없었으나,

그 하나의 이름에서 서로 상응하는 둘, 음과 양이 생겨나,

진화하여 셋(화기和氣)을 낳고,

셋은 만물에 이름을 주었도다.

이러한 것들이 서로를 잘 받아들이고,

내면의 조화를 이루어 내니,

만물의 화합으로

인간의 내면세계를 창조하리라.[208]

신화의 세계(연극, 이야기, 행동의 장으로서의 세계)는 이 같은 세 가지 구성 요소와 이 세 요소에 선행하고 이 세 요소를 뒤따르고 이 세 요소를 둘러싼 '네 번째' 요소로 이루어진다.

그림 14는 이 요소들 사이의 관계를 보여 준다. 이 그림을 보면 정해진 형태가 없는 배경 위에 세 개의 원이 켜켜이 쌓여 있다. 이 그림의 배경은 만물의 근원이자 목적지인 혼돈으로, 주체와 대상, 과거와 현재와 미래, 의식과 무의식, 물질과 영혼으로 나뉘어져 구분되는 만물로 구성된 '세계'를 둘러싸고 있다. 이 세계를 낳은 부모인 위대한 어머니와 위대한 아버지는 태고의 혼돈이 낳은 원시적 '자손'이라고 볼 수 있다. 경험 세계에서 미지의 대상으로 나타나는 위대한 어머니는 만물을 낳고 집어삼키는 여신이다. 예상할 수 없는 존재이기 때문에 지극히 긍정적인 동시에 지극히 부정적인 정서가를 지닌다.

위대한 아버지는 혼돈에 대항하는 질서이다. 자연의 도움을 받으면서도 자연에 대항하여 일어난 문명이다. 개인이 미처 이해하지 못한 현상을 파국적으로 마주하지 않도록 지켜 주는 자비로운 힘이며,

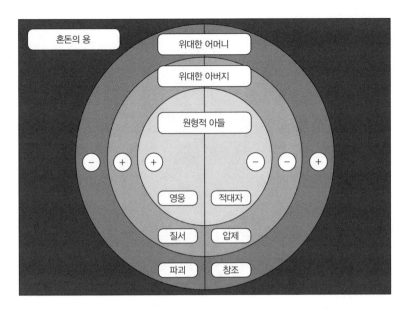

그림 14. 경험의 구성 요소

성장기의 붓다를 둘러싼 성벽이고 에덴동산을 에워싼 벽이다. 하지
만 위대한 아버지는 새로운 것의 출현을 막는 압제자이자 폭군이기
도 하다. 원형적 아들은 질서와 혼돈, 문화와 자연의 아이이며, 그러
므로 분명히 부모가 낳은 존재이다. 하지만 역설적이게도 땅(어머니)
과 하늘(아버지)을 갈라 부모를 낳는 존재이기도 하다. 이러한 모순이
생기는 이유는 질서로 정의된 존재와 질서가 아닌 것으로 정의된 혼
돈이 인식의 주체인 의식에 비춰질 때만 성립하기 때문이다. 원형적
아들은 세계의 부모와 마찬가지로 긍정적인 측면과 부정적인 측면
을 동시에 지닌다. 긍정적 측면은 미지의 영역을 '동화'시켜, 위대한
어머니와의 근친상간(창조적 결합을 의미하는 성교)의 결과로, 기지의 영

그림 15. 〈열리는 성모상〉

토를 지속적으로 재구축한다. 부정적 측면은 이해하지 못하는 모든 것을 거부하거나 파괴한다.

그림 15의 〈열리는 성모상〉[209]은 15세기 프랑스에서 만들어진 작품으로, 경험 세계를 구성하는 요소들의 긍정적 측면만 의인화한 작품이다. 이런 식으로 정서가에 따라 '부정적인' 요소들끼리 혹은 '긍정적인' 요소들끼리 나눠서 의인화하는 일은 흔하다. 긍정적인 것들은 모두 유사하거나 동일한 대상으로 인식되기 쉬운데, 부정적인 것들 역시 마찬가지이다. 이런 이유 때문에 미지가 불러일으키는 공포와 국가의 압제, 인간의 악한 본성이 서로 뒤섞이고, 악마와 이방인이 같은 존재로 인식된다.

〈열리는 성모상〉은 정통적인 기독교 사상의 관점에서 보면 희한한 작품이다. '신의 어머니'인 마리아가 하나님 아버지나 그의 아들인 그리스도보다 더 위에 있기 때문이다. 하지만 성모 마리아의 이런 우월적 지위는 보편적 신화의 관점에서는 전적으로 타당하다(이러한 위계만 타당한 것은 아니다). '경험의 구성 요소'들은 서로의 선조이자 자손이다. 세계의 부모는 신성한 아들을 낳고 신성한 아들은 세계의 부모를 갈라놓는다. 질서는 혼돈에서 나오고 혼돈은 질서에 의해 정의된다. 따라서 우리에게 가장 익숙한 기독교의 '생성 순서'(하나님→성모 마리아→그리스도)는 여러 '타당한' 생성 순서 중 하나일 뿐이다(기독교에서도 이 순서로만 나타나는 것은 아니다).

경험 세계에서는 탐험된 영토인 기지의 영역과 미탐험 영토인 미지의 영역이 역설적으로 공존한다. 고대인들은 익숙한 세계는 신성한 공간이며 이 공간은 혼돈에 둘러싸여 있다고 추정했다(혼돈 속에는 악마와 유령, 짐승과 미개인과 같은 여러 존재들이 살고 있는데 이 존재들은 서로 구별되지 않았다). 질서와 혼돈의 세계는 곧 인간을 위한 무대, 더 정확히 말하자면 인간의 양면성을 위한 무대라고 볼 수 있다. 인간에게는 의문을 품고 탐험하고 변화하려는 성향(질서의 영역과 구조를 자발적으로 확장해 나가는 측면)이 있는가 하면 의문과 탐험, 변화에 저항하려는 성향도 있다. 그러므로 위대한 이야기는 끊임없이 요동치는 삶 속에서 펼쳐지는 선과 악의 대결을 그린다. '선'의 세력은 영존한다. 하지만 불행하게도 '악'의 세력 역시 영존한다. 내부에 선과 악이 영원히 공존하는 것은 인간이라면 누구나 신 앞에서 본질적으로 동등하기 때문이다. 인간은 연약하고 죽을 수밖에 없는 존재로 우주에 내던져졌으며, 이 우주는 인간을 창조하고 보호하는 동시에 인간을 변화시키고 파괴하려 한다. 이렇듯 양가적인 우주에 대해 인간은 긍정적, 부정적인 두 가지 원형적 태도를 지닌다. 세계의 본질은 이 두 가지 태도(복잡한 '인격체'로밖에 간주할 수 없다)와 이들이 대결하는 배경으로서 신화의 핵심 주제를 이룬다.

서구 문명의 근간을 이루는 일련의 신화들을 분석해 보면 이런 사실이 명확히 드러난다. 먼저 「에누마 엘리시」를 살펴보자. 「에누마 엘리시」는 메소포타미아의 창조 신화로 지금까지 밝혀진 온전한 창조 신화 가운데 가장 오래된 것이다. 그다음으로는 수메르에서 이집트로 이동해서 고대 이집트의 우주관을 살펴보고 그 후에 신화적 표상에 관해 일반적인 논의를 이어 가려고 한다.

| 가장 오래된 창조 신화

흔히 사람들은 창조 신화가 원시적인 미신일지언정 현대 과학과 똑같은 일을 시도했다고 생각한다. 고대인이 현대인처럼 우주론을 만들고 객관적인 세계의 생성 과정을 설명하려고 했다고 추정하는 것이다. 하지만 이것은 잘못된 추정이다. 조상들은 지금 우리가 생각하는 것처럼 아둔하지 않았고 그들이 세운 창조 이론은 원시 과학에 불과한 것이 아니었다. 고대의 창조 이론은 물질세계만을 따로 떼어 설명하지 않고 '의미'를 포함해서 우리가 총체적으로 경험하는 세계의 실체를 설명하고자 했다. 총체적 경험 세계는 현대인에게 익숙한 물리적 대상과 더불어 현대인이 부수적인 현상으로 치부하는 정서가로 이루어진다. 쉽게 말해서 경험 대상과 경험의 주체로 이루어지는 것이다. 고대 창조 신화가 설명하는 세계는 물리적 세계가 아니라 현상학적 세계였다. 이 세계는 경험의 모든 측면, 현대인은 순전히 주관적 측면으로 간주하는 것까지 포함한다. 우리 조상들은 세계를 이루는 중요한 측면을 생략하는 방법을 미처 알지 못했던 것이다. 창세에 관한 고대의 이야기들은 현대인이 순수하게 객관적이라고 생각하는 세계의 측면, 다시 말해서 현실과 동떨어진 관념적 측면만이 아니라 현실 전체에 주의를 기울였다.

과학은 '모두가 이해를 공유할 수 있는 세계의 특성'이나 '목표가 확실할 때 목표를 이루는 가장 효과적인 방법'을 설명한다. 반면 이야기(신화)는 행동을 이끌어 내는 세계의 의미를 설명한다. 신화 속 우주는 '행동의 장'이지 '인식 대상'이 아니다. 따라서 신화는 사물을 설명할 때 정서나 동기적 의미 측면에서 묘사한다. 우리가 어떤 대상에 대해 이야기할 수 있다면 혹은 그 이야기를 행동으로 실연할 수 있다면, 그 대상을 부분적으로나마 파악했다고 볼 수 있다. 미지와 기지, 인식자에 대한 이야기인 신화가 존재하기에 우리는 안전한 기지의 영역뿐 아니라 미지의 영역에도 적응할 수 있다는 사실에 적응했다고 볼 수 있다. 미지는 우리가 아직 알지 못하는 대상이지만, 넓은 의미에서 보면 미지에도 안정된 특성이 있다. 이 같은 특성은 미지의 대상이 출현했을 때 우리가 보이는 전형적인 반응에서 드러난다.

경험 세계는 정서가에 따라 분류된 익숙한 대상과 그 나름의 정서가를 지닌 생소한 대상 그리고 이 둘을 매개하면서 생소한 대상을 익숙하게, 때로는 익숙한 대상을 생소하게 만드는 과정으로 이루어진다. 모든 지식이 우리가 알지 못하는 대상을 탐색해서 얻은 결과물이라는 점으로 미루어 볼 때 미지는 만물의 원천이다. 하지만 생각으로든 행동으로든 탐색하지 않고는 생소한 대상에서 익숙한 대상을 끌어낼 수 없다는 점을 고려하면, 탐색 과정 역시 미지의 영역 못지않게 중요하다. 탐색 과정에서 구축한 기지의 영역은 혼돈의 어머니 바다에서 떨어져 나온 견고한 땅, 즉 익숙한 세계이다. 이 세 영역은 고대 신화의 세계를 구성하는 핵심 요소이다. 앞서 우주의 부모인 안(하늘)과 키(땅)가 그들의 아들이자 대기의 신인 엔릴에 의해 분리된 결과 세계가 만들어졌다는 고대 수메르인의 창조 신화를 간단히 살펴보았다. 고대 이집트인도 수메르인과 비슷하게 생각했다.

다른 많은 신화와 마찬가지로, 이집트의 우주 창조 신화도 원시의 물에서 언덕이 솟아오르며 시작된다. 이 '원초적 장소'가 광대한 물 위로 떠오른 것은 땅의 출현을 의미하지만, 빛, 생명, 의식의 시작을 나타내기도 한다. 헬리오폴리스에서는 태양 신전의 일부를 이루며 '모래 언덕'이라고 불리는 곳이 이 최초의 언덕으로 여겨졌다. 또 헤르모폴리스는 우주를 낳은 연꽃이 피어난 호수로 이름이 높았다. 하지만 다른 지역들도 동일한 특권을 누렸다. 실제로 도시 하나하나, 신전 하나하나가 천지창조의 시작점인 '세상의 중심'으로 여겨졌다. 그리고 때때로 최초의 언덕은 파라오가 태양신을 만나기 위해 오른 우주의 산이라고 간주되었다.

다른 문헌에서는 '빛의 새'를 품었던 원초의 알이나…… 태양의 아이를 품었던 원초의 연꽃 혹은 아툼 신의 처음이자 마지막 현신인 원초의 뱀에 대해 이야기한다. (사실 『사자의 서』 175장에서는 세상이 혼돈의 상태로 되돌아갈 때, 아툼은 새로운 뱀이 될 것이라고 예언한다. 태양신 라는 무엇보다 겉으로 드러난 신이지만, 아툼은 드러나지 않는 최상위 신이다……). 창조의 장면, 즉 우주 창조 신화, 신들의 기원, 생명의 창조 등은 다양하게 묘사된다. 델타 지역 꼭대기에 위치한 도시 헬리오폴리스의 태양신 신학에 따르면, 라-아툼-케프리 신(각각 태양의 정오, 일몰, 일출의 세 형태를 의미)은 첫 번째 부부 신 슈(대기의 신)와 테프누트를 만들었다. 두 신은 게브(땅의 신)와 누트(하늘의 여신)의 부모가 되었다. 창조신들은 자위를 하거나 침을 뱉어서 창조 행위를 했다. 표현은 천진난만하고 거칠지만, 그 의미는 분명하다. 신들은 최상위 신의 신성 그 자체에서 태어난다. 수메르 신화에서와 마찬가지로, 하늘의 신과 땅의 신은 대기의 신 슈가 갈라놓을 때까지 히에로스 가모스로 결합되어 있었다[비슷한 신화로 프타 신화가 있다]. 두 신은 오시리스와 이시스, 세트와 네프티스를 낳았다[이에 관해서는 이후 설명할 예정이다].[210]

고대 창조 신화는 사물의 기원을 두 가지 연관된 사건 중 하나의 결과로 그렸다. 예를 들어 우주는 상징적으로 태곳적 남녀추니* 신의 행위로 인해 탄생한다. 또는 그보다 더 분화한 남신과 여신 혹은 남성적 원리와 여성적 원리(이들은 흔히 가장 태곳적 신의 자식으로 등장한다.)의 상호작용으로 탄생한다. 예를 들면 주로 아버지로 그려지는 하늘과 (늘 그런 것은 아니지만) 일반적으로 여성으로 그려지는 땅의 상호작

---

* 남자와 여자의 생식기를 모두 가지고 있는 사람.

용으로 우주가 생성된다. 우리에게 익숙한 『구약』 「창세기」에서 가장 오래된(「야훼 문서」에 속하는) 창조 신화에도 이러한 심상이 내포되어 있다. 「창세기」 2장 4절로부터 시작하는 야훼 문서의 창조 신화에는 남성인 하나님이 어머니 대지인 아다마(셈어로 흙을 의미한다.)에게 생명(영)을 불어넣어서 최초의 인간(남녀추니)인 아담을 창조한다고 설명한다.[211] 이보다 더 극적인 바빌로니아의 창조 신화 「에누마 엘리시」에 따르면, 창조의 신 데미우르고스가 용을 죽이고 그 조각으로 우주를 만든다. 이 두 가지 이야기는 겉보기에는 전혀 다르지만 깊이 들여다보면 같은 구조를 공유하며 심리적, 역사적으로 긴밀히 연관된 메타포를 사용하여 핵심 주제를 전달한다.

바빌로니아의 창조 신화인 「에누마 엘리시」("저 높은 곳에서…… 할 때"[212], 현존하는 사료는 기원전 650년경 만들어졌고 그보다 적어도 2천 년 이상 오래된 전통에서 비롯되었다)에서는 민물의 신 압수가 살해당하자, 미망인이 된 바닷물의 여신 티아마트가 신들을 파괴하겠다고 위협한다. 신들을 대표한 마르두크가 티아마트를 죽이고 두 동강 낸 다음 그 하나로는 하늘을, 다른 하나로는 땅을 창조한다. 이와 유사하게 「창세기」에도 '궁창'이 위의 물과 아래의 물을 나누는 것에서부터 시작하지만, 그에 앞서 혼돈하고 공허하며 흑암이 깊은 세계가 등장한다. 이 히브리 단어들은 티아마트와 어원이 같다고 알려져 있으며, 이외에도 『구약』에는 용이나 괴수를 죽임으로써 세상이 창조되었다는 것을 암시하는 구절이 많다.[213]

고대인들이 왜 세계의 창조를 흔히 여성과 연관시켰는지 이해하기는 어렵지 않다. 여성은 출산을 통해 새 생명을 낳는 근원이기 때문이다(모든 살아 있는 존재의 명백한 원인이자 실체적 근원이다). 창조 신화 속에서 남성, 더 자세히 말하면 남성적 원리가 맡은 역할은 상대적으로 이해하기가 어렵다. 생식 과정에서 남성이 맡는 역할이 여성만큼 분명하지 않기 때문이다. 그럼에도 지금까지 가장 널리 퍼지고 가장 큰 영향력을 행사했을 유대교와 기독교 창조 신화에서는 일반적인 창조 양상과 반대로 남성적 요소를 특히 강조한다. 유대교와 기독교 전통에서 창조는 신화적 남성의 행위로, 신화 속에서 남성적 원리로 그려지는 사물을 분별하는 의식, 탐험하는 영, 「요한복음」의 저자가 말하는 '말씀', 언어 능력과 불가분의 관계에 있는 '로고스'의 존재와 행위에 의해 이뤄진다(「요한복음」은 『신약』 성서의 첫 부분이 될 것을 의식하고 쓰인 탓인지 「창세기」 시작 부분과 구조가 같다[214]).

> 태초에 '말씀'이 계셨다. 그 '말씀'은 하나님과 함께 계셨다. 그 '말씀'은 하나님이셨다.
>
> 그는 태초에 하나님과 함께 계셨다.
>
> 모든 것이 그로 말미암아 창조되었으니, 그가 없이 창조된 것은 하나도 없다.
>
> 창조된 것은 그에게서 생명을 얻었으니, 그 생명은 사람의 빛이었다.
>
> 그 빛이 어둠 속에서 비치니, 어둠이 그 빛을 이기지 못하였다.
>
> 「요한복음」 1장 1~5절

유대교와 기독교 전통에서 말씀과, 말씀으로 비유된 신의 아들을 창조의 주역으로 유독 강조하는 대목은 여타의 창조 신화들과 비교하면 다소 독특하다. 어쩌면 초기 유대인들은 신화에서 남성의 영역인 정신에 의해 일어난 행위가 경험의 구축과 수립에 필수 불가결한 요소라는 사실을 처음으로 확신했는지도 모른다. '말씀'과 관련된 교리를 이루는 의미의 망을 분석하지 않고서는 유대교와 기독교 전통이 왜 이토록 큰 영향력을 행사해 왔는지, 정신과 세계가 본질적으로 어떤 관계를 맺고 있는지 이해하기가 어렵다.

초기 유대교와 기독교 철학에는 메소포타미아와 이집트의 형이상학적 사상이라는 명백한 심리학적 선례가 존재한다. 먼저 살펴볼 메소포타미아의 창조 신화 「에누마 엘리시」는 태고의 신 압수와 티아마트가 성적(생산적, 창조적)으로 결합하여 처음으로 세계를 창조하는 과정이 나온다. 압수는 남신으로, 하늘과 땅이 구분되지 않았을 때(그들에게 아직 이름이 없었을 때) 그들을 낳은 아버지였다. "그들을 낳은 어머니"[215] 티아마트는 압수의 배우자였다. 애초에 압수와 티아마트는 서로 구분되지 않는 상태로 존재했고, "그들의 물은 하나로 섞여 있었다."[216] 그때는 "갈대도 없었고 습지도 없었다. 어떤 신도 나타나지 않았다. 아무도 이름이 없었고, 운명도 정해지지 않았다."[217] 압수와 티아마트가 우로보로스적으로 결합하자, 여전히 근원적이기는 하지만 예전보다 조금 더 분화된 구조와 과정 혹은 영들이 생겨났다. "그때 그들 중에서 신들이 태어났다."[218] 이처럼 티아마트와 압수가 '머물렀던' '우주 창조 이전의 알'에서 초창기 '신들의 세계'가 나타났다.

메소포타미아의 신은 세계 여느 곳의 신과 마찬가지로 현대인의 사고방식으로는 수수께끼 같은 존재이다. 고대 문화에는 신이 많았다. 우리는 이제 그 신들이 어디에 있는지 알지 못한다. 그들은 객관적 외부 세계에 속하지 않은 것처럼 보이기 때문이다. 그래서 이 신들을 주관적 정서나 동기를 의인화한 상상의 산물, 주관적 경험의 화신으로 간주하고 싶은 유혹이 든다. 하지만 '의인화'는 자발적 행위를 암시한다. 이는 의인화한 주체가 표상하려는 대상을 알고 있으며 그 대상을 설명하기 위해 메타포를 의식적으로 사용했다는 의미이다. 하지만 고대인들이 의도적으로 신을 만들어 냈다는 증거는 어디에도 없다. 오히려 그와 반대되는 쪽이 진실에 더 가깝다. 바로 '신들의 행위'가 발단이 되어 사람들에게 신화를, 신들을 창조하게 만든 것이다. 신은 이야기를 처음 구상했던 주체를 초월한 존재다.

자의식이 비교적 분화되고 명확한 현대인들이 정서나 동기로 설명하는 현상은 원래는 '심리적' 현상은 아니었다. 그보다는 정서나 동기를 불러일으키는 경험의 일부이자 본질로 간주되어 가상의 신으로 표상되었다. 현대 과학에서 '자극'이라는 용어에는 정서와 행동을 통제하는 힘을 대상에 부여하던, 반응 대상과 반응 자체를 구분하지 못하던 옛 사고방식이 여전히 남아 있다. 현대인은 심리적으로 동요하거나 농담을 할 때가 아니면 어른이 된 뒤에도 '물활론적'으로 사고하지 않는다. 정서와 동기를 자기 내부의 심리적 특성으로 인식하지, 근접 원인인 자극의 특성으로 인식하지 않기 때문이다. 현대인은 실증적 사고와 실험이라는 과학적 방법론을 학습한 결과로 사물 자체와 사물이 미치는 영향력을 구분할 수 있게 됐다. '대상'이 자신의 정서와 동기에 미치는 영향력을 배제하고, 온전히 모두가 동의할 수 있는 감각적 측면만 남겨 둘 수 있게 된 것이다. 다시 말해서 우리는 자신과 세계를 구분할 수 있게 됐다. 하지만 실증주의 이전 시대에는 이런 식으로 (적어도 일관적으로는) 사고하지 못했다. 그들은 대상 자체와 대상이 행동에 미치는 영향력을 제대로 구분하지 못했다. 따라서 이 두 가지가 하나의 총체로서 신이 되었다.

신, 더 구체적으로는 나름의 역사를 지닌 강력한 신은 정서가 동일한 한 무리의 자극이 문화를 공유하는 집단의 상상 속에 표상된 것이다. 이러한 표상에는 심리적, 사회적 현상과 객관적 '현실', 주체와 대상, 정서와 감각이 분화되지 않은 상태로 기묘하게 뒤섞여 있다. 또 이 표상에는 개인을 초월하는 특성이 있다. 역사적으로 정교하게 만들어지고 사회적으로 공유된 환상적 경험이기 때문이다. 원시 사회의 신들은 우리가 사는 세계를 정확히 표상했다. 왜냐하면 그들은 단순한 대상이 아니라 주체와 정서까지 포함하기 때문이다. 원시 사회의 신들은 태곳적 '대상'이 아니라 태곳적 '경험'을 표상했다.

'티아마트와 압수가 초기에 낳은 자녀들', 즉 '옛 신들'은 인간의 동기를 불러일으키는 고대의 초개인적인 심리 현상이자, 그러한 심리 체계를 활성화시키는 객관적 세계를 나타내는 화신이라 할 수 있다. 수메르인들은 이런 신들을 '먹이고 입히는 일'이 자기들의 운명이라고 믿었다. 왜냐하면 그들은 스스로를 '환경'이 유발하는 본능적 욕구의 종으로 여겼기 때문이다. 이런 본능적 욕구는 사실 수메르인이 생각한 대로 인류의 여명이 밝아 오기 이전에 '하늘 위에' 살았던 신으로 간주할 수 있다. 예를 들어 성적 이끌림은 진화의 흐름 속에 인류가 생겨나기 이전부터 존재해 왔고, 비교적 '타고나는 자극'(관능미)과 관련 있으며, 영향력이 막강하고, 지금 거기 '사로잡힌' 개인을 '초월'하여 존재한다. 그리스 신화에서 자연의 신인 판은 공포를, 전쟁의 신인 아레스는 격한 분노와 공격성을 일으키는 존재였다.

현대인은 문학적으로 표현할 때를 제외하고는 더 이상 이런 '본능'을 인격화하지 않으며, 이들이 어느 '장소'(예를 들어 하늘)에 '존재'한다고 생각하지도 않는다. 하지만 어딘가에 이런 본능들이 존재하는 공간이 있고, 그 공간에서 본능들이 서로 전쟁을 일으킨다는 생각은 매우 강력하고 유용한 메타포이다. 개인을 초월한 집단적 동기는 오랜 역사를 전쟁으로 물들였으며, 개인 내부의 가치 위계에 속한 강력한 '적대자들'과 타협해야 했다. 인간 사회에서 끝없이 벌어지는 서로 상이한 '삶의 방식(철학)' 사이의 다툼은 서로 다른 가치 기준(서로 다른 동기의 위계)으로 인해 벌어지는 전투로 간주할 수 있다. 이런 전쟁에 관여하는 '세력'들은 '불멸'의 존재이기 때문에 죽지 않는다. 이런 시기에 '신들의 졸개' 노릇을 하는 인간들은 불운한 운명에 처한다.

다시 「에누마 엘리시」로 돌아가 보자. 메소포타미아의 신들 중에 2세대 부계父系 신들(부부 신인 라흐무와 라하무, 키샤르와 안샤르)은 최초의 부부 신인 티아마트와 압수가 성적으로 '결합'한 결과로 태어났다. 티아마트와 압수라는 미분화된 우주 창조 이전의 알(창조 신화에서 흔히 등장하는 메타포)은 '질서'(남성적 원리)와 '혼돈'(여성적 원리)이 뒤섞인 존재를 품고 있다. 이들은 '창조의 품'에 갇힌 채 여전히 '하나'로 남아 있는 정신과 물질이며, '세계의 부모'이다. 티아마트와 압수가 결합하여 아이를 낳는다. 태곳적 삶의 본능이 마침내 더 개인화된 존재들을 낳은 것이다. 「에누마 엘리시」는 이 삶의 본능들이 지닌 성격을 구체적으로 설명하기보다는 더 보편적인 문제를 중점적으로 다룬다. 라흐무와 라하무, 키샤르와 안샤르는 조연으로, 이 연극의 진짜 주인공인 마르두크(나중에 태어난 개인적 특성을 보이는 신)와 변절한 어머니 티아마트 사이를 매개하는 역할을 담당할 뿐이다. 키샤르와 안샤르는 아누를 낳고, 아누는 "에아를 그의 모습으로 낳았다.[219] 에아는 그의 아버지보다 더 뛰어났다.[220] 지혜롭고 총명하며, 힘이 매우 셌다. 그의 아버지를 낳은 안샤르보다 더 강했다.[221] 형제 신들 중에 그와 견줄 자는 아무도 없었다.[222]"

옛 신들은 재생산을 하고 소란을 일으키는 역할을 할 뿐이었다. 그들은 끊임없이 고함 치고 이리저리 돌아다니면서 "티아마트의 배 속"[223]을 엉클어뜨리고, 티아마트와 압수의 심기를 거슬렀다. 티아마트와 압수는 자녀들을 '집어삼킬' 음모를 꾸몄다. 이는 신화에서 흔히 등장하는 사건으로 이후에 노아의 홍수 설화에도 반복된다. 신들은 우주를 만들어 놓고 끊임없이 우주를 파괴하려 한다.

하지만 에아가 먼저 그 계획을 알아차리고 압수를 죽인 후에 그 잔해 위에 거처를 세운다. 그리고 압수를 기억 혹은 조롱하려는 의도로 그곳의 이름을 압수라고 짓는다. 에아는 그곳에 아내 담키나를 데려와 함께 지내면서 곧 이야기 속 영웅이자 "신들의 현자"[224]이며 "위엄"[225]으로 가득 찬 마르두크를 낳는다.

그는 만면에 웃음을 띠며 즐거워했고 마음에는 기쁨이 넘쳤다.

그는 마르두크를 구별하여

다른 신들보다 두 배 더 많은 능력을 부여했으며,

마르두크는 신들 위에 우뚝 섰고 모든 면에서 다른 신들을 능가했다.

그의 모습은 형언할 수 없을 만큼 정교하게 만들어져서

인간의 이해력으로는 도무지 이해할 수 없고 상상하기도 어려웠다.

눈이 네 개, 귀가 네 개였고

입술을 움직일 때마다 입에서 불길이 타올랐다.

네 귀는 엄청나게 크게 자랐고,

눈도 마찬가지여서 만물을 둘러보았다.

그는 모든 신들 중에 높았으며, 그의 모습은 모두를 능가했다.

우투의 아들, 우투의 아들

태양신의 아들, 신들의 태양신이여![226]

마르두크는 은유적으로 의식과 관련된 특징을 보여 준다. 감각 능력이 비범하고 말에는 창조력과 파괴력이 있다(불에는 대상을 변형시키는 능력이 있다). 무엇보다 마르두크는 '태양신'으로서 '시력', '예지력', '이해', '깨달음', '어둠을 깨뜨리고 밤을 죽이는 여명'과 동일시된다(더 정확히 표현하자면 같은 '범주'에 속한다).

그 와중에 마르두크의 할아버지이자 에아의 아버지인 아누는 네 개의 바람을 일으키고 파도를 만들어 티아마트와, 그 곁을 지키던 1세대 모계母系 신들(앞서 등장하지 않았던 신들)을 괴롭혔다. 이 바람 때문에 그러잖아도 자손들이 일으킨 소란과 남편의 죽음으로 심기가 불편했던 티아마트는 인내심의 한계를 넘어섰다. 티아마트는 2세대 부계 신들의 세계를 전멸하기로 결심하고 자기편에서 싸울 무시무시한 전사들을 창조한다.

······거대한 뱀들을 낳았다.

날카로운 이빨에는 독니를 더했다.

몸은 피 대신 독으로 채웠다.

사나운 용들에게는 공포를 덧입히고

무서운 광채를 머리에 씌워 신들처럼 만들어서

그들을 본 자는 두려움에 숨이 멎게 되었다.[227]

분노에 찬 **티아마트**(미지와 혼돈의 파괴적 측면)는 전투에 나설 열한 괴물을 낳았는데, 그중에는 뱀과 용, 괴기한 사자와 험악한 개, 전갈 용사와 힘센 귀신이 있었다. 그리고 최초로 태어난 신들 가운데서 킨구를 대장으로 세우고 높은 지위와 통치권을 상징하는 "운명의 서판"[228]을 주었다. 이야기는 다음과 같이 전개된다.

티아마트는 단단히 대비한 후

자식 신들과의 전쟁에 나설 준비를 했다.

압수의 원수를 갚으려고 사악한 일을 벌인 것이다.

티아마트가 전쟁을 준비한다는 소식이 에아에게 미쳤다.

소식을 들은 에아는

두려움에 망연자실하여 말없이 침울하게 앉아 있었다.

곰곰이 심사숙고하며 마음속 분노를 가라앉힌 후에,

그는 (증조)할아버지 안샤르에게로 갔다.

그는 안샤르 앞에 들어가서

티아마트가 계획한 모든 일을 전했다.[229]

「에누마 엘리시」에는 압수에 관한 정보가 많지 않지만 압수가 티아마트의 남편이었던 것만큼은 확실하다. '미지의 여신'인 티아마트의 남편은 필연적으로 '기지의 신'(혹은 그의 창시자이자 자식인 '인식자')일 수밖에 없다. '미지'로부터 우리 삶을 보호하는 것은 바로 '기지'인데, 이는 우리가 그 사실을 이해하든 못하든 그렇다. 에아는 압수를 죽임으로써 부지불식간에 자신의 보호막을 벗겨 낸 셈이었다.

따라서 에아는 전통의 필요성이나 본질을 제대로 이해하지 못한 채 전통을 업신여기고 과거를 깎아내리며 파괴하려는 인류의 측면을 대표하는 인물로 볼 수 있다. 사람들은 문화라는 장벽 안에 거주하며 외부 세계로부터 보호받고 있으면서도 그 사실을 깨닫지 못하고 오히려 답답하다며 부주의하게 그 장벽을 무너뜨리기도 한다. 자유를 위한 투쟁을 빙자한 이런 파괴적 행위로 인해 무시무시한 미지의 세력이 쇄도한다. 아버지의 보호막이 사라지면 위대한 어머니가 무시무시한 힘을 드러낸다. 「에누마 엘리시」는 이 같은 중요한 교훈을 넌지시 드러낸다.

안샤르는 티아마트가 분노했다는 소식을 듣고 크게 당황하여 에아에게 티아마트에 맞서 싸우라고 요청한다. 하지만 에아는 티아마트에 맞서지 못했고 안샤르는 에아 대신 아누를 보낸다. 아누마저 티아마트 앞에서 꼼짝 없이 공포에 휩싸여 돌아온다. 절망 속에서 마지막 희망을 품고 안샤르와 에아는 젊은 태양신 마르두크를 불러들인다.

에아는 마르두크를 자기 방으로 불러

그에게 조언하며 마음속 계획을 털어놓았다.

"마르두크야, 아비의 계획을 잘 듣고 생각해 보거라.

아들아, 너라면 그가 마음을 놓을 것이다.

안샤르에게로 나아가서 전투를 준비하라.

목소리를 내고 그 앞에 나서라. 너를 보면 그가 안심할 것이다."

마르두크는 아버지의 말씀을 듣고 기뻐했다.

그는 안샤르에게로 나아가 그 앞에 섰다.

그의 모습을 보았을 때, 안샤르의 마음에 기쁨이 넘쳤다.

그에게 입을 맞추자 두려운 마음이 사라졌다.

"안샤르여, 잠잠히 있지 말고 입을 열어 말씀해 주십시오.

제가 가서 당신의 마음속 계획을 모두 이루겠습니다!

당신에게 맞서서 전쟁을 일으킨 이가 남자입니까?

무기를 들고 당신에게 덤비는 티아마트는 여자입니다!

그렇습니다, 내 아버지, 내 창조주시여, 기뻐하고 즐거워하십시오.

머지않아 티아마트의 목을 짓밟게 될 것입니다."

안샤르가 대답했다.

"내 아들, 모든 지혜를 깨우친 자여,

거룩한 주문으로 티아마트를 잠잠하게 하라."[230]

마르두크의 '주문'(그가 불로 말한다는 사실을 떠올려 보라.)은 혼돈의 세력에 맞선 전투에서 가장 강력한 무기 중 하나로 묘사된다.

"태풍 전차를 타고 어서 길을 나서라!

……그녀를 돌아서게 하라!"

아버지에 말씀에, 주Lord는 기뻤다.

한껏 부푼 마음으로 그는 아버지께 고했다.

"신들의 주, 위대한 신들의 운명이여,

만일 제가 당신들의 복수자로서

티아마트를 쳐부수고 당신들의 생명을 보전한다면

회의를 열어 '제 운명을 최고의 것으로 선포해 주십시오.'

신들의 모임에서 모두가 기쁜 마음으로 둘러앉을 때,

당신이 아니라 제 입에서 나온 말이 운명을 결정하게 해 주십시오.

제가 창조한 것은 무엇이든 변치 않을 것이며,

제 입술의 명령은 뒤집히지 않고 …… 뒤바뀌지 않을 것입니다."[231]

이 책에서 인용한 「에누마 엘리시」의 번역자 알렉산더 하이델
Alexander Heidel은 다음과 같은 견해를 밝혔다.

마르두크는 목숨을 걸고 티아마트와 전투를 벌이는 대가로 절대 권
력을 요구했다. 그래서 신들은 신년 축제에 회의를 소집하고 '하늘과
땅의 신들의 왕'인 마르두크를 '삼가 기다렸으며' 그 운명을 결정했다.
실제로 신들은 '마르두크가 요구한 권력을 획득한 이후에도 오랫동안
계속해서 운명을 결정했다.'[232] 하지만 최종 결정권은 마르두크에게

있어서, 마지막 순간에 운명을 결정하는 이는 바로 마르두크였다.[233]

여기서 우리는 신화에 자주 등장하는 '신들의 위계질서'의 예를 만나게 된다. 티아마트가 초기에 낳은 자식들은 모두 강하고 초개인적인 옛 신들이었다. 이 신들은 인간의 동기와 정서를 영원히 지배하고 구성하는 '심리적 힘'이다. 이 힘들 사이의 적절한 위계를 정하는 문제, 즉 '누가(무엇) 지배할 것인가?'는 도덕률의 핵심 문제이자 개인과 사회 조직의 주요 문제이기도 하다. 수메르인은 자발적으로 혼돈에 맞선 태양신 마르두크를 '왕'의 자리에 앉히고 다른 신을 그 지배 아래에 두는 것으로 그 해답을 찾았다.

> 안샤르가 입을 열어
> 고관高官 가가에게 말했다.
> "가가, 내 조언자, 내 마음을 기쁘게 하는 자여,
> 너를 라흐무와 라하무에게 보낸다.
> 너는 분별력 있고 소통에 능하니
> 내 아버지 신들을 내 앞에 데려오라.
> 그들이 모든 신들을 내 앞에 데려오게 하라!
> 이야기를 나누고 연회 자리에 앉게 하라.
> 빵을 먹고 포도주를 준비하게 하라.
> 그들의 복수자인 마르두크를 위하여 그 운명을 선포하게 하라.
> 가거라, 가가여, 가서 그들 앞에 서라.
> 가서 내가 하는 말을 그대로 전하라.

당신의 아들 안샤르가 저를 보내셨습니다.

그 마음의 명령을 제게 전하라 하셨습니다.

말씀하시길, "우리 어머니, 티아마트가 우리를 증오합니다.

그녀는 회의를 소집했고 불같이 화를 냈습니다.

신들 모두가 그녀에게로 넘어갔습니다.

당신이 창조한 신들까지도 그녀의 편에 섰습니다.

그들은 서로 갈라져서 티아마트의 편으로 넘어갔습니다.

그들은 분노에 차서 밤낮을 쉬지 않고 작전을 짰습니다.

그들은 불같이 화를 내며 전쟁을 준비했습니다.

회의를 열어 전쟁을 계획했습니다.

모든 것을 낳은 어머니 후부르(티아마트)가

누구도 대적할 수 없는 무기를 만들고 기괴한 뱀들을 낳았습니다.

날카로운 이빨과 냉혹한 독니를 더했습니다.

피 대신 독으로 몸을 채웠습니다.

사나운 용들에게는 공포를 덧입혔고

무서운 광채를 머리에 씌워 신들처럼 만들었습니다.

그들을 본 자는 두려움에 숨이 멎고

그들이 돌진해 올 때 누구도 돌아설 수 없다고 합니다.

그녀는 뱀과 용과 라하무(용사)

거대한 사자와 미친개와 전갈 용사

폭풍을 부리는 악령과 잠자리와 들소를 세웠습니다.

전쟁을 두려워하지 않는 무자비한 무기를 낳았습니다.

그녀의 명령은 강하여 누구도 거스르지 못합니다.

그녀는 이처럼 열한 종류의 괴물을 낳았습니다.

그리고 그 모임을 이루는 신들, 그녀의 첫 태생들 가운데서

킨구를 높이 세웠습니다.

군대의 선두에서 행진하며 군대를 지휘하고

전투에서 무기를 들어 올리고 공격을 개시하는

전쟁의 총사령관 자리를

그에게 맡기고 신들의 모임에서 그를 앉히고 말했습니다.

"나는 너에게 주문을 걸어 너를 신들의 모임에서 높이 세웠다.

모든 신들을 다스릴 권세를 네 손에 넘겨주었다.

너는 크게 높임을 받으며 내 유일한 배우자가 될 것이다!

네 이름이 아눈나키의 신들 중에 가장 높아질 것이다!"

그녀는 그에게 운명의 서판을 주어 그의 가슴에 매달며 말했습니다.

"너에 관하여, 너의 명령은 바뀌지 않을 것이며

네 입에서 나온 말은 확실히 이뤄질 것이다."

그리고 킨구가 가장 높이 세워지고 총사령관을 맡은 후에

그들은 그녀의 아들 신들의 운명을 선포했습니다.

"너희가 입을 열면 불의 신을 잠잠케 할 것이며

치명적인 독으로 적군을 격파할 것이다!"

그리하여 아누를 보내었으나 그는 티아마트를 상대할 수 없었습니다.

에아 역시 두려워하며 돌아왔습니다.

그때 신들 중에 가장 지혜로운 자,

당신의 아들 마르두크가 나섰습니다.

그는 즉시 티아마트와 맞서기로 결심했습니다.

그가 입을 열어 제게 말했습니다.

"만일 제가 당신들의 복수자로서

티아마트를 쳐부수고 당신들의 생명을 보전한다면

회의를 열어 제 운명을 최고의 것으로 선포해 주십시오.

신들의 모임에서 모두가 기쁜 마음으로 둘러앉을 때,

당신이 아니라 제 입에서 나온 말이 운명을 결정하게 해 주십시오.

제가 창조한 것은 무엇이든 변치 않을 것이며,

제 입술의 명령은 뒤집히지도 뒤바뀌지도 않을 것입니다.

서둘러 제게로 와서 그를 위하여 운명을 빠르게 결정해 주십시오.

그리하면 그가 당신들의 강력한 적수를 맞으러 나갈 것입니다!"[234]

신들의 위계질서는 그림 16에 나타나 있는데, 여기에서 마르두크는 견디기 어려운 현재를 이상적 미래로 바꾸기 위해 고안된 최상위 인격(행동 양식)이다. 「에누마 엘리시」의 본질적인 메시지는 일상적인 상황에서는 어느 신이 다스려도 상관없지만 진정한 위기의 순간에는 모두 태양신('의식'의 화신)을 의지해야 한다는 것이다. 따라서 태양신은 늘 대권을 장악해야 한다. 대단히 천재적인 인물의 머릿속에서 나온 이 '가설'은 서양 역사에 한 획을 그었다.

전령 가가는 안샤르의 명령을 받들어 2세대 부계 신들에게로 가서 안샤르의 말을 전했고, 그들은 임박한 전쟁에 대비하기 위해 모였다.

그들은 안샤르에게로 와서 회의장을 채웠다.

서로 입을 맞추며 함께 회의장으로 들어왔다.

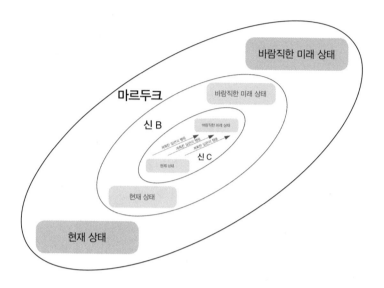

그림 16. 신들 세계의 위계질서

그들은 연회에 둘러앉아 이야기를 나누었다.

빵을 먹고 와인을 마셨다.

달콤한 술이 두려움을 몰아냈다.

독한 술이 들어가자 몸이 부풀었다.

모든 근심 걱정이 사라지고 마음에는 기쁨이 넘쳐흘렀다.

그들은 그들의 복수자 마르두크를 위하여 운명을 정했다.

마르두크를 위하여 위엄이 서린 왕좌를 세웠고,

그는 통치권을 받기 위해 아버지 신들을 향해 앉았다.

"당신은 위대한 신들 가운에 가장 위대합니다.

당신의 운명은 누구도 필적할 수 없으며, 당신의 명령은 아누의 명령과 같습니다.

마르두크, 당신은 위대한 신들 중에 가장 위대합니다.

당신의 운명은 누구도 필적할 수 없으며, 당신의 명령은 아누의 명령과 같습니다.

이날부터 당신의 명령은 뒤바뀌지 않을 것입니다.

높이고 낮추는 일이 당신의 손에 달렸습니다!

당신의 입에서 나온 말은 틀림없을 것이며, 당신의 명령은 말로 그치지 않을 것입니다.

신들 중 그 누구도 당신의 권한을 침해하지 않을 것입니다."[235]

신들은 그들 가운데 "밤하늘의 별들로 만들어진 천"[236]을 두었다. "태양이 뜨고 지면서 밤하늘이 사라졌다 나타나듯이"[237] 마르두크의 입에서 나온 명령에 따라 천이 사라졌다가 다시 나타났다. 마르두크는 확실히 밤의 용을 영원히 정복할 신들의 복수자였다. 이야기는 이렇게 이어진다.

그의 아버지 신들은 그의 말에 깃든 힘을 보고,

기쁨으로 경배하며 외쳤다. "마르두크가 왕이시다!"

그들은 그에게 홀과 보좌와 용포를 바쳤다.

또 적을 공격할 강력한 무기를 주며 말했다.

"가서 티아마트의 목숨을 끊으십시오.

부디 바람이 그녀의 피를 아득히 먼 곳으로 데려가길 빕니다."

마르두크의 운명을 정한 후,

아버지 신들은 그를 성공과 성취의 길로 이끌었다.[238]

마르두크는 활과 화살, 철퇴로 무장하고 자기 몸을 불타는 화염으로 채웠으며 티아마트를 사로잡을 그물을 만들었다. 그는 불과 무기의 장인이었다. 섬뜩한 미지의 세계를 편안하고 풍요로우며 익숙한 세계로 바꾸기 위해 꼭 필요한 기술을 갖추고 있었던 것이다. 그에게는 미지를 사로잡아 그 행동 반경을 제한하고 통제할 능력이 있었다. 마르두크는 바람과 폭풍을 일으켜 도구로 삼았는데, 이는 곧 자연의 힘을 이용하여 자연에 대항하는 조치였다. 몸에는 공포의 갑옷을 입고 머리에는 무시무시한 후광을 둘렀다. 이처럼 단단히 준비를 마친 그는 손에 독을 제거하는 풀을 들고 티아마트를 향해 돌진했다. 꼼꼼히 준비를 마치고 스스로 결정한 때에 재등장한 미지의 세계를 자발적으로 맞닥뜨린 것이다. 마르두크가 모습을 드러내자 킨구를 비롯한 괴물 군단은 공포에 휩싸였다(오랜 세월이 지나 그리스도가 사탄과 그 졸개들을 두려움에 빠뜨린 것과 같다). 마르두크는 티아마트 앞에 서서 그간 그녀가 저지른 잘못을 지적하면서 일대일로 대결하자고 도발한다.

> 티아마트는 이 말을 듣고
> 격분하여 이성을 잃었다.
> 티아마트는 분노하여 큰 소리를 내질렀고,
> 그녀의 두 다리는 깊은 곳에서부터 흔들렸다.
> 그녀는 계속 마법을 걸면서 주문을 외웠고,

전쟁의 신들은 무기를 갈았다.

티아마트와 가장 지혜로운 신 마르두크가 서로에게 달려들었다.

그들은 일대일로 결투를 벌이며 서로를 맹렬히 공격했다.[239]

마르두크는 '악한 바람'을 불어 티아마트의 배를 부풀렸다. 그녀가 그를 집어삼키려고 입을 열자, 그는 활을 쏘아 그녀의 내장을 꿰뚫고 심장을 갈랐다. 티아마트가 쓰러지자 시체를 땅에 던지고 그 위에 올라섰다. 자발적으로 미지의 세력에 맞서서 결정적인 승리를 거둔 것이다. 또 그물을 던져 킨구를 비롯한 졸개들을 포박하고 킨구에게서 운명의 서판을 빼앗았다. 그러고 나서 죽은 티아마트에게 되돌아갔다.

주가 쓰러진 티아마트의 몸을 짓밟고

철퇴로 두개골을 가차 없이 내리쳤다.

그가 그녀의 동맥을 자르자

북풍이 불어와 그것을 아득히 먼 곳으로 실어 보냈다.

…… 그는 그녀의 몸을 조개처럼 두 조각으로 갈라서

그 반을 들어 지붕과 같은 하늘을 만들고

빗장을 지르고 보초를 세웠다.

그리고 그녀의 물이 빠져나가지 못하게 지키도록 명했다.

그는 하늘을 가로지르며 여러 지역을 두루 살폈다.

그는 에아의 거처인 압수의 반대편에 자리를 잡았다.

주는 압수의 규모를 측량하고,

'위대한 거처'를 세우고, 그것을 에샤라(땅)라고 불렀다.[240]

그런 다음 마르두크는 연年을 정하고, 황도 십이궁을 정하고, 별과 행성과 달의 운행을 결정하여 하늘의 질서를 세웠다.[241] 마지막으로 그는 티아마트 무리의 수장이자 가장 죄질이 무거운 킨구를 희생시켜 인간을 창조하고 "신들이 안식할 수 있도록 신들을 섬기게 했다."[242] 그리고 자신의 편에 선 신들을 각자에게 걸맞은 하늘의 거처로 돌려보냈다. 신들은 감사의 표시로 그에게 선물을 바쳤다.

> 오 주여, 이제 당신이 우리를 부역으로부터 해방시키셨으니
>
> 무엇으로 당신께 우리의 감사를 표해야 합니까?
>
> 우리에게 '성소'라 불릴 곳을 짓게 하소서.
>
> 그곳은 우리가 밤에 휴식할 장소가 될 것입니다. 우리로 그 안에서
>
> 쉬게 하소서![243]

이 성소가 바빌론으로, 문명의 중심지이자 신화적으로 신성한 공간이며 영원히 마르두크에게 바쳐진 도시였다.

「에누마 엘리시」는 우리가 알지 못하는 만물의 근원(인생을 다스리는 '신들')과, 자발적으로 미지를 대면하여 확실한 경험 세계를 구축하는 주체(혹은 과정) 사이의 관계를 묘사한다. 티아마트는 만물을 낳은 존재이자 만물을 파괴하는 존재 그리고 창조의 한 축을 담당하는 남성적 원리인 압수의 배우자이자 세계를 창조하는 영웅 마르두크에 의해 갈가리 찢기는 존재이다. 마르두크는 본능의 마지막 '자손'으

로, 만물이 생성되는 미지의 세계가 갖는 창조력과 파괴력에 자발적으로 맞서는 영웅이다. 그는 미지의 세계를 갈가리 조각내고, 그 조각으로 예측 가능한 세계를 만들어 내는 전쟁의 신이자 서양 문화의 본보기이다.

이 이야기에는 복잡하고 정교한 인과관계가 담겨 있다. 이야기의 구성 요소들은 저마다 강조하는 측면이 다르지만 같은 과정을 다루고 있으며 내용상 모순이 없다. 일단 무언가가 존재해야만 거기서 인식 가능한 사물이 생성될 수 있다(그리고 그 존재는 인식의 주체만이 그려 낼 수 있다). 그 존재는 '만물을 낳고 집어삼키는 어머니'로 그려 볼 수 있다. 하지만 인간 경험에는 구체적이고 식별 가능하고 익숙한 요소가 실제로 존재한다. 왜냐하면 의식의 주체가 그런 요소를 발견하고 구축하고 탈바꿈시킬 수 있기 때문이다. 만물이 '탄생'하는 과정에서 '아들이자 영웅'이 하는 역할은 어머니의 역할만큼이나 중요하지만 이해하기는 다소 어렵다. 그럼에도 수메르인은 영웅의 역할을 이야기 형태로 표현했다. 이런 영웅 신화에서부터 기독교 교리인 로고스(창조의 말씀)까지, 로고스부터 '의식'이라는 현대적 개념까지는 그다지 많은 단계가 놓여 있지 않다.

마르두크와 티아마트에 대한 신화는 사물이 개인의 자발적 탐험의 결과로 존재하게 되는 방식을 보여 준다. 영웅은 예측 불가능한 세계(티아마트가 상징하는 미지의 영토)를 식별 가능한 요소로 가르고, 광활한 미지의 세계를 아우르는 확실한 의미망을 짜며, 혼돈을 질서로 뒤바꾼다. 이는 '남성성'의 핵심적인 특성이다. 만물을 아우르는 괴물을 죽이고 그 사체를 조각내어 우주를 건설한다는 이야기에는 분화되지 않은 미지의 세계에 맞서는 영웅적 행위와 그 결과 세계가 분화되고 질서가 구축되는 적응 과정이 상징적으로 표현되어 있다. 메소포타미아 황제는 신년 축제에서 마르두크의 모습을 재현하는데, 이 과정은 황제가 갖는 권력의 기반이었으며, '오늘날까지도 법적 권위를 뒷받침'한다. 메소포타미아 황제는 최고신 마르두크와의 동일시를 통해 권력을 부여받아 백성들 사이에서 사회적, 심리적 질서를 유지하는 역할을 담당했다. 더 나아가 마르두크가 메소포타미아 황제가 모방해야 할 본보기이듯 황제는 백성들이 모방해야 할 의례적 본보기가 되어야 했다. 또한 사회 안에서 사람과 사람 사이의 상호작용에 질서를 부여하는 것이 바로 국가라면(예나 지금이나 국가의 가장 중요한 기능이다), 황제는 곧 국가 자체가 되어야 했다. 결과적으로 바빌론은 '지상에 건설된 하느님의 나라', 다시 말해서 세속에 모방된 하늘나라였다. 황제는 진중하고 정의롭고 용감하고 창조적으로 행동하는 한 '마르두크의 화신'으로서 '세속에 구현된 하늘나라'를 다스릴 수 있었다. 엘리아데는 메소포타미아 왕권의 신성을 언급하면서 그 신성을 유지하기 위해 계획된 의례를 설명한다.

바빌론에서는 신년 축제의 넷째 날이면 신전에서 「에누마 엘리시」가 낭송되었다. 수메르어로는 '한 해의 시작'을 뜻하는 자그무크, 아카드어로는 아키투라 불리던 이 제전은(수메르인과 아카드인이 합쳐져 바빌론을 형성함.) 니산 월* 첫 열이틀 동안 열렸다. 제전은 몇몇 순서로 구

---

* 히브리 월력 첫 번째 달, 양력 3~4월경

성되었으며, 그중 가장 중요한 것들을 짚어 본다. (1)마르두크의 속박에 해당하는 왕의 속죄일, (2)마르두크의 해방, (3)전투 의식 후, 연회가 열리는 비트 아키투(신년제의 집)를 향해 왕이 이끄는 개선 행진, (4)여신의 화신이라고 여기던 신성한 창녀[신전의 노예, 창녀]와 왕의 히에로스 가모스[성스러운 결혼], (5)신들이 내리는 운명의 결정.[244]

인용문에 나온 몇 가지 용어의 뜻과 의례의 마지막 두 단계를 조금 더 상세히 살펴보자.

먼저 (4)에서 언급한 '히에로스 가모스'는 왕과 왕비 혹은 왕과 여신 간의 '신성한 결혼'을 의미한다. 이는 왕이 상징하는 탐험 과정과 신성한 창녀가 상징하는 미지의 긍정적 측면 사이의 결합을 극적으로 표상한다. 마르두크(왕)는 국정이 일상적이고 관례적으로 운영되는 동안에는 잠시 사라진다는 의미로 '입을 닫고' 지낸다(다음에 나올 오시리스에 관한 설명을 참고하라). 그동안 왕은 자유롭게 티아마트를 만나는데, 이 만남은 바로 성적 결합을 통해 이루어진다. 이런 성적 결합은 마르두크가 상징하는 탐험 과정과 티아마트가 상징하고 신성한 창녀로 현현하는 미지의 공존을 말하며, 이를 통해서 새로운 정보와 적응 양식이 생성된다. 이처럼 지식 생성 과정은 태곳적 우주 창조 과정과 동일시되며, 성적 결합으로 상징된다. 일단 혼돈과 질서가 서로 나뉘어 수립되면 혼돈의 신은 대개 양가적인 여성으로 그려진다. 혼돈의 신에게 여성성이 부여되는 까닭은 지식이 미지의 세계를 모체로 생성되기 때문이다. 티아마트의 예와 같이 혼돈의 신에게 부정적인 속성이 부여되는 까닭은 미지의 파괴적 속성 때문이며, 반대로 메소포타미아의 신성한 창녀, 이집트 오시리스 신화의 이시스, 기독교의 성모 마리아와 같이 긍정적인 속성이 부여되는 까닭은 미지의 창조적 속성 때문이다.

두 번째로 (5)와 관련해서 설명을 덧붙이자면, 마르두크의 화신인 메소포타미아 황제가 백성들의 '운명을 결정하는' 까닭은, 황제가 영웅(모방해야 할 의례적 본보기)인 동시에 절대 군주이기 때문이다. 따라서 황제는 현실 세계에서나 의례 속에서나 사회에서 가장 강력한 인물이자 모범으로 삼아야 할 행동상의 최상위 '전략'으로서 개개인의 운명을 결정했다. 여기서 황제 역시 창조적 본보기가 되어야 한다는 법적 구속 아래에 있다. 과거의 지혜를 구현한 '법전'만으로는 현재 발생하는 문제들을 전부 해결할 수 없기 때문이다. 이런 사상은 이집트에서 더 확실하게 발전했는데, 이에 대해서는 나중에 살펴볼 예정이다. 다시 엘리아데의 이야기를 들어 보자.

왕의 굴욕과 마르두크의 속박이라는 신화적이며 의례적인 시나리오의 첫 순서는 세상이 우주 창조 이전의 혼돈 상태로 퇴행하는 것을 나타낸다. 마르두크 신전에서 대제사장은 왕의 상징(홀, 반지, 검, 왕관)을 벗겨 내고 그의 얼굴을 때렸다. 그러면 왕은 무릎을 꿇고 다음과 같이 말하며 결백을 맹세했다. "이 땅의 위대한 주인이시여, 저는 죄가 없습니다. 당신의 신성을 받드는 일을 등한시하지 않았습니다." 대제사장은 마르두크의 이름으로 이렇게 대답했다. "두려워하지 말라……. 마르두크가 너의 기도를 들을 것이니. 그가 너의 왕국을 늘려 주리라."

이 기간 동안 사람들은 '산 속에 갇혀 있어야'(신의 '죽음'을 의미하는 제문) 하는 마르두크를 찾아 다녔다. ……이를 위해 마르두크도 "태양과 빛으로부터 멀리 떨어져 있어야" 했다.

세계가 '우주 창조 이전의 혼돈 상태로 퇴행'할 때는 언제나 영웅이 사라진다. 영웅은 결국 혼돈을 질서로 바꾸는 인물이기 때문이다. 혼돈이 우위를 점하고 있다는 말은 현재 영웅적 행위가 일어나지 않고 있다는 의미다. 그렇다면 위대한 어머니가 무시무시하게 재등장하고, 창조적이며 파괴적인 아내로 인해 세계를 보호하는 위대한 아버지가 죽고, 혼돈을 질서로 바꾸는 영웅이 사라지는 사건은 모두 같은 현상을 다른 방식으로 설명하는 것인지도 모른다. 바로 '경험을 구성하는 요소들 사이에서 힘의 균형이 치명적으로 깨진 현상'이다. 엘리아데는 계속해서 마르두크의 '재발견' 혹은 '재등장'에 관해 이야기한다.

……마침내 마르두크가 해방되고, 신들은 운명을 결정짓기 위해 모여들었다. (이 장면은 「에누마 엘리시」에서 마르두크가 최고신의 지위에 오른 것에 해당된다.) 왕은 행렬을 이끌고 도시 외곽[문명과 사회의 영토 바깥쪽]에 위치한 비트 아키투로 갔다. 이 행렬은 티아마트를 향해 진군하는 신들의 군대를 상징했다. 산혜립의 비문에 따르자면, 왕은 아슈르(마르두크를 대신하는 신)의 화신으로서 이 최초의 전투를 재연했을 것으로 추정된다. 비트 아키투에서 연회를 마치고 돌아오면, 히에로스 가모스가 치러졌다. 마지막은 그해 열두 달의 운명을 결정하는 것으로 끝이 났다. 그 결과 새로운 한 해가 의례적으로 창조되었다. 다시 말

해 갓 창조된 새로운 세계의 행운과 풍요와 부가 보장되었다…….

아키투에서 왕이 맡은 역할은 그다지 잘 알려져 있지 않다. 왕이 당한 '굴욕'은 세상이 혼돈의 상태로 돌아가고 마르두크가 산에 갇혀 있는 것에 해당한다. 왕은 티아마트와 맞선 전투와 신성한 창녀와의 히에로스 가모스에서 신의 화신이 된다. 그러나 항상 신과 동일한 존재로 표현되는 것은 아니다. 앞서 보았듯, 왕의 굴욕 장면에서 그는 마르두크에게 호소한다. 그럼에도 메소포타미아의 왕이 신성화되었다는 증거는 무수히 많다.

……비록 왕은 지상에서 태어났음을 인정했지만, 그는 여전히 '신의 아들'로 여겨졌다. ……이러한 이중적인 혈통으로 인해, 그는 더할 나위 없이 신과 인간 사이의 중재자가 될 수 있었다. 왕은 신들 앞에서 자신의 백성을 대표했고, 백성의 죄를 대신 속죄하는 사람도 그였다. 때로는 백성들이 저지른 악행 때문에 목숨을 내놓아야 했다. 이러한 이유로 아시리아인은 '왕의 대리인'을 두기도 했다. 몇몇 문헌에는 생명의 나무가 자라고 생명의 물이 흐르는 전설의 정원에서 왕이 신들과 화목하게 잘 지냈다고 표현되어 있다. 왕은 신이 지상의 정의와 평화를 확립하기 위해 세운 신의 '사자'이자, '백성의 목자'였다.

…… 왕은 신과 같은 양상을 지녔지만, 신이 된 것은 아니라고 말할 수 있을 것이다. 그러나 왕은 신을 상징했고, 이는 또한 고대의 문화에서 어느 정도는, 그가 상징하는 존재 그 자체였음을 의미한다. 어찌 되었든, 메소포타미아 왕은 자신의 위치에서, 인간의 세계와 신들의 세계 사이의 중재자로서, 존재의 두 양상인 신과 인간의 의례적인 결합을 이루었다. 적어도 은유적으로는, 왕이 생명과 풍요의 창조자로 여겨졌던

것은 이러한 이중성 덕분이었다.[245]

마르두크는 남틸라쿠 신으로 등장할 때는 "회복의 신"[246]이 된다. 그는 모든 "몰락한 신들을 스스로 창조한 것처럼 되살리며, 신성한 주문으로 죽은 신들의 생명을 되살리는 주lord이다."[247] 이런 생각은 앞으로 설명할 고대 이집트 신학에도 등장한다. 마르두크는 "우리 앞길을 밝혀 주는 빛나는 신"[248] 남슈브로 등장해 다시 태양과 동일시되며, "초록빛 허브를 싹 틔우는"[249] 부활의 신 아사루로 나타나기도 한다. 마르두크는 풍요[250]와 자비[251]와 정의[252]와 가족애[253]를 부르는 존재이며, 재미있게도 '티아마트와의 전투'에서 '기발한 물건을 만들어 내는 능력'[254]을 표상하기도 한다. 메소포타미아인은 마르두크를 쉰 가지의 다른 이름으로 불렀다. 각 이름은 저마다 가치 있는 속성을 상징했으며, 이 속성들은 한때는 개별 신들로 여겨졌을 것이나, 이제는 전부 마르두크의 뜻에 따라 나타나기도 하고 사라지기도 했다. 이와 같이 마르두크에게 쉰 가지 이름이 부여되었다는 사실은 「에누마 엘리시」라는 신화가 유일신 사상으로 발전하듯(모든 신들이 자발적으로 마르두크의 통치 아래 들어갔다.) 메소포타미아 사회도 개인적으로나 역사적으로 유일신 사상을 향해 나아갔다는 것을 의미한다. 메소포타미아인은 신의 이름으로 표상하여 숭배했던 생명 유지를 위한 모든 과정들이 결국 마르두크가 상징하는 탐험 과정의 부수적 특성이라는 사실을 (적어도 의례와 심상 차원에서는) '알고 있었다'고 볼 수 있다.

이와 유사한 의례와 사상이 고대 이집트 사회에도 존재했다. 기원전 2700년경 초기 이집트의 창조 신화에 따르면, 프타 신은 아툼의 모습(만물을 에워싼 뱀)으로 나타나서 '영(심장)'과 '말(혀)'[255]로 세상을 창조했다.

여기서 프타는 가장 위대한 신으로 명시되고, 아툼은 최초의 부부 신을 창조한 존재로만 여겨질 뿐이다. '신들을 존재하게 만든 창조자'는 프타이다.

······ 요컨대, 한 신의 생각과 말에 깃든 창조력이 다른 모든 신들과 우주를 창조한 것이다. 이 점에서 확실히 이집트의 형이상학적 사상이 최고 수준에 달했음을 알 수 있다. 존 윌슨이 말했듯[256], 바로 이집트 역사의 기원에서 기독교의 로고스(하나님의 말씀) 신학과 견주어도 손색이 없을 교리를 마주할 수 있는 것이다.[257]

이집트인은 사물이 존재하기 위해서는 미지의 모체만큼이나 의식과 언어가 중요한 역할을 한다는 사실을 알았다. 이는 또한 기독교의 핵심 교리이지만, 현 시대의 세계관 속에 충분히 스며들어 있지는 않다(현대인들이 사물을 단순히 '물질'로 받아들인다는 사실이 이를 입증한다). 이집트인은 프타가 최초의(천상의) 왕이라고 생각했다. 메소포타미아 신화의 마르두크와 마찬가지로 이집트 신화의 프타는 지상의 후계자인 파라오에게 자기 권력을 이양한다(이집트인은 파라오가 '실제로' 프타의 아들이며 신이라고 생각했다). 이집트인은 이 창조력을 "혼돈의 자리에 대신"[258] 질서를 세우는 능력이라고 해석했다. 엘리아데는 이렇게 말한다.

아케나톤의 '이단' 이후 질서를 회복한 투탕카멘이나 페피 2세에 관해서도 이와 같은 문구가 쓰인다. "그는 무질서한 거짓의 공간에 마트maat를 정립했다." 마찬가지로 '빛나다'라는 동사 카이khay는 창조의 순간이나 매일 새벽 나타나는 태양을 묘사할 때, 대관식이나 축제, 궁중 회의에 등장하는 파라오를 표현할 때 동일하게 사용된다.

파라오는 마트의 화신이다. 마트는 '진리'라고 번역되지만, 일반적으로는 '훌륭한 질서'와 그에 따른 '올바름'과 '정의'를 의미한다. 마트는 태고의 창조에 속한 것이며 따라서 거기에는 황금시대의 완벽성이 깃들어 있다. 마트는 바로 우주와 생명의 근간이 되기 때문에 사람은 저마다 자기 내면에서 마트를 느낄 수 있다. 기원과 시대를 달리하는 다양한 문헌에 다음과 같은 말들이 담겨 있다. "네 마음이 마트를 알게 하라." "내 그대 마음속의 마트를 깨닫게 하여, 그대 자신에게 옳은 일을 하게 하리라." 또는 "나는 마트를 사랑하고 죄를 미워하는 사람이었소. (죄가) 신에게 혐오스럽고도 혐오스러운 일이라는 사실을 알았기 때문이라오."라는 말도 있다. 그리고 실제로 꼭 필요한 지식을 베푸는 자는 신이다. 왕은 '진리(마트)를 알고 신에게 가르침을 받는 자'로 정의된다. 어떤 저자는 라에게 기도를 올린다. "제 마음에도 마트를 주소서."

파라오는 마트의 화신으로서 모든 백성의 귀감이 된다. 고관 레크미레는 "그는 자신의 행동을 통하여 우리에게 사는 법을 알려 주는 신이다."라고 표현한다. 파라오는 우주와 국가의 영속, 그에 따른 삶의 지속을 책임진다. 그리고 실로 매일 아침, 태양신 라가 뱀 아포피스를 죽이지는 못하나마 '격퇴'하면서 우주 창조 신화가 반복된다. 혼돈(암흑의 근원)은 허상의 성격을 떠므로 파괴할 수 없다. 파라오의 위정 행위는 라의 위업을 되풀이하는 것이다. 파라오 또한 아포피스를 '격퇴'한다. 즉 그는 세상이 혼돈의 상태로 퇴행하지 않도록 조처한다. 국경 지대에 나타난 적들은 아포피스[태곳적 혼돈의 신]와 동일시되어 파라오의 승리는 곧 라의 승리를 재현하는 것이 된다.[259]

이와 같은 왕권과 창조와 쇄신에 관한 사상은 이집트 신화의 토대를 이루는 또 다른 신화인 오시리스 신화에서 약간 변형되고 발전된 형태로 나타난다.

오시리스와 그 아들 호루스에 관한 신화는 메소포타미아의 창조 신화나 태양신 라 신화보다 훨씬 더 복잡하며, 경험 세계의 구성 요소들 간의 상호작용을 압축해 묘사한다. 오시리스는 전설적인 태곳적 왕으로 이집트를 지혜롭고 공정하게 다스린다. 그러나 오시리스가 이해하지 못한[260] 사악한 동생 세트가 오시리스에 대항하여 일어난다. 이 갈등은 '질서(천상)의 영역'에서 일어난 '전쟁'이다. 세트는 오시리스를 죽이고 시신을 지하 세계에 가지고 내려가서는 누구도 발견하지 못하게 훼손한다. 오시리스는 뜻하지 않게 지하 세계로 끌려가 해체당하고 혼돈의 지하 세계에 '반사半死' 상태로 존재하게 된다.

오시리스의 죽음에는 두 가지 중요한 의미가 있다. (1)고착된 통치 사상이나 가치 체계, 그리고 이야기는 그것이 만들어진 당시에 아무리 위대하고 시의적절했더라도 시간이 흐름에 따라 점차 현실을 제대로 반영하지 못한다. 그리고 (2)불멸하는 사악한 신의 존재를 잊거나 인정하지 않으면 점차 위험이 커진다. 왕과 형제 사이지만 정반대의 성격을 지닌 세트는 미지를 맞닥뜨리는 창조적 탐험 과정에 영원히 대항하는 '적대자'이며, 신성한 질서를 세우는 적응 양식과 정반대의 양식을 따르는 신화 속 '쌍둥이 형제'이다. 이 적대자가 왕위를 찬탈하고 지배권을 쥐면 '정당한 왕'과 그 왕이 다스리던 왕국은 파멸의 길로 접어들게 된다. 종종 세트와 같은 인물은 신화 속에서 한때 위대했던 왕의 타락한 조언자나 오른팔로 등장한다. 이들은 근본적으로 인간을 경멸하며, 현 권력과 질서가 역효과를 낳을 때조차 권력의 사다리에서 자기 지위를 지키거나 높이는 일에만 전념한다. 이들의 행위는 필연적으로 사회의 부패를 가속화한다. 오시리스는 위대한 왕이었지만 지나치게 순진했다. '불멸하는' 악의 존재를 꿰뚫어 보지 못한 것이다. 이런 맹목과 부주의로 인해 오시리스는 때 이른 죽음을 맞는다.

오시리스에게는 '질서의 왕'에게 걸맞은 아내가 있었다. 오시리스의 아내 이시스는 미지의 긍정적 특성을 표상한다(메소포타미아의 신년 의례에서 신성한 창녀가 담당하는 것과 같은 역할을 맡는다). 이시스에게는 왕비의 지위에 걸맞는 위대한 마법의 힘이 있었다. 그녀는 갈가리 찢긴 오시리스의 시신을 모으고 해체된 남근을 이용해서 임신한다. 이 대목에는 심오한 의미가 담겨 있다. 질서의 영역(국가)이 해체되고 혼돈으로 떨어진 덕분에 오히려 더 비옥해지고 '새 생명을 품게' 된다는 것이다. 혼돈에는 엄청난 가능성이 도사리고 있다. 위대한 조직이 해체되고 갈가리 찢길 때, 그 조각들은 무언가 새로운 것을 만들고 일으키는 재료로 유용하게 활용될 수 있다. 이것은 어쩌면 기존의 것보다 더 중요하고 위대한 것이 될 수도 있다. 이시스는 결국 아

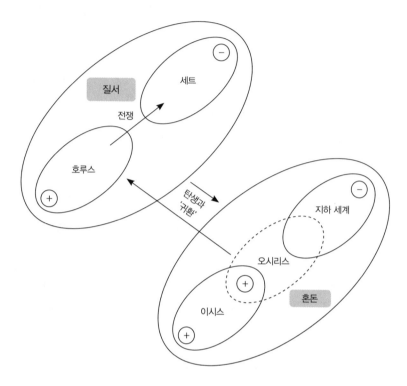

그림 17. 질서와 혼돈의 신성한 아들, 호루스의 탄생과 귀환

들 호루스를 낳고, 호루스는 사악한 삼촌에 대항하여 싸우고 왕국을 되찾는다.

호루스는 세트와 힘겨운 전투를 치르다 한쪽 눈을 잃는다(악의 세력은 물리치기 어려운 법이다). 하지만 마침내 승리를 거두고 잃었던 눈을 되찾는다. 이야기는 이렇듯 온전해진 호루스가 악의 세력을 물리치고 정정당당하게 왕위에 오르는 장면에서 끝나더라도 충분히 완결성이 있다. 하지만 이야기는 여기서 끝나지 않는다. 호루스는 뜻밖에도 자진해서 지하 세계로 내려가 아버지를 되찾는다. 마르두크가 티아마트라는 '지하 세계'를 자발적으로 찾아가는 모습을 연상시키는 호루스의 행적은 이집트 신학의 기발한 면모를 드러낸다.

호루스는 마비 상태에 빠져 의식이 없는 아버지를 발견하고 되찾은 눈을 주어 아버지가 다시 앞을 '볼 수 있게' 한다. 둘은 함께 승전보를 올리며 돌아와서 다시금 생명력이 넘치는 왕국을 수립한다. '두 부자'가 다스리는 왕국은 아버지나 아들이 홀로 다스리는 왕국보다 더 진일보한 것이다. 왜냐하면 어렵게 얻은 과거(죽은 자)의 지혜와 현재(산 자)의 적응력이 한데 어우러졌기 때문이다. 질서의 영역은 이처럼 재수립되고 개선되었다.

호루스 신화에서 삼촌의 배반과, 아버지의 노쇠와 죽음은 아들이 악한 세력을 (잠정적으로) 물리치면서 극복된다. 메소포타미아의 최고신 마르두크는 비교적 단순한 영웅이다. 그는 미지의 세계를 조각하여 익숙한 세계를 만들었다. 호루스는 마르두크만큼이나 용맹하지만 그보다 더 완전하고 정교한 인물이다. 그는 스스로 왕좌에 오르는 데 만족하지 않았고 아버지 없이는 자신이 불완전하다고 느꼈다. 그래서 자발적으로 지하 세계로 떠나 와해되어 갇혀 있던 전통의 힘을 해방시키고 자신의 일부로 받아들인다. 이런 행동 양식은 마르두크나 이집트의 태양신 라가 표상하는 행동 양식보다 한층 정교한 것이다.

마르두크는 혼돈에서 질서를 창조한다. 이 능력은 이론상 메소포타미아의 황제에 의해 재현되며 지상의 황제의 권력에 정당성을 부여한다. 이 같은 사상은 이집트에서 훨씬 더 정교해진다. 오시리스는 한때는 위대했지만 시대에 뒤쳐져서 위태로워진 고루한 국가를 의미한다. 호루스는 오시리스의 아들이자, 미지의 긍정적 측면을 상징하는 이시스의 아들이다. 이 말인즉 그가 전통의 정수를 담고 있으면서도 '새로운 정보'가 유입된 활기찬 존재라는 것이다. 호루스는 아버지를 쇄신한 인격으로, 지금 당면한 문제, 즉 삼촌 세트가 표상하는 악의 세력에 대항할 능력을 갖추고 있다. 호루스는 삼촌을 무찌르고 승리를 거두었지만 여전히 불완전하다. 호루스의 젊은 영혼은 과거의 지혜를 갖추지 못했기 때문이다. 그래서 아버지가 '생기 없이' 잠들어 있는, 다시 말해서 이해되거나 행동으로 옮겨지지 못한 채 버려져 있는 미지의 세계로 여행을 떠난다. 아버지와 연합한 호루스는 젊은이의 생명력과 전통의 지혜가 결합된 의식으로서 이상적인 통치자가 된다.

이집트 왕은 '사후'에 오시리스와 동일시된다(같은 범주에 속했다). 다시 말해 '국가를 창건한 영혼(창조신의 원형)', 즉 용맹한 행위로 우주 창조에 기여한 전설상의 조상과 동일시된 것이다. 반면 선조들의 전통을 상황에 맞게 쇄신하고 거기에 권력의 기반을 둔 현 통치자는 호루스나 태양신 라와 동일시되었다. 따라서 통치자 파라오는 태양신 라와 같이 혼돈에서 질서를 만들어 내는 힘이자, 질서가 무비판적 권위주의로 지나치게 경직되고 눈 먼 전통으로 변질될 때 질서를 쇄신하는 힘이며, 더 나아가 활기를 되찾은 오시리스(죽은 파라오), 즉 전통이 다시 눈을 뜬 것이기도 했다. 훌륭한 지도자에 대한 놀랍도록 수준 높은 사상이다. 또한 이집트인들이 오시리스-호루스를 점차 파라오만의 본보기가 아닌 '모든 이집트 백성'의 본보기로 간주했다는 사실은 역사적으로 흥미로울 뿐 아니라 현대 사회와도 관련이 깊다. 엘리아데는 후기 이집트의 장례 관행을 다음과 같이 설명했다.

예전에 파라오를 위해 세운 피라미드의 숨겨진 묘실 벽면에 새겨지던 글귀는 이제 귀족들과, 심지어는 최하층민의 관에도 새겨졌다. 오시리스가 죽음을 이기고자 하는 모든 이의 본보기가 된 것이다. 한 관구문Coffin Text에는 "그대의 심장(영혼)이 그대와 함께하는 한, 그대는 왕의 아들이요, 왕자이다."라고 선포되어 있다. 오시리스의 전례를 따라, 그리고 그의 도움으로, 망자는 '영혼'으로, 즉 더할 나위 없이 완전해져 파괴할 수 없는 영적 존재로 변할 수 있다. 살해되고, 주검까지 훼손되었던 오시리스는 이시스로 인해 복원되고, 호루스에 의해 부활했다. 이렇게 그는 새로운 형태의 존재로 나타났다. 무력한 망령에서 '지혜'를 얻은 '사람', 정식으로 입문을 거친 영적 존재가 된 것이다.[261]

이 같은 발전은 종교적 사상이 점차 심리학적으로 해석되고 추상화되고 내면화된 결과로 볼 수 있다. 초기 표상 단계에서 신들은 천상계(초인간적이며 불멸하는 공동체)를 구성하는 여러 신 중 하나로서 개별적이고 성마른 존재로 그려진다. 이후 문화가 통합되고 도덕적 덕목의 상대적 가치가 확실해질수록 이 신들은 하나의 체계 안에 통합되고, 여러 덕목을 지닌 유일신이 세계를 다스리게 된다. 일신교의 발전은 인간 심리와 사회, 문화 속에서 도덕이 통합되는 과정과 궤를 같이한다. 사회 구성원들이 일신교 안에서 하나로 통합된 양식을 더 깊이 받아들일수록 각각의 신에게 외부적으로 부여됐던 속성들은 점차 희미해진다. 더 정확히 표현하자면, 과거에 신들의 속성으로 생각되었던 것을 현대인이 심리적 특성이라고 여기는 인간의 개별적 특성으로 인식하게 되는 것이다. 적어도 직관이 발달한 사람들에게는 신의 주관적 측면(심리적 특성)이 명확히 드러나고, 자신이 신과 '개인적 관계'를 맺을 수 있다는 생각이 부상하게 된다. 이 과정은 메소포타미아와 이집트에서 관념적으로 시작되고 고대 이스라엘에서 결실을 맺어 오랜 세월 강력한 영향력을 행사했다. 이 같은 종교관의 발전은 모든 인간에게 '신의 아들'의 지위를 부여한 기독교 혁명의 출발점이며 사람은 누구나 '인권'을 타고난다는 현대적 사상과 동일 선상에 있다고 볼 수 있다.

이집트의 파라오는 메소포타미아의 황제와 마찬가지로 혼돈으로부터 질서를 구별하는 과정을 구현하는 동시에 국가 그 자체였다. 또한 '아버지'를 되살려 내는 존재이기도 했다. 따라서 이상적인 파라오와 황제는 국가를 일으켜 세운 탐험 과정이자 국가 그 자체이며, 동시에 지나치게 전통을 고수해 경직될 위험에 처한 국가를 쇄신하여 새로운 활기를 불어넣는 탐험 과정이기도 했다. 이처럼 매우 복잡하고 정교하게 형성된 사상은 심리학적 요소가 가미되어 그 깊이와 너비를 더하게 된다.

국가는 단순히 문화적 존재를 넘어서는 '정신적' 존재이기도 하다. 관습과 전통은 개개인에게 스며들어 그 정신 체계의 일부가 된다. 따라서 국가는 사회 조직인 동시에 하나의 성격이며, 사회 질서와 성격이 협력하여 혼돈의 공포가 밀려오지 않도록 저지하고 혼돈으로부터 긍정적이고 유용한 정보를 끌어낸다. 다시 말해서 사회적 세계를 수립하고 실현하고 쇄신하는 영웅(왕)은 곧 정신세계(성격)를 형성하고 실현하고 쇄신하는 힘이며, 이 둘은 하나로 묶여 있어서 둘 중 하나를 쇄신하면 다른 하나가 저절로 쇄신된다. 영웅은 스스로를 쇄신하여 사회의 본보기가 됨으로써 사회를 쇄신한다.

이러한 '국가의 성격'은 처음에는 관찰하고 모방해야 할 모범적 인간의 전형인 영웅이었고(행동 양식으로 표상), 그 후 모범적 인간의 전형에 관한 이야기가 되었다가(심상으로 표상), 오랜 시간이 흐른 뒤에야 시민의 책임과 권리를 명확히 밝히는 추상적 규칙으로 만들어졌다(언어 및 법체계로 표상). 이 과정에서 국가의 성격은 사회적 상호작용에 안정성을 부여하는 규칙과 해석의 틀이 되었다. 이렇게 수립된 규칙과 해석 틀은 인간의 경험에 확실한 의미를 부여하며 모든 사회적 상황, 즉 대인관계에서 맞닥뜨리는 모든 상황에 예측 가능성을 부여한다. 각 개인의 정신세계에서도 이와 똑같은 일이 일어난다. 개인은 영웅이 다스리는 '국가의 성격'을 통합하여 자기 안에 존재하는 공동체의 필요와 욕구, 정신적 혼돈에 질서를 부여한다.

메소포타미아 문화에서 영웅이자 신인 마르두크는 경험 세계를 창조하는 탐험 능력을 표상한다. 이 능력은 이집트의 신 호루스-오시리스에게서 더욱 확장되어 미지의 영역으로부터 경험 세계를 구축할 뿐 아니라 필요에 따라 기지의 영역을 이루는 적응 양식을 혁신한다.

때로 적응은 그저 목표에 이르기 위한 수단을 바꾸는 과정을 의미하기도 한다. 하지만 드물긴 해도 '우리가 알고 있는 지식'(견디기 어려운 현재, 바람직한 미래, 바람직한 미래상을 현실화하기 위한 수단)이 시대에 뒤떨어져 생존을 위협하면, 적응은 지식 전체를 재구축하는 과정이 된다. 유대교와 기독교 전통에서는 이러한 적응 과정이 모두 합쳐져서 신성한 하나님의 말씀(기독교 문화의 영웅인 그리스도)으로 나타난다. 하나님의 말씀은 태고의 혼란으로부터 주체와 객체를 창조한 능력이며(따라서 주체나 객체에 '앞선다.') 끊임없는 죽음의 위협 속에서 나약한 인간의 생존을 보장하는 전통을 구축한 능력이자 세월이 흘러 전통이 타당성을 잃고 도리어 인간을 억압할 때 전통을 혁신하는 능력이다.

수메르 신화와 이집트 신화는 이처럼 복잡한 사상을 의례와 연극, 심상의 형태로 그려 낸다. 이처럼 이야기 형태를 취하는 방법은 사상을 신비화하려는 전략이 아니라 사상이 분명하게 이해될 만큼 발전하기 전에 등장한 방편이었다. 인류는 어렴풋하지만 온전한 경험 세계를 분명히 파악하기 훨씬 이전부터 그 모형을 만들어 사용했다.

지금까지 우리는 수메르와 이집트의 신학, 신학과 정치 행위 사이의 관계를 간단히 분석하면서 가장 중요한 현대 사상들의 발전 과정과 그 사상에 깃든 의미를 밝혔다. 이처럼 두세 가지 구체적인 예를 살펴보는 과정에서 얻은 이해는 일반적인 논의를 통해 확장할 수 있다. 따라서 이제는 이야기 전체를 분석하는 대신 경험 세계를 구성하는 요소로서 신화 속에 등장하는 각 인격체의 특성과 인격체 간의 관계를 상세히 살펴보려 한다. 사물의 본질과 의미로 구성되는 총체적 경험 세계는 이미 살펴서 익숙한 영역과 아직 접하지 못해서 예상할 수 없는 영역 그리고 이 둘 사이를 매개하는 과정으로 이루어진다. 여기에 덧붙여 마지막으로 고려해야 할 요소는 만물이 이 세

가지 구성 요소로 나뉘기 전의 존재 상태이다. 이 상태는 주체와 객체를 포함한 만물의 근원이자 최종 목적지이다. 즉 온전한 신화적 '경험 세계'인 것이다. 우리는 먼저 분화되지 않은 원초적 혼돈 상태의 표상들이 지닌 다양한 특성들을 살펴보고 그 후에 혼돈의 '자식'인 아버지 신과 어머니 신(자연과 문화) 그리고 신성한 아들(자식이자 태고의 창조주이자 영원한 적대자)에 대하여 상세히 알아볼 것이다.

태곳적 혼돈의 용

만물의 근원은 무한하다. 만물은 그곳으로부터 나와서

반드시 그곳으로 되돌아간다. 만물이 시간의 질서에 따라

각자가 범한 부정에 대하여 서로 속죄하고 배상하기 때문이다.[262]

모든 경험에 앞서 존재했기 때문에 한 번도 살펴본 적이 없는 것의 특성을 추측하는 일은 무익해 보인다. 이러한 노력이 쓸모 있든 없든 인류는 인간과 세계가 창조된 신비를 이해하기 위해 오랜 시간 노력해 왔다. 만물이 존재하기 전에 존재했던 것이 무엇인지 밝혀내기란 불가능해 보인다. 신화는 메타포를 도구로 이 불가능한 일을 시도했다. 메타포를 활용한 신화적 설명이 효과적이었던 이유는 우리가 알지 못하거나 부분적으로 알고 있는 사물과 철저히 조사되고 이해된 익숙한 사물이 중요한 특성을 공유하기 때문이다. 형태나 기능이 유사하거나 혹은 같은 정서나 동기를 불러일으키는 사물들은 신화 속에서 같은 공간(범주)에 속한다. 예를 들어 맨드레이크라는 약초의 뿌리는 그 '형태'가 사람과 비슷하기 때문에 인간적 특성을 상징

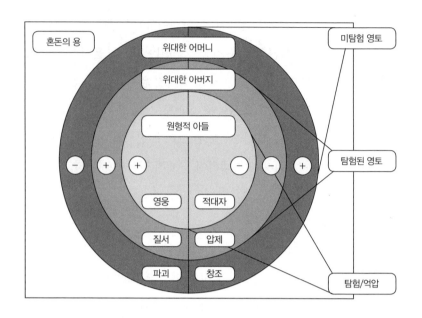

그림 18. 성격, 영토, 과정으로서 경험의 구성 요소

한다. 화성은 붉은 빛깔 때문에 피를 연상시키는 호전적인 행성으로 받아들여져서 공격성과 밀접하게 연합되었다. 수은(과 수은에 깃든 '영혼')과 바닷물은 둘 다 용제나 변형 물질로 사용된다는 측면에서 유사하다. 숲에 드리운 어둠과 숲 속에 사는 동물은 둘 다 생소하고 두려움을 불러일으켜 행동을 멈추게 한다는 점이 동일하다. 메타포는 사물이 공유하는 현상학적, 정서적, 동기적, 기능적 특성에 중점을 두고 사물과 사물을 연결한다. 그러고 나면 예전에는 수수께끼로 남아 있던 사물이 비로소 이해되기 시작한다.

인간과 세계의 기원을 그리는 신화는 경험에 앞선 존재에 깃든 무한한 가능성의 본질을 비유적으로 표현한다. 이런 일반적인 상징은 여러 구체적인 형태로 나타나는데, 그 각각의 형태는 표상할 수 없는 전체(총체)를 표상하기 위한 부분적 시도이다. 상징은 구체적이고 실체가 있는 것에서부터 일반적이고 추상적인 것에 이르기까지 다양하며, 각각이 생성된 시기의 환경적, 문화적 조건의 영향을 받는다. 비유적 표상은 직접 탐색하고 경험하고 이해할 수 있는 대상과 영원히 미지로 남는 대상 사이에 다리를 놓는다.

태곳적 혼돈을 표현한 신화적 상징들은 상상 속에 그려진 심상으로 하나의 역설적인 총체를 표상한다. 이 표상은 하나의 '상태'를 나타내는데, 이는 자기 충족적이고 균일하고 완전하며 이제는 별개로 존재하는 모든 것들이 결합되어 있던 상태이고, 존재와 비존재, 처음과 끝, 물질과 에너지, 영혼과 육체, 의식과 무의식, 남성성과 여성성, 밤과 낮이 뒤섞여 별개의 경험 요소로 구분되기 이전의 상태이다. 부족한 것 하나 없이 완벽하게 완성된 이런 '낙원 같은' 상태는 불완전하고 불충분하며 견디기 어려운 속세와 대비된다. 혼돈은 밤이 낮을 에워싸듯이 세계를 완전히 에워싼다. 혼돈은 만물의 시초이자 근원인 동시에 만물이 휴식할 곳이자 되돌아갈 최종 목적지이다. 윌리엄 제임스는 시를 통해 혼돈이라는 '장소'를 개념화했다.

어떤 장황한 말로도 설명할 수 없어, 장황한 말은 다른 것이니까.

앞뒤가 맞든 안 맞든 똑같아.

그건 사라져 가! 그리고 무한해! 그리고 무한하다고!

……그 차이가, 그 공통점이 보이지 않나?

반대의 것들이 끊임없이 하나가 돼!

나는 당신에게 쓰라고 말하다가 이내 쓰지 말라고 말하네!

극단, 극단, 극단!

……그것 그리고 그것이 아닌 다른 것

취기 그리고 취기가 아닌 다른 것

개선을 위한 모든 시도, 다름을 위한 모든 시도

그것은

우리가 움직일 때마다 영영 사라져 가네.[263]

'만물이 총체'로 존재하는 이 상태는 인식의 주체가 없는 객관적 세계로 설명할 수도 있겠지만, 이 설명은 태곳적 혼돈에는 혼돈이 분화된 이후 인식의 주체로 발전하는 대상이 포함된다는 측면에서 지나치게 편협하다. 일반적으로 이 관점은 '사물'이 인식의 주체와 상관없이 존재한다는 생각에 근거한다. 어떻게 보면 이 말에도 일리가 있다. 사물은 인간의 주관적 의지와 관계없는 특성을 지니고 있으며, 인간의 바람과 상관없이 그 자체의 존재 및 발달 법칙을 따른다. 하지만 인식 주체가 없는 상황에서 사물의 정체를 파악하기란 생각보다 어렵다. 앞서 살펴본 바와 같이 준거 틀이 변하면 대상의 '가치'도 변한다. 더 나아가 대상이 '그 자체로 무엇인가' 하는 문제 역시 달라진다. 모든 사물, 예를 들어 탁자는 매우 제한된 방식으로 해석됐기 때문에 '탁자'로 존재한다. 이는 관찰자의 특성에 따라 구체화된 것으로, 특정한 분석 차원에서만 탁자이다. 그렇다면 관찰자가 없을 때 우리가 이해하고자 하는 대상의 정체는 과연 무엇인가? 적절한 분석 차원은 아원자 차원인가 원자 차원인가 아니면 분자 차원인가, 그도 아니면 이 세 가지 차원 모두인가? 탁자를 그것이 놓여 있는 지구나, 지구를 포함하는 태양계 혹은 은하계와 구별되지 않는 요소로 간주해야 할 것인가? 시간의 관점에서도 이와 같은 문제가 발생한다. 지금 탁자인 것은 이전에는 나무였고, 그 이전에는 흙, 그 이전에는 바위, 그 이전에는 별이었다. 또 지금 탁자인 것은 '앞으로도' 과거와 마찬가지로 길고 복잡한 발전의 역사를 거칠 것이다. 탁자는 어쩌면 재가 되었다가, 흙이 되었다가, 아주 먼 미래에 태양이 지구를 집어삼키면 태양의 일부가 될 수도 있다. 탁자는 우리가 의식하는 아주 좁은 범위의 시공간 속에서만 탁자로 '존재'한다. 그렇다면 인간의 관점이라는 제약을 벗어난 객관적 사물로서의 탁자는 과연 정체가 무엇일까? 모든 시공간적 분석 차원에서 동시에 개념화할 때 탁자는 무엇이라고 봐야 할까? 사물의 '존재'는 그 사물이 중력이나 전자기파로 영향을 주고받는 모든 것들과의 상호작용을 포함할까? 또 과거와 현재와 미래에 그것이 무엇이었고, 무엇이고, 무엇이 될지를 동시에 다 포함하는 것일까? 그렇다면 그 한계는 어디에 있는가? 그것을 다른 사물과 어떻게 구별할 수 있을까? 구별할 수 없다면 도대체 어떻게 존재할 수 있을까?

'준거 틀이 없는 상태에서 과연 사물은 무엇일까?'라는 질문에 대한 답은 바로 '그것은 동시에 떠올릴 수 있는 모든 것이며, 현재 구별 가능한 모든 대립자들의 연합'이라는 것이다(그러므로 그것은 아무것도 아닌 것과 쉽게 구분되지 않는다).

나는 여기서 '사물'이라는 것이 이 세상에 존재하지 않는다고 주장하려는 게 아니다. 이는 명백하게 터무니없는 주장일 것이다. 더불어 사물이 제 나름의 규칙을 따른다는 점 역시 확실한 사실이다. 우리가 경험하는 세계는 질서가 있고 합리적으로 이해할 수 있는 장소이다. 여기서 내가 주장하려는 바는 '객관적' 사물이 실제로는 인간의 제한된 의식을 구성하는 요소와 인식의 주체 없이 세계를 이루는 무한한 '배경'을 구성하는 요소가 상호작용한 결과라는 점이다. 이것이 바로 신화가 견지하는 입장이다. 특히 세계의 기원을 그리는 신화가 그러하다.

최초의 기원에 대해 이야기하는 고대 신화는 현대적 관점에서의 대상이 아니라 '주체'와 '주체가 겪는 경험'(그 일부는 대상으로 간주할 수 있다)의 근원을 중점적으로 그린다. 이런 신화들은 대개 경험 세계의 기원이 태고의 신과 맞닿아 있으며, 이 태고의 신이 그 '아들'에 의해 세계의 부모로 나뉘면서 세계가 창조되었다고 설명한다. 자웅동체이자 만물을 아우르고, 스스로를 집어삼키며 스스로를 기르는 혼돈의 뱀이 하늘과 땅, 정신과 물질로 나뉘고 뒤이어 이 '태고의 대립자들'이 각각 인식할 수 있는 존재의 특성들로 나뉘었다는 것이다. 그 대표적 사례가 인도-유럽 신화인 인드라와 브리트라에 관한 신화이다.

『리그베다』에서 가장 중요한 인드라에 관한 신화에는 인드라가 '산골짜기'의 물길을 막아 버린 거대한 용 브리트라와 싸워 승리한 이야기가 나온다. 성스러운 술 소마를 마시고 강력해진 인드라는 트바스트리가 만든 무기 바즈라(번개)로 브리트라를 쓰러뜨리고 그 머리를 쪼개어 막혀 있던 물을 흐르게 했다. 물이 바다로 쏟아지듯 흘러드는 소리가

마치 '암소의 울음' 같았다.(『리그베다』 1권 32편)

  뱀류나 바다 괴물에 맞서는 신의 전투는 보편적인 신화의 주제 중 하나이다. 태양신 라와 뱀 아포피스, 수메르의 신 니누르타와 아사그, 마르두크와 티아마트, 폭풍의 신 히타이트와 용 일루얀카스, 제우스와 티폰, 고대 이란의 영웅 트라에타오나와 머리 셋 달린 용 아지 다하카의 전투를 떠올려 보라. 어떤 전투, 예를 들어 마르두크와 티아마트의 전투에서는 신의 승리가 우주 창조 신화의 전제가 된다. 또 다른 신화에서는 새로운 시대가 열리거나 새로운 군주가 등극한다(제우스와 티폰, 바알과 얌의 전투를 참조하라). 요약하자면 잠재적인 것, '혼돈'의 상징일 뿐 아니라 '토착 세력'을 의미하는 뱀류의 괴물을 퇴치함으로써 우주적이나 제도적으로 새로운 '장'을 여는 것이다. 이 모든 신화의 공통된 특징 하나는 전사의 공포와 첫 패배를 묘사한다는 점이다(전투를 시작하기 전에 마르두크와 라가 주저하는 모습, 전투를 시작할 때 용 일루얀카스가 신을 불구로 만드는 모습, 티폰이 제우스의 힘줄을 잘라 떼어 버리는 모습). 『베다』의 주해서 『샤타파타 브라흐마나Satapatha Brāhmaṇa』(1권 6장 3~7절)는 인드라가 브리트라를 처음으로 마주하는 순간 아주 멀리 달아난다고 표현하며, 인도 설화집 『마르칸디아푸라나Mārkandya-purāna』는 인드라가 '두려움에 휩싸여' 평화를 바란다고 묘사한다.[264]

  이 신화의 자연주의적naturalistic 해석 문헌에 연연할 필요는 없다. 인드라가 브리트라에게 거둔 승리는 폭풍이 몰고온 비, 산에서 흘러나온 물(독일의 인도학자 올덴베르크), 물을 얼려 '가둔' 차가운 공기에 대한 태양의 승리(독일의 산스크리트 학자 힐레브란트)로 보이기도 한다. 물론 신화에는 자연주의적 요소도 존재한다. 신화는 다의성을 지니기 때문이다. 그 어떤 의미보다도 인드라의 승리는 브리트라가 물을 막아 야기된 가뭄과 죽음에 대한 삶의 승리라고 볼 수 있다. 그러나 신화의 기본 구조는 우주 창조이다. 『리그베다』 1권 33편 4절은 인드라의 승리로 신이 태양과 하늘, 새벽을 창조했다고 한다. 다른 찬가(『리그베다』 10권 113편 4~6절)는 인드라가 태어나자마자 하늘과 땅을 가르고 천계의 천장을 고정했으며, 바즈라를 던져 암흑 속에 물을 잡아 두고 있던 브리트라를 갈가리 찢어 버렸다고 표현한다. 자, 하늘과 땅은 신들의 부모이다(1권 185편 6절). 인드라는 가장 어린 신이자(3권 38편 1절) 마지막으로 태어난 신이다. 그가 하늘과 땅의 히에로스 가모스를 갈라놓았기 때문이다. "인드라는 자신의 강한 힘으로 두 세계, 하늘과 땅을 넓게 흩트려 태양이 빛나게 하였다."(8권 3편 6절) 이 창조적인 위업을 마친 후 인드라는 바루나를 세상의 통치자이자 리타의 수호자로 명했다 (그때까지 리타는 지하 세계에 숨겨져 있었다.(1권 62편 1절)).

……인도에는 세계 창조가 원물질materia prima에서 시작되었다고 설명하는 우주 창조 신화도 존재하지만, 이는 앞서 개괄한 신화와 다른 경우이다. 여기에서는 어떤 '세계'가 실재하고 있었으며, 하늘과 땅이 이미 형성되어 신들을 낳았다고 보기 때문이다. 인드라는 우주 창조 신화 속의 부모를 가르기만 했을 뿐이며, 브리트라에게 바즈라를 던짐으로써 용이라는 존재가 상징하는 부동성, 더 나아가 그 '잠재적인 성질'에 종지부를 찍는다(인드라는 "미동도 하지 않고 몸을 뻗고 누워 깊은 잠에 빠져 있는"(『리그베다』 4권 19편 3절) 브리트라를 우연히 마주한다) 몇몇 신화에서는 신들 가운데 '장인匠人'인 트바스트리(『리그베다』에는 명확하게 표현되어 있지 않다.)가 자신이 거주할 집을 짓고, 지붕이자 벽으

로 브리트라를 만들었다고도 전한다. 브리트라로 둘러싸인 주거지 내부에는 하늘과 땅과 물이 존재했다. 인드라는 브리트라의 '저항'과 타성을 깨뜨림으로써 이 원초의 모나드monad*를 산산조각 냈다. 다시 말해, 세계와 생명은 이 형태가 없는 원초적 존재가 죽어야만 탄생할 수 있는 것이다. 이 신화는 무수히 변형되어 널리 퍼졌다.[265]

태고의 뱀 신은 무한한 가능성을 상징한다. 이것은 경험 이전에 존재하는 무엇이다. 무한한 가능성은 보통 '스스로를 집어삼키는 용'의 모습을 취하는데,[266] 이 모습은 대립쌍의 연합을 적절하게 상징한다. 우로보로스는 두 가지 상반된 요소를 동시에 표상한다. 이것은 뱀으로서 땅(물질)에서 난 생명체인 동시에, 날짐승으로서 하늘(정신)에서 난 생명체이다. 기지(정신)와 미지(물질)의 연합이자, 탐험된 영토와 미탐험된 영토의 연합을 상징한다. 안전, 압제, 질서라는 '남성적' 원리와 어둠, 해체, 창조성, 혼돈이라는 '여성적' 원리의 공존이다. 또한 우로보로스는 뱀이기 때문에 허물을 벗는 특성이 있는데, 이는 곧 '다시 태어남'을 의미한다. 이에 따라 우로보로스는 혼돈을 질서로, 질서를 혼돈으로 뒤바꿀 수 있는 변화 가능성으로서의 '인식자'를 표상한다. 우로보로스는 우리가 미처 마주하지 못했거나, 적극적 탐험과 범주화를 통해 구별하지 못한 모든 것을 상징한다. 확실한 경험 세계를 이루는 모든 정보의 근원이자 경험하는 주체의 발상지인 것이다.

---

* 라이프니츠의 철학 용어로, 넓이나 형제를 가지고 있지 않으며, 무엇으로도 나눌 수 없는 궁극적인 실체.

아직 살펴보지 못한 모든 것은 하나의 총체로 되어 있기 때문에 우로보로스는 하나의 존재이다. 그리고 모든 시공간 속에 존재한다. 우로보로스는 완벽히 자기 충족적이며 자기 참조적이다. 스스로를 먹이고 살찌우며 집어삼킨다. 끝없는 존재의 순환 속에서 처음과 끝, 존재와 변화를 통합한다. 우로보로스는 현실 세계의 기반이다. '아직 사물이 되기 이전의 모든 사물들의 범주'이며, 모든 구별 가능한 대상과 모든 독립적 주체들의 원초적 기원이자 되돌아갈 종착지이다. 우리가 아는 것과 알지 못하는 것의 원류이자, 우리가 알거나 알지 못하는 능력을 이루는 영혼의 시조이다. 해묵은 문제에 대한 해결책이 새로이 문제를 일으킬 때 끊임없이 등장하는 수수께끼이며, 인류의 지식이라는 섬을 둘러싼 혼돈의 바다이자 인류가 가진 지식의 원천이다. 시간이 엮어 내는 모든 새로운 경험이며, 한때 일시적으로나마 예측 가능했던 것을 미지의 것으로 되돌려 놓는 경험이다. 우로보로스는 태고의 신들 가운데 가장 보편적이고 영향력이 크다.

그것은 고대 이집트의 상징으로 다음과 같이 일컬어진다. "용은 자신을 죽이고, 자신과 결혼하고, 자신을 수태한다." 이 용은 생산하는 남성이자 수태하는 여성이며, 생명을 낳고 앗아가며, 능동적이면서 수동적이고, 위에 있으면서 동시에 아래에 있다.

우로보로스는 고대 바빌론에서 천상의 뱀으로 알려져 있었고, 이후 같은 지역에서 만다이즘 교도들에 의해 자주 언급되었다. 마크로비우스Macrobius는 그 기원을 페니키아에서 찾았다. 우로보로스는 "모든 것은 하나"the All One, ἐγτόπφν의 원형이며, 리바이어던, 아이온, 오케아노

그림 19. 우주 창조 이전의 혼돈의 용, 우로보로스

스를 비롯하여 "나는 알파요 오메가이다."라고 말하는 태고의 존재로
도 등장한다. 고대의 크네프*이자 태고의 뱀으로, '선사 시대의 신 중에
서도 가장 오래된 신'이다. 우로보로스는 사도 요한의 계시록과 그노시
스 학파, 로마의 제설통합주의자들의 기록에도 나타나며, 나바호 인디
언의 모래 그림과 조토의 그림에도 등장한다. 또한 이집트, 아프리카,
멕시코, 인도, 집시들의 부적과 연금술 문헌에도 등장한다.[267]

우로보로스는 깊은 바다에 사는 용이자 마르두크에 의해 세계로
창조된 티아마트이며, 밤마다 태양을 집어삼키는 아포피스이고, 야
훼가 우주를 창조하면서 도륙한 라합 혹은 리바이어던이다.

---

* 고대 이집트 종교 미술의 모티프 중 하나로 날개 달린 알이나 알을 휘감은 뱀의 모습 등으로 나타난다.

네가 낚시로 리바이어던을 낚을 수 있으며, 끈으로 그 혀를 맬 수 있느냐?

그 코를 줄로 꿸 수 있으며, 갈고리로 그 턱을 꿸 수 있느냐?

그것이 네게 살려 달라고 애원할 것 같으냐? 그것이 네게 자비를 베풀어 달라고 빌 것 같으냐?

그것이 너와 언약을 맺기라도 하여, 영원히 네 종이 되겠다고 약속이라도 할 것 같으냐?

네가 그것을 새처럼 길들여서 데리고 놀 수 있겠으며, 또 그것을 끈으로 매어서 여종들의 노리개로 삼을 수 있겠느냐?

어부들이 그것을 가지고 흥정하고, 그것을 토막 내어 상인들에게 팔 수 있겠느냐?

네가 창으로 그 가죽을 꿰뚫을 수 있으며, 작살로 그 머리를 찌를 수 있겠느냐?

손으로 한번 만져만 보아도, 그것과 싸울 생각은 못할 것이다.

리바이어던을 보는 사람은, 쳐다보기만 해도 기가 꺾이고, 땅에 고꾸라진다.

그것이 흥분하면 얼마나 난폭하겠느냐? 누가 그것과 맞서겠느냐?

그것에게 덤벼들고 그 어느 누가 무사하겠느냐? 이 세상에는 그럴 사람이 없다.

리바이어던의 다리 이야기를 어찌 빼놓을 수 있겠느냐? 그 용맹을 어찌 말하지 않을 수 있겠느냐? 그 늠름한 체구를 어찌 말하지 않고 지나겠느냐?

누가 그것의 가죽을 벗길 수 있겠느냐? 누가 두 겹 갑옷 같은 비늘 사이를 뚫을 수 있겠느냐?

누가 그것의 턱을 벌릴 수 있겠느냐? 빙 둘러 돋아 있는 이빨은 보기만 해도 소름이 끼친다.

등 비늘은, 그것이 자랑할 만한 것, 빽빽하게 짜여 있어서 돌처럼 단단하다.

그 비늘 하나하나가 서로 이어 있어서, 그 틈으로는 바람도 들어가지 못한다.

비늘이 서로 연결되어 꽉 달라붙어서, 그 얽힌 데가 떨어지지도 않는다.

재채기를 하면 불빛이 번쩍거리고, 눈을 뜨면 그 눈꺼풀이 치켜 올라가는 모양이 동이 트는 것과 같다.

입에서는 횃불이 나오고, 불똥이 튄다.

콧구멍에서 펑펑 쏟아지는 연기는, 끓는 가마 밑에서 타는 갈대 연기와 같다.

그 숨결은 숯불을 피울 만하고, 입에서는 불꽃이 나온다.

목에는 억센 힘이 들어 있어서, 보는 사람마다 겁에 질리고 만다.

살갗은 쇠로 입힌 듯이, 약한 곳이 전혀 없다.

심장이 돌처럼 단단하니, 그 단단하기가 맷돌 아래짝과 같다.

일어나기만 하면 아무리 힘센 자도 벌벌 떨며, 그 몸부림치는 소리에 기가 꺾인다.

칼을 들이댄다 하여도 소용이 없고, 창이나 화살이나 표창도 맥을 쓰지 못한다.

쇠도 지푸라기로 여기고, 놋은 썩은 나무 정도로 생각하니,

그것을 쏘아서 도망치게 할 화살도 없고, 무릿매 돌도 아예 바람에 날리는 겨와 같다.

몽둥이는 지푸라기쯤으로 생각하며, 창이 날아오는 소리에는 코웃음만 친다.

뱃가죽은 날카로운 질그릇 조각과 같아서, 타작기가 할퀸 진흙 바닥처럼, 지나간 흔적을 남긴다.

물에 뛰어들면, 깊은 물을 가마솥의 물처럼 끓게 하고, 바다를 기름 가마처럼 휘젓는다.

한 번 지나가면 그 자취가 번쩍번쩍 빛을 내니, 깊은 바다가 백발을 휘날리는 것처럼 보인다.

땅 위에는 그것과 겨룰 만한 것이 없으며, 그것은 처음부터 겁이 없는 것으로 지음을 받았다.

모든 교만한 것을 우습게 보고, 그 거만한 것 앞에서 왕 노릇을 한다.

「욥기」 41장 1~34절

우로보로스는 유한한 주체의 경험 속에서 아직 발현되지 않은 순수하고 온전한 잠재력이자, 가장 철저히 탐색한 대상(사물과 타인은 물론 자신까지)에조차 여전히 깃들어 있는 미지의 측면이 불현듯 나타날 무한한 가능성이다. 여기서 미지의 측면에는 단순히 대상의 물리적 측면뿐 아니라 의미도 포함된다. 혼돈은 구체적으로 어떻게 행동해야 할지 알 수 없는 영역으로, 여기에는 좌절, 상실, 두려움, 부유감, 방향 상실과 같은 강렬한 감정이 존재한다. 혼돈에 대하여 우리가 가장 잘 아는 것은 정서적 특성이다. 혼돈은 "어둠이고 가뭄이며 규범의 유예이고 죽음"이다.[268] 깊은 밤 기괴한 마력을 내뿜는 환상 속의 악마들이 우글거리는 공포이자, 사물을 마법처럼 다른 사물로 뒤바꾸는 불이며, 이방인이 불러일으키는 공포와 호기심이다.

태고의 모체인 우로보로스에는 원칙적으로 경험 가능한 모든 대상과 경험의 주체가 '배아' 상태로 담겨 있다. 이 위대한 뱀은 아직 발현되지 않은 '정신'(의식)이며, 정신에서 분리되기 이전의 '물질'이다. 이런 신화에 담긴 사상은 주체의 발달 과정을 탐구하는 현대의 이론에도 등장하는데, 특히 구성주의 이론이 그러하다. 한 예로 스위스의 발달 심리학자 장 피아제는 경험의 주체가 영아기에 스스로 탐험을 벌인 결과로 자아 개념을 구성한다고 주장했다.[269] 아기는 행동하고 자기 행동을 관찰하고 모방하는 과정에서 자아에 대한 원시적 표상을 형성하며, 발달 과정에서 자기 행위를 추상화한 자기 모형을 만들어 낸다. 따라서 경험 주체는 '탐험 과정에서 생성된 정보로부터 창조'되는데, 이는 세계도 마찬가지이다.

(주께서) 리바이어던의 머리를 짓부수셔서 사막에 사는 짐승들에게 먹이로 주셨으며,

샘을 터뜨리셔서 개울을 만드시는가 하면, 유유히 흐르는 강을 메마르게 하셨습니다.

낮도 주님의 것이요, 밤도 주님의 것입니다. 주님께서 달과 해를 제자리에 두셨습니다.

주님께서 땅의 모든 경계를 정하시고, 여름과 겨울도 만드셨습니다.

「시편」 74장 14~17절

행동에는 결과가 따르며, 행동의 결과는 세계를 창조한다. 행동의 결과를 예측할 수 있을 때는 익숙한 세계가, 예측할 수 없을 때는 낯선 세계가 창조된다.

이 태고의 상태를 가장 추상적인 형태로 표상하면 원 혹은 구가 된다. 원은 가장 완벽한 기하학 형태이며, 구는 시작과 끝이 없고 모든 축에서 대칭을 이루는 특성을 지닌다. 플라톤은 『티마이오스』에서 태초의 근원이 구의 형태를 띤다고 설명했다.[270] 동양에서는 세계의 본질과 의미가 양陽과 음陰이 원의 형태로 결합하여 상호작용하는 데서 비롯된다고 보았는데, 양은 밝고 영적이고 남성적이며, 음은 어둡고 물질적이고 여성적인 특징을 지닌다.[271] 중세 연금술사들은 인식 가능한 경험 대상과 경험 주체가 태고의 물질이 담긴 구 형태의 혼돈에서 나온다고 생각했다.[272] 이슬람교와 유대교와 기독교의 하나님은 "알파며 오메가, 곧 처음이며 마지막이요, 시작이며 끝"(「요한계시록」 22장 13절)으로, 세속의 변화를 초월한 존재이자 위대한 원 안에서 잠정적인 대립쌍들을 통합하는 존재이다. 세계의 기원을 원으로 보는 현상은 인생의 목표가 하나님의 나라라는 혹은 (적어도 '불멸하는 영혼'의 관점에서) 그래야만 한다고 말하는 신화 속에서도 나타난다. 그리스도가 약속한 하나님의 나라는 사실 재건된 낙원이다. 이 낙원은 의식 발달 이전의 통합체로 회귀하는 것이 아니라 서로 대립하는 세력이 화해하는 장소이다. 이렇듯 낙원이 재건되면 속세에서의 삶이 원의 형태로 완성된다.

우로보로스로 상징되는 태고의 상태는 모든 대립쌍들이 하나였고, 앞으로 하나가 될 '공간'이다. 스스로를 집어삼키는 위대한 용이 경험을 구성하는 요소들로 나뉘어야만 경험이 가능해진다. 태고의 상태는 모든 문제에서 자유롭기 때문에 낙원 같은 특성을 지닌다. 하지만 낙원을 위해 치러야 할 대가는 바로 낙원 그 자체에 있다. 하나로 연합된 만물이 나뉘지 않는 한, 다시 말해서 태고의 신들이 살해되지 않는 한 그 무엇도 존재할 수 없기 때문이다. 모든 사물은 갈등이라는 문제를 안고 등장하며, 이 갈등은 존재 자체를 말살하지 않고 해결할 수 있어야 한다.

우로보로스는 기지와 미지의 유일한 부모이며, 영웅의 남녀추니인 조부모이다(그렇기 때문에 '제1 원인'이라고도 말할 수 있다). 우로보로스가 처음 나뉘면서 하늘과 땅이라는 세계의 부모가 등장한다. 그림 20은 신화가 '세계의 탄생'을 어떻게 묘사하고 있는지를 보여 준다. 하나의 총체로 존재하던 혼돈은 탐험된 영토와 미처 탐험되지 못한 영토로 나뉜다.

신화의 관점에서 이러한 분화는 코스모스의 출현, 즉 세계의 창조와 동일시된다. 여기에 한 가지 더 고려해야 할 것이 있다면 바로 탐험의 주체와, 그것이 기지 및 미지와 맺는 관계이다. 문화와 자연이 상호작용한 결과 탐험의 주체가 '탄생'하면 온전한 '세계'가 성립된다. '인식자'는 자연과 문화의 아들이자, 자연에 대항하여 문화를 창조하는 창조자이며, 현실에서 미지의 세계를 마주하는 '개인'이다. '세계의 부모'라는 범주가 근본적으로 인간의 사고와 행동에 미치는 영향은 아무리 강조해도 지나치지 않다. '세계'는 탐험된 영토이며, 이 탐험된 영토는 수수께끼로 둘러싸여 있다. 탐험된 영토를 둘러싼 미분화된 신비는 종종 위협적인 혼돈으로 경험된다. 이 혼돈에 '속하

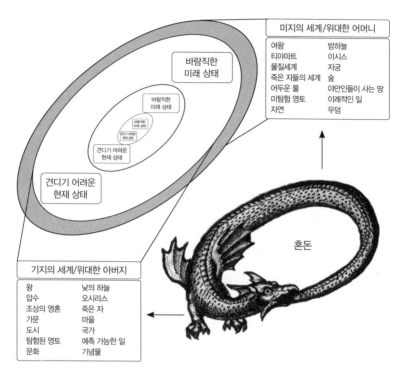

그림 20. 세계의 부모의 탄생

는' 것은 무엇이든 (추상적 관념으로서가 아니라) 실제로 혼돈과 '동일시'
되며 불안을 몰고 온다. 따라서 「이사야서」에 나오는 '용들의 거처'
에 사는 이방인은 '자연스레' 혼돈의 밀사로 간주된다. 엘리아데는
다음과 같이 말했다.

전통 사회의 두드러진 특징 중 하나는 우리가 살고 있는 세계와 그
세계를 둘러싼 불확실한 미지의 세계의 대립을 상정한다는 점이다. 전

자는 세계(더 구체적으로는 우리의 세계)이며 우주이다. 그 밖에 모든 곳은 더 이상 우주가 아니라 일종의 '다른 세계'로, 유령과 악마, 그리고 그런 존재와 동일시되는(더 정확히는 구별되지 않는) '이방인'들이 우글거리는 낯선 혼돈의 공간이다.[273]

'바깥'에 존재하는 것은 무엇이든 혼돈의 용(혹은 무자비한 어머니)과 같은 범주에 속한다. 초기 인도-유럽인들은 전투에서 적을 물리치는 행위를 인드라가 브리트라를 죽이는 행위와 동일시했고,[274] 고대 이집트인들은 '야만인'인 힉소스인을 밤마다 태양을 집어삼키는 뱀 아포피스와 동일시했다.[275] 또 조로아스터교를 신봉한 고대 이란인들은 이방인 찬탈자에 대항한 왕 파리둔의 전설적 투쟁을 원초적 혼돈의 뱀인 아지다하카에 대항한 영웅 트라에타오나의 창조적 투쟁과 동일시한다.[276] 『구약』에 등장하는 유대 민족의 적들도 같은 운명에 처했다. 그들은 야훼가 세계를 창조하기 위한 전투에서 무찌른 뱀인 라합이나 리바이어던과 동일시됐다. "너는 이렇게 말하여 전하여라. '나 주 하나님이 말한다. 이집트 왕 파라오야, 내가 너를 치겠다. 나일 강 가운데 누운 커다란 악어야, 네가 나일 강을 네 것이라고 하고 네가 만든 것이라고 한다마는.'"(「에스겔」 29장 3절)이나 "바빌로니아 왕 느부갓네살이 나를 먹었습니다. 그가 나를 멸망시켰습니다. 그가 나를 빈 그릇처럼 만들어 놓았습니다. 그는 바다 괴물처럼 나를 삼켜 버렸습니다. 맛있는 음식처럼 나를 먹어 제 배를 채우고는 나를 버렸습니다."(「예레미야」 51장 34절)를 보라. 엘리아데는 계속해서 다음과 같이 썼다.

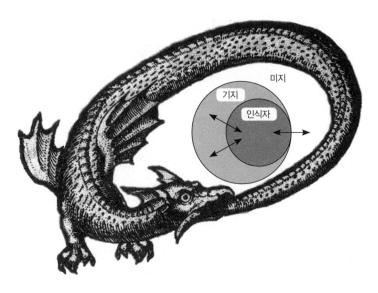

그림 21. 경험 세계를 구성하는 요소들 간의 역동적 관계

일견 이 같은 공간의 단절은 사람이 거주하는 질서 정연한, 코스모스화된 영토와 그 너머로 이어지는 미지의 공간 사이의 대립에 기인하는 것처럼 보인다. 한편으로는 코스모스가 있고 반대편으로는 혼돈이 있다. 사람이 거주하는 영토는 신들에 의해 혹은 신들의 세계와 교류하면서 정화되었기 때문에 코스모스가 된다. 우리의 세계는 성스러움이 이미 발현된 우주이며, 따라서 그 안에서는 하나의 차원을 뚫고 다른 차원으로 이동하는 일이 가능하고 반복해서 일어날 수 있다. 종교적 순간이 우주 창조의 순간을 암시하는 까닭은 쉽게 이해할 수 있다. 성스러움은 온전한 현실을 드러내는 동시에 방향을 설정해 주기 때문이다. 그것은 한계를 설정하고 세계의 질서를 세운다는 의미에서 '세계의 창조'나 다름없다.

이러한 사실은 『베다』에 등장하는 토지 취득 의례에 명확히 드러난다. 토지 소유는 아그니 신에게 바치는 불의 제단을 건립해야만 법적으로 인정을 받을 수 있었다. 『샤타파타 브라흐마나』(7권 1장 1절 1~4항)에는 "불의 제단(가르하파티아)이 세워지면 사람은 자리를 잡는다. 불의 제단을 쌓은 사람은 모두 정착한 사람이라고들 한다."라는 기록이 있다. 제단이 건립되면 신들의 세계와 소통이 보장되며 그 공간은 성스러운 공간이 된다. 하지만 이 의례에 깃든 의미는 이보다 훨씬 더 복잡해서, 그 의미를 온전히 고려할 때 우리는 왜 영토를 정화하는 것이 곧 영토를 하나의 우주로 만드는 행위에 해당하는지, 영토의 '코스모스화'를 의미하는지 이해할 수 있다. 사실 제단을 쌓는 과정은 소우주적 차원에서 천지창조를 재현한다. 진흙에 섞는 물은 원초적 물을, 제단의 기초를 쌓을 때 쓰는 진흙은 대지를, 양쪽의 벽은 대기를 상징한다. 또 제단을 건립할 때는 우주적 영역이 이제 창조되고 있음을 알리는 노래를 부른다(『샤타파타 브라흐마나』, 1권 9장 2절 29항 등). 따라서 제단의 건립(새로운 영토의 점거를 인정받기 위한 유일한 수단)은 우주 창조와 같다.

낯선 미지의 영토, (흔히 '우리 민족'이 점령하지 않았다는 의미에서) 점령되지 않은 영토는 유동적이고 미숙한 혼돈과 같은 특성을 지닌다. 무엇보다 그 땅을 점령하여 거기 정착함으로써, 인간은 우주 창조를 의례적으로 반복하여 그 땅을 코스모스로 뒤바꾼다. '우리의 세계'가 되려면 그것은 먼저 '창조'되어야 하고, 모든 창조에는 신들이 우주를 창조할 때 남긴 범례가 있다. 스칸디나비아 식민지 개척자들이 아이슬란드landnama를 차지하고 개간했을 때, 그들은 자신들의 행위를 독창적인 과업이나 세속적인 인간의 행위로 치부하지 않았다. 그들은 그것을 태곳적 행위의 재현으로, 혼돈을 코스모스로 뒤바꾸는 신성한 창조 행위의 재현으로 여겼다. 황무지를 일구면서 그들은 사실 혼돈에 체계와 형태와 규범을 부여한 신들의 행위를 반복한 것이다.

황무지를 개간할 때나 '다른' 민족이 살고 있는 영토를 점령할 때, 의례적 점령을 통해 항상 우주 창조가 반복되어야 한다. 고대 사회의 관점에서 '우리의 세계'가 아닌 것은 전부 아직 세계가 아니기 때문이다. 영토는 그것을 새롭게 창조함으로써만, 다시 말해서 정화함으로써만 우리의 것이 될 수 있었다. 미지의 영토와 관련된 이와 같은 종교적 행위는 서양에서도 근대의 여명기까지 계속되었다. 예를 들어 근래 미국 우주 비행사들이 달에 '국기를 꽂는' 행위에도 이런 특성이 반영되어 있다. 또 스페인과 포르투갈의 정복자들도 새롭게 발견하고 정복한 영토를 예수 그리스도(세계를 창조한 '로고스')의 이름으로 점령했다.[277]

새 건물을 짓는 것처럼 비교적 단순한 일에도 이와 유사한 의례와 사상이 적용되었다.

인도에서는 돌 하나를 놓기 전에도 "점성가가 건물의 토대에서 정확히 어느 곳이 세계를 떠받치고 있는 뱀의 머리가 있는 곳인지 알려 준다. 석공은 아카시아 나무를 잘라 작은 말뚝을 만들고 코코넛 열매로 바로 그 지점에 말뚝을 박아서 뱀의 머리를 고정시킨다. ……만약 이 뱀이 머리를 격렬하게 흔들면 세계 전체가 흔들려 무너지고 만다."[278]

주춧돌은 이 말뚝 위에 놓는다. 그러므로 정확히 '세계의 중심'에 놓이게 된다. 건물의 토대를 놓는 행위는 우주 창조 행위를 되풀이한 것이다. 뱀의 머리에 말뚝을 박아 '고정시키는' 행위는 곧 "굴속에 있는 뱀을 공격"(『리그베다』 4권 17편 9절)하여 번개로 "머리를 자른"(『리그베다』 1권 52편 10절) 소마나 인드라의 태곳적 행위를 모방한 것이기 때문이다.[279]

질서(탐험된 영토)는 혼돈으로부터 수립되고, 동시에 혼돈(더 정확하게는 '새로운' 혼돈, 즉 기지의 영역의 반대말로 정의되는 미지의 영역)의 대립쌍으로 존재한다. 그리고 이방인은 혼돈과 '동일시'되는데, 이는 그저 비유가 아니다. 이방인이란 행동을 예측할 수 없고, 민족과 관습이 다르고, '코스모스'에 거주하지 않으며, 그 존재와 삶의 영역이 정화되지 않은 사람을 뜻한다. 그러므로 이방인은 우리의 세계를 위협한다. 그들의 낯선 행동 양식과 신념이 사회를 동요시키고 세계를 해체하거나 물로 뒤덮어 우로보로스의 지배 아래로 되돌려 놓을 수 있기 때문이다.

| 위대한 어머니, 미지와 미탐험 영토

노래의 어머니, 우리 모든 자손의 어머니가 태초에 우리를 낳았다.

그녀는 모든 인간 종족과 부족의 어머니이며,

천둥, 강, 나무의 어머니이며, 온갖 것들의 어머니이다.

노래와 춤의 어머니이며,

우리의 형제인 오래된 돌들의 어머니이다.

그녀는 곡식의 어머니이며 만물의 어머니이다.

손아래 형제인 프랑스인과 이방인의 어머니이다.

그녀는 무용 도구와 모든 사원의 어머니이며, 우리가 모시고 있는 유일한 어머니이다.

그녀는 동물의 어머니, 오직 한 분, 은하수의 어머니이다.

세례를 시작한 자는 바로 이 어머니였다.

어머니는 우리에게 석회석과 코카나무 잎으로 만든 음식을 주었다.

그녀는 비雨의 어머니이며, 우리가 모시는 유일한 어머니이다.

그녀만이 만물의 어머니이다. 오직 한 분이다.

그리고 이 어머니가 모든 사원에 하나의 기억을 남겨 두었다.

그녀는 아들들, 즉 구원자들에게 그녀를 떠올릴 기억으로 노래와 춤을 물려주었다.

그래서 사제, 아버지, 손위형제 들은 그것을 전수하였다.[280]

문화의 표상인 기지는 비교적 단순하다. 이는 이미 질서가 부여된 대상을 이차적 관념으로 추상화한 것이다. 문화의 표상은 이미 행동상 적응을 마친 대상, 다시 말해서 감각 특성과 정서가가 이미 밝혀진 사물이나 상황을 포착한다. 인간(인식자)의 표상 역시 대인관계와 자의식 속에서 끊임없이 맞닥뜨리게 되는 대상에 관한 묘사이다. 그것은 무한한 정보 중 일부에 지나지 않지만 적어도 경험된 대상에 관한 그림이다. 하지만 미지의 표상은 언뜻 존재 자체가 불가능한 역설처럼 느껴진다. 아직 마주하지 못한 대상을 도대체 어떻게 이해하고 나타낼 수 있을까? 또 경험해 본 적이 없는 대상에 적용한다는 것이 과연 가능할까? 그럼에도 우리는 미지를 이해해야만 한다. 경험의 한계는 늘 지식의 한계를 넘어서기 때문이다. 따라서 우리는 끊임없이 미지를 마주할 수밖에 없다. 미지는 우리가 오류를 범하거나 잘못된 추정을 할 때마다, 행동의 결과가 우리의 기대나 바람에 어긋날 때마다 어김없이 나타난다. 우리가 이해하지 못하는 상황을 적절히 표현할 구체적인 심상이 없다고 해서 그런 상황에서 적절히 행동해야 할 필요성이 사라지는 것은 아니다. 그렇다면 '아직 예상하거나 통제할 수 없는 대상에 대한 반응으로써 광범위하게 적절한' 행동 양식을 고안하기 위해서 우리는 미지를 반드시 표상해 내야 한다. 인간에게는 여러 가지 역설적인 능력이 있다. 의식 차원에서는 어떻게 행동해야 할지 몰라도 무의식적으로는 그것을 알며, 심지어 해야 할 행동을 표상할 줄도 안다. 게다가 아직 마주한 적이 없는 사물을 표상하는 능력도 있다. 얼핏 보기에 불가능해 보이는 이런 능력 덕분에 인류는 스스로 이해하지 못하는 상황에서 지혜롭게 행동할 수 있었다.

　판단이나 해석 또는 행동상의 오류를 범한 결과 미처 예상치 못한 상황이 벌어졌을 때 거기에도 인식 가능한 특성이 있다. 그 속에는 위험과 기회가 동시에 존재한다. 위험은 곧 처벌받거나 좌절하거나 실망하거나 사회적으로 고립되거나 신체적 상해를 입거나 죽음을 당할 가능성을 말한다. 하지만 위험한 순간은 곧 기회의 순간이기도 하다. 기존 질서와 예상을 뒤엎는 변화는 더 나은 미래로 나아갈 가능성을 의미하기 때문이다. 예상하지 못한 상황에는 적응력을 높이기 위해 필요한 정보가 담겨 있다. 이런 정보는 위험과 기회를 동시에 안고 온다. 기회를 제공하는 정보를 얻고 싶다면 위험을 감수해야 한다. 이렇듯 끊임없이 위험을 극복하는 과정에서 행동 양식과 표상 도식이 만들어지고 수정된다.

인간 경험의 주체와 객체에 대해 지금까지 알려진 지식들도 한때는 미분화된, 미지의 영역에 있었다. 미지의 영역에서 발견되지 못한 채 남아 있는 것은 비단 집단이 인식을 공유하는 감각 특성만이 아니다. 미지는 합의에 의해서 타당성을 입증하는 실증 과학의 영역에서 물질세계의 한 측면으로 모습을 드러내기도 하지만, 때로 과거에는 뚜렷이 드러나지 않았던 새로운 의미로 나타나기도 한다. 익숙한 것에는 위험도 없지만, 동시에 이미 밝혀진 것 이상의 가능성도 없다. 이미 탐색한 사물은 그것을 유용하게 활용하는 행위 혹은 적어도 우리와 무관한 것으로 만드는 행위와 연결된다. 그러나 어디에나 존재하는 미지는 포착할 수 없지만 무시할 수도 없는 무한한 위험과 기회를 제시한다. 미지의 세계는 모든 조건부 지식의 근원이며, 조건부 지식이 유용성을 잃을 때 '되돌아가는' 곳이다. 우리가 알고 있는 지식은 모두 누군가가 이해할 수 없는 두렵고 경이로운 대상을 탐색한 결과 혹은 누군가가 예상하지 못한 일을 겪는 과정에서 가치 있는 정보를 건져 올린 결과로 얻어진 것이다.

"문명은 생각하지 않고도 실행에 옮길 수 있는 활동의 수가 늘어날수록 진보한다."[281] 우리는 이미 알고 있는 사물에는 더 이상 주의를 기울이지 않는다. 무엇인가를 안다는 말은 생각하지 않고도 자동으로 실행에 옮길 수 있고, 한눈에 범주화하거나 무의식적으로 지나칠 수 있다는 말이다. 인간의 신경계는 예측 가능한 대상은 고려하지 않고 한정된 인지 자원을 유용한 영역에 집중하도록 진화했다. 우리는 변화나 이해되지 않는 일이 일어나는 곳, 아직 적절한 행동 방안을 마련하지 못한 곳에 주의를 기울인다. 인간의 의식은 예기치 못한 사건을 분석하고 분류하는 일에 특화되어 있다. 상위 인지 처리 과정이 시작되기 전에는 경험의 장 안에서 가장 뜻밖의 요소가 자연스럽게 주의를 끈다. 인간의 신경계는 불규칙적인 변화에 반응하고 규칙은 무시한다. 예측 가능한 사건에는 긍정적 정보든 부정적 정보든 정보 자체가 별로 없다. 반면 생소한 사건은 보상과 처벌이 무한하게 존재하는 '초월적 공간'으로 난 창문과도 같다.

계획이 틀어지고 적응 행동 및 해석 도식이 예상한 결과를 내지 못할 때 미지가 모습을 드러낸다. 예상하지 못한 사건이 발생하면 우리는 저절로 하던 일을 멈추고 거기에 주의를 기울인다. 예기치 못한 사건은 우리의 행동을 사로잡는 한편, 개연성이 낮을수록 흥미와 두려움, 호기심과 공포처럼 상반된 정서를 동시적으로 강렬하게 불러일으킨다. 이러한 정서가는 현대 과학이 경험 세계를 엄격하게 객관적 대상과 주관적 주체로 구분하기 전에는 미지의 사물에 내재된 속성으로 경험되었을 것이며, 지금도 근본적으로는 그와 유사하게 경험된다. 루돌프 오토Rudolf Otto는 종교적 경험의 본질을 고찰한 저서에서 이 같은 경험을 '누미노제numinose'282, 즉 '성스러운' 경험이라고 불렀다. 오토에 따르면 성스러운 경험은 자연스레 우리의 마음을 사로잡으며 평범하고 일상적인 경험과는 차원이 다른 의미를 지닌다. 성스러운 경험에는 두 가지 측면이 있다. 하나는 전율과 두려움을 부르는 신비이며, 다른 하나는 눈과 마음을 사로잡고 매혹하는 신비이다. 이 성스러운 힘, 신성한 의미는 미지의 대상이 지닌 극단적인 정서가와 행동을 이끌어 내는 힘을 말한다. 이 성스러운 힘은 흔히 그 힘을 경험하는 사람들에게 신의 현현顯顯으로 경험되는데, 이는 모든 조건부 지식의 궁극적 근원인 미지의 영역이 의인화된 모습이라 할 수 있다.

이 성스러운 느낌은 때로는 깊이 예배를 드릴 때의 평온함 속에서 고요한 조수와 같이 우리의 마음에 엄습해 온다. 그리하여 비교적 변치 않는 영속적인 영혼의 상태로 이행하여 오랫동안 지속되다가 여운을 남기고는 드디어 완전히 사라지면서 우리의 영혼을 또다시 속세로 몰아넣기도 한다. 또 그런가 하면 갑자기 발작과 경련을 동반하고 영혼으로부터 폭발해 나오기도 하며, 때로는 이상한 흥분과 도취, 환희와 황홀경으로 이끌기도 한다. 광기 어린 악마의 모습으로 나타나기도 하며, 소름 끼치는 오싹한 공포에 빠져들게도 한다. 초기에는 거칠고 야만적인 모습으로 나타났다가, 섬세하고 순수하고 밝은 느낌으로 발전되기도 한다. 또한 어떤 것 앞에서는 피조물의 겸손하고 말없는 침묵과 떨림으로 변하기도 한다. 과연 어떤 것 앞에서인가? 말할 수 없는 신비 속에서 모든 피조물을 초월한 자 앞에서이다.[283]

표상하지 못한 대상을 이해했다고 말할 수는 없다. 일반적인 단어의 의미에 보자면 그렇다. 하지만 생존을 위해서 우리는 원칙적으로 표상할 수 없는 미지를 이해해야만 한다. 미지를 표상하고 그 본질을 파악하려는 욕망은 우리가 이해하지 못하는 만물의 근원이 지닌 정서가를 제한하기 위해 문화라는 망을 구축하게 할 만큼 강력하다. 미지의 대상에는 본질적, 생물학적으로 정서가 부여되며, 이 정서가는 결과적으로 미지를 표상하려는 원동력으로 작용한다. 미지의 표상은 미지의 본질, 다시 말해서 정서가를 밝혀내려는 시도이다. 이는 신화적 관점에서 미지의 실체를 밝혀내려는 시도이다. 미지의 표상은 아직 탐색하거나 표상하지 못한 모든 것의 범주이며, 미처 이해하지 못한 대상이나 상황에 적응하기 위한 목적으로 만들어진다. 미지의 표상은 아직 범주화되지 못한 사물들이 속한 범주가 되어, 우리가 그러한 사물을 마주할 때 적절한 태도를 취할 수 있게 돕는다.

미지는 우리로 하여금 끊임없이 생각하게 한다. 미지는 여러 가지 것들과 얼기설기 얽혀 있지만, 미지를 최종적으로 범주화하려는 시도는 늘 물거품이 되고 만다. 그러므로 미지는 탐색과 새로운 정보 생성을 위한 강력하고 지속적인 '동기'의 원천이 된다. 또한 미지는 최종적인 범주화를 초월하며 우리에게 영원히 동기를 부여하기에 미지를 표상하려는 욕구는 억누를 수 없을 만큼 강력하다. 이 욕구는 가장 근본적인 종교적 충동으로 간주할 수 있는데, 신의 존재를 밝히고 신과 관계를 수립하려는 문화적, 보편적 시도를 하게 만들어 문명화된 질서를 수립하는 기반이 된다. 이런 욕구의 산물인 '상징'은 문화적으로 구축된 '콤플렉스'로, 인간에게 끊임없이 위협과 기회를 제시하는 모든 것을 표상한다. 그런 한편 개인의 경험에 영향을 미치고 체계를 부여하지만 특정 개인과는 상관없이 개별적으로 존재한다.

살아 있는 상징은 본질적이고 무의식적인 요인을 표현하며, 이 요인이 보편적일수록 상징도 모든 사람의 마음을 울려 보편적인 효과를 갖는다. 이러한 상징은 당대 미지의 대상을 가장 잘 표현한다는 점에서 그 시대의 가장 복잡하고 분화된 지성의 산물임에는 틀림이 없다. 하지만 상징이 효과를 발휘하려면 대다수 사람이 공유하는 것을 포용해야 한다. 가장 분화되고 높은 수준의 상징은 효과적인 상징이 될 수 없다. 그러한 상징은 극소수만이 터득하고 이해할 수 있기 때문이다. 그 평범한 요인은 여전히 지극히 원초적이어서 그 보편성을 의심할 수 없는 것이어야 한다. 바로 이 때문에 살아 있는 사회적 상징에 영향력과 구원의 능력이 있는 것이다.[284]

이처럼 살아 있는 표상은 수많은 개인의 주관적 경험 세계에서 일부분으로 자리 잡아 특정 시대나 개인을 초월하여 존재한다. 이것은 생물학적 기반을 바탕으로 문화적으로 확립되며 고유의 발달 원칙을 따르지만, 그럼에도 '객관적으로' 존재하지는 못한다.

의례와 연극, 신화 속에 그려진 미지의 표상들은 공식화된 종교의 근간을 이루는 초기 자료로 활용된다. 예상하지 못한 미지의 대상 앞에서 나타나는 본능적 반응을 관찰하면서 우리는 미지를 하나의 범주로 이해하게 되었고, 이를 바탕으로 예측 가능한 정서 및 행동 양식이 나타났다. 이 양식은 바로 두려움, 호기심, 공포, 희망을 느끼고, 하던 행동을 멈추고 대상을 조심스레 탐색하며 새로운 대상에 적합한 행동 전략을 만들어 '습관화'하는 것이다.

과학적 관점은 감각적 특성이 같은 두 사물을 동일한 것으로 간주한다. 반면 비유와 연극과 신화의 관점(자연적 범주의 관점)은 두 사물이 불러일으키는 정서나 동기가 같거나 혹은 사물이 같은 역할을 할 때, 즉 행동에 미치는 영향이 같을 때 두 사물을 동일한 것으로 간주한다. 정서가를 공유하는 경험들은 같은 콤플렉스로 분류된다. 이처럼 상징적인 특성을 지니는 콤플렉스는 문화의 산물이며, 고대 사회에서 발전되었다가 이후에 사라진 것으로 보인다. 이러한 콤플렉스는 두렵지만 유용할 만한 대상에 직면하여 그 대상의 본질에 관한 탐색으로 생성된 상세한 정보가 없을 때 보편적인 적응 행동을 촉진하는 역할을 담당한다.

이처럼 미지의 표상은 피아제의 지적처럼 일차적으로는 모방의 결과로 만들어지고, 이후 한 단계 더 추상화되어 상징이라는 이차적 표상이 된다고 볼 수 있다. 우리는 모방과 의례를 통해서 가장 포괄적이고 기초적인 수준에서 대상을 이해할 수 있다. 흥미롭지만 이해할 수 없는 미지의 현상은 의례로 '실연實演'될 수 있다. 이러한 '행동'에 관한 이차적 표상은 추상적 표상의 초기 형태로 간주할 수 있다. 예를 들어 사자나 기타 사냥한 짐승을 이해하려면 먼저 그 짐승이 된 것처럼 몸으로 짐승을 모방하고, 이후에 모방 행동을 머릿속에서 심상으로 표상해야 한다.

이와 똑같은 방식으로 장차 아버지가 될 아들은 아버지를 모방한다. 아이가 부모를 구현한다는 것은 행동으로 드러나는 부모의 지식을 자기 것으로 받아들인다는 의미이다. 아이는 아버지 혹은 아버지가 어떤 행동을 하는 이유를 이해하지 못한 채 아버지를 모방한다. 이렇듯 아버지를 모방하는 아이는 은유적으로 '아버지의 영혼에 사로잡혔다'고 볼 수 있으며, 아이의 아버지 역시 어린 시절을 자기 아버지의 영혼에 사로잡혀 보냈을 것이다. 이런 관점에서 아버지의 영혼은 곧 특정 아버지나 아들과는 상관없는 독립된 실체이며, 세대를 뛰어넘어 비교적 변하지 않는 전통의 모습으로 사람들의 생각과 행동 속에 나타난다고 볼 수 있다.

고대의 원시적인 사냥꾼은 수풀 속에 있는 미지의 존재에 잔뜩 겁을 먹고는 마을로 돌아와 그 미지의 악령, 두려운 존재를 흉내 내면서 설명한다. 이런 실연은 미지의 대상을 행동으로 구현하는 동시에 표상하는 것으로, 대상의 본질에 대한 기초적인 가설이다. 아니면 사냥꾼은 미지의 대상을 그림이나 형상으로 만들어 그때까지는 단순히 행동 차원의 충동에 불과했던 것에 구체적인 형태를 부여할 수도 있다. 미지의 대상은 다른 방식으로는 이해될 수 없을 때 먼저 상징적으로 독립된 인격체로 나타나고 이후에 (비유의 탈을 쓰고) '마치' 하나의 인격체인 것처럼 등장한다. '콤플렉스'가 '의인화'된다는 증거는 무수히 많다.[285] 이런 유형의 '콤플렉스'는 수세기에 걸쳐 수많은 개인이 탐구하고 창조적 노력을 기울인 결과, 문화라는 의사소통망 안에서 결합되어 구축된다고 볼 수 있다.

이런 방식으로 아주 오랜 기간에 걸쳐 상상 속의 '초개인적' 영역은 '영Spirits'들로 가득 차게 된다. 융은 이런 '영'들이 차지하고 있는 공간을 '플레로마Pleroma'[286]라고 불렀다. 플레로마는 그노시스파의 용어로 인간의 기억 속 주관적 경험 세계라고 설명할 수 있다. 현대 기억 이론의 관점에서 보자면 일화적 세계라고도 할 수 있다. 하지만 매우 독특한 환경에서 집단적으로 목격한 표상들도 플레로마에 속한다. 예컨대 세르비아-보스니아 전쟁이 발발하기 전에 유고슬라비아에서 목격된 성모 마리아의 발현이나 냉전 기간에 목격된 '외계 비행선'이 그러하다. 플레로마는 천국과 지옥이 존재하는 공간이며, 플라톤이 말한 이데아가 존재하는 '초세계적' 장소이고, 꿈과 환상의 무대이다. 이것은 객관적 (혹은 기억 속) 시공간[287]과 마찬가지로 사차원 구조로 이루어져 있지만, 그 범주와 시간성은 매우 모호하다. 플레로마에 사는 '영'들은 '자연적' 조건에서는 주체와 객체, 정서적 특성과 감각적 특성이 미분화된 상태로 혼재하는 '신적 존재'이며, 수많은 사람들의 노력으로 의인화된 표상이다. 이 말인즉 이런 표상이 사상과 마찬가지로 하나의 사회 계약으로서 역사적이고 생물학적인 기반을 갖추고 있으며, 이 상상 속 공간에 사는 영들은 그 상상의 '주체인' 개인에 의해 창조된 허구가 아니라는 의미이다. 악마는 어떤한 사람의 그리스도인이 만들어 낸 존재가 아니다. 그보다는 악마라는 존재 혹은 그리스도라는 인물이 개인의 통제 범위를 완전히 초월한[288] 초개인적, 사회적, 역사적인 과정에서 만들어졌고, 그 결과 해당 그리스도인을 비롯한 모든 그리스도인의 마음속에 자리 잡았다고 말하는 편이 더 정확할 것이다. 마찬가지로 아이들의 상상 속 괴물 역시 아이가 만들어 낸 존재라고 볼 수 없다. 괴물은 어른들의 일상적인 말이나 아이가 목격했지만 이해할 수 없는 행동 양식 혹은 갑자기 불쑥 일어난 정서나 동기, 책과 텔레비전, 극장에서 접한 상상의 산물에서 비롯되어 아이들의 상상 속에서 자라나고 주관적으로 경험된다.

탐험된 영토를 벗어난 사건이나 경험은 위협이자 기회인 미탐험 영토에 저절로 자리 잡는다. 그렇지만 '아직 범주화하지 못한 모든 사건'을 모아 놓은 범주는 미지의 사건과 유사한 정서를 유발하면서, 동시에 부분적으로나마 이해 가능한 사건들을 비유적으로 적용하여 모형화할 수 있다. 예를 들어 위협이나 기회를 암시하는 어떤 사건은 특성이 유사한 다른 사건이나, 생소해서 두려움과 희망을 동시에 불러일으키는 대상과 쉽사리 연관된다. 이런 경험은 탐색 결과로 대상이 익숙해지기 전까지는 유사한 정서와 행동을 이끌어 내기 때문이다.[289] 진화의 역사에서 오랜 기간 존재해 온 변연계는 그 나름의 분류 방식을 갖추고 있다. 이는 미탐험 영토에서 경험하는 정서나 자연스럽게 취하는 행동에서 드러난다.[290] 새로이 맞닥뜨린 대상 중 두려움이나 무지로 인해 일부러 혹은 어쩔 수 없이 회피한 것들은 개인의 능력이나 문화의 분류 체계 바깥에 남은 것들과 연관된다. 두려움을 불러일으키는 대상은 모두 지하 세계에 속한 존재의 일부분으로 주관적으로 간주된다. 그렇다면 이 존재는 과연 무엇일까?

미지는 만물을 둘러싸고 있지만 가능성으로만 존재하며, 앞서 살펴본 바와 같이 우로보로스의 형태로 표상된다. 우로보로스가 해체되고 분화한 결과로 만물이 생겨났고, 그렇게 생겨난 만물에는 무질서나 예측 불가능성도 포함되는데, 이는 탐험된 영역의 반대말이라 할 수 있다. 이렇게 비교적 좁게 정의된 무질서 영역, 다시 말해서 하나의 가설적 총체가 아니라 실제로 경험된 미지는 여성이자 위대한 뱀의 딸이며 모든 확실한 존재의 모체로 그려진다. 위대한 어머니는 혼돈의 뱀이 내세운 대리인으로서 속세의 영역에서 뱀을 대변한다. 그 배후에는 혼돈의 뱀이 도사리고 있으며, 위대한 어머니는 흔히 뱀과 같은 파충류와 같은 특성(물질적)과 새와 같은 특성(정신적)을 함께 보인다. 우로보로스와 위대한 어머니의 관계는 그림 22에 나타나 있다.[291] 위대한 어머니의 화신 비너스는 풍요와 사랑의 여신이다. 날개 달린 어머니는 '영혼'이자 '대지'이다. 날개는 뱀의 형상으로 대체되기도 하는데, 이때 위대한 어머니는 대지(그리고 변형이라는 사상)와 더 깊이 연계된다. 한 예로 위대한 어머니를 둘러싼 후광은 만돌라 혹은 '물고기 부레'라고 불리는데, 흔히 중세 후기나 르네상스 미술 작품에서 그리스도나 마리아를 감싸고 있는 타원형 후광으로 나타나지만 역사 시대 이전부터 만물의 근원을 나타내는 성적(상징적) 표상으로 쓰였다.[292]

우로보로스와 위대한 어머니의 표상은 서로 겹치는 부분이 많다. '원형을 이루고 있던 혼돈'과 '질서의 반대말로서 정의된 혼돈'은 구별하기가 어렵기 때문이다. 앞서 말한 '혼돈의 두 영역'과 같이 서로 구별되는 특성이 없는 두 대상은 구별하기가 쉽지 않다. 하지만 우로보로스와 위대한 어머니의 차이는 그 유사성을 아는 것만큼이나 중요하다. 미지가 등장할 가능성과 실제로 경험된 미지는 가능성과 현실만큼이나 커다란 차이가 있다. 엘리아데는 노자를 인용해 이 두 범주를 구분한다.

우주 창조 신화 중 또 다른 편(제25장)에서는 도를 이렇게 일컫는다. "도란 본디 하늘과 땅보다 먼저 출현한 불가분의 완벽한 존재이다. ……가히 그것은 세상의 어머니라 하겠으나, 나는 그 이름을 알지 못하니 도라고 하겠다. 그래도 반드시 이름을 지어야 한다면 그 이름은 '어마어마하다大'라고 해야 할 것이다." '불가분의 완벽한' 존재는 기원

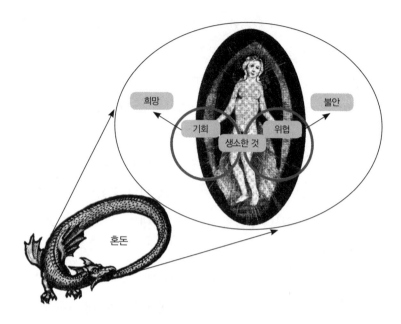

그림 22. 생소한 대상, 위대한 어머니, 우로보로스의 딸

전 2세기의 주석자에 의해 다음과 같이 해석된다. "하늘과 땅의 신비로운 합일은 다듬어지지 않은 덩어리로 무질서하게 이루어진다." 그러므로 도는 원시 그 자체이며, 존재하여 만물을 생성하지만 형체도 이름도 없는 것이다. 그는 말한다. "이름이 없을 때에는 하늘과 땅의 근원이요, 이름이 있으면 만물의 어머니이다."[293]

가능성으로 존재하는 미지는 사물 '그 자체'이다. 이와 달리 특정 주체가 특정 상황에서 마주한 미지는 '만물의 모체'이며, 탐색과 범주화 과정을 거치고 나면 '코스모스'를 구성하는 정보의 근원이 된다.

노자는 이 둘을 명확히 구분하기 위해서 다음과 같이 썼다.

계곡의 신은 불멸이라. 그는 신비로운 여인이요. 이 여인의 문은 하늘과 땅의 근원이니라."[294]

대개 미지는 여성으로 표상된다. 그 이유는 여성의 생식기가 은밀하게 숨겨져 있고 탐험되지 않은 영역이기 때문이다. 또한 생산의 기능이 있는 데다 '미지의 세계나 창조의 근원'으로 가는 '문' 역할을 하는 까닭에 미지의 세계라는 '장소'와 쉽게 연결된다. 낯선 대상과 여성은 '저 너머의 초월적' 세계로 난 창문이라는 점에서 메타포와 범주를 공유한다. 여성은 자연의 요구에 부응하는 한 단순히 자연을 상징하는 모형이 아니며, 상상뿐 아니라 현실에서도 신성한 자연이다. 여성은 그야말로 생물학적 존재의 모체이며, 그렇기 때문에 만물의 기원을 상징적으로 나타내기에 적절한 존재이다. 여성의 몸은 일상적 경험과 만물을 낳는 총체가 만나는 '경계'를 이룬다. 아기는 어머니에게서 태어난다. 이와 같은 직접적인 관찰에 기초한 가정은 각개인이 어디서부터 비롯됐는지를 잠정적으로 설명해 준다. 기원은 그 자체로 어머니와 같이 본질적으로 형언할 수 없는 특성을 띠며, 또 어머니의 특성뿐 아니라 광석들이 '자라고 성숙하는' 동굴이나 농작물이 자라는 대지와 같이 쉽게 이해할 수는 없지만 기원으로 파악되는 다른 공간의 특성도 가지고 있다. 만물의 모체는 우리가 경험한 어머니처럼 무언가 여성적인 것이며, 한없이 생명을 품고 새로워지는 것이고(어머니 같고 처녀 같으며), 풍요로운 것이기 때문에 여성성 그 자체이다. 사물은 어딘가에서 비롯된다. 만물에는 그 기원이 있다. 인간과 어머니 자연과의 관계는 아기와 어머니 사이의 관계와 닮았다. 어쩌면 아기와 어머니 사이의 관계가 인생과 세계 사이의 관계와 닮았다고 말하는 편이 더 정확할지도 모르겠다.

우리가 맞닥뜨릴 가능성이 있는 미지는 여성적이며 양가적인 특성을 띤다. 만물의 위대한 어머니이자 무서운 어머니는 한없는 가능성을 품고 있지만 매우 위험한 존재이다. 새로운 정보를 얻으려면, '코스모스'와 경험의 주체가 창조되려면 반드시 미지를 맞닥뜨려야 한다. 하지만 그 결과가 어떨지 미리 알 도리는 없다. 새로운 정보는 인생에 도움이 될 수도, 인생을 파괴할 수도 있다. 여성성은 새롭고 위험한 것과 같은 정서가를 공유하기 때문에 여성은 미지의 메타포로 쓰인다. 경험 세계에서는 무언가를 창조하는 과정에서 또 다른 무언가를 파괴하거나 변형시키는 일이 동시에 일어나기 때문이다.[295] 배아가 발생하는 과정은 곧 피가 형태를 바꾸는 과정이다. 태아는 어머니의 '피'로부터 자라난다. 출산 역시 충격적이고 고통스러우며 위험하고 두려운 과정이어서, 여기서도 창조, 변형, 파괴라는 자연의 주제가 나타난다. 생애 초기부터 자양분은 죽음의 공포와 불가분의 관계에 있다. 피가 모유로 바뀌는 과정에서 어머니가 곧 아기를 위한 음식이 되기 때문이다. 또 자연이 여성인 이유는 성인이 생물학적 현실에 예속되듯이 아기가 어머니의 자비와 변덕에 예속되기 때문이다. 아기는 본능적으로 어머니와 관계를 맺고 어머니의 관심을 끌어낸다. 초기 발달 단계에서 세계에 대한 인간의 첫 경험은 세계 그 자체인 어머니에 대한 경험이다(실제로 심리 발달이 심각하게 저하된 사람에게 '세계'는 결코 '어머니'를 넘어서는 것으로 발전하지 않는다.[296] 더 나아가 개체발생학적으로 개인의 발달 과정에서 어머니와 아이가 보여 주는 공생 관계는 인류의 계통발생학적 발달 과정에서 인류가 대지나 바다와 맺어 온 의존적 관계와 유사하다. 문화가 수립되기 이전의 시대로 거슬러 올라가는 이러한 고대의 유아기적 상황은 인류가 두려움, 존경, 희망, 사랑, 감사를 품는 모성적 대상이 경험 그 자체로 추상화되면서 되풀이되어 나타난다.

위대한 어머니가 지닌 위협적인 특성은 불안감을 조성하는 장소나 동물, 몸짓, 표정, 사물 등 여러 가지 상징적 표상으로 나타난다. 이런 상징적 요소들은 객관적인 '온전한 집합'의 관점에서는 서로 다르지만, 예측 불가능한 존재에 내재된 위험을 상징한다는 점에서는 똑같다. 위대한 어머니(미탐험 영토)는 어둠이자 밤의 혼돈이고, 벌레, 뱀과 파충류의 세계이며, 상처 입은 몸, 분노에 찬 얼굴과 공포에 질린 얼굴과 같이 인간이 흔히 마주하거나 상상하는 두려운 경험의 총집합이다. 이런 대상들을 포함하는 역동적인 콤플렉스는 미지의 존재를 섬세하고 정확하게 이미지화하며(깨무는 독사, 타오르는 불, 쏘는 전갈, 거미가 친 함정의 특징을 동시에 가진 것), 끊임없이 죽음과 해체와 파괴를 일으키면서 창조하는 자연의 변형 능력을 가장 적절하게 표상한다. 말로 설명할 수 없는 두려운 경험은 상상 속에서 공포를 불러일으키는 영혼으로 그려진다. 불안한 사건이라는 옷을 입고 현실에 등장하는 이 영들은 우리가 아직 행동 차원에서 적응하거나 관념적으로 이해하지 못했지만 정서적으로 무시할 수 없는 경험에 형태를 부여한다. 이런 영들의 '성격'은 이해할 수 없고 견디기 어려운 정서가로 나타나며, 일상적인 삶의 영역에 통합될 수 없는 강렬한 정서 경험의 장의 표상으로 우리 생각과 행동을 사로잡는다.

오늘날에 이르러 고대의 상징이나 과거의 신으로 설명되는 것들은 원초적이며 독립적인 인격의 발현으로 간주해도 무방하다. 즉 정서가나 기능이 유사한 현상들이 의례나 상상 속에서 하나로 통합되어 나타난 '화신'으로 볼 수 있다는 말이다. 이 같은 인격체(신)들은 시간이 흘러 인간의 적응 능력이 지속적으로 확장된 결과, 정서적이고 관념적인 관련성을 잃으면서 처음보다 덜 복잡하고 더 확실한 경험의 측면들로 '분화'되었다. 처음에 이 '표상으로서의 인격체'들은 이해하기 어려운 (하지만 인간사에서 종종 일어나는) 비극을 경험한 위인들의 창조적이고 보상적인 경험 속에서 모습을 드러냈다. 이러한 인격체가 구체화되어 예술 작품이나 흥미로운 이야기 속에 나타나면, 그 존재는 동료 인간들의 주의를 끌고 매혹과 경외감을 불러일으킨다. 이 같은 작품이 수세기에 걸쳐 문화 안에서 가다듬어지면, 초월적 힘을 지닌 초개인적 신들의 존재가 정교해지고, 이 신들은 인류의 집단적 상상력 속에 정의된 공간에 살면서 신화에 나타나듯 비합리적인 영혼의 명령에 따라 행동한다.

이런 표상들은 살아 있는 심상으로, 아직 분명히 알 수 없고 부분적으로만 알려진 모든 것에 관하여 설명하면서, '의식 수준'에서 이해할 수는 없지만 그렇다고 무시하면 위험한 경험으로 우리를 인도한다. 경험의 주체인 인간은 유한하기에, 자연의 무한한 미지나 존재의 기반을 정확히 표상하기란 쉽지 않다. 미지는 만물의 모체이며 모든 생명이 나오고 되돌아가는 곳이다. 미지는 개인의 정체성과 문화의 배후에 도사리고 있으면서 인간의 모든 행동과 지식, 정체성을 끊임없이 위협하고 생성한다. 우리는 미지를 고려하지 않을 수 없다. 문제에 대한 해결책이 곧 수많은 새로운 문제를 일으키기 때문이다.

미지는 인간의 영원한 적수이자 가장 좋은 친구이며, 우리의 행동 양식과 표상 틀에 끊임없이 도전하면서 우리가 더 깊어지고 더 높이 올라가도록 동기를 부여한다. 미지의 자연은 역설적이며 거대한 힘으로 우리를 동시에 양쪽으로 끌어당긴다. 허기는 자기를 보존하려는 욕구이지만, 살아 있는 생명체로 하여금 서로를 게걸스럽게 먹어 치우게 하고 사냥꾼으로 하여금 사냥감을 무자비하게 사냥하게 한다. 성욕은 개인의 의지를 종을 보존하려는 욕구에 가차 없이, 때로는 비극적으로 굴복시켜 인류가 끊임없는 고통과 변화와 죽음 속에서 명맥을 이어가게 한다. 인생은 무자비한 순환 속에서 생성되었다가 소멸하기를 반복하고, 그 순환의 고리 속에서 개인은 자신의 이해나 통제 수준을 넘어선 힘에 휘둘린다. 생존 욕구는 살아 있는 모든 존재에 스며들어 풍요와 쇠퇴가 끝없이 되풀이되는 과정 속에서 통제할 수 없는 충동과 끔찍한 악행을 일으킨다. 인간 경험의 가장 기본적이고 근본적이며 필수적인 측면은 동시에 가장 위험하고 용납할 수 없는 측면이 되기도 한다.

'대상'은 과학의 관점에서 보면 이것 아니면 저것이다. 반대로 위대한 미지인 자연은 같은 시공간 속에서 이것이면서 동시에 정서의 측면에서 정반대인 저것이 된다. 신화적 상상은 새롭고 원초적인 현상을 정확하게 파악하기 위해 대상을 명확히 분별하는 능력을 기꺼이 희생하며, 인간의 발달 단계에서 유용한 다리가 되어 준다. 그러므로 고대 자연의 화신들은 이성적으로는 양립할 수 없는 속성들이 상징적으로 결합된 모습으로 나타난다. 이들은 본질적으로 여성성을 띠는 괴물로 나타나서 동물과 인간, 창조와 파괴, 경험의 탄생과 종식을 동시에 표상한다. 여성성에 관한 종합적이고 유용한 책을 펴낸 분석 심리학자 에리히 노이만Erich Neumann은 다음과 같이 말했다.

> 의식의 초기 단계에서는 이 원형의 누미노제(즉 정서가)가 인간의 표상 능력을 넘어서기 때문에, 처음에는 거기에 아무런 형태가 부여되지 않는다. 그러다가 이후에 이 원초적 원형이 인간의 상상 속에서 형태를 취하면, 그 표상은 흔히 괴물이나 인간이 아닌 모습으로 그려진다. 이 단계에서 이 원초적 원형은 그리핀, 스핑크스, 하피와 같이 여러 동물이 합쳐지거나, 동물과 인간이 합쳐진 비현실적 형상, 남근이나 수염이 달린 어머니처럼 기괴한 모습을 하고 있다. 의식이 여러 현상을 일정한 거리를 두고 보며 섬세하게 반응하고 분리하고 구별할 줄 알게 되어야만, 이 원초적 원형에서 흔히 뒤섞여 나타나는 상징들이 하나의 원형 혹은 관련된 원형들의 집단을 특징짓는 여러 상징의 무리로 나뉘고, 그 결과 그것을 알아볼 수 있게 된다.[297]

태고의 위대한 어머니가 갖는 무시무시한 특성은 다양한 방식으로 표상되고 상징되지만 그 표상과 상징 들이 표현하는 실상과 핵심 사상은 금세 알아차릴 수 있다. 노이만은 다음과 같이 썼다.

> 이 형상들은 섬뜩할 정도로 서로 닮았다. 그것이 해골이든, 뱀이나

하마의 머리든, 인간을 닮은 얼굴이든, 뱀, 사자, 악어, 인간이 합쳐진 몸에 두 개의 석도石刀로 이뤄진 머리든, 그 끔찍한 형상들은 우리를 멈칫하게 한다. 이 같이 두려운 경험은 너무나 비인간적이고 초인적인 성격이 강해서 인간은 오직 환상을 통해서만 그 형상을 그려 볼 수 있다. 하지만 이 모든 형상들이 단지 여성을 나타내는 심상일 뿐 아니라 구체적으로 명확하게 모성을 나타내는 심상임을 잊어서는 안 된다. 삶과 죽음, 탄생과 사멸은 늘 근원적으로 깊이 연관되어 있기 때문이다. 바로 이런 이유로 무서운 어머니는 곧 '위대한' 어머니이기도 하다. 하마, 악어, 사자, 여성이 하나로 합쳐진 모습으로 그려지는 수태한 괴물, 타우르트도 무서운 어머니이자 위대한 어머니로 불린다. 타우르트도 생명을 앗아가는 동시에 보호한다. 하토르도 이와 섬뜩하리만치 닮아 있어서, 선한 암소의 여신이지만 하마의 형상으로 나타날 때는 저승의 여신이기도 하다. 긍정적인 특징을 지녔지만 전쟁과 죽음의 여신이기도 한 것이다.

후대에 부계적 가치가 발달함에 따라,[298] 곧 태양신이나 빛의 신과 같은 남성 신들이 등장함에 따라 여성성의 부정적 측면은 수면 아래로 가라앉았고 오늘날에는 원시 시대 사료나 무의식의 내용물에서만 찾아볼 수 있다. 따라서 타우르트, 하토르, 이시스, 네이트와 같이 무서운 여신들의 모습은 이제 '덧칠된' 그림 속에서 재구성할 수 있을 뿐 직접 볼 수는 없다. 사후 심판에서 유죄 선고를 받은 영혼들을 집어삼키는 괴물 암미트(아만)만이 타우르트의 무서운 측면에 견줄 만하다. 암미트는 다음과 같이 묘사된다. "그녀는 몸 앞쪽은 악어, 뒤쪽은 하마, 중간은 사자의 모습을 가지고 있다." 수많은 가슴에서 여성성과 동물의 어미 같은 특성이 확연히 드러나지만, 무시무시한 칼을 들고서 사자死者들의 영혼이 통과해야 할 지하 세계의 문을 지키는 모습에서는 괴물의 특성이 잘 드러난다.

암미트는 한밤중 지하 세계에서 벌어지는 사후 재판을 견디지 못한 영혼을 집어삼킨다. 하지만 오시리스와 호루스 교가 비의를 통해 원래 파라오에게만 약속했던 영혼의 재생과 부활을 모든 사람에게 약속하게 되자 암미트의 역할은 점차 경시되었다. 누구나 사후에 사제가 일러 주는 대로 태양의 길을 확실히 따라갈 수 있다는 확신이 암미트가 표상하던 원시적 공포를 덮은 것이다. 하지만 원래 암미트는 멜라네시아 섬의 원시 부족이나 멕시코의 상류 문화와 같은 모계 문화권에서 자신이 낳은 생명을 회수해 가는 무서운 조상신이었다.[299]

무서운 어머니는 우리 개개인을 극도로 몰아붙이고 위협하는 존재이다. 불안과 우울 그리고 심리적 혼돈의 여신이며, 고통과 죽음의 여신이다. 상상할 수 있는 최악의 공포이며, 저 너머에 있는 공포의 근원이다. 무서운 어머니는 언젠가 죽을 수밖에 없는 인간의 나약함을 드러내고 이용한다. 역설적이게도 죽음이라는 희생을 대가로 생명의 지속을 보장하며, 생존을 확실히 보장하지 않은 채 화해를 요구한다. 무서운 어머니는 구원의 가능성과 인간의 실존적 문제를 상징한다. 뜻하지 않은 의식의 확장으로 혹은 의식의 수축과 그에 따른 죽음으로 인간을 몰아간다.[301] 위대한 어머니는 밀고(확실한 죽음) 당기며(구원의 가능성) 인간의 의식과 자의식의 발달을 촉진한다. 미지는 곧 죽음이기에 경험 세계가 완전히 익숙해지게 될 가능성은, 더 정확

그림 23. 파괴적 어머니로서의 미탐험 영토[300]

히 말해서 인간이 경험 세계에 완전히 적응할 가능성은 전혀 없다. 그래서 인간은 결코 불안을 벗어 버리지 못하는 동물이다.

따라서 대지의 자궁은 생명을 집어삼키는 지하 세계의 입이다. 수태한 자궁, 생명을 보호하는 대지와 산 속의 동굴 옆으로는 지옥의 심연이, 깊고 어두운 구멍이, 무덤과 죽음의 집어삼키는 자궁이, 빛 없는 어둠이 그리고 무無가 입을 벌리고 있다. 지상의 모든 생명과 살아 있는 존재를 낳은 이 여성은 바로 그 모든 것을 회수해 가는 존재이기도 하다. 그녀는 희생자를 추격하여 덫과 그물로 낚아챈다. 질병과 기아, 역경, 무엇보다 전쟁은 그녀의 조력자이며, 민족을 불문하고 전쟁과 사냥의 여신은 남자들의 삶을 피로 물들인다. 이 무서운 어머니는 자기 자식을 집어삼키고 그 사체로 풍요로워지는 굶주린 대지이며, 호랑이이자 독수리, 독수리이자 관이고, 인간과 짐승의 피의 씨앗을 게걸스레 핥고 살을 먹는 석관石棺, 한때 품었던 씨앗에 질려 그것을 새로운 탄생으로 내몰았다가 죽음으로, 몇 번이고 또 다시 죽음으로 내던지는 석관이다.[302]

여성성의 끔찍한 측면은 키메라, 스핑크스, 그리핀, 고르곤과 같이 이질적이지만 서로 연관된 자연의 특성이 하나로 연합된 형태로 표상된다(자연은 본능적으로 공포와 경외감을 불러일으킨다). 고르곤이나 고르곤의 '자매' 격인 표상들은 세계 곳곳에서 흔하게 발견된다.[303] 섬뜩한 해골로 머리를 장식한 아즈텍의 코아틀리쿠에는 죽음과 해체의 여신으로 희생 제물을 요구한다. 무서운 어머니는 고대 크레타 섬에서는 뱀의 여신으로 신성시됐고, 로마에서도 숭배됐으며, 오늘날에도 발리와 인도에 여전히 존재하고 있다. 힌두교 여신인 칼리(그림 23)는 거미처럼 여덟 개의 팔을 가지고 손마다 창조의 도구나 파괴의 무기를 든 채 해골로 만든 왕관을 쓰고 불타는 거미줄에 앉아 있다. 가슴은 뾰족한 남근의 형태를 띠며 눈은 상대를 공격적으로 노려본다. 허리에는 고대로부터 괴력과 변형과 재생을 상징하는 뱀이 휘감겨 있다. 칼리는 성인이 된 인간을 집어삼키는 동시에 낳는 존재이다. 그리스의 괴물 메두사는 머리카락이 뱀으로 이루어져 있고 얼굴이 너무 흉측해서 제아무리 강인한 사람이라도 흘깃 보는 것만으로도 공포에 질려 영원히 돌이 된다. 메두사는 자연의 놀라운 생식력과 냉혹한 인명 경시를 동시에 구현했던 초기 여신들이 퇴화한 후기의 잔재로 보인다.

앞서 뇌가 미지의 대상에 어떻게 반응하는지 신경심리학적으로 설명했다. 하지만 신화에서 미지를 어떻게 표상했는지도 살펴볼 필요가 있다. 위대한 동시에 무서운 어머니의 형상을 살펴보면 과연 문화가 무엇으로부터 우리를 지켜 주고 있는지 이해할 수 있다. 우리 머릿속을 사로잡는 공포와 그 공포를 낳는 존재들은 문화에서 공유되는 행동 양식과 해석의 틀이 만들어 낸 익숙한 세계에 가려져 있다. 이런 문화의 '벽'이 소기의 목적을 지나치게 잘 달성할 때 인간은 자신이 지극히 나약한 존재라는 사실을 쉬이 잊어버린다. 우리가 문화의 벽을 세우는 까닭 역시 이 때문이기도 하다. 하지만 조상들이 만든 무시무시한 형상들을 주의 깊게 살피고 그 진가를 제대로 파악하지 못하면, 인간이 왜 그토록 문화와 신념과 행동 양식을 유지하려고 발버둥치는지 이해하기 어렵다.

무서운 얼굴로 나타난 위대한 어머니는 부모가 곁에 없을 때 아이를 울게 만드는 존재이며 밤에 숲길을 걷는 여행자들을 할퀴는 가지이다. 전시에 강간이나 대학살 같은 잔혹 행위를 부추기는 무시무시한 힘이며, 두려움이나 죄책감 없는 공격 행동과 책임감 없는 성행위, 연민 없는 지배, 공감 없는 탐욕이다. 프로이트가 말한 본능이며, 미지와 치명적 공포로 물든 무의식이자, 아기 고양이 사체에 달려드는 파리 떼이다. 밤에 불쑥 나타나 할퀴고 깨물고 소리치고 울부짖는 모든 존재이다. 배 속 아이를 유산시키는 어머니이며 죽은 태아이다. 역병을 낳는 존재이며 전염병이다. 해골에 섬뜩한 매력을 부여하는 존재이며 해골 그 자체이다.

무서운 어머니를 가리고 있는 덮개를 벗기려면 우리는 광기에 사로잡힐 위험을 감수해야 한다. 그것은 마치 심연을 들여다보고, 길을 잃고, 억눌러 왔던 트라우마를 떠올리는 것과 같다. 무서운 어머니는 아동 성추행자, 골렘, 귀신, 늪지의 괴물, 산 자를 위협하는 부패하고 창백한 좀비이다. 악마를 만들어 낸 장본인이며 '낯선 혼돈의 아들'이다. 뱀이고 이브이며 유혹하는 여자이다. 팜 파탈이고 옥의 티이며, 발견되지 않은 암과 만성 질환, 메뚜기 떼, 가뭄, 오염된 물이다. 성적 쾌락을 미끼로 세계가 자손을 낳고 삶을 지속하게 하는 힘이며 살아 있는 자의 피를 먹고 사는 흡혈귀이다. 허물어지는 댐 위로 무섭게 밀려오는 물, 깊은 바다에 사는 상어, 깊은 숲에서 번뜩이는 눈, 알 수 없는 동물의 울음소리, 불곰의 발톱, 광기 어린 범죄자의 미소이다. 위대하고 무서운 어머니는 공포 영화와 블랙 코미디마다 주연으로 등장한다. 늪에서 먹이를 기다리는 악어처럼 무지한 자들을 가만히 기다린다. 결코 통달할 수 없는 삶의 신비이며 우리가 물러설 때마다 더 위협적인 존재가 된다.

꿈에 외할머니가 나왔다. 수영장 끄트머리에 앉아 계셨는데, 거기에는 강이 흐르고 있었다. 외할머니는 꿈에서도 현실에서와 마찬가지로 치매로 의식이 혼미한 상태셨다. 음모가 두껍게 엉킨 그녀의 음부가 흐릿하게 드러나 있었다. 외할머니는 넋이 나간 듯 자기 몸을 두드리고 계셨다. 그러다 마치 예술가가 쓰는 커다란 붓처럼 자기 음모를 한 움큼 움켜쥐고 내게로 다가왔다. 그러고는 음모를 내 얼굴에 갖다 댔다. 나는 그 손을 피하려고 여러 차례 팔을 들어 올렸지만 할머니를 다치게 하고 싶지도, 더 이상 방해하고 싶지도 않아서 결국 할머니 뜻대로 하게 두었다. 할머니는 그 붓 같은 음모를 내 얼굴에 살며시 갖다 대고는 아이처럼 말씀하셨다. "부드럽지 않니?" 나는 할머니의 망가진 얼굴을 들여다보며 말했다. "네, 할머니, 부드러워요."

할머니 등 뒤에서 늙은 북극곰이 나타났다. 곰은 할머니 오른편에 그리고 내 왼편에 섰다. 우리 모두는 수영장 가장자리에 서 있었다. 곰은 자그마한 개가 늙듯이 늙어 있었다. 눈도 잘 보이지 않는 듯 비참해 보였고 종잡을 수 없이 행동했다. 곰은 마치 작고 못된 개들이 물기 직전처럼 나를 향해 으르렁거리며 머리를 흔들어 댔다. 곰이 발톱으로 내 왼손을 움켜쥐었고 나는 곰과 함께 수영장으로 떨어졌다. 그때 수영장은 수영장이라기보다는 강처럼 보였다. 나는 오른손으로 곰을 밀치면서 소리쳤다. "아빠, 어떻게 해야 돼요?" 내가 도끼를 쥐고 곰의 뒤통수를 여러 번 내리치자 곰이 죽었다. 곰은 물속에서 축 늘어졌다. 나는 곰을 수영장 위로 끌어내리려고 했다. 사람들이 도와주러 오자 내가 소리쳤다. "이건 나 혼자 해야 할 일이에요!" 나는 마침내 곰을 물 밖으로 끌어내고 수영장 밖으로 걸어 나왔다. 아버지가 다가와 내 어깨에 팔을 두르셨다. 나는 기진맥진했지만 만족스러웠다.

미지는 결코 사라지지 않는다. 미지는 영원히 인간의 경험에 남아 있는 구성 요소이다. 미지의 무시무시한 측면을 표상하는 능력 덕분에 인간은 미처 경험하지 못한 대상을 개념화할 수 있고, 이해 불가한 대상에 적절히 대처하도록 대비할 수 있다.

나는 처음이자 마지막이다.

존경받는 자이자 멸시당하는 자이며,

창녀이자 거룩한 자,

아내이자 처녀이다.[304]

　미지의 긍정적 측면은 칼리의 '쌍둥이 자매'이며, 무서운 어머니와 극명한 대조를 이룬다. 위대한 어머니는 영원한 풍요와 평화의 근원이다. '긍정적인 여성성'이자 인간이 희망을 품는 근거이다. 세계가 본질적으로 선하다는 믿음과 신념이 있어야 삶과 문화를 자발적으로 이어 갈 수 있기 때문이다. 그래서 위대한 어머니는 무서운 어머니만큼이나 폭넓고 깊이 있는 은유적, 신화적 표상을 획득했다. 만물의 모체가 갖는 유익한 측면은 영원히 수태한 '처녀'이자 구세주의 어머니로 표현되며, 인간이 겪는 실존적 문제, 고단한 노동과 비참한 고통의 문제에 끊임없이 도움의 손길을 내민다. 인간을 구원하는 지식은 미지를 마주하고 탐험하는 과정에서 나타나며 사물 안에 잠재되어 있다. 이처럼 인간을 구원하는 지식은 행동 방식에 관한 지식, 즉 지혜이며, 만물의 근원이라는 미지의 긍정적 측면과 적절한 관계를 수립한 결과로 생성된다.

　　지혜는 시들지 않고 항상 빛나서

　　언제나 지혜를 사랑하는 사람들의 눈길을 끈다.

　　그러므로 지혜를 찾는 사람들은 그것을 발견하게 마련이다.

　　원하는 사람들이 알아볼 수 있도록 지혜는 스스로를 나타내 보인다.

지혜를 얻으려고 아침 일찍 일어나는 사람들은 쉽게 지혜를 찾을 것이다.

지혜는 바로 네 문간에 와서 앉아 있을 것이다.

지혜를 생각하는 것, 그 자체가 현명함의 완성이다.

지혜를 닦으려고 깨어 있는 사람에게서는 곧 모든 근심이 떠날 것이다.

지혜는 지혜에 상응한 생활을 하는 사람을 찾아다니며

그들이 다니는 길목에서 그 우아한 모습을 나타내고

그들이 무슨 생각을 하든지 그들을 만나 준다.

지혜를 배우려고 하는 마음이 지혜를 얻는 진정한 시작이다.

지혜를 배우려는 갈망이 곧 지혜를 사랑하는 것이며

지혜를 사랑하는 것은 곧 지혜의 법을 지키는 것이고

지혜의 법을 지키는 것은 불멸의 보증을 얻는 것이며,

불멸은 하나님 곁에서 살게 한다.

그러므로 지혜를 원하는 사람은 하나님 나라로 인도된다.

「지혜서」 6장 12~20절

그래서 나는 기도를 올려서 지혜를 받았고

하나님께 간청하여 지혜의 정신을 얻었다.

나는 지혜를 홀과 왕좌보다 더 낫게 여겼고

지혜와 비교하면 재산은 아무것도 아니라고 생각하였다.

아무리 귀중한 보석이라도 지혜와 견줄 수 없었으며

온 세상의 금도 지혜에 비하면 한 줌의 모래에 불과하였고 은도 지혜에 비하면 진흙이나 마찬가지였다.

나는 건강이나 아름다움보다 지혜를 더 사랑하였으며

햇빛보다 지혜를 더 좋아하였으니

지혜의 빛은 결코 없어지지 않기 때문이다.

지혜는 나에게 모든 좋은 것을 가져다주었으며

지혜 속에는 헤아릴 수 없이 많은 재물이 있었다.

지혜가 가져다주는 이 모든 재물을 나는 즐겼다.

그러나 그 모든 것이 지혜의 소산이었음을 미처 몰랐었다.

나는 그것을 욕심을 채우려고 배우지 않았다. 이제 그것을 아낌없이
남에게 주겠다.

나는 지혜가 주는 재물을 하나도 감추지 않는다.

지혜는 모든 사람에게 한량없는 보물이며

지혜를 얻은 사람들은 지혜의 가르침을 받은 덕택으로 천거를 받아
하나님의 벗이 된다.

내가 올바로 깨닫고 그대로 말할 수 있게 해 주시며

지혜가 가르쳐 준 대로 생각할 수 있게 해 주시기를 하나님께 빈다.

하나님은 바로 지혜의 인도자이시며

현자들의 지도자이시다.

「지혜서」7장 7~15절

　지혜는 영원히 베푸는 영혼으로, 자기를 따르는 자에게 끝없는 부
를 선사하는 존재로 의인화된다. 지혜는 만물의 근원이기에 지위나
재산보다 더 귀하다. 은유적 사고에서 범주는 정밀하지 못한 특성

을 지니며 또 아주 풍부한 의미를 함축하고 있기 때문에 지혜를 귀히 여기는 태도도 곧 지혜가 된다. 따라서 만물의 근원과 그 근원에서 무언가 유익한 것을 얻으려는 태도가 하나로 융합되면서 같은 범주로 묶이게 된다. 이러한 융합이 일어나는 이유는 만물의 근원과 거기에서 확실한 지식을 이끌어 내는 희망적 태도와 탐험 행동이 근본적으로 창조력이라는 특성을 공유하기 때문이다. 현대인들은 만물의 근원을 주관적 개입의 범위를 넘어서는 '외부적'인 것으로 간주하고 희망적 태도와 탐험 행동만을 '주관적'이고 심리적인 요소(현대적 의미의 '지혜')로 간주한다. 하지만 적절한 태도를 갖추지 못한 사람에게 미지는 메마른 황무지일 뿐이다.[305] (적절한 태도의 예는 「마태복음」 7장 7~8절에 나와 있다. "구하라, 그리하면 하나님께서 너희에게 주실 것이다. 찾아라, 그리하면 너희가 찾을 것이다. 문을 두드려라, 그리하면 하나님께서 너희에게 열어 주실 것이다. 구하는 사람마다 얻을 것이요, 찾는 사람마다 찾을 것이요, 문을 두드리는 사람에게 열어 주실 것이다.") 미지에 대한 '반응'은 기대와 신념에 따라 달라진다. 예를 들어 용감하게 미지를 대면하면 지레 겁을 먹지 않게 되고 탐험 과정에서 예상하지 못한 사물을 무언가 가치 있는 것으로 바꿀 수 있다. 따라서 탐험 과정의 특징 중 하나인 무차별적인 범주화가 나름의 가치를 지니는 것이다.

인간은 탐험 결과로 얻은 익숙한 영토를 보호하고자 한다. 왜냐하면 미지의 현상에 내재된 의미가 쉽사리 위협으로 다가오기 때문이다. 하지만 미지가 위협이 될지 기회가 될지는 어떤 맥락에서 그것을 해석하느냐에 따라 달라진다. 미지를 유익한 것으로 보고 자발적으로 마주할 때는 그것이 주는 기회가 더 부각되는 경향이 있다. 반면 미지를 회피하려다 만나게 되면 그것의 위협적인 측면이 드러날 공산이 크다. 다시 말해서 우리가 이해하지 못하는 것이 존재한다는 사실을 기꺼이 인정하면 미지는 더 긍정적인 모습으로 다가온다. 반대로 미지를 거부하면 그것이 무서운 모습으로 나타날 가능성이 크다. 나는 이것이 하나님은 선하다고 힘주어 강조하는 『신약』의 핵심 메시지 중 하나라고 본다.

미지의 유익한 측면은 '자격 없는 자'에게는 주어지지 않는 영원하고 순결한 것이며, 대대로 기꺼이 나서는 자들과의 관계 속에 들어가고 하나님의 벗이 되게 한다. 미지는 또한 성경에서 '안다'라는 단어가 의미하는 것처럼 성적 상징으로 개념화될 수도 있다. 신랑이 신부와 하나가 되듯이 미지를 맞이하면, 미지는 모든 선한 것을 낳는다.

> 만물을 만드신 하나님의 지혜의 가르침을 받아서
>
> 나는 드러나 있는 것은 물론 감추어진 모든 것까지도 알게 되었다.
>
> 지혜 속에 있는 정신은 영리하며 거룩하고,
>
> 유일하면서 다양하며 정묘하고
>
> 민첩하고 명료하며 맑고
>
> 남에게 고통을 주지 않으며 자비롭고 날카로우며
>
> 강인하고 은혜로우며 인간에게 빛이 된다.
>
> 항구하며 확고하고 동요가 없으며
>
> 전능하고 모든 것을 살피며
>
> 모든 마음과 모든 영리한 자들과 모든 순결한 자들과 가장 정묘한
>
> 자들을 꿰뚫어 본다.

지혜는 모든 움직임보다 더 빠르며,

순결한 나머지, 모든 것을 통찰한다.

지혜는 하나님께서 떨치시는 힘의 바람이며

전능하신 분께로부터 나오는 영광의 티 없는 빛이다.

그러므로 티끌만 한 점 하나라도 지혜를 더럽힐 수 없다.

지혜는 영원한 빛의 찬란한 광채이며

하나님의 활동력을 비춰 주는 티 없는 거울이며

하나님의 선하심을 보여 주는 형상이다.

지혜는 비록 홀로 있지만 모든 것을 할 수 있으며

스스로는 변하지 않으면서 만물을 새롭게 한다.

모든 세대를 통하여 거룩한 사람들의 마음속에 들어가서

그들을 하나님의 벗이 되게 하고 예언자가 되게 한다.

하나님은 지혜와 더불어 사는 사람만을 사랑하신다.

지혜는 태양보다 더 아름다우며

모든 별들을 무색케 하며

햇빛보다도 월등하다.

햇빛은 밤이 되면 물러서야 하기 때문이다.

그러나 지혜를 이겨낼 수 있는 악이란 있을 수 없다.

지혜는 세상 끝에서 끝까지 힘차게 펼쳐지며

모든 것을 훌륭하게 다스린다.

나는 젊어서부터 지혜를 그리워하고 찾았으며

지혜를 아내로 얻으려고 찾아다녔다.

그 아름다움에 매혹되어 나는 지혜를 사랑하였다.

지혜는 하나님과 함께 생활함으로써 그 고귀한 가문을 나타내었으며,

만물의 주님께서 그를 사랑하셨다.

지혜는 하나님의 지식을 배워서

하나님께서 하실 일을 함께 결정한다.

현세에서 재물이 탐낼 만한 것이라면,

모든 것을 움직이는 지혜보다 더 값진 재물이 있겠느냐?

일 처리를 잘하는 것이 지능이라면

만물을 만들어 낸 지혜보다 더 큰 지능이 있겠느냐?

「지혜서」 7장 22절~8장 6절[306]

　　무서운 미지가 표상을 부르듯 유익한 미지도 표상을 부른다. 우리는 무언가에 이끌리기라도 한 듯, 모든 불확실한 사건에 가능성이 도사리고 있고 모든 신비의 심연에서 기회가 손짓하고 있다는 사실을 표상한다. 환경이 변하면서 생기는 변화는 낡고 부패한 모든 것, 살아 있는 생명을 끝없이 고통에 빠뜨리는 모든 것의 죽음을 의미한다. 또한 우리를 얼어붙게 만드는 무서운 미지는 고통받는 자들을 구원하고, 혼란에 빠진 자들을 진정시키며, 전사에게는 평화를 주고, 의문을 품은 자에게는 통찰과 발견을 허락하는 존재이기도 하다. 미지는 태우기도 하고 지켜 주기도 하는 불이며, 주기도 하고 빼앗기도 하는 영원하고 신비한 초월적 존재이다. 미지의 긍정적 측면은 가슴이 여럿 달린 그리스의 여신 아르테미스의 모습에 나타난다.[307]

　　무언가를 담고, 보호하고, 생산하는 모든 것들은 미지의 긍정적 측면을 상징하는 표상의 근원으로서 같은 범주에 속한다. 석류나 양귀

그림 24. 아르테미스의 모습에 나타난 창조적 어머니로서의 미탐험 영토

비처럼 씨앗을 많이 품는 열매는 수태를 표상하는 적절한 모티프가 된다. 돼지는 다산을 상징하며, 인도에서 신성시되는 소는 영양분의 원리를 상징한다. 조개는 외음부와 닮은 형태 때문에 생식과 다산을 상징한다. 무생물인 상자나 자루, 구유, 침대, 요람, 둥지도 무언가를 담고 지켜 주기 때문에 아이를 보호하는 '어머니'의 기능을 담당한다.[308] 의인화된 표상들, 다시 말해 선사 시대 나체 여신 조각상들은 [309] 비옥하고 풍요로운 자연의 모습을 의인화하고 있다. 개인과 사회는 이런 형상을 만들고 감상하는 과정에서 인간을 비롯한 생명체를 보호하는 자연과의 관계를 이해하게 되었을 것이다. 이런 조각상을 만든 사람들은 가슴이나 음부나 둔부와 같이 생산과 관련된 집단적,

비개인적 특성은 유난히 부각시켰지만, 자의식적이고 개인적인 특성이 드러나는 얼굴과 같은 부위에는 크게 신경 쓰지 않았다. 이런 조각상들은 몸 안에서 생명을 만들고 생명에 양분을 공급하는 여성의 심상을 빌어 생명을 담는 그릇을 표상한다.

> 생명 유지를 위한 기본적이고 필수적인 기능은 이처럼 그 '내부'를 알 수 없는 그릇─몸 도식 안에서 일어난다. 그 입구와 출구 영역에는 특별한 의미가 부여된다. 음식과 음료가 이 미지의 그릇 안으로 들어가고, 배설물과 씨앗을 내보내고 숨과 말을 내뱉는 것에 이르기까지 모든 창조적 기능을 통해 무언가가 거기서 '태어난다.' 몸에 있는 모든 구멍 (눈, 코, 입, 배꼽, 항문, 생식기)과 피부는 고대인에게 내부와 외부 사이의 교환 장소로서 신비를 간직하고 있었다. 따라서 이들 부위는 '장식' 하고 보호해야 할 곳으로 구별되었고, 인간이 예술로서 자기를 표상할 때 특별히 숭배되었다.[310]

미지는 모든 확실한 정보의 원천이며, 파괴적인 동시에 창조적인 존재이다. 위대한 어머니의 무서운 측면은 만물을 죽음으로 위협한다. 반면 그 자매인 긍정적 측면은 생명을 품고 낳는다. 위대한 어머니의 두 가지 측면은 양가적인 미지로 통합되어 있다가 분리되면서 '혼돈의 용'으로부터 나온다.

'위대한 어머니가 무서운 얼굴로 나타나지 않게 하고 그 유익한 측면이 실현되게 하는' 능력, 다시 말해서 위협을 줄이고 기회와 만족을 극대화하는 능력은 성공적인 적응의 열쇠이다. 미지의 양가적 측면을 나타내는 표상들이 존재하는 덕분에 우리는 가장 두렵고 위협적이지만 영원히 회피할 수는 없는 것들의 표상을 보고 상상이나 행동으로 미리 적응하는 연습을 할 수 있다. 오늘날의 성공적인 심리치료 기법은 근본적으로 이와 유사한 '의례(절차)'를 활용한다. 예를 들어 불안장애 치료 기법 중 하나인 '둔감화' 기법은, 내담자를 상담자의 지휘 아래 예측 가능한 환경에서 의례적으로 새로운 자극이나 위협적인 자극에 노출시킨다. 이때 상담자는 해당 자극에 대한 적절한 반응을 본보기로 보여 준다.[311] 치료 과정에서 내담자는 공포스러운 자극을 탐색하여 통제 가능하고 익숙한 대상으로 재분류함으로써 행동을 조절할 수 있게 된다. 두려운 자극을 자발적으로 맞닥뜨리는 경험을 통해서 내담자는 '자신이 두려운 대상을 마주하고 견뎌 낼 수 있다'는 귀중한 교훈을 얻는다. 내담자가 '회피하는 대상'이 트라우마라서[312] 치료 과정이 지나치게 잔인하게 보이는 경우에도 이 방법은 치료 효과를 발휘한다.

자발적으로 두려운 대상에 노출되는 경험은 모방을 통한 영웅과의 동일시를 강화하고, 용기 있게 탐험하는 정신이 언제나 위협을 이겨 낼 수 있다는 교훈을 준다. 이처럼 노출 훈련 과정에서 영웅적 행동과 사고를 모방하여 자신과 영웅을 동일시하게 되면, 그 결과로 흔히 자신감과 역량이 높아진다. 치료적 노출 과정을 통해 특정 대상을 재분류하고 대상을 맞닥뜨렸을 때의 행동을 조절하게 되면, 예전에는 두려운 미지의 영역에 있었던 것이 지식의 지배를 받는 기지의 영역으로 들어가고, 혼돈으로 '탐험된 영토'를 확장하며, '위대한 어머니'를 그 '배우자'인 위대한 아버지(문화)의 제한 아래 두게 된다.

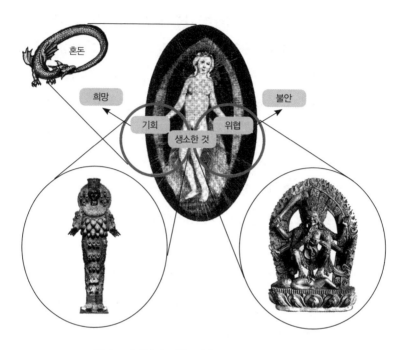

그림 25. 파괴적이고 창조적인 어머니의 천상의 가계도

이는 미지를 탐험하여 우주 창조 이전의 혼돈으로부터 '코스모스를 창조'하는 과정이며, 이 과정에서 창조하고 구원하는 말씀과의 암묵적 동일시가 강화된다.

둔감화 기법과 비유적으로 동일한 현상이지만 그보다 훨씬 더 극적이고 매우 널리 퍼져 있는 것은 희생 제의이다(어떤 통찰력 있는 작가는 이런 의례를 빗대 인간이 본질적으로 광기에 사로잡혀 있다고 주장했다[313]). 이를 살펴보면 위협을 기회로 뒤바꾸는 인간의 능력을 더 깊이 이해할 수 있다. 앞서 우리는 해석의 맥락에 따라 사물의 정서가가 달라질 수 있다는 점을 살펴봤다. 이 점은 희생적 태도의 의미를 이해하는 데 도움을 준다. 미지는 적절한 태도로 접근할 때 유익한 어머니라는 아름다운 얼굴을 드러낸다. 미지의 대상은 두렵지만 동시에 희망을 준다. 용기와 기지가 있다면 (그리고 하나님의 은총이 함께한다면) 미지는 희망적인 얼굴로 우리 앞에 등장한다. 황소의 걷잡을 수 없는 힘과 폭력성은 길들여지면 소 떼를 낳고 기르고 보호하는 역할을 한다. 불시에 폭발하며 연소하는 막대한 힘은 적절히 조절하면 안전하고 효과적인 교통수단으로 활용된다. 메두사는 용감하고 진실하며 겸손하게 나오는 자에게는 도움을 준다.

초기 종교 제의들은 미지의 화신에게로 나아가는 적절한 태도에 대한 지식에 '입각하여' 만들어지고, 인류의 적응에 큰 도움을 주었다. 원시 종교에서 관습적으로 널리 이루어진 인간 희생 제의에는 광포한 자연에 인간의 정수를 자발적으로 바쳐야 한다는 생각이 담겨 있다(희생 제의는 무서운 미지의 세계를 창조적으로 맞닥뜨리는 행위를 상징한다). 제의에 사용된 제물은 상징적으로 혹은 실제로 먹는 경우가 많았는데, 이는 불멸하는 인간의 영혼을 구현하고 영웅의 탐험 과정을 통합하는 데 도움을 주었다. 희생 제의는 발달 과정에서 희생 제물이 점차 추상화되는 방식으로 변화되었다. 하지만 그 근본 '사상'에는 변함이 없었다.

인도에서는 1871년까지도 두르가 혹은 칼리로 위장하고 나타나는 위대한 어머니를 기리는 축제[314]에서 매일 버펄로 20마리, 염소 250마리, 돼지 250마리를 도살했다. 구덩이에서 희생 제물을 도살하며 흐른 피가 땅을 물들이면 흙을 하루 두 번 걷어 내 다른 흙으로 교체하고 비옥해지도록 땅에 묻었다고 한다. 동물을 도살해서 바치는 제의는 역사적으로 비교적 뒤늦게 발달했는데, 이는 앞서 널리 시행되던 인간 희생 제의를 대체하는 의식이었다. 인도학자 하인리히 짐머Heinrich Zimmer는 다음과 같이 말했다.

> 여신이 칼리와 같이 '흉측한 측면'(고라-루파)을 드러낼 때, '어두운 자'는 끓어오르는 피로 가득 찬 해골을 입술로 들어 올린다. 그 조각상에서 여신은 피같이 붉은 옷을 입고 피바다 위를 떠다니는 배 위에 서 있으며, 여신이 요구하여 제물로 바쳐진 피, 생명의 홍수 한가운데서 그녀는 세계의 어머니(자가드-암바)로서 자비로운 현신(순다라-무르티)으로 나타나 끊임없는 출산을 통해서 존재에 새로운 생명의 형태를 부여하며, 세계의 유모(자가드-드하트리)로서 젖을 먹이고 '영양 가득한' 음식(안나-푸르나)을 준다. 자연이 각 단계마다 도움의 손길을 필요로 한다는 고대의 사상은 그 기원이 석기 시대까지 거슬러 올라간다. 사람들이 떠들썩한 의례를 행해야 달에 깃든 악령을 쫓아내고 달을 월식의 손에서 풀어 줄 수 있었다. 태양이 겨울의 쇠약한 상태에서 벗어나 새해에 높게 떠오르려면 태양을 상징하는 어린 소녀가 그네를 하늘까지 더 높이 타야 했다. 열매를 맺고 생명을 키워 내기 위해서 어머니 지구는 자신을 비옥하고 강하게 만드는 데 필요한 피 몇 모금을 요구했다.[315]

이 신비롭고도 불합리해 보이는 '희생 제의'는 실제로 서로 연관된 두 가지 핵심 사상을 극의 형식으로 실연한다. 첫째, 인간의 본질

(신성한 측면)은 끊임없이 미지에 '제물로 바쳐져야' 하며 미지의 화신인 위대한 어머니의 파괴적이며 창조적인 힘 앞에 자발적으로 나아가야 한다. 둘째, '가장 사랑하는 것'을 파괴하고 희생할 때만 미지의 긍정적 측면이 모습을 드러낸다.

첫 번째 사상은 새로운 정보가 생성되고 새로운 행동 양식이 구축되려면 미지를 자발적으로 마주해야 한다는 생각에 바탕을 두고 있다. 두 번째 사상은 부적절하거나 시대에 뒤떨어지거나 실효성이 없는 것(예를 들어 부적절한 행동 양식이나 신념)에 대한 집착이 적응을 방해하면 세계를 황무지로 뒤바꿔 놓는다는 생각에 근거한다. '부적절한 가치를 지닌 사물'에 집착하는 행위는 곧 '병든 가치 체계'(죽은 신)의 지배를 받고 영웅을 부정하는 행위이다.

한 가지 예로 풍요로운 환경에서도 비참하고 헛되게 사는 사람들이 불행을 겪는 까닭은 잘못된 '사물'에 집착하기 때문이다. 대개 불행은 미성숙하거나 완고한 사고방식에서 비롯되고, 사소한 현상에 지나치게 가치를 부여한 결과로 나타난다. 사물에 강박적으로 매달리면서 정작 자신을 자유롭게 해 줄 과정과 기회와 발상을 평가 절하하면 불행에 빠진다. 신을 달래기 위해서 '가장 사랑하는 것'을 희생하는 희생 제의는 곧 현재 적응의 틀('현 국왕')이 파괴되고 재생되면 미지의 자애로운 측면이 되돌아올 것이라는 사상을 구현한다. 예전에 가치 있게 여기던 사물과의 '동일시'를 벗어 버린 사람은 곧 미지를 마주한 것이며, '무의식적으로' 영웅을 모방한 것이다. 이렇듯 자기 정체성을 자발적으로 '벗어 버린' 사람은 이러한 희생이 진실한 경우 '새 사람'으로 다시 태어난다. 그렇지만 물론 이런 사상은 의미 없고 공허하며 잔인한 의례로 전락하기도 한다.

과거에 집착하고 영웅을 거부하며 미지를 부인하는 행위 사이에 서로 긴밀한 관계가 있다는 사실은 흔히 이야기 형식으로 설명된다 (어쩌면 이들 사이의 관계가 명시적으로 설명하기에는 너무 복잡하기 때문인지도 모른다). 지금부터 소개하려는 동화는 '무의식'이 울리는 경종에 관한 것이다. 이 이야기는 심리적 위기를 겪던 지인을 돕는 과정에서 즉흥적으로 떠오른 것이다. 그는 불필요하고 사소한 것에 집착하면서 자기 미래를 심각한 위험 속에 몰아넣고 있으면서도 그 사실을 인정하지 않았다. 나는 그에게 세상을 근시안적으로 바라보면 그 대가를 톡톡히 치를 것이라고 경고해 주려 했지만 그는 내 말을 무시했고, 적어도 단기적으로는 내가 예측한 결과를 맞이하고 말았다.

꼬끼오 꼬꼬

먼 옛날 한 사람이 멀고 험한 길을 가고 있었다. 바위를 넘고 덤불을 지나 힘겹게 걸어가고 있는데 길 한쪽에 작고 빛나는 땅의 요정이 커다랗고 검은 가발을 쓰고는 크고 흰 이를 드러낸 채 앉아 있었다. 요정은 하얀 뼈 두 개를 들고 통나무를 두드리면서 혼자 기묘한 노래를 흥얼거렸다. 작은 요정이 말했다.

"존, 뭐 하러 그렇게 열심히 일해? 뭐 하러 그렇게 빨리 걸어가? 어차피 목적지에 도달할 수 있을지 없을지 알 수도 없잖아? 이리 와 봐. 보여 줄 게 있어."

존은 길에서 벗어났다. 안 그래도 사람들이 자꾸 자기 쪽으로 나뭇가지와 돌을 던지는 통에 걷기 싫어진 참이었다.

작은 요정이 말했다. "나한테 반짝거리는 붉은 보석이 있는데 사지 않을래? 값도 싸. 이걸 좀 봐." 요정은 망토 아래서 남자가 지금까지 본 가장 큰 루비를 꺼냈다. 루비는 무게가 족히 45킬로그램은 되어 보였고 해처럼 밝게 빛났다.

"대단하지? 이건 마법의 돌이야. 그래, 얼마를 줄 텐가?"

그러자 남자가 말했다. "가진 돈이 많지 않지만 모두 주겠네." 요정이 실망한 기색을 드러내자 존이 덧붙였다. "매달 조금씩 더 낼 수도 있어."

요정은 흔쾌히 그 제안을 받아들였다. "좋아! 일단 사고 차차 값을 치른단 말이지. 괜찮은 생각이군. 할부 좋지."

존은 요정에게 가진 돈을 전부 주고 나머지는 나중에 지불하기로 약속했다. 요정은 이를 딱딱거리고 어깨를 들썩이며 낄낄거리더니 길 옆 수풀로 걸어 들어갔다. 존은 루비를 생각할수록 횡재를 한 것 같아 기분이 좋아졌다. 가벼운 마음으로 다시 길을 나섰지만 45킬로그램이나 되는 루비를 들고 가느라고 그다지 많이 나아갈 수가 없었다. 그는 혼자 중얼거렸다. "계속 가야 할 이유가 있나? 이미 원하는 걸 얻었는데. 그냥 루비를 들고 여기 서 있으면 사람들이 지나가다 보고 내가 얼마나 대단한 일을 해냈는지 알아보겠지."

그래서 존은 멈춰 섰다. 얼마 지나지 않아 한 친구가 지나다가 존이 그곳에 서 있는 모습을 봤다. 친구가 말했다. "존, 나와 함께 가지 않겠나? 막 새로운 사업을 시작했는데 도와줄 사람이 필요해서 말이야! 어서 가세! 곧 가게 문을 열 거야."

친구는 급해 보였다. 아니, 이 루비가 보이지도 않나 보지? 존은 솔깃했지만 루비를 들고 친구처럼 빨리 걸을 수도 없고, 이 보석을 어디다 두고 갈 수도 없었다. 그래서 존은 말했다. "고맙지만 나는 보석을 잘 간수해야 해서. 나중에 보세."

친구는 존이 제정신이 아니라는 듯 쳐다봤다. 하지만 갈 길이 바쁜 그는 어깨를 으쓱하고는 말했다. "알았어, 존. 나중에 보자고." 그러고는 서둘러 길을 떠났다.

조금 뒤에 다른 친구가 다가와서 말했다. "존! 여기서 만나다니 반가워! 난 다시 학교로 돌아가기로 했네. 배울 것도 많고 할 일도 많지! 세상에는 아직 해결하지 못한 문제가 아주 많다네! 함께 갈 사람이 있으면 좋겠는데, 나와 함께 가지 않겠나?"

존은 꽤 좋은 제안이라고 생각했다. 하지만 이 친구도 아주 바빠 보였다. 게다가 길가에서 보석을 들고 서 있기란 아주 피곤한 일이었고 그것만 해도 진이 다 빠졌다. 그래서 그는 친구의 제안을 거절했다. "고맙네만 나는 이 보석을 잘 간수해야 해서 말일세. 아름답지 않나? 나중에 보세."

이 친구 역시 존이 제정신이 아니라는 듯 쳐다봤다. 하지만 갈 길이 바빠서 어깨를 으쓱하고는 말했다. "잘 지내길 바라네. 나중에 보세."

많은 친구들이 왔다가 갔고 수년이 흘렀다. 보석은 점점 더 무거워져 갔지만 남자는 점점 더 보석에 집착했다. 사람들이 그 보석이 얼마나 아름다운지 알아보지 못하는 게 이상할 따름이었다. 사람들은 바삐 지나쳐 가면서 자기 계획에 대해 얘기하곤 했지만 누구도 이렇게 커다란 루비를 가지고 있지 않았고, 누구도 이렇게 커다란 루비를 가지고 싶어 하는 것 같지 않았다. 누군가 무슨 말이라도 했으면 좋겠다고, 적어도 "멋진 루비로군, 존. 나도 그런 걸 하나 갖고 싶네."라고 말해 주지는 않을까 생각했지만 그런 일은 한 번도 일어나지 않았다.

그러던 어느 날 낯선 사람이 다가왔다. 그리 나이가 많아 보이지 않은데도 허리가 구부정하고 마르고 머리가 희끗거렸다. 그는 크고 더러운 바위를 조심스레 들고서 느릿느릿 걸어갔다.

이 희한한 사람이 다가오더니 존을 쳐다보고 웃음을 터뜨렸다.

"자네는 도대체 왜 늙어 빠진 손에 그 커다랗고 못생긴 바위를 들고 바보처럼 서 있는 겐가? 제정신이 아닌 것 같군. 자네도 틀림없이 내가 들고 있는 것처럼 큰 루비를 갖고 싶은 거겠지!"

그러자 존이 생각했다. '이 불쌍한 사람이 착각에 빠져 있군. 그가 들고 있는 게 바위고 내가 들고 있는 게 루비인데!' 존이 대답했다. "저 실례지만 애석하게도 뭔가 착각하신 모양이네요. 보석을 들고 있는 사람은 바로 접니다. 길가에서 작은 요정을 만나서 샀거든요. 저는 여전히 그 값을 치르고 있습니다. 큰돈은 아니지만요! 바위를 들고 계신 건 선생님이죠!"

피곤에 찌든 낯선 사람은 화가 난 듯 보였다. 그가 말했다. "아니 무슨 수작을 부리려는 건지 모르겠지만 바위를 들고 있는 쪽은 당신이고, 보석을 들고 있는 쪽은 바로 나란 말이오. 당신이 말했던 작은 요정이 내게 이 보석을 팔았소. 요정은 그게 유일한 보석이라고 했소! 난 이걸 스무 해나 들고 있었고 그 누구에게든 절대로 넘기지 않을 거요!"

그러자 존이 말했다. "하지만 저도 이 보석을 스무 해나 들고 있었는걸요. 이게 그냥 바위일 리가 없어요!"

바위냐 보석이냐를 두고 둘은 계속 입씨름을 했다.

갑자기 작은 요정이 한 번도 거길 떠난 적이 없다는 듯 뛰쳐나왔다! 하지만 이번에는 그다지 작지 않았다. 요정은 더 크고 붉고 위협적인 모습으로 변해 있었고, 웃음소리는 마치 동전이 딸랑거리는 소리 같았다.

"어이 거기 둘, 그만 싸워! 내 이렇게 한심한 장면은 처음 보는군. 둘 다 똑같이 바위를 들고 서 있으면서 말이야. 단 일 초라도 그걸 내려놓아 보았으면 그게 바위라는 걸 알아봤을 텐데! 하기야 그래, 적어도 자네들은 성실하기는 했군. 내가 못된 장난을 쳤네. 미안하이. 그래서 말인데, 내가 자네들에게 걸맞은 상을 주고 싶은데, 언제 받고 싶은가?"

그러자 존과 낯선 남자는 열심히 고개를 끄덕였다. 마침내 상을 받는군, 그들은 생각했다.

"자네들은 아직 아무것도 못 봤네. 그 바위들을 던지게!"

존과 삐삐 마른 낯선 남자는 바위를 내던졌다. 바위는 땅에 닿는 순간 반으로 갈라졌고 그 안에서 게걸스러운 하얀 벌레들이 우글우글 줄지어 나오더니 기어와서 그들을 통째로 갉아먹었다. 그들은 몸부림치며 소리를 질러 댔다.

곧 두 사람은 다리뼈 하나씩만 남고 다 사라졌다. 작은 요정은 다리뼈를 집어 들고서 길 바깥쪽으로 걸어 나왔다. 그러고는 빈 통나무 곁에 앉아 통나무를 두드리며 기이하고 짧은 노래를 흥얼거렸다.

음식 그림 한 장이

굶주린 무리 전체를 먹이네.

인상만 선하면

사람이 건전해 보이지.

뭐 하러 길을 걷나?

뭐 하러 일을 하나?

그저 웃음을 지어 보게!

성공이란

결국

우연일 뿐!

인생은 진짜가 아니야

그것이 내가 하고 싶은 말

그렇게 살면 편하지.

게다가

대체 살고 싶은 사람이 어디 있겠어?

이 이야기 속에는 '희생이 필요하다'는 사상이 담겨 있다. 이 사상은 우리에게 익숙하지만 언뜻 그 의미를 제대로 이해하기 어려운 기독교의 성찬의례에도 깔려 있다. 더 정확히 표현하자면, 기독교의 성찬의례가 이처럼 명시적으로 표현된 관념을 행동 차원에서 미리 보여 준다고 볼 수 있다. 기독교의 영웅인 그리스도는 십자가와 무덤과 고통과 죽음과 무서운 어머니에게 자발적으로 스스로를 바친 영혼이다. 그리스도의 영혼은 무엇보다 '겸손하다'. 겸손하다는 표현이

이 맥락에서 매우 역설적으로 느껴지기는 하지만, 교만은 스스로가 전지하다는 신념인 반면 그와 반대되는 영웅의 겸손은 자신이 언제든 오류를 범할 수 있음을 인정하는 것이다. 동시에 자신에게 오류를 초월하는 능력이 있으며 자기 스스로 미지를 마주해서 잘못된 신념을 새롭게 바로잡을 수 있음을 믿는 것이다. 그러므로 영웅이 겸손하다는 말은 '도그마를 넘어선다'는 뜻이다(인간의 정신이 인간의 행동을 지배하는 법보다 '더 위대한' 것과 마찬가지이다).

성찬의례에서 그리스도의 몸은 '영원히 부활'하는 생명의 빵으로 표상되는데, 이는 인간의 모습으로 와서 죽고, 부활하고, 구원한 신의 영혼을 담는 그릇이다. 성찬식에 참여하는 사람들은 그리스도의 '몸'을 먹음으로써, 즉 그것과 통합됨으로써 영원히 죽고 부활하는 신인 그리스도와 자신을 동일시한다. 이처럼 언뜻 끔찍해 보이는 의식을 만들어 냈다는 것은, 인류가 모든 인간이 지니고 있는 인간의 영웅적 측면('말씀')을 개인으로서는 죽을 운명이지만 신화적으로는 영원하고, 미지의 위협과 기회를 비극적으로 마주할 운명이지만 창조하고 적응하고 구원하는 과정에 끊임없이 참여하는 활기찬 모습으로 추상화, 개념화했다는 의미이다.

종교의식에서 미지를 마주하면, 미지의 잔인한 측면을 달래어 자애로운 측면을 만날 수 있다. 현대적 관념으로 해석하자면, 미지의 위협 속으로 자발적으로 걸어 들어가 조심스럽고 주의 깊게 탐험하면, 행동 양식과 해석의 틀이 변화함에 따라 미지의 대상이 유용하거나 적어도 일상적인 대상으로 바뀌게 된다고 볼 수 있다. 현대인들은 이러한 '경험의 변화'를 주관적 심리 상태의 변화로 해석한다. 하지만 경험의 주체와 대상을 명확히 구분하지 못했던 실증주의 이전 시대에는 경험의 정서가에 더 관심을 기울였고, 때문에 탐험가의 용기나 대상의 자애로움 덕분에 '그 대상의 무서운 특성이 누그러졌다'고 생각되었다.

희생 제의는 인간에게 내재된 힘을 신뢰하는 영웅 사상의 초기 형태, 추상화되기 이전의 행동을 표상한 것이다. 이는 미지를 자발적으로 마주하고 가장 사랑하는 것을 희생하는 것이 (1)자애로운 여신의 등장과 (2)지속적이고 성공적인 적응의 필수 전제 조건이라는 사상을 행동으로 보여 준다. 여기서 희생된 개인을 실제로(의례적 식인 행위) 혹은 종교 의례(성찬식 등)에서 자기 일부로 받아들이는 행위는 영웅과의 동일시를 의미한다. 동일시를 통한 통합은 영웅의 본질을 체득하려는 시도이자, 공동체 구성원을 죽음과 어둠이라는 끔찍한 공포로부터 보호하고 개인과 사회를 미지가 지닌 공포로부터 보호하려는 '전의식적preconscious' 시도이다. 희생 제의는 영웅적 행위가 연극이나 이야기 속에서 추상적으로 표상되기 이전에 행동으로 표상된 것으로 볼 수 있다. 이후 '영웅적 희생'의 목적은 조금 더 추상화된 이야기 속에서 영원한 연인이자 자식인 인간에게 상을 내려 주는 자애로운 여신을 불러오기 위한 것으로 묘사된다.

인류를 구원하는 지식을 얻기 위해 스스로, 더 추상적으로는 자기 정신이 파멸할 위험을 기꺼이 무릅쓰는 인물은 적응 과정을 상징하는 원형적 인물로 간주할 수 있다. 실증주의 이전에는 이러한 '남성성'을 대표하는 인물과 파괴적이면서 창조적인 여성성으로서의 미지가 비극적으로 결합해야만 개인과 사회가 계속해서 새로워지고 재탄생할 수 있다고 믿었다. 이러한 사상은 오시리스와 호루스 신화에 담긴 사상만큼이나 위대하며, 호루스 신화에 담긴 뛰어난 '도덕적 추정'에 깊이를 더한 것이다. 기지와 미지의 신 사이에서 태어난 탐험 영웅은 미지를 용기 있게 마주하고 미지와 창조적으로 결합함으로써 기존의 '절대 지식'을 파괴하고 새로운 정보를 얻어 공동체로 돌아온 뒤 전통을 쇄신한다. 지금부터는 이처럼 더욱 온전한 이야기를 살펴보려 한다.

| 신적 아들, 인식자와 탐험 과정

> 깨어나십시오! 깨어나십시오! 힘으로 무장하십시오, 주님의 팔이여!
> 오래전 옛날처럼 깨어나십시오! 라합을 토막 내시고 용을 찌르시던
> 바로 그 팔이 아니십니까?
>
> 「이사야」 51장 9절

신화에 등장하는 위대한 혼돈의 용은 깊은 산속에 숨겨진 엄청난 보물을 지키거나 자기 은신처에 처녀 공주를 숨겨 놓은 존재로 그려진다. 혼돈의 용은 날개 달린 뱀으로 불을 내뿜으며, 지금은 분화되었지만 한때는 모든 것이 구분 없이 합쳐진 존재였다. 그는 자기가 낳은 것들을 되찾아오려고 끊임없이 음모를 꾸민다. 혼돈의 딸이자 위대하고 무서운 어머니는 우연히, 부주의하게 혹은 부적절한 태도로 자신에게 접근하는 자를 파괴하지만 자신을 사랑하고 적절하게 행동하는 자에게는 좋은 것을 모조리 내어 준다. 혼돈의 아들이자 위대하고 무서운 아버지는 자신이 낳은 아들을 부수고 집어삼키려 한

다. 그는 모든 인생의 전제 조건이지만 동시에 발전을 가로막는 장애물이기도 하다. 과연 이처럼 영구적이고 다양한 모순 앞에서 '적절한 행동 양식'은 무엇일까?

인간 세계에서 창조적 행위란, 예전 같으면 위협과 기회가 뒤섞여 있어서 예측이 불가능했을 법한 상황에서 바람직한 결과를 불러오는 행동 양식을 만들어 내는 것이다. 창조적 행위들은 제각각 고유한 특성을 지니면서도 영구히 동일한 구조를 갖는다. 기지는 늘 미지로부터 비롯된다는 동일한 조건을 공유하기 때문이다. 따라서 우리는 인류를 발전시키는 창조적 행위의 핵심 특성을 언제든 이끌어 낼 수 있다. 인간은 모든 사물의 구조와 기능을 알고 싶어 하는데, 그중에서도 특히 자기 자신인 '인간'에 대해 알고 싶어 한다. 이야기꾼으로서 인간의 능력은 스스로를 설명하는 능력에서 드러난다. 프로이트가 셰익스피어의 이야기를 되풀이했다는 점은 이미 살펴보았다. (여러 가지 오류를 범하기도 했지만) 프로이트에게 천재성이 없었다면, 셰익스피어가 극으로 표상한 지식이 '한 단계 더 추상화되어' 철학적, 실증적으로 설명될 수 없었을 것이다. 프로이트는 인간의 행동에 대한 정보를 암묵적 이야기에서 명시적 이론으로, 적어도 비교적 더 명시적인 이론으로 한 단계 끌어올렸다. 셰익스피어도 모든 이야기꾼들이 그러하듯이 비교적 기초적인 단계에서 프로이트와 유사한 일을 해냈다. 아직 극의 형식으로는 효과적으로 담아내지 못한 행동 차원의 지식을 한 단계 더 추상화한 것이다.

탐험 과정에서 우리는 새로운 수단을 활용해 목표를 이룰 희망을 품고 행동 양식과 표상의 틀을 바꾸어 실험해 본다. 그 과정에서 우리가 경험하는 감각 세계도 바뀐다. 왜냐하면 우리가 경험하는 세계는 우리의 행동이나 몸의 위치에 따라 달라지기 때문이다. 또 탐험은 '행동을 이끄는 가정'과 '기대되는 행동 결과'를 변화시켜 '노하우 지식'과 '노왓 지식'을 생성한다. 우리가 배운 새로운 지식은 대개 동일한 목표를 달성하기 위한 새로운 수단인 경우가 많다. 이때는 현재 상태와 미래상의 토대를 이루는 일련의 전제가 온전한 상태로 남아 있다. 이런 식의 재적응은 '일상적' 창조성으로 설명될 수 있으며, 우리 생각의 대부분을 차지한다.

하지만 드물게도 우리는 어떤 행동, 특히 목표 지향 행동이나 탐험 행동을 하던 중에 기대했던 것과는 전혀 다른 결과를 맞이하기도 한다. 이는 훨씬 더 위협적인 동시에 더 희망적인 상황이다. 이때는 경험 세계의 모형을 훨씬 더 근본적인 수준에서부터 바꿔야 한다. 탐험을 통해서 행동 차원의 근본 가설은 물론이고 연관된 일화 및 의미 표상마저 재구성해야 하는 것이다. 재구성 과정 역시 창조적 행위에 속하는데, 이 안에서는 흔히 천재성과 연관되는 '혁명적' 창조성이 나타난다. 따라서 탐험은 세계를 창조하고 재창조하는 행위이다. 미지를 맞닥뜨려 새로운 정보를 생성한다는 말은 곧 경험 세계를 구축한다는 의미이다. 과거의 행동 양식과 표상 틀, 즉 이전의 '세계'를 파괴하고, 기지의 영역을 다시 미지 상태로 되돌리고, 더 종합적으로 재구성한다는 말이다. 그것은 곧 아들과 아버지가 위대하고 무서운 어머니를 대면하고 죽었다가 부활하는 과정과 같다.

미지에 맞닥뜨렸을 때 그에 대처하는 새로운 행동 방식은 '영웅이 준 선물'이다. 이 선물은 상대에게 전해져야 한다. 직접적(직접적인 모방의 형태)으로든 간접적(추상적인 설명 혹은 이야기의 형태)으로든 소통되어야 한다. 수단의 변화와 목표의 변화 사이에는 질적인 차이가 없다. 낮은 분석 차원에서는 '목표'인 것이 더 높은 차원에서는 '수단'이 된다. 따라서 '영웅의 선물'도 일상적 적응인 동시에 혁명적 적응이 된다. 일상적 적응이란 미지의 유익한 측면이 드러나도록 행동 양식과 표상 도식을 확장하는 것이며, 혁명적 적응이란 낡은 행동 및 표상 도식의 구조를 재구성하면서 새로운 도식을 위한 자리를 마련하는 것이다. 재구조화는 곧 평화가 수립됨을 의미하는데, 평화는 사자가 양과 함께 누워 있는 신화 속 낙원의 특징이다. '전통의 신들'의 위계 조직이 영웅의 지배 아래 들어가면 이러한 평화가 나타난다. 이는 창조적 탐험가가 본질을 온전히 구현하면, 평화를 이루어 내는 중재자가 됨을 의미한다.

꿈을 꿨다. 꿈속에서 나는 어느 눈부시게 밝은 날, 돌로 지어진 대성당 뜰에 서 있었다. 뜰은 드넓고 흠잡을 데 없이 푸르렀다. 뜰 위의 잔디가 꼭 문이 열리듯 땅 아래로 젖혀졌고 그 문 아래로는 틀림없이 무덤으로 보이는 네모난 구멍이 있었다. 나는 오랫동안 잊혔던 옛 묘지 위에 서 있었던 것이다. 그 무덤에서 갑옷을 입은 중세의 왕이 나오더니 자기 묘지 앞에 차렷 자세로 섰다. 여기저기서 하나둘 잔디 문이 뒤로 젖혀졌고 묘지마다 서로 다른 시대의 왕들이 일어났다.

왕들은 모두 강력했다. 하지만 지금 그들은 같은 영토를 차지하고 있었다. 그들은 서로 싸우게 될까 봐 걱정하면서 어떻게 하면 전쟁을 막을 수 있을지 내게 물었다. 나는 왕들에게 기독교 결혼 예식의 의미를 설명해 주었다. 결혼 예식은 예식의 두 주인공이 기독교 영웅인 그리스도의 권위 아래 예속된다는 의미를 지니며 그것이 바로 평화를 이루는 길이라고 말했다.

위대한 왕들이 저마다 자발적으로 영웅에게 복종한다면 전쟁을 치러야 할 이유는 없을 것이었다.

지도에 그려지지 않은 새로운 영토, 다시 말해서 해야 할 일이 구체적으로 밝혀지지 않은 모든 공간은 선대 왕들의 전쟁터가 된다. 적응 전략들은 과거 영웅들이 탐험한 결과로 만들어지고 구축되었으며 작금의 사람들에 의해 모방되고 복제된 것이지만, 이제 저마다 새로운 영토를 차지하려고 다툰다. 새로운 영토에 적응한다는 말은, 곧 새로운 상황에서 과거에 습관적으로 사용하던 여러 전략이 저마다 행동을 통제하려고 경쟁할 때, 그 경쟁이 성공적으로 중재되었음을 의미한다. 이런 전략들 사이에 우선순위를 결정하는 과정 역시 상황에 맞는 새로운 행동 양식이나 해석의 틀을 만들어 내는 과정과 마찬가지로 적응 과정의 일부이다. 따라서 탐험 과정에는 동화와 조절이 모두 포함되어 있기에 중재 과정이 있을 수밖에 없다. 주어진 상황에서 탐험이 완료된 것으로 간주하려면 반드시 그 상황을 통제하려고 달려드는 여러 행동 성향과 이론 들이 정리되고 심리적 혹은 표면화된 갈등과 정서적 동요가 해결되어야 한다.

인류를 구원한 탐험 영웅은 원초적 혼돈을 가르고 세계를 창조한다. 또 죽은 아버지를 지하 세계에서 찾아 되살리며, 왕국 내의 '귀족'들을 지배하는 효과적이고 유연하며 역동적인 위계질서를 구축한다. 탐험하는 개인과 탐험을 통해 '사회'를 재구축하는 개인은 같은 범주에 속한다. 새로운 정보를 반영하여 기존의 해석 틀을 조절하는 과정은 탐험에서 빠질 수 없는 부분이다. 이례적인 정보를 포괄하도록 기존의 해석 틀을 재구성하지 않는 한 이례적인 정보는 제대로 처리되었다고 볼 수 없다. 따라서 탐험가는 모두 혁명가이며, 성공적인 혁명가는 모두 평화를 수립하는 중재자이다.

우리는 행동 방식을 이해하기 전에 적절하게 행동할 줄 안다. 아이들 역시 왜 그렇게 행동하는지 설명할 수 있게 되기 전에 적절히 행동하는 법을 배운다. 인류는 인간이 행동하는 방식을 관찰하고, 또 그 관찰을 수세기에 걸쳐 쌓고 가다듬어서 인간의 동기와 문화를 구성하는 행동 양식을 이해한다. 그리고 행동 양식을 이해하는 과정에서 다시 동기와 행동이 변화한다. 적응 행동은 그 행동의 근거를 관념적으로 이해하기 전에 일어난다. 왜냐하면 인간이나 인간이 적응해야 할 세계가 너무 복잡해서 이해하기가 어렵기 때문이다.

우리는 일단 행동을 하고 나중에 가서야 마음속으로 행동 양식을 표상한다. 그러고 나면 행동 양식이 우리의 행동을 이끈다. 행동과 그것이 초래하는 결과 사이의 연관성을 인지하게 되면서, 즉 새로운 피드백 과정이 수립되면서부터 우리는 머릿속에 이상적 미래상을 그려 보고 그것을 이룰 수 있도록 행동한다. 더 나아가 새로 접하는 현상들을 그 미래상에 견주어 판단하게 된다. 이런 능력은 특정 발달 단계, 적어도 '행동을 이끄는 이야기'를 의식할 수 있을 때에야 생겨난다. 이야기가 행동 차원에 무의식적으로 남아 있는 것이 아니라 일화 혹은 의미 기억으로 표상되어야 한다는 말이다. 때문에 어린아이나 동물 들에게서는 이런 능력이 나타나지 않는다. 피아제는 추상적 사고 능력이 발달하지 않은 유아나 동물 들이 '목표 지향적'으로 행동하는 것처럼 보이는 이유는 본능적인 감각운동기의 반사 작용에도 '목표'가 내장되어 있기 때문이라고 설명했다. 이 말은 나중에 이야기 형식을 취하는 것이 처음에는 하나의 양식, 사회에 알맞게 수정된 행동 패턴이었음을 의미한다. 이후 '상위' 인지 체계인 일화 및 의미 체계가 활성화되면, 목표를 머릿속에 뚜렷이 떠올리고 실행에 옮기기 전에 숙고할 수 있게 된다. 조지프 리클럭Joseph Rychlak은 피아제의 이론을 다음과 같이 설명했다.

> 아이들은 태어나자마자 논리적으로 사고할 수는 없으며, 처음부터 도식을 구축하고 추상적 차원에서 상호작용하지는 못한다. 초기 도식의 구축은 생물학적으로 이루어지며, 시간이 조금 더 흐른 후에야 아이는 이미 실행되고 있는 반사적 행동 양식을 도식화한다……[316]

먼저 나타나는 것은 본능에 이끌린 행동 양식이다. 이 행동 양식은 사회적 '보상'과 '처벌'이라는 결과를 의식하지 못한 상태에서 만들어진다. 그 후에 행동이 '추구해야 할' 목표를 떠올리는 능력이 발달한다. 행동 관찰을 통해 얻은 정보는 목표 수립의 토대가 된다. 정서적 만족감을 주는 행동에는 일정한 패턴이 있다. 추상화를 통해서 우리는 이 양식을 목표로 표상하고 복제한다. 그러므로 가장 높은 추상화 단계에 이르면 모든 상황에서 적용 가능한 영웅의 행동 양식을 표상할 수 있다. 영웅의 행동 양식은 미지의 세계를 안전하고 유익한 세계로 바꾸며, 한때 안전하고 유익했던 세계가 압제의 나락으로 떨어질 때 그 세계를 재구축한다.

영웅 신화는 수천 년간 계속해서 실행되어 온 적응 행동을 관찰하고 표상한 결과로, 인간의 적응 행동에 담긴 가능성의 본질을 나타낸다. 역사를 결정짓지는 않지만 역사를 지배해 온 행동 양식을 드러내며 하나의 근본적인 사상을 수천 가지 방식으로 표현한 것이다. 이 사상은 개인이 사회 속에서 창조성을 발휘하게 해 주고 변화를 위한 초석을 제공한다. 영웅 신화는 가장 기본적으로 개인이 태도와 행동을 자발적으로 변화시키면 경험의 본질을 개선할 수 있으며, 또 그렇게 경험 세계를 개선해야 한다고 가정한다. 이는 인간의 가능성에 대한 신뢰의 표현이며 인간 역사에서 가장 혁명적인 사상 중 하나이다.

모든 적응 행동, 즉 미지의 파괴적 측면을 제한하고 잠재적으로 유익한 측면을 강화하는 행동은 하나의 보편적인 양식을 따른다. 이런 행동 양식은 적어도 의도한 결과를 낳기 때문에 바람직하며 사회적으로 관심을 끈다. '흥미롭고 본받을 만한' 행동은 모방되고 표상된다. 이때 모방과 표상의 대상은 처음에는 '하나의 흥미롭고 본받을 만한' 행동이었다가 나중에는 '흥미롭고 본받을 만한 행동의 집합'으로 바뀌게 된다. 여기에 속하는 행동들은 구체적 행동을 위한 일반 지침으로서, 다시 모방되고 표상되고 압축되고 또 다시 모방된다. 그 과정에서 영웅의 심상은 점점 더 명확해지고 적용 범위가 넓어진다. 영웅 특유의 행동 양식은 위협이자 기회인 미지를 자발적으로 맞닥뜨려서 그로부터 가치 있는 정보를 생성하며, 동시에 기존 지식과 '도덕률'을 해체하고 재구축하는 행동 양식으로서, 어느 문화권에서

나 '좋은 이야기'의 핵심을 이룬다. 좋은 이야기는 어떻게 행동해야 할지 더 이상 알 수 없는 상황에서 무엇이 올바른 행동인지를 보여 준다. 그리고 진정한 종교 체계에 내재된 핵심 행동 양식을 규정하고, 더 나아가 현대의 자연권 사상을 뒷받침하는 '개인에 대한 존중'의 근거를 제공한다.

혼돈의 용 우로보로스와 혼돈의 딸인 위대한 어머니의 표상은 미지의 세계를 상징적으로 보여 준다. 반면 신화 속에 등장하는 영웅과 영웅이 구축한 문화의 표상은 '앎의 주체는 누구이며 알려진 지식은 과연 무엇인지' 탐색하고 그려 낸다. 위협이자 기회인 미지의 대상들은 모두 신화 속에서 창조적이며 파괴적인 여성으로 의인화된다. 반면 이 미지의 세력에 기꺼이 맞서는 개인의 창조적 의식은 흔히 남성으로 의인화되며, 무의식적이고 초개인적이며 예측 불가능한 여성성과 대비되는 '독창성'과 '적극성' 그리고 '생산성'을 드러낸다.

신화 속 영웅들은 발달 초기 단계에서는 강력한 어머니의 지배에 전적 혹은 부분적으로 의지하는 아기나 청소년으로 묘사된다.[317] 어린 영웅은 어머니에게 귀속된 개인 혹은 자연에 귀속된 인간을 상징한다. 그림 26[318]은 '처녀 어머니의 영원한 아들'로 묘사된 '개인의 창조적 의식'을 나타낸다. '위대한 어머니의 아들'이던 영웅은 성장하면서 '위대한 어머니의 연인'으로 묘사되기도 한다. 이때 영웅은 어머니와 창조적(성적)으로 연합하는 과정에서 어머니의 몸으로 '들어가서' 죽고 다시 태어나는데, 이는 수정시키고 임신시키는 것을 의미한다. 위대한 어머니는 성스러운 창녀이며 바빌론의 매춘부이고 성모 마리아이며, 한 남자가 아니라 모든 남자에게 속한 영원히 새롭고

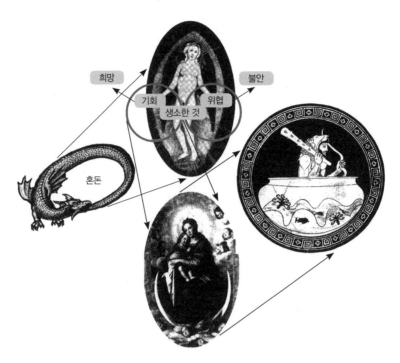

그림 26. 천상의 어머니의 아들인 탐험하는 영웅

영원히 젊은 처녀이다. 신화에서는 영웅과 원초적 여성의 결합, 즉 '영웅과 인생의 가능성 간의 창조적(혹은 파괴적) 만남'을 흔히 천상의 근친상간 모티프(성적 상징)를 활용하여 그려 낸다. 이것은 성적이며 창조적 행위로서의 '앎'이며, 질서와 코스모스를 낳고 부활시키는 의식과 혼돈의 '자발적이고 창조적인 결합'이다.

모든 영웅 신화는 극한적인 삶의 여건을 마주할 줄 아는 인격이 발달하고 수립되는 과정을 그린다. 영웅의 탐험과 여정은 신화나 의례 속에서 여러 방식으로 표상되지만, 대개 앞서 설명한 바와 같이 길의 형태로 나타난다. 평화로운 공동체 혹은 삶의 방식이 (이전에 길들인) 미지의 세력이 불쑥 등장함에 따라 위협받는다. 겸손하고 고귀한 태생의 영웅은 자발적으로 나서서 이 위협을 마주한다. 그는 개인적으로 엄청난 시련을 겪고 위험에 빠지며 신체적, 정신적으로 파국을 맞는다. 하지만 결국 위협을 극복하고 신비한 힘에 힘입어 회복되며, 이때 흔히 이전보다 더 나은 모습으로 변하고, 그 결과 커다란 보상을 얻게 된다. 영웅은 자신이 얻은 보물을 공동체로 가지고 돌아와서 사회 질서를 (재)수립한다. 때로는 영웅의 귀환으로 사회에 위기가 닥친 후 이런 결과가 나타난다.

혼돈은 위협이자 기회가 되는 새로운 상황을 낳는다. 영웅은 자발적으로 공동체를 떠나 혼돈을 대면한다. 영웅의 창조적 탐험 행위는 혼돈 속에 내재된 위협을 누그러뜨리고 혼돈의 손아귀에 사로잡혀 있던 가능성을 풀어 준다. 이렇게 풀려난 가능성은 개인과 사회를 구원하는 정보이며, 이것을 받아들임으로써 영웅은 변화한다. 이 과정은 흔히 처녀와의 결합 혹은 보물의 발견으로 상징된다. 영웅의 변화된(강화된) 행동 양식은 공동체의 본보기가 된다. 그 결과 공동체는 변화하고 다시 안정이 찾아온다.

'혼돈으로부터 위협을 당하는' 최초의 상태를 나타내는 원형적 표상은 인류가 '타락'하기 이전, 자의식이 없는 상태의 '불완전한' 낙원이다. 이 최초의 상태는 순수한 가능성을 지닌 아동기이자 영광스러운 과거이며, 확고한 통치력을 갖춘 강력한 왕국이고 융성한 도시이자 안전하고 풍요롭고 행복한 가정이다. 가장 원초적인 위협은 무서운 어머니가 불현듯 등장하면서 비롯된다. 홍수, 지진, 전쟁, 괴물,

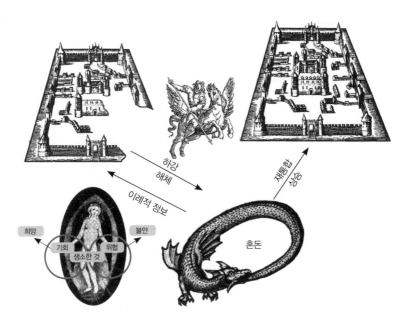

그림 27. 다시 본 메타 신화로서의 길[319]

용, 물고기, 고래를 비롯해서 예기치 않게 나타나 파괴하고, 집어삼
키고, 덫을 놓고, 사로잡고, 와해하고, 고문하고, 뒤흔들고, 약화시키
고, 혼란을 주고, 혼을 빼놓고, 질식시키고, 독살하는 것은 무서운 어
머니이다. 신들 사이에서 기적적으로 태어나서 혹독한 어린 시절을
견디고 살아남은 영웅은 무서운 어머니를 맞닥뜨린 단 한 번의 전
투에서 집어삼켜진다. 영웅은 거대한 물고기나 뱀이나 고래에게 집
어삼켜지고, 어둡고 추운 지하 세계나 죽은 자들의 왕국이나 지옥으
로 떨어지고, 용이나 고르곤, 마녀 혹은 요부를 만나고, 홍수나 불길
이나 폭풍이나 사나운 동물에 휩싸이고, 고문당하거나 생매장되거나

넋이 나가거나 사지가 찢기거나 내장이 파헤쳐지거나 무언가에 현혹당한다. 영웅은 괴물을 물리치고, 과거에 괴물에게 패한 모든 이를 풀어 주며, 과거에 잃어버렸거나 미처 발견하지 못했던 귀중한 것(처녀나 보물)을 되찾는다. 연륜과 지혜가 더해진 영웅은 예전과 달라진 모습으로 보물을 가지고 고향으로 돌아와서 위풍당당하게 공동체와 재회하며, 공동체는 영웅이 가지고 귀환한 보물 덕분에 이전보다 더 풍요로운 모습으로 탈바꿈한다.[320]

영웅이 치른 전투는 신화에 영감을 받아 만들어진 조각과 그림의 소재로 자주 등장한다. 그 대표적인 사례 중 하나가 〈성 조지와 용〉에 등장한 성, 영웅, 뱀, 처녀[321]이다. 이 그림은 메타 신화의 구성 요소들을 모두 보여 준다. 벽으로 둘러싸인 도시(성)가 표상하는 위기의 공동체, 지하 세계에서 등장한 날개 달린 용, 죽은 자들의 뼈로 둘러싸인 은신처, 리바이어던을 칼로 베고 그 사체로 세계를 창조하는 영웅, 용의 손아귀에서 벗어난 처녀(미지의 자애롭고 창조적이며 생산적인 측면) 말이다. 이런 그림에서 도시는 대개 산 위에, 뱀은 계곡이나 강에 있으며, 전투는 해질녘에 이루어지는데,[322] 태양신이 밤의 용을 맞닥뜨리는 시각이기 때문이다.

태양 신화에서는 영웅의 여정이 용과의 전투와 '밤의 항해'라는 두 가지 주제로 묘사된다. 전형적인 태양 신화에 등장하는 영웅은 매일 밤 서쪽에 사는 밤의 바다괴물에게 잡아먹히는 태양과 동일시된다. 태양은 이 괴물과 밤새도록 치열한 전투를 벌인 끝에 승리하여 의식의 빛을 품고 매일 아침 동쪽에서 새롭게 떠오른다.

그림 28. 〈성 조지와 용〉

이러한 일련의 위험과 전투와 승리 속에서 빛은 영웅의 현실을 드러내는 핵심적인 상징이다(빛이 의식을 의미한다는 사실은 이미 여러 번 반복해서 강조했다). 영웅은 언제나 빛을 부르는 자이고 빛의 사자이다. 밤바다의 항해에서 가장 깊은 지점에, 즉 태양의 영웅이 지하 세계를 여행하며 용과 싸워 살아남아야 하는 자정에, 새로운 태양은 점화되고 영웅은 어둠을 정복한다. 마찬가지로 그리스도는 한 해 중 가장 해가 짧은 때에 빛의 구세주로서, 한 해와 세계의 빛으로 세상에 왔고, 동지에 크리스마스트리와 함께 경배를 받았다. 새로운 빛과 승리는 왕관을 쓰고 후광을 두른 머리로 상징된다.[323]

메소포타미아 황제나 이집트 파라오는 태양신이자 태양신의 화신으로서, 질서와 혼돈, 빛과 어둠, 기지와 미지 사이의 끝나지 않는 싸움에서의 영원한 승리자이다. 이들은 역사상 처음 등장한 진정한 개인으로 간주할 수도 있다(적어도 서양의 역사에서는 그렇다). 이집트인들은 통치자인 파라오를 찬미하는 일에 모든 문화적 역량을 쏟아부었으며 무의식적으로 파라오를 모방하고 파라오와 동일시됨으로써 파라오를 신격화하는 과정에 참여하고자 했다. 그리스인들은 이러한 사상을 더욱 발전시켜 추상화, 일반화하여 모든 그리스 남자들이 영혼을 지니고 있다고 여겼고, 유대인들과 기독교인들은 거기서 더 나아가 모든 인간이 신 앞에서 절대적이며 침범할 수 없는 가치를 지닌다는 타당한 결론에 이르렀다.

위대한 어머니는 미지와, 새로운 것들의 화신이다. 그녀의 아들이자 연인이며 신성한 결혼의 결실인 영웅은 이러한 미지를 창조적으로 활용하는 행동 양식을 극적dramatic으로 표상한다. 창조적 행동 양식을 흠모하고 표상하는 능력은 인류의 문화적 활동 속에서 끊임없이 나타났다. 역사적 동물인 인간의 핵심 특성을 수세기에 걸쳐 관찰하고 그에 대한 가설을 생성한 끝에 이 행동 양식은 신화 속에 역동적 심상으로 담겼다. 시간이 흐르며 신화 속 심상이 발전을 거듭하면서 인간의 자기와 주변인에 대한 설명은 점차 더 추상화되고 복잡해졌다.

영웅이란 미지를 이해하기 위해 고안된 '행동 양식'이다. 영웅은 인류가 성공을 거둘 때마다 반드시 등장한다. 영웅의 행동 양식을 따르면 언제나 미지를 탐험하는 과정을 그 어떤 가치보다 위에 두고 존중할 수 있다. 신념 수호의 가치마저 말이다. 탐험 과정에는 늘 신념의 재구성이 뒤따르지 않는가. 이것이 바로 서구 도덕의 전통을 정립한 영웅인 그리스도가 "나는 길이요, 진리요, 생명이다. 나를 거치지 않고서는, 아무도 아버지께로 갈 사람이 없다."(「요한복음」 14장 6절)라고 말한 까닭이며, 동양에서 말하는 '도'가 혼돈(음)과 질서(양)의 경계에 존재하면서 '코스모스'를 지속시키는 이유이다. 인생의 '최상위 목표'는 환경에 걸맞는 구체적인 목표를 세우고 환경의 변화에 따라 목표를 수정하는 과정을 받아들이는 것이며, 이는 그 어떤 특정한 목표보다 더 우선시된다. 그 결과 정신은 도그마보다 더 높은 자리를 차지하게 된다.

인간은 이야기를 활용해서 정서를 조절하고 행동을 관장한다. 이야기는 지금 우리가 살고 있는 현재에 바람직한 미래라는 확실한 기준을 만들어 준다. 하지만 최상의 '바람직한 미래'는 어떤 상태가 아니라 하나의 과정이다. 이는 질서와 혼돈을 중재하는 과정이며 세계를 창조하는 원리로서의 로고스(말씀)가 성육신하는 과정이다.[324] 스스로를 이 과정에서 나타난 구체적인 결과, 즉 특정한 '우상'이나 '고정된 준거 틀'이나 '이데올로기'가 아니라 과정 그 자체와 동일시하면 환경이 변하더라도 언제든지 정서를 최적의 상태로 조절하고 계속 변화에 적응하면서 적절히 행동할 수 있게 된다. 이러한 동일시의 결과로 우리는 특정한 신념보다는 신념이 생성되는 과정을 더 중시하게 된다.

영웅은 이야기 속에서 영원히 창조적 행위에 참여하고 끊임없이 새로운 행동 양식을 만들어 내며, 예전에 위협적이었거나 알지 못했던 것을 무해하거나 유용하게 뒤바꾸는 인물로 표상된다. 영웅적 행동 양식을 묘사한 이야기들은 마침내 '구세주'에 대한 이야기에 다가

가게 된다. 역사상 실존했던 모험가, 탐험가, 창조자, 혁명가, 중재자에게는 흠 없는 인격으로 폭정과 미지에 대항했던 '신의 아들'의 심상이 서려 있다. 구세주를 궁극적으로 대표하는 원형적 인물은 메시아이다. 메시아는 세계를 창조하고 구원한 영웅이며 사회 혁명가이자 위대한 중재자이다. 메시아의 행위가 시간의 흐름에 따라 축적되어 문화, 위대한 아버지, 질서, 탐험된 영토, 기지의 영역을 이룬다. 그렇지만 '메타적으로 안정된' 사회에서 위대한 아버지는 건강한 상태를 유지하면서도 아들에게 종속된다. 고정적인 가치는 모두 영웅이 표상하는 삶의 양식에 귀속되어야 한다. '하나님의 나라'는 인간 세계의 원형으로, 영원히 메시아가 다스리는 곳이다.

> 내가 밤에 이러한 환상을 보고 있을 때에 인자 같은 이가 오는데, 하늘 구름을 타고 와서, 옛적부터 계신 분에게로 나아가, 그 앞에 섰다.
> 옛적부터 계신 분이 그에게 권세와 영광과 나라를 주셔서, 민족과 언어가 다른 뭇 백성이 그를 경배하게 하셨다. 그 권세는 영원한 권세여서, 옮겨 가지 않을 것이며, 그 나라가 멸망하지 않을 것이다.
>
> 「다니엘」7장 13~14절

위대한 아버지, 기지와 탐험된 영토의 심상

모든 구체적인 적응 행동과 해석 도식(가치 체계)은 오랜 세월에 걸쳐 하나의 영구적인 행동 양식에 의해 만들어진다. 이런 행동 양식은 신화 속에서 영웅의 원형인 태양신의 특징으로 묘사된다. 수세기에 걸쳐 모방을 비롯한 여러 소통 방식으로 축적된 적응 행동과 해석 도식 들은 늘 서로 조화를 이루거나 상응하지는 않는다. 과거 힘겹게 얻어 낸 여러 적응 양식들은 서로 지배권을 놓고 개인의 내적 투쟁 은 물론 개인 간, 사회 간에 때로 폭력으로까지 이어지는 투쟁을 이 끌어 낸다. 이 때문에 '조직화'와 관련된 문제가 발생한다. 직접 만들 거나 누군가로부터 모방한 여러 가능성들을 어떻게 조직화할 것인 가? 역사적으로 누적되어 온 지식과 지혜를 어떻게 해석할 것인가? 주어진 상황에서 할 수 있는 행동은 늘 여러 가지이다. 더 나아가 해 석에 따라 '상황'이 달라지기도 한다. 이렇듯 서로 경쟁하는 여러 가 능성(대안)을 어떻게 하나로 융합할 수 있을까? 어떻게 하면 이들을 상호 호혜적으로 공존하도록 통합할 수 있을까? 즉 사회를 구축하고 유지하는 일이 어떻게 가능한가?

영웅적 행위를 통해 생성된 절차 지식은 개인과 집단 내부에서 저 절로 통합되거나 조직화되지 않는다. 상황 1에 적합한 A라는 행동 절차와 상황 2에 적합한 B라는 행동 절차는 상황 3에서 서로 격렬하 게 부딪힐 수 있다. 이런 상황에서는 개인의 내적 갈등 혹은 개인 간 의 갈등이 불가피하게 발생한다. 갈등이 일어나면 도덕적 재평가가 이루어져야 한다. 그 결과 행동 대안의 위계가 결정되는데, 드물게 는 도덕 체계가 완전히 무너지고 재편성되고 대체되기도 한다. 이러 한 조직화와 재조직화는 현실적, 관념적으로 개인 내부 및 개인 간 에 '전쟁'이 일어난 결과이다. 갈등의 가장 기본 형태는 어떤 행동을 했을 때 두 가지 이상의 정서가 모순되게 나타나리라고 예상되는 경우이다. 이럴 때 개인은 견디기 어려운 갈등을 겪는다. 순전히 개인의 내적 영역에서 살펴보자면, 갈등은 흔히 현재 얻고자 하는 결과가 미래에 얻고자 하는 결과를 방해하거나, 두려운 결과를 피할 수 없게 만드는 경우에 발생한다. 예를 들어 유혹과 '도덕적 순결' 사이에서 갈등이 일어났을 때 이를 영구히 만족스럽게 해결하려면, 추상적 도덕 체계를 공고히 구축하여 어떤 행위의 현재 의미가 미래에 생길 의미를 거스르지 않아야 한다. 하지만 이러한 도덕 체계의 구축을 '개인의 내적' 현상으로만 여길 경우 그 체계는 불완전해진다. 사적인 영역에서는 서로 경쟁하는 욕구들을 일관되게 통합할 수 있는 사람일지라도 변화하는 경험 세계에서는 타인과 갈등을 빚을 수밖에 없기 때문이다. 다시 말해서 개인 내적으로는 타협을 이루어 냈다 할지라도 인간관계에서 정서 조절에 실패할 수 있다. 그렇다면 개인 내적으로도 충분히 조직화를 이루지 못한 셈이 된다. 왜냐하면 인간의 기본 욕구 중에는 타인의 협조가 있어야 충족되는 욕구가 많기 때문이다.

'미래의 자아'는 잠재적 존재일 뿐이지만 현재의 행동을 관장한다. 그렇기에 미래의 자아로 인해 발생하는 문제는 타인의 존재로 인해 발생하는 문제와 유사하다. 타인의 감정과 마찬가지로 미래의 자아가 느낄 감정은 직접 경험해 볼 수 없고 추론할 따름이기 때문이다. 사회화가 잘 이루어진 사람은 미래의 자아나 타인이라는 추상적 존재를 현재의 자아만큼 존중하며, 현재의 적절한 행동과 해석을 위한 안내자로 활용하는 훈련이 되어 있다. 인간은 사회적 존재이기에, 우리가 하는 행동은 그것이 현재와 미래의 자신 및 타인에게 미치는 영향에 비추어 평가된다.

평가는 우선 '의식적으로 심사숙고'하는 직접적인 방식으로 이루어질 수 있다. 아니면 개인의 심리 상태와 사회 질서 유지를 위해서, 역사적으로 다져진 도덕의 길에 남아 마치 스스로 그 문제를 숙고한 '듯' 행동할 수도 있다. 후자의 경우 사회적 상황에서 특정한 행동 양식에 뒤따르는 정서적 정보를 교환한 결과 암묵적 정보가 생성된 것으로 간주할 수 있으며, 이때 그 정보를 뒷받침하는 근거를 분명히 알지 못할 수도 있다. 예를 들어 스스로 생각하기에 유쾌하고 그리 해될 것이 없는 행동을 하다가 주위 사람들의 미묘한 몸짓에서 자신이 '해서는 안 되는 행동'을 하고 있다는 사실을 깨닫는 경우가 있다. 이 사람은 주위 사람들이 얼핏 드러낸 경멸 어린 시선에서 자신이 한 행동이 관습적으로 자신 혹은 타인에게 해롭게 여겨진다는 사실을 깨닫는다. 그 행동이 얼마나 해로운지, 왜 해로운지는 알지 못해도 어쨌거나 그 행동을 해서는 안 된다는 사실을 알게 된다. 이러한 임의적 규칙들이 바로 사회 구조에 녹아 있는 암묵적 정보들을 구성한다. 이 정보들이 늘 합리적 수단으로 생겨나는 것도, 잘 설명되는 것도 아니지만, 오랜 기간에 걸쳐 하나의 양식으로 인식되고 분석되어 사람들 사이에서 전파되고 표상된다.

따라서 개인의 삶을 이끄는 '이야기'는 현재에서 미래로 펼쳐진 시간 속에서, 같은 운명을 공유하는 타인의 존재를 염두에 두고 개인의 내부에서 경쟁하는 생물학적 욕구들을 조직화해야 할 필요성으로 인해 만들어진 하나의 체계이다. 신체 구조의 제약을 받는 '욕구'와 사회적 현실의 제약을 받는 '맥락'이 유사하기 때문에 인간은 서로 유사한 '반응'을 보인다. 이로 인해 '전 세계적으로 공유되는 도덕률'이 출현하며, 이는 범문화적으로 신화에 유사성이 존재하는 이유를 설명해 준다. 또 이렇게 '공유된 도덕률'은 출현 속성을 현실로 받아들이는 한 '실재하는 것'으로 간주할 수 있다. 우리가 의문을 품지 않고 실재한다고 여기는 대부분의 것들은 사실 이러한 출현 속성들이다.

맏이가 갓 태어난 동생에게 보이는 반응은 개인 내적, 개인 간, 사회 간의 상호작용을 구체적으로 보여 주는 하나의 예시이다. 맏이는 타고난 친화 욕구와 호기심으로 인해 갓 태어난 아기에게 끌린다. 하지만 아기는 부모로부터도 상당히 많은 관심을 받는데, 때에 따라서는 맏이보다 더 많은 관심을 받기도 한다. 이렇게 부모의 관심이 아기에게로 기울면 관심을 빼앗긴 맏이는 좌절감을 느끼고 공격적인 행동으로 감정을 표출하기도 한다. 맏이는 새로운 가족 구성원에게 애정과 호기심을 느끼는 한편, 동생이 나타나 뭔가를 요구하고 예측 가능하던 가족 간의 상호작용에 영향력을 행사하는 상황이 언짢아서 내적 갈등을 겪는다. 여기에다 부모가 맏이의 공격성을 제한하고 아기를 보호하려고 시도하면서 상황은 더욱 복잡해진다. 뿐만 아니라 부모는 그렇지 않아도 힘든 맏이에게 이것저것 부탁까지 한다.

맏이는 자신의 갈등을 어떻게 해결할 수 있을까? 동생이 태어난 새로운 상황에 대처할 '인격'을 형성해야 한다. 손위 형제로써 올바른 모습을 갖춰야 하는 것이다. 맏이는 아기를 보호하려고 자신을 꾸짖는 부모의 훈계로 두려움과 죄책감, 수치심을 느끼고, 거기에 자신의 공격성을 예속시킬 수도 있다. 이런 경우 맏이는 적어도 부모가 같이 있을 때는 아기 주위에서 '사람답게 행동'할 것이다. 아니면 지위 변화에 따른 자신의 공격적 반응이 전반적으로 애정 어린 반응에 비해 바람직하지 않다는 것을 알고 '그런 척' 행동하는 법을 배울 수도 있다. 이러한 자세는 상황에 대한 해석을 영리하게 바꿈으로써 쉽게 강화될 수 있다. 맏이가 동생과 진심 어린 관계를 맺고자 노력한다면, 더 이상 부모로부터 받지 못하는 관심의 일정 부분을 동생에게서 받을 수 있을 것이다. 또한 비교적 성숙한 가족 구성원이라는 새로운 지위에 걸맞게 조금 더 독립적인 관심사를 계발할 수도 있다. 전자의 단순한 상황, 즉 맏이가 두려움으로 공격성을 억누른 경우, 아이는 자기 정서 상태에 위계를 결정하고 행동으로 표출한 것이다. 후자의 혁명적 상황에서는 맏이가 애초에 갈등을 일으켰던 암묵적 전제들을 재구성한 것이다. 어느 쪽이든 상황은 고통과 두려움과 분노를 강하게 동반하기에 내적 전쟁이라고 묘사할 만한 과정 속에서 해결되며, 이야기가 재구성된다. 이러한 내적 전쟁을 치르고 얻은 인격은 적어도 후자의 혁명적 상황에서는 환경이 변하기 전의 인격보다 '더 영웅적'이다.

어른들이 겪는 상황 중에서는 결혼이 좋은 예가 된다. 결혼한 사람들은 배우자와 친밀한 관계를 유지하고 기혼자에 걸맞은 '점잖은' 역할을 감당하기 위해서 사적인 자기표현 욕구를 제한한다. 유부남이 결혼 전처럼 욕망과 기분에 따라 행동하고 사회적 의무는 최소한으로 감당하려 한다고 해 보자. 만일 그의 배우자가 적절히 자기주장을 할 줄 아는 사람이라면, 그는 곧 자신의 욕망과 기대가 결혼 생활에서 갈등의 씨앗이 되며, 결국 부부 싸움과 그에 따른 정서적 어려움을 불러일으킨다는 사실을 깨닫게 될 것이다.

부부관계에서 흔히 나타나는 갈등은 부부 각자의 도덕적 추정과 명제가 부부관계 내에서 양립할 수 없게 된 결과이다. 대인관계 안에서 '암묵적 신들 사이의 전쟁'이 일어난 결과인 것이다. 부부 갈등은 여러 가지 방식으로 해결할 수 있다. 먼저, 배우자 한 사람이 상대를 신체적, 정신적으로 처벌하여 무력화하고 자신에게 종속시켜서 좌절과 번뇌, 불안과 적대감 속에 살게 만들 수 있다. 이때 결혼은 그 가치를 잃고 때로는 파국을 맞기도 한다. 이것은 사실 '해결책'이라기보다는 새로운 문제 앞에서 과거의 '독신이었던 인격'으로 회귀하는 것에 지나지 않는다.

이와 반대로 두 사람이 서로 '상대방'을 진지하게 고려하고 자기 행동과 가치를 그에 맞게 재조정하기로 결심할 수도 있다. 그러려면 현실적으로 자신에게 고통스러운 정보를 함께 나누면서 갈등을 표면화하고, 그에 따라 나타나는 불안이나 죄책감, 수치심 같은 부정적인 감정을 자발적으로 감내하는 용기가 필요하다. 기독교 결혼 예식에서 문화적 영웅인 그리스도의 권위에 결혼 당사자들을 예속시키는 과정은 상징적으로 이러한 재조정 과정을 돕는다.[325]

부부가 각자의 개인적 소망을 구세주인 그리스도의 행동 양식에 담긴 상위 도덕 질서에 자발적으로 예속시키면, 두 사람은 서로 양립할 수 없는 욕구나 가치 체계를 중재해야 할 때 모범으로 삼을 만한 초월적 원칙에 암묵적으로 동의하게 된다. 이는 부부의 '신비로운 연합'으로 생겨난 '인격'이 그리스도와 유사해져야 한다는 것, 다시 말해 '부부'를 이루는 '불완전한' 개개인보다 더 상위의 인격체로 올라서야 한다는 것을 의미한다. 이렇듯 '상위의 신'에게 자발적으로 예속되는 과정은 「에누마 엘리시」에서 개인을 초월한 역사적 과정인 마르두크의 지배권 확립 과정과 유사하다. 결혼이라는 '그릇' 안에서는 갈등과 협력을 통해 새로운 도덕률이 만들어지고 새로운 행동 양식(과 추정과 기대)이 수립되고 심리적으로 표상된다. 이런 과정은 공동체가 주관하는 종교 예식에 함께 참여함으로써 성공을 거둘 수도 있고 혹은 개인이 스스로 실행해서 성공하거나 실패할 수도 있다.

여러 동기들은 개인의 사적 영역과 사회적 영역에서 현재부터 미래까지 누가 지배할 것이냐를 두고 경쟁한다. 지금 두려움을 견뎌 내서 미래의 처벌을 줄일 수 있다면, 두려움은 적게, 희망과 만족은 많이 느낄 수 있다면, 우리는 두려운 대상을 참아 내기도 한다. 당면한 적응 문제를 해결하는 가장 효과적인 방법이 어떤 사회 집단에 속하는 것이라면 그 집단이 가하는 압력을 참아 내기도 한다. 사회 집단의 관습은 여러 세대에 걸쳐 여러 방식으로 벌어진 전투의 산물이다.

도덕적 정보를 교환하는 과정에서 일어나는 '지배권 싸움'은 흔히 전쟁을 연상시킨다. 이 때문에 실제로 전쟁이 일어날 때도 많다. 하지만 이런 싸움은 대개 '신념' 간의 갈등으로 나타나며, 이는 생명이 아니라 '신념'을 상실하는 것으로 귀결된다. 인간은 신념의 상실로 죽음을 대체할 수 있다. '영토'를 관념적으로 구축하고 신념을 만들고 그것을 더 이상 방어할 수 없게 되면 관념적으로 버릴 수도 있기 때문이다. 인간에 비해 추상적 사고 능력이 떨어지는 동물들도 목숨 대신 체면을 잃을 수 있지만, 이들은 언어나 심상으로 싸우는 대신 상실을 상징하는 특유의 행동을 한다. 이렇게 '상징적으로 항복'하고

'상징적으로 파괴'하는 능력은 동물들이 서열화된 사회 집단을 만들어 유지하고 재조직할 때 중요한 역할을 한다. 행동 차원에서의 상징적 전쟁뿐 아니라 현실에서의 전쟁과 논쟁을 일삼는 인간도 마찬가지이다.

사상이 견고할 때 우리는 자신의 신념을 확실히 표현한다. 흔들림 없이 신념을 표현한다는 것은 사상이 견고하다는 징표이다. 통합된 사상이나 절차가 얼마나 강력한지는 그것이 상반되는 충동(특히 두려움에서 비롯된 충동)을 얼마나 잘 제어하는지를 보면 알 수 있다. 예를 들어 영장류와 같이 사회성이 높은 집단에서 개체가 지배권을 드러내는 방식을 살펴보자. 고등 동물 집단에서 지배권 다툼은 대개 물리적 공격이 일어나기 전에 해결된다. 이런 식의 다툼에서는 도전자가 위협하고 겁을 줘도 물러서지 않아야 승자가 될 확률이 높다. 도전 앞에서 자기 자리를 지키는 능력은 현재 주도적인 동기가 심리 상태를 얼마나 강하게 통합하고 있는지를 보여 준다. 다시 말해서 그 동물이 자기 자리를 지킬 수 있다고 얼마나 '확신'하고 있는지를 나타낸다. 확신은 곧 영향력(카리스마)이 되며, 행동에서 가장 명확히 드러난다. 물리적 위치이든 사회적 지위이든 관념적 사상이든 그 자리를 고수할 수 있다는 확신은 그 자리가 지닌 통합력을 드러내는 타당한 징표이며, 그 자리를 고수하고 있는 존재가 자기 자리의 정당성(정의, 선)을 얼마나 확신하고 있는지를 드러낸다. 이런 유형의 신념이 얼마나 강력한지는 도전을 해 보면 명확히 드러난다(도전을 잘 견뎌 낼수록 신념이 강한 것이다). 신념에 대한 도전에 흔들림 없이 응수하는 능력은 그 신념의 진실성, 적어도 그 신념의 유용성을 판단하는 정서적(비과학적) 기준이 된다. 바로 이 때문에 순교자가 영향력을 발휘하는 것이다. 오늘날 적이 공개적으로 스스로를 희생하는 것을 전체주의자들이 못마땅하게 여기는 것 역시 마찬가지다.

상대적 유용성에 따라 행동의 우선순위를 결정하는 것은 행동의 가치를 판단하는 행위로, 신화적 관점에서 보자면 '선과 악의 본질'을 결정하는 행위이다. 이러한 가치 판단의 결과는 개인이 사회적 맥락 속에서 지금 현재 해야 할 목표 지향 행동의 우선순위를 결정할 때 과거 경험에서 비롯된 지혜를 따를 수 있도록 도와준다. 신화를 통해 전파되는 적응 행동과 가치에 따라 우선순위가 결정된 가치 체계는 대개 관념적 차원에서 명확히 이해되지 못하고 암묵적인 상태로 남는다. 이는 가치 체계가 엄청나게 복잡한 데다 주로 비서술적 진화 과정에서 발달하기 때문이다. 상충된 행동 전략이나 해석 전략을 동시에 적용하면 정서적 동요가 발생하며, 이는 전략을 체계화하려는 강력한 동기로 작용한다. 행동 및 해석 전략의 체계화는 개인 내적 혹은 개인 간의 지배권 다툼의 결과로 나타나는데, 이는 다윈의 생존 경쟁과 유사하다.

옛 영웅들의 행위는 수세기에 걸쳐 직접 모방되다가 신화로 표상되고, 신화가 수정되고 단순화되고 간소해진 결과 마지막에는 가장 '추상적인' 형태로 환원된다. 그러므로 문화란 현재까지 살아남아 역사적으로 결정된 위계에 따라 배열된 행동의 총합이며, 그 행동이 이차적, 삼차적, 그 이상으로 추상화된 표상들의 총합이다. 그리고 이런 행동과 표상 들은 끝없는 사회적, 개인적 갈등 속에서 하나의 행동 양식으로 통합되어 개인의 행동과 사회적 상호작용 그리고 그에 대한 심상과 의미 차원의 서술을 관장하는 하나의 도덕 체계를 이룬다. 이 양식은 문화가 추구하는 '속세적 이상'(혹은 문화의 '이상')이고 견디기 어려운 현재를 바람직한 미래로 바꾸는 문화의 방식이며, 개인과 사회를 관장하는 문화의 힘이자 핵심 특성이다. 행동으로 표출되는 이 특성은 사회 속에서 먼저 왕이나 황제에 의해 구현된다(그리고 '왕권'의 근거가 된다). 이 행동 양식은 추상적으로 표상되어 모방되고, 극으로 상연되고, 의례로 행해지고, 이야기로 전해지면서 점차 심리적 특성으로 변화한다. 이처럼 구현되고 표상된 '문화의 성격'은 형식은 변해도 본질은 그대로인 채 대대로 전수된다. 이는 이야기 속에서 일반화되어 나타난 성격 특성을 통합할 줄 아는 인간의 능력 덕분이다.

복잡한 사상들은 엄청나게 긴 세월 동안 갈등을 일으키며 통합되어 '문화의 핵심 특성'으로 자리 잡는다. 신화에서 이 과정은 '천상의 신들이 벌이는 다툼'으로 묘사되는데, 엘리아데는 이를 "신들의 세대 간의 갈등"[326]으로 표현했다. 엘리아데는 히타이트와 가나안 신화가 고대 페니키아를 비롯한 여타 지역에서 나타난 유사한 신화와 어떤 관계가 있는지 논의했다. 히타이트 신들의 계보를 보면 신들의 상대적 위상은 전쟁으로 결정됐다.

첫 번째 이야기, '하늘의 왕위'는 최초의 신들의 계보를 설명한다. 태초의 왕은 알랄루였으며, 신들 가운데 가장 영향력이 큰 아누가 알랄루에게 절을 하고 그를 섬겼다. 그러나 9년 후, 아누는 알랄루를 공격하여 왕좌를 뺏는다. 그때 알랄루는 지하 세계로 몸을 숨기고, 쿠마르비가 새로운 군주를 섬겼다. 다시 9년이 흐르고, 이번에는 쿠마르비가 아누를 공격했다. 두 번째 왕은 하늘로 날아올라 달아났지만, 쿠마르비가 그를 뒤쫓아 두 발을 낚아채고는 '음부'를 물더니 땅에 내쳤다. 쿠마르비가 자신의 공을 크게 기뻐하며 웃으매, 아누는 쿠마르비가 자신의 씨를 잉태했노라 하였다. 쿠마르비는 아직 입속에 남아 있던 것을 뱉어 내었으나 아누의 정력 일부가 몸속으로 배어들었고 세 신을 잉태해 배가 불러 왔다. 나머지 부분은 심하게 훼손되었지만, 폭풍의 신 테슈브를 필두로 한 아누의 '자식들'이 쿠마르비를 상대로 전쟁을 일으켜 그를 몰아냈을 것으로 추측된다.[327]

엘리아데는 계속해서 비블로스의 필론이 전해 준 고대『페니키아의 역사 Phoenician History』를 인용한다.

페니키아에서 최초로 최고 통치자가 된 신은 엘리운('가장 높은 분'이라는 의미의 그리스어 힙시스토스)으로, 후르리/히타이트 신화의 알랄루에 해당한다. 그가 브루스와 결합하여 우라노스(아누에 해당)와 게(가이아)를 낳았다. 그리고 우라노스와 게가 네 아들을 낳았는데, 첫째가 쿠마르비에 해당하는 엘(크로노스)이다. 아내와 다툰 우라노스는 자신의 아이들을 죽이려 하지만, 엘이 톱(혹은 창?)의 날을 벼리어 아버지를 몰아내고 통치자가 된다. 마지막으로 바알(테슈브나 제우스에 해당하는 제4세대 신)이 통치권을 차지하는데, 그는 이례적으로 전투를 치르지 않고 왕좌에 앉는다.

이 신화에는 '세분화'와 제설혼합적인 성격이 동시에 드러나는데,

이런 현상이 후르리와 히타이트의 신화에서만 나타나는 게 아니라는 점에 주목해야 한다(게다가 수메르-아카드적 요소도 다수 보인다).「에누마 엘리시」또한 마찬가지로 (1)신들의 세대가 연이어지고, (2)젊은 신들이 옛 신들에 맞서 전투를 일으키며, (3)승리를 거머쥐고 통치자의 자리에 앉게 된 마르두크의 모습을 묘사한다.[328]

요약하자면, 신들의 세대가 연속되는 가운데 범우주적인 왕좌를 차지하기 위한 세대 간의 충돌을 이야기하는 모든 신화는 최후의 통치자가 된 신의 고결한 지위를 정당화하는 한편, 세계의 구조와 인간의 현재 처지를 일러 준다고 볼 수 있다.[329]

이 신들은 한 사람의 개인을 초월하며 사회의 조정을 받는 '본능적' 힘으로, 인간의 경험을 구성하는 보편적인 요소이다. 이런 신들이 전쟁을 치르며 조직화되는 과정은 경험 세계에 출현한 여러 행동 양식과 해석 틀이 시간의 흐름에 따라 지배권 다툼을 벌이고 조직화하는 과정을 관념적이고 시적인 방식으로 보여 준다.

특정 사회가 행동의 우선순위를 결정하는 방식은 '대상'에 속성을 부여하는 방식 혹은 대상의 가치를 인식하는 방식에서 암묵적으로 드러난다. '신들 사이의 전쟁'에서 정리된 행동의 우선순위는 전통이라는 이름으로 개인의 가치 위계를 결정하며, 사회적 상호작용을 조절하고 개인의 감정을 억제한다(전통을 따르면 개인적, 사회적 행동의 결과를 예상할 수 있게 된다). 같은 행동이라도 혼자 있을 때 하는 것과 여럿이 있을 때 하는 것은 차이가 있다. 예를 들어 장난감 하나에 아이 하나가 붙어 있는 상황과 장난감 하나에 아이 둘이 붙어 있는 상황은 전혀 다르다. 현상학적 관점에서 장난감의 의미가 달라지기 때문이다. 사회적 상황에서는 개인의 행동이 지속적으로 조정된다. 여럿이 있다는 사실이 해당 상황에 속한 모든 대상의 정서가를 뒤바꿔 놓기 때문이다. 장난감의 역할은 재미있게 가지고 노는 것인데, 장난감 하나에 아이 둘이 붙어 있는 상황에서는 이것이 갈등이 씨앗이 아니라 제구실을 하려면 두 아이가 합의에 이르고 서로를 고려해서 행동을 조정해야 한다.

개인의 행동 성향은 원래 영웅적 행위의 결과 수립된 행동 양식을 모방한 것이다. 하지만 사회에서 다수의 사람이 이 행동 양식을 따를 때는 불가피하게 조정이 이루어져야 한다. 예를 들어 공격성이나 사랑, 두려움에 의해 일어나는 행동 양식에는 개인을 초월한 기반이 있고, 그렇기 때문에 신으로 인격화된다. 이런 신들은 끊임없이 다툼을 벌인 결과 사회 조직을 이루고 공존한다. 두 아이가 하나의 장난감을 놓고 다투는 상황은 사람은 여럿이지만 바람직한 대상은 하나밖에 없다는 사실에서 생겨난 미지의 영토로 볼 수 있다. 이 상황에서는 여러 '신'이 동시에 등장할 수 있다. '전쟁의 신' 아레스가 한 아이 혹은 두 아이 모두의 마음에 등장한다면 다툼이 벌어질 것이다. 그 다툼에서 한 아이가 이겼다면 그 아이는 미래에 이와 비슷한 사회적 상황에서 또 다시 호전적으로 행동할 가능성이 크다. 반면 다툼에서 진 아이는 생각이 달라질 것이다. 다음번에 낯선 아이와 장난감을 놓고 갈등이 발생하면 공포의 신 판의 지배를 받게 될 가능성이 크다. 다시 말해 울면서 물러설지도 모른다. 이보다 더 낙관적인 경우는 한 아이 혹은 두 아이 모두가 공정한 합의안을 제안하고 합의를 이루어

둘 다 상처받지 않고 만족하는 것이다. '공정한 합의'는 두 아이가 서로를 '가치 있는' 대상으로, 즉 행동할 때 고려해야 할 대상으로 취급했기 때문에 이루어진 것이다. 이와 같이 타인을 고려하는 행위는 공동체 구성원으로서 타인에게 내재된 가치, 즉 타인의 '기본권'을 인정하는 행위이다. 타인의 가치를 머리로 이해할 수 있기 전에 마음으로 인정하고 그것을 행동으로 보여 주는 것은 곧 힘이 아닌 다른 것을 토대로 한 사회 체계의 기반이 된다. 합의해야 할 이유를 분명히 이해하지 못한다 해도 합의를 이루는 것 자체가 영웅과의 동일시이자 '평화로 가는 길'을 의미한다. 영웅은 신성한 중재자의 모습으로 나타나기도 하기 때문이다. 분쟁 상황에서 협상을 제안하는 것은 곧 '자발적으로 구원자의 화신'이 되는 것이며, 이런 행위는 영웅의 본질을 밝히는 이야기의 소재, 앞으로 참조할 정보가 된다.

아이들이 장난감을 놓고 다툴 때 힘이 센 아이가 장난감(욕망의 대상)을 먼저 손에 넣도록 부모가 내버려 둔다면, 이 부모는 자기보다 힘이 약한 타인의 정서나 신체의 안녕보다 사물(혹은 사물과 쉽게 혼동되는 사물에 대한 공격적 욕망)이 가치가 더 높다는 도덕적 주장을 하는 셈이 된다. 반대로 부모가 나서서 아이들에게 '힘이 곧 정의'라는 식으로 싸우지 말고 서로 상충하는 욕구를 중재하도록 요청하여, 이와 비슷하게 혼란한 상황에서 행동을 이끌어 줄 가치 체계를 구축해 나가도록 도울 수도 있다. 한때 미탐험 영토였던 곳에서 이루어진 이러한 상호작용들이 모두 모여 위계적으로 조직된 결과가 바로 문화를 이룬다.

이보다 더 넓은 사회에서 대상의 의미(대상이 정서와 행동에 미치는 영향)는 대상 앞에서 한 행동과 추정이 사회적으로 어떤 결과를 불러왔는지에 따라 결정된다. 따라서 우리의 내적 동기들은 사회의 통제 아래에서 지배권을 놓고 경쟁한다. 예를 들어 어떤 여성이 성적으로 접근해 올 때 그 행동의 정서가('사랑의 여신'을 불러낼지 '공포의 신'을 불러낼지)는 사회에서 그 여성이 차지한 위치에 따라 달라진다. 미혼의 여성이 호감을 갖고 접근하는 상황이라면 그녀는 욕망의 대상이 될 수 있다. 하지만 그 여성이 덩치 크고 위험한 남자의 아내인 데다 술에 취한 상태라면 '재빨리 달아나야 할' 대상에 속하게 될 것이다.

또 다른 예를 하나 살펴보자. 만약 탐색 중에 처벌을 받고 행동을 중단한 경험이 있다면, 그는 두려움으로 인해 탐색 활동을 억제하게 된다. 만약 자연에 속한 대상을 탐색하다가 그랬다면, 그는 자기가 외부 세계의 특성(위험한 영역)에 대하여 학습을 했다고 생각할 것이다. 하지만 사회적 영역에서 탐색을 벌이다가 처벌을 받게 되면 그 파장이 더 복잡하게 확장된다. 그는 사회 공동체 안에서 자신의 욕구를 행동으로 표출했다가 공동체에서 소외되거나 처벌받을까 봐 두려워서, 예전에 처벌을 받았던 행동이나 그 동기를 억누를지도 모른다. 이처럼 개인의 동기 체계는 자연과 사회 속에서 실행한 행동의 결과를 반영한다. 더 구체적으로 말하자면 개인 내부의 동기 체계가 외부 사회 환경의 구조를 공유한다고 볼 수 있다. 이런 이유 때문에 사회의 정치 상황과 개인의 심리 상태를 동일하게 취급하기도 하며, 또한 개인이 쉽사리 자신이 속한 사회 집단과 자신을 동일시하게 되기도 한다.

문화적으로 결정된 대상의 의미(원래는 대상의 일부분으로 이해됐다)는 상당 부분 집단의 지배 서열을 암묵적으로 드러내는 정보이며, 그 정보의 일부는 대상(자기와 타인을 포함)의 상대적 가치에 대한 추상적 가설이 된다. 예를 들어 누가 무엇을 소유하느냐는 집단의 지배 서열에 따라 달라지며, 대상의 의미를 결정한다. 대상의 의미는 대상에 부여된 가치에 따라 달라진다. 그리고 대상의 가치는 대상에 노출될 때, 대상을 접할 때, 대상을 활용하거나 잘못 활용했을 때 나타나는 기회, 보상, 위협, 처벌 체계를 통해 드러난다. 또한 이는 결국 대상이 갖는 정서가(특정한 목표를 달성하는 일과 관련이 있는지 여부)와 더불어 희소성 및 대상의 특성을 판단하는 판단 주체의 지배력에 따라 달라진다. 이와 관련하여 실존주의 심리치료사인 루트비히 빈스방거는 다음과 같이 썼다.

프로이트에 따르면 '이기적 본능이 사회적 본능으로 탈바꿈'하는 경우, 다시 말해서 악한 동기와 성향이 선한 동기와 성향으로 탈바꿈하는 과정은 늘 강요에 의해 일어난다. "인간의 역사에서 이런 변화는 본래 외부의 강요가 있을 때만 일어났다. 하지만 그렇게 변화하려는 성향이 유전되기 시작했고 '개인의 삶 속에서' 보존되고 강화되었다." 실제로 이러한 '발달'은 외부의 강요가 내면화되는 방향으로 일어났으며, 이 같은 내면화가 온전히 이루어진 결과로 인간의 초자아가 출현했다. 이러한 변화는 '여러 성적 요소'의 작용에 의해 일어난다. 우리는 사랑받는 것에 그 무엇과도 바꿀 수 없는 가치가 있다고 배운다. 따라서 문화는 '본능의 충족을 포기함으로써 얻어지는 것이며, 그 대신 얻어 낸 새로운 발전에 의해 확장'된다.

이러한 변화의 과정에서 우리는 순수한 자연인homo natura 앞에 서게 된다. 순수한 자연인은 신체적 본능을 갖고 있으나 큰 것을 얻기 위해 작은 것을 희생하는 기쁨을 알고, 사회(사회의 원형은 바로 가정이다.)의 금기나 의무 앞에서 자신의 본능을 억제하며, 개인의 발달 과정에서나 인류의 진화 과정에서 외부의 금기를 내적 의무로 내면화해 이러한 성향을 유전하는 존재이다.[330]

사회적 동물이 어떤 상황에서 특정한 행동 전략으로 긍정적인 결과를 얻을지 부정적인 결과를 얻을지는 그가 처한 사회 환경의 특성에 따라 달라진다. 사회 구성원들의 행동을 이끌어 내는 '대상'은 무엇이든 사회적 맥락을 구성하는 하나의 요소이며, 그 가치는 사회적 맥락에 큰 영향을 받는다. 대상의 가치가 중립적일지 아니면 위협이나 기회나 만족을 의미할지는 사회적으로 결정되는데, 이는 대부분 대상의 '객관적' 특성과는 관계없다. 사회적으로 결정된 대상의 정서적 의미는 '자연스레' 대상의 일부분으로 경험된다. 예를 들자면 엘비스 프레슬리의 기타에서 뿜어져 나오는 카리스마는 그 기타의 '일부분'으로 인식된다. 이 말은 대상이 지닌 의미에는 사회적 맥락의 구조에 관한 정보가 담겨 있다는 것이다.

사회적 맥락에 따라 대상의 의미를 파악한다는 것은 곧 해당 상황에 맞는 행동 양식을 결정한다는 뜻이다. 이는 곧 지금 벌어지고 있는 사건들의 흐름을 예상할 수 있게 해 주는 문화 체계를 마주한다고 할 수 있다. 이렇게 문화 체계를 이루는 과정과 표상에 참여하면, 다시 말해서 '집단 정체성을 받아들이면' 자신과 타인의 행동을 더 쉽게 예상할 수 있고, 그에 따라 인생사의 굴곡 속에서도 정서 조절 능력이 향상된다. 집단 정체성은 자신과 타인을 포함한 만물이 어떤 상태에 있는지, 어떻게 되어야 하는지에 관해 이야기해 주며, 우리가 궁극적으로 알 수 없는 대상이 지닌 '선험적' 정서가를 제한하는 틀이 되어 준다. 섬을 둘러싸고 있는 바다처럼 개인을 둘러싼 미지는 두렵고도 희망적인 얼굴을 내보일 때마다 개인의 정서와 행동을 불러일으킨다. 문화는 미지의 세력이 어디에나 존재하는 상황 속에서 그 세력을 막는 장벽의 역할을 감당하여, 개인이 신의 얼굴을 직접 맞닥뜨리지 않도록 지켜 준다.

사회의 보수적 측면 덕분에 과거는 사람들에게 기억되고 되살아나 도덕적 가치의 근원이자 우리 정서를 보호하는 역할을 감당한다. 사람들에게 기억된 과거는 신화 속에서는 아버지로 나타나고, 조금 더 추상적으로는 기독교의 삼위일체 중 하나인 '인격'으로 나타난다. 과거가 지닌 영향력은 조상 숭배에서 확연히 드러난다. 조상 숭배는 죽은 자들과 소통하며 죽은 자의 지혜를 얻고 그들의 보호와 안내를 받으려는 욕구에서 비롯된다. 이런 욕구가 얼마나 강력했는지를 보여 주는 것은 기원전 4000년경에서부터 오늘날에 이르기까지 서유럽과 북유럽, 중동을 거쳐 티벳과 한국에 이르는 지역에 세워진 거석들이다.[331] '과거를 증언하는' 이 거대한 돌은 오늘날의 공동묘지와 같이 죽은 자들의 매장지이자 기념물이며, 문화를 기억하고 영속시키는 과정에 도움을 주었다. 거석에 관해 엘리아데는 다음과 같이 썼다.

거석은 사후의 존재에 관한 몇 가지 관념과 관계가 있다. 거석은 대부분 저승을 향해 떠나는 영혼을 보호하기 위해 거행되는 의례에서 세워진다. 망자가 살아 있는 동안에 세운 것이든, 죽은 뒤에 그 넋을 기리기 위해 세운 것이든 거석은 망자의 사후 존속을 보증한다. 또한 산 자와 죽은 자가 돈독하게 결속되도록 도와주며, 그것을 세운 사람이나 받는 사람의 주술적 힘을 영속하게 해 주고, 인간과 가축의 번성과 풍성한 수확을 보증한다고 여겨졌다.[332]

거석 건조물은 죽은 자에게 예외적인 힘을 부여했다. 한편 살아 있는 자도 의례를 통해 조상과의 교류가 보장되었기 때문에 죽은 자에게 부여된 힘을 공유할 수 있었다. 조상 숭배에는 분명 여러 가지 형태가 존재한다. 거석 문화권의 특징은 '돌과 하나가 되거나 또는 돌과 결합된 조상을 숭배하는 현상'을 통해서 '영원성' 및 '생명과 죽음 사이의 연속성'을 이해한다는 데 있다.[333]

거석에 새겨진 것은 기억되고, (의사소통의 수단으로서 문자가 없는 상황에서) '기억된' 것은 곧 문화의 가치이며, 앞서 존재했던 모든 사람이 찾아낸 의미이다. 거석이라는 은유적 형태로 현존하는 과거는 곧 신화 속 조상이자 영웅이며 공동체를 창시한 오시리스이다. 전통 사회에서는 오시리스와 같은 핵심 인물의 행동이 경외심을 불러일으키며 모방되다가 시간이 흐르면서 수정을 거쳐 추상적으로 표상되면서 문화의 중심을 이루는 커다란 영향력을 유지하게 된다(이는 현대 서구 문화와 같이 혁명적인 문화에서도 마찬가지이다). 실증주의 이전에는 관습적으로 제한된 금기를 면밀히 살피고 의례를 통해 영웅을 모방했다. 또한 목표를 이루기 위해 본보기가 되는 행동 양식을 따랐다. 이런 행동 양식은 모든 시기를 아우르는 초월적 시간과 '신성한'(실제로는 공동체와 개인 내적) 공간 속에서 공동체를 창시한 조상에 의해 수립된 것이다. 이들에게 전통은 단지 과거의 존재가 아니라 '지금도 존재하고 발현되는 힘'이었다. 기억된 전통은 하나의 행동 양식으로 표상되었다. 문화를 창조한 '초자연적 존재', 즉 살아 있는 자들이 기억하는 것보다 더 먼저 살았던 존재의 행동 양식 말이다. 이는 대대로 전해져 내려오는 행위이며, 처음으로 적응을 이루어 낸 사람들이 수립하고 조직화한 것이었다. 아니 어쩌면 죽음의 공포와 끊임없이 싸우는 과정에서 삶의 조건을 개선해 나간 불멸의 영혼이 수립하고 체계화한 것이라고 말할 수도 있다.

전통 사회에서 사람들은 창조적이고 영향력 있는 중요한 일은 모두 태초에, 신화의 시대에 일어났다고 생각했다.

고대인에게 역사는 어떤 의미에서 이미 '완결된' 것이며 태초의 몇몇 거대한 사건 속에서 소진된 것이라고 표현할 수 있다. 폴리네시아에서는 태초에 신화 속 영웅이 깊은 바다에서 고기 낚는 방법을 죄다 계시해 주었기 때문에 더 이상 새로운 고기잡이 방식을 생각해 낼 수 없었다. 그때 이후로 폴리네시아인은 고기잡이에 나설 때마다 신화 속 영웅이 보인 동작을 반복하면서 초인적 인물을 모방했다.

하지만 깊이 생각해 보면 이렇듯 신화 속에 보존된 역사는 실제로는 완결된 것이 아니었다. 원시 사회에서 사람들이 신화를 통해 계시된 몇 가지 본보기 행동을 계속 모방하기만 했다면 시간이 흐름에 따라 수용한 수많은 혁신을 설명할 길이 없을 것이다. 이 세상에 완전히 닫혀 있는 원시 사회는 존재하지 않았다. 외부에서 몇 가지 문화 요소를 빌려 오지 않은 사회도 없었고, 그 결과 사회 제도가 부분적으로나마 변하지 않은 사회도 없었다. 요컨대 역사가 없는 사회는 없다. 하지만 현대 사회와 대조적으로 원시 사회에서는 모든 혁신을 초인적 존재의 '계시'로 생각했다. 외부에서 들여온 무기와 같은 물건이든, 모방한 행동 양식이나 제도 든, 흡수한 신화나 신념이든 그 안에는 마술적이며 종교적인 힘이 깃들어 있어서 자신들이 그것들을 들여오려고 노력했다고 생각했다. 그뿐이 아니다. 이들이 외부의 문화를 일부분 들여온 까닭은 조상들이 애초에 초자연적 존재로부터 문화적 계시를 받았다고 믿었기 때문이다. 전통 사회에서는 엄밀한 의미에서 역사적 기억이 존재하지 않았기 때문에, 최근에 이룬 혁신은 몇 세대만 흘러도, 때로는 그보다 더 짧은 시간 안에 태고의 계시로 여겨졌다.

결론을 내리자면, 전통 사회에서도 역사가 '지속'되기는 했지만, 원시인들은 새롭게 획득한 모든 성취를 태고의 시간에 투영하고 모든 사건을 역사의 흐름과 상관없는 신화적 태초라는 동일 지평선상에 포개 놓았다.[334]

사회 구조는 오랜 시간에 걸쳐 '신들이 전투를 벌인' 끝에 등장한 것으로, 인격에 비유할 수 있다. 이 인격은 같은 문화권에 속한 사람이라면 모두 동일하게 취하는 것인데, '과거에 죽은 영웅들', 대개 질서와 억압을 동시에 나타내는 인물인 위대한 아버지로 상징된다. 문화는 자연을 제한한다. 위대한 아버지는 혼돈으로부터 자손을 지키고 만물의 출발지이자 종착지인 태고의 물을 저지하며 영웅을 낳는다. 개인과 사회를 보호하는 자애로운 전통의 힘은 정치적 질서로 구현되며, 흔히 신화나 이야기의 주제가 된다. 예를 들어 폴란드의 설화「왕이 된 재봉사」[335]를 살펴보자. 이 이야기의 영웅인 니테츠카는 소박한 재봉사이다. 어느 날 그는 발을 다친 집시 여인을 용감하게 도와준다. 다른 말로 하자면, '혼돈의 밀사'인 이방인을 인격적으로 대우해 준 것이다. 집시 여인은 그 대가로 니테츠카에게 서쪽으로 가면 왕이 될 수 있다고 알려 주는데, 이는 '구원'을 위한 정보를 준 것이다. 서쪽으로 가는 길에 니테츠카는 허수아비 백작을 만나 동행하며 몇 가지 모험을 함께 겪는다. 마침내 파차노프라는 작은 도시에 도착한 두 여행자는 다음과 같은 일을 목격하고 깜짝 놀란다.

주변 하늘은 맑고 청명한데 파차노프에는 양동이로 퍼붓듯 세차게 비가 내리고 있었다.

"저기는 안 들어갈래요. 모자가 젖을 테니까요." 허수아비가 말했다.

"나도 저렇게 축축한 왕국의 왕이 되고 싶진 않은걸." 재봉사가 말했다.

바로 그때 그들을 몰래 지켜보던 파차노프 시장이 염소를 타고 백성들을 이끌고 달려왔다.

"저희를 좀 도와주세요." 그들이 말했다.

"도대체 어떻게 된 일이죠?" 니테츠카가 물었다.

"폭우가 쏟아져서 저희 왕국이 위험에 빠졌어요. 일주일 전에 선왕이 돌아가시고부터 이 아름다운 도시에 무시무시한 폭우가 쏟아지기 시작했어요. 빗물이 굴뚝으로 흘러드는 통에 집 안에 불도 피우지 못하고 있어요. 이러다가는 모두 죽고 말 거예요!"

"정말 안됐군요." 니테츠카가 지혜롭게 대답했다.

"오, 상황이 정말 심각해요! 게다가 가엾게도 막내 공주님이 울음을 멈추지 못하는 통에 물이 더 불어나고 있어요."

"오, 그래서 일이 더 어렵게 됐군요." 니테츠카가 더욱 지혜롭게 대답했다.

"제발 저희를 좀 도와주십시오!" 시장이 간청했다. "공주님이 비를 멈추는 사람에게 엄청난 상을 내리기로 약속했다는 걸 알고 계신가요? 비를 멈추는 사람은 공주님과 결혼해서 이 왕국의 왕이 될 거예요."

대략적인 줄거리는 완성됐다. 이 이야기의 영웅은 옷을 짓고 고치고 꿰매는 재봉사 니테츠카이다. 니테츠카는 겉보기엔 보잘것없는 소박한 사람이지만, 겸손하고 기꺼이 위험을 감수하며 주위 사람들을 친절하게 돕는 모습에서 왕이 될 자질이 엿보인다. 그는 폭우(태고의 물의 귀환)로 위험에 처한 도시로 여행을 떠난다. 근래 이 도시의 왕이 죽은 뒤로 폭우가 내리기 시작했다. 왕의 딸은 누구든 왕국을 구해 주기만 하면 그 사람과 결혼할 의향이 있다. 그녀는 여성성의 부정적 측면인 폭우와 반대되는 자애롭고 젊고 아름답고 선한 여성이자, 자발적으로 혼돈에 맞서는 행위에 내재된 잠재력을 상징한다. '비 오듯' 눈물을 흘리는 것으로 미루어 위대한 어머니와 겹쳐지기도 한다.

니테츠카는 자기가 '화창한 날씨'를 되찾아 줘야 한다는 사실을 깨닫는다. 장장 사흘에 걸쳐 이 상황을 곰곰이 생각하던 그는 마침내 깨달음을 얻는다.

"비가 어디서 오는 건지 알겠어!"

"어디서?"

"하늘에서('하늘나라'에서)."

"하!" 허수아비 백작이 투덜거렸다. "그건 나도 알아. 비야 당연히 아래에서 위가 아니라 위에서 아래로 떨어지지."

"맞아, 하지만 도대체 비가 왜 다른 곳엔 안 내리고 이 도시에만 내릴까?" 니테츠카가 물었다.

"다른 곳은 날씨가 좋으니까."

"자넨 바보야, 백작." 재봉사가 말했다. "말해 봐, 비가 얼마 동안 내렸지?"

"여기 사람들이 왕이 죽은 뒤로 내렸다고 하던데."

"이제 알겠어? 난 전부 깨달았어! 선왕이 너무 위대하고 강해서 죽어서 하늘나라에 올라갈 때 하늘에 큰 구멍을 내고 만 거야."

"오, 그래!"

왕은 백성들이 모방할 의례적 본보기로서, 백성들 사이의 상호작용에 질서와 예측 가능성을 부여하던 존재였다. 따라서 왕의 죽음은 곧 왕국을 안전하게 보호하던 벽이 무너지는 위험을 상징한다. 왕이 죽어서 죽은 자들의 나라인 '하늘나라'로 돌아갔다는 것은 곧 왕국을 보호하는 벽에 균열이 생겼다는 의미이다. 그동안 왕의 보호를 받던 백성들에게 벽에 난 틈 사이로 미지의 물이 쏟아져 내렸다. 왕국은 범람할 위기에 처했다.

　　"그 구멍에서 비가 쏟아져 내리고 있고 그 구멍을 꿰매지 않는 한 비가 세상 끝날 때까지 내릴 거야!"

　　허수아비 백작이 놀란 얼굴로 니테츠카를 바라보았다.

　　"내 평생 이렇게 지혜로운 재봉사는 처음 봐." 허수아비가 말했다.

　　니테츠카는 파차노프 백성들에게 도시 안에 있는 사다리를 모두 가져와서 동여맨 다음 하늘에 기대 놓으라고 말했다. 그는 바늘 1백 개를 하나로 꿰어서 들고 사다리 위로 올라갔다.

　　허수아비 백작은 사다리 아래에 서서 100킬로미터에 이르는 기다란 실을 실패에서 풀었다.

　　니테츠카가 꼭대기에 다다라서 보니 하늘에는 구멍이 도시만큼 큼지막하게 뚫려 있었다. 찢긴 조각이 하늘에 걸리고, 구멍에서는 물이 쏟아지고 있었다.

　　이 대목에서 특히 흥미로운 점은 물이 어떻게 된 영문인지 하늘 '뒤'에서 내려오는 것처럼 보인다는 점이다. 신화에서 하늘(적어도 낮의 하늘)은 대체로 '남성성'을 상징하며 '왕'과 동일한 자연적 범주에 속하는 경향이 있다. 왕의 죽음으로 이 '남성적' 하늘의 구조가 훼손되자 균열이 생기면서 우주 생성 이전의 물질이 물의 형태로 쏟아져 내린 것이다. '왕의 죽음'과 '하늘의 균열'은 「에누마 엘리시」에서 티아마트의 재출현을 불러온 압수의 죽음과 의미가 같다. 하지만 이 이야기에서 니테츠카는 '혼돈의 용'과 직접 싸우는 대신 '하늘의 구조를 바로잡는다.' 이는 오시리스의 재건과 유사한 행위이다.

그래서 니테츠카는 꼬박 이틀 동안 하늘을 꿰매고 또 꿰맸다. 손가락이 결리고 몹시 피곤했지만 멈출 수 없었다. 마침내 바느질을 마친 그는 다리미로 하늘을 다리고는 지친 몸을 이끌고 사다리를 타고 내려왔다.

이제 다시 파차노프에 햇빛이 내리쬤다. 허수아비 백작은 미칠 듯 기뻐했고, 파차노프의 주민들도 마찬가지였다. 공주는 마침내 눈물을 닦고 니테츠카의 목을 끌어안고는 다정하게 입을 맞추었다.

영웅과 '미지의 자애로운 측면'의 '창조적 연합'이 다가오고 있다.

니테츠카는 행복했다. 주위를 둘러보니 시장과 시의원들이 금홀과 화려한 왕관을 들고 외쳤다.

"니테츠카 왕 만세! 만세! 만세! 그가 공주님의 신랑이 되어 우리 왕국을 행복하게 다스리게 하자!"

그래서 쾌활하고 작은 재봉사는 파차노프를 오랫동안 행복하게 다스렸고, 그의 치세 동안 파차노프에는 비가 단 한 차례도 내리지 않았다.

이 동화는 '묶는 신'[336]에 관한 보편적인 이야기의 한 예이다. 아버지 아누가 준 그물로 티아마트를 사로잡은 마르두크도 이 묶는 신들 중 하나이다. 이때 묶는 행위는 확실히 어진 행위이며 '세계를 낳는' 행위로 군주의 특권이다. 군주는 왕국의 안정을 위협하는 '적'을 밧줄과 법적 제제로 옭아맨다. 「왕이 된 재봉사」는 새로이 수립한 왕국에 결코 비가 내리지 않았다는 결말로 끝을 맺는다. 이 소식은 얼마 전 물난리를 겪은 사람들에게는 행복한 결말처럼 들릴지도 모르지만, 그 결과 가뭄이 찾아온다면 그다지 적절한 방책이 아니다. 이와 관련해서 또 다른 문학 작품을 살펴보자.

아이들을 위한 소설로 유명한 『시간의 주름』에 나오는 소년 찰스 월러스는 마술적 힘을 갖고 있다. 그는 '어둠의 세력'으로부터 아버지를 구하러 가던 길에 외계의 강력한 가부장적 영혼에 사로잡히고, 누나에게 이렇게 말한다.

"누나, 싸움을 멈추고 긴장을 풀어야 해. 긴장을 풀고 행복해지라고. 느긋해질 수만 있다면 모든 문제가 사라질 거야. 누난 우리가 얼마나 멋진 곳에 왔는지 전혀 이해하지 못하고 있어. 봐 봐, 이 행성에서는 모든 게 완벽한 질서 속에 있어. 모두가 긴장을 풀고 내려놓고 굴복했기 때문이야. 선한 친구의 눈을 침묵 속에서 지그시 바라보기만 하면 돼. 누나, 그는 우리의 친구야. 그가 날 받아 줬듯이 누나도 받아 줄 거야." [337]

이 이야기에서 '선한 친구'의 지배를 받는 사람은 누구나 계획에 따라 같은 방식으로 행동한다. 누구든 다르게 행동하는 사람은 고통스러운 '조정'을 거치거나 제거된다. 이곳에는 어떤 식으로든 무질서가 들어설 공간이 없다.

찰스의 이상하고 단조로운 목소리가 메그의 귀를 울렸다. "메그 누나, 도대체 생각이라는 걸 하고 사는 거야? 우리 집에서 왜 허구한 날 다툼이 일어났다고 생각해? 사람들이 왜 혼란에 빠지고 불행하다고 생각해? 사람들이 각자 자기 인생을 살기 때문이라고. 나는 지금까지 누나에게 최대한 쉽게 설명하려고 한 거야. 개인이 다 사라졌다는 걸······. (여기는) '하나'의 마음만 있어. 이건 이거지. 그래서 모두가 그렇게 행복하고 효율적인 거야······. 여기엔 고통받는 사람이 없어." 찰스가 중얼거렸다. "불행한 사람은 아무도 없다고." [338]

문화가 의미를 제한하는 이유는 어떤 사물에 맞닥뜨렸을 때 취하는 행동을 문화적 압력으로 균일하게 만들 수 있기 때문이다. 이는 '가부장적인' 국가의 주요 특징이다. 하지만 균일성에 대한 압력이 커질수록 국가는 점점 더 폭압적이고 전제적인 모습을 띤다. 유사성에 대한 욕구가 극단적으로 커지면 모두가 '똑같은' 사람이 되고 만다. 그저 과거를 모방하는 게 전부가 된다. 이런 상황에서는 국가가 생각과 행동의 다양성을 억제한다. 그러면 국가는 정말로 멈춰 버리고 만다. 신화적으로 표현하자면, 무감각하게 마비되어 돌이 되어 버린다. 개인과 사회가 생각과 행동의 다양성을 잃으면 급격한 '환경' 변화, 즉 뜻하지 않게 밀려오는 '혼돈스러운' 변화에 점차 취약해진다. 점진적인 변화를 계속 거부하면 사회 전체가 붕괴될 위험에 처한다. 바로 이런 때 신들은 스스로 창조한 인간에게 실망하고 인류 전체를, 그리고 인류의 고집스런 우매함을 물로 쓸어 버린다. '기지'와 '미지' 사이의 정보 교환이 필요하다는 사실은, 곧 '국가가 지나치게 획일성을 강요할 때 멸망의 위험에 처한다'는 것을 의미한다. 이러한 위험은 흔히 이야기 속에서 '노쇠하고 연로한 왕' 혹은 '물(태고의 혼돈의 긍정적 측면)이 부족하여 죽을병에 걸린 왕'으로 표상된다. 이런 '사상'은 그림 형제의 동화「생명의 물」[339]에 잘 드러나 있다.

옛날에 병이 든 왕이 있었어요. 병이 너무 깊어서 누구도 왕을 구해 낼 수 없다고 생각했어요. 왕에게는 세 아들이 있었는데 아들들은 모두 병에 걸린 아버지 때문에 마음이 아팠어요. 왕께서 돌아가실 거란 생각에 세 아들은 궁전 정원에 내려가 울었어요. 한 노인이 그들에게 다가와 왜 슬퍼하고 있냐고 물었어요. 그들은 아버지가 죽어 가는데 구할 방법이 없다고 말했어요.

그러자 노인이 말했어요. "치료약이 딱 하나 있긴 하지. 그건 바로 생명의 물이라네. 만약 생명의 물을 마실 수 있다면 아버진 회복하실 걸세. 하지만 생명의 물은 찾기가 무척 어렵지."

첫째 아들과 둘째 아들은 왕에게 억지로 허락을 받아 내고서 차례로 생명의 물을 찾으러 떠난다. 길을 나선 지 얼마 되지 않아 두 사람은 난쟁이를 만나고 무례하게 군다. 그 결과 난쟁이의 저주에 걸린 두 사람은 산골짜기에 갇히고 만다.

그 후 막내가 길을 나선다. 막내는 겸손했고 자신이 이해하지 못하는 대상을 '올바르게' 대할 줄 알았다. 그 덕에 난쟁이를 만나 소중한 정보를 얻는다. 여기서 난쟁이의 역할은 「왕이 된 재봉사」의 집시 여인과 같다.

> "당신은 못된 형들처럼 거만하게 굴지 않고 제게 상냥하게 말씀하셨으니 도와 드리지요. 생명의 물을 얻는 방법을 알려 드릴게요. 생명의 물은 마법에 걸린 성[340] 안마당에 있는 분수에서 나와요. 하지만 제가 드리는 이 쇠막대와 빵 조각 두 개가 없이는 절대로 생명의 물을 얻을 수 없어요. 이 쇠막대로 성문을 세 번 두드리면 문이 열릴 거예요. 성문 안에는 사자 두 마리가 입을 크게 벌리고 있을 텐데 빵을 한 조각씩 던져 주면 곧 잠잠해질 거예요. 그럼 서둘러 생명의 물을 담아 오세요. 12시를 알리는 종이 울리면 문이 닫혀서 성 안에 갇히고 마니까요."

이 이야기는 어디로 가고 있는지 모르면서 그곳으로 가는 법을 알고 있다고 생각하면 안 된다고 주장한다. 이를 조금 더 일반화하자면, 스스로 누가 중요한 사람이고 무엇이 중요한지 알고 있다는 생각은 교만이라는 말이다. 교만한 사람은 곤경에 빠졌을 때 그동안 우습게 여겨 왔던 대상에게 주의를 기울이지 못한다. '메마른 환경'이나 '노쇠한 왕'은 가치 체계가 지나치게 경직되고 오만해진 결과로 나타난다. '무엇 혹은 누구를 무시해도 좋은가'는 '무엇 혹은 누구에게 주의를 기울여야 하는가'와 마찬가지로 가치 체계의 일부분을 구성한다. 문제가 발생하면 전통적인 가치 체계는 수정되어야 한다. 예전에 보잘것없다고 경멸하던 존재가 뜻밖에 생명의 비밀을 갖고 있을 수도 있고[341], 형들처럼 자신의 오류를 인정하지 않으면 곤경을 겪게 될 수도 있다. 이야기는 다음과 같이 이어진다.

막내 왕자는 난쟁이에게 감사를 표한 뒤 쇠막대와 빵 조각을 가지고 길을 떠났어요. 왕자가 성에 도착해 보니 모든 것이 난쟁이가 말한 그 대로였지요. 쇠막대로 세 번 두드리자 성문이 열렸고 빵 조각을 던져 주자 사자들이 잠잠해졌어요. 성 안으로 들어서니 큰 홀이 있는데 거기 에는 마법에 걸린 왕자들이 여럿 있었어요. 그는 왕자들의 손가락에서 반지를 빼서 챙기고 주위에 놓여 있던 검과 빵 한 덩이도 챙겼어요.

여기서 마법에 걸린 왕자들은 동생 세트에게 사지가 찢긴 후 지하 세계에 버려져 잠재력을 발휘할 수 없던 '옛 영웅' 오시리스와 같은 인물로, 조상들의 마술적 힘을 상징한다(앞서 언급한 꿈 이야기에서 교회 앞뜰에 나타난 '죽은 왕'들과 같다). 그리고 '마법에 걸린 성'으로 떠난 젊 은 왕자의 여정은 자발적으로 위험천만한 죽은 자들의 왕국으로 내 려가는 행위와 같다. 그는 '죽은 조상들을 대면'하고 조상들의 마술 적 힘을 일부 사용할 수 있게 되는데, 이때 조상들의 힘은 그들이 사 용한 도구나 소유물의 형태로 나타난다. 더 나아가 젊은 왕자는 지하 세계에서 '미지의 자애로운 측면'을 맞닥뜨리는데, 이는 전형적으로 의인화되어 나타난다.

다음 방에는 한 아가씨가 있었어요. 아가씨는 왕자를 보고 기뻐하며 말했어요. 왕자가 자신을 구했으니 일 년 후에 다시 찾아오면 왕자와 결혼하겠다고요. 또 마법의 물이 나오는 분수를 찾을 수 있게 길을 알려 주고는 시계가 열두 번 울리기 전에 서둘러 성을 떠나야 한다고 당부했어요.

마법의 물을 찾아 나선 왕자는 어떤 방에 다다랐는데, 거기에는 아름답고 깨끗하게 정돈된 침대가 있었어요. 너무나 피곤했던 왕자는 잠깐만 쉬어 가기로 했어요. 그래서 침대에 누워 있다가 잠이 들고 말았지요. 왕자가 일어나 보니 12시가 되기 15분 전이었어요! 왕자는 벌떡 일어나 분수로 달려가서는 근처에 놓여 있던 잔에 물을 떠서 서둘러 나왔어요. 왕자가 철로 만든 성문에 도착했을 때 시계가 울렸고, 문이 너무 빨리 닫히는 바람에 왕자의 발꿈치가 조금 잘려 나가고 말았어요.

그래도 왕자는 생명의 물을 얻어서 기뻤어요. 그리고 서둘러 집으로 돌아가는 길에 일전에 만났던 난쟁이를 다시 만났어요. 난쟁이는 왕자가 들고 있는 검과 빵을 보더니 "그것들이 왕자님께 큰 도움이 될 거예요. 그 검으로는 군대 전체를 무찌를 수 있고, 그 빵은 아무리 먹어도 사라지지 않을 거예요."라고 말했어요.

왕자가 들고 온 검과 빵 덩어리는 무서운 미지의 세계로 향했던 왕자의 영웅적 여정에서 풀려난 '가능성'이 구체화된 것이다. 검은 악한 세력을 물리치는 데 쓰이며, 빵은 그리스도가 빵과 물고기로 베푼 기적과 똑같은 기적을 일으킨다.

그 무렵에 다시 큰 무리가 모여 있었는데, 먹을 것이 없었다. 예수께서 제자들을 가까이 불러 놓고 말씀하셨다.

"저 무리가 나와 함께 있은 지가 벌써 사흘이나 되었는데, 먹을 것이 없으니 가엾다.

내가 그들을 굶은 채로 집으로 돌려보내면, 길에서 쓰러질 것이다. 더구나 그 가운데는 먼 데서 온 사람들도 있다."

제자들이 예수께 말하였다. "이 빈 들에서, 어느 누가, 무슨 수로, 이 모든 사람이 먹을 빵을 장만할 수 있겠습니까?"

예수께서 그들에게 물으셨다. "너희에게 빵이 몇 개나 있느냐?" 그들이 대답하였다. "일곱 개가 있습니다."

예수께서는 무리에게 명하여 땅에 앉게 하셨다. 그리고 빵 일곱 개를 들어서, 감사 기도를 드리신 뒤에, 떼어서 제자들에게 주시고, 사람들에게 나누어 주게 하시니, 제자들이 무리에게 나누어 주었다.

또 그들에게는 작은 물고기가 몇 마리 있었는데, 예수께서 그것을 축복하신 뒤에, 그것도 사람들에게 나누어 주게 하셨다.

그리하여 사람들이 배불리 먹었으며, 남은 부스러기를 주워 모으니, 일곱 광주리에 가득 찼다.

사람은 4천 명쯤이었다. 예수께서는 그들을 헤쳐 보내셨다.

그리고 곧 제자들과 함께 배에 올라, 달마누다 지방으로 가셨다.

바리새파 사람들이 나와서는, 예수에게 시비를 걸기 시작하였다. 그들은 예수를 시험하느라고 그에게 하늘로부터 내리는 표징을 요구하였다.

예수께서는 마음속으로 깊이 탄식하시고서 말씀하셨다. "어찌하여 이 세대가 표징을 요구하는가! 내가 진정으로 너희에게 말한다. 이 세대는 아무 표징도 받지 못할 것이다."

그리고 예수께서는 그들을 떠나, 다시 배를 타고 건너편으로 가셨다.

제자들이 빵을 가져오는 것을 잊었다. 그래서 그들이 탄 배 안에는 빵이 한 개밖에 없었다.

예수께서 제자들에게 경고하여 말씀하셨다. "너희는 주의하여라. 바리새파 사람의 누룩과 헤롯의 누룩을 조심하여라."

제자들은 서로 수군거리기를 "우리에게 빵이 없어서 그러시는가 보다." 하였다.

예수께서 이것을 아시고 말씀하셨다. "어찌하여 너희는 빵이 없는 것을 두고 수군거리느냐? 아직도 알지 못하고 깨닫지 못하느냐? 너희의 마음이 그렇게도 무디어 있느냐?

너희는, 눈이 있어도 보지 못하고, 귀가 있어도 듣지 못하느냐? 기억하지 못하느냐?

내가 빵 다섯 개를 5천 명에게 떼어 주었을 때에, 너희는 남은 빵 부스러기를 몇 광주리나 가득 거두었느냐?" 그들이 그에게 대답하였다. "열두 광주리입니다."

"빵 일곱 개를 4천 명에게 떼어 주었을 때에는, 남은 부스러기를 몇 광주리나 가득 거두었느냐?" 그들이 대답하였다. "일곱 광주리입니다."

예수께서 그들에게 말씀하셨다. "너희는 아직도 깨닫지 못하느냐?"

「마가복음」 8장 1절~21절

영웅은 '아무리 먹어도 사라지지 않는 음식'을 준다.

다시 그림 형제의 동화로 돌아가 보자. 난쟁이는 막내 왕자에게 형들을 어디에서 찾을 수 있는지 알려 주면서 형들은 마음씨가 나쁘니 내버려 두는 편이 낫다고 경고한다. 하지만 막내 왕자는 형들을 찾아서 구한 뒤 형들에게 그간 일어났던 일을 모두 이야기해 준다.

세 왕자는 함께 말을 타고 가다가 전쟁과 기근에 시달리던 한 왕국을 지나게 됐어요. 왕마저 자신의 왕국이 멸망하리라고 생각할 정도로 기근이 심각했지요.

막내 왕자는 왕에게 자기 빵을 내주었고 왕은 그 빵으로 왕국 전체를 배불리 먹일 수 있었어요. 또 왕에게 자기 검을 주어 그 검으로 적군을 모두 물리치고 평화를 되찾게 해 주었지요. 그 후 막내 왕자는 검과 빵을 되돌려 받고서 다시 길을 떠났어요.

세 왕자는 전쟁과 기근에 시달리는 두 나라를 더 지나게 됐어요. 그때마다 막내 왕자는 자기 검과 빵을 그 나라의 왕에게 주어 세 나라를 구했어요.

동화는 집으로 돌아가는 길에 일어난 사건을 통해서 '공주가 살고 있는 마법의 왕국'에서 구해 낸 물건에 깃든 힘을 보여 준다. 마법의 왕국에서 가져온 보물들은 어디서 사용하든지 강한 보호 능력과 재생 능력을 발휘했다.

세 형제가 집으로 돌아오는 길에 두 형은 동생을 속이고 잔에 담긴 진짜 생명의 물을 짠 바닷물로 바꿔 놓는다. '거만한 형들'이 '위대한 어머니의 자애로운 측면'을 '파괴적 측면'으로 뒤바꿔 놓은 것이다. 집으로 돌아온 막내 왕자는 아무것도 모른 채 독이 든 물을 아버지께 드리고, 아버지의 병환은 더 깊어지고 만다. 형들은 중독된 아버지에게 막내에게서 훔친 진짜 생명의 물을 드려 낫게 한 뒤, 선한 모습 뒤로 악한 영혼을 감추고는 불운한 동생을 내쫓고 죽이려 한다. 하지만 막내 왕자를 죽이라는 명을 받은 사냥꾼이 차마 왕의 명을 실행하지 못하고 그를 살려 준다. 그리고 이야기의 흐름이 바뀌기 시작한다. 막내 왕자가 이전에 베푼 선행이 드러나면서 늙은 왕은 자신의 결정을 뉘우친다.

얼마 지나지 않아 마차 세 대가 금은보화를 가득 싣고 왕에게 오더니 막내 왕자를 찾았어요. 막내 왕자의 검과 빵 덕분에 나라를 구했던 왕들이 감사의 마음을 표시하기 위해 보낸 선물이었지요.

늙은 왕은 그제야 생각했어요. "혹시 막내가 결백한 건 아닐까?" 그래서 백성들에게 말했어요. "막내를 살려 두었어야 했는데 죽이다니 안타깝구나!"

"왕자님께서는 아직 살아계십니다." 사냥꾼이 왕께 아뢰었어요. "제가 감히 왕의 명령을 실행할 수 없었나이다."

그리고 사냥꾼은 자초지종을 왕께 아뢰었어요.

이 기쁜 소식에 왕은 마음이 뛸 듯이 가벼워져서는 전국 방방곡곡에 전갈을 보내 "막내가 왕궁으로 돌아와 다시 왕자의 지위를 누려도 좋다."고 공포했어요.

그동안 공주는 왕자의 귀환을 준비하고 있었다.

공주는 성으로 이어진 길을 반짝이는 황금으로 덮고 백성들에게 그 길 위로 곧바로 말을 타고 오는 사람이 진짜 신랑감이니 성 안으로 들이되 길 양쪽 가로 오는 사람은 진짜가 아니니 들이지 말라고 일러 두었어요.

한 해가 거의 다 되어 갈 때쯤 첫째 왕자가 서둘러 공주에게로 가야겠다고 생각했어요. 자신이 공주를 구해 준 척하고 아내와 왕국을 얻을 속셈이었지요. 그런데 말을 타고 가다가 금으로 만든 아름다운 길을 보고는 그 길 위로 말을 타고 달릴 수는 없다고 생각했어요. 그래서 길에서 벗어나서 길 오른편으로 달렸지요. 하지만 성문에 도착하자 백성들은 그가 올바른 신랑감이 아니라며 돌려보냈어요.

얼마 지나지 않아 둘째 왕자도 성으로 가다가 황금으로 만든 길을 보고 그 길 위로 말을 타고 달릴 수는 없다고 생각했어요. 그래서 길에서 벗어나 길 왼편으로 달렸지요. 하지만 성문에 도착했을 때 백성들은 그가 올바른 신랑감이 아니라며 형과 마찬가지로 돌려보냈어요.

첫째와 둘째 왕자는 권력과 부와 명예에 관한 전통적 사고방식에 얽매여 진짜 중요한 것에 집중하지 못한다. 길의 재료로 쓰인 황금을 '너무 소중히 여기다가' 엄청난 기회를 놓치고 만 것이다. 그들은 물질을 지나치게 중시한 나머지 공주의 모습으로 나타난 모든 좋은 것들의 원천과 관계를 맺을 가능성을 못 보고 지나친다(공주는 「지혜서」에 나오는 지혜와 같은 역할을 한다). 하지만 막내 왕자는 그런 실수를 저지르지 않는다.

마침내 약속한 한 해가 다 되어 가자 셋째 왕자가 숲에서 나왔어요. 그는 사랑하는 공주를 만나 지난 과거의 아픔은 모두 잊기로 했지요. 공주에게 가는 길에 왕자의 머릿속은 온통 공주 생각뿐이었고, 공주와 함께할 생각에 마음이 부풀어 있었어요. 그 바람에 그는 길이 황금으로 만들어져 있다는 걸 알아차리지도 못했지요. 그래서 그는 말을 황금 길 한가운데로 곧장 달려 성문에 다다랐어요. 그가 성문에 이르자 성문이 활짝 열렸고 공주가 기쁜 마음으로 그를 맞이했어요. "당신이 절 구하셨으니 이제 이 왕국은 당신의 것이에요." 그들은 곧바로 결혼식을 올렸고 모두가 기뻐했어요. 결혼식을 마치고 공주는 왕자의 아버지가 그를 용서하고 다시 왕궁으로 불러 들였다는 소식을 전해 주었어요. 그래서 막내 왕자는 왕에게로 돌아가 그간 있었던 일을 모두 아뢰었어요. 형들이 그를 배신한 일이며 그가 왜 침묵을 지킬 수밖에 없었는지를요.

연로한 왕은 큰아들과 둘째 아들을 벌하려 했지만 그들은 배를 타고 도망가 살아 있는 동안 두 번 다시 집에 돌아오지 않았어요.

연로한 왕은 물이 없어서 죽어 가고 있었다. 왕의 첫째 아들과 둘째 아들은 왕을 구해 낼 수 있었지만 편협하고 융통성이 없는 데다 고루하고 물질적이며 이기적인 인물들이었다. 그들은 생명의 물을 찾아낼 만한 올바른 '영혼'의 소유자가 아니었다. 영웅의 자질을 갖춘 막내아들은 '합리적인' 사람들이 무시할 만한 대상에 주의를 기울이고 미지의 세계로 여행을 떠나 필요한 것을 가지고 돌아온다. 이 영웅의 여정 끝에 왕은 되살아난다. 오시리스가 과거에 아무리 위대한 왕이었다 해도 호루스가 없었더라면 지하 세계에 갇혀 있을 수밖에 없다.

신화에서 영웅적 태도는 미지에 버금가는 신성을 지닌 남성으로 등장하며, 경험 세계에 적응하는 구체적인 행동 양식을 수립하기 위한 전제 조건이 된다. 문화는 영웅적 행위의 결과로 구축된다. 여기서 문화는 역사의 흐름에서 굳어진 절차 지식이자 그 지식을 소통할 수 있도록 설명한 것을 말한다. 문화를 구축한다는 것은 곧 위대하고도 무서운 아버지를 만들어 내는 것이다. 위대한 아버지는 신화에서 지혜로운 왕이자 폭군으로 등장하여 나약한 개인과 압도적인 자연 사이를 중재한다. 그는 자발적인 영웅적 행위들이 모여서 만들어진 '결과'이자, 영웅적 행위의 주체를 낳은 '창시자'이기도 하다. 이렇듯 영웅의 자식이자 아버지인 이 모순적 존재는 먼저 하나의 '인격'(절차)으로 인식되며, 그 뒤에는 한두 단계의 추상화를 거쳐 표상을 이룬다(이 존재는 '객관적' 세계에 대한 설명이 축적된 결과는 아니다). 이런 사실은 오늘날에도 북한과 같은 전체주의 국가에서 엿볼 수 있다. 북한에서는 질서와 확실한 의미의 화신이던 지도자가 죽자 집단 히스테리 현상이 일어났다. 이런 현상은 단지 전체주의 정권의 지배를 받는 국민들에게서만 나타나는 것이 아니다. 프라이는 다음과 같이 말했다.

> 왕이 수행하는 기능은 주로 국민들에게 한 개인의 모습에서 통합된 국가의 모습을 보여 주는 것이다. 엘리자베스 2세가 가는 곳마다 군중을 끌어모으는 이유는 여왕이 대단히 아름답기 때문이 아니라 여왕이 하나의 '몸(body)'을 이루는 사회를 은유적으로 보여 주기 때문이

다. 다른 사회에도 각 사회를 대표하는 인물들이 있다. 하지만 입헌 군주는 순전히 혈통이라는 우연에 의해 지위를 얻되 집행권은 누리지 못하는 탓에 비애감이 서린 아주 특별한 상징적 우아함을 가지는 듯하다. 동시대의 다른 대다수 사회는 군주제를 폐지했지만 군주의 자리를 차지한 '카리스마적' 리더와 독재자 들은 거의 예외 없이 사악하고 퇴보적인 모습을 보인다. 셰익스피어의 희곡에서 신비로웠던 왕족의 존재는 오늘날 우리에게 별다른 의미가 없으며 하나님의 '주권'을 이야기하는 신학자는 미개하고 전근대적인 사회 체계에 빗대어 교리를 설명한다는 이유로 독자들의 외면을 받게 될 위험에 처한다. 그러나 뉴스 매체들은 지금도 자연스럽게 국가를 사람 취급하면서 프랑스나 일본이나 멕시코'가' 무엇을 한다는 식으로 왕이라는 메타포를 그대로 차용한다. 이러한 메타포는 내 젊은 시절에는 굉장히 거슬리게도 "히틀러가 독일을 가로지르는 길을 건설하고 있다."거나 "무솔리니가 습지를 개간하고 있다."는 식으로 독재자들의 권위 선양을 위해 이용됐다. 이런 식의 표현을 사용하는 사람의 대다수는 민주주의를 신봉하지만 여전히 왕이라는 메타포를 사용하는 버릇을 버리지 못한 것이다. 왕은 가장 매력적인 상징이거나 아니면 가장 위험한 우상일지도 모른다.[342]

위대한 아버지는 역사의 산물이며, 현실에서 재연되고 자연스럽게 기억되는 한 역사 그 자체이다. 위대한 아버지는 사회화 과정에서 본보기로서 설명되며, 사회적 상호작용과 특정한 대상의 의미 속에 함축되어 문화를 이룬다. 이러한 문화 체계는 개인의 내면에서 사회를 대표하며, 미지의 대상이 갖는 선험적 정서가를 한정하는 억제망으

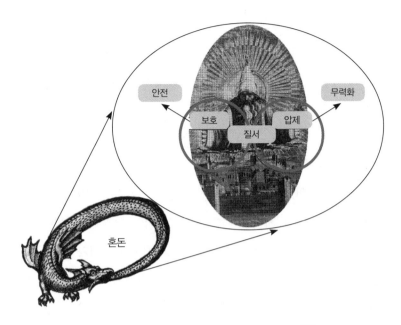

그림 29. 질서, 위대한 아버지, 우로보로스의 아들[343]

로 작용해 경험에 확실한 의미를 부여한다. 이 말은 중립적인 현상에 관련성이나 중요성을 부여한다는 뜻이 아니라, 미지의 보편적 의미를 구체적 의미로 축소, 제한한다는 뜻이다. 미지에는 위협과 기회가 담겨 있다. 미지로부터 분리되어 나온 대상이 갖는 구체적 의미는 미지의 보편적 의미를 제한한 결과이다. 이러한 의미는 순전히 조건부일 뿐이어서 문화 체계에 의해 결정된 의미 모형이 제 기능(신뢰성)을 유지하는 동안에만 유효하다. 곧 문화가 현재 상태를 합리적으로 설명하고, 신뢰할 만한 목표를 상정하며, 개인이 실행 가능한 동시에 문화도 유지, 확장될 수 있는 목표 달성 방법을 제시해야 하는 것이다.

위대한 아버지는 우주 발생 이전의 혼돈이 낳은 아들이자 익숙하고 예측 가능한 기지의 세계의 화신이며, 안전과 억압을 동시에 상징한다. 그는 부계 사회이자 전통이고 위풍당당한 의례이며 군산 복합체이고 초자아이다. 까다롭고 엄격하며 불공평하고 위협적이지만 인류에 꼭 필요한 존재다. 또한 '아내'인 위대한 어머니만큼이나 양가적이다. 일반적인 아버지의 모습에 나타나는 위대한 아버지는 스스로 미지의 세계에 대처하기에는 너무 미숙하고 연약한 아이들을 보호한다. 더 관념적으로 설명하자면 일상 속에서 아버지가 보여 주는 행동 양식이며, 이는 아이들이 성장하는 과정에서 '내면화된다.' 위대한 아버지는 아기가 상징하는 영혼의 무한한 가능성을, 제한되었지만 실재하는 것으로 만들어 간다. 그는 모든 사회적 상호작용을 지배하는 행동 양식이다.

한편으로 위대한 아버지는 왕국의 안전을 보장하는 지혜로운 왕이다. 지혜로운 왕은 미지가 두려워서가 아니라 굳건한 토대 없이는 그 무엇도 새로이 창조될 수 없기에 안정을 추구한다. 그는 과거의 영웅들이 찾아낸 적응적 행동 양식으로, 현재에 그것을 따르면 안정과 통제가 보장된다. 안전한 집이며 바람을 막아 주면서도 공기는 통하는 건물, 가르치고 훈계하지만 세뇌하거나 주입하지 않는 교사이다. 공유된 문화 덕분에 금세 서로를 신뢰할 수 있는 사람들 사이의 협력을 강화하는 전통이다. 지혜로운 왕으로서의 위대한 아버지는 한 발로 무서운 어머니를 밟아 누르고 혼돈의 괴물들을 지하 감옥에 가두거나 지하 세계에 유배한다. 그는 과거에 실시한 탐험의 결과로 수립된 행동 양식과 가치 체계로서 죽은 왕들의 인격이고, '생명에 내재된 가치를 존중하는' 존재다. 그 결과 지혜로운 왕은 백성들의 조언을 듣고 피지배자들과 기꺼이 소통하며 '미천한' 사람들에게서도 배우려 한다.

이와 같이 강자와 약자 사이에 소통이 필요하다는 생각은 구체적으로 고대 히브리 선지자들의 행적을 통해서 서구인의 의식 세계에 뚜렷이 등장하게 됐다. 종교철학자 휴스턴 스미스Huston Smith는 성경에서 이를 증명하는 두 가지 예시를 찾았다.

그 하나는 나봇의 이야기이다. 나봇은 조상 대대로 물려받은 포도원을 양도하라는 아합 왕의 요구를 거절했다가 하나님과 왕을 모독했다는 누명을 쓰고 억울하게 돌에 맞아 죽었다. 당시 신성모독은 사형에 해당하는 중죄였고 중죄인의 재산은 왕실에 귀속되었다. 아합이 저지른 끔찍한 범죄는 곧 엘리야의 귀에 들어갔고 주님의 말씀이 엘리야에게 임했다. 말씀하시길,

"일어나 사마리아에 있는 이스라엘 왕 아합을 만나러 내려가거라. 그가 나봇의 포도원을 차지하려고 그곳으로 내려갔다.

너는 그에게 다음과 같이 전하여라. '나 주가 말한다. 네가 살인을 하고, 또 재산을 빼앗기까지 하였느냐? 나 주가 말한다. 개들이 나봇의 피를 핥은 바로 그곳에서, 그 개들이 네 피도 핥을 것이다.'"

이 이야기는 역사적으로 커다란 의미가 있다. 왕의 면전에서 공직에 있지 않은 사람이 억울한 일을 당한 사람 편에 서서 왕의 부당한 행위를 비난하는 이야기이기 때문이다. 역사적 기록을 통틀어 봐도 다른 곳

에서는 이 같은 이야기를 찾을 수가 없다. 엘리야는 제사장이 아니었다. 그에게는 이처럼 왕을 혹독하게 비판할 만한 공적 권한이 없었다. 일반적으로는 그 자리에서 경비병들에게 죽임을 당할 만한 일이었다. 하지만 엘리야는 자신의 권위로 말하는 것이 아니라 하나님을 '대변'하는 것이 분명했기 때문에 왕은 엘리야의 판결을 받아들일 수밖에 없었다.

이처럼 놀라운 일이 다윗과 밧세바 사건에서도 일어난다. 다윗은 왕궁 옥상에서 밧세바가 목욕하는 모습을 내려다보고 그녀를 갈망한다. 하지만 장애물이 있었다. 밧세바가 결혼한 여인이었던 것이다. 당시 왕에게 이런 것은 전혀 문제가 되지 않았다. 다윗은 밧세바의 남편 우리야를 제거하려고 움직였다. 다윗은 "우리야를 가장 치열한 전선으로 앞세워 보냈다가 너희만 뒤로 물러나 그를 죽게 하라."는 편지를 써서 우리야의 손에 직접 들려 전방으로 돌려보냈다. 모든 일이 계획대로 처리되었다. 이 이야기는 예언자 나단이 다윗의 계략을 알아차리기 전까지는 별다를 것이 없이 진행된다. 하지만 "다윗의 행동이 여호와가 보시기에 악하다."는 것을 직감한 나단은 곧바로 자신의 생사여탈권을 쥐고 있는 다윗 왕에게로 가서 말하였다.

나단이 다윗에게 말하였다. "임금님이 바로 그 사람입니다. 주 이스라엘의 하나님이 이렇게 말씀하십니다. '내가 너에게 기름을 부어서, 이스라엘의 왕으로 삼았고, 또 내가 사울의 손에서 너를 구하여 주었다.

나는 네 상전의 왕궁을 너에게 넘겨주고, 네 상전의 아내들도 네 품에 안겨 주었고, 이스라엘 사람들과 유다 나라도 너에게 맡겼다. 그것으로도 부족하다면, 내가 네게 무엇이든지 더 주었을 것이다.

그런데도 너는, 어찌하여 나 주의 말을 가볍게 여기고, 내가 악하게 여기는 일을 하였느냐? 너는 헷 사람 우리야를 전쟁터에서 죽이고 그의 아내를 빼앗아 네 아내로 삼았다. 너는 그를 암몬 사람의 칼에 맞아서 죽게 하였다.

너는 이렇게 나를 무시하여 헷 사람 우리야의 아내를 빼앗아다가 네 아내로 삼았으므로, 이제부터는 영영 네 집안에서 칼부림이 떠나지 않을 것이다.'

주님께서는 또 이렇게 말씀하십니다. '내가 너의 집안에 재앙을 일으키고 네가 보는 앞에서 내가 너의 아내들도 빼앗아 너와 가까운 사람에게 주어서, 그가 대낮에 너의 아내들을 욕보이게 하겠다.

너는 비록 몰래 그러한 일을 하였지만, 나는 대낮에 온 이스라엘이 바라보는 앞에서 이 일을 하겠다.'"

그때에 다윗이 나단에게 자백하였다. "내가 주님께 죄를 지었습니다." 나단이 다윗에게 말하였다. "주님께서 임금님의 죄를 용서해 주실 것입니다. 그러므로 임금님은 죽지는 않으실 것입니다.

그러나 임금님은 이번 일로 주님의 원수들에게 우리를 비방할 빌미를 주셨으므로, 밧세바와 임금님 사이에서 태어난 아들은 죽을 것입니다."(「사무엘하」 12장 7~14절)

이 두 사건에서 놀라운 점은 이스라엘 왕들이 저지른 행위가 아니다. 그들은 당시 왕들이 보편적으로 누리던 특권을 행사했을 뿐이다. 이 사건에서 혁명적이고 전례가 없는 부분은 바로 예언자들이 왕의 행위에 도전한 방식이다.[344]

스미스는 다음과 같이 결론을 내린다.

예언자의 원칙을 추상적으로 표현하면 다음과 같다. 사회 정의는 정치적 안정의 전제 조건이다. 불의는 오래 지속되지 않기 때문이다. 신학적으로 표현하자면 다음과 같이 주장할 수 있다. 하나님은 기준이 높다. 신은 착취와 부패와 범속을 영원히 참아 주지 않는다.[345]

'약자에 대한 존중'이 당초 묵시적 제약으로 존재해야만 이후에 사회 정의라는 추상적이고 진술 가능한 원리가 출현할 수 있다. 이런 제약이 없거나 혹은 시간이 흐름에 따라 그 필요성을 잃어버린 사회는 '하나님의 복수'에 직면할 위험에 처한다.

"나 주가 선고한다. 모압이 지은 서너 가지 죄를, 내가 용서하지 않겠다. 그들이 에돔 왕의 뼈를 불태워서, 재로 만들었기 때문이다.

그러므로 내가 모압에 불을 보내겠다. 그 불이 그리욧 요새들을 삼킬 것이다. 함성과 나팔 소리가 요란한 가운데서, 모압이 멸망할 것이다.

모압의 통치자를 멸하고, 모든 신하들도 그와 함께 죽이겠다." 주님께서 말씀하신다.

"나 주가 선고한다. 유다가 지은 서너 가지 죄를, 내가 용서하지 않겠다. 그들이 주의 율법을 업신여기며, 내가 정한 율례를 지키지 않았고, 오히려 조상이 섬긴 거짓 신들에게 홀려서, 그릇된 길로 들어섰기 때문이다.

그러므로 내가 유다에 불을 보내겠다. 그 불이 예루살렘의 요새들을 삼킬 것이다.

나 주가 선고한다. 이스라엘이 지은 서너 가지 죄를, 내가 용서하지 않겠다. 그들이 돈을 받고 의로운 사람을 팔고, 신 한 켤레 값에 빈민을 팔았기 때문이다.

그들은 힘없는 사람들의 머리를 흙먼지 속에 처넣어서 짓밟고, 힘약한 사람들의 길을 굽게 하였다. 아버지와 아들이 같은 여자에게 드나들며, 나의 거룩한 이름을 더럽혔다.

그들은 전당으로 잡은 옷을 모든 제단 앞에 펴 놓고는, 그 위에 눕고, 저희가 섬기는 하나님의 성전에서 벌금으로 거두어들인 포도주를 마시곤 하였다.

그런데도 나는 그들이 보는 앞에서 아모리 사람들을 멸하였다. 아모리 사람들이 비록 백향목처럼 키가 크고 상수리나무처럼 강하였지만, 내가 위로는 그 열매를 없애고 아래로는 그 뿌리를 잘라 버렸다.

내가 바로 너희를 이집트 땅에서 이끌어 내어, 40년 동안 광야에서 인도하여 아모리 사람의 땅을 차지하게 하였다.

또 너희의 자손 가운데서 예언자가 나오게 하고, 너희의 젊은이들 가운데서 나실 사람이 나오게 하였다. 이스라엘 자손아, 사실이 그러하지 않느냐?" 주님께서 하신 말씀이다.

"그러나 너희는 나실 사람에게 포도주를 먹이고, 예언자에게는 예언하지 말라고 명령하였다.

곡식단을 가득히 실은 수레가 짐에 짓눌려 가듯이, 내가 너희를 짓누르겠다.

아무리 잘 달리는 자도 달아날 수 없고, 강한 자도 힘을 쓰지 못하고, 용사도 제 목숨을 건질 수 없을 것이다.

활을 가진 자도 버틸 수 없고, 발이 빠른 자도 피할 수 없고, 말을 탄

자도 제 목숨을 건질 수 없을 것이다.

　용사 가운데서 가장 용감한 자도, 그날에는 벌거벗고 도망갈 것이다." 주님께서 하신 말씀이다.

「아모스」2장 1~16절

　이런 사회는 압제적이다. 압제적인 사회는 사회의 토대를 이루는 암묵적 원칙을 위반하고 그 결과 자멸하고 만다.[346]

　문화를 지키려는 보수적 성향은 사회를 죽음으로 몰아넣는 절대 권력으로 쉬이 변질된다. 폭군이 된 위대한 아버지는 한때 그 자신이 었던 것을 파괴하고 여전히 자신이 기대고 있는 토대를 허물어 버린다. 그는 한때 좋았던 역사를 포함해서 새로운 가능성에 대항하는 모든 역사의 힘으로 청소년들의 반항심을 불러일으키고, 인간의 사악한 측면을 모두 사회의 탓으로 돌리는 이데올로기를 낳는다. 자기 자식을 집어삼키며 처녀인 공주를 외딴곳에 가둔다. 이런 아버지가 절대 권력을 휘두르는 사이에 왕국은 힘을 잃고 마비된다. 노쇠한 왕은 교만하고 융통성이 없으며 인간의 악한 본성을 알아채지 못한다. 독재 국가나 전체주의 국가를 의인화한 노쇠한 왕은 현재 살아 있는 모든 사람을 죽어 있는 '과거'의 한 인격으로 축소하는 것을 목표로 삼는다. 모두가 똑같아지면 모든 것을 예상할 수 있다. 모든 것의 가치가 엄격하게 고정되고, 두려움을 불러일으키는 미지의 것들은 은폐된다. 하지만 불행히도 예상할 수 없고 두려운 것들 속에는 지속적으로 환경에 적응해 나가기 위해 필요한 정보가 깃들어 있다.

　두 가지 상반된 모습으로 등장하는 위대한 아버지는 금기이며 위험한 미지의 침입을 막는 장벽이고 문 뒤편의 바다를 제어하는 수문이다. 그는 어리석은 자를 보호하고 천재를 방해하는 동시에, 천재가 나오기 위한 전제 조건이자, 어리석은 자를 처벌하는 존재이다. 이 불가피한 양면성을 인정하는 것은 이데올로기적 유토피아 사상에 순진하게 속아 넘어가지 않도록 도와주는 효과적인 해독제가 된다. 보호하고 기르는 주체에는 불가피하게 숨을 틀어막고 억압하는 능력이 주어지는데, 그런 능력은 어느 상황에서나 예기치 않게 나타날 수 있다. 그러므로 정치적 유토피아 국가를 설립하는 것은 현실적으로 불가능하다. 하나님의 나라는 속세가 아닌 영적 세계에 남아 있어야 한다. 예상 가능한 것은 답답하지만 안정적이다. 이런 양면적 특성을 인정하면 인간이 겪는 고통과 악의 존재를 단순히 국가의 책임으로 돌리거나 혹은 국가는 선하며 개인은 국가에 종속된 노예처럼 살아야 한다는 식의 지나친 단순화에 반박할 수 있게 된다. 왕은 벽과 같다. 벽은 미지가 갑작스럽게 흘러들어 오지 않도록 막아 주지만 동시에 앞으로 나아가는 것을 방해한다. 하나의 기능은 또 다른 기능을 전제로 한다(그리고 두 가지 기능이 모두 지배적으로 나타날 수 있다). 그림 30은 기지의 두 가지 인격들 사이의 관계와 두 인격이 본래 하나이지만 양가적인 기지에서 비롯되었다는 점과, 이 기지가 '혼돈의 용'의 '자손'이라는 점을 보여 준다.

위대한 아버지는 혼돈에 대항하는 질서이고 현재에 대항하는 과거이며 젊은이에 대항하는 노인이다. 무덤 너머로 영향력을 행사하는 조상의 영혼이며 강력하면서도 겸손한 의례로 저지해야 할 존재이다. 과거의 모든 위대한 영웅들이 벌여 온 영원한 싸움의 결과가

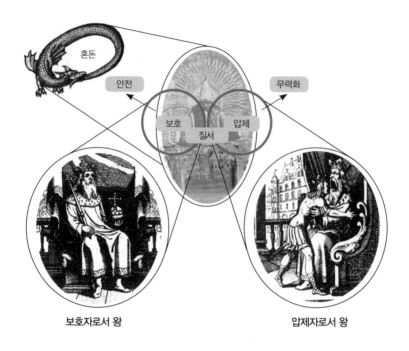

보호자로서 왕 　　　　　　　　　　　　　압제자로서 왕

그림 30. 보호자이자 압제자인 아버지의 천상의 계보

모여 이루어진 단일 인격이며 현실 속 아버지의 모습으로 신과 같이 성장하는 아이들 곁을 지켜 준다. 젊은 시절에는 강력한 전사였으나 지금은 사악한 힘에 사로잡혀 심각하게 시대에 뒤떨어진 연로한 황제이다. 처녀인 신부를 가두는 영원한 방해자이자, 다 자란 딸을 자기 지배 아래 두려는 압제적 아버지이다. 가뭄으로 황폐해진 땅을 다스리는 독재자이며, 성 안의 모든 것을 현 상태 그대로 유지하려는 수문장이다.

　위대한 아버지는 보호막이자 성장을 위한 조력자이지만 그렇다

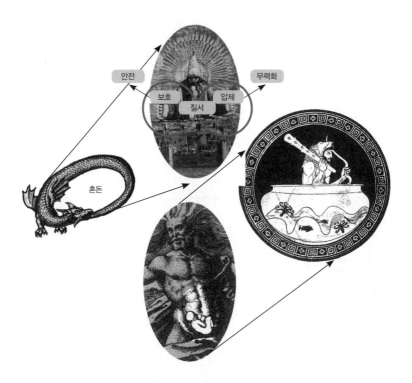

그림 31. 위대한 아버지의 아들인 탐험자인 영웅

고 해서 아버지의 인격을 그대로 고스란히 받아들이면 영혼이 파멸되고 만다. 문화와 직업, 역할만으로는 개인이 지닌 가능성을 충분히 발현할 수 없다. 그래서 그림 31에서처럼 혼돈과 질서의 자손이자 위대한 아버지의 아들이자 탐험자인 영웅이 등장한다.[347]

제3장

훈련 기간과 사회화

'공유된 지도'의 수용

엄격한 신념 체계는 가혹하고 비합리적인 스승이다.

신념 체계와 도덕률, 그리고 신념 체계와 자신을 동일시하는 사람들은

무엇보다 자기를 보존하여 예측 가능성과 질서를 유지하는 것을

최우선 과제로 삼는다.

훌륭한 체제라 할지라도 체제 유지를 위해 보수성을 띠며

쉽게 압제로 변질되어 원래 '섬기려던' 영혼을 가차 없이 파괴한다.

하지만 훈련 기간을 거치지 않고서는 누구도 자유를 얻을 수 없으며

필요하고 가치 있는 것을 얻으려면

늘 위험을 감수해야 하는 법이다.

기계 문명과 부패한 인간의 탐욕 때문에 아름다운 자연이 파괴된다는 이야기는 흔하다. 이런 이야기는 구성이 탄탄하고 등장인물도 그럴싸하지만, 때로 어머니 자연은 우리 곁에 말라리아모기나 기생충, 암, 영아 돌연사 증후군 같은 것으로 다가오기도 한다. 무모하고 타락한 인간이, 인생의 배후에 도사린 혼돈과 힘을 합하여 평화롭고 질서 있는 전통의 세계를 뒤흔드는 이야기도 익숙한 것이다. 이런 이야기는 흥미진진하며 진실을 담고 있다. 하지만 전통은 우리를 보호할 뿐만 아니라 때로 눈멀게 하며, 전통을 따르는 자들의 안위보다 전통 자체의 존속을 더 중요하게 여기는 경향이 있다.

더불어 용감한 개척자에 대한 이야기도 낯선 것이 아니다. 쟁기를 거머쥔 개척자들은 완고한 자연을 일구는 투쟁 끝에 풍족하고 안정된 삶을 획득한다. 하지만 이따금 개척자들은 원주민을 몰살하기도 한다. 진실하고 순수하고 자애로운 개인이 비합리적인 사회의 금기에 묶여 참되고 자연스러운 세계로부터 필요한 것들을 얻지 못한다는 이야기도 많다. 이런 이야기를 믿고 따르는 사람도 있다. 왜냐하면 '악'이 우리 안에 존재하는 것보다는 우리에게 결여된 것으로 인해 생긴다고 믿는 편이 마음 편하기 때문이다.

이런 이야기는 모두 이데올로기이다(이외에도 많다). 의심이 많은 현대 지성인도 이데올로기에 곧잘 속아 넘어간다. 특히 이데올로기의 추종자들이 그 이야기에 등장하는 창조적이며 긍정적인 인물과 우리 자신을 동일시할 기회는 많이 주고 부정적인 인물과의 연관성은 부정하도록 할 때 이데올로기는 더욱 호소력을 발휘한다. 이데올로기는 강력하고 위험하다. 강력한 까닭은 이것이 신화적 사상을 불완전하나마 효과적으로 차용했기 때문이며, 위험한 까닭은 이것의 매력이 불완전성과 결합했기 때문이다. 이데올로기는 이야기의 일부를 마치 전부인듯 떠벌린다. 현실 세계에 실제로 존재하는 여러 광범위한 영역을 다루지 않는 것이다. 세계를 구성하는 요소들 중 일부만 존재하는듯 행동하는 것은 매우 어리석은 짓이다. 무시당한 요소들은 억압을 받아도 반드시 고개를 내민다. 그것도 바람직하지 못한 방식으로 말이다.

신화에 대한 지식을 갖추면 이데올로기에 쉽게 속지 않게 된다. 진정한 신화는 어느 상황에나 존재하는 여러 모순된 측면을 총체적으로 그려 낸다. 긍정적 측면의 이면에는 반드시 '적수'가 도사리고 있다. 그러므로 '자연'의 자애로운 측면은, 살아 있는 존재에 무작위로 고통과 죽음을 선사하는 무시무시한 측면과 더불어 이해되어야 한다. 또 개인을 지키고 보호하는 사회의 힘은, 변질되어 다양성을 억압하는 사회의 보수성에 비춰 보아야 제대로 이해할 수 있다. 개인의 영웅적 면모 역시 그 속에 도사린 교만하고 비겁하고 잔인한 적수의 면모를 고려해서 바라봐야 한다. 이처럼 '현실 세계의 구성 요소'를 빠짐없이 설명하는 이야기는 이데올로기와 달리 안정되고 균형 잡혀 있으며, 사회적 병폐도 훨씬 적게 일으킨다. 하지만 행동의 장으로서 세계를 구성하는 요소들은 끊임없이 대립하고 전쟁을 벌인다. 이처럼 상충하는 요소 사이에서 우리는 어느 길로 가야 할까? 어떻게 하면 '모든 요소'를 고려하면서도 그 속에서 파멸하지 않고 살아갈 수 있을까? '개인, 사회, 혼돈' 사이의 관계를 발달의 관점에서 살펴보면 이 세력들 간의 적절한 상호작용을 이해할 수 있다.

　나는 상담사로서 훈련을 받던 시기에 한 미성숙한 30대 남성을 상담한 경험이 있었다. 그는 항상 스스로에게 해가 되는 일을 벌이곤 했으며, 스스로 앞길에 장애물을 놓고는 거기에 걸려 넘어지곤 했다. 한번은 이런 일이 있었다. 그는 결혼에 실패한 후 어머니와 함께 살고 있었는데, 나는 그에게 인생을 정리해야 한다며 우선 자기 방부터 정리해 보라고 말했다. 습관적으로나 철학적으로 규율이 전혀 없는 사람에게 방 정리는 생각보다 어려운 일이다. 내담자는 방을 반쯤 치우다 말고 청소기를 방 문간에 내버려 두었다. 그는 한 주 동안이나 청소기를 넘어 다니면서도 청소기를 치우거나 방 치우기를 끝마치지 않았다. 이는 그의 삶을 보여 주는 중의적 사례이다.

　그가 상담실을 찾아온 까닭은 이혼한 아내와의 사이에 사랑하는 (적어도 사랑하고픈) 아들이 있었기 때문이다. 그는 아이가 자기처럼 열악한 환경에서 성장하지 않기를 바라며 심리치료를 받으러 온 것이었다. 나는 그에게 겁을 주어서 제대로 행동하게끔 만들려고 애썼다. 그때나 지금이나 나는 공포가 아주 효과적으로 동기를 부여함에도 충분히 활용되지 못하고 있다고 믿는다. (불안은 결코 근절할 수 없으며, 때에 따라 우리에게 도움이 될 수도, 방해가 될 수도 있다.) 나는 그와 함께 규율 없이 되는대로 살아온 이유로 현재 맞이한 결과와 계속 지금처럼 살면 맞게 될 공산이 큰 먼 미래의 결과를 오랜 시간에 걸쳐 자세히 검토했다. 직업은 변변치 못하고, 친밀하게 지내는 사람도 없으며, 갓난 아들에게 결손 가정을 준 지금의 상황을 내버려 두면, 앞으로 자괴감이나 인생에 대한 회의에 빠져 잔인하게 복수를 꿈꾸거나 무기력하게 절망에 빠져 살게 될 거라고 말했다. 그를 위해서든 아들을 위해서든 규칙이 필요하다는 점과 힘들어도 일관된 도덕률을 따라야 한다고도 이야기했다.

내담자는 자신의 개입으로 아이가 타고난 잠재력을 자연스럽게 꽃피우지 못하도록 방해할까 봐 걱정했다. 융의 용어를 빌리자면 그는 루소 철학의 '무의식적 주창자'[348]였다.

> 어떻게 하면 인간이 선한 본성을 타고났으며 오직 제도가 인간을 타락시킨다는 사실을 간결하게 설명할 수 있을까![349]

이것이 바로 자녀들이 자신에게 방해가 된다며 차례로 자녀들을 고아원에 보낸 루소의 철학이었다(예상컨대 루소는 그 자신의 타고난 선한 본성을 꽃피우는 데 자녀들이 악영향을 미친다고 생각했을 것이다). 규율 없는 사람들은 자기가 무가치하고 어리석은 사람이 된 이유를 다른 사람에게서 찾으려 한다. 개중 나은 경우는 사회를 탓하며 사회에 보상을 요구한다. 그들은 이처럼 교묘한 술책으로, 적어도 자기 눈에는 홀룡한 반군으로 둔갑하여 혁명 영웅의 탈을 쓰고 부당한 복수를 추구한다. 영웅적 행위를 이보다 더 부조리하게 패러디할 수는 없을 것이다.

한번은 내담자가 자신의 꿈에 대해 이야기한 적이 있다.

> 아들은 자그마한 집 안에 있는 요람에 잠들어 있었어요. 번개가 창문을 뚫고 들어와 집 안 여기저기를 돌아다녔어요. 강렬하고 아름다웠지만 집을 불태울까 봐 걱정스러웠죠.

꿈을 해석하는 일은 언제나 까다롭고 확신이 서지 않는 일이지만, 나는 이 꿈을 우리의 논의와 같은 맥락에서 해석할 수 있다고 본다. 번개는 아기에게 내재된 잠재력을 상징한다. 이 잠재력은 전기와 같이 매우 강하고 유용한 힘이다. 하지만 전기는 통제 아래에서 활용될 때만 유용하다. 통제되지 않으면 집을 불태울지도 모르는 일이다.

상담 훈련생에게 도움을 받는 사람들은 대체로 상담 기간이 매우 짧기 때문에 나는 그 내담자가 결국 어떤 결과를 맞이했는지 알지 못한다. 적어도 그는 이전보다 자신의 미성숙한 행위를 부정적으로 받아들이는 듯했고, 나는 그것이 좋은 시작점이라고 생각했다. 더 나아가 그는 규율이 영웅의 적이 될 수도 있지만 영웅의 아버지가 될 수도 있음을 이해했다. 행동에 이르진 못했지만 적어도 머리로는 말이다. 이를 이해하기 시작했다는 것은 곧 그가 성숙하고 건강한 삶의 철학을 만들어 가기 시작했음을 의미한다. 니체는 이러한 삶의 철학을 분명하고 상세하게 밝힌 바 있는데, 그가 사상적으로 '도그마에 반대하는' 입장을 고수했다는 사실을 고려하면 일견 모순되어 보이기도 한다.

니체는 흔히 기독교의 적으로 간주된다. 하지만 나는 니체가 불쾌해 보이지만 유익한 역할을 의도적으로 맡았다고 생각한다. 어떤 조직이 구조적으로 부패할 때, 특히 그 자체의 원리에 의해 부패할 때, 그것을 비판하는 사람은 적이 아니라 친구이다. 또 항간에서는 흔히 니체를 열렬한 개인주의자이자 사회 혁명가이며 초인의 도래를 예언하고 근본적으로 전통을 파괴한 인물로 본다. 하지만 니체의 사상은 그보다 훨씬 더 세련되고 복잡하다. 니체는 자신이 '혐오했던' 기독교의 '참을 수 없는 규율'이 아직 완전히 꽃피우지 못한 유럽인의 영혼을 자유롭게 하기 위해 필요한 바람직한 전제 조건이라고 보았다.

> 모든 도덕은 방종과는 대조적으로, '자연'을 비롯한 '이성'에 대한 압제이다. 하지만 우리가 모든 종류의 폭압과 부조리를 용납하지 않겠다고 선언할 수 있는 다른 도덕 체계가 생기지 않는 한 도덕 자체에 이의는 없다. 모든 도덕이 극히 중요하고 가치를 지니는 이유는 오랜 기간에 걸쳐 강제되기 때문이다. 스토아학파나 포르루아얄, 청교도주의를 이해하려면, 이제까지 모든 언어가 강제하에, 즉 운과 리듬에 의해 강제되는 운율로 힘과 자유를 얻어 왔음을 상기해야 한다.
>
> 다른 사람은 몰라도 시인과 웅변가는 얼마나 힘들었겠는가. 양심의 소리가 계속 귓가에 맴도는 산문 작가도 예외일 수 없을 것이다. 아둔한 공리주의자들이 똑똑한 척하며 말하듯 '무슨 바보 같은 짓 때문에', '자유롭다' 못해 '자유분방하기'까지 한 무정부주의자들이 말하듯 '변

덕스러운 법칙에 비굴하게 항복하며' 말이다. 그러나 기이한 사실은, 생각 그 자체에서든, 통치 체제에서든, 설득과 신념에서든, 윤리에서나 예술에서든, 자유로움이나 정교함과 대범함, 춤, 거장의 안정감 등으로 지상에 존재했거나 지금도 존재하고 있는 모든 것이 오로지 '이러한 변덕스러운 법칙의 압제' 때문에 발전했다는 점이다. 그리고 진정으로, 방종이 아니라 바로 이것이 '자연'이며, '자연스러운 것'이라고 보아야 할 것이다.

예술가들은 모두 자신의 '가장 자연스러운' 상태, 즉 '영감'의 순간에 나타나는 자유로운 정돈, 설정, 배치, 형태 설정이 방종의 감정과는 얼마나 다른 것인지, 그리고 창조의 순간 그 엄격함과 단호함 때문에 개념을 통한 공식화를 비웃는 수천 가지 법칙을(가장 확고한 개념도 법칙에 비하면 유동적이며 다양하며 모호하다.) 자신이 얼마나 엄격하고 미묘하게 따르는지를 알고 있다.

다시 한 번 말하자면, '천상에서나 지상에서나' 본질적인 것은 오랫동안 한 방향으로 '순응'함으로써 얻어진다. 그런 점을 고려해 볼 때, 실재하는 것은 항상 발전해 왔고, 발전하고 있으며, 그 때문에 지상에서의 삶이 가치 있다 하겠다. 예를 들면 무언가를 오묘하고 놀라우며 거룩하게 변화시키는 선, 예술, 음악, 춤, 이성과 영성은 이렇게 발전되어 왔다. 오랜 기간에 걸친 영혼의 부자유, 사고의 소통에 대한 믿음 없는 통제, 교회와 궁정이 정하는 방향으로 혹은 아리스토텔레스의 추론에 따라 사고하도록 스스로를 다잡는 사상가의 수양, 기독교적 도식에 따라 모든 사건을 이해하고 어떤 우연에서도 기독교의 신을 재발견하고 정당성을 증명하려는 오랜 영적 의지까지, 아무리 강제적이고 변덕스러우며, 힘들고 고통스럽고 비이성적일지언정, 이 모든 것은 유럽 정신이 강인함과 거침없는 호기심, 영리한 기동성을 단련하는 수단이 되어 왔음을 보여 준다. 그래도 그 과정에서 무엇과도 바꿀 수 없을 힘과 정신이 으스러지고 억눌렸으며 짓밟혔음은 명백한 사실이다(어디서나 그렇듯 여기서도 '자연'은 잔인하면서도 고귀하게 대범하고 어느 쪽에도 치우치지 않는 장엄함으로 자신을 드러낸다).

수천 년 동안 유럽 사상가들은 그저 무언가를 증명하기 위해서 사고했다. 역으로 오늘날 우리는 '무엇을 증명하고자 하는' 모든 사상가를 의심한다. 그들은 매우 엄격한 사유의 결과로 나타나야 할 결론이 이미 결정되어 있다고 생각했다. 일찍이 아시아의 점성술이 그러했고, 오늘날에도 인간의 가장 사적이고 내밀한 경험을 '신의 영광을 위해서'라든지 '영혼을 구원하기 위해서'와 같이 기독교적이나 도덕적으로 해석하는 경우도 마찬가지이다. 이러한 압제와 자의, 엄숙하고 거대한 어리석음이 정신을 교육해 온 것이다. 노예 정신 역시, 있는 그대로든 더 정밀한 의미에서든 정신적인 수양과 양성에 없어서는 안 될 수단이다. 모든 도덕은 다음과 같은 사실을 염두에 두고 생각해 보아야 한다. 도덕 속에 있는 '자연'은 방종을 증오하게끔, 지나치게 큰 자유를 미워하게끔 가르치며, 제한된 지평과 시급한 과제에 대한 욕구를 심는다. 이는 '시야를 좁히라고' 가르치며 그에 따라 어떤 의미에서는 삶의 조건과 성장의 조건으로 어리석음을 가르친다.

"누군가에게, 오랫동안 복종하라. 그렇지 않으면 파멸하여 자신에 대한 마지막 존경심마저 잃게 되리라." 이는 칸트가 했던 '정언'도 아니고('그렇지 않으면'을 붙임), 한 사람을 지정해서 하는 말도 아닌(개개인이 자연에 무슨 문제가 되겠는가?), 민족과 인종, 나이와 계급을 초월하여 인간이라는 동물 전체, 즉 인류를 향한 자연의 절대적인 명령으로 비춰진다.[350]

이것이 바로 '훈련 기간의 철학'이다. 이 철학을 이해하면 역사적으로 구축된 강력한 사회제도에 종속되는 것과 궁극적으로 진정한 자유를 획득하는 것 사이의 관계를 이해할 수 있다.

아이는 스스로 살아남을 수 없다. 홀로 있으면 아이는 가능성의 바다에 빠져 죽고 만다. 미지의 세계는 생애 초기의 개인이 지닌 적응력의 범위를 넘어선다. 역사적으로 구축된 행동 양식과 표상이 전수되어야 아이는 어린 시절을 넘기고 성장할 수 있다. 아이는 행동 양식과 가치 체계를 일단 모방하고 나서야 이후에 명확하게 배우는데, 이는 불확실한 인생을 지탱하는 안전한 버팀목이 되어 준다.

생애 초기에 집단은 부모의 모습으로 다가오며 심리적 재앙으로부터 아이를 지켜 준다. 우울과 불안, 신체적 쇠약은 너무 이른 나이에 부모와 분리되어 '미지의 세계에 너무 많이' 노출되고 '문화 체계는 너무 적게' 받아들인 결과로 나타난다. 성인기에 이르기까지 긴 의존 기간 동안에는 안정적인 사회 환경이 갖추어져야 한다. 안정적인 사회 환경이란 사회적 상호작용을 예상할 수 있고 개인의 욕구가 충족되며 두렵고도 예측 불가능한 미지를 유익하게 변화시킬 수 있는 행동 양식과 표상 도식이 주어진 환경을 말한다. 다시 말해서 의례적 행동 양식(규칙적인 식사와 수면도 여기에 속한다.)을 수용하고 형이상학적 토대를 갖춘 도덕률(준거 틀)을 받아들여야 의존기를 벗어날 수 있다.

아동기에서 청소년기로 성공적으로 넘어가려면 계속 부모에게 의존하는 대신 '집단 정체성을 수용'해야 한다. 집단 정체성을 수용하고 나면 우리는 부모 대신 조금 더 광범위한 집단의 보호를 받게 되고, 집단은 또 하나의 인적 자원을 얻게 된다. 집단은 오랜 세월에 걸쳐 입증된 적응 양식(구체적 행동, 행동의 심상, 그보다 더 일반적인 의미 차원의 서술)으로 이루어진다. 개인이 집단의 적응 양식을 받아들이면 개인은 부모로부터 분리되어 성인기로 나아가는 과정에서 더 단단해지고, 집단은 개인의 능력을 활용하면서 강해진다. 집단의 적응 양식을 수용하면 여전히 성숙 단계에 있는 자립 능력이 커지고, 어머니의 품이라는 지나치게 안전한 세계를 떠나려는 의지가 굳어진다. 따라서 집단 정체성은 부모의 권위를 대신하여 '미지에 맞닥뜨려 살아남기 위한' 하나의 방편이 되어 준다. 나와 타자의 사회적 관계에 체계를 부여하고, 대상의 의미를 한정하며, 지상 낙원의 성취라는 이상적이고 바람직한 목표와 적절한 수단을 제공하는 것이다.

집단 정체성을 수용한 사람은 사회화된 개인으로서 집단의 가치 체계를 행동으로 구현한다. 그리고 집단의 가치 체계는 사회적 맥락에서 개인의 행동으로 표출되는 여러 동기들을 상대적 중요성에 따라 평가한 결과가 누적되어 만들어진다. 집단은 저마다 창조적 과거를 행동으로 구현하는 개인들로 구성된다. 여기서 창조적 과거란 문화 창조에 기여하는 모든 탐험 행동과, 이를 소통하고 통합하는 행위를 포함한다.

신화는 절차 지식을 언어로 설명한 것으로, 오랜 세월 축적한 행동 차원의 지혜를 일화 및 의미 표상으로 추상화한 것이다. 여태껏 부모에게 의지해 온 아이는 청소년기에 이르러 대대로 전해져 내려오는 의례와 신화의 세계에 입문하고, 문화는 입문 과정에서 '전수'된다. 위대하고 무서운 어머니인 미지에 적응하고, 미지를 설명하고, 미지로부터 보호받기 위한 방편으로 역사 속에서 만들어진 인격과 그 인격에 대한 표상인 위대한 아버지가 개인의 내면에 자리 잡는 것이다. 이 과정은 문화의 전수를 의미하는 입문 의례에서 정점에 이른다. 입문 과정에서 아이와 생물학적 어머니 사이의 '무의식적' 연합이 끊어진다.

아기는 극도로 의존적인 상태로 태어난다. 아기를 돌보는 어머니는 한 사람의 개인인 동시에 개인을 초월한 생물학적 자비(영원한 동정녀 어머니이자 지상 세계의 신의 배우자)를 상징한다. 아기는 자신을 돌보는 양육자에게 반응하고 애착 관계를 맺고 키워 나가는 능력을 타고난다. 어머니의 배려가 없다면 아이는 자립의 토대가 되는 창조적 탐험 능력을 제대로 기르지 못한다. 이 능력은 어머니가 사랑으로 아이의 자립 능력을 키워 주는 일과 아이를 위험으로부터 보호하는 일 사이에서 적절히 균형을 이룰 때 발달한다. 세심하게 보살핌을 받은 아기는 세상에 호기심을 갖고 점차 독립적으로 행동하면서 잠재력을 꽃피운다.[351] 이런 배려를 받지 못한 아이는 잘 자라지 못하고 우울증과 같은 정신 장애를 경험하며 심각한 경우 죽음에 이르기도 한다.[352]

개인은 성장 과정에서 반드시 (비극적이지만 영웅적으로) 안락한 어머니의 품을 떠나야 한다. 어머니의 품을 벗어나서 스스로 위험한 일을 시도해 보고자 하는 욕구가 커지고 인생의 요구가 많아지면 아이는 어쩔 수 없이 불안을 경험하게 된다. 아이는 자라면서 결국 문제에 직면한다. 또래끼리만 함께 하는 놀이 집단에서 또래와 어울리는 문제나, 무수히 많은 또래들 중에 누구를 친구로 삼을지 결정하는 문제는 어머니의 도움 없이 아이 스스로 해결해야 한다(어머니가 개입하면 도리어 문제가 커질 때가 많다). 이는 성장 과정에서 자연스럽게 생겨나는 문제이다. 성숙함에 따라 선택할 수 있는 행동 양식이나 표상 도식의 범위가 넓어지기 때문이다. 다섯 살이 되어 유치원에 입학하는 아이는 네 살배기의 습관이나 표상 도식만으로는 유치원이라는 새로운 사회를 제대로 헤쳐 나갈 수 없다. 마찬가지로 열세 살 청소년은 일곱 살 아이의 인격으로는, 그게 제아무리 건강한 인격이라 해도 청소년기 특유의 문제를 해결할 수 없다. 집단은 어머니의 품에 있기엔 너무 많이 컸지만 아직 홀로 서기는 부족한 아이에게 '느슨한' 보호막이 되어 준다(이런 경향은 청소년기에 가장 뚜렷이 나타난다).

세계 전역에서 두루 행해지는 입문 의례는 입문자가 우주 창조 신화의 기초적 순환 주기에 따라 '정신적으로' 죽고 다시 태어나는 과정을 거치도록 함으로써 성인으로서의 인격 발달을 촉진한다. 성년과 관련된 생물학적 발달 과정이나 입문 의례가 아동기의 인격과 의존성, 생애 초기 자의식 없이 '낙원에 있는 것 같은' 안전한 상태를 철저히 파괴하여 집단 정체성을 수용하게 하는 것이다. 대체로 여성보다는 남성이 치르는 입문 의례가 훨씬 더 복잡하고 광범위하다. 이는 여성보다는 남성이 발달 과정에서 잘못된 길로 들어서서 비행을 저지르고 사회에 해를 끼칠 가능성이 크기도 하고(청소년기 남자아이들은 여자아이들보다 더 공격적이고 비행에 빠지기 쉽다.[353] 또 여성은 생리가 시작되면서 '자연스럽게' 비교적 이른 시기에 성인기로 이행하기 때문인 것으로 보인다.

성년이 된 후 입문하는 집단에는 자발적인 창조적 탐험과 소통의 결과로 수립되고 조직화된 행동 양식들이 복잡하게 얽혀 있다. 이는 이전에 누구도 행동으로 옮기거나 떠올리지 못한 생각을 실행하거나 생각해 낸 영웅의 창조적 탐험의 결과가 오랜 시간에 걸쳐 축적된 것이다. 창조적 영웅의 행동과 사상을 하나의 체계로 통합하고 추상적으로 표상하는 과정은 절차의 모방에서 시작되어 의미 지식의 설명으로 끝나는데, 이렇게 수립된 절차 및 의미 체계를 수용하면 개인의 행동 레퍼토리와 설명, 예측, 표상 능력이 크게 향상된다. 이렇게 집단 정체성을 받아들이는 과정은 대개 암묵적으로 이루어지기 때문에 두드러지지는 않는다. 집단 정체성을 수용하면 경험 세계에 확실한 의미가 부여되기 때문에 혼돈을 무시하거나 갑자기 맞닥뜨릴 위험이 적어진다.

특정한 의례들은 집단 정체성의 수용을 촉진하기 위해서 발달한 것이다. 이런 의례가 필요한 까닭은 청소년기로의 이행이 매우 중요한 동시에 심리적으로 버겁기 때문이다. 집단 정체성을 수용하는 과정에서 아이는 아동기의 의존 상태를 '자발적으로' 희생해야 한다. 의존 상태는 하나의 타당한 적응 양식이지만 그 타당성이 아동기에만 해당되기 때문이다. 전통 사회에서 입문 의례는 대체로 앞서 살펴봤던 '길'이라는 근본적인 이야기 구조를 따라 이루어진다.

예를 들어 실증주의 이전 시대에 보편적으로 성행했던[354] 입문 의례는 사춘기가 시작된 직후나 시작될 무렵에 거행됐다. 이 시기는 소년이 어머니의 품을 벗어나서 정신적으로 성숙하고 신체적으로도 부족을 수호하는 역할을 맡아야 할 중요한 시기였다. 입문 의례에서 소년과 어머니의 분리는 흔히 의도적으로 무섭고 폭력적인 상황을 연출하는 것으로 이루어졌다. 일반적으로 남자들이 무리를 이루어 소년을 어머니에게서 떼어 놓는데, 이때 이들은 '사회와 역사의 화신'이며[355], 어머니는 일정 부분 의례적인 저항을 하는 한편 아이의 '죽음'에 진심으로 슬픔을 느낀다.

입문 의례를 치르는 소년들은 자신이 깊은 밤 숲 속이나 동굴에 있는 기괴한 존재를, 미지의 심연에 있는 괴기한 힘을 접하게 될 것이라고 믿는다. 소년을 집어삼킬지 모르는 이 괴기한 힘은 신비로운 입문의 신 역할을 맡는다. 입문자가 어머니로부터 분리되면 본격적인 입문 과정에 돌입한다. 입문 의례는 대체로 소년들의 인격이 갓 태어난 아기 시절보다 더 앞선 '우주 창조 이전의 혼돈' 상태로 되돌아가도록 퇴행을 유도하며, 심각한 물리적 혹은 정신적 시련과 고통을 준다. 흔히 입문자는 말하는 것이 금지되고, 남자들이 먹여 주는 음식을 먹기도 한다. 할례를 받거나 신체의 일부를 훼손당하거나 산채로 매장되기도 한다. 소년들은 극심한 처벌을 받으면서 극단적인 두려움을 경험한다. 이들은 상징적으로 무서운 어머니의 목구멍을 통과하여 남자가 되고 '부족'의 성인 구성원으로 거듭난다(실제로 만들어진 짐승의 몸을 부족 어른들의 도움을 받아 통과하기도 한다.[356]).

입문 의례를 잘 통과한 소년들은 더 이상 어머니의 모습으로 나타나는 변덕스러운 자연의 자비에 의존하는 어린아이가 아니다. 소년들은 아이의 인격을 불태워 버리고 부족의 남자 구성원으로, 부족 문화의 왕성한 기수旗手로 거듭난다. 생애 최악의 사건일지도 모르는 시련을 성공적으로 통과한 것이다.

입문 의례에서 미지의 힘을 맞닥뜨리면서 공포에 빠진 입문자의 뇌는 최면에 걸린 것처럼 암시를 그대로 받아들이기 쉬운 상태가 된다. 적어도 일관되고 의미 있는 이야기를 통해서 질서를 되찾고자 하는 욕구가 매우 커진다. 무엇을 해야 할지, 무엇을 기대해야 할지 모르는 상태에 빠지면 사람은 어떻게 해서든 그 상태를 벗어나려 한다. 사회적 '맥락'이 극적으로 변하면서 이전의 적응 양식이 벗겨진 사람은 강한 불안감과 더불어 예측 가능성과 의미를 되찾으려는 욕구를 강하게 경험하게 된다. 이는 환경이 '다시 생소해진' 결과로 나타난 것이다. 기존의 인격이 깨질 만큼 강한 도전 앞에서 인격을 이루던 체계가 무너지면 과거 적응했던 현상이 익숙한 행위와 가치 판단의 손아귀에서 '풀려난다.' 여기에는 강한 '에너지가 깃들어 있어서' 재개념화 과정에 동기를 부여하고, 그 과정을 부각시킴으로써 기억 속에 각인시켜 하나의 '인격'으로 영구히 자리매김하게 한다.

입문 의례를 치르며 공포 속에서 '퇴행한' 소년들은 아동기에 사용했던 적응 전략에 더 이상 의존할 수 없고, 새로운 환경에서 살아남기 위해서 새로운 설명과 행동 양식이 절실하게 필요해진다. 소년들이 맞이한 새로운 환경은 남성들의 사회이다. 남성들의 사회에서 여성은 더 이상 의지나 위안의 대상이 아니라 동등한 성적 파트너이며, 식량과 주거지는 저절로 주어지는 게 아니라 획득하고 제공해야 할 대상이고, 부모라는 권위자와 보호막도 더 이상 존재하지 않는다. 입문 의례에서 아동기의 '인격'은 파괴되고 전수받은 문화를 구현하는 성인으로서의 인격이 뿌리내린다.

입문 의례보다 비교적 더 추상화된 세례 의식도 원리는 비슷하다. 세례 의식은 입문 의례를 극이나 일화로 표상한 형태라고 볼 수 있다. 아니면 적어도 완전히 '무의식적'이고 절차적인 입문 의례와 의미 차원으로 추상화된 상징 사이의 중간 단계로 볼 수 있다. 세례는 육체의 탄생과 반대되는 영혼의 (재)탄생을 의미한다. 세례수가 담긴 교회의 세례단은 우주 창조 이전의 혼돈이 영혼이 깃든 몸(인격체)으로 변화하는 자궁(교회의 자궁)[357]을 상징한다. 세례를 받는 사람은 세례수에 잠기는 과정에서(오늘날에는 세례수를 뿌린다.) 불완전한 안정에서 혼돈으로 퇴보한다. 속세의 존재로 빠져 죽고 영적 존재로 부활한다. 위대한 어머니와 재결합하여 영적 공동체의 일원으로 재탄생하며,[358] 이렇게 추상화된 '죽음'으로의 퇴보와 상징적 부활은 개인의 인격과 사회 집단에 새로운 활력을 부여하기 위해 끊임없이 되풀이되어야 할 과정을 표상하고 의례화한다. 이와 관련하여 엘리아데는 다음과 같이 썼다.

입문 과정의 시련들은 대부분 의례적 죽음과 뒤이은 부활 혹은 재탄생을 명확히 암시한다. 입문 과정에서 가장 중요한 순간은 입문자의 죽음과 산 자의 집단으로 회귀함을 상징하는 의식이다. 입문자는 새로운 존재 방식을 입은 새사람이 되어 삶에 회귀한다. 입문 과정에서의 죽음은 어린 시절과 무지와 세속적 상태의 종결을 암시한다.

……부활(재탄생)과 관련된 모든 의례와 상징은 입문자가 입문 과

정에서 시련을 겪고 죽음을 맛보지 않는 한 획득할 수 없는 새로운 존재 양식을 획득했음을 시사한다. 여기서 우리는 고대 정신세계의 특성을 유념해야 한다. 고대인들은 우선 기존의 존재 양식을 파괴하지 않고는(여기서는 아이가 어린 시절의 자기를 죽이지 않고는) 변화가 불가능하다고 믿었다. 이처럼 첫 순간에 대한 집착, 요컨대 태초에 대한 집착은 아무리 강조해도 지나치지 않는다. 무엇이든 제대로 하려면 처음 한 것처럼 해야 한다. 하지만 처음에 그 무엇(그 부류의 대상이나 동물이나 구체적 행위)은 존재하지 않았다. 태초에 어떤 대상이나 동물이나 조직은 신의 능력에 힘입어 무에서 유로 창조되었다.

영적인 삶을 시작하려면 입문 과정에서 반드시 죽음을 거쳐야 한다. 이 죽음은 더 높은 차원의 존재 양식으로 태어나기 위한 준비 과정으로 해석할 수 있다. ……입문 의례에서 흔히 어둠, 우주적 밤, 지구의 자궁, 오두막, 괴물의 배 속은 죽음을 상징한다. 이 모든 심상은 완전한 소멸(현대인이 생각하는 죽음)보다는 빚어지기 이전의 잠재적 존재 상태(우주 창조 이전의 혼돈과 유사한 상태)로의 회귀를 의미한다. 이 같은 의례적 죽음의 심상과 상징 들은 배아나 발아와 불가분의 관계에 있다. 이들은 이미 준비되고 있는 새 생명을 나타내는 것이다.

……그렇다면 고대인의 세계관에서 인간은 빚어지는 존재이지 스스로 만들어 가는 존재가 아니다. 오래전 입문을 거친 영적 스승 아래서 입문자는 인간이 된다. 하지만 스승도 태초의 초자연적 존재가 계시한 바를 따르는 대리자일 뿐이다. 영적 스승은 흔히 초자연적 존재의 화신으로 등장한다. 이는 마치 인간이 되려면 신화 속 인물을 닮아야 한다고 주장하는 것과 같다.[359]

집단은 역사의 흐름 속에서 집단적으로 확립된 행동 양식과 가치 체계를 함께 받아들인 개인의 집합이다. 이런 행동 양식과, 이에 관한 설명인 신화나 철학을 내면화하면 주어진 환경에서 행동하고, 그 결과를 예측할 수 있으며, 보편적으로 일어나는 사건의 의미를 알 수 있게 된다(의미는 행동의 결과와 불가분의 관계에 있다). 그 결과 암묵적 행동 체계와 명시적 설명 체계가 하나의 '인격'으로 세워지고 습관과 도덕 지식으로 자리 잡게 된다(두 체계는 본질적으로 같은 구조를 공유한다). 습관은 일종의 삶의 방식이며, '자연'과 '문화'의 영역에서 '구원' 받기 위한 보편 전략으로, 사회 안에서 정서적 정보를 교환하는 과정에서 형성되고 '무의식적으로' 자동화되는 수준으로까지 숙달된다.

도덕 지식은 과거에 '미지'였던 대상에 대한 고정된 표상이며, 자기와 타인을 포함한 대상의 행동을 예측할 수 있게 해 준다. 행동의 장으로 존재하는 세계에 대한 정확한 표상들이 통합되어 하나의 구조를 이루면, 갖가지 경험의 다양한 의미가 제한되고 축소되어 대처가 용이해진다. 의미의 다중성은 처음 맞닥뜨리면 불안을 일으킨다. 특히 비자발적이고 걷잡을 수 없이 압도적인 방식으로 맞닥뜨리면 더욱 그렇다. 무엇이든 될 수 있는 대상은 불안을 야기하기 마련이다. 그러므로 청소년기에 입문 의례에서 집단 정체성을 제대로 수용하지 못하면 곧 견디기 어려운 존재론적 불안을 가라앉혀 줄 체계를 갖추지 못하게 된다.

사회는 예측할 수 없는 미지로부터 구성원을 보호하는 장벽을 세우고 구성원들이 경험의 장에서 일어나는 사건을 예측하고 통제할 수 있도록 만전을 기한다. 문화는 행위 모방의 대상이 되는 의례적 본보기와 더불어 행동의 결과를 기대하고 예측할 때 활용 가능한 휴리스틱*을 제공한다. 그러므로 문화를 수용한다는 것은 사회적으로 확립된 적응 양식을 따른다는 의미이다. 문화는 낯선 것에서 비롯되는 두려움을 억제하고 대인관계에서 행동을 조절하며 인간에게 구원받기 위한 존재 양식을 알려 준다. 집단은 인류가 개인과 미지 사이에 세운 역사적 구조물이다. 마음속에 표상된 문화인 집단 정체성은 개인이 사물과 상황의 선험적 의미를 맞닥뜨릴 때 경험하는 압도적인 두려움으로부터 개인을 보호한다. 문화는 신화 속 위대한 어머니의 무시무시한 세계를 중재하는 위대한 아버지이다. 위대한 아버지는 예상 밖의 변화를 사회적 맥락 안에서 긍정적인 사건으로 뒤바꿔 주는 구체적인 목표의 틀을 제공함으로써 견디기 어려운 미지로부터 개인을 보호한다.

역사 속에서 구축된 문화 체계는 인간이 흔히 경험하는 상황에 대한 적응 양식들이 대담하게 만들어지고, 창조적으로 통합되며, 우선순위에 따라 정리되어, 내적으로는 동기들 사이의 갈등이나 외적으로는 대인 간의 갈등을 최소화하고 지속적으로 환경에 적응해 나가도록 조직화된 결과로 나타난다. 이렇듯 사회에 널리 퍼진 가정과 기대와 행동 체계는 대부분의 상황에서 매우 안정된 상태를 유지한다. 모든 것을 보고 또 해 보았으므로 쉽사리 흔들리지 않는 것이다. 대다수 상황에서 문화 체계는 사회적 상호작용과 보편적 기대, 목표 지향 행동의 조직화를 효율적으로 관장한다. 암묵적 모방 행동이나 극

---

* 시간이나 정보가 불충분하여 합리적인 판단을 할 수 없거나, 굳이 체계적이고 합리적인 판단을 할 필요가 없는 상황에서 신속하게 사용하는 어림짐작의 기술.

이나 이야기의 형태로 전해진 문화 체계는 내구성이 매우 강해서 순진한 사회 혁명에는 끄떡도 하지 않는다.[360] 하지만 이러한 체계의 안정성은 환경이 안정되어 있을 때만 이점으로 작용한다. 인간의 활동에 의한 것이든 자연의 변화에 따른 것이든 환경이 급속도로 변하는 예외적인 상황에서 이에 대응하기 위해서 이 역사적 '인격'은 질적으로 탈바꿈해야 한다. 이처럼 문화 체계를 재구성하려면 과거 질서가 먼저 무너져야 한다. 낡은 질서가 해체된다는 말은 곧 현재 확실한 사물의 의미가 범주화되기 이전의 혼돈 상태로 되돌아갈 수 있음을 의미한다. 혼돈은 견디기 힘들 만큼 위협적인 동시에 한없이 위험한 상태이다. 따라서 낡은 질서가 해체될 때 필연적으로 우리는 불안을 겪게 되는데, 그 불안은 제아무리 경미하다 해도 창조적 재적응 과정을 막는 강력한 걸림돌이 된다.

문화 체계는 두 가지 방식으로 '스스로를 보호한다.' 첫째로 문화는 개인에게는 보상이 되지만 사회에 해악을 끼치거나 안정된 문화를 뒤흔드는 행위를 처벌과 연계시켜 억제한다(처벌을 받게 되리라는 위협일 때도 있다). 처벌은 불이익을 주는 것일 수도, '사회 구성원으로서 인정받을 권리'를 박탈하는 것일 수도 있다. 후자의 방식으로 처벌을 당한 개인은 해당 사회 체계를 모방하거나 내면화하여 자신과 사회를 동일시할 수 없게 되고, 목표를 상실하며, 가치 체계가 붕괴하게 된다. 이에 따라 사회적 맥락이 없는 상태에서 생소한 경험에 다시 노출되면서 엄청난 죄책감과 불안을 겪는다. 추방이라는 형벌은 이런 심리 상태를 안겨 주는 힘이 있기 때문에, 여러 사회에서 범법자들을 처벌하기 위한 수단으로 의도적으로 활용된다. 한편 경솔하고 오만하거나, 자기를 지탱해 주던 대상을 '죽일' 만큼 무지한 사람 역시 스스로 이런 상태에 빠지기도 한다.[361]

문화 체계가 스스로를 보호하고 유지하는 두 번째 방식은 개인의 욕구를 만족시키는 동시에 집단의 안정성을 높이는 행동 전략을 적극적으로 증진하는 것이다. 한 예로 '직업'은 사회적으로 구축된 하나의 길로, 개인에게 문화 체계의 안정성을 유지하거나 적어도 깨트리지 않는 방식으로 의미 있는 활동에 참여할 기회를 준다. 그러므로 사회적으로 인정받는 '직업 정체성'을 수용한 사람은 동료 구성원이 인정하는 목표를 좇는 데서 오는 근원적 기쁨을 누릴 수 있고, 더불어 처벌이나 수치심, 죄책감에서 상대적으로 자유로워진다. 사회에서 인정받는 여러 가지 삶의 방식들 간에 발생할 수 있는 경쟁은 문화적으로 최소화되어야 한다. 복잡한 집단을 갖춘 직업들은 (1)과거에 그 직업을 수립하고, (2)계속해서 변화하는 환경과 경쟁 관계에 있는 다른 직업들 틈새에서 직업을 존속시키고 '시대에 맞게 탈바꿈한' 영웅적 행위의 결과이다.

예를 들어 '변호사'와 '의사'는 매우 복잡하고 중요한 이야기 속에 중첩된 서로 다른 두 가지 이데올로기를 따르지만, 그 지식과 능력과 활동 범위가 명확히 정해져 있어서 파괴적이거나 비생산적인 갈등 없이 같은 '영토'를 차지할 수 있다. 이것이 바로 '영웅'의 지배 아래 있는 '죽은 왕들의 조직'이다. 의사와 변호사 들은 서로 다른 집단의 존재를 용인할 수 있도록 각 집단의 행동을 관장하는 '상위(법적) 원칙'의 지배를 받는다.

바람직한 문화 체계는 현재의 필요를 충족시키는 동시에 미래의 요구를 감안하며, 또한 자아의 요구와 타인의 요구 사이의 균형을 맞춘다. '문화적 해법'의 적정성은 개인의 정서 반응으로 판가름된다. 시대적, 지역적으로 보편적인 정서 반응을 근거로 적정성이 입증되고, 안정성과 적응 능력이라는 추가적인 제약을 뛰어넘은 사회와 도덕 체계 들에는 공통적인 특성과 수립 과정이 존재한다. 성공적인 사회란 개인이 사익을 추구하는 한편으로(적어도 개인의 삶이 견딜 만하도록) 문화를 유지하고 개선하는 사회이다. 오랜 세월 '개인에게 만족감을 주고, 개인을 보호하며, 내적으로나 외적으로 적응하도록 돕는' 곳이 성공적인 사회라면 이런 사회는 도덕률에 보편적 한계를 설정하는 엄격한 제약 아래에서 돌아가게 될 것이다. 인간 사회에서 도덕률로서 무엇을 수용하고 무엇을 수용하지 않을지는 세부적으로 들어가면 논쟁이나 의견 충돌이 벌어질 수 있지만 전체적으로는 명백히 드러날 수밖에 없다. 큰 그림은 본질적으로 의미 있는 주제를 끊임없이 매혹적인 방식으로 실연하고 설명하는 의례와 신화와 이야기 속에서 이 거듭 묘사된다.

특정한 삶의 방식을 수용하면 대상의 의미와 행동의 도덕성을 동시에 알 수 있게 된다. 대상은 얼마나 유용하다고 인식되느냐에 따라, 다시 말해서 견디기 어려운 현재 상태에서 이상적 미래로 얼마나 나아가게 해 주느냐에 따라 의미를 획득한다. 이와 마찬가지로 도덕적 행동은 이상적 미래로 나아가게 해 주는 행동이고, 비도덕적 행동은 이상적 미래로 나아가는 것을 방해하거나 이상적 미래의 기반을 흔드는 행동이다. 물론 도덕률의 본질을 밝히거나 대상의 상대적 가치를 결정하는 근거를 파악하기란 쉽지가 않다. 실제로 이러한 가치 판단은 인간이 환경에 적응하기 위해서 끊임없이 해야 하는 가장 중요한 것이었다. 이 문제('가장 높은 이상'이나 '최고선'의 본질에 관한 질문) 앞에서는 고정된 답이 있을 수 없다. 시간이 흐르면서 환경이 끊임없이 바뀌기 때문이다. 하지만 그렇다고 해서 모든 '도덕적' 해답이 유용성을 잃는 것은 아니다. 행동이나 해석을 하려면 반드시 먼저 이 문제의 해답을 구해야 하기 때문이다. 하지만 해답을 '과정'이 아니라 고정된 체계로 제시하면 그 답은 시간이 흐르면서 무용지물이 되고 만다(여기서 과정이란 적응적 체계를 만들어 내는 양식화된 창조 및 소통 과정을 말한다).

개인적, 사회적 갈등은 경험과 대상과 행동의 상대적 가치가 충돌하기 때문에 발생한다. 암묵적 가치 체계에 따라 A라는 행동이 근거한 비서술적 추정 A는 B에 종속되고, B는 C에 종속된다. 이런 식으로 계속 나아가다 보면 궁극적인 최고의 가치라는 개념이 우선 행동이나 (행동으로 표출되는) 갈등에서 암묵적으로 나타나고, 그 이후 일화 및 의미 차원에서 표상된다. 이러한 최고의 가치라는 개념은 인간이 사회적 존재로, 탐험하는 존재로 진화한 결과 필연적으로 생성된 것이다. 내면화된 문화 체계는 창조적 행위와 그 모방을 이끌어 내고, 자기 행위와 모방한 행위를 통합한 적응적 행동 양식과 그 표상으로 구성된다. 행동 양식은 일화 기억에 기록되고, 의미 체계는 행동 양식의 본질을 추상화하여 이야기로 만들어 낸다. 모든 이야기에는 도덕적 추정이 암묵적으로 담겨 있다. 이 도덕적 추정은 일화 기억으로 표상되어 신화의 기초를 이루며, 궁극적으로는 종교적 교리나 성문화된 도덕률이 발달하기 위한 기반이자 재료가 된다. 도덕률을 성

문화하면 소통과 변형이 용이해진다. 더불어 (역사적으로 정당성을 부여받은) 도덕 원칙을 공식적으로 선언하면, 가치와 관련된 분쟁을 조정하는 데도 요긴하다. 반면 이는 도덕률이 아직 완전히 발달하지 못한 상태에서 창조적 시도가 중단되거나 과거의 죽은 지혜에 지나치게 의존하는 결과를 낳기도 한다. 이 같은 성문화의 단점은 훨씬 더 미묘하고 알아차리기 어렵다.

사회적 동물인 인간은 마치 일련의 덕목이 일관되게 통합된 가치체계를 따른다는 '듯이' 행동한다. 자신이 따르는 체계를 명확히 설명하지 못할 때조차 그렇다. 초기에 행동으로 구현되었던 덕목은 인간의 인지 발달 과정에서 점차 의식의 전면에 떠오른다. 다시 말해서 서술적 사고와 기억 체계 속에 점차 표상된다. 그럼에도 과연 무엇이 도덕적인 행위인가를 결정하고 명확한 언어로 표현하기란 무척 힘들다. 사람이 어떻게 행동해야 하는지 혹은 실제로 행동하는지, 무엇을 목표로 해야 하는지 명확히 말로 표현하고 그 근거를 엄밀하게 밝히기란 대단히 어렵다. 문화는 대부분 공유된 도덕률로 구성되며, 이 도덕률에서 벗어나는 행동은 적어도 '사후에는' 일반적으로 쉽게 파악된다. 그렇지만 도덕률을 설명하는 것은 인간의 서술적 사고 능력의 한계를 넘어설 때가 많다. 우리가 흔히 도덕적 행동이라고 생각하는 것의 본질은 대부분 여전히 무의식적 절차 속에 잠재되어 있다. 그 결과 우리는 쉽게 도덕률의 본질을 혼동하며, 상황에 맞지 않는 '고정된' 해답을 내놓고는 위험에 빠지고 만다.

보수주의자는 자기가 속한 문화를 따르고 기억하고 존중해야 마땅한 창조물이라고 찬양한다. 그가 찬양하는 대상은 바로 "어떻게 행동해야 하는가?", "그리고 이를 어떻게 표상하고 소통해야 하는가?"라는 적응의 문제에 대한 구체적인 해답이다. 그 결과 해답의 출처가 아니라 구체적 해답 자체를 찬양하고, 엉뚱한 곳에 가치를 부여하고 만다. 바로 이 때문에 성경은 다음과 같은 금지 명령을 내린다.

> 너희는 내 앞에서 다른 신들을 섬기지 못한다.
>
> 너희는 너희가 섬기려고 위로 하늘에 있는 것이나, 아래로 땅에 있는 것이나, 땅 아래 물속에 있는 어떤 것이든지, 그 모양을 본떠서 우상을 만들지 못한다.
>
> 너희는 그것들에게 절하거나, 그것들을 섬기지 못한다. 나, 주 너희의 하나님은 질투하는 하나님이다. 나를 미워하는 사람에게는, 그 죗값으로, 본인뿐만 아니라 삼사 대 자손에게까지 벌을 내린다.
>
> 「출애굽기」 20장 3~5절

이처럼 '독단적인' 금지 명령이 존재하는 까닭은 인간이 더 근원적이고 추상적이며 까다로운, 적응의 메타 문제에 대체로 관심이 적기 때문이다. "어떻게 행동해야 할지(행동 양식)를 어떻게 결정해야 하는가?" 혹은 "타당한 여러 행동 양식의 우선순위를 결정하는 행동 절차의 본질은 무엇인가?", "어떻게 이를 표상하고 소통해야 하는가?"의 문제 말이다. 사실 "최상의 가치는 무엇인가?" 혹은 "최고선은 무엇인가?"라는 질문에 대한 해답은 이 문제 자체가 아니라 메타 문제에 대한 해답이지만, 사람들이 이 둘을 자주 혼동한 탓에 제대로 된 해답을 찾지 못하는 경우가 많다.

도덕의 본질을 말로 명확히 밝히기란 어렵다. 암묵적 행동에 내재된 도덕 체계는 너무 복잡해서 의식 수준에서 온전히 표현하기가 어렵다. 그렇지만 도덕 체계는 통합된 체계(본질적으로 역사 속에서 수립된 인격과 그 인격의 표상)로서 의례나 신념 들을 마구잡이로 편집한 결과가 아니라 통합된 적응 양식(절차적, 서술적)을 수립하려는 부단한 노력의 결과이다. 문화는 정서적 목표를 현재뿐 아니라 오랜 기간에 걸쳐 이루기 위해 수립한 체계이다. 그렇기 때문에 문화 체계는 몇 가지 엄격하고 단호한 제약 조건을 충족해야 한다. 첫째, 문화의 중심을 지키는 활동을 증진하여 스스로를 보존할 수 있어야 하고, 둘째, 끊임없이 변화하는 환경에 계속 적응할 수 있도록 충분히 유연해야 하며, 셋째, 문화 집단을 이루는 개인의 충성을 얻어 낼 수 있어야 한다.

첫 번째 조건은 꼭 필요하기 때문에 단기적으로도 반드시 충족해야 한다. 스스로를 보존하기 위한 활동을 증진하지 않는 문화는 곧 무너지고 만다. 유연성이라는 두 번째 조건은, 자기 보존이라는 첫 번째 조건과 더불어 충족하기가 쉽지 않다. 문화는 스스로를 보존하기 위한 활동을 증진해야 하지만 동시에 본질적으로 예측할 수 없는 '환경' 변화에 맞춰 행동 양식을 탈바꿈하는 혁신을 허용해야 한다. 구성원이 전통적인 원칙을 절대적으로 따르게 하여 자기를 보존하려는 문화는 금세 두 번째 요건을 충족하지 못하고 빠르게 무너지고 만다. 반대로 아무런 제약 없이 변화를 허용하는 문화 역시 첫 번째 조건을 충족하지 못하고 빠르게 무너지고 만다. 구성원의 충성이라는 세 번째 조건은 앞선 두 조건을 충족하기 위한 전제 조건으로 간주할 수 있다. 궁극적으로 구성원들이 가진 정서의 총합이 그 문화의 정당성을 입증한다는 의미로, 각 구성원이 집단이 운영되는 방식에 만족해야 하는 것이다. 문화는 집단 구성원에게 충분한 보상을 주고, 처벌로부터 구성원을 보호하며, 희망을 주고, 위협을 경감시켜 구성원이 집단을 유지하기 위한 의무를 감당할 만한 동기를 부여해야 한다. 더 나아가 집단의 해결책이 실제나 상상 속 대안과 비교했을 때 이상적으로 간주되어야 한다. 20세기 '의심 많은' 현대인의 눈에도 매혹적이었던 단순한 유토피아적 사상은 이 마지막 조건을 충족시키기가 얼마나 어려운지를 보여 주었다.

'성장기의 개인을 보호'하고 '일정한 사회 구조를 유지'하는 문제는 집단의 정체성과 안정을 위한다는 명목으로 개인의 다양성을 희생하는 잘못된 방식으로 해결되기도 한다. 이런 해결책은 단기적으로는 두려움을 억제하지만 적응 과정에 꼭 필요한 변화 능력과 잠재력의 싹을 잘라 버린다. 이와 같은 권위주의와 전체주의의 문제는 그 반대급부로 사회의 역할을 폄하하고 모든 악을 사회 탓으로 돌리며, 전통적 지식과 기술을 거부하는 잘못된 방식으로 해결되기도 한다. 이런 해결책은 무서운 아버지를 죽이면서도 위대한 아버지가 되살아나야 할 필요성을 인정하지 않는다. 그러면 혼돈이 비집고 들어올 틈을 열어 주는 셈이 된다. 집단 정체성의 필요성이라는 문제에 대한 제대로 된 해결책은 집단 정체성을 하나의 훈련 과정으로 보는 철학에서 찾을 수 있다. 개개인은 자발적으로 스승(지혜로운 왕) 아래로 들어가야 한다. 이 스승은 자신의 정체성이나 지위를 유지하는 것보다 개인(아들)을 집단의 제약을 넘어서도록 성장시키는 것을 더 중요한 목표로 삼는다.

그러므로 개인이 때에 따라 예속되어야 할 '스승'은 이상적으로는, 미지를 탐험하는 영웅의 인격이 '정체성'의 위계에서 가장 바깥쪽의 포괄적인 위치에 자리하는 인물이나 집단일 것이다. 이와 같은 이상적 지도자나 '집단'은 호루스와 레(전통을 수립하고 갱신하는 과정) 안에 내포된 오시리스(과거의 전통)로 볼 수 있다. 이 말은 전통을 존중하고 모방하는 동시에 창조적 영웅에게 궁극적 권한을 부여하는 집단이 적응의 메타 문제에 대한 해답을 제시한다는 의미이다. 그렇다면 '최고선'은 곧 '영웅이 표상하는 과정을 모방(숭배)하는 일'이다. 고대 수메르인은 이 영웅이 모든 "파멸한 신들을 곧 자신의 창조물처럼"³⁶² 되살려 낸다고 말한다.

인간의 도덕률은 곧 탐험 활동이며, 이 탐험 활동은 안정적인 사회의 엄격한 제약 안에서 행동으로 구현되고, 이차적으로 표상되고 소통되며, 마지막에는 추상적으로 기술되어 서술 기억으로 저장된다. 이런 도덕률은 그 체계가 임의적이지 않고 구체적인 목표를 지향하며, 표상된 현재와의 관계 속에서 구상한 최고선에 입각한다(최고선의 궁극적 형태는 창조적 적응 과정을 허용하는 안정된 사회 조직이다). 이와 같이 최고선을 개념화하면 무엇이 적절한 행동인지 결정할 수 있고, 대상의 의미를 제한할 수 있다.

'법체계'에 대한 모방을 극단으로 밀어붙인 나머지 법체계가 개개인의 삶을 속속들이 통제하려 들 때 사회는 병든다. 이처럼 법을 절대화하면 사회가 경직되어 환경 변화에 취약해진다. 이런 사회는 '생명의 물'이 부족하여 고통을 겪다가 갑작스런 홍수에 떠내려가고 만다. 반면 건강한 사회는 개인의 역량과 자제력이 성장할 때까지 조금 더 자발적으로 소속되고 모방을 하게 한다. '훈련 기간'에 제대로 훈련된 개인은 자신의 주인이 되어 자발적으로 영웅의 화신이 될 만한 능력을 갖추게 된다. '문화를 모방'하는, 전통적 질서를 따르는 능력이 질서와 혼돈을 중재하는 능력에 종속되는 것이다. 그러므로 '제대로 사회화' 된 개개인은, 오시리스의 지혜를 공들여 획득한 후에 태양신이자 위대한 아버지의 아들인 호루스의 역할을 맡게 된다.

훈련 기간인 청소년기에 집단 정체성을 수용한 사람은 훈련을 거치며 사회 집단 안에서 스스로의 행동을 예측할 수 있게 된다. 하지만 집단 정체성은 과거에 발생한 사건에 대처하기 위해 만들어진 과거의 산물이다. 하나의 발달 단계로서 필요하지만, 그것을 최종 발달 목표로 삼으면 개인과 사회가 병들게 된다. 현재라는 시간 속에서는 늘 새로운 문제가 부상하기 때문에 대단히 영웅적인 인물이라 해도 죽은 자의 지혜에 의지해서는 결국 살아 있는 자를 위험에 빠뜨리고 만다. 하지만 제대로 훈련받은 훈련생은 죽은 자의 기술과 산 자의 역동적인 지능을 갖추어, 여러 얼굴로 등장하는 변칙을 맞닥뜨릴 때 그것으로부터 유익을 얻을 줄 알고 그것을 환영하기까지 한다. 따라서 궁극적 도덕률은 전통이 다스리지 않는 곳에서 행동을 지배한다. 탐험 영웅은 미탐험 영토의 전문가이고 낯선 이방인의 친구이며 새로운 아이디어를 반기는 열린 마음이고 신중하고도 규율 잡힌 사회 혁명가이다.

제4장

변칙의 출현

'공유된 지도'에 대한 도전

사물의 가장 중요한 측면은 단순하고 익숙해서

눈에 들어오지 않는다.

아니. 항상 눈앞에 있기 때문에 도리어 알아차리지 못한다.

사람들은 자신의 사고가 실제로 어디에 토대하고 있는지

떠올리지 못한다. 그 사실을 문득 깨닫기 전까지는.

그 말은 곧 일단 의식하기만 하면

우리 눈을 사로잡을 가장 강렬한 사물의 측면을

우리가 간과하고 있다는 것을 의미한다.[363]

기지의 패러다임적 구조

도덕 체계(문화 체계)는 다른 모든 체계와 여러 공통된 특성을 공유한다. 그중에서도 가장 근본적인 특성은 쿠르트 괴델이 '불완전성 정리'에서 다룬 내용이다. 내적 일관성과 논리를 갖춘 명제 체계는 필연적으로 그 체계 안에서는 증명할 수 없는 전제에 근거한다는 것이다. 과학 철학자 토마스 쿤 역시 과학의 발전 과정을 논하며 암묵적 전제에 기초한 체계를 '패러다임'이라고 불렀다. 쿤의 주요 관심사는 명시적 과학 체계로서의 패러다임이었다. 과학에서 패러다임은 형식적 방법론을 활용하여 존재를 증명할 수 있는 사건을 예측하고 통제하기 위한 것으로 "전문가 집단에게 모범이 되는 질문과 풀이"[364]를 제공한다. 사건(대상이나 행동)의 의미에 주된 관심을 보였던 실증주의 이전 시대의 도덕 체계 역시 일종의 패러다임으로 볼 수 있다.

패러다임은 복잡한 인지적 도구로서 몇 가지 제한된 공리(혹은 논의와 행동을 목적으로 현실의 구성 요소들에 관한 정의들)를 수용할 것을 전제로 한다. 이들이 상호작용하는 과정에서 내적 일관성을 갖춘 설명 및 예측 체계가 생성된다. 패러다임은 사고의 범위를 형식적으로 제한한다. 패러다임 안에서 우리는 '마치' 몇 가지 질문에 대한 해답이 확정되어 있는 듯이 사고한다. 이와 같은 '사고 영역의 한계'나 '몇 가지 질문에 대한 해답'은 패러다임의 공리적 진술에 내재되어 있는데, 쿤에 따르면 이는 '명시적'으로 진술될 수도 있고(의미 표상), 상상(일화 표상)이나 행동 속에 '암묵적'으로 존재할 수도 있다. 공리는 일종의 신념으로 받아들여지든지, 아니면 해당 패러다임을 벗어난 접근법(패러다임 '내부의' 관점에서 보면 이것도 신념과 크게 다를 바가 없다.)을 사용해서 그 타당성이 증명되어야 한다.

패러다임은 어떤 면에서 일종의 경기와 같다. 경기를 할지 말지는 선택 사항이지만 일단 경기에 돌입하면 사회가 인정하는 규칙의 지배를 받는다. 경기가 진행되는 동안은 경기 규칙에 의문을 제기할 수 없다. 만약 규칙에 이의를 제기한다면, 그것은 '또 다른 경기'가 된다. 축구 경기 방식을 놓고 다투는 아이들은 축구 경기가 아니라 일종의 철학을 하는 셈이 된다. 패러다임적 사고는 유한한 명제 체계로 무한한 사실을 이해할 수 있게 해 주며, 궁극적으로는 유한한 주체가 무한한 경험 대상(경험 주체를 포함)을 잠정적이나마 충분히 이해할 수 있게 해 준다.

문화는 필연적으로 패러다임의 구조를 갖는다. 문화는 현재 상태를 객관적으로 설명하기보다는 현재 상태의 정서가나 의미를 설명하는 쪽에 관심을 둔다. 사물의 정서가와 동기적 의미를 밝히려면 머릿속에 현재 상태의 표상과 대비되는 이상적 미래상을 그리고 이를 실현하기 위한 행동 절차를 만들어 내야 한다. 이 세 가지 표상(진술된, 진술되지 않은, 진술될 수 없는)에는 여러 신념이 깔려 있다. 이 같은 근원적 '신념'은 도덕률의 공리로 간주할 수 있으며, 오랜 세월 인류가 탐험을 벌이고 사회를 조직하는 과정에서 발전해 왔다. 이런 공리들은 몇몇은 명시적이지만 대다수는 암묵적인 상태로 남아 있으며, 암묵적인 상태에서는 쉽사리 변경되지 않지만 부분적으로나마 명시화되는 순간 세심하고 사려 깊게 혹은 우발적이고 부주의하게 논쟁의 대상이 되고 만다. 이러한 논쟁은 인류의 지속적인 적응을 위해 필요하지만 매우 위험하기도 하다. 도덕적 공리가 흔들림 없이 유지되어야만 견디기 어려운 경험의 여러 가지 의미를 제한하는 동시에 제약 없이 자유롭게 행동할 가능성을 살려 놓을 수 있기 때문이다.

패러다임은 유한한 원칙에 따라 무한한 정보를 명확히 조직화한다. 유클리드 기하학 체계가 전형적인 예이다. 유클리드 기하학 원칙을 적용함으로써 기대하는 결과를 얻고자 한다면, 누구든지 그것의 공리를 '신념'으로 받아들여야 한다. 유클리드 기하학의 공리는 다음과 같다.

1. 서로 다른 두 점이 주어졌을 때, 그 두 점을 잇는 직선을 그을 수 있다.
2. 직선은 양쪽으로 끝없이 연장할 수 있다.
3. 직선이 있을 때, 직선의 길이를 반지름으로 하고 한 끝점을 중심으로 하는 원을 그릴 수 있다.
4. 모든 직각은 서로 같다.

5. 한 직선이 두 직선과 교차할 때, 교차되는 각의 내각의 합이 두 직각(180도)보다 작을 때, 두 직선을 계속 연장하면 두 각의 합이 두 직각보다 작은 쪽에서 교차한다.[365]

이 다섯 가지 공리가 상호작용하면서 내적 일관성과 논리를 갖춘 유클리드 기하학 체계가 탄생했다. 이 체계 안에서 진리는 이 다섯 가지 공리를 바탕으로 수립된다. 하지만 공리를 받아들이는 것이 우선이다. 이 체계 내에서는 공리의 타당성을 입증할 수 없다. 다른 체계 안에서 그것을 증명할 수 있을지는 몰라도, 그 체계 또한 필연적으로 또 다른 공리에 기반을 두고 있어서 그 끝을 가늠할 수 없다. 어떤 구조의 타당성은 필연적으로 '무의식적' 전제에 바탕을 둘 수밖에 없다. 유클리드 기하학은 공간이 삼차원이라는, 명백히 이의를 제기할 만한 전제에 바탕을 두고 있다.

명시적 의미 진술의 바탕에는 일화적이거나 심상적 형태의 가정이 존재하는 경우가 많다. 예를 들어 유클리드의 공리는 '관찰 가능한 사실', 즉 '경험 세계'의 심상에 대한 해석에 바탕을 두고 있는 듯하다. 유클리드는 관찰 가능한 '절대적 사실'을 토대로 명시적이며 추상적인 체계를 세웠다. 예를 들어 모래 위에 두 점을 그리면 이 둘을 하나의 직선으로 연결할 수 있다는 사실은 구체적인 예로 증명할 수 있다. 이 '사실'은 반복해서 보여 주면 설득력을 지닌다. 직선을 끝없이 연장할 수 있다는 공리도 마찬가지로 실례를 통하여 '실증적으로' 증명할 수 있다. 이 두 가지 공리와 더불어 나머지 세 가지 공리는 유클리드 기하학 체계 안에서는 증명할 수 없지만 실례를 통해 참으로 여기고 수용할 수 있게 된다. 이 말은 곧 유클리드 기하학의 전제를 믿을 것이냐 여부가 실례를 확실한 근거로 받아들일 것이냐 말 것이냐에 달려 있다는 뜻이다. 유클리드 기하학은 모래 위에 선을 그어 실례를 보여 주고는 "질문은 여기까지."라고 말하는 셈이다.

이와 유사하게 일화 차원에서 진리로 여겨지는 것들은 타당성을 인정받은 구체적 절차에 근거할 때가 많다. 예를 들어 어떤 사물이 일화 기억에 어떻게 표상되느냐는, 다시 말해 우리가 아는 그 사물이 무엇인지는 그것을 탐색한 방식에 따라 달라진다. 창조적 탐색 과정에서 그 사물에 적용하는 행동 전략을 관장하는 암묵적 '전제'가 무엇이냐에 따라서 결정된다는 말이다. 이와 관련해서 쿤은 다음과 같이 썼다.

과학자들은 뉴턴, 라부아지에, 맥스웰이나 아인슈타인이 여러 중요한 문제에 대해서 영구적으로 보이는 해답을 내놓았다는 점에는 동의를 하면서도, 구체적으로 어떤 추상적 특징이 있기에 이들을 영구적인 해답으로 간주할 수 있는지에 대해서는 의견이 엇갈린다. 심지어 이런 사실을 의식하지 못할 때도 많다. 다시 말해서 과학자들은 패러다임에 대한 전반적인 '해석'이나 '이론적 설명'에 동의하지 않고서도, 때로는 그러려는 시도조차 하지 않은 채 패러다임을 '수용'하는 데 동의할 수 있다. 패러다임은 표준 해석이 없거나 몇 가지 규칙으로 요약될 수 없다 해도 여전히 연구를 이끌 수 있다. 정상과학은 부분적으로 패러다임을 직접 검토하는 과정으로 이루어지며, 이 과정에서 규칙과 가정의 공식화는 흔히 도움이 되긴 하지만 필수적인 것은 아니다. 실제로 패러다임의 존재는 하나의 온전한 규칙의 집합이 존재한다는 것을 암시조차 하지 않는다.

또 각주에서 다음과 같이 밝히고 있다.

마이클 폴라니[366]는 과학 분야에서 거둔 성공은 대부분 '암묵적 지식', 즉 말로 명쾌하게 설명되지 않으며 실제 경험에서 터득한 지식에 달려 있다고 주장하면서 이와 유사한 논지를 훌륭히 전개했다.[367]

유클리드 기하학은 모래 위의 두 점을 하나의 선으로 연결하는 행동 차원의 실례로 입증하기만 해도 충분하다고 여기며, 그 결과를 믿어 의심치 않는다(부분적으로는 달리 어떻게 입증할 수 있는지 알지 못하기 때문이다). 그럼에도 이 규칙은 과거 인류의 능력 안에서 벌어진 행동의 결과로 나타난 모든 경험 현상을 예측하고 통제할 수 있게 해 주었기 때문에 수세기 동안 유효성을 인정받으며 완전하다고 여겨졌다. 200년 전까지만 해도 유클리드 기하학으로 설명되지 않는 인간의 행동이나 추상적 사고 과정은 일어나지 않았다. 하지만 지난 세기 동안 유클리드 기하학을 대신하는 더 포괄적인 기하학이 여럿 생겨났고, 새로 등장한 기하학 체계는 행동 결과로 나타나는 현상을 더 온전하게 설명했다.

사물, 상황, 행동의 표상은 조건부일 수밖에 없다. 왜냐하면 추가 탐색 혹은 자연 발생적인 변칙이 일어나면서 이들이 예측 불가능한 상태로 바뀌거나 완전히 탈바꿈할 수 있기 때문이다. 따라서 불안을 억제하고 목표를 구체화하는 경험 대상의 모형은 정보가 처음 생성될 당시에는 눈에 띄지 않았던 조건이나 확인되지 않은 맥락에 따라 달라진다. 그래서 지식은 니체의 말처럼 변한다.

아직도 "나는 생각한다I think."라든가 쇼펜하우어가 맹신했던 "나는 의지한다I will."와 같이 '즉각적인 확실성'이 존재한다고 믿는 천진난만한 자기 관찰자가 있다. 마치 여기서의 지식이 주체나 객체의 왜곡 없이, 순수하고 적나라하게 '사물 그 자체'로 구한 지식인 것처럼 말이다. 그러나 '즉각적인 확실성'은 '절대적인 지식'이나 '사물 그 자체'라는 표현과 마찬가지로 형용모순을 수반한다. 백번이고 거듭 말하리라. 우리는 말의 유혹에서 벗어나야 한다!

사람들이야 지식이란 사물을 완전히 아는 것을 의미한다고 생각하도록 내버려 두라. 하지만 철학자는 스스로 이렇게 말해야 할 것이다. "나는 생각한다."라는 명제가 나타나는 과정을 분석하면, 그것은 증명하기 까다롭고, 어쩌면 불가능해 보이기까지 하는 일련의 대담한 주장임을 알게 된다. 예를 들면 '나'는 생각하는 존재이며, 생각하는 존재가 존재할 수밖에 없으며, 사유란 그 원인으로 작용하는 존재가 벌이는 하나의 활동이나 작용이다. 그리고 '자아'라는 것이 존재하며, 마지막으로 사유라고 명명할 수 있는 것이 존재한다. 다시 말해서 사유가 무엇인지 나는 '알고 있다.' 만약 내 안에서 사유가 무엇인지 이미 확정되어 있지 않다면, 지금 일어나고 있는 활동이 '의지'나 '감정'이 아닌지 무슨 기준으로 판단할 수 있겠는가? 요컨대 '나는 생각한다'는 주장은, 현재 나의 상태를 확정하기 위해 내가 알고 있는 다른 상태들과 현재

나의 상태를 '비교한다'는 것을 전제로 한다. 이와 같이 이전의 '지식'이 관련되기 때문에, 이 진술에 '즉각적인 확실성'이 있다고 말할 수 없다.

이리하여 철학자는 그러한 경우, 사람들이 믿을 수도 있는 '즉각적인 확실성' 대신, 지성이 던지는 질문을 면밀히 살피며 자기 앞에 놓인 일련의 형이상학적 질문을 찾아낸다. 즉 이런 식이다. "나는 어디서 사유라는 개념을 얻게 되었는가? 나는 왜 원인과 결과가 존재한다고 믿는가? 무엇이 나에게 자아를, 심지어 원인으로서의 자아를, 결정적으로 생각의 원인으로서의 자아를 증명할 권리를 주는가?", "나는 생각한다. 그리고 최소한 이것이 사실이고 현실이며 확실하다는 것을 안다."라고 말하는 사람처럼, 이러한 형이상학적 질문에 대해 직관의 힘으로 감히 단번에 대답하려고 하는 자를 오늘날의 철학자가 마주하게 된다면 미소를 지으며 질문할 것이다. 어쩌면 이렇게 말하며 그를 이해시키려 할 것이다. "선생님, 뭔가 잘못 생각하신 게 분명한데, 왜 그게 진리라고 고집하십니까?"[368]

'대상'은 항상 표상의 한계를 초월한다. 언제나 신비로움을 간직하며 미지와의 연관성 속에서 희망과 두려움을 자아낸다. 대상의 실체 그 자체를 고려할 수 있다면, 그것은 대상을 탐색하여 밝혀낸 특성과 더불어 탐색하지 못한 상태로 남아 있는 특성, 그러니까 '미지 그 자체'의 총합일 것이다.

어떤 현상에 대한 이해는 항상 활용 가능한 시간, 자본, 기술 자원에 의해 한정될 수밖에 없다. 하지만 이런 조건들에 따라 달라진다고 해서 그 지식이 '객관적'이지 않다거나 '지식'으로 취급될 수 없다는 말은 아니다. 대상이나 현상, 행동 절차의 표상이 현재 타당성을 인정받는 까닭은 그 표상이 도구로 유용하기 때문이다. 표상, 즉 머릿속 현실 모형에 따라 해답을 도출하고 '현실' 세계에 적용했을 때 기대한 결과를 얻었다면, 우리는 그 모형이 충분하고 타당하다고 추정한다. 만일 모형에 따라 얻은 해답을 실행에 옮겼는데 예상치 못한 결과를 얻었다면, 그제야 우리는 그 모형이 불완전하다는 사실을 인정한다. 다시 말해서 어떤 현상에 대한 현재 표상의 기저에는 과거에 해당 현상에 대한 충분한 탐색이 이루어졌다는 암묵적 전제가 깔려 있다.

'충분한 탐색'이 이루어졌느냐의 여부는 일련의 행동의 결과로 바라던 목표를 이룰 수 있느냐의 여부로 판가름된다('통하는 것'이 곧 '진리'이다). 어떤 절차를 실행해서 기대한 목적과 목표를 성취할 때 그 절차가 충분하다고 간주되는 것이다. 이때 목표는 원형적으로 보자면 낙원을 건설하거나 낙원을 향해 나아가는 것이다. 낙원은 고통이 사라지고 불안에서 벗어난, 희망이 가득하고 충분한 보상을 얻을 수 있는 안정적이면서도 역동적인 곳, '젖과 꿀'이 흐르는 평화로운 땅이다. 그렇다면 지식은 그것 자체로 존재한다기보다는 삶의 목표를 달성하기 위해 존재하는 것이라고 볼 수 있다.

상황에 따라 달라지는 종류의 지식, 예를 들어 행동 및 가치 도식 중에는 매우 다양한 맥락에서 바람직한 결과를 내며 오랜 세월 그 가치를 입증해 온 지식도 있다. 이런 지식은 의례와 신화의 형태로 저장되어 기억되고 대대로 전수된다. 시간이 흐르면서 이들 지식은 다른 행동 및 가치 도식과 더불어 하나의 체계로 통합된다.

이 체계는 앞서 설명했듯이 과거 영웅의 행동과 가치 평가가 누적되고 조직화된 결과로 같은 문화권에 속한 모든 구성원들이 공유하는 안정된 사회적 인격을 이룬다(기독교의 교회가 상징적으로 그리스도의 몸을 이루는 것과 같다). 이 체계는 끝없이 이어지는 정서적 피드백 과정에 의해 지금까지 형성되어 왔고, 지금 이 순간에도 형성되고 있다. 각 개인과 사회가 선택하는 수단과 목표가 사회에서 이루어지는 행동, 그 행동에 대한 반응, 영원히 사라지지 않는 미지 그 자체에 의해서 계속 바뀌기 때문이다. 그래서 행동을 관장하는 동기 체계의 특성은 인격으로 가장 정확하게 묘사할 수 있다. 이 인격은 신화 속 '조상'이며, 사람은 누구나 의식적으로나 (의미 체계와 일화 체계, 이성적 사고와 행동의 심상으로 온전하게), 무의식적으로(믿지 못하겠다고 말하면서도 행동으로는) 이 인격을 모방한다. 위계를 이루는 행동 양식(인격)은 시간의 흐름에 따라 일화 기억 속에 이차적으로 표상되며, 현재의 인지 능력이 허용하는 선에서 명시적 언어로 표상된다. 그렇다면 명시적 도덕률은 순전히 일화적 관점에서 타당성이 입증된 추정에 근거한다. 그러니까 이 일화 체계의 표상은 사회 공동체와 미지의 존재 앞에서 정서적 요건을 충족하기 위해 만들어진 절차 지식으로 그 타당성을 인정받는다는 말이다.

따라서 하나의 행동 및 가치 도식인 도덕 철학은 그 존재 기반을 신화에 두고 있다. 신화는 개인의 정서적 요건을 충족하기 위해 고안된 사회적 상호작용(협력과 경쟁)의 결과로 생겨난 것으로 여러 가지 행동의 심상을 보여 준다. 여기서 개인의 정서적 요건은 인류가 공유하는 타고난 심리적 기반 및 그에 대한 사회적 표현에 의해서 몇 가지 제한된 보편적 유형으로 나타난다. 그 결과 앞서 언급했듯 신화 역시 몇 가지 제한된 형태의 보편적 유형으로 존재하게 된다. 이에 관해서 노스럽 프라이는 다음과 같이 썼다.

일차적 관심사와 이차적 관심사는 명확히 구분되지는 않지만 그래도 이 둘을 구분해서 생각해 볼 필요가 있다. 이차적 관심사는 사회 계약에 의해 발생하는 것으로, 애국심이나 특정 대상에 대한 충성심, 종교적 신념, 계층에 따른 태도나 행동 등이 포함된다. 신화의 이데올로기적 측면에 의해 발달하며, 그 결과 이데올로기적 산문 언어로 직접 표현되는 경향이 있다. 신화적 단계에서 이차적 관심사는 흔히 의례를 동반한다. 이러한 의례의 목적은, 예를 들자면 이제 부족의 남자 구성원으로 살아가게 될 소년에게 곧 남자만을 위한 입문 의례를 통해 그가 남자들의 사회에 입문하게 될 것이며, 그러면 그가 주변의 다른 부족이 아니라 바로 이 부족에 소속된다는 것과(이는 소년이 치르게 될 혼인에도 영향을 미친다.) 다른 무엇이 아니라 바로 이것이 그에게 특별한 토템 혹은 수호신이 된다는 점을 각인시키는 것이다.

일차적 관심사는 크게 네 가지로 나누어 고려할 수 있다. 신체적 요구를 충족하기 위한 음식, 성행위, 자산, 이동의 자유이다(여기에서의 자산에는 돈, 소유물, 집, 의복 등과 같이 그에게 '속한' 모든 것이 포함된다). 일차적 관심사에 관한 보편적 목표는 "생명을 더 넘치게 얻게 하려고"라는 성경 구절에 잘 나타나 있다. 원래 일차적 관심사는 개인적인 것이라거나 사회적인 것이라고 볼 수 없는, 단수와 복수 간의 갈등에 선행하는 포괄적인 것이다. 하지만 사회가 발전하면서 일차적 관심사는 점차 정치 공동체의 요구로부터 분리된 개인의 신체적 요구로 발전해 왔다. 기아는 사회적 문제이지만 굶는 것은 각 개인이다. 따라서 개인에 대한 의식이 발전한 사회에서만이 일차적 관심사를 지속적으로 표현할 수 있다. 일차적 관심사의 공리는 가장 단순하고 솔직한 진술로 다음과 같다. '사람이라면 누구나 예외 없이 삶이 죽음보다 낫고, 행복이 불행보다 나으며, 질병보다는 건강이, 구속보다는 자유가 낫다.'

우리가 이데올로기라고 부르는 것은 이차적 관심사와 밀접하게 연관되어 있고, 상당 부분 이차적 관심사를 합리화하려는 내용으로 구성된다. 하지만 신화나 이야기는 오래 들여다볼수록 일차적 관심사와의 관련성이 명확히 드러난다. ……운문 신화는 일차적 관심사를 다루기 때문에 그 내용이 다양하지만, 다루는 주제는 한정되어 있다.[369]

명시적 도덕률의 타당성은 종교적, 신화적 이야기를 근거로 입증된다. 이야기는 인류가 사회적 맥락에서 정서로 표출되는 생물학적 요구에 적응한 결과 나타난 행동 양식이 일화 차원으로 표상된 것이다. 이 같은 일화 표상은 행동 양식이 충분하며 타당하다는 신념에 기반한다. 나아가 행동 양식을 정확히 표상한 경우 행동 양식과 같은 구조를 공유하며, 인류가 역사 속에서 밝혀낸 암묵적인 절차 지식의 위계 구조를 비교적 명시적으로 포착한다.

그러므로 긴 역사의 흐름 속에서 이 '심상'은 점점 더 정확하게 행동을 포착하며, 이야기는 본질적이며 매혹적인 형태를 찾아낸다. 프라이는 『구약』및 『신약』성경이 '구축'된 과정을 다음과 같이 설명한다.

성경의 문학적 통일성은 성경이 아닌 다른 무언가의 부산물이다. 성경을 구축하는 데 관여한 정신 과정을 일부라도 알 수 있다면, 우리는 그것을 무의식의 부산물이라고 부를 것이다. 『구약』의 맨 앞부분은 야살의 책과 더불어 그와 유사한 여러 책을 참조해서 쓰였으며, 의미가 풍부한 운문 문학을 정제하고 발효시켜 다른 종류의 언어로 그 정수를 추출한 것이다. 『신약』도 규모는 더 작지만 같은 과정을 거쳐서 구축됐다. ……성경의 원재료가 된 그 이전 시기의 운문에 대한 편집 작업은 운문을 일종의 평이한 산문으로(만약 그런 것이 존재한다면) 바꾸기 위한 것이 아니었다. 그런 부류의 글은 대중적인 종교나 여타 이데올로기처럼 분통 터지게도 인간의 맹신과 유치증에 직접 호소한다. 하지만 성경은 운문과 신화의 표현을 흡수하여 우리를 신화를 넘어선 어딘가로 데려다준다. 그럼으로써 성경은 신화가 허구라고 생각하는 이들을 교묘히 따돌린다.[370]

성경과 같이 이차적 의미 체계로의 성문화는 일화 표상을 토대로 삼고 있다. 그리하여 시간의 흐름에 따라 점점 더 일화 표상의 위계 구조를 닮아 가게 된다. 또한 행동 절차와 일화 표상의 타당성을 수용하는 것에 입각하게 된다. 따라서 내면이 통합되고 심리적으로 건강하며 '의식'이 발달한 사람은 의미, 일화, 절차에 있어 동일한 위계 구조를 공유한다. 이렇듯 통합된 도덕률은 개인적, 사회적 행동의 예측 가능성을 높여 주고 국가 기반을 안정시키며 개인의 정서 조절을 돕는다.

그림 32는 전형적인 서구인의 '인격'을 나타낸다. 이 그림에서 예

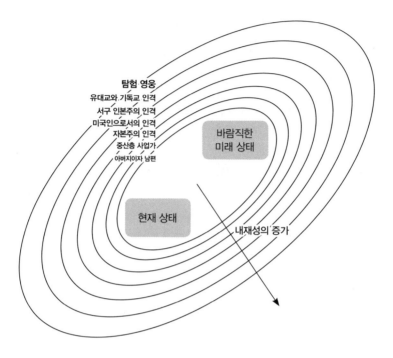

그림 32. 기지의 패러다임적 구조

로 든 중산층 사업가이자 아버지라는 한 개인의 삶은 개인을 초월하여 여러 사람이 공유하는 '인격'에 내포되며, 이런 인격들은 바깥쪽으로 갈수록 점차 더 근원적이며 암묵적인 역사적 뿌리를 갖는다. 이 서구인의 '인격'을 이루는 '작은' 이야기는 큰 이야기 안에 내포되어 있으며 큰 이야기가 유지될 때만 유효하다. 예를 들어 중산층 가족은 자본주의 체계의 경제적 안정에 기반하며, 자본주의 체계는 서구의 인본주의적 사고에, 인본주의는 개인의 타고난 가치를 인정하는 사상에, 그리고 이 사상은 곧 개인과 탐험 영웅과의 의례적 동일시에 기반한다. 조직의 '바깥쪽', 즉 포괄적인 수준일수록 온전히 행동 차원으로만 존재하는 경향이 있다. 개인이 자기 인격의 역사적 뿌리에 대하여 명시적인 심상 혹은 의미 지식을 전혀 혹은 거의 갖고 있지 않더라도, 여전히 역사 속에서 형성된 인격을 '행동으로 구현'할 수 있다는 것이다. 더 이상 기독교 도덕의 타당성을 인정하지 않고, 초개인적인 탐험 영웅의 존재를 믿지 않는 사람이라 해도(이런 경우가 보편화되고 있다.) 예외는 아니다.

언어로 서술할 수 있는 명시적 '의식' 차원에서 행동 양식의 토대가 되는 신념을 부정하는 사람은 스스로 자기 인격의 통일성을 저해하는 셈이다. 예컨대 현대에도 '존경받을 만한 시민'이라면 기독교 신앙의 대부분을 차지하는 행동 차원의 '인격'을 거의 온전히 가지고 있으며 '그리스도를 본받는' 영웅과의 의례적 동일시 역시 (어느 정도는) 그러하다. 소위 교육받은 현대인이 자기가 '믿지도 않는' 신념을 '실행하는' 셈이다. 명시적이고 추상적인 자기 표상과 현실에서 따르는 행동 체계가 일치하지 않는다는 것은 그가 상당한 존재론적 혼란을 겪고 있다는 뜻이며, 그러면 '신화보다 더 설득력 있는' 설명을 제시하는 이데올로기에 불현듯 사로잡히기 쉬워진다. 이보다 더 큰 문제는 명시적 신념의 부재가 서서히 일화 표상과 행동을 변화시키면서 '보이지 않게' 개인의 정신과 사회의 안정을 뒤흔든다는 점이다.

집단과 개인마다 어느 차원에 이르면 목표나 가치, 행동이 달라지지만 암묵적 차원에서는 공통된 특성을 가진다. 임의의 세 집단이 있다고 하자. 예를 들어 천주교, 개신교, 그리스정교는 모두 유대-기독교 '인격'에 내포되어 하나로 묶인다. 이들은 유대-기독교 인격이라는 제약 '안'에서는 주저 없이 다툴 수 있지만, 실제로든 상상에서든 유대인이나 무슬림으로부터 위협을 당하면 기꺼이 힘을 합쳐 위협 세력에 대항할 것이다. 세 집단의 '내부'에도 차이점과 공통점이 존재한다. 각각의 종교는 그것이 지속되는 동안 시간이 흐르면서 서로 다른 종파로 분리되는 경향이 있으며, 이에 따라 가치 체계 및 행동 양식이 함께 변한다. 마지막으로 집단을 구성하는 개인 역시 개인적 관심사나 자기 고유의 신념에 따라 구분된다. 이와 같은 '개인의 특성'에 충실할 때 역설적으로 탐험 영웅을 따르는 모든 사람이 진정으로 하나가 된다. 다시 말해서 인격을 구성하는 체계 안에서 가장 안쪽에 존재하는 개인 고유의 특성이 인격 체계의 안정을 좌우하는 가장 바깥쪽 차원이 되는 것이다.

변칙의 출현은 행동과 가치판단을 관장하는 도덕적 전통의 완결성을 위협한다. 바로 이 때문에 변칙을 고려하여 도덕 체계를 조정하는 과정이 수동적, 적극적으로 거부되는 것이다. 변칙을 고려하지 않거나, 변칙의 출처를 근절하려고 시도하게 된다는 말이다. 변칙은 앞서 살펴보았듯이 여러 상이한 '차원'에 영향을 미칠 수 있다. 가장 심각한 위협은 가장 널리 공유되며 역사적 뿌리가 깊고 온전히 심상과 행동에 토대를 두고 있으며 개인이 처한 상황과 관계없이 광범위한 범위를 아우르는 인격의 기반을 뒤흔든다. 우리는 "외국의 침략으로 우리나라가 진짜 위태로워지면 어쩌지?" 같이 단순히 가능성을 떠올리는 것만으로도 쉽사리 부정적인 감정과 생각에 휩싸인다. 이를 보면 포괄적인 인격을 뒤흔드는 변칙에 깃든 위험을 우리는 본능적으로 알고 있는 듯하다. 조국과 자신을 동일시하며 애국심을 함양하고 자랑스럽게 여기는 까닭은, 좋든 싫든 개인의 안전과 삶의 질이 사회와 운명을 같이한다는 것을 알고 있기 때문이다. 우리는 '무시무시한 혼돈의 용'이 사회를 비롯해 자신의 삶에 되돌아오지 않도록 문화를 보호하려 한다. 하지만 우리를 보호하는 정체성의 일부를 강화하려다가 도리어 더 상위의 존재 방식을 뒤흔드는 경우가 종종 발생한다. 예를 들어 '미국인'의 존재 방식은 탐험 영웅의 존재 방식보다 훨씬 눈에 잘 띄고 따르기 쉽지만, 상대적으로 문화나 개인의 핵심을 이루는 것은 탐험 영웅의 인격이다. 이 말은 곧 개인을 희생하여 국력을 키우려는 시도가 단기적으로는 질서 의식과 정서 조절 능력을 향상시킬지 몰라도 결국 역효과를 낸다는 것을 의미한다. 애국심을 비롯해서 집단 정체성을 강화하려는 시도는 반드시 개인의 창조성을 최상위에 두고 제한되어야 한다.

개인을 둘러싼 수많은 '벽'은 혼돈이 온전히 발현되지 않도록 하여 개인을 지켜 준다. 하지만 벽 바깥의 공간은 아무리 또 다른 보호벽이 있다고 해도 벽 안에 있는 사람에게는 위험하게 느껴진다. 어디든 '영토 밖'은 늘 두려운 곳이다. 그렇다고 모든 위협이 같은 위력을 지니지는 않는다. 단지 벽 '바깥'에 있는 존재는 무엇이든 '안'에 있는 존재를 두렵게 만드는(깨우치는) 능력을 공유한다는 말일 뿐이다. '최상위' 질서에 대한 도전은 분명 가장 근본적인 도전이며 그에 따라 가장 강하고 폭넓은 반응을 불러온다. 하지만 이러한 위협에 대한 반응은 오랜 시간에 걸쳐 일어나기 때문에 관찰하기가 쉽지 않다. 가장 '암묵적인' 인격에 대한 도전은 수세기에 걸쳐서 추상적 탐구와 논증, 행동 수정, 상반되는 세계관들 사이의 전쟁(예를 들어 천주교와 개신교 사이의 전쟁)의 형태로 나타나는 반응을 불러일으킨다. '최상위' 질서에 대한 위협이 미치는 근본적인 영향력이 쉽사리 드러나지 않는 까닭은 '최상위' 인격이 '암묵적이고 눈에 띄지 않는 형태로' 존재하기 때문이다. 또한 그 구조는 어느 정도 자체적인 힘을 지니고 있어서, 스스로를 보호하고 지탱하던 외벽에 균열이 생기고 무너지더라도 오랜 기간 지탱되기도 한다. 현재 크게 손상된 종교 체계에 한때 속해 있던 정치 사회 체계는 마치 지진을 겪고 서 있는 건물과 같다. 이런 건물은 겉보기에는 멀쩡해 보이지만 단 한 번의 약한 지진에도 곧 무너지고 만다.

'신의 죽음'은 현대 사회에 그다지 치명적인 영향을 미치지 않고 지나간 것처럼 보이지만 지난 20세기 사회를 휩쓸었던 존재론적 불안과 철학적 불확실성은 우리 사회가 아직 굳건한 토대 위에 서지 못하고 있음을 여실히 보여 준다. 우리는 현재 누리고 있는 기적과도 같은 평화와 경제적 안정에 눈이 멀어 영혼에 커다란 구멍이 뚫렸다는 사실을 간과해서는 안 된다.

숨어 있거나 혹은 일시적으로 질서를 수립한 혼돈은 어느 때고 다시 모습을 드러낼 수 있다. 혼돈은 다양한 얼굴로 나타난다. 하지만 어떤 모습으로, 무엇 때문이든 다시 출현한 혼돈은 정서와 동기, 의미 차원에서 같은 유형의 사건으로 다가온다. 다시 말해서 현재 상태를 위협하는 것이라면 모두 '객관적' 특성과 관계없이 정서적으로 같은 영향력을 행사하기 때문에 동일한 '자연적 범주'에 속하게 된다. 그래서 문 앞에 등장한 이방인은 내부의 이단자와 구분되지 않는다. 자연 재해와 영웅의 부재, 노쇠한 왕과 다름없다. '혼돈의 용'은 어떤

얼굴로 다시 출현하든지 두려움을 불러일으키고, 위협적이면서도 희
망적인 가능성을 풀어놓는다. 이번 장에서는 이 가능성의 여러 '얼
굴'과, 이들이 어떻게, 왜 동일한 특성을 갖는지를 살펴보려 한다. 이
가능성에 의해 유발된 반응의 특성은 이 책의 나머지 장에서 다룰
것이다.

변칙의 네 가지 얼굴

| 이례적 사건

자연재해로 발생한 '환경' 변화는 안정된 문화를 뒤흔드는 가장 명
백한 원인이다. 오랜 기간 지속된 가뭄이나 홍수, 지진, 전염병 등 임
의적으로 발생하는 무시무시한 자연재해는 애써 환경에 적응한 사
회를 단번에 무너뜨릴 수 있다.

흔히 이런 부류의 자연재해는 단순히 급격한 변화로 여겨진다. 예
전에 잘 알고 있던 환경이 우리의 적응 속도보다 더 빠르게 변하는
것으로 말이다. 때문에 문화적 적응력이 부족한 것과 자연재해는 쉽
사리 구분되지 않는다. 소위 돌부리에 걸려도 넘어지지 않는 사회는
예측하지 못한 사건, 심지어 자연재해에도 적절히 대응하여 그 변화
를 유익한 무언가로 끊임없이 변화시킨다(전후 일본을 떠올려 보라). 그
러므로 '자연재해와 문화적 적응'의 관계는 '정서'와 '인지'의 관계와
유사하다. 정서는 대체로 낯섦에서 비롯되며 미지의 것이 있는 상황
에서 발생한다. 따라서 정서는 우리가 무엇을 알고 있는가에 따라 달

라지고, 우리가 해석한 현재와 미래, 현재를 미래로 바꾸기 위한 수
단과의 관련성 속에서 경험된다. 그렇다면 '낯섦'이라는 것은 특정
상황에서 무엇이 낯설지 않은가에 달려 있다. 마찬가지로 큰 사건이
나 변화 앞에서 어떤 행동 레퍼토리와 가치 체계를 활용할 수 있느
냐에 따라 '트라우마'를 겪을 수도, 겪지 않을 수도 있다. 워싱턴이라
면 한 달쯤 도시 기능이 마비될 폭설에도 몬트리올 사람들은 눈 하
나 깜짝하지 않는 것이다.

따라서 신화 속에서 급격한 환경 변화를 나타내는 위대한 어머니
나 혼돈의 용의 재등장은 완고함 때문에 불가피한 환경 변화를 재앙
으로 만드는 메마르고 노쇠하며 압제적인 왕의 모습과 겹쳐진다. 재
앙은 언제 재앙이 되지 않는가? 공동체가 재앙에 적절히 대응할 준
비를 갖추었을 때이다. 반대로 자연환경에 적응하기 위해 만들어진
체계가 지나치게 권위주의적으로 변모되어 아주 작은 변화까지도
금지되고 이단으로 치부되는 사회에서는 자연환경의 미미한 변화도
돌이킬 수 없는 재앙으로 간주되며, 실제로 재앙이 되기도 한다.[371]
구소련과 같이 경직된 사회는 재앙이 문 앞에서 기다리고 있다. 토마
스 쿤의 책에는 이 같은 경직성이 개인 차원에서는 어떤 결과를 낳
는지 보여 주는 흥미로운 예가 실려 있다.

심리학 이외의 분야에 더 널리 알려질 가치가 있는 한 심리학 실험
이 있다. 제롬 브루너와 레오 포스트먼[372]은 실험 대상자들에게 카드
한 벌을 짧게 제한된 형태로 보여 주고 알아맞히게 했다. 카드는 대부
분 일반적인 것이었지만, 몇 장은 변칙적으로 만들어져 있다. 예컨

대 스페이드 6은 빨간색으로, 하트 4는 검은색이었다. 실험이 진행될수록 참가자들이 카드 한 장에 노출되는 시간이 늘어났다. 실험자들은 카드를 보여 줄 때마다 참가자에게 무엇을 보았느냐고 물었고, 두 번 연속 카드를 올바로 맞추면 다음 단계로 넘어갔다.

실험 참가자들은 대부분 아주 짧은 시간 동안 카드를 보고도 대다수 카드를 알아봤고, 카드에 노출되는 시간을 조금만 늘려도 전부 알아봤다. 그런데 이때 이들은 일반적인 카드는 대개 올바르게 맞추었지만, 변칙적인 카드는 거의 예외 없이 일반적인 카드로 알아보았다. 망설이거나 당황하는 기색도 없었다. 예를 들어 검은색 하트 4는 스페이드 4나 하트 4로 알아보았다. 무언가가 다르다는 인식이 전혀 없이 즉시 변칙 카드를 과거 경험에서 생겨난 개념적 범주 중 하나에 넣었다. 참가자들은 자신이 본 카드의 다른 점을 알아차리지 못했다. 하지만 변칙 카드를 더 많이 보여 주자 참가자들은 망설이면서 변칙을 인식하기 시작했다. 예를 들어 빨간색 스페이드 6을 본 참가자는 "저건 스페이드 6이지만, 뭔가 좀 이상하군요. 검은색에 빨간 테두리가 있어요."라고 말했다. 카드를 더 오래 보여 주자 참가자들은 더 망설이고 혼란스러워하다가 마침내 어느 시점에 이르러, 때로는 갑자기, 대다수 참가자들이 망설이지 않고 카드를 정확히 맞추었다. 변칙 카드 두세 장을 접하고 나면 대부분 별다른 어려움 없이 변칙 카드를 잘 맞추었다. 하지만 일부의 참가자들은 기존에 자신이 갖고 있던 범주를 적절히 조절하지 못했다. 일반적인 카드를 정확히 알아보기 위해 필요한 평균 노출 시간의 40배의 시간 동안 카드를 보여 줘도, 변칙 카드의 10퍼센트 이상을 맞추지 못했다. 이처럼 실패한 참가자들은 대개 심각한 혼란을 경험했다. 한 참가자는 이렇게 외쳤다. "그 카드가 도대체 뭔지 알 수가 없어요. 그건 그때 카드처럼 보이지도 않았다고요. 이제 그게 무슨 색깔인지, 스페이 드인지 하트인지도 잘 모르겠어요. 이제 스페이드가 어떻게 생겼는지 도 가물가물하다고요. 맙소사!"[373]

신화와 이야기 속에는 끊임없이 '메마른 왕국'이 등장하는데, 주로 오랜 가뭄의 피해를 입은 모습이다. 이런 사회는 한때 위대했던 통치 사상이 지나치게 오래 집권하면서 물리적으로는 물 부족으로, 상징 적으로는 '생명의 물'이나 영혼의 상실로 고통을 겪는다. 이런 사상 은 신화 속에서 나이가 들어 자만에 빠지고 실망감에 젖어 간신들의 그릇된 조언 아래 폭군으로 변해 가는 왕으로 그려진다. 이처럼 왕 국이 불쾌하고 위험한 상황에 처하면 영웅의 출현이 절실해진다. 바 로 이때 대부모가 비밀리에 기른 '잃어버린 왕자'나 원래 왕이 되어 야 했으나 유년기에 죽은 것으로 알려지거나 부당하게 왕권을 잃은 자 혹은 먼 곳으로 여행을 떠났다 돌아오지 않아 죽은 줄 알았던 태 자 등이 영웅으로 등장한다. 영웅은 폭군을 몰아내고 자기 자리를 되 찾고, 신은 질서가 제대로 수립된 데 흡족해하며 다시 비를 내리거나 지나치게 내리던 비를 멈춘다. 이런 부류의 이야기 속에서는 전체주 의적 문화가 미지의 창조력을 상징적으로 '가둔다.' 이렇게 갇힌 미 지의 창조력은 「잠자는 숲 속의 공주」에서처럼 모든 것이 멈춰 버린 왕국에서 잠을 자는 공주의 모습으로, 다른 이야기 속에서는 '숨겨진 보물'[374]로 나타난다. 가부장적인 압제[375]와 무서운 어머니에 대한 두 려움으로 왕국 전체가 멎어 버린다. 하지만 자연의 자애로운 측면을 상징하는 공주가 영웅의 키스를 받고 아름다운 모습으로 깨어나는 순간 백성들도 다시 살아 움직인다.

왕의 죽음과 재탄생에 관한 의례를 살펴보면 인류가 부활이라는 개념을 추상적으로 이해하기 훨씬 전에 문화가 적응 과정에서 변화하는 모습을 실연했다는 사실을 알 수 있다. 이에 관해서 프라이는 다음과 같이 썼다.

프레이저가 『황금가지』에서 논의한 가상의 의례는 다양한 인류학적 맥락에서 고려할 때는 취약해 보일는지 몰라도 신화적 구조로서는 피라미드만큼이나 견고하다. 이 의례에서 신으로 추앙받는 왕은 자기 권력의 정점에서 죽음을 맞는데, 그 까닭은 왕의 육체가 노쇠함에 따라 왕이 다스리는 땅이 비옥함을 잃고 메마를 것을 두려워하기 때문이다. ……신적 왕이 희생되면 곧 후계자가 왕위를 계승하며, 왕의 몸과 피는 의례에서 먹히고 마셔진다. 이런 장면을 시각적으로 떠올려보면 끔찍하지만, 그 과정에서 우리는 신적 왕의 두 육체가 하나는 후계자 안에 현현하고, 다른 하나는 숭배자들의 배 속에 들어간 모습을 떠올릴 수 있다. 사회의 구성원들은 같은 사람을 먹고 마심으로써 자기 자신인 동시에 신적 왕이기도 한 하나의 몸으로 통합된다.[376]

희생 제의를 통해 실연되는 죽고 부활하는 신에 관한 방대하고도 보편적인 신화[377]는 두 가지 사상을 극화한 것이다. 첫 번째는 적응을 관장하는 실제의 사고 및 행동 양식은 죽고 다시 태어나야 생존에 필요한 기술을 끊임없이 쇄신될 수 있다는 것이다. 두 번째는 더 근본적인 것으로, 영웅은 개인과 사회를 보호하는 전통적 체계를 뒤흔들고 재등장한 미지와 '희생적으로 연합'해야만 새로운 적응 양식을 창조할 수 있다는 것이다. 우주에서 일어나는 현상은 이 같은 영원한 드라마를 '현실에 펼쳐 보인다'(더 정확히는 영원한 드라마를 묘사하기 위한 도구로 활용된다). 태양은 동쪽에서 태어나 서쪽에서 '죽어' 혼돈의 용이 은신하고 있는 밤의 지하 세계로 들어간다. 태양이라는 영웅은 밤마다 무시무시한 혼돈의 세력과 전투를 벌이고 괴물의 배 속을 찢고 나와 아침마다 의기양양하게 재탄생한다.

자연재해로 나타난 변칙에 능수능란하게 대처하는 사람은 바로 뛰어난 기술을 보유한 영웅으로, 이런 부류의 영웅은 사회 혁명가로서의 역할보다 기술적 측면이 강조되어 있다. 티아마트와 담판을 벌인 마르두크는 자연에 통달한 지배자로서의 인간을 집중 조명한다. 메소포타미아인들은 '무의식적으로' 마르두크가 구현한 행동 양식, 즉 불확실성 앞에서 용감하고 창조적으로 나아가는 행동이 '티아마트와의 갈등'을 해결하기 위해 '기발한 물건을 창조'하는 데 필요하다는 점을 알고 있었다.[378] 마르두크는 자연에 대항하기 위해서 자연을 활용해 방어 무기를 만들어 낸다. 인간의 문화적 적응의 토대를 이루는 이런 사상은 인간의 정신세계 속에서 '자연 발생적으로' 등장한 것이다.

1997년 8월 10일 내 딸 미카일라(만 5세 8개월)가 동생 줄리언(만 3세)과 '왕자와 공주' 놀이를 하는 중에 자연스레 이런 생각을 떠올렸다. "아빠, 우리가 용을 죽이면 용의 피부를 갑옷으로 쓸 수 있지 않을까요? 어때요? 좋은 생각이죠?"

영웅은 위대한 어머니의 긍정적 측면을 활용하여 부정적 측면을 막는 보호막으로 삼는다. 영웅은 이런 방식으로 '자연재해'를 예방하고 위기를 기회로 뒤바꾼다.

| 이방인

이방인의 출현은 자연재해와 마찬가지로 신화 속 '안정된 왕국'을 위협한다. 집단 정체성이라는 틀 안에 제한되어 있는 경험의 '의미'는 이방인의 존재로 인해 쉽사리 흔들린다. 이방인은 현 사회 체계를 물리적으로 위협할 뿐 아니라 낯선 도덕적 전통에 따라 행동하기 때문에 존재 자체로 현 사회의 신념 체계를 이루는 '선험적' 전제에 도전한다. 이방인은 예측할 수 없는 대상으로서 질서를 뒤흔드는 미지의 세력과 동일시된다. 이러한 동일시는 집단 내부의 관점에서 보자면 임의적인 동일시가 아니다. (결출한) 이방인은 존재 자체로 현재 문화 전반의 유용성에 대한 인식을 뒤흔들어 존재론적 불안을 야기하고 행동의 의미를 흐리기 때문이다.

따라서 외부 집단과 교류 없이 생활하던 집단의 구성원들이 다른 집단 구성원을 맞닥뜨리면 문제가 발생한다. 문화와 집단은 저마다 구성원을 미지로부터, 위대하고 무서운 어머니로부터, 견디기 어려운 정서로부터 보호하도록 진화했다. 또한 저마다 구성원 간의 관계에 질서를 부여하여 사회적 상호작용을 예상할 수 있게 하고, 목표와 목표를 달성하기 위한 수단을 제공한다. 모든 문화는 구성원에게 공포와 불확실성 앞에서 구체적으로 어떻게 행동해야 하는지를 알려 준다. 안정되고 통합된 위계적 사회 체계는 각기 사회 내에서 절대 진리로 간주되는 전제에 입각한다. 하지만 이들 전제의 구체적 특성은 저마다 (적어도 '의식적 분석' 차원에서는) 다르다. 각각의 문화에는 미지를 맞닥뜨리는 행동 양식을 대표하는 고유의 패러다임이 있는데, 이 패러다임은 극적인 결과를 맞지 않고는, 다시 말해서 해체되어 상징적인 죽음을 맞지 않고는 바뀔 수 없다(그 기본 공리가 수정될 수 없다).

모든 사회는 개인을 미지로부터 보호한다. 미지는 그 자체로 위험한 것이며, 미지의 세계에는 예측 불가능한 위협이 가득하다. 사회 체계가 무너지고 혼란스러워지면, 개인은 심각한 불안을 경험하고 사회적 관계는 갈등이 일어날 가능성이 크게 높아진다. 더 나아가 문화적으로 수립된 목표를 자신의 것으로 받아들였던 개인은 그 목표가 해체됨에 따라 의미와 보람을 송두리째 잃게 된다. 따라서 낯선 사상에 토대를 두고 낯선 방식으로 행동하는 사람이 나타났다고 해서 보편적 적응 양식인 문화를 버린다는 것은 비합리적일 뿐만 아니라 있을 수 없는 일이다. 새로운 사상에 따라 사회 체계를 재구축하는 작업은 만만치 않다. 더 나아가 지금까지 행동을 통합하고 동기를 부여해 주던 사상, 즉 목표를 포기하기란 쉽지 않다. 개인이 집단 정체성을 받아들인다는 것은 곧 개인의 심리적 안정이 집단의 안녕에 달려 있다는 의미이다. 만약 외부의 침략이나 내분으로 집단이 갑자기 무너지면 개인은 사회적 맥락과 존재 이유를 잃고 맨몸으로 세계에 내던져지고, 견디기 어려운 미지에 집어삼켜져서 살아남기 어렵다. 이런 상황에 관해서 니체는 다음과 같이 썼다.

> 종족이 무분별하게 섞이는 분열의 시대를 살아가는 인간은 다양한 곳에서 유래한 유산을 몸 안에 지니고 있다. 이는 정반대의 혹은 단지 정반대라는 점에서, 서로 쉴 틈 없이 부딪히는 충동과 가치 척도를 가지고 있다는 말이다. 말기 문화와 굴절된 의식을 지닌 이러한 인간은 일반적으로 연약할 것이다. 이들의 가장 근원적인 갈망은 '그 자신의 상태'이기도 한 이 싸움을 끝내는 것이다.[379]

니체가 구체적으로 언급한 것은 아니지만, 이 글의 결론은 '종족이 뒤섞인(조금 더 현대적인 용어로는 문화가 뒤섞인) 상태'에 놓인 사람들이 일반적으로 경험하는 이런 싸움이 불쾌한 정서 상태로서, 싸움에서 '이기고' 심리 상태를 더 철저히 통합하기 위해 선행된다는 것이다. 다양한 문화적 관점을 하나의 일관된 체계로 재통합하고 '승리를 거둔 사람'은 '단일 문화적'이었던 이전의 자신보다 더 강인해진다. 그의 행동 및 가치 체계가 이전에는 별개였던 문화를 연합하여 더 다양하고 폭넓어졌기 때문이다. 이러한 혼합에 잠재되어 있는 긍정적 결과를 '무의식적으로' 고려했기 때문에 니체가 "초인"[380]의 도래를 계시했으리라고 짐작할 수 있다. 하지만 이전에 별개로 존재했던 다양한 가정들을 단순히 받아들이는 것만으로는 긍정적인 효과를 누릴 수 없다. 마치 만병통치약이라도 되는 것처럼 단순히 '문화적 다양성'을 촉진하면 사회적 무질서와 허무주의, 보수층의 반발만 불러일으킬 공산이 크다. 다양한 신념을 단일한 체계로 녹여 낼 때만 모두가 평화롭게 공존할 수 있다. 이러한 융합은 '이질적 문화를 접촉한' 개인의 정신세계에서 모순적인 요소들 사이에 벌어지는 싸움을 통해서만 얻을 수 있다. 이 싸움은 너무나 고되고, 정서적으로나 인지적으로나 버겁다. 그래서 더 손쉬운 대안으로, 전쟁이라는 도덕적으로 수용할 만한 형태로 이질적인 '타인'을 없애는 방편이 고려되기도 한다.

이질적인 문화 집단은 서로에게 근본적인 위협이 되기 쉽다. 가장 구체적인 형태로 나타나는 위협은 바로 예측할 수 없고 두려움을 불러일으키는 이질적인 행동 양식이다. 왜냐하면 현재의 문화적 신념을 뒤흔드는 근본적 신념은 행동으로 표현될 때 설득력이 가장 크기 때문이다.

> 우리가 무슨 생각을 하든지 늘 우리를 책망하기만 하니 그를 보기만 해도 마음의 짐이 되는구나.
> 아무튼 그의 생활은 다른 사람과는 다르고 그가 가는 길은 엉뚱하기만 하다.
>
> 「지혜서」 2장 14~15절

이방인은 사회 체계 안에서 어떤 위치를 차지할지 정해지지 않아서 행동을 예측할 수가 없고, 그 때문에 사회 체계에 위협이 된다. 안전과 위협을 나타내는 신호는 집단마다 다를 수 있다. 예측할 수 없는 대상은 잠재적으로 위험하다. 더 추상적으로 살펴보면 이방인의 신념은 기존 사회의 신념 체계 전반을 위협한다. 이방인의 낯선 행동과 사상이 기존 사회의 신념을 위협하고 근본적인 갈등을 일으키지 않는다면 문제될 것이 없다. 하지만 기존의 신념이 위협을 당할 때 무서운 미지가 재등장하고 한때 굳건했던 토대가 무너지고 만다.

| 낯선 사상

추상적 사고 능력이 발달함에 따라 과거에 구체적 행동을 바탕으로 학습한 지식은 점차 더 쉽게 수정할 수 있게 됐고, 그 결과 더 취약해졌다. 어떻게 보면 바로 이것이 추상화와 학습 능력의 가장 중요한 의미일 것이다. 단순하고 해로울 것 없어 보이는 언어가 분열과 갈등의 씨앗이 된다. 인간이 자기 신념을 언어로 표현할 수 있기 때문이다. 바로 이 때문에 '낯선 사상'은 '추상화된 이방인'과 같고 '자연재해'와 다름없다. 이것이 文文이 武武보다 강한 이유이다.

추상적 사고 능력이 발전할수록 자기이해(자의식)가 깊어지고 타인의 행동을 예측하는 능력("이런 상황에서 나라면 어떻게 행동할까?")이 발달한다. 게다가 추상화 덕분에 무언가 중요한 일이 일어나기를 기다릴 필요 없이 손쉽게 도덕률에 대해 소통할 수 있게 됐다. 타인에게 어떻게 행동해야 하는지 알려 줄 수 있게 된 것이다. 한 예로, 어떤 행동 양식을 행위와 심상으로 표상하는 연극을 활용하면 그 누구도 치명적인 결과로 고통받지 않고도 그 행위의 결과를 예측할 수 있다.

하지만 추상화 능력에는 대가가 따른다. 무모하고 상상력이 풍부한 데다 원한에 찬 사람은 오랜 세월 사회 속에서 형성된 지능을 써서 영겁의 세월 동안 만들어진 타당하고도 암묵적인 도덕 원칙을 쉽사리 뒤흔들 수 있다. 도덕 원칙은 일단 심상과 언어의 형식으로 표상되면 역사에 무지한 사람들에게 손쉬운 먹잇감이 되고 만다. 이들의 '비판'으로 인류에게 필요한 신념이 흔들리면, 사회적 관계에서 예측 가능성이 무너지며 정서 조절에 어려움을 겪게 되고 사회적 무질서나 공격성, 이데올로기에 속아 넘어갈 가능성이 커진다(벌거벗겨진 정신이 다시 옷을 입으려고 애쓰기 때문이다).

이 같은 비판에 깃든 위험은 그 영향력이 계단식 폭포^{cascade}와 같다는 점을 고려하면 이해하기가 쉽다. 생각이 바뀌면 행동도 바뀐다. 하지만 이것은 말처럼 단순하지 않다. 우리가 변화의 결과를 고려하지 않고 쉽사리 생각을 바꾸는 까닭은, 우리 행동을 관장하는 생각이 모두 '의식' 수준에 도달하는 것은 아니어서 스스로도 자신이 왜 그렇게 생각하는지 알지 못하기 때문이다. 게다가 생각의 변화에 따른 효과는 그 즉시 명확히 나타나지는 않는다. 전통을 바꾸면 종종 의도하지 않은 위험한 '부작용'이 생기기 때문에 대다수 문화는 보수성을 띤다. 변화의 효과가 '계단식 폭포'와 같다는 말은, 어떤 추정이 절차, 일화, 의미 차원 중 한 차원에서 그 타당성을 위협받으면 곧 모든 차원이 동시에 흔들린다는 의미이다. 그 결과 명시적 추정이 무심코 비판을 당하면, 시간의 흐름에 따라 무의식적 심상 및 절차 차원의 인격도 함께 흔들리고 정서적 안정을 빼앗긴다. 언어는 편리하지만 그 편리성 안에는 무시무시한 힘이 감춰져 있다.

그림 33에는 '기억' 속에 행동과 가치 체계가 조직화되는 방식이 나타나 있다. 관습은 예측 가능하고 안정된 행동 양식으로서, 정서적 정보가 사회적 상호작용 속에서 오랜 세월에 걸쳐 끊임없이 교환되는 과정에서 '절차'가 되어 기억 속에 남은 것이다. 나는 너를, 너는

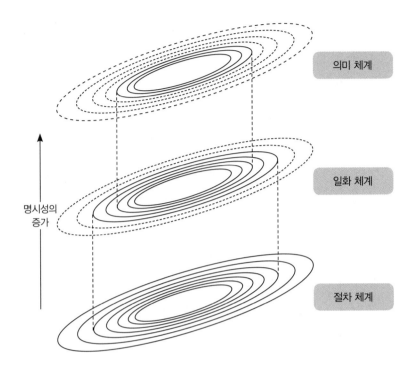

그림 33. 일부가 심상과 언어로 표상된 절차와 관습

나를 변화시키고, 우리가 함께 또 다른 이들을 변화시키는 식으로, 수천 년간 수많은 개인들이 관계된 순환 고리 속에서 우리는 서로를 변화시킨다. 일반적으로 우리가 주고받는 정서적 정보는 사회 체계를 이루는 영구적 요소로, 그 일부분이나 전체가 먼저 심상으로 표상된 뒤 명시적인 언어로 표상된다. 도덕률의 심상적 표상은 불완전한 경우가 많다. 사회적 상호작용의 총체적 결과로 도출된 행동 양식이 너무 복잡해서 현 인류의 표상 능력을 넘어서기 때문이다. 더구나 그 심상보다 한 단계 더 추상화된 의미적 표상은 더더욱 불완전할 공산이 크다. 이 말은 추상적 사고에 활용되는 언어 체계가 잘해야 '퍼즐의 일부'만을 담고 있다는 뜻이다. 언어 체계는 전체 구조의 일부 정보만을 담고 있다. 따라서 우리의 행동을 관장하는 규칙은 일정 부분은 명백히 이해되지만 나머지는 제대로 이해되지 못하고 암묵적인 상태로 남는다. 이런 규칙은 온전히 암묵적인 이유로서 존재하는 경우가 많다(그래서 우리 눈에 전혀 띄지 않는다). 이처럼 우리가 제대로 이해하지 못한 도덕 규칙은 잘못된 방식으로 비판당하기 십상인데, 이런 비판은 파괴력이 어마어마하다. 인간의 추상적 언어 능력은 그 자신의 토대를 이루는 '불합리한 신화 체계'에서 허점을 찾아낸다. 언어 능력이 '신화 체계'에 의해 지탱되고 있다는 사실이나, 신화 체계를 뒤흔들면 우리의 존재 자체가 위험해진다는 사실을 알지 못하고 말이다. 예를 들어 '영혼 불멸'의 사상과 더불어 이를 주창하는 전통적인 도덕률을 비판하기는 쉽지만, 거기에 눈에 보이는 것보다 훨씬 더 많은 의미가 담겨 있다는 사실은 깨닫기가 어렵다.

'계단식 폭포' 효과는 어떤 한 차원(주로 명시적 언어 차원)에서 추정의 타당성이 흔들리면 해당 추정뿐 아니라 거기에 바탕을 둔 모든 추정이 흔들린다는 것을 뜻한다. 행동, 심상, 언어로 추론하고 표상하는 추상화 능력이 사회적으로 영향을 주고받으며 잘못된 행동, 심상, 사상의 선택을 이끌 때 엄청나게 파괴적인 결과가 초래되기도 한다. 특히 말은 엄청난 힘을 갖고 있다. "각자 능력껏 일하고 필요한 만큼 누린다."는 카를 마르크스의 말처럼 교묘하게 잘 만든 문장 하나가 세계를 뒤엎기도 하는 것이다. 말은 절차 및 일화 표상으로 이루어진 특정 맥락에서 중의적 의미를 지닌다. 말은 맥락에서 떼어 내어 고려하면 보기보다 더 많은 것을 배제하고, 실제 '담았던' 의미보다 더 많은 의미를 내포한다. 이런 현상은 일정 부분 우리가 무언가를 이해할 때 해당 영역 밖의 현상을 참고할 수 있기 때문에 나타난다(즉 비유로 말할 수 있기 때문이다). 말은 특정한 방식으로 일련의 사건이나 행동을 연상시킨다. 이런 사건과 행동의 심상적 표상에는 아주 많은 의미가 담겨 있다. 말은 단지 인출 단서의 역할을 할 뿐이며, 인출된 정보가 꼭 의미 정보일 필요는 없다. 정보는 여전히 일화 기억이나 절차의 형태로 구체화될 수 있다. 의미심장한 말은 그 중의적 특성으로 인해 심상적 표상과 행동 체계에 대해 무언가를 암시한다는 점에서 영향력이 있고 위험하다. 잘 만들어진 문장 하나에 행동 체계 전반이 흔들리는 까닭은, 그 문장이 통합된 전체의 일부로서 다른 도덕적 추정과 논리적으로 정반대되는 특성을 내포하기 때문이다.

19세기 말, 한 천문학자가 지방에 거주하는 일반인에게 한 강연에 관해 떠도는 이야기가 있다. 그는 태양계의 기본 구조를 설명하면서 지구가 무엇에도 떠받쳐지지 않은 상태로 우주에 떠 있으며 끊임없이 태양 주위를 돌고 있다는 사실을 강조해서 말했다. 강연이 끝나고 한 노부인이 강단으로 다가와서 그에게 말을 건넸다.

"참 흥미로운 이야기더군요, 젊은 양반. 물론 터무니없었지만."

"터무니없다니요, 부인?" 과학자가 물었다. "무슨 말씀이신지요?"

"지구가 거대한 거북의 등 위에 얹혀 있다는 건 잘 알려진 사실이잖

아요." 노부인이 말했다.

"그렇습니까, 부인. 그럼 그 거북은 어디에 얹혀 있나요?"

"날 속이려 들지 말아요, 젊은이." 부인이 대꾸했다. "아래로는 쭉 다른 거북들이 있죠."[381]

더글러스 호프스태터Douglas Hofstadter는 제논의 역설에 등장하는 유명한 그리스 영웅 아킬레우스와 거북 사이의 가상의 대화를 통해서 이와 유사한 이야기를 펼쳤다.

> **거북** ……예를 들어 "29는 소수이다."라는 더 간단한 명제를 떠올려 보게. 사실 이 명제는 2곱하기 2는 29가 아니다, 5곱하기 6은 29가 아니다 등을 의미하는 게 아닌가?
>
> **아킬레우스** 물론 그렇지.
>
> **거북** 그렇다면 자네는 그런 사실들을 모두 수집해서 뭉뚱그려 29라는 수에 결부시키고는 그저 "29는 소수이다."라고 말하면 된다고 생각하는 거지?
>
> **아킬레우스** 그래…….
>
> **거북** 그럼 관련된 사실들의 개수는 사실상 무한하지, 그렇지 않은가? 어쨌든 "4444곱하기 333은 29가 아니다."와 같은 사실도 다 그 일부가 되는 거지, 안 그런가?
>
> **아킬레우스** 정확히 말하자면 그렇겠지. 하지만 자네나 나나 29가 29보다 큰 두 수를 곱해서는 나올 수 없다는 걸 알고 있지 않나. 그러니까 사실 "29는 소수이다."라는 말이 곱셈에 대한 '유한한' 수의 사실

들을 요약할 뿐이지.

거북 그렇게 말할 수도 있겠지만, 29보다 큰 두 수를 곱해서는 29와 같은 수를 만들어 낼 수 없다는 사실이 수 체계 전체의 구조와 연관된 거라는 사실을 떠올려 보게. 그렇다면 그 사실 자체가 무한개의 사실을 요약한 것이네. 아킬레우스, 자네가 "29는 소수이다."라고 말할 때 실제로는 무한개의 사실을 진술한 것이라는 사실에서 벗어날 수 없다네.

아킬레우스 그럴지도 모르지. 하지만 내게는 하나의 사실처럼 느껴지는걸.

거북 그것은 무한한 사실들이 자네의 사전 지식에 포함되어 있기 때문일세. 그것들은 자네가 사물을 바라보는 방식에 암묵적으로 내포되어 있지. 자네가 명백한 무한개의 사실을 보지 못하는 까닭은 그것이 자네가 조작하는 이미지 속에 암묵적으로 담겨 있기 때문이야.[382]

제롬 브루너가 언급한 '도화선trigger'도 같은 맥락에서 살펴볼 수 있다. 브루너는 다음 문장을 예로 들었다.

도화선 존은 키메라를 보았다/보지 못했다.
전제 키메라는 실재한다.
도화선 존은 자신이 파산했다는 사실을 깨달았다/깨닫지 못했다.
전제 존은 파산했다.
도화선 존은 결국 문을 열었다/열지 못했다.
전제 존이 문을 열려고 했다.

'도화선'마다 무한한 수의 '전제'가 존재한다. 브루너의 글이다. "물론 그렇다고 해서 독자나 청자가 모호한 발언을 한없이 해석하도록 강요할 수는 없다. 하지만 조지프 캠벨이 '신화 교육을 잘 받은 공동체mythologically instructed community'라고 부른 곳에서 출발하기만 하면 도화선은 놀라울 만큼 많은 전제를 이끌어 낼 수 있다."[383] 흔히 영적 지혜로 간주되는 것을 이야기 형태로 전할 수 있는 까닭은, 말이 이야기라는 맥락 안에서는 이처럼 겉보기에 단순해 보이지만 무한한 의미를 지닌 '도화선' 같은 특성을 지니기 때문이다.

예수께서 또 다른 비유를 들어서, 그들에게 말씀하셨다. "하늘나라는 겨자씨와 같다. 어떤 사람이 그것을 가져다가, 자기 밭에 심었다.

겨자씨는 어떤 씨보다 더 작은 것이지만, 자라면 어떤 풀보다 더 커져서 나무가 된다. 그리하여 공중의 새들이 와서, 그 가지에 깃든다."

예수께서 또 다른 비유를 그들에게 말씀하셨다. "하늘나라는 누룩과 같다. 어떤 여자가 그것을 가져다가, 가루 서 말 속에 살짝 섞어 넣으니, 마침내 온통 부풀어 올랐다."

예수께서 이 모든 것을 비유로 무리에게 말씀하셨다. 비유가 아니고서는 아무것도 그들에게 말씀하지 않으셨다.

이것은 예언자를 시켜서 하신 말씀을 이루시려는 것이었다. "나는 내 입을 열어서 비유로 말할 터인데, 창세 이래로 숨겨 둔 것을 털어놓을 것이다."

「마태복음」 13장 31~35절

하지만 의미로 가득 차 있는 것은 비단 이야기뿐만이 아니다. 생각과 행동 그리고 생각과 행동의 실제 결과도 마찬가지이다. 개인의 머릿속에 떠오른 생각이나 환상 혹은 혼자 있을 때 하는 행동까지도 그것이 비롯된 문화를 전제로 한다. 말이 어떤 맥락 안에서 그 의미를 지니는 까닭은 말 자체에 일화적 표상과 관련된 정보가 들어 있고 그것이 행동과 연관되기 때문이다(이 정보는 '의식적으로' 이해하거나 말로 표현하지 못할 수도 있다). 이와 마찬가지로 자신을 비롯해 사람들의 행동과 생각은 사회적 맥락 속에서 문화적으로 수립된 가치와 신념에 기반한다. 달리 표현하면 해당 문화의 가치와 신념을 담고 있다고 볼 수 있다. 그렇기 때문에 융은 현대인이 꾼 꿈의 내용에 대해서 다음과 같이 주장할 수 있었다.

> 그는 무의식 차원에서는 사실상 중세 연금술사나 고대 신플라톤주의자와 마찬가지로 정신이 자율적으로 발전한다는 사상의 주창자였다. 따라서 실제 문헌을 토대로 역사를 기술하듯, 무의식을 '적절히 참고하여' 쉽사리 역사를 기술할 수도 있을 것이다.[384]

추상적 언어가 아닌 물리적 수단이나 도구 역시 그것을 만들어 낸 문화와 뗄 수 없는 산물이다. 좋은 의도로 시작된 대외 원조 프로젝트가 도리어 수혜자들을 불행하게 만들며 처참하게 실패하는 까닭은 바로 이 사실을 이해하지 못했기 때문이다. 삽이나 괭이처럼 단순한 물건에도 위대한 어머니 자연을 개별 인간이 지배할 권리가 있다고 인정하는 문화가 전제되어 있다. 이 사상은 복잡한 문명을 이루어

낸 부계 문화의 핵심 사상이며, 여러 사상과의 힘겨운 경쟁을 뚫고 인간의 의식에 떠올랐다.

아메리카 원주민 우마틸라족의 스모할라는 경작을 거부하며 말했다. "농사를 짓는 것은 우리 모두의 어머니를 상처 입히고 자르고 찢고 할퀴는 죄악입니다." 그리고 덧붙였다. "지금 제게 땅을 갈라고 하셨습니까? 칼을 들어 내 어머니의 가슴에 비수를 꽂으란 말씀입니까? 하지만 그러면 제가 세상을 떠날 때 어머니는 그 품에 저를 다시 안아 주지 않을 것입니다. 땅을 파고 돌을 걷어 내라고 하셨지요. 제가 어떻게 어머니의 살을 가르고 뼈를 캐낼 수 있겠습니까? 그러면 저는 결코 어머니의 몸속에 들어가 다시 태어날 수 없을 것입니다. 풀과 곡식을 잘라 팔아서 백인들처럼 부유해지라고 하셨지요. 하지만 제가 어떻게 감히 제 어머니의 머리카락을 자르겠습니까?"[385]

모든 집단은 집단 정체성을 이루는 도덕적 관점을 공유한다. 집단 정체성을 받아들인 사람은 본질적으로 '현실' 모형(현재 상태와 이상적 미래상)을 의심 없이 믿으며 합리적으로 실행 가능한 행동의 특성에 동의한다. 한 나라 안에서 국민들은 견디기 어려운 현재 상태, 이상적 미래상, 현재 상태를 이상적 미래상으로 바꾸기 위한 수단을 본질적으로 공유한다. 모두가 정도의 차이는 있겠지만 같은 모형을 성공적으로 실행한다. 일이 기대대로 풀려서 의문을 품을 필요가 없다면 더 성공적으로, 적어도 더 손쉽게 현실 모형을 실행에 옮길 수 있다. 하지만 도덕 행동이 적절한 결과를 낳지 않을 때도 있으며, 어떤 전제든 흔들릴 여지가 있다. 우리가 자신이 믿고 따르는 신념에 근본적으로 기대하는 바는, 그 내용이 무엇이든 자신의 믿음이 타당하다는 결론이다. 기대한 결과와 실제 나타난 결과가 일치하지 않으면 현실 모형의 토대가 되는 전제가 타당하지 않다는 뜻이다(그러나 구체적으로 어느 차원에 있는 어느 전제가 잘못된 것인지를 늘 알 수 있는 것은 아니다). 이런 불일치가 일어나면 다른 전제에 토대를 둔 행동 양식과 기대되는 결과를 적용하여 적극적으로 탐색하면서 새로운 정보를 수집한다. 전제가 근본적인 것일수록 불일치가 발생했을 때 더 많은 스트레스와 더 큰 두려움을 불러일으키며, 그러한 결과를 부정하고 싶은 마음도 더 커진다. 더불어 탐색을 통해 행동의 전제와 그에 걸맞는 감각적 기대를 다시 설정해야 할 필요성도 커지게 된다.

전혀 예상치 못했던 일이 연이어 일어나면 특정한 환상의 토대를 이루던 암묵적 전제가 흔들린다. 단지 그 환상뿐 아니라 '무너진 전제에 토대를 둔 수없이 많은 암묵적 환상'이 전부 흔들린다. 이렇게 전제가 흔들리면 기대가 깨지고 두려움과 희망이 솟으며 새로운 환경에 적응하기 위한 시도로서 탐험이 시작된다. 새로운 환경에 관한 지도를 만들고, 적절한 행동 양식을 찾아 새로운 환경에서 자기 욕구를 충족하기 위해서 말이다. 옛 모형이 무너지면서 안정되었던 정서가 다시 요동치고 있다면, 탐험을 통해 질서를 재구축해야 한다.

가장 근본적 차원의 전제는 우리가 떠올릴 수 있는 거의 모든 환상의 토대를 이룬다. 이 전제가 흔들리면 불안과 우울을 비롯한 여러 감정(그중에서도 특히 희망이 살그머니)이 억제 상태에서 풀려 나오고, 현재 적응을 이끌던 행동 양식은 비판을 받는다. 현재 상황을 부정하고 스스로를 기만하며 파시즘 같은 이데올로기에 빠지거나 절망에 빠져 퇴폐적으로 살아가려는 욕망도 커지는 반면, 이런 상태에서 구원받고 싶은 바람도 커진다. 이와 같이 기본 전제가 무너지고 재구성되는 것은 혁명적 변화로, 이런 변화는 과학 분야에서도 일어난다. 정상과학에 속한 보통의 과학자는 훌륭한 모형이라는 제약 안에서 연구한다. 반면 혁명적인 과학자는 새로운 모형을 만들어 낸다. 일반 과학자는 현재 경기를 타당한 것으로 받아들이고 관련 영역을 확장하려 한다. 혁명적인 과학자는 스스로 경기의 규칙을 바꾸고 그 경기를 뛰던 사람들의 눈에는 이질적이고 위험한 규칙에 따라 이전과 다른 경기를 펼친다. 쿤은 다음과 같이 썼다.

> 위기를 맞은 패러다임으로부터 정상과학의 새로운 전통이 출현할 수 있는 새로운 패러다임으로 이행하는 과정은 옛 패러다임을 명료화하거나 확장하는 누적적 과정과는 거리가 멀다. 이는 새로운 기본 원칙에 근거하여 해당 분야를 재건하는 과정이며, 이 과정에서 해당 분야는 여러 방법론과 응용뿐 아니라 가장 근본적인 이론에 관한 진술의 일부도 바뀌게 된다. 패러다임이 이행하는 시기에는 옛 패러다임과 새 패러다임으로 풀리는 문제가 상당히 겹치기는 하지만 결코 완전히 겹치지는 않는다. 더욱이 풀이 방식에는 결정적인 차이가 존재한다. 패러다임 이행이 끝나면, 전문가들 사이에서 해당 분야에 대한 견해와 방법론과 목표가 바뀌게 될 것이다.[386]

보통의 과학자는 흔히 선량한 시민이 광신도를 배척하듯 극단적인(창조적이면서 파괴적인) 과학혁명에 반대하곤 한다. 경기의 규칙이 바뀌면 예전에는 가치 있게 여겨졌던 생각과 행동에 사실상 전혀 의미가 없다고 밝혀지기도 하고, 또 규칙을 다시 세우려면 일시적으로나마 불안이 지배하는 혼돈 상태로 되돌아가야 하기 때문이다. 이런 일이 일어나면 창의성은 다소 부족하지만 지금껏 성실하게 연구해 온 평범한 과학자들의 직업과 삶의 의미가 사라질 수 있다. 이와 관련하여 쿤은 다음과 같이 썼다.

> 패러다임은 인식의 전제 조건이다. 사람이 무엇을 보는가는 그가 바라보는 대상이 무엇인지뿐 아니라, 이전의 시각 및 개념적 경험이 그에게 무엇을 보도록 하는가에 따라서도 달라진다. 그러한 경험이 없는 상태에서는, 윌리엄 제임스가 말했듯이 "꽃이 피고 벌이 윙윙거리는 혼돈"만이 존재할 뿐이다.[387]

"꽃이 피고 벌이 윙윙거리는 혼돈", 즉 위대한 혼돈의 용은 결코 정서적으로 중립적이지 않다. 사실 혼돈의 정서가인 위협과 기회는 어쩌면 우리가 대상을 범주화하기 이전에 혼돈에 대해 경험할 수 있는 전부인지도 모른다.

새로운 정보가 나타났을 때, 익숙한 목표는 그대로 두고 행동이나 접근 방식을 살짝 수정하면 되는 경우도 있지만, 적응 전략을 질적으로 변화시켜야 하는 경우도 있다. 후자의 경우에는 과거와 현재와 미래를 재평가해야 하고, 그 과정에 수반되는 고통과 혼란을 받아들여야 한다. 쿤은 과학의 영역에 끊임없이 재등장하는 미지의 영향력과 정서가에 대해 언급했다. 일반 도덕률의 세계에서 일어나는 인지 혁명을 비롯한 모든 인지 혁명은 쿤이 설명한 패턴에 따라 일어난다.

하나의 변칙 현상이 단지 정상과학이 풀지 못한 또 하나의 수수께끼가 아닌 것처럼 보일 때, 정상과학은 위기를 맞고 비정상과학 extraordinary science으로의 이행이 시작된다. 이제 변칙 현상은 전문가들 사이에서 널리 인정을 받는다. 해당 분야의 가장 탁월한 전문가들이 변칙 현상에 점차 더 많은 관심을 기울이고, 흔한 일은 아니지만 그래도 변칙을 풀지 못하면, 대다수 전문가들이 그 풀이를 해당 분야의 핵심 주제로 인식하게 된다. 그들은 자기 분야가 이전과는 달라졌다고 느낀다. 해당 분야가 이전과 달라 보이는 한 가지 이유는 단순히 집중적으로 연구되는 주제가 달라졌기 때문이다. 이보다 더 중요한 변화의 원천은 그 문제에 대한 연구에 집중함으로써 얻어진 여러 부분적 풀이들이 서로 다른 성격을 지닌다는 점이다. 끈질기게 풀리지 않는 문제를 해결하기 위한 초기 시도들은 패러다임의 규칙을 꽤 엄밀하게 따를 것이다. 하지만 계속해서 문제가 풀리지 않으면, 풀이 과정에서 몇몇 사소한 혹은 그다지 사소하지 않은 패러다임의 명료화가 수반될 것이다. 하지만 모두 문제의 일부분만 풀어 내기 때문에 전문가 집단에 의해 새로운 패러다임으로 인정받지는 못할 것이다. 이처럼 패러다임을 명료화하려는 다양한 시도가 급증하면서(점차 이런 시도는 흔히 '임시방편적' 수정으로 묘사될 것이다.), 정상과학의 규칙들이 점차 모호해진다. 패러다임이 여전히 존재하기는 하지만 거기에 전적으로 동의하는 전문가는 소수에 지나지 않게 되고 이미 해결된 문제에 대한 과거의 표준

풀이조차 의문의 대상이 된다.

상황이 심각할 경우 해당 분야의 과학자들이 이런 상황을 인식하기도 한다. 코페르니쿠스는 그 시대의 천문학자들에 대해 "(천문학) 연구에 일관성이 전혀 없어서…… 계절 변화에 따른 한 해^{年}의 일정한 길이를 설명하거나 관찰하지도 못한다."고 불평했다. "예술가가 여러 모델로부터 각각 손, 발, 머리, 그 밖의 다른 신체 부위의 이미지를 따와서 각각은 잘 그렸으나 하나의 몸으로 연결되지 않고 조화를 이루지 못하여 사람보다는 괴물처럼 보이는 것과 같다."[388]고 말이다. 아인슈타인은 미사여구를 줄인 현대적 어법에 따라 조금 더 평이하게 "바닥이 푹 꺼져서 무언가를 쌓아 올릴 견고한 토대가 사라진 것 같다."[389]라고 썼다. 또 볼프강 파울리는 행렬역학에 대한 하이젠베르크의 논문이 새로운 양자론으로 나아가는 길을 제시하기 몇 달 전에 친구에게 다음과 같은 편지를 보냈다. "지금 물리학은 또 다시 극심한 혼란에 빠졌네. 어쨌든 내게는 너무 힘든 상황이라서 차라리 코미디 영화의 배우가 되어 물리학에 대해선 아무 얘기도 듣지 않았으면 좋겠군." 이 고백은 불과 다섯 달 후에 파울리가 한 말과 비교해 보면 더욱 인상적이다. "하이젠베르크의 역학은 내게 삶의 희망과 기쁨을 되돌려 주었다. 그것은 이 난제에 대한 풀이를 제공하지는 않지만, 나는 이제 다시 앞으로 나아갈 수 있다고 확신한다."[390/391]

여기서 쿤은 정상과학과 과학혁명을 질적으로 구분하고 있지만, 실제로 이런 질적 차이는 존재하지 않는다. 한쪽 끝에는 '집단이 원하는 변화'를 두고, 다른 쪽 끝에는 '집단이 원치 않는 변화'를 둔 일

직선상 위에서, 집단이 (기존 사회의 지배 구조를 유지하기 위해서) 현재 원하는 것보다 더 큰 변화가 일어난다면 그것을 혁명적인 변화라고 말할 수 있다. '집단이 원하는 변화'는 앞서 논의했듯이 제한된 형태의 혁명이다. 수위가 적절히 조절된 혁명은 긍정적 정서를 불러일으킨다. 쿤이 말했던 과학혁명처럼 집단 구성원이 지속되기를 바라는 한계를 뒤흔드는 혁명은 두려움을 불러일으키고 방어 기제로서 부정과 공격성을 유발한다. 혁명가는 일반 사람들의 '신념'을 그들의 바람과 상관없이 뒤흔든다. 그렇기 때문에 집단에 꼭 필요한 존재이지만 두려움과 경멸의 대상이 된다. 일반적으로 시공간상에서 광범위한 영역을 설명하는 '지도'를 뒤흔드는 '발견'은 그만큼 커다란 정서적 혼란을 야기한다. 그리고 이처럼 큰 발견을 우리는 혁명이라고 부른다.

신화로 구축된 개인과 사회의 '추정', 곧 신념은 해당 문화의 적응 양식이 조건부 타당성을 유지하는 환경을 제공한다. 이처럼 이성이 발달하기 이전의 신화적 환경은 물리적 자연환경과 특성을 공유한다. 환경에 적응한 결과로 만들어진 체계가 곧 환경을 구성하는 요소이자 핵심 특성이 되는 것이다(혹은 다르게 말하자면, '지금 고려되는 공간' 바깥에 있는 것은 모두 '환경'으로 규정된다. 그 대부분이 실제로는 역사적 활동이나 심지어 개인의 활동의 결과로 생겨난 것이라고 해도 말이다). '신화적 환경'의 붕괴는 '물리적 자연환경'의 붕괴만큼 충격적인 재앙이다(이 둘은 최종 분석 차원에서는 구분되지 않는다). 따라서 다른 문화적 관점을 진지하게 고려하려면 우리는 가늠할 수 없는 불확실성 속에서 존재론적 불안과 고통, 우울을 겪어야 하며, 감정과 생각이 일시적으로 혼돈에 빠질 위험을 감수해야 한다. 그렇기 때문에 낯선 문화적 관점은 (특히 그 관점 외에 다른 이유 때문에 사회가 불안정하고 큰 변화가 일어나는 시기에는) 악으로 간주되거나 규정될 공산이 크다. 이질적 문화가 악으로 규정되면 위협의 싹을 잘라 버리기 위한 공격이 도덕적으로 정당화되고, 의무로까지 여겨지기도 한다. 이질적이고 대안적인 문화가 지닌 관점은, 기존에 확립된 사회 심리적 적응 체계의 관점에서 바라보면 그 잠재적 파괴력으로 인해 충분히 악으로 규정될 만하다(물론 이런 생각은 위험하리만큼 한쪽으로 치우친 생각이다). 이질적 관점을 용인하고 더 나아가 환영하려면 반드시 그것을 메타 도덕의 관점에서 바라봐야 한다.

외부의 사회 집단이든 개인의 정신세계에 내면화된 집단이든 집단은 행동 및 사고의 틀을 이루며, 그 구체적 내용은 수천 년에 걸쳐 형성되어 온 행동 양식과 그 표상으로 이루어진다. 이런 행동 양식과 표상은 이전에 누구도 해내지 못한 생각을 떠올리거나 행동을 해낸 영웅, 미지를 맞닥뜨려서 이겨 낸 영웅에 의해서 생겨난 것이다. 이렇게 영웅은 새로운 가정을 만들고 새로운 가치를 형성한다. 이런 가정과 가치가 모방으로부터 시작해서 언어적 추상화로 끝나는 경쟁적인 과정을 통해서 집단으로 통합되면, 집단을 구성하는 각 개인의 행동 및 표상의 레퍼토리가 다양해진다. 이런 행동 양식과 이차적, 삼차적 표상들이 공유되어 사회 집단을 이룬다. 집단은 역사 속에서 집단적으로 형성된 행동 양식과 행동의 결과라는 체계 위에 토대를 두며 시간이 흐름에 따라 내적 일관성과 안정성을 얻는다. 이러한 행동 양식과 그 표상을 내면화하면, 집단을 구성하는 개인은 경험 세계에서 비롯된 두려움으로부터 스스로를 보호할 수 있게 된다. 집단은 구성원들을 위협과 미지로부터 보호한다. 특정 상황에 적합한 행동 양식이 사회적으로 확립되면, 어떻게 행동해야 할지 모를 때처럼 몸이 얼어붙거나 두려움을 느낄 필요가 없다.

집단은 또한 인간 고유의 영웅적 '사상'이 역사 속에 구체적으로 구현된 방식이기도 하다. 영웅적 사상이란 바로 생각과 행동을 자발적으로 바꾸면 경험의 본질을 더 긍정적으로 바꿀 수 있다는 생각이다. 이는 '길'의 형식을 따르는 신화에 나타난다. 인간이 과거에 존재했던 낙원을 상실하면서 '구원'받기 위한 행동 양식의 역사가 시작된다. 여기서 목표는 낙원의 회복인데, 이같은 보편적인 주제가 모든 문명과 철학과 이데올로기와 종교에 나타난다. 변화가 발전을 낳는다는 사상은 인류가 역사를 거치면서 완벽에 이를 수 있다는 추정(필요한 허구)에 기초한다. 이런 신화 및 신화를 구현한 초기 의례는 진보라는 개념의 토대가 된다. 집단은 역사의 화신으로, 인간이 낙원을 회복하기 위해 만들어 낸 특정한 존재 양식을 구현하며, 집단 구성원이 추구하는 구체적인 목표를 담고 있다. 집단 구성원은 객관적, 주관적으로 이 존재 양식을 실현함으로써 자신들의 비극적인 존재 조건을 개선해 나간다. 역사는 단순히 인간을 미지로부터 보호하는 것만이 아니다. 인간이 가장 바라는 바를 성취하기 위한 원리를 알려 주며, 말로 설명할 수 없는 인생의 의미를 표현한다.

인간의 도덕 지식은 절차 지식이 확장되고, 절차 지식의 특징을 일화 체계가 더 명확히 부호화하고, 절차 지식과 일화 표상의 토대인 암묵적 원칙을 의미 체계가 언어로 표상하고, 다시 이러한 일화 및 의미 표상이 절차 지식을 수정하는 식으로 발전해 왔다. 예를 들어서 정치 이론가가 '기본권'이라는 개념을 이성의 산물인 듯 거론할 수 있는 까닭은, 적응 행동의 본질을 일화 차원에서 포착해 낸 종교와 신화의 정수를 언어로 표현해 냈기 때문이다. 이 같은 점진적 추상화 및 표상 과정은 '상위' 의식이 발달하는 과정과 같다.

표상은 추상화될수록 소통이 원활해질 뿐 아니라 환경 변화에 따라 더 유연하게 바뀐다. 추상적 사고 체계 내에서는 '마치' 게임을 하듯이 그 결과를 체험하지 않고도 변화를 시도해 볼 수 있다.[392] 하지만 이 때문에 게임의 규칙에 끊임없이 의문을 제기하면서 그 게임의 토대인 선험적 전제를 뒤흔드는 능력이 함께 생겨났고, 그 결과 사람들은 삶의 의욕을 잃고 존재론적 불안에 사로잡히기 쉬워졌다. 게임은 규칙이 쉬워야 재미있다. 규칙이 복잡해지면 곧 재미가 사라진다. 때가 이르면 이런 현상도 발전의 한 단계로 여겨질 수도 있지만, 새로운 게임이 시작되지 않는 한 그것은 문제로 남는다. 의미 차원에서 이루어지는 탐구는 도덕적 적응 양식의 모든(의미, 일화, 절차) 차원을 동시에 뒤흔들 수 있다. 이렇듯 적응 양식을 뒤흔들 가능성은 추상화 능력이 가진 파괴적이고도 유익한 부산물로 간주할 수 있다.

세월의 흐름에 따라 적응적인 사회 체계가 점진적으로 구축되고, 그 체계가 행동 및 행동의 일화, 의미 표상에 동시에 존재한다는 말은, 곧 인류가 생존을 위한 치열한 물리적 투쟁 과정에서 지식을 추상화하고 조직화했으며, 그 지식을 직접 입증할 수는 없지만 즉각 의사소통할 수 있는 능력을 발전시켰다는 뜻이다. 더 나아가 현실 세계에 적용해 보기 전에 추상적 사고를 통해 지식에 변화를 주고 시험해 보는 능력이 생겼다는 뜻이다. 추상적 사고와 의사소통 능력 덕분에 인류의 적응력은 놀랍게 커졌고, 순전히 의미론적으로 구축된 개념이 일화 표상과 행동 절차를 바꿀 수 있게 됐다. 도덕의 본질을 의미 지식으로 구축하고, 암묵적이고 위계 구조화된 행동 양식의 기본 가정을 명시적으로 밝혀 내면서 우리는 이를 숙고하고 토론하고 수정할 수 있게 됐다. 이런 변화는 인지 사슬을 따라 내려가면서 반향을 불러일으키며 절차 차원에까지 이른다. 이와 마찬가지로 절차의 변화는 일화 및 의미 표상의 변화로 이어진다. 이처럼 유연성이 커지자 오랜 기간 동안 엄청나게 복잡하게 발전해 온 도덕 지식을 환경 변화에 맞춰 쉽게 수정할 수 있게 되었지만, 동시에 역사적 전통이 흔들리면서 사회적, 심리적 갈등이 깊어졌다.

인류는 뇌가 진화하는 과정에서 발전된 유연성과 학습 및 탈학습unlearn 능력으로 인해 사회적, 심리적 갈등에 매우 취약해졌다. 동물의 행동 양식과 절차 지식은 고정되어 있다. 미지 앞에서 동물이 행동하는 방식은 쉽게 변하지 않는다. 반면 인간이 기대어 살아가는 가정과 가치는 혁명가들의 몇 마디에도 쉽게 흔들린다. 의사소통이 쉽기 때문에 사람들은 자신이 비판하는 근본 가정과 가치가 정교하고 복잡한 진화의 역사 속에서 영웅적인 노력의 결과로 만들어졌으며, 지금도 강한 영향력을 미치고 있다는 사실을 인지하지 못한다. 사람들에게 신선하게 느껴지는 언어 정보가 널리 퍼지는 것만으로도 의미, 일화, 절차 차원의 패러다임 전체가 동시에 흔들릴 수 있으며, 그 영향력은 수년 안에, 아니 흔히 수 세대가 흘러도 전부 드러나지 않는다.

문화에는 저마다 문화의 중심을 이루고, 모든 부차적 신념의 토대가 되는 핵심 전제가 있다. 이 전제를 포기하면 모든 것이 허물어지고 미지가 다시 세상을 지배하기에 이것은 쉽게 포기될 수 없다. 한 가지 예로 서구의 도덕률과 행동 양식은 모든 개인이 신성하다는 전제에 근거한다. 이 전제의 초기 형태는 이미 고대 이집트에 존재했고, 유대-기독교 문명의 초석이 됐다. 이 전제를 공격하는 데 성공하면 서구 개인의 행동과 목표는 의미를 잃고 개인이 행동하는 사회적 맥락을 이루는 사회 체계가 파괴된다. 이 핵심 전제가 무너지면 서구의 공식화된 신화이자 성문화된 도덕률인 법체계 전체가 무너지고 만다. 서구의 사회적, 정신적 토대를 이루는 개인의 권리와 가치에 대한 신념을 잃게 되는 것이다. 제2차 세계대전과 냉전은 이 핵심 전제에 대한 위협을 물리치는 싸움이었다.

신념이 추상화되어 의심을 품거나 논쟁하기 쉬워지면 이방인의 사상을 접하는 것만으로도 일상의 토대가 되는 신념이 흔들리고 만다. 톨스토이는 『고백록』에서 지나치게 오래 지속된 러시아의 중세 문화에 근대 서유럽 사상이 미친 영향을 회고한다.

한 남학생이 일요일에 우리를 찾아왔다. 그는 최근 고등학교에서 알게 된 새로운 사실을 얘기해 주겠다며, 하나님은 존재하지 않고 우리가 하나님에 대해 배운 것은 그저 꾸며 낸 이야기에 불과하다고 말했다. 그때는 1838년이었다. 내 형들은 그의 이야기가 매우 흥미로웠던지 나를 불러서 함께 이 문제를 논의했다. 우리는 몹시 들떠서 그의 말이 매우 흥미롭고 아주 그럴듯하다고 여겼던 게 기억이 난다.[393]

이 '발견'은 서유럽에서 매우 오랜 기간 누적된 인지 과정을 통해 이루어졌으며, 러시아 문화의 가장 근본적 신념을 뒤흔들었다(이는 서유럽에서도 마찬가지였다).

내가 알고 있는 한 저 까마득한 옛날로부터, 사람들은 인생의 허망함을 둘러싼 논쟁을 알고 있으면서도 인생에 자기 나름의 의미를 부여하여 살아왔다(나는 이 논쟁을 통해 삶이 무의미하다는 것을 깨달았다). 여하튼 사람이 살기 시작한 후로 사람들은 인생에 의미를 부여하며 살아왔고, 그들은 그런 삶을 나에게 물려주었다. 내 안에 있거나 나를 둘러싸고 있는 모든 것은 인생에 대한 그들의 지식으로 맺어진 열매이다. 내가 인생을 판단하고 규탄하는 내 사고의 도구조차도 내가 아니라 그들이 창조한 것이다. 내가 태어나고 배우고 성장한 것은 그들 덕분이었다. 땅에서 쇠를 채굴하는 법과 벌목하는 법, 소와 말을 길들이는 법도 그들이 가르쳐 주었고, 농작물을 심는 법과 함께 어우러져 사는 법도 그들이 알려 준 것이었다. 그들은 이렇듯 삶에 질서를 부여했다. 또한 그들은 나에게 생각하고 말하는 법도 가르쳐 주었다. 나는 그들이 돌보고 기르고 가르친 작품인 셈이다. 그들의 사고와 언어를 사용해서 생각하는 내가, 이제 모든 것이 다 무의미하다는 것을 증명했다고 말하다니![394]

이처럼 이성이 문화의 기본 가정을 뒤흔들자 필연적으로 다음과 같은 증상이 일어났다.

치명적인 내면의 병을 앓는 사람이라면 누구나 겪는 증상이 내게도 나타났다. 병자는 처음에는 그 증상이 대수롭지 않아 이를 무시한다. 그러다 이러한 증상들은 점점 더 빈번하게 나타나고 그는 결국 한시도 고통에서 벗어나지 못하게 된다. 고통은 점점 커지고, 병자는 자기에게 무슨 일이 생긴 건지 미처 돌아볼 겨를 없이, 이미 알고 있었던 사실을 발견하게 된다. 자신이 한낱 가벼운 병으로 취급했던 것이 사실은 그에게 이 세상에서 가장 중요한 것, 즉 죽음의 문제가 되어 있다는 것을 깨닫게 되는 것이다.

바로 이것이 내게 일어난 일이었다. 나는 그것이 흔하게 생기는 가벼운 질병이 아니라 매우 심각한 일이라는 것을, 만약 이 물음이 끊임없이 반복된다면 답을 찾아야 한다는 것을 깨달았다. 그래서 답을 구하려고 애를 썼다. 물음들은 너무나 어리석고 단순하며 유치해 보였다. 그러나 해결해 보려 손을 대자마자 깨닫게 되었다. 첫째는, 이건 유치하거나 어리석은 질문이 아니라 인생에서 가장 중요하고 심오한 질문이라는 것이었고, 둘째는 아무리 곰곰이 궁리한들 해결할 방법이 없다는 것이었다. 나는 사마라에 있는 땅을 관리하거나 아들을 교육하거나 책을 집필하기 전에 먼저 이런 일을 왜 해야 하는지 이유를 알아야 했다. 이유를 모르는 한 나는 아무것도 할 수 없었다. 당시 골몰하고 있던 집안 문제에 관해 생각하다가도 갑자기 이런 의문이 머릿속에 떠올랐다. "좋다 이거야, 사마라 지방에 25제곱킬로미터나 되는 땅과 말 300마리가 생길 텐데, 그래서 뭐 어떻다는 거지?" 나는 몹시 혼란스러워져서 달리 무슨 생각을 해야 할지 알 수 없었다. 또 아이들 교육에 대한 생각을 시작하면, "도대체 무얼 위해 그래야 해?"라는 의문이 떠올랐고, 어떻게 하면 사람들이 잘살 수 있을까 곰곰이 생각하다가도 "나와 무슨 상관인데?" 하는 의문이 떠올랐다. 또 내가 쓴 작품들 덕분에 얻은 명성에 대해 생각하다가 혼자 중얼거렸다. "그래 좋다, 네가 고골이나 푸시킨, 셰익스피어, 몰리에르보다, 아니 세상의 모든 작가들보다 더 유명해진다 치자. 그래서 뭐 어쨌단 말인가?"

그리고 나는 그 어떤 대답도 찾을 수가 없었다.

내 삶은 멈춰 버렸다. 나는 숨 쉬고 먹고 마시고 잠잘 수는 있었다. 살아 있는 한 하지 않을 도리가 없었기 때문이다. 하지만 삶은 없었다. 내가 진정으로 원하는 것이 아무것도 없었기 때문이다. 마음속에서 무언가 원하는 것이 있어도, 그것을 이루든 못 이루든 아무 상관이 없다는 것을 나는 진즉 알았다.

만약 요정이 나타나 모든 소원을 들어주겠다고 했대도, 나는 무슨 소원을 빌어야 할지 몰랐을 것이다. 술에 취해 있는 동안에는 옛 습관 때문에 무언가 원하는 것이 떠올랐다가도, 술에서 깨는 순간 그 모든게 착각이었고 내가 원하는 것이 아무것도 없음을 깨달을 뿐이었다. 심지어 진실을 짐작할 수 있었기 때문에 더 이상 그것을 알고 싶지도 않았다. 진실이란, 인생이 무의미하다는 것이었다.

마치 잠깐 인생을 살다가 잠깐 헤매다 보니 어느새 벼랑 끝에 와 있고, 내 눈앞에 파멸밖에 없다는 것을 명확히 보게 된 것 같았다. 멈출 수도, 되돌아갈 수도 없고, 눈앞에 삶과 행복이라는 기만과 진정한 고통과 죽음, 즉 완전한 파멸 외에는 아무것도 없는 현실을 외면하려 해도 눈을 감을 수도 없었다.

나는 삶에 신물이 났다. 거부할 수 없는 힘이 어떻게든 삶을 끝내도록 나를 인도하고 있었다. 자살하려던 것은 아니었다. 그저 나를 삶에서 끌어내리려던 힘이 어떤 욕구보다 강렬하고 절대적이며 광범위했다. 나는 모든 힘을 다해 삶으로부터 벗어나려 몸부림쳤다. 한때 삶의 가치를 높이려 하던 그 생각처럼, 자살에 대한 생각도 자연스럽게 떠올랐다. 이 생각의 유혹은 너무 강렬해서, 나는 경솔하게 결정하지 않기 위해 자신을 상대로 영악하게 굴어야 했다. 나는 오로지 모든 힘을 내 생각을 풀어내는 데에 집중하고 싶었으므로 서두르려 하지 않았다. 혹여 내가 그것을 풀지 못한다면, 언제든 기회는 있다고 생각했다. 그리고 그때, 무엇 하나 아쉬울 것 없던 내가 밤마다 옷을 갈아입느라 혼자 있곤 하던 방에서 옷장 사이의 가로대에 목을 매는 일이 없도록 끈 같은 것을 치워 놓아야 했다. 또 삶을 끝내고 싶은 유혹에 너무 쉽게 휩쓸리지 않으려고 총 사냥도 그만두었다. 나 자신도 내가 무엇을 원하는지 알지 못했다. 나는 삶이 두려웠고, 삶에서 벗어나기 위해 몸부림쳤으며, 그럼에도 그로부터 무언가를 바랐다.

모든 면에서 내가 완벽하게 행복하다고 생각할 때 이런 일이 일어난 것이다. 내 나이 쉰도 되기 전이었다. 날 사랑하는 착하고 사랑스러운 아내와 훌륭한 자식들이 있었으며, 내가 별 노력을 기울이지 않아도 알아서 확장되는 내 땅도 있었다. 그 어느 때보다 더 친구들과 지인들에게 존경받고, 낯선 이들에게 칭송받았으며, 착각이 아니라 정말로 명성이 자자했다. 게다가 나는 육체적으로나 정신적으로 건강에 문제가 없었다. 오히려 내 또래 사람들에게 거의 볼 수 없는 육체적, 정신적 활력을 누렸다. 육체적으로는 밭에서 일하는 소작농들을 따라잡을 정도로 체력이 좋았고, 정신적으로는 압박감 없이 쉬지 않고 8~10시간을 일할 수도 있었다. 그러나 그런 상황에서 살 수 없는 지경에 이르고, 죽음을 걱정하며 자살하지 않으려 수단을 강구해야 했던 것이다.

나는 내 정신적 상태에 대해 이렇게 생각했다. 내 삶은 누군가가 나를 놀리려고 치는 멍청하고 사악한 장난이다. 나를 창조했을 '누군가'의 존재를 인정하지는 않는다고 하면서도, 누군가가 나를 어리석고 사악한 농담으로 세상에 불러냈다는 생각이 내 상태를 가장 자연스럽게 묘사하는 듯 보였다.[395]

집단 정체성은 개인의 내면에 심긴 도덕률이자 개인이 받아들인 현실 해석으로서, 경험의 정서가를 제한한다. 집단 정체성이 흔들리면 이러한 제약이 사라진다. 아버지로 상징되는 관습과 신념이 '해체'된 개인은 서로 모순되는 정서들이 일으킨 마음속 전쟁, 융의 언어로 표현하자면 '여러 가능성의 충돌' 속에서 견디기 어려운 인지적, 정서적, 도덕적 갈등을 겪는다. 니체는 이처럼 "사념 어린 창백한 병색에 그늘진" 햄릿에 관해 논하면서 이런 갈등을 겪는 개인에 대해 말한다.

인식은 행동을 사멸하기에, 행동하려면 환상의 장막이 필요하다. 그것이 햄릿의 신조이다. ……이제는 어떤 위안도 도움이 되지 않는다. 염원은 사후 세계를 넘어서며, 심지어 신들까지도 초월한다. 신과 불멸의 내세라는 찬란한 신기루와 더불어 삶은 부정된다. 단 한 번 마주한 진리를 자각하며 인간은 이제 모든 곳에서 오로지 존재의 모순과 공포만을 느끼게 된다. 이제 인간은 오필리아의 운명이 무엇을 상징하

는지 알고, 숲의 신 실레누스의 지혜를 이해한다. 그는 역겨움을 느낀다.[396/397]

도스토옙스키의 『지하로부터의 수기』에는 병적인 관료주의에 찌든 비참하고 우스꽝스런 주인공이 생쥐로 비유되어 등장하는데, 그 역시 햄릿과 유사한 반응을 보인다. 자연과 진리의 인간l'homme de la nature et la vérité, 즉 자연스럽기 때문에 진실한 인간, 무의식적으로 절차에 따라 행동하는 인간과 달리 세련된 생쥐는 자신에 대한 모욕에 용기 있게 대응하지 못한다.

이 생쥐가 어떻게 행동할지 지켜보자. 예를 들어 거의 늘 그렇듯 역시나 모멸감을 느껴서 복수를 바라고 있다고 가정해 보자. 아마도 이놈의 내면에는 '자연과 진리의 인간'의 내면보다 훨씬 많은 분노가 쌓일 것이다. 왜냐하면 자연과 진리의 인간은 타고난 어리석음으로 자신의 복수를 그저 단순히 정의감이라 간주할 뿐이지만, 반면 놈은 한층 강해진 자의식으로 거기에 정의감 따위는 없다고 부정하기 때문이다. 그리고 마침내, 복수라는 행위 그 자체에 이르게 된다. 이 불쌍한 쥐는 원체 혐오스러운 데다 의심과 의혹, 또 그만큼의 추악함으로 똘똘 뭉쳐 있다. 이러한 수많은 문제는 하나의 난제로 이어졌다. 좋든 싫든 간에 그 자신의 의혹과 불안 그리고 결정적으로 심판관과 독재자의 모습으로 진지한 체하며 그를 둘러싸고 큰 소리로 껄껄대는 자들의 직접적인 모욕으로 이루어진 역겨운 수렁과 엄청난 혼돈에 에워싸이는 것이다. 물론 그 모든 것을 대수롭지 않게 대하는 듯 행동하며, 가식적이나마 아무도 믿지 않을 태연자약한 미소를 띤 채 겸연쩍게 자신의 구멍으로 기어들어 가는 것 외엔 어쩌할 도리가 없다.[398]

셰익스피어와 도스토옙스키의 소설 속 인물들과 톨스토이는 의식이 발전하면서 가차 없이 도래한 '신의 죽음'이라는 동일한 역사적 환경에 똑같은 반응을 보이고 있다. '첫 근대적 인간'인 햄릿과 더불어 예술과 삶 속에서 그를 뒤따른 모든 이들은 니체의 "창백한 범죄자"와 같은 반응을 보이며, 『죄와 벌』의 라스콜니코프와 같이 자기 행위의 "무시무시한 아름다움"[399]을 견디지 못한다. 니체는 다음과 같이 말했다.

중대한 일 앞에서는 침묵을 지키거나 고고하게 말해야 한다. 고고함, 이는 냉소적이며 순수한 태도를 이른다. 지금 말하고자 하는 것은 다가올 두 세기의 역사이다. 앞으로 도래할 일이자, 더는 다른 방식으로 비켜 갈 수 없는 일, 허무주의nihilism의 등장에 관한 이야기이다. ……이미 상당 시간, 전 유럽의 문화는 10년이 다르게 커 가는 지독한 긴장감을 안고, 마치 더는 돌아보지 않을 뿐더러 돌아보기를 겁내고 바다에 가 닿기만을 바라는 강물처럼 대재앙을 향해 숨 가쁘고 격렬하게, 저돌적으로 치닫고 있다.

역으로, 지금 글을 써 내려가는 이 화자는 이제껏 돌아보는 것 외에는 아무것도 하지 않았다. 한 사람의 철학자이자 은둔자로서, 본능적으로 바깥쪽에 비켜서는 편이 이롭다고 생각했다. 허무주의의 등장은 왜 필연적인가? 우리가 지금까지 지녀 온 가치들이 이와 같은 최종 결론을 도출하기 때문이다. 허무주의는 우리의 위대한 가치와 이상에 대한 궁극적이고 논리적인 판단을 상징하며, 우리가 허무주의를 경험해야만 이 '가치'들이 실제로 어떤 가치를 지녔는지 알 수 있기 때문이다.

우리는 때때로 새로운 가치를 필요로 한다.

허무주의가 목전까지 와 있다. 아주 불가사의한 이 손님은 어디에서 온 것인가?

시작은 이러하다. '사회적 고통'이나 '생리적 퇴화'를 허무주의의 원인으로 꼽는다면 판단 착오이며, 하고 많은 것들 중 부패에서 허무주의의 원인을 찾고자 한다 해도 오산이다. 우리 시대는 가장 정직하고 인정 많은 시대이다. 고통은, 그것이 정신적이든, 육체적이든, 지적이든을 막론하고 허무주의(가치와 의미와 바람직성을 근본적으로 거부하는 현상)를 낳을 일이 전혀 없다. 그러한 고통은 늘 다양한 해석을 허용한다. 그보다 허무주의의 뿌리는 하나의 구체적인 해석에, 다름 아닌 기독교의 도덕적 해석에 있다.

기독교의 종말은 무엇으로도 대체할 수 없는 기독교 자체의 도덕 때문에 일어난다. 기독교의 도덕이 그 신에게 등을 돌리는 것이다. 기독교에 의해 고도로 성장한 정직이라는 관념은 세계와 역사에 대한 온갖 기독교적 해석의 거짓과 허위를 견디지 못한다. 그리하여 '신이 곧 진리'라는 믿음은 '모든 것은 허구'라는 광적인 믿음, 즉 실천적 불교로 되돌아왔다.

도덕에 회의를 품는 태도는 결정적인 역할을 한다. 종교를 초월하려 한 후로 무엇에도 구속받지 않게 되면서, 세상에 대한 도덕적 해석의 끝맺음은 허무주의로 이어진다.

"모든 것은 무의미하다." (지금껏 심혈을 기울여 온 하나의 해석이 기반을

잃으면서, 세상에 관한 해석이 모두 거짓일지 모른다는 의심이 고개를 든다.)[400]

이를 한마디로 표현하자면, '계단식 폭포' 효과이다.

전체주의의 또 다른 자아인 허무주의는 확실한 의미가 없기 때문에 아무 의미도 허용되지 않는 세계와 자기와 타인의 경험에 대한 반응이다. 무의식적 습관과 관습과 신념에서 벗어난 세계에 대한 반응이며, 다시 출현한 무시무시한 미지에 대한 반응이다. 추상적 비판 능력 때문에 무의식적으로 영웅을 모방할 수 없는 영혼, 상상할 수 있는 가장 두려운 존재 앞에서 더 이상 인간의 가능성을 믿지 못하는 영혼이 보이는 반응이다. 우리가 경험하는 현상의 정서가를 제한할 수 있는 것은 일정 부분 현재 사회 체계를 이루는 집단이 어떤 경험 현상의 의미에 대해 합의했기 때문이다(그 의미는 해당 상황에 적합한 행동을 암시한다).

하지만 구성원이 집단의 토대가 되는 핵심 가정을 불신하게 되면서 사회 체계가 무너지면, 사회 내부에서 '신성한' 것이 모조리 사라진다. 실증적 관점에서 이런 과정은 폭동 기간에 가장 명백히 나타난다. 사회를 지배하던 체제가 붕괴하여 법과 질서가 무너지고 법에 의한 처벌의 억제력이 사라지면 그동안 분개하면서도 어쩔 수 없이 법에 따라 도덕적으로 행동했던 사람들은 감정에 사로잡혀 공격성과 탐욕과 증오와 복수심과 파괴적 성향을 폭발시키고 만다. 이 같은 감정적 폭발은 신화적 관점에서 '우주 발생 이전의 혼돈', 즉 사물이 기지와 미지로 나뉘기 이전의 시공간으로 회귀한다는 것을 의미한

다.[401] 이는 감정 상태의 변화로도, 행동을 불러일으키는 경험 현상의 동기적 의미가 변한 것으로도 볼 수 있다. 객관적 세계관에서는 전자가, 주관적 현실에 관심을 갖는 신화적 세계관에서는 후자가 될 것이다. 이런 식의 회귀는 가치 체계를 창조적으로 재구축하기 위한 전제 조건이 된다. 이는 괴로운 감정을 수반하는 상태로서 의식 수준에서 일부분만 이해될 경우 사람들이 이 상태에 빠지는 것을 두려워하게 되어 변화의 가장 큰 걸림돌이 된다(이는 행운이 될 수도, 재앙이 될 수도 있다).

사회적, 심리적으로 존재하는 가치의 위계 구조는 두려움과 희망을 이용하여 욕망의 대상에 대한 접근을 제한하고, 개별 사건과 과정의 동기적 의미를 결정한다. 모든 현상은 다양한 정서와 동기를 불러 일으킬 수 있다. 이러한 내적 동기들이 경쟁을 벌여 사회적, 개인적으로 우선순위가 결정되면 그 결과에 따라 어떤 행동을 할지가 결정된다. 각 개인의 내면에 자리 잡은 외부 사회의 가치 체계(프로이트가 말하는 초자아)는 해당 사회 안에서 각 현상이 갖는 동기적 의미에 대한 지식이다. 그렇다면 앞서 언급한 바와 같이 사회의 가치 체계는 사회 구성원들이 기술적, 인지적 성과에 부여하는 의미를 분석하여 추론할 수 있다. 구성원이 바라는 대상은 사회가 추구하는 목표에 따라 달라지기 때문이다.

당초 목표에 가치가 부여되는 것은 무의식적 '전제'가 작동한 결과로, 목표에 가치가 부여되면 행동이 뒤따른다. 그러면 행동이 지향한 가치가 일화 기억 체계에 입력되고, 때로는 서술 지식으로 추상화된다. 문화가 다르면 사물에 부여하는 가치도 다르다. 이렇듯 문화마다 추구하는 가치가 다른 까닭은 목표 지향 도식이 다르기 때문이다. 이러한 문화적 차이는 이질적 행동과 사고 혹은 논의를 관찰하거나, 흔히 단순히 도구로 치부되는 문화적 산물을 접하거나, 말소리나 선율과 같이 미묘한 단서를 통해서도 추론할 수 있다.[402]

하나의 도식에서 다른 도식으로 혹은 혁명적이고 영웅적인 노력의 결과로 이 둘을 연합한 가상의 제3의 도식으로 변화하는 과정은 단순한 축적이 아니라 양측 모두 혹은 한쪽의 해체를 전제로 한다. 즉 '양적' 변화가 아니라 '질적' 변화가 요구된다. 신화 속에서 이 같은 변화는 벼랑 끝에서 심연으로의 추락, 결정적 결함이 있는 우상의 몰락, 신체적 혹은 물리적 해체, 지하 세계나 심해 혹은 죽음의 골짜기로의 여정, 광야에서 보낸 40년(40일)의 세월, 히드라와의 만남, 어머니와의 근친상간으로 그려진다. 이 여정은 미리 준비를 마치고 자신감 있게 자발적으로 나선 경우 성공 가능성이 상당히 높아진다(성공이란 회귀, 재구축, 부활, 상승을 말한다). 반면 뜻하지 않게 해체가 일어난 경우, 의도치 않게[403] 혹은 지나치게 오랜 기간 미지를 회피하다가 불가피하게 맞닥뜨린 경우, 자살이나 전쟁과 같은 심리적, 사회적 재앙을 맞이할 가능성이 상당히 커진다.

행동이 지향하는 목표는 사건의 동기적 의미를 결정하는 인지 도식의 한 축을 이룬다. 한 문화권의 구성원들은 같은 목표를 공유한다. 이 목표는 현 상태에 대한 해석과 대비되는 가상의 이상적 상태로, 사회가 공동으로 받아들여 전통으로 굳어진 일련의 과정을 통해서 획득된다. 이러한 도식은 보편적인 신화의 구조와 마찬가지로 견디기 어려운 현재 상태와 이상적 미래상 그리고 전자를 후자로 바꾸기 위한 수단(도덕적 처방 및 명령)을 포함하는 '길'의 구조를 지닌다. 도덕 지식은 개별 사건에 잠재된 무한한 의미를 확정하여 줄여 준다. 이처럼 의미를 제한하는 과정은 본질적으로 사회적인 과정이며, 각 사건은 사회적으로 결정되고 공유된 의미를 지닌다. 주어진 현상의 정서가는 가장 근본적으로 해당 현상이 목표 지향 행동에 어떤 영향을 미치는가에 달려 있으며, 목표 지향 도식이 실행된 결과로 결정된다. 이런 도식은 사회의 서열을 통해서도 살펴볼 수 있다. 서열은 사회가 구성원들이 얻고자 하는 재화의 소유권을 결정짓는 방식이다. 대개 이 재화는 성취 보상의 단서로서, 바람직한 목표를 성취할 가능성을 높여 주거나 목표로의 전진을 상징한다.

사회적 서열 안에서 개인의 지위는, 그 사회가 제대로 기능한다면 사회적 판단을 통해 결정되고, 이 판단은 각 개인의 가치 판단을 반영한다. 그리고 개인의 가치는 개인의 능력이 사회의 목표 달성에 얼마나 기여하는지에 대한 사회의 견해를 반영한다. 그렇다면 특정한 목표를 상정하면 필연적으로 가치의 위계 구조가 생겨난다. 목표를 달성하기 위한 수단으로서 개인과 사물이 갖는 유용성에는 차이가 생길 수밖에 없기 때문이다. 특정한 사회적 맥락 안에서 경험되는 모든 현상에는 가치의 위계와 목표 도식과 관련된 정보가 수반된다. 특정 사물이나 경험의 가치는 사회 전체가 의식적, 무의식적으로 의지하는 신화적 토대에 의해 결정된다. 이 가치는 대상이 부리는 마법이다.

의미, 일화, 절차, 어떤 차원에서든 사회를 분열시키는 모든 활동은 사회 내부의 관점에서 이방인의 도래와 동일시된다. 한때 예측 가능하고 익숙한 대상이었던 개인이 새로운 행동 양식이나 환상 또는 사상에 사로잡혀 지금까지 침범할 수 없다고 여기던 사회의 근본 가정에 도전할 때, 쉽게 말해 현재의 모든 가정이 '옳다'는 위험하고 권위주의적인 가정에 도전할 때 사회가 분열된다. 중세의 이단에 대한 공포, 정설을 수호하려는 가톨릭 관계자들의 이단에 대한 극심한 탄압은, 신조를 온전히 지켜 내기 위한 보호 본능과 더불어 서로 다른 신화에 토대를 둔 사상을 사실상 '반증'할 방법이 없기 때문으로 이해할 수 있다. 기독교는 극심한 탄압 속에서도 혼돈스럽게(어쩌면 창조적으로) 해체되었고 여전히 해체되고 있다. 그 결과는 참혹했다. 그렇다고 창조성을 억압한 기독교의 행위를 정당화할 수는 없으나 그 동기는 이해할 수 있다. 전통에 대한 이해와 존중 없이 시도된 혁신은 혼돈으로의 퇴보를 의미한다. 이러한 퇴보는 단순히 사회를 뒤엎고 싶은 욕망이나 질서를 절대화하려는 전체주의적 욕구만큼이나 개인과 공동체의 안정과 적응에 위협이 된다. 상충되는 신화적 가정들이 지닌 상대적 가치나 타당성을 평화롭게 확정하는 방법을 찾지 못한다면, 앞으로도 이질적인 신화와 사상을 잔혹하게 억압하는 일이 계속 일어나게 될 것이다.

의미 지식과 실증적 방법론의 발전은 안정된 사회 체계를 위협하는 세 번째 주요 요인이다(첫 번째 요인은 급격한 자연환경의 변화이고, 두 번째 요인은 지금까지 고립되어 있던 낯선 문화의 유입이다). 신학 및 철학적 지식이 발달한 문화권의 지식인은 다른 사람들보다 더 쉽게 문화적 추정의 가치에 대해 종전과는 다른 견해를 행동으로 표출하거나 관념적으로 받아들이거나 임의로 만들어 낼 수 있다. 더 나아가 타인의 신념을 언어로 표현하고 흡수하며 비판적으로 가늠하고 관념적으로 수용할 수도 있다. 또 모방이나 상상, 사고를 통해서 '수많은 타인'이 되어 볼 수 있다. 행동의 근거를 언어로 비판하면, 환경에 적응하기 위해 수립된 사회 체계의 타당성에 대한 신념이 흔들리고 만다. 언어 능력이 발달한 현대인들은 늘 자신이 걸터앉은 가지를 톱으로 잘라 낼 위험 속에서 살아가는 셈이다.

언어는 의례를 신화로, 신화를 종교로, 종교를 비판적 철학으로 뒤바꾸며 인류의 적응력을 놀랍게 확장시키는 동시에 인류가 기대 온 기본 가정과 예상을 뒤흔들고 행동과 지식을 분열시켰다. 문명화된 인류는 언어가 창조하지 않은 것을 언어로 파괴하는 능력을 갖게 됐다. 이런 능력은 현대인을 점차 끔찍한 공포로 몰아갔다. 다음은 니체의 말이다.

오늘날의 유럽은 급진적인 신분의 혼합과, 그에 따른 인종의 혼합이 황당무계하리만큼 급작스럽게 이루어지는 무대가 됨으로써, 때로는 이쪽저쪽을 참을성 없이 도발하듯 날뛰는 변덕스러운 회의의 모습으로, 때로는 물음표를 잔뜩 단 구름처럼 음울하게, 모든 방면에서 회의적이며 종종 자신의 의지에 극도로 넌더리를 낸다. 이것은 의지 마비증이다. 오늘날 이 병자가 앉아 있지 않은 곳이 어디 있겠는가? 게다가 보통 그렇게 잔뜩 차려입었건만! 얼마나 마음을 끄는 화려한 용모인가 말이다! 이 병에 걸린 이들은 아름답기 그지없는 '허영과 거짓'으로 옷 입는다. 그리고 '객관성', '과학성', '예술 지상주의', '의지에서 자유로운 순수 인식'으로 전시된 것은 대부분 한낱 보기 좋게 꾸민 회의이거

나 의지 마비증에 불과하다. 유럽의 병을 이렇게 진단하노라고 단언할

수 있다.[404]

지적 발달에 힘입어 과학적 방법론이 확립되자 (니체가 언급했던) 현
대인의 병적 성향이 발현될 위험이 더욱 커졌다. 언어를 통한 의사소
통이 가능해지고 감각 정보를 서로 교환하게 되면서 여럿이 공유하
는 '객관적' 세계에 대한 정확한 표상이 만들어졌고, 사실상 전혀 객
관적이지 못한 신화적 세계의 현실성에 필연적으로 의문이 제기됐
다. 신화적 세계는 사회적으로 공유됐지만 언제나 정서적이었고, 가
치의 위계에 따라 배열된 절차 정보(와 그것의 일화 표상)를 담고 있다.
신화적 가치가 언어의 형식으로 표상되자 머릿속으로(그리고 나중에는
자주 비극적인 결과를 낳던 실제 행동으로) 도덕적 실험을 할 수 있게 됐
고, 행동의 근거를 제공했던 전통에 대해 순진하지만 효과적인 비판
이 제기됐다. 이와 관련해서 니체는 다음과 같이 말했다.

이는 종교가 사멸하는 방식이다. 정통 교의론의 엄격하고 지성적인
시선에 의해, 한 종교의 신화적 전제들은 역사적 사건들의 총합으로 체
계화된다. 그러면 사람들은 불안에 차서 신화의 신빙성을 옹호하면서
도 신화의 자연스러운 생명력과 성장을 거부하기 시작한다. 그 결과 신
화적 감성은 사라지고 종교는 그 대신 역사적 토대를 요구한다.[405]

프로이트는 19세기 경험주의자답게 "우주에 대한 지식은 신중하
게 입증된 관찰 결과를 지적으로 다루는 것(흔히 연구라고 불린다.) 외

에 다른 방식으로 얻을 수 없으며, 계시나 직관이나 영감으로는 어떤 지식도 얻을 수 없다."고 말했다. 더 나아가 "근거보다 더 설득력 있는 것은 없다."[406]고도 했다(직접 '관찰'에 기초한 근거를 말한 것이라고 추정할 수 있다). 그러나 프로이트의 견해는 지식을 획득하는 과정에서 정서가 담당하는 근본적인 역할을 전혀 고려하지 않고 있으며(가장 근원적이고 순수한 지식은 '자신과 타인에게 고통을 주는 것은 옳지 않다.'는 것이다.) 과학적 가정을 생성하는 서사적 과정도 제대로 다루고 있지 않다. 뿐만 아니라 감각적 현실 세계에 대한 지식, 즉 현재 상태에 대한 지식은 그 세계에서 어떻게 적응하고 행동해야 할지에 대한 단서를 제공할 수는 있지만 직접적인 지식을 제공할 수 없다는 사실을 간과하고 있다. 이와 관련해서 톨스토이는 다음과 같이 썼다.

지식인들과 현자들이 제시하는 이성적인 지식은 삶의 의미를 부정하지만, 절대다수인 전 인류는 비이성적인 지식에서 그 의미를 찾는다. 그리고 이 이성에 기초하지 않은 지식은 내가 수긍하기 어려운 한 가지, 바로 신앙이었다. 이는 하나님, 엿새간의 천지창조, 천사와 악마, 또 그 밖에도 내가 제정신으로는 받아들이기 어려운 모든 것이다.

나는 아주 끔찍한 처지에 놓였다. 이성적인 지식을 따르는 방식으로는 삶에 대한 부정 외에 아무것도 찾을 수 없으리라는 것을 알았지만, 신앙을 따르자니 거기엔 이성에 대한 부정 외에는 아무것도 없어, 이는 삶을 부정하는 것보다 더 불가능한 일이었다. 이성적인 지식에 비추어 보자면, 삶은 악이요, 사람들도 그것을 안다. 그러나 사람들은 삶을 살지 않아도 된다는 걸 알면서도 지금껏 살아왔고 지금도 살고 있다. 오래전부터 삶이 무의미하고 악하다고 여긴 나 또한 그래 왔다. 신앙에 비추어 보자면, 삶의 의미를 이해하기 위해서는 그토록 의미를 찾고자 했던 바로 그 이성을 내려놓아야 한다.[407]

신화도 과학과 마찬가지로 관찰에 근거한다. 다만 관찰 대상이 정서적 경험 세계에서 일어나는 행동이라는 점이 다를 뿐이다. 신화는 이상적 미래상에 대한 명시적, 암묵적 이론에 토대를 둔 행동을 관찰하고 거기서 추출해 낸 절차, 일화, 의미 차원의 표상이다. 주의 깊게 살펴보면 신화도 지식을 담고 있으며 그 지식은 객관적 세계에 대한 경험적 묘사와 마찬가지로 전혀 임의적이지 않다.

어쩌면 과학은 종교적, 신화적 세계관이 팽배하던 시대에 독립된 존재로서 기반을 마련하기 위해서 신화의 가치를 폄하할 수밖에 없었는지도 모른다. 하지만 과학의 존재 기반이 확립된 오늘날에도 신화는 암묵적, 명시적으로 엄밀히 실증적 학문 분야라고 말할 수 없는 분야에서조차 계속 평가 절하되고 있다. 프라이는 다음과 같이 말했다.

플라톤 이래로 대다수 문학 평론가들은 '사고'라는 단어를 변증법적이고 개념적인 것과 연관 짓고, 시적 사고나 상상적 사고의 존재를 무시하거나 부정했다. 이런 태도는 20세기까지도 지속되어 아이버 리처즈I. A. Richards는 『과학과 시Science and Poetry』에서 신화적 사고는 과학적 사고에 의해 대체되었으며, 따라서 시는 의사擬似 진술에 한정되어야 한다고 말했다. T. S. 엘리엇에 대한 초기 비판에서도 이보다 훨씬 더 조심스럽기는 하지만 '사고'라는 단어를 둘러싼 혼란이 여지없이 드러난다. 하지만 그 이후로 모든 사고의 맥락과 틀을 형성하는 신화적 사고는 결코 다른 사고방식에 의해 대체될 수 없다는 인식이 서서히 커지고 있다. 하지만 옛 견해는 조금 더 세련된 형태로 여전히 남아 있으며 문학을 창조하는 정신 과정을 알지도 못하면서 그 과정을 경시하는 문학 평론가가 아직까지도 너무 많다.[408]

니체는 이와 유사한 견해를 약간 더 경멸적인 어조로 드러냈다.

어느 시대에나 다른 시대가 부러워할 만큼 놀랍도록 순진한 시대적 발상이 있다. 그러나 자신이 종교인보다 우월하다고 믿는 오늘날 학자들의 신념은 얼마나 순진하고 연약하며 유치하고 어설프기 짝이 없는가! 그는 본능적으로 종교인을 자신이 탈피한 열등하고 낮은 유형으로 치부하여 자신보다 뒤떨어진다고 여긴다. 오만하고 왜소한 난쟁이이자 오합지졸에 불과한 그, '사상'을, 바로 '현대적 사상'을 부지런하고 재빠르게 다루는 정신 노동자이자 육체 노동자인 그가 말이다![409]

신화적 사고는 그저 제멋대로 만들어진 미신에 불과한 것이 아니다. 근래 문학 비평에까지 퍼진 신화를 폄하하는 풍조는 부당할 뿐만 아니라 '치명적'이다. 그렇다고 해서 종교 제도나 신조에 인간의 창조물에 깃들기 마련인 약점이 없다고 말하려는 것은 아니다. 다만 종교 제도의 토대가 된 사상과 행동 양식이 여전히 개인과 사회의 안정과 적응에 중요한 역할을 담당하고 있다는 사실은 분명히 알아야 한다. 이것들은 집단이 관용적인 태도와 유연성을 지니는 동시에 하나로 응집되도록 도우며, 개인이 정서적 안정을 누리고, 경험 세계에 등장하는 미지에 적응하고, 한쪽으로 치우친 잔인한 이데올로기에 넘어가지 않도록 지켜 준다. 인류가 신화적 사고를 초월했다는 생각 자체가 일부를 표상하면서 전체를 비판하는 '의미 체계'의 한계를 보여 주는 예이다. 이런 생각은 옳지 않을뿐 아니라 교만하고 위험하다.

집단은 통합된 행동 양식과 가치 체계를 증진한다. 이것은 통합된 양식이 하나의 메시지를 제공함으로써 공동체를 결속시켜 나아갈 방향을 분명히 정해 준다는 점에서는 장점이다. 하지만 여기에는 약점도 있다. 안정된 위계 조직은 유연하지 못해서 부러지기 쉽다. 집단이나 집단 정체성을 수용한 개인은 변화나 발전이 필요한 시기에도 쉽사리 새로운 해석 방식을 찾거나 목표를 수정하지 못한다는 것이다. 자연환경이나 사회가 안정되어 있을 때는 과거에 효과를 발휘했던 방식이 현재에도 효과를 발휘하므로 이것이 장점이 될 수도 있다. 하지만 환경이 급격히 변하고 여러 문화가 뒤섞이며 기술과 이데올로기가 발전하는 과도기에는 안정만 추구해서는 안 된다. 러시아의 신경심리학자 소콜로프는 "추정의 질(의도와 결과가 일치하는 정도)을 높이는 한 가지 방법은 추가적인 정보를 모으는 것이고, 다른 한 가지 방법은 정보처리 방식을 바꾸어 더 효과적으로 추정을 조정하는 것이다."[410]라고 말했다. 소콜로프의 견해는 신화에 등장하는 혁명적 영웅에 의해 구현된다. 혁명적 영웅은 문화적 전통을 뒤흔드는 네 번째 요인인 동시에, 끊임없이 되풀이되는 위협을 해결하는 인물이기도 하다.

| 혁명적 영웅

혁명적 영웅은 기존의 문화 체계 안에서는 이해할 수 없는 변칙이 발생하여 사회 구조를 재편해야 할 때 그 일을 감당한다. 그러므로 영웅은 변화의 주역이며, 영웅의 행동은 사회를 다시 안정시킨다. 이처럼 놀라운 능력을 지녔기에 영웅은 모든 사회에서 환영받을 것 같지만 현실은 그렇지 않다. 안정된 사회 안에서 안온한 삶을 누리며 현재의 적응 상태에 깃든 불완전성과 잠재적 위험을 보지 못하거나 보지 않으려는 사람에게 영웅은 크나큰 위협으로 다가온다. 그렇기 때문에 혁명적 영웅의 원형은 절대적인 미지의 공포뿐 아니라 사회 구성원의 분노와 거부를 이겨 내야 한다. 그럼에도 영웅은 사회의 '가장 친한 친구'이다.

'중앙아시아에서부터 북아시아에 걸친 광대한 지역'에 널리 퍼져 있던[411] 고대 샤머니즘을 분석해 보면, 혁명적 영웅이 발휘하는 행동의 본질과 경험을 이해하는 데 도움이 된다. 유럽인들은 무아지경 상태에서 부족민을 치료하는 샤먼을 처음 접했을 때, 대개 그들이 제정신이 아니라고 생각했다. 하지만 실제로는 정반대였다. 진정한 샤먼은 그 부족에서 가장 정신이 온전한 사람이었다(다시 말해서 적응 범위가 가장 넓은 사람이었다). 더 나아가 샤먼은 태곳적 '조상'으로 근래에 탐험가, 신비주의자, 예술가, 과학자, 의사 등으로 분화되고 전문화된 창조적 역할을 홀로 감당했다. 아시아에서 샤먼은 영적인 삶의 대가였고, 신성한 교리의 화신이자 수호자였으며, 문화를 지배하는 권위자이자 창조자였다.

오랜 세월 널리 행해진 샤머니즘적 관습과 사상은 사회를 응집하는 철학으로서 행동과 심상 속에 '무의식적으로' 내포되어 있었다. 이 의례적 철학은 급격한 인격 변화의 본질에 대한 사상과 더불어 그런 변화를 이끌어 내도록 고안된 관습들로 이루어졌다. 샤머니즘은 인간의 의식 혹은 적응력을 질적으로 증진시킬 가능성을 높이는 데 집중했다. 그리고 가능성의 핵심을 심상으로 포착하여 가능성을 실현하는 과정에서 느끼기 마련인 두려움을 줄여 주었다. 샤머니즘은 인간의 행동 양식과 해석의 틀을 수정하며 인격의 재구축 과정을 이끌어 내고 조절하기 위해 고안된 원형적 종교 의례이다. 샤머니즘적 의례는 단순한 문화 현상으로 간주할 수 없다. 샤머니즘은 본래 심리생리학적 기반 위에서 저절로 나타나는 인간의 심리적 변화를 관찰하는 과정에서 유래했다. 그러므로 샤머니즘적 의례는 단순히 호기심의 대상이 될 때를 제외하고는 현대와는 아무런 관련이 없는 시대에 뒤떨어진 관습이 아니라 우리가 반드시 이해해야 하는 심리적 변화 과정을 보여 주는 훌륭한 사례이다.

샤먼은 고대의 산물이나 과거의 기인에 불과한 존재가 아니다. 우리가 이해하지 못하는 문화권에서 과거 인류가 가장 존경했던 인물이 구현된 존재이다. 앙리 엘랑베르제Henri Ellenberger는 무의식의 역사에 관한 방대한 연구를 했는데, 그가 말하는 '창조적 질환'이라는 현상은 현대 문화에도 여전히 존재한다.

　　창조적 질환은 어떤 생각에 강렬하게 사로잡혀서 확실한 진리를 찾기 시작할 때 등장한다. 이 질환은 우울증이나 신경증, 심신증, 심각한 정신증에 이르기까지 다양한 증상으로 나타난다. 구체적인 증상이 어

그림 34. 혁명적 영웅이 겪는 두 번의 죽음

떠하든, 창조적 질환을 겪는 사람은 극심한 고통에 시달리며 상대적으로 증상이 완화되는 시기와 악화되는 시기가 번갈아 나타난다. 창조적 질환을 겪는 동안 당사자는 자신을 사로잡은 생각에서 놓여나지 못한다. 흔히 일상이나 직업 활동, 가정생활을 영위하는 것은 가능하다. 하지만 사회 활동을 하는 동안에도 자기 생각에 골몰할 때가 많다. 환자는 극도의 고립감을 경험하는데, 시련 과정에서 자신을 이끌어 주는 멘토가 있는 경우에도(예비 샤먼으로서 스승이 있는 경우처럼) 고립감을 느끼기는 매한가지이다. 이 질환은 흔히 갑자기 사라지며 이후 엄청난 기쁨과 흥분에 휩싸이는 시기가 뒤따라온다. 창조의 아픔이라는 시련을 극복한 당사자는 인격의 영구적 변화와 더불어 자신이 굉장한 진리 혹은 새로운 영적 세계를 발견했다는 확신을 얻는다.[412]

19세기와 20세기에 '위대한' 인물로 인정받는 이들 가운데에는 니체, 다윈, 도스토옙스키, 프로이트, 융, 피아제처럼 오랜 기간 심리적 동요와 불안에 시달린 사람이 많다. 위대한 인물들이 그 명성에 어울리지 않게 '정신 질환'을 겪은 까닭은 그들의 개인적 경험(행동, 심상, 사고)이 본질적으로 혁명적이었기 때문이다. 우리 사회에서 이들이 한 역할을 고대의 종교 지도자와 치료사 들의 역할에 비교하는 비교심리학적 견해를 단순히 비약이라고 치부하기는 어렵다.

부족의 일원이라면 누구나 거쳐야 할 입문 의례는 아이로서의 인격이 죽고 성인이 된 사회구성원으로서 인격이 재통합됨을 의미한다. 하지만 예비 샤먼이 자발적으로 겪는 입문 의례는 사회적으로 확립된 성인으로서의 인격이 해체되고 고유한 개인으로 재통합된다는 것을 의미한다. 두 번째 입문 의례를 통과하는 사람은 동료들보다 훨씬 더 깊고 근원적인 생의 고통을 겪는다. 융의 표현을 빌리자면, 그들은 대체로 "당대의 가장 복잡하고 남다른 정신"[413]의 소유자이다. 이처럼 창조적인 사람은 평범한 사람들이 환경 변화를 알아차리기 훨씬 전에 변칙이 발생한 것을 감지하고 거기에 적응하는 과정에 돌입한다. 무아지경 상태에서 샤먼은 자기 사회의 잠재적 미래를 경험한다. 이 위험한 인물이 공동체 내에서 치료자의 역할을 감당하는 까닭은 그가 동료들에 비해 경험에서 오는 고통을 더 많이 겪었기 때문이다. 공동체 구성원 중 한 사람이 병에 걸리거나 정신적으로 무너져서 무시무시한 미지의 세계(저승 세계)로 여정을 떠날 때 샤먼은 안내자로서 곁을 지키며 현재 그 같은 경험을 하게 된 이유를 제시하고, 고통받는 사람이 공동체로 돌아오거나 혹은 공동체를 쇄신하도록 돕는다. 또 개인적, 사회적 경험을 견뎌 낼 수 있도록 기대와 바람의 맥락을 재설정한다. 진정으로 창조적인 사람은 '스스로 그 자리에 가 보았고 그 일을 겪어 봤기' 때문에 타인이 자발적으로 그와 같은 여정을 시작할 때(혹은 유사한 여정에 내던져질 때) 그들을 이끌어 줄 수 있다.

고대 샤먼 입문자들은 흔히 '신의 뜻'에 따라 특별한 운명에 의해 점지되었다. 신내림을 받거나 혹은 어린 시절이나 성장기 이후에 '불가사의한' 일을 겪거나(대망막을 쓰고 태어나거나 번개에 맞고 살아난다거나) 혹은 심리적 특이 성향(발작이나 환각을 일으키기 쉬운)을 지닌 경우가 바로 이에 해당한다.[414] 이처럼 특이한 성향과 경험 내력이 사회적 조건과 맞물리면서 샤먼 입문자는 도저히 현실에서 실제로 일어났다고 받아들이기 어려운 혹은 현재 사회를 이끄는 기본 가정의 한계 안에서는 도저히 일어날 수 없을 것 같은 이례적인 경험을 한다. 이런 경험은 그 존재를 '인정'하고 '처리'할 경우 정상적인 '정신' 상태를 유지하는 기반이 되는 공리의 타당성에 치명적인 위협을 가할 수 있다. 그리고 미지의 세계로 가는 관문 혹은 예상치 못한 현상이 쏟아져 나오는 문으로서, 불가피하게 파괴적이며 동시에 잠재적으로 창조적인 결과를 낳게 된다. 샤먼은 이러한 미지의 홍수에 정면으로 맞서기로 작정한 인간이다.

샤먼은 무아지경 상태에서 혁명적인 철학자나 과학자와 마찬가지로 자기만의 독특한 경험 세계를 고집스레 믿고 따른다. 그 세계에서는 사회화된, 예측 가능한 모습으로 살아가는 평범한 사람들의 기대를 벗어나는 낯선 사건이 절차나 일화, 의미적 차원에서 발생한다. 창조적 인물의 경험 세계는 적응을 마친 영역을 넘어선다. 창조적인 사람들은 현재 사회적으로 확립된 조건부 기대의 밖에 있는 현상 혹은 그 기대와 정반대로 일어난 현상을 존재하지 않는다는 듯이 무시하거나 거부하지 않고, 스스로 자기 현실을 인정하고 현재의 도덕 지식과 행동 양식을 해체하기로 결심한다. 인격의 해체는 신화적으로는 죽음과 같은 의미를 지니며, 일시적으로 경험 세계를 '다시 낯설게' 만들고, 더 나아가 개인적으로나 사회적으로 더 포괄적인 질서를 다시 확립하기 위한 토대가 된다.

예비 샤먼은 자신이 속한 문화 체계의 불완전하고 모순된 상태로 인해 괴로워하며(문화 체계는 심리내적으로 표상된다) 그 체계에 쉽사리 통합될 수 없는 이례적 경험을 하고 무너진다. 그리하여 종전에 문화가 가리고 있던 미지를 다시 조우한다. 예비 샤먼이 알을 깨고 나와 샤먼이 되기 전의 행색을 보면 예나 지금이나 마치 정신이 나간 사람처럼 보인다. 이들은 흔히 한동안 혼자 있으려 하거나 불쑥 화를 내거나 의식을 잃거나 산속이나 숲 속에 홀로 기거하거나 환영에 시달리거나 넋을 잃고 지낸다. 주위에서는 이 같은 이상 행동을 무언가에 홀린 탓으로 여긴다. 이처럼 인격이 해체되고 혼돈과 다시 조우하면 조건부 지식의 해체와 재구축을 담당하는 생득적 심리 기제(일화적 성격을 띠며 변연계와 우반구가 관장한다)가 작동된다. 이 기제는 주관적으로는 구조화된 신화 속 경험 혹은 자연스러운 개인적 경험에서 나타나는데, 이런 경험들은 사회적 입문 의례 양식을 따르며, 원래 입문 의례가 나오게 된 근원일 수도 있다.

샤먼의 혼은 신화 세계의 거주자인 '영들에게 휩쓸려' '신들의 거처'로 되돌아간다. 신들의 거처는 시공간 밖, 역사 시대 이전과 세계 종말 이후의 낙원과 같이 온전한 장소에 있다. 이 영역으로 들어가려면 먼저 심리적으로 완전히 해체되어야 하는데, 그 과정에는 고문과 사지 절단, 죽음과 같이 끔찍한 환영이 동반된다. 샤먼 입문자는 창조 이전이나 창조의 순간에 존재했던 어머니가 다스리는 지옥으로 내려가서 서로 맞부딪는 바위 사이나 아가리 형상의 문을 지난다. 유체 이탈 상태에서 자신이 해골로 변하는 과정을 바라보기도 하고 내장이 제거되기도 하며 뼈가 부러지고 눈이 뽑히기도 한다. 뱀이나 여자 거인에게 잡아먹히고 삶아지거나 구워지는 등의 과정을 거쳐서 가장 필수적이고 근본적인 신체 구조인 뼈만 남게 된다. 다음은 엘리아데의 글이다.

예비 샤먼이 겪는 모든 위기는(때로 인격이 완전히 해체되거나 실성하기도 한다.) 단순히 입문 과정에서의 죽음뿐 아니라 우주 발생 이전의 혼돈, 우주의 기원 이전에 존재했던 형체도 없고 말로 형언할 수 없는 상태로의 상징적 회귀로 간주할 수 있다. 고대 전통 문화에서 혼돈으로의 상징적 회귀는 곧 새로운 창조를 준비하는 것임을 우리는 이제 안다. 그렇다면 미래의 샤먼이 겪는 심리적 혼돈은 속인(俗人)의 '해체'와 새로운 인격의 탄생을 준비하는 징조로 해석할 수 있다.[415]

인격 해체는 곧 경험(대상과 과정)에서 당대의 조건부 패러다임에 의해 결정된 의미를 제거한다는 뜻이며, 그 결과 경험이 한없이 위협적이면서 동시에 희망적인, 신성한 미지의 영역으로 되돌아간다는 뜻이다. 이처럼 새로워진 경험 세계를 마주하는 것이 바로 무아지경 상태에서 느끼는 정서 및 동기의 핵심적 특성이며, 이는 모든 종교적 경험(의미 있는 경험)의 토대를 이룬다. 보통 심상 및 일화 표상에서 죽음으로 경험되는데, 더 정확히 개념화하자면 '사회화된 인격의 죽음'을 겪는다. 다시 말해서 현재 도덕적으로 수용되는 내적 표상과 행동 양식이 와해되는 것이다. 이러한 해체 과정에는 공포가 동반되며, 이는 개인이 내적 통합을 이루고 스스로를 구원하기 위한 변화를 추구하는 과정에서 가장 큰 걸림돌이 된다.

샤먼의 '변형 과정'은 필요 시 인지 체계를 쇄신하는 수단으로 보인다. 이 과정에서 겪는 정서는 어쩔 수 없는 경험의 일부분이다. 크게 도약하려면 광기로 하강하는 단계를 반드시 거쳐야 한다. 변형은 일상적인 것에서부터 혁명적인 것에 이르기까지 다양한데, 그에 관해 말로 정확히 표현할 만한 지식을 갖추지 못한 어린아이들조차 심상적 표상으로 쉽게 표현할 수 있다.

다음 예시는 1995년 10월 5일, 내 딸 미카일라(당시 만 3세 9개월)가 동생 줄리언(만 1세 11개월)에 대해 꾼 꿈이다. 당시 줄리언은 배변 훈련 중이었고 언어가 폭발적으로 발달하던 과정에서 정서 조절에 어려움을 겪고 있었다. 미카일라는 나나 아내로부터 동생이 더 이상 아기가 아니라는 이야기를 들었지만, 동생을 '아기'라고 부르기를 좋아했다. 미카일라가 꿈 이야기를 들려주었을 때 마침 컴퓨터로 작업하던 나는 그 말을 그대로 기록할 수 있었다.

미카일라 줄리언의 눈이 빠지고

그러고 나서

산산조각 났어요.

아빠 (뭐가?)

미카일라 줄리언의 몸이요.

그리고 뼈도 떨어져 나오고

그러더니

구멍이 줄리언을 집어삼켰어요.

거기엔 물이 있었어요.

구멍에서 나왔을 땐 줄리언이 커져 있었어요.

엄마 (줄리언이 더 이상 아기가 아니었니?)

미카일라 네, 줄리언은 다 큰 아이였어요.

그리고 다리 달린 벌레가 줄리언을 꺼내 줬어요.

그 벌레들은 수영을 할 수 있었거든요.

그리고 그 구멍은 공원에 있었어요.

구멍이 우리 집 뒷마당으로 옮겨 왔고

줄리언이 거기 빠진 거예요.

나무가 불에 타서

생긴 구멍이었어요.

줄리언은 과거의 영아기 인격이 부분적으로 '해체'되면서 정신적 고통을 겪고 있었다. 미카일라는 동생 문제로 마음이 혼란스러워진 데다가 동생이 더 이상 아기가 아니라는 사실에 호기심을 느끼고 자기 나름대로 동생이 겪고 있는 변화를 이해하려 한 것이다. 미카일라의 꿈속에서 줄리언의 변화는 '죽음'과 재탄생으로 표상됐다. 먼저 눈이 빠지고 몸이 산산조각 나고 뼈가 떨어져 나왔다. 모든 게 '구멍'으로 들어갔는데, 그 구멍은 원래 집 근처 공원에 있었다(우리 집 옆에 있는 공원은 면적이 16만 제곱미터에 이르는 숲이었다. 캄캄한 밤에 나는 아이들을 데리고 그 숲에 몇 번이나 갔었다. 아이들은 한밤중에 숲 속을 산책하는 일이 으스스하지만 흥미진진하다고 여겼다. 그 공원은 아이들에게 탐험을 마친 익숙한 영토 밖의 가장 가까운 미지의 장소였고, 변형이 일어나는 '구멍'이 나오는 장소를 은유적으로 나타내기에 아주 적절한 무대였다). 그 구멍에는 물이 가득했다. 활기를 되찾게 하는 동시에 파괴하기도 하는 '생명의 물'이라는 물의 상징적 의미는 앞서 살펴보았다. 헤엄칠 줄 아는 '다리 달린 벌레'는 비교적 상위 피질상의 혹은 상위 인격의 '내용'을 변화시키는 과정을 이끄는 아주 오래된 정신 체계를 표상한다. '나무'가 불에 타서 구멍을 남겼다는 이야기는 의미가 매우 복잡하다. 나무는 최소한 기초적인 재료(땅)에서 비롯된 정교한 체계를 의미한다. 또한 흔히 개별 인간의 정수를 나타내는 메타포로 사용되며, 앞으로 살펴보겠지만 신경 체계 자체[416]를 표상하기도 한다. 따라서 여기서 나무는 조금 더 비개인적인 방식으로 줄리언을 나타낸다고 볼 수 있다. 나무는 여러 가지를 나타내지만, 그중에서도 현재 변형 과정을 겪고 있는 인격을 나타낸다.

인간에게 현재의 도덕률(현재 상태, 이상적 미래상, 현재를 미래로 바꾸기 위한 수단에 대한 묘사)을 재구성하는 능력이 없다면, 인간의 적응력은 하나의 원칙(하나의 행동 양식과 하나의 해석 방식)이 포괄하는 영역에 한정될 수밖에 없을 것이다. 마치 놀이의 규칙을 자유자재로 바꿀 수 없는 것과 마찬가지인데, 이런 한계 속에서는 행동 및 표상이 유연성을 지니지 못하고, 그 결과 불가피한 '환경의 변화'(미지의 용)에 취약해지고 만다. 기존의 도덕률을 해체하고 만족스럽게 재구축하는 인간의 생득적 능력은 적응 과정에서 질적 변화를 이루기 위한 필수 전제 조건이다. 입문 과정의 해체와 사지 절단, 죽음 뒤에는 위기의 타개와 상징적 재탄생이 뒤따른다. 이와 관련하여 엘리아데는 다음과 같이 썼다.

제대로 된 입문 과정은 늘 신체 기관과 내장을 재생하고 뼈를 정화하며 마술적 물질(석영이나 진주조개나 무지개 뱀)을 삽입하는 과정이 포함된다. 석영은 '하늘나라와 무지개'와 연합되며 진주조개도 '무지개 뱀'과 더불어 모두 하늘과 연합된다. 이 같은 하늘의 상징물은 황홀경 속에서 하늘나라로 승천하는 이야기와 맥을 같이한다. 여러 지역에서 입문자는 스스로의 힘으로든(예를 들어 밧줄을 타고 올라가서든) 아니면 뱀의 도움으로 승천하든 하늘나라에 다녀온다고 믿었다. 하늘에서 입문자는 초자연적 존재나 신화 속 영웅들과 이야기를 나눈다. 죽은 자의 영역으로 내려가는 입문자들도 있다. 예를 들어 예비 샤먼은 묘지 옆에서 잠들거나 동굴에 들어가거나 땅속 혹은 호수 밑바닥으로 이동한다. 부족 가운데는 입문 과정에서 입문자를 불에 '태우는' 부족도 있다. 입문 과정의 마지막에서 입문자는 자신을 죽였던 초자연적 존재에 의해 소생하여 '영력을 지닌 자'로 변모한다. 입문자는 입문 과정과 입문 이후에 신화적 시간 속 영웅들과 죽은 자들의 영혼과 만나며 이들은 저마다 입문자에게 샤먼의 비기를 전수한다. 제대로 된 훈련 과정은 연륜이 깊은 스승의 지도 아래 끝이 난다. 요약하자면, 예비 샤먼은 입문 과정에서 죽고 그에 뒤따라 새로운 초인간적 존재로 부활하는 의례를 통과하여 샤먼이 된다.[417]

샤먼은 세계의 중심축axis mundi인 세계수를 오르내리며 여행한다. 생명의 나무인 세계수는 아래쪽의 땅속 파충류의 세계와 위쪽의 조류의 세계를 잇고, 그 중간에 인간의 세계가 있다. 이 같은 '경험의 구성 요소'를 더 익숙하게 열거해 보면, 태초에 우주를 창조한 영웅은 우주를 위쪽의 하늘 아버지와 아래쪽의 땅 어머니로 나눈다. '땅으로부터 신의 영역인 하늘로 올라가는 여정'을 성공적으로 완수한 샤먼에게는 영혼의 안내자psychopomp로서 인간과 신을 중재하며 공동체 구성원이 적응에 실패했을 때 조건부 적응 영역 바깥의 세계에 적응하도록 돕는 역할이 주어진다. 샤먼은 사회와 미지의 세계 사이에서 적극적인 매개자의 역할을 한다. 이를테면 전달자로서 미지가 사람들에게 하는 말, 즉 적응력을 높이는 변화의 흐름을 불러오는 정보를 전한다. 여기서 '미지의 땅'으로 들어간 샤먼의 여정은 공동체로 복귀하는 것으로 끝나야 가치가 있다. 그가 공동체로 돌아오지 않는다면, 샤먼으로서의 정체성의 핵심이며 창조적 사고와 행동의 주요 특성인 황홀경의 경험이 사회적, 심리적으로 단지 광기에 지나지 않게 된다. 샤먼의 여정은 심리내적으로 '더 높은 차원에서' 인격을 재구축, 재통합하여 재탄생하는 개인적 경험을 온전히 지켜내면서도 현존하는 사회문화적 신화와 역사 속으로 되돌아오는 것으로 끝나야 한다.

인생에 끈질기게 침입하는 변칙적 경험은 불운한 천재들의 삶을 주기적으로 뒤흔든다. '지하 세계로의 여정'에서 침착함을 잃지 않고 살아남아 사회로 복귀한 이들은 동시대인의 눈에는 지하 세계에 물든 것처럼 보인다. 하지만 이들은 세계의 질서를 새롭게 수립할 가능성을 안고 온다. 이들의 회귀는 본질적으로 개인적 가정과 가치의 변화, 더 나아가서 문화적 가정과 가치의 변화를 의미한다. 역사는 과거의 창조적 경험과 지혜가 담긴 보고이다. 하지만 과거의 지혜만으로는 현재를 살 만한 세상으로 만들 수 없다. 경험 세계의 구조가 과거와 같이 변하지 않는 유한한 것이라면 인류는 오래전에 만물을 정복했을 것이고 조상들의 삶과 그 자손들의 삶이 그다지 다르지 않았을 것이다. 하지만 경험 세계는 역동적이고 무한한 가능성을 지닌다. 경험 자체가 본질적으로 시간의 흐름에 따라 변한다. 지금까지 없었던 새로운 도전과 위협이 미래에서 현재로 불쑥 고개를 내민다. 과거를 설명한 역사는 변함이 없을 뿐 아니라 불완전하다. 따라서 새로운 경험과의 갈등이 끝없이 발생할 수밖에 없다. 문화를 쇄신하는 영웅은 견디기 어려운 심리적 갈등을 처음에는 개인 차원에서, 이후에는 사회 전반에서 놀라운 계시를 통해 해결한다. 창조적 영웅은 동시대의 평범한 운명을 공유하는 대신 자기를 따르는 자들을 위해 (은유적으로도, 너무나도 자주 정말로) '죽는다.' 역사적 진보를 위한 첫걸음을 내딛는 사람들은 고립감과 두려움의 무게에 무너지지 않고 개인의 특이한 성향과 계시를 집단적 현실로 뒤바꿀 줄 안다. 이 같은 창조성은 인간 및 사회 전반에서 두려움과 증오, 갈망과 숭배의 대상이 된다. 창조적 영웅은 낡은 가치를 파괴하고 혼돈으로 위협하지만 동시에 빛과 더 나은 삶에 대한 희망을 가지고 온다. 이렇게 '혁명적인 구원자의 희생'으로 세계는 구원을 받고 되살아난다.

혁명적 영웅은 용기를 가지고 자발적으로 미지와 위협에 맞서기로 결심한 개인이다. 어쩌면 영웅은 현재 사회의 적응이 불완전하다는 사실을 혹은 특정한 방식으로 부적절하게 구조화되었다는 사실을 인식하는 유일한 인물일지도 모른다. 영웅만이 여전히 정복하지 못한 악한 영혼과 위험한 미지의 것들과 위협의 가능성을 이해한다. 이런 문제에 창조적으로 대응하는 영웅은 혼돈과 다시 조우하고 새로운 행동 전략을 만들어 내며 문화적 역량의 한계를 확장하고 패러다임을 전환시킨다. 사회에 잘 적응한 사람은 역사적 정체성을 받아들이고 과거의 지혜를 보존하여 미지로부터 보호를 받는다. 반대로 역사를 쓰고 고치는 영웅은 과거의 지혜에 통달하고 과거의 한계를 넘어서 재구성하며 그 과정에서 다시 한 번 혼돈을 마주하고 미지의 경계를 밀어붙이며 이전에는 두려움과 희망만이 존재하던 곳을 기지의 영토로 확립한다. 영웅은 위대한 어머니와의 창조적 연합을 통해 위대한 어머니 자연을 극복하고, 그 결과 위대한 아버지인 문화를 재구성한다. 이러한 재통합과 부활은 본질적으로 개인적인, 그리고 그 후에 뒤따르는 문화적인 도덕적 가정을 변화시킨다. 이러한 창조와 심리내적 재구조화의 결과가 사회 안에서 전파되고 축적된 것이 바로 집단 정체성이고 문화이며 무시무시한 미지를 막는 영원한 방패이고 행동의 근저를 이루는 도덕적 가정과 가치 체계이다.

영웅은 경험 세계에 등장한 변칙을 접하고, 그 변칙을 고려하여 자신의 '심리내적 구조'(행동 및 가치 체계)를 재구축한 첫 번째 사람이다. 그는 '지하 세계로 하강'하여 체계를 다시 세웠기에 구원자가 되지만, 혼돈의 용과 만났다는 이유로 전통과 안정을 뒤흔드는 반동분자로 오인받기도 한다. 지금의 안정된 문화는 겉으로 잘 드러나지 않아서 그럴 뿐이지 변화가 불가피한 상태로 이미 전락했을지도 모른다. 영웅은 그 누구보다 먼저 이 용의 존재를 알아차리고 (적어도 용의 존재를 인정하고) 가장 먼저 나선다. 하지만 위태롭게 질서를 유지하고 있는 왕국에 돌아온 영웅이 칭송을 받는 경우는 드물다. 왜냐하면 그가 가지고 돌아온 정보가 사회를 구원한다는 사실이 밝혀지기 훨씬 전에 먼저 기존 질서를 뒤흔들고 파괴하는 것처럼 보이기 때문이다. 그 결과 영웅은 국가를 근본적으로 뒤흔드는 가장 위험한 존재로 오인받기 쉽다. 실제로도 국가가 아무런 변화 없이 완전히 정체되는 것이 더 위험하다는 사실을 제외하면, 사람들의 오해는 사실일 것이다. 그림 35에서는 미지로 '오인된' 구원자가 뱀의 형상으로 그려져 있다.[418]

그림 36에는 구원자의 길이 표현되어 있다. 변칙적이고 불안한 경험으로부터 고통받는 사람은 낡고 경직된 사회가 해체되는 과정에서 다른 사람들과 마찬가지로 고통을 받는다. 이 같은 경험에서 의미를 '캐내고' 사회적으로 구축된 행동과 가치의 위계를 뒤흔들기로 결심한 영웅은 신화적으로 표현하자면 '지하 세계로 내려간' 것이다. 이 여정을 성공적으로 마친 영웅, 다시 말해서 탐험에 나섰다가 자

그림 35. 혼돈과 변형의 용으로 취급당하고 십자가에 못 박힌 구원자[419]

신을 가두던 과거의 인격으로 회피하거나 불안과 절망의 노예로 전락하지 않은 영웅은 사회에 유익한 정보(보물)를 손에 넣고 공동체로 '귀환'한다. 하지만 그는 '미지에 물들었다는' 이유로 쉽사리 두려움과 증오의 대상으로 전락하고 만다. 특히 영웅이 여정을 떠난 계기가 된 위협을 공동체의 구성원들이 의식하지 못할 때 더욱 그렇다. 게다가 영웅이 미지에 물들었다는 사실은 결코 가볍게 넘길 문제가 아니다. 만약 영웅이 실제로 집단의 생존과 지속적인 번영을 위해 필요한 새로운 적응 및 표상 양식을 도출해 냈다면 불가피하게 상당한 사회 변화가 일어나게 된다. 이러한 변화 과정에서 집단과 자신을 완전히 동일시했던 사람은 자기 의지와 상관없이 혼돈으로 내던져진다. 이처럼 비자발적으로 지하 세계로 떨어지는 것은 영웅과 자신을 동일

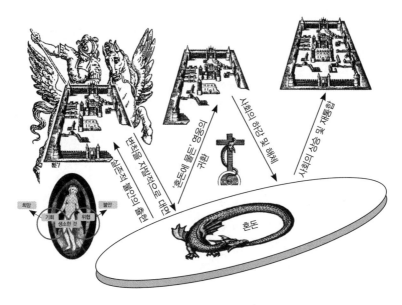

그림 36. 사회를 파괴하고 구원하는 혁명적 영웅의 여정

시하지 않는 사람에게는 매우 위험한 일이다. 그렇기 때문에 자기 영혼을 집단에 팔아넘긴 사람들은 영웅과 혼돈의 용(환경 재앙, 왕의 죽음, 위험한 이방인이나 이설)을 구분하지 못한다.

억압적인 집단일수록, 집단과 자신을 동일시하는 사람들은 창조적 질환의 희생자이자 수혜자인 영웅을 미워하고 두려워한다.

의인은 우리를 방해하고 우리가 하는 일을 반대하며 율법을 어긴다고 우리를 책망하고 배운 대로 행하지 않는다고 나무라니 그를 함정에 빠뜨리자.

의인은 자기가 하나님을 안다고 큰소리치고 주님의 아들로 자처한다.

그가 한 말이 정말인지 두고 보자. 그의 인생의 말로가 어떻게 될 것인지 기다려 보자.

의인이 과연 하나님의 아들이라면 하나님이 그를 도와서 원수의 손아귀에서 구해 주실 것이다.

그러니 그를 폭력과 고문으로 시험해 보자. 그러면 그의 온유한 마음을 알 수 있을 것이며 인내력을 시험해 볼 수 있을 것이다.

입을 열면, 주님이 자기를 도와주신다고 말해 왔으니 그에게 아주 수치스러운 죽음을 한번 안겨 보자.

「지혜서」 2장 12~13절, 16~20절

창조적 개인을 억압하는 사회는 구성원들이 획일화되면서 예측 가능성은 높아지지만 결국 무너지게 된다. 이처럼 도덕적 가치를 가장한 교만한 전통주의는 잘 다져진 길에서 벗어나 낯선 길을 헤쳐 나가는 것에 대한 숨겨진 두려움일 뿐이며, 이해할 수는 있지만 그렇다고 용서할 수는 없는 운명 회피이다. 자신의 잠재력을 믿지 못하고 미지를 두려워하면서 전통을 고수하는 데 급급하면 경험의 의미가 제한된다. 의미는 미지와 기지의 경계선상에 존재하기 때문이다. 개인의 사적 경험을 억압하고 변칙이 발생했을 때 행동과 표상을 쇄신하지 못하는 삶은 곧 생명의 강에 댐을 쌓아 황량한 광야에서, 모든 것이 멈추어 버린 왕국에서, 영원히 지속되는 가뭄 속에서 사는 인생을 의미한다. '개인적' 경험이야말로 파시즘에 대한 저주이며, 집단의 범주화와 죽은 자들의 해석을 끝없이 대체하여 새롭게 재생하는 힘이다.

예측 가능하고 안정된 사회는 경험 세계가 불러일으키는 공포를 막아 주는 보호벽이지만, 사회가 지나치게 경직되면 그 보호벽이 무너지고 만다. 미래는 미지와 함께 온다. 그러므로 융통성 없이 변화를 거부하면 파멸을 맞게 된다. 적응 행동은 역동적인 개인의 경험과 사회 사이에 존재할 수밖에 없는 갈등, 그리고 자신이 진실이라고 알고 있는 것과 역사가 진실이라고 주장하는 것 사이의 갈등을 해결하려는 사람들에 의해 만들어지고 새로워진다. 위기가 닥쳤을 때 환경에 재적응하는 일은 지금까지 누적된 역사적 지식에 무언가를 더해서(물론 여기에도 영웅적 노력이 필요하다.) 할 수 있는 일이 아니다. 위기 상황에 온전히 재적응하려면 혁명적인 조치가 있어야 한다. 경험의 구성 요소를 분해하고 체계적으로 재조직하여 부분적 혹은 전반적으로 재생해야 한다. 이 같은 재조직화 과정에서는 경험의 의미가 바뀌고 그 결과 역사와 인류의 신화가 바뀌게 된다. 위기를 제때 해결하지 못하면 개인은 정신 질환을, 사회는 문화적 타락을 겪게 될 위험에 처한다. 이러한 정신 질환(문화와 영웅주의의 실패)은 곧 미지가 다시 지배권을 잡는다는 의미인데, 신화적 용어로 표현하자면 무서운 어머니와 본의 아니게 근친상간(파괴적 연합)을 맺는 것이다.

혁명적 영웅은 문화의 중심을 이루는 신화의 발전 가능성에 마음을 열고 방어적인 집단을 벗어나서 무서운 현실 앞에 자기 존재의 취약성을 드러낸다. 심리학적으로 표현하자면 역사의 한계, 벌거벗은 아버지를 발견한다(「창세기」 9장 20~25절). 따라서 그는 역사에 도전하고 지금까지 자신을 보호해 주던 것에 맞서야 한다. 그에 뒤따른 무서운 어머니와의 만남은 죽을 수밖에 없는 인간의 절대적 취약성, 즉 무지, 정신 이상, 잔인성, 질병, 죽음의 존재와 그 결과를 맞닥뜨린다는 의미이다. 혁명적 영웅은 자신이 취약하다는 현실과 마주하고 공포에 맞서 싸운다.

미래는 끊임없이 현재를 초월하면서 과거에 확립된 모든 체계의 절대성을 깨부수며, 그러므로 혁명적 영웅이 밝힌 길만이 유일한 구원의 길이 된다. '혁명적 영웅'은 의식 그 자체의 화신이며 서사적 표상이다. 신화상의 이 남성적 원리는 혼돈과 문화의 접점에서 출현하며, 개인과 사회를 파괴하고 창조하는 자연, 그리고 개인과 사회를 보호하고 억압하는 문화와 더불어 경험 세계를 구성하는 독자적이고 신성한 요소이다. 영웅은 자신의 실존적 문제 앞에서 퇴폐주의나 전체주의가 아닌 '세 번째 해결책'을 찾아낸 인물이다. 역사 속 해결책을 찾을 수 없는 모순 앞에서 그는 직감에 따라 행동하고 문화의 한계를 넘어선다. 문제를 부정하면서 그 문제의 존재를 인정할 수밖에 없는 사람을 고뇌하게 만드는 대신 서로 갈등하는 상반된 것들을 재통합하는 일견 불가능한 과제를 받아들인다. 영웅은 문제를 과소평가하기 때문이 아니라 인간의 능력을 믿기 때문에 그 과제를 성공적으로 해결할 방안이 있으리라고 믿는다. 이러한 신념과 믿음은 용기를 북돋운다. 영웅은 무시무시한 미지의 힘과 사회 집단의 분노를 맞닥뜨리면서도 자발적으로 역사의 한계 바깥으로 나선 덕분에 창조적으로 행동할 수 있다. 그 가치를 알지도 못하면서 문화를 거부하거나 공포에 휩싸여 달아나지 않고 홀로서기에 따르는 위험을 감수한 결과 그는 늘 찬사를 얻는 것은 아니지만 진정한 영웅으로 인정받게 된다.

그에게는 절대적인 미지의 세계를 마주할 수 있는 진실한 절대성,

영웅적 면모가 있다. 이런 면모는 결코 억압적인 사회나 과거의 전통에 끝까지 억눌리거나 복종하지 않는다. 이것이 바로 문명을 창조한 영혼이며, 이 영혼은 이미 존재하는 것에 비굴하게 예속되어 있어서는 안 된다. 문화 밖으로 나서는 사람은 필연적으로 자연과 세계에 맞서게 된다. 거기에는 아무런 희망이 없어 보인다. 하지만 사람은 자기 안에 있는 진정한 잠재력을 잘 깨닫지 못하며, 이러한 무지 속에 희망이 있다.

이 예수는 '너희들 집 짓는 사람들에게는 버림받은 돌이지만, 집 모퉁이의 머릿돌이 되신 분'입니다.

「사도행전」 4장 11절

자의식의 출현과 영원히 죽음으로 물든 변칙

하나님이 농부처럼 에덴동산에 나무를 심었다고,
먹는 자에게 영생을 주는 생명나무와
선과 악에 대한 지식을 주는 선악과나무를 심었다고
믿는 사람은 얼마나 어리석은가? 나는 모든 사람이
이를 숨은 의미가 있는 상징으로 간주해야 한다고 믿는다.[420]

메타 신화는 우리가 가야 할 길을 보여 준다. 여기에는 현재와 미래, 현재를 미래로 바꾸기 위한 수단에 관한 구체적인 사상이 구축되고, 필요할 경우 그것이 전면적으로 재구축되는 방식이 묘사되어 있다. 메타 신화는 여러 종류의 신화를 엮는 심층 구조를 제공하는데, 거기에는 현재 혹은 과거에 존재했던 안정된 상태를 묘사하는 신화, 안정된 상태에서 발생한 예기치 못한 사건을 그린 신화, 그 결과 낙원이 해체되는 상황을 묘사한 신화, 안정을 되찾는 과정을 묘사한 신화가 포함되어 있다. 이렇게 순환하는 양식은 근본적으로 의식과 행동 및 표상 능력이 발달하는 과정의 특징이며, 신화적 관점에서 이것은 세계 창조나 다름없다.

이례적인 사건으로 파괴된 '과거의 안정된 세계'는 그 세계가 파괴되면서 맞이한 혼돈의 관점에서는 '한때 존재했던 낙원'이지만, 새롭게 재생된 질서의 관점에서는 '경직되고 억압적인 과거'일 수도 있다. 낙원과 타락에 관한 신화들은 보통 길을 구성하는 첫 번째 요소를 '혼돈이 지배하는 현재'로 그린다. 세속적 인생의 특징인 불확실하고 두려운 상태로 묘사하는 것이다. 여기에서 인생은 '죽음의 음침한 골짜기'를 거니는 삶, 선과 악에 대한 지식이라는 견딜 수도, 돌이킬 수도 없는 축복으로 어지럽혀진 삶으로 그려진다. 혼돈에서 벗어나 낙원으로 되돌아가거나 하늘로 '승천하는' 과정을 그린 구원 신화들은 '역사가 시작되기 이전의' 타락을 해결하는 과정을 알려 주기 위해 '창조된' 이야기이다. 구원 신화는 죽음에 대한 지식이 생겨나면서 일어난 영적 마비 상태를 치료할 도덕률을 제시한다.

태고에 낙원이 있었고 그 낙원을 잃어버렸다는 생각, 경험의 기원과 자의식의 도래와 영원히 대물림되는 타락과 은총에서 추락한 상태를 묘사하는 생각은 세계 여러 문화권에서 두루 발견된다. 기술적으로 미개하고 유럽인의 눈에는 낙원에서의 삶의 방식을 지닌 듯 보이는 부족들조차 대개 지금의 존재 방식이 과거 완벽한 상태에서 타락한 상태라고 생각했다. 그들도 우리와 마찬가지로 신과 직접 소통할 수 있었던 아담과 같은 조상, 즉 고결한 야만인이 있었다고 믿었다.

> 하늘이 갑자기 땅으로부터 '분리'되었을 때, 다시 말해서 하늘이 오늘날처럼 땅으로부터 '멀어졌을 때', 땅과 하늘을 이어 주던 나무 혹은 리아나*가 베어졌을 때, 하늘에 닿았던 산이 평평해졌을 때, 세상이 낙원이던 시절은 끝나고 인간은 지금과 같은 조건 속에서 살게 됐다. 실상 [낙원에 관한] 모든 신화는 하늘과 땅의 '단절'을 불러온 신화적 사건 이후 인간이 '타락'했고, 그 결과 불행히도 태곳적에 누리던 아름답고 자연스러우며 자유로운 세계를 잃었음을 보여 준다.[421]

낙원은 과거에 존재했던 어떤 하나의 안온한 장소가 아니다. 이 개념은 실제로 과거에 존재했던 모든 안온한 장소들이 연합되어 하나의 표상을 이룬 것으로, 혼돈과 완벽한 균형을 이루는 '질서', 낙원(에덴동산)에서의 고통 없는 삶을 의미한다. ("에덴은 히브리어로 '기쁨 혹은 기쁨의 장소'라는 의미이다. ……낙원을 의미하는 영어 단어 파라다이스paradise는 페르시아어를 어원으로 하는데, '주위'를 뜻하는 파이리pairi와 '벽'을 뜻하는 다이사daeza가 합쳐져서 벽으로 에워싸인 공간을 나타낸다. 그렇다면 에덴은 울타리로 둘러싸인 기쁨의 정원이라고 볼 수 있다."[422]). 낙원은 질서와 혼

---

* 열대산 칡의 일종.

돈이 완벽한 조화를 이루어 고통이 사라진 곳이며, 애쓰고 노력하지 않고도 필요한 모든 것과 인생의 기쁨을 얻을 수 있는 장소로서 혼돈과 질서가 하나로 통합된다.

그러므로 낙원은 경험의 구성 요소들이 서로 나뉘어 끊임없이 갈등을 벌이기 이전의 '우주'를 상징하기도 한다. 이러한 우로보로스적 상태는 대립으로부터 자유롭고 모든 대립을 초월한 존재 방식이며, 따라서 한계나 대립의 결과로 나타나는 고통이 존재하지 않는 상태이다. 낙원이라는 표상의 상징적 의미는 '혼돈의 용'이 예기치 않게 모습을 드러낼 때 끔찍한 불안을 야기한다는 점에서 다소 역설적으로 느껴진다. 하지만 늘 그렇듯이 신화 안에서는 맥락이 '의미'를 결정한다. 인생은 그 자체로 견딜 수 없는 것처럼 보일 때가 많다. 예를 들어 사랑하는 사람의 죽음으로 비탄이나 우울에 빠질 때가 있지 않은가. 이런 관점에서 보면 인간이 존재하지 않는다면(우주 발생 이전의 혼돈과 동일시) 고통도 사라진다. 한 예로 자살을 생각하는 사람은 위대한 어머니의 유혹을 받기도 한다. 다음은 상당히 심각한 정체성 위기를 겪고 있던 학생이 내게 들려준 이야기이다.

바다로 여행을 갔을 때였어요. 전 울적한 마음으로 바닷가 절벽에 서서 바다를 바라보고 있었죠. 그때 먼 지평선에 걸린 구름 속에서 아름다운 여인의 모습이 나타났어요. 그 여인은 저에게 자기 쪽으로 오라고 손짓을 했어요. 거의 절벽 너머로 발을 내디디려는 찰나에 저는 환영에서 깨어났어요.

아내도 이와 매우 비슷한 이야기를 들려주었다. 다소 불안정했던 청소년기에 아내는 고향 인근의 깊은 강으로 캠핑을 떠났다. 깎아지른 벼랑 위에서 하룻밤을 보낸 다음 날 아침, 강에서 물안개가 올라와 계곡을 가득 채웠다. 아내는 벼랑 끝으로 걸어갔다.

> 발 아래로 구름이 보였어요. 구름은 커다랗고 보드라운 베개 같았죠. 그리로 뛰어들면 따뜻하고 포근하겠다는 생각이 들었어요. 하지만 실제로 뛰어들 만큼 어리석진 않았죠.

판도라의 상자를 열기 이전의 상태, 즉 비존재 상태는 여러 가지 삶의 여건 속에서 (재)획득할 만한 가치가 있는 상태로 비춰진다.

경험 세계를 낙원이라는 지리적 장소로 비유하면 본질을 전혀 이해할 수 없는 복잡한 현상을 구체화할 수 있다. 이 비유는 인생의 '선험적' 조건을 일깨워 상징적으로나마 이해할 수 있게 도와준다. 낙원은 사자와 양이 함께 뛰놀듯 모든 존재가 완벽한 관계를 이루는 장소일 뿐 아니라 '내부의 심리적 왕국'과 '외부의 사회적 왕국'이 동시에 '하나님의 나라'로 통합된, 영적으로 조화를 이루는 상태를 의미한다. 또 순수함을 잃고 타락하기 이전의 세계를 의미하기도 한다.

'어린 시절의 낙원'에 관한 신화는 어머니와 아이가 분리되기 이전의 상태에 비유해 이 '태고의 장소'를 묘사한 것이다. 어머니와 아이의 공생 관계는 때가 되면 분리되어야 할 요소들이 하나를 이룬 상태이다. 인생을 시작하는 시점에 두 개인이 맺는 친밀한 연합 관계는 하나이면서 동시에 하나 이상의 상태이다. 그러므로 모든 것이 분화되지 않고 전체로 '존재'했던 역사 이전 가상의 상태를 추상적으로 표상하는 데 활용될 수 있다. 이 같은 연합(훼손되지 않은 원상태)은 정서적으로 완벽한 상태로 평가된다. 왜냐하면 그곳에는 갈등도 없고 '대립자들 간의 구분'도 없기 때문이다.

한 예로 성모 마리아와 아기 예수의 이미지는 기원에 관한 정서의 정수를 심상화한 것으로 볼 수 있다. 이상적인 어머니와 아기의 연합 속에서는 모든 욕구가 사랑이라는 한계에 온전히 귀속된다. 영아기는 대개 갈등으로부터의 자유, 정직하고 순수하고 목가적인 인간 존재, 어머니의 사랑 속에 거하면서 사회 속에서 타락하기 이전의 삶, 가혹하고 고통스러운 육체적 실존에 노출되기 이전의 삶을 상징한다. 아동기는 누구나 죽을 수밖에 없다는 현실을 발견하기 이전의 삶을 표상한다. 죽음에 대한 지식으로 물들기 이전의 아동기 경험의 모형으로 제시된다. 성인의 아버지로서의 아이는 인간의 과거를 표상하고 더불어 인간의 잠재력과 미래에 대한 영원한 희망을 표상한다. 예를 들어 하시딤*은 "온전하고 의로운 사람, 자디크는 자신이 출생 이후에 잃어버린 것을 찾고 사람들이 그것을 회복하도록 돕는다."고 믿었다.[423] 기독교 전통에서도 이와 유사하게 "너희가 돌이켜서 어린 아이들과 같이 되지 않으면, 절대로 하늘나라에 들어가지 못할 것이다."(「마태복음」 18장 3절)라고 말한다. 성숙은 능력의 확장, 자아와 세계의 분화, 가능성의 실현을 의미하기도 하지만 동시에 잠재력의 상실을 의미하기도 한다. 왜냐하면 발달은 수없이 많은 방향들 중 어느

---

* 기원전 2세기경 엄격한 율법주의적 생활을 추구했던 유대인들.

한 방향으로만 이루어지기 때문이다. 그러므로 성장은 곧 쇠퇴를 의미한다. 성인기로 나아가는 한 걸음 한 걸음은 곧 죽음으로 나아가는 걸음이기도 하다.

흔히 신화 속에서 태고의 낙원 상태는 인간이 벌인 운명적 행위로 인해, 하늘에 있는 자신의 근원과 대립하게 되면서 무너진다. 자기 근원과의 대립은 굉장히 고통스럽게 그려지며 흔히 끔찍한 실수나 죄악으로 묘사된다. 사실 경험과 역사의 근원, 즉 존재의 근원 자체가 이러한 대립 혹은 근원으로부터의 분리와 불가분의 관계에 있다. 태고의 낙원 상태는 완전한 총체이지만 거기에도 역설적이게 결함은 있다. 실제로 존재하지 않기 때문에 정해진 형체가 없으며 현실성 또한 결여되어 있기 때문이다.

형체는 없으나 완전한 무엇이 하늘과 땅 이전에 있었노라.
소리도 없고 실체도 없는,
변치 않으며 모든 곳에 퍼져 있고 충실한 무無의 종속물.
과연 누군가는 삼라만상의 어머니라고 말하리라.[424]

이 같은 비존재 상태는 한계와 대립의 부재로 인한 필연적인 결과로 보인다. 한계와 대립이 없으면 자신과 구별되는 평가 기준도 없어지기 때문에 결과적으로 존재 자체를 박탈당한다. 낙원은 하나의 장소로서, '과거 순수했던 존재 상태'로서 근심 걱정 없는 존재의 흔적을 간직하고 있다. 하지만 이 흔적은 존재의 비현실성으로 인해 빛이 바랜다. 에덴동산에서 사물은 아직 분화하지 않았다. 서로 구분할 수 없는 두 사물은 둘이 아니라 하나이며, 그것은 구분 가능한 그 어떤 특성도 지니지 못한다.

낙원은 현실이 되기 이전의 세계이다. 낙원에는 고통도 죽음도 없다. 고통받는 주체를 특정할 수도 없고, 주체가 전체에서 '분화된' 후에도 주관적 존재라는 사실과 그 의미를 의식하지 못하기 때문이다. 남자이면서 여자이기도 했던 '태고의 조상'은 남편과 아내로 분리되기 전에 이처럼 비현실적인 장소에서 살았다.[425] 그리고 분리된 이후에도 '자의식 없이' 살았다.

> 남자와 그 아내가 둘 다 벌거벗고 있었으나, 부끄러워하지 않았다.
>
> 「창세기」 2장 25절

자신이 벌거벗고 있음을 '알고' 부끄러워한다는 것은 곧 자신이 나약하고 상처입기 쉬운 존재임을 이해한다는 의미이다. 군중과 세계 앞에 자기 모습을 드러낸다는 것은 인간 존재가 본질적으로 나약하다는 것을 극적으로 명백히 드러낸다는 말이다. 벌거벗음을 의식하지 못하고 자의식 없이 살면 걱정은 훨씬 덜하겠지만 동시에 삶이 제한된다. '낙원 같은' 아이들의 세계는 어른의 세계보다 훨씬 작고, 분명한 것이 훨씬 적다. 아이는 어른보다 책임도 적고 구체적인 걱정거리도 적다. 그렇기 때문에 아이의 삶에는 어른의 삶에 존재하지 않는 매력이 있다. 적어도 어른의 관점에서 보기엔 그렇다. 하지만 아이는 어른이 이미 초월한 무시무시한 나약함을 지니고 있다. 아이는 자신의 나약함을 명확히 인식하지 못하기 때문에, 끔찍한 일을 겪고 그것이 드러나기 전까지는 고통받지 않는다. 반면 어른은 스스로 상처 입을 수 있는 존재임을 알고 그 지식으로 인해 끊임없이 고통받지만, '의식이 고조된' 덕에, 다시 말해서 자의식이 생긴 덕에 스스로 건강하게 살아남기 위한 조치를 취할 수 있다(물론 그 때문에 미래에 대한 걱정을 해야 하는 것도 사실이다). 아이의 세계는 한계가 있고 온전히 실현된 것이 아니며 무엇보다 취약하다. 낙원과 같은 세계 역시 아이의 세계와 마찬가지로 불완전하고 취약하다.

태초에 말씀(로고스, 의식)으로 빛과 어둠이 나뉘고 난 후 인간의 경험과 역사, 즉 현실 그 자체가 시작되었다. 이 첫 분리는 더 분화된 대립쌍을 설명하기 위한 원형적 구조이며 근본적 전제 조건이다.

> 태초에 하나님이 천지를 창조하셨다. 땅이 혼돈하고 공허하며, 어둠이 깊음 위에 있고, 하나님의 영은 물 위에 움직이고 계셨다.
>
> 하나님이 말씀하시기를 "빛이 생겨라." 하시니, 빛이 생겼다.
>
> 그 빛이 하나님 보시기에 좋았다. 하나님이 빛과 어두움을 나누셨다.
>
> 「창세기」1장 1~4절

빛과 어둠은 신화적 세계의 총체를 이룬다. 질서와 혼돈은 모순된 연합 안에서 경험 세계 전체를 구성하는 태고의 요소이다. 빛은 깨달음과 영감이고 어둠은 무지와 타락이다. 빛은 새로이 떠오른 태양이고 밤의 용과의 끝없이 반복되는 싸움에서 승리한 영원한 승자이다. 구세주이고 신화 속 영웅이며 인류의 구원자이다. 빛은 금이다. 순결하고 썩지 않는 금은 금속 중의 금속이며 문명화된 가치를 상징한다.

빛은 태양신이며, 명확성과 냉철함, 깨달음을 겸비한 아폴론 신이며, 어두컴컴한 물질과 대조되는 영혼이고, 어둡고 무의식적인 '여성성'과 대조되는 빛나는 '남성성'이다. 빛은 바빌로니아의 영웅으로 아침과 봄날의 신이며 무시무시한 죽음과 밤의 여신 티아마트에 대항해 싸운 마르두크이다. 악한 세력을 물리치고 아버지를 구해 낸 호루스이다. 빛은 과거를 초월한 신적 로고스로서의 정체성을 모든 인간에게 확장시킨 그리스도이다. 빛 가운데 거하는 삶은 곧 태어나서 살고 구원받는 삶이다. 빛에서 멀어진 삶은 악한 길을 선택하여 영혼이 죽고 육체까지 다 함께 자멸하는 삶이다.

신화는 경험 세계의 기원을 빛과 어둠이 나뉘는 것으로 본다. 이 분화가 의식적 경험과 무의식적 비지각이 구분되는 상태를 비유하기에 적합하기 때문이다. 지각과 낮의 경험은 망각과 밤처럼 떼려야 뗄 수 없는 관계에 있다. 어둠은 시각에 의존하는 시공간적 감각 영역을 극적으로 제한하거나 제거하여 인간의 의식에 엄격한 외부적 제약을 가한다. 밤의 어둠 속에서는 미지가 다시 등장하며, 경험 세계 안에 여전히 불가해하게 도사리고 있는 공포에 예속된 인간의 감각을 불러온다.

신성한 밤이 하늘을 뒤덮을 때, 밤은
기쁘고 쾌활한 낮을 가져다 접고선
깊은 구덩이를 덮고 있던
금빛 양탄자를 말아 올린다.
아무것도 보이지 않는 바깥세상

사람은 의지할 데 없는 고아처럼

무력하게 벌거벗은 채 홀로

헤아릴 수 없이 거대한 암흑을 마주해야 한다.

의지할 곳은 자기 자신뿐,

폐기된 정신과 근원 없는 생각과 어둡고 깊은

영혼 속에 잠겨 바깥에서는

그 무엇도 그를 돕거나 제한하러 오지 않는다.

모든 인생과 밝음은 오래된 꿈같고

풀려나온 낯선 밤의 실체 속에서

이제 그는 느낀다.

당연히 자신의 것인 운명적인 그 무엇을.[426]

'우주 차원'의 외부적 힘이 밤의 장막으로 낮을 가린다. 이와 마찬가지로 통제할 수 없는 내면의 힘은 밤마다 의식을 잠재운다.[427]

'시작'을 상징하는 가장 중요한 메타포는 '탄생'이 아니라 잠에서 깨어나는 순간, 하나의 세계가 사라지고 다른 세계가 나타나는 순간이다. 이 순간은 순환하는 주기 안에 있기 때문에, 우리는 하루가 끝나면 다시 잠의 세계로 돌아간다는 사실을 안다. 하지만 동시에 우리는 자기를 초월한 의식이 비현실적인 세계에서 '깨어나' 현실 세계로, 적어도 비교적 더 현실적인 세계로 들어간다고 느낀다. 이렇게 더 너른 범위의 현실을 깨닫는 것을 헤라클레이토스는 모든 사람이 각자의 '로고스'를 가지고 있는 세상에서 공통의 '로고스'가 있는 세상으로 나아가는 것이라고 표현했다. 「창세기」에서 세계의 창조는 명확한 언어(로고스의 한 측면)와 의식적 지각, 빛, 안정을 통해 이루어진다. 성경에서 "저녁이 되고 아침이 되니, 하루가 지났다."는 어구를 반복하면서 태양이 창조되어 우리가 아는 나날의 개념이 정립되기 전부터 '나날'을 강조했던 것도 이 같이 '깨어남'이 상징하는 의미 때문인지 모른다.[428]

밤의 일시적인 비존재 상태는 의식의 여명이 밝아 오기 이전의 세계를 지배했던, 객체도 경험도 없고 모든 것이 가능성으로만 내재되어 있던 상태와 유사하다.

에덴동산에는 고통이 없다. 하지만 그런 상태에서 사물은 존재하지 않는다. 결과적으로 신화는 신을 닮은 존재로서 창조자의 역할을 하는 유한한 주체의 출현과 진화를 존재의 전제 조건인 대립자의 생성과 동일시하는 것처럼 보인다. 신화의 세계에서 경험(과거, 현재, 미래)은 제한된 시공간에 존재하는 관찰자가 있어야 존재할 수 있다. 이렇듯 사물은 개인의 경험 속에 등장할 때만 잠시 식별 가능한 존재가 되며 곧 대립자들과 충돌하여 영원히 사라지고 만다. 고대의 미드라시*는 이 같은 맥락에서 "하나님과 사람은 어떤 의미에서는 쌍둥이"[429]라고 말한다. 현대 물리학자 존 휠러John wheeler도 이와 유사한 이야기를 했다.

모든 기본적인 양자 과정에서 관찰observation은, 그것을 입력

---

* 「구약」 성서에 대한 주석 방법.

registration이라고 부르든 관찰자 참여observer participancy라고 부르든, 우리가 일어나고 있다고 말하는 사건에 '확실한 현실성'을 부여하는 핵심적인 역할을 담당한다. 우주는 관찰 행동과 상관없이 '저 바깥'에 존재하는 것 같지만 (역설적이게도) 관찰 행동과 관련 없이 그 자체로 존재할 수 없다.[430]

일반적으로 사람들은 객관적인 사물이 그 자체로 존재한다고 여긴다. 하지만 이런 관점에서는 관찰자가 필요 없다. 관찰자는 모든 사물이 지니는 무한한 잠재성을 현실로 바꾸는 틀이다. 신화는 이처럼 사람들이 흔히 범하는 실수를 범하지 않고, 존재와 생성을 의식 및 자의식의 출현과 동일시한다.[431] 바로 이 덕분에 신화적 상상은 인간을 우주의 중심에 놓을 수 있었고, 혼돈으로부터 질서를 세우는 과정과 각 개인의 인생 사이에서 유사점을 이끌어 낼 수 있었다.

신화는 세계의 기원을 빛 혹은 의식의 출현으로, 우주는 경험 세계로 동일시한다. 현실이 존재하려면 주관적 관점이 전제되어야 한다고 추정하는 것이다. 이것은 현대 과학의 관점에서는 매우 낯선 생각이다. 현대 과학에서 현실은 객관적 물질 그 자체이며, 주관적 경험이란 그 근원 물질에 대상이라는 경험을 더해 줄 뿐인 부수적 현상에 지나지 않는다. 하지만 주체인 동시에 대상인 존재로 이루어지는 자기준거 체계는 예측할 수가 없고 고유한 질적 특성을 지닌다. 주체로서의 세계(즉, 개인)는 또 다른 주체를 제외하면 이 세상에 존재하는 그 무엇보다도 훨씬 더 복잡한 현상이다. 대상으로서의 세계도 신비롭기는 마찬가지다. 그렇다면 이 두 세계의 상호작용은 그보다 훨씬 놀라울 것이다. 우리는 물질이 먼저 있고 그 후에 주체가 생겨났다고 생각하고, 이해하는 대상으로서의 물질이 우리가 이해하기 전에도 존재했던 바로 그 물질이리라고 생각한다. 하지만 신화에서 말하는 '태고의 물질'은 단순히 현대에서 말하는 물질이 아니다. 그것은 객관적인 것과 주관적인 것을 모두 포함한 만물의 근원이며, 물질과 영혼이 본질적으로 연합된 상태이다. 이런 관점에서 보면 의식은 경험 세계의 필수 요소이며, '사물' 자체가 존재하기 위해 꼭 필요한 요소이다. 따라서 신화는 '인류가 넘어서야 할 미신'이나 현대인이 생각하듯 죽은 것이 아닌 굉장히 '위대한 것'이다.

더 나아가 의식 활동은 하나 이상의 '단계'를 거쳐 경험 세계를 구축한다. '주체'와 '객체'가 분리되었지만 자기 표상이 생겨나고 자의식이 발달하기 이전의 '순수 의식' 상태에서는 여전히 여러 존재가 근본적으로 연합되어 있었고, 그에 따라 '낙원'의 특성을 간직했다. '타락'하기 이전의 아담과 이브는 독립적인 주체로 존재했지만 동물들과 소통하고 하나님과 함께 거닐 수 있었다. 자신이 벌거벗었다는 것과 나약하다는 것을 인식하지 못하는 축복 속에서 풍요로운 동산에 살면서 아담과 이브는 불안해하며 걱정하거나 애써 일할 필요가 없었다. 하지만 자기 존재에 대한 자각, 즉 자의식이라는 두 번째 자기준거가 출현하자, 마침내 이 완벽한 정적 상태가 무너지고 경험 세계는 비가역적이고도 본질적인 변화를 겪게 됐다. (의식의 발달로 경험세계에 첫 번째 자기준거가 생겨났고, 자의식의 발달은 거기에 또 다른 자기준거를 더했다). 현대 과학의 관점에서는 이러한 심리적 변화로 인해 근본적으로 바뀌는 것은 아무것도 없다고 여긴다. 하지만 신화는 의식이 만물의 창조주와 함께 창조에 동참했다는 전혀 다른 입장을 취한다. 신화는 인간의 심리적 변화가 존재의 구조를 바꾸고, 하늘과 땅 사이의 관계를 바꾸며, 창조주와 피조물 사이의 관계를 바꾸고, 우주 자체를 영원히 재구성한다고 본다. 오늘날 유물론자들은 이런 생각을 터무니없이 오만하고 뻔뻔한 추정으로 치부할 것이다. 그럼에도 동서양을 막론하고 위대한 사회는 바로 이러한 추정, 즉 기묘할 정도로 동일한 이야기 구조를 지닌 창조와 타락에 관한 신화 위에 세워졌다.

훗날 부처가 될 고타마 태자의 부왕은 아들을 절망적이고 끔찍한 현실로부터 보호하려고 바깥세상과 동떨어진 곳에 벽을 세우고 궁전과 정원을 만들어 아들이 그 안에서 온갖 쾌락을 즐기도록 했다. 이 지상 낙원에는 건강하고 젊고 행복한 사람만이 들어올 수 있었고 모든 부패와 타락의 징후는 숨겼다. 관능적 사랑과 춤과 음악과 아름다움과 유희 속에서 세속적이며 감각적인 쾌락에 빠져 지내던 고타마는 성인이 될 때까지 죽을 수밖에 없는 인간의 한계에 대해서는 전혀 알지 못하고 성장했다. 하지만 부왕의 특별한 관심과 굳은 의지에도 고타마는 바깥세상에 대한 호기심이 점점 커져 갔고, 결국 이 유혹적인 감옥을 떠나기로 결심했다.

태자의 출타를 위한 준비가 끝났다. 태자가 나서기로 한 길에는 금박을 씌우고 꽃을 뿌려 꾸미고 그의 눈길을 사로잡을 아름다운 여인들을 데려다 놓았다. 태자는 시종들을 모두 이끌고 마부가 끄는 안락한 마차를 타고 길을 나섰고 자신을 위해 미리 준비해 둔 풍경을 즐겼다. 하지만 신들은 이 세밀한 계획을 방해하기로 하고 그 길에 한 노인을 내보냈다. 길을 따라 절뚝거리며 걷는 노인의 모습이 태자의 눈에 띄었다. 태자는 이 늙은 침입자에게서 눈을 뗄 수가 없었다. 호기심이 인 그는 시종에게 물었다.

"저 초라하고 굽은 허리에 앙상한 모습으로 비틀거리는 것은 무엇이냐?"

그러자 시종이 대답했다. "그것은 사람입니다. 다른 이들처럼 아기로 태어났다가 아이가 되고, 청년이 되고, 남편이 되고, 아버지가 되고, 할아버지가 되었습니다. 이제는 늙어서 아름다움도, 의지도, 인생의 가능성도 모두 잃고 말았습니다."

"다른 사람들과 마찬가지라고 하였느냐?" 태자가 망설이며 물었다. "그렇다면 나도 저렇게 된단 말인가?" 그러자 시종이 대답하였다. "시간이 흐르면 피할 수 없는 일입니다." 태자는 세상이 무너지는 것 같은 충격을 받고 안전한 궁전으로 되돌아갔다. 시간이 흘러 불안한 마음이 가라앉고 호기심이 커지자 태자는 또 다시 바깥세상으로 나섰다. 이번에는 신들이 병자를 보냈다.

태자가 시종에게 물었다. "굳은 몸을 부들부들 떨면서 고통 속에 신음하는 저것은 무엇이냐? 그 모습이 하찮고 딱하여 보고 있기가 힘들구나!"

그러자 시종이 대답하였다. "사람입니다. 다른 사람처럼 온전히 태어났지만 병에 걸리고 쇠약하여 속수무책으로 자신과 타인에게 짐이 됐고, 고칠 수 없는 병에 걸려 괴로워하고 있는 것입니다."

"다른 사람들과 마찬가지라고 하였느냐?" 태자가 물었다. "나도 저렇게 병에 걸릴 수 있단 말이냐?"

시종이 답하였다. "누구도 병에서 자유로울 수는 없습니다."

또 다시 세상이 무너져 내리는 듯했고 태자는 궁전으로 돌아왔다. 하지만 예전에 즐기던 일들은 환멸을 불러올 뿐이어서 태자는 세 번째로 길을 나섰다. 신들은 자비를 베풀어 태자에게 죽은 사람의 장례 행렬을 목격하게 했다. "슬픔에 젖은 황망한 사람들에 둘러싸여서 무서운 모습으로 가만히 누워 있는 저것은 무엇이냐?"

그러자 시종이 대답하였다. "사람입니다. 다른 사람처럼 여인에게서 태어나서 사랑받고 미움받았고, 한때는 태자 전하와 같았으나 이제는 흙으로 돌아간 것입니다."

"다른 사람들과 마찬가지라고 하였느냐?" 태자가 물었다. "그렇다면 나도 저와 같이 된단 말인가?"

시종이 말했다. "전하의 생도 저리 끝이 날 것입니다. 모든 사람이 그러합니다."

또 다시 세상이 무너져 내렸고 태자는 왕궁으로 돌아가겠노라고 말했다. 하지만 부왕의 명을 받은 시종은 태자를 인근 숲에서 벌어진 여인들의 축제에 데려갔다. 거기에는 노래와 춤과 유희와 관능적 사랑으로 아무런 제한 없이 자신들을 내어 주는 아리따운 여인들이 있었지만 태자는 저들도 죽음을 맞을 수밖에 없으며 저 아름다움도 결국 썩어 없어질 것이라는 생각에 사로잡혀 아무것도 즐길 수 없었다.

부처의 성장 과정에 관한 신화는 이상적인 발달 과정을 보여 준다. 이 이야기는 부처의 아버지가 여느 건강한 가정이 그러하듯 아이를 위험한 세상으로부터 보호한다는 이야기로 시작된다. 하지만 어린

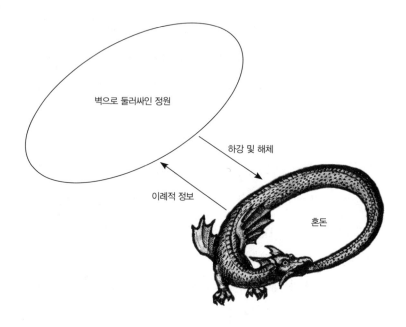

그림 37. 부처의 자발적 하강

태자는 자라면서 점차 호기심이 많아지고 '저 너머의 세상'을 궁금해
한다. 안전한 가정에서 자라난 아이는 가정이라는 울타리 안에서의
삶에 더 이상 만족하지 못하며 어른으로 성장한다. '좋은 부모' 밑에
서 자란 아이들이 빠르게 독립하여 부모의 양육만으로는 만족할 수
없게 된다는 면에서, 아이를 만족시키는 데 '실패'하는 부모는 곧 '좋
은 부모'이다. 어린 시절의 가정과 인격은 바깥세상으로 나아간 아이
가 진정한 개인으로 존재하기 위해서 수용할 만한 행동 및 표상 양
식, 즉 '세계의 지도'를 제공하는 능력을 점차 상실한다. 미래의 부처
는 자신이 죽을 수밖에 없는 유한한 존재라는 사실을 직면하고 어린

시절의 낙원을 비극적으로 상실했지만, 그 덕분에 독립적인 존재로 세상 밖으로 나아갈 수 있었다.

부처의 성장 과정을 다룬 이야기 속에는 인생에 견디기 어려운 실존적 불안이 스며들 때, 아름다운 존재나 본능적 쾌락까지도 결국 모든 존재가 맞이할 쇠락과 죽음을 연상시키는 모습이 나타난다. 이 이야기의 뒷부분은 부처가 새롭게 출현한 비극적인 자의식의 문제를 붙들고 씨름하여 결국 승리를 거두는 과정을 다룬다. 부처는 우선 선조들이 물려준 지식을 섭렵한 후에 그 지식을 넘어서고 재구축한다.

어린 시절을 보낸 '벽으로 둘러싸인 정원'을 떠난 부처는 이제 출가하여 그 앞에 펼쳐진 경험 세계를 이해하고자 한다. 삼키아와 요가를 비롯한 방대하고 다양한 철학적 지식을 익히고 나서도 부족함을 느껴 그는 세상을 등지고 "신체가 해골처럼 변하고 먼지 더미 같아 보일 지경에 이르기까지"[432] 고행에 전념했다. 하지만 고행으로도 해탈을 이룰 수 없었다. 마침내 인생의 온갖 것을 다 맛보고 힘써 정진할 만한 수행법을 발전시킨 후에 미래의 부처는 마지막 전투를 준비했다. 그는 광대한 숲(미지의 영적 고향)으로 들어가서 보리수 아래에 앉아 깨달음을 얻을 때까지 꼼짝하지 않으리라 결심했다.

고타마는 그 자리에서 온갖 죽음의 위협과 속세의 유혹을 겪으며 진정한 입문을 위한 시련을 통과했다. 과거의 여정에서 얻은 수행법 덕분에 그는 인간의 경험 세계를 구원할 인생의 진리를 찾는 일에 한마음으로 전념할 수 있었다. 고타마가 겪는 마지막 유혹이 이 이야기에서 어쩌면 가장 흥미로운 대목일지 모른다. 부처가 시련을 이겨내고 열반(완전한 상태)에 이르자 죽음의 신은 그에게 열반 상태에 남아 있으라고 제안한다. 하지만 부처는 이 제안을 거절하고 죽을 수밖에 없는 운명을 받아들이고 세상으로 돌아가 자신이 얻은 지식을 전한다. 이것이 바로 부처를 진정한 영웅으로 만든 행위였다. 창조적 노력을 기울여 지혜를 얻는 것만으로는 영웅이 될 수 없다. 구원은 개인의 정신이라는 전쟁터에서 어렵게 얻어 낸 정보를 더 큰 공동체로 통합시키기 이전에는 완성되지 않는다. 많은 사람이 여전히 고통 속에 빠져 있는데, 한 사람만을 위한 구원이 가능할 리가 없다. 부처는 홀로 머물 수 있었던 하늘에서 돌아왔기 때문에 진정한 영웅이 되었다.

부처에 관한 신화는 어쩌면 가장 뛰어난 동양의 문학 작품인지도 모른다. 이 이야기의 주제가 서구인들에의 감정에도 근본적인 호소력이 있다는 점은 굉장히 흥미롭다. 유대-기독교의 구원 신화는 원죄를 짓고 은총에서 떨어져 인생의 본질과 한계를 의식하고 선악에 대한 지식이라는 돌이킬 수 없는 축복이자 저주 속에 살아가는 개인을 전제로 삼는다. 선악에 관한 지식을 발전시키는 능력은 「창세기」에서 '인류에게 대대로 대물림되는 특성'으로 그려지고, 주관적 존재의 객관적 한계에 대한 지식이 생성되는 전제 조건이자 비극적인 자의식이 발생하는 원천으로 그려진다.

> 뱀은, 주 하나님이 만드신 모든 들짐승 가운데서 가장 간교하였다. 뱀이 여자에게 물었다. "하나님이 정말로 너희에게, 동산 안에 있는 모든 나무의 열매를 먹지 말라고 말씀하셨느냐?"
> 여자가 뱀에게 대답하였다. "우리는 동산 안에 있는 나무의 열매를

먹을 수 있다.

그러나 하나님은, 동산 한가운데 있는 나무의 열매는, 먹지도 말고 만지지도 말라고 하셨다. 어기면 우리가 죽는다고 하셨다."

뱀이 여자에게 말하였다. "너희는 절대로 죽지 않는다.

하나님은, 너희가 그 나무 열매를 먹으면, 너희의 눈이 밝아지고, 하나님처럼 되어서, 선과 악을 알게 된다는 것을 아시고, 그렇게 말씀하신 것이다."

여자가 그 나무의 열매를 보니, 먹음직도 하고, 보암직도 하였다. 그뿐만 아니라, 사람을 슬기롭게 할 만큼 탐스럽기도 한 나무였다. 여자가 그 열매를 따서 먹고, 함께 있는 남편에게도 주니, 그도 그것을 먹었다.

「창세기」3장 1∼6절

어떤 개념이 우리가 인식할 수 있는 익숙한 언어의 형식으로 표현되기 훨씬 전부터 신화는 그 사상을 꿈꾼다. 신화는 꿈과 같이 의식적이고 추상적인 지식이 탄생하는 장소이며, 그렇게 탄생한 사상이 떠오르는 모체이다. 제아무리 참신하고 새로운 개념이라 해도 모두 수세기 동안의 지적 활동을 토대로 나온 것이다. 신화는 현재 이해하고 있는 지식과 부분적으로나마 탐색되고 행동 차원에서 적응한 대상을 활용해 미지를 표상함으로써 미지의 대상을 명백히 이해하기 위한 '토대'를 마련한다. 그러므로 이미 탐색을 마친 경험 대상은 비교적 이해하기 어려운 경험의 주체를 묘사하는 상징으로 활용된다.

자아를 비유하기에 가장 유용한 사물은 복잡하고 신비로운 속성을 지니고 있어서 사실상 무엇이라도 상징할 수 있다. 예를 들어 나무와 뱀은 복잡한 속성을 지니고 있지만 행동을 직접 관찰하여 이해할 수 있기 때문에 상징적 표상으로 활용하기에 적합하다. 이들은 상징적 표상으로서 폭넓고 방대하며 상세한 역사를 가진다. 다시 말해 낙원을 잃는 과정을 그린 여러 신화에서 유사한 역할을 담당하고 있다. 따라서 이들은 상실에 관한 핵심적인 역할을 하는 어떤 과정이나 구조를 표상한다고 볼 수 있다. 처음에는 낯설게 느껴질지 모르겠지만, 나무와 뱀은 신경 체계[433]를 표상하는 듯하다.[434]

나무는 세계의 축이자 세계수로서 혼돈의 세계에 단단히 뿌리내리고 가지를 하늘(조상들의 영혼이 머무는 영역)로 뻗는다. 다음은 하타 요가의 권위자가 들려준 말이다.

발을 땅 위에 굳게 디디고 서는 것은 곧 나무가 토대이자 자양분의 근원인 땅에 뿌리를 내리는 것과 같다. 이 말은 곧 땅을 딛고 굳건하게 서 있어야 일상을 잘 영위할 수 있음을 의미한다. 머리는 허공, 즉 '하늘'에 있다. 여기서 '하늘'이라는 단어는 생의 에너지와 지성을 넘어선 지혜를 마주한다는 것을 의미한다. ……나무 기둥과 같은 척추에는 차크라*가 여럿 존재한다. 정수리는 이 꽃나무에서 가장 아름다운 꽃, 1천 개의 꽃잎이 달린 연꽃, 사하스라라 차크라이다.[435]

세계의 축은 '우주의 중심'에 서서, 서로 분리되어 있지만 밀접한

---

* 신체의 여러 곳에 있는 정신적 힘의 중심점 가운데 하나.

관계가 있는 세계의 세 가지 영역을 연합한다. 지하 세계는 땅과 바다 밑에 존재하는 섬뜩한 미지의 영역으로, 파충류 무리와 맹목적인 자연의 힘과 영원한 어둠이 다스리는 땅이다. 한 예로 고대 북유럽인은 거대한 뱀이 세계수인 위그드라실 밑에 살면서 나무를 죽이려고 뿌리를 갉아먹는다고 생각했다. (하지만 뿌리 밑에 '생명의 우물'이 있어서 위그드라실은 늘 되살아난다.) 북유럽 신화에 나타나는 거대한 뱀은 혼돈의 용이 지닌 파괴적 측면이며, '세계수'를 포함한 만물의 근원이자 창조물을 근원으로 되돌리는 힘이다. ('생명의 물'은 생산과 재생의 힘을 지닌 미지의 긍정적 측면을 상징한다.) 나무와 뱀은 신화의 주제로 매우 보편적으로 등장하며 문학의 주제로도 흔히 사용된다. 이와 관련해서 프라이가 멜빌의 『모비 딕』을 논평한 내용은 살펴볼 만하다. '모비 딕'은 바다 깊은 곳에 사는 거대한 흰머리고래이다. 포경선 선장인 에이해브는 이 리바이어던을 정복하려고 혈안이 되어 있다.

　　『모비 딕』에 등장하는 선장 에이해브의 고래 추격은 세간에서 말하듯이 미친 짓이라거나 '편집증적' 행동이라거나 선원과 선박을 희생하기까지 했다는 면에서 악랄한 행동이라고 볼 수도 있지만, 이 추격의 핵심은 복수가 아니다. 고래는 항해사가 말하듯 단지 '멍청한 짐승'에 불과할지도 모르고 만약 고래가 악의에 차서 에이해브를 죽이려 들었다 해도, 잡혀서 죽임을 당할지 모르는 고래의 입장을 생각해 보면 충분히 이해할 만한 일이다. 에이해브를 사로잡았던 것은 그 어떤 고래보다도 훨씬 더 깊은 차원의 현실, 제정신으로는 마주할 수 없는, 도덕관념이 없고 인간을 소외시키는 세계였다.

에이해브는 모비딕을 죽이려고 추격하는 것이라고 말하지만, 재앙의 징후가 쌓여 가면서 콘래드가 말하는 파괴적 요소에 적응하는 것이 아니라 스스로를 동일시하려는 의지가 실제 동기임이 훤히 드러난다. 멜빌의 표현을 빌자면 에이해브는 '프로메테우스'처럼 독수리의 먹이가 되고 만다. 이 이야기에 등장하는 세계의 축의 이미지는 소설의 마지막 몇 페이지에 등장하는 나선형 소용돌이 속에, 그리고 에이해브의 선원 중 한 사람의 말 속에 등장한다. "꼬챙이가 세계의 중심에서 풀려난 것 같았다." 하지만 이 하강이 순전히 악마적이거나 파괴적인 것은 아니었다. 창조를 위한 하강이 모두 그러하듯이 이것은 지혜를 획득하는 것이 얼마나 치명적인지에 상관없이 지혜를 좇는 행위이기도 했다. 소설이 막바지에 접어들면 리어 왕과 바보 광대 사이에서 엿보이는 관계가 에이해브와 흑인 급사 소년인 핍의 사이에서도 나타난다. 핍은 바닷물 속에 너무 오랫동안 방치된 나머지 미쳐 버리고 만다. 그 대목에서 바다는 핍의 "영혼을 산 채로 놀랄 만큼 깊은 곳까지 끌고 내려갔다. 거기서는 왜곡되지 않은 원초적 세계의 낯선 형상들이 그의 생기 없는 눈앞을 미끄러지듯 이리저리 오가고 있었다. 그리고 '지혜'라는 이름의 인색한 인어왕자가 산더미처럼 쌓인 자신의 보물을 드러냈다."

『모비 딕』은 성경에 등장하는 리바이어던의 상징을 다룬다는 점에서 현대 문학으로서는 매우 심오한 작품이다. 리바이어던은 이집트와 바빌론을 위대한 왕국으로 세웠다가 무無로 되돌린 거대한 사탄의 힘이었으며, 욥기에 등장하는 것처럼 하나님의 적이자 하나님이 오히려 자랑스럽게 여기는 생명체이기도 하다. 리바이어던은 욥에게 "그 거만한 모든 것 앞에서 왕 노릇"(「욥기」 41장 34절)을 하면서 사탄을 도구로 사용하는 존재로 계시되며 하나님의 길이 궁극적으로 신비롭다는 것을 알려 준다. 리바이어던이라는 존재가 어떻게 보일지는 어떻게 접근하느냐에 따라 다르다. 콘래드의 『암흑의 핵심』에 등장하는 적그리스도병에 걸린 커츠의 입장에서 접근하면 그것은 상상하기 어려운 공포이다. 하지만 리바이어던은 사람들이 활용할 수 있는 힘의 원천이기도 하다. 하지만 그렇게 하려면 자연히 상당한 위험을 감수해야 한다. 랭보가 「견자의 편지」에서 "모든 감각의 이상異常"이라고 말했던 위험을 감수해야 하는 것이다. 이 경구는 거대한 것과 악마적인 것 사이의 긴밀한 관계를 보여 준다. 이와 유사하게 베를렌이 『저주받은 시인』에서 표현한 시인의 태도는 에이해브와 같고, 힘에 대한 올바른 찬양은 바로 그 힘에 도전하는 태도이다.[436]

지하 세계 위로는 지상 세계가 있다. 지상 세계는 의식적 존재인 인간의 영역으로 지하 세계와 천상 세계 사이에 불편하게 끼어 있다. 인간은 '영혼과 물질', '천국과 지옥', '질서와 혼돈'이 끝없이 상호작용하며 뒤바뀌는 영역에 갇힌 셈이다. 마지막으로 '위'에는 하늘나라가 있다. 하늘나라는 심리적 이상향, 관념적이고 상징적인 체계, 유토피아적 국가이며, 수세대에 걸쳐 자연스럽게 만들어진 환상이고, 그 자체의 규칙을 따르며 개인을 초월한 존재인 신들의 지배를 받는 곳이다. 세계의 축이 하늘과 땅을 잇는다는 것은 곧 세속적인 개인의 영역과 '신들의 영역' 사이에 다리를 놓는 중요한 의례적 목적을 담당한다는 의미이다.

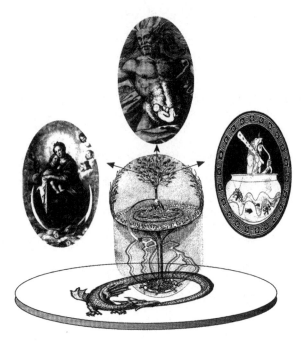

그림 38. 천국과 지옥 사이를 잇는 다리, 세계수[437]

나무를 타고 하늘로 올라가는 행위의 상징적 의미는…… 부랴트족 샤먼의 입문 의례에서 명확히 드러난다. 예비 샤먼들은 유르트 중앙의 말뚝을 타고 올라가 꼭대기에 이르러 연기 구멍으로 나간다. 우리는 연기를 내보내기 위한 이 개구부가 하늘에 있는 북극성에 의해 만들어진 '구멍'을 비유한다는 것을 안다. (다른 종족들 사이에서도 이 천막의 말뚝은 '하늘의 기둥'으로 불리면서 북극성을 비유하는데, 북극성은 하늘 파빌리온의 중심으로서 또 다른 지역에서 '하늘의 못'이라고 불린다.) 따라서 유르트의 중앙에 세워진 의례용 말뚝은 그 바로 위에 북극성이 빛나고 있으며 '세계의 중심'에 있는 세계수를 상징한다. 그것을 타고 오름으로써 샤먼 입문자는 하늘로 들어간다. 연기 구멍 밖으로 나오자마자 그가 신들의 도움을 청하며 크게 부르짖는 이유도 바로 거기에 있다. 그 위에서 그는 신들을 대면한다.[438]

세계수는 '하늘과 땅과 지하 세계'를 잇는 거대한 나무로 묘사된다. 이 거대한 나무 위그드라실은 혼돈의 용(뿌리를 갉아먹는 뱀)이 사는 영역에 뿌리를 내리고 '땅'을 지나 조상과 신들의 영역인 '하늘'에 이른다. 프로이트는 이 세 가지 요소로 이루어진 구조를 무의식적으로 파악하고, 인간 정신을 이드와 자아와 초자아라는 세 가지 요소로 모형화했다. 여기서 이드는 어두운 본능적 '욕구'가 지배하는 '자연' 세계이며, 자아는 개인의 세계, 초자아는 전통의 신이다. 프로이트의 신화는 세계수의 긍정적 요소와 부정적 요소를 모두 다루고 있기에 매우 강력한 영향력을 지닌다.

그림 39는 세계수가 우주 안에서 차지하는 '장소'와 '경험의 구성 요소' 사이의 관계를 밝힘으로써 세계수에 대한 또 다른 해석을 제공한다. 이 그림은 나무와 '원형적 아들'의 상징적 동일시라는 문제를 안고 있다. 그리스도와 사탄은 기독교에서 양가적 아들의 예이자 원형적 아들의 한 예로, 이 나무의 구체적인 한 가지 형태 혹은 이 나무와 불가분의 관계를 맺고 있는 현상이자 나무의 '열매'로 볼 수 있다. 세계수는 '선악을 알게 하는 금지된 나무'로서, 원형적 개인인 그리스도가 못 박히고 매달려 고난을 당하면서도 자신이 곧 하나님임을

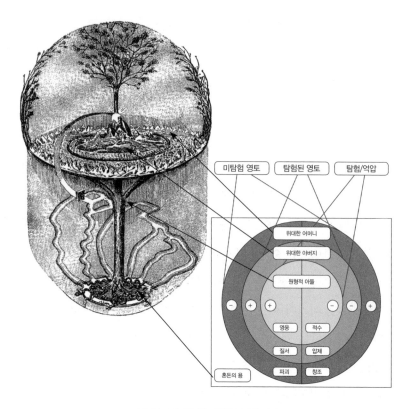

미탐험 영토 / 탐험된 영토 / 탐험/억압

위대한 어머니
위대한 아버지
원형적 아들
영웅 / 적수
질서 / 압제
파괴 / 창조
혼돈의 용

그림 39. 세계수와 경험의 구성 요소

드러낸 십자가, 또한 북유럽의 구세주인 오딘이 매달린 나무이기도
하다.

나는 매달렸다

바람이 휘몰아치는 나무 위에

아흐레를 꼬박 매달려 있었다.

창으로 나를 찔러

제물로 올렸다

오딘에게, 내가 나 자신에게

그 뿌리가 어디까지 내려가는지

누구도 결코 알지 못하는

나무 위에서[439]

그러므로 이 나무와 그리스도의 관계는 그리스도와 개별 인간의 관계와 같다("나는 포도나무요, 너희는 가지이다. 사람이 내 안에 머물러 있고, 내가 그 안에 머물러 있으면, 그는 많은 열매를 맺는다. 너희는 나를 떠나서는 아무것도 할 수 없다." (「요한복음」 15장 5절)). 반면 사탄은 이 금지된 나무에 '도사리고 있는' 존재이다. 사탄이 약속한 (상당한 파괴력을 지닌) 지혜, 즉 신들의 지식은 이 나무의 '첫 열매'였다. 그 때문에 세계수는 세계를 파괴하는 계시의 근원(한 예로 고착된 과거를 뒤흔들고 혼돈에 빠뜨리는 이질적 '사상'의 근원)인 동시에 세계를 구원하는 계시의 근원이다.

「창세기」에 등장하는 아담과 이브는 뱀에게 유혹을 당하기는 했지만 자유의지로 선악과를 따 먹었다. 신화는 지식과 능력을 받아들이는 과정을 음식을 섭취하는 행위에 빗대어 묘사한다. 이와 관련해서 에리히 노이만은 다음과 같이 썼다.

음료, 과일, 허브 등이 생명과 불멸의 매개체로 등장하는 모든 지역에서, 생명의 '불'과 '떡'(성체)을 포함하여 오늘날까지 전해져 내려오는 모든 형태의 음식 숭배에서 우리는 고대인의 표현 양식을 발견할 수 있다. 정신적 내용물의 물질화, 다시 말해서 생명, 불멸, 죽음과 같이 '정신적'이라고 부를 만한 것이 신화나 의례에서 물질의 형태를 취해 물, 떡, 과일 등으로 등장하는 것은 원시적 사고의 특징이다.

의식적 깨달음은 음식을 몸에 받아들이는 근원적인 과정을 통해서 '실연'되었고, 실제로 음식을 먹는 의례적 행위는 인간이 무언가를 흡수하는 첫 방식이었다.

먹은 음식, 즉 '내용물'을 흡수하고 소화하면 내적 변화가 일어난다. 음식 섭취를 통해 일어난 체세포 변화는 인간이 경험한 가장 기초적인 동물 차원의 변화이다. 굶주려 지치고 허약해진 사람이 힘차고 기민하며 만족스러운 상태로 변하고, 극심한 갈증에 시달리던 사람이 생기를 되찾으며 때로 술을 마시고 다른 사람이 되기도 하는 것, 이것이야말로 인간이 살아 있는 한 경험하게 되는 가장 근본적인 경험이다.[440]

인간이 하나님의 명령을 어기고 선악과를 따 먹어 에덴동산에서 추방되고 하나님으로부터 멀어지도록 부추긴 존재는 뱀이었다. 뱀은 아주 오래전부터 위험한 존재, 허물을 벗고 새롭게 재탄생할 수 있는 존재였다.

신화에서 뱀은 두 가지 역할을 맡는다. 변형의 주체이자 상징이며 동시에 근본적이고 미분화된 우로보로스적 힘을 대표한다. 에덴동산의 뱀은 인간에게 신들의 지식을 주었지만 그에 상응하는 힘과 불멸은 줄 수 없었다. 뱀이 인간에게 준 '깨우침'은 전무후무한 재앙을 낳았다. '하늘과 땅이 완전히 분리'되고, 땅 위에서는 불행히도 지식에 대한 약속이 악의 도래와 영원히 연합되고 말았다. 에덴동산의 뱀은 기독교적 정신세계에서 '빛의 담지자'이며 '철저한 이성'을 지닌 영적 존재 루시퍼와 같은 범주에 속한다. 이것은 '이성의 결과물'인 이례적 사상이 자연재해와 같은 파괴력을 내포하고 있기 때문이다. 하지만 그로 인해 혼돈으로 떨어지는 것은 전체 이야기의 절반일 뿐이며, 그것이 '상위 차원'의 의식이 도래하고 '선악과나무의 두 번째 열매'로서 그리스도가 성육신하기 위한 필수 전제 조건임을 고려하면 이러한 동일시는 편향된 것이다. 이 같은 이유로 중세의 연금술사들은 융과 마찬가지로 에덴동산의 이야기를 영지주의적으로 해석했다.

> 따라서 용의 머리는 예수 그리스도와 유사한 것으로 취급된다. 이는 가장 높으신 신의 아들이 인류 최초의 부모에게 분별력을 가르치기 위해 낙원에서 뱀의 형태로 등장한다는 영지주의적 견해와 일치한다. 그 결과 최초의 부모는 데미우르고스(처음 세계를 창조한 신)의 작업이 불완전했다는 사실을 깨달을 수 있었을 것이다.[441]

에덴동산의 뱀은 그 무엇보다 '세계수'가 상징하는 신경계 '내부'에 여전히 도사리고 있는 미지의 존재, 계시적 사상을 만들고 안정된 세계를 뒤흔들고 의식의 영역을 확장하는 인간의 타고난 능력을 의미한다. 이런 사상을 무의식적으로 이해했던 중세 연금술사들은 뱀을 세계수 안에서 스스로를 변화시킨 '신비로운 물질', 곧 세계수의 '생명'이라고 생각했다.[442]

호기심은 지나치면 위험하지만 때로 발견을 이끌어 내기도 한다. 지루하고 익숙한 기지의 세계 '밖'에는 금지된 미지의 존재가 신비

속에 감춰져 있다. "그것을 탐험하지 말라."는 명령은 금지된 대상이나 상황에 신비로움을 더한다. 얼마나 위험하기에 혹은 강력하고 흥미롭기에 그것이 실제로 존재하지 않는 것처럼 행동해야 할까? 무언가를 금지하면 거기에는 '혼돈의 용'이 깃든다. 그곳에 뱀을 들여놓은 셈이 되는 것이다. 명백히 금지된 것은 반드시 주의를 끌기 마련이다. 미지는 두려움을 불러일으키는 동시에 유혹적이다. 뱀과 혼돈의 용, 금지된 대상의 연관성은 조금 더 '생리학적인' 관점에서 살펴봐도 좋다. 쿤달리니 요가에서 뱀은 의식의 강도를 조절하는 역할을 맡는다. 정신 에너지의 저장고인 척추에 있는 생명체로서 이 에너지가 활성화될 때 우리는 황홀경과 깨달음에 이르게 된다. 쿤달리니요가의 목표는 이 뱀을 '깨워서' 깨달음에 이르는 것이다.

뱀은 척추와 명백한(미묘한) 특성을 공유한다. 첫 번째 공통점은 형태이고, 두 번째 공통점은 진화의 역사이다. 인간의 신경계 조직 일부는 파충류만큼이나 계통 발생적으로 오래된 것으로 그 한구석에는 인간을 엄청나게 흥분시키는 힘이 도사리고 있다. 척추를 따라 뇌간 깊숙한 곳으로 올라가는 뱀의 '머리'에 해당하는 조직은 의식을 유지하는 데 반드시 필요한 활동을 수행한다.[443] 잠에 빠져들어 '무의식' 상태에 있는 사람은 예상치 못한 상황이나 잠재적으로 위험한 상황이 발생하면 이 조직이 활성화되면서 즉시 깨어나 경계 태세를 갖춘다. 예를 들어 어머니는 잠들어 있다가도 아이가 갑자기 울면 즉시 일어나서 아이가 괜찮은지 살핀다. 이상적 미래상과 현재 상태를 비교하는 작업은 잠자는 중에도 계속된다. 미지는 수면 중에도 각성을 불러일으킨다. 미지의 출현에 따른 위협은 적응력을 확장하기 위한 적극적 탐험을 일으키고 관심과 의식 수준을 급격히 끌어올린다. 의식이 미지에 반응하기 위해 만들어진 오래된 회로의 활성화에 상당히 많이 의지한다는 말이다. 신화와 문학에서도 이런 내용은 반복적으로 등장한다. 『파우스트』에서 메피스토펠레스의 말을 살펴보자.

> 나의 먼 친척인 뱀의 옛 말씀을 따르라.
> 그대는 꿈에서 신과 같아지는 지식을 얻고 깨어나,
> 영혼을 뒤흔드는 두려움에 떨게 되리라.[444]

가장 '의식적인' 동물은 곧 '동기 부여가 가장 많이 된' 동물이다. 동기 부여가 되었다는 말은, 자기도 결국 죽는다는 최악의 위협이 늘 도사리고 있음을 이해하고 이러한 위협을 해결하려는 영원한 소망을 간직하며, 위험한 미지에서 '구원에 이르는' 정보를 끌어낼 가능성을 살피고, '희망'을 품는다는 것이다. 죽음의 위협과 무한한 가능성이 어디에나 도사리고 있다는 것을 명확히 이해한 덕분에 인간의 의식은 영겁 동안 확장되어 다른 영장류의 의식을 훌쩍 뛰어넘었다. 정교한 인지 체계 덕분에 우리는 만물에서 미지를 볼 수 있고 더불어 안타깝게도(그리고 다행스럽게도) 우리가 알지 못하는 모든 것에 죽음의 위협이 깃들어 있음을 볼 수 있다. 그러므로 외부 세계의 미지에 깃든 '뱀'은 인간 내면의 미지에 깃든 '뱀'과 함께 작동한다. 현재 적응된 영역을 넘어서는 신비(즉 인간의 유한성과 죽음이라는 영원한 신비)에 대한 이해는 적어도 원칙적으로는 '영원한 의식'을 낳는다. 부처가 '깬 자'인 것도 바로 이런 이유 때문이다. 인간의 확장된 두뇌는 적응을 위해 '설계'되었다. 우리는 도처에서 위협과 기회를 보는데, 두뇌 회로는 변칙을 살핀 후에야 멈추도록 설계되었지만 탐색이 성공적으로 완수된 이후에도 멈추지 않고 계속 작동한다. 왜냐하면 목표가 자꾸 멀어져 가서 도저히 목표를 이룰 수 없기 때문이다. 그래서 인간은 영원히 불안하고 불행하고 불만족하고 두려워하며 희망을 품고 깨어 있는다.

수세기 동안 인류의 문화적 노력에 의해 그 범위가 엄청나게 확장되어 마침내 정교한 자기 모형을 발달시키기에 이른 사회적 지식을 받아들인 사람은 인간이 본질적으로 죽을 수밖에 없는 유한한 존재라는 사실을 명확히 이해한다. 이러한 인간의 자기인식으로 인해 인간의 경험 세계는 필멸의 위협과 죽음의 징조, 확정적으로 설명할 수 없는 미지에 영원히 물들었다. 인류가 만든 사회 역시 영원히 부족하고 불안한 곳이고, 미지의 세계는 '죽음의 장소'이자 동시에 인류를 구원하는 새로운 정보의 원천이다. 따라서 모든 대상과 경험은 그 수수께끼로 인해 고조된 의식을 유지해야 할 동기를 불러 일으키는데, 이렇게 깨어 있는 의식은 인간이라는 존재를 끝없이 따라다니는 끔찍하면서도 유익한 특성이다.

인간의 타락을 그린 기독교와 불교의 신화는 자의식 발달이 인간의 자발적 선택이었다고 말한다. 뱀으로 변장한 루시퍼는 지식의 확장이라는 거부하기 어려운 약속을 제시하며 이브가 선악과를 따 먹도록 유혹한다. 미래의 부처가 노인과 병자와 사자를 만난 것은 운명이었지만, 아버지가 애써 완벽하게 만들어 준 낙원 밖으로 떠난 것은 고타마 개인의 자발적 선택이었다. 지식을 확장하려는 탐험 성향과 타고난 호기심은 인간을 구원하는 장점인 동시에 치명적인 단점이다. 이런 이유로 「창세기」와 부처의 이야기는 성숙한 인간으로 성장해 가는 과정에서 견디기 어려운 미지를 맞닥뜨리는 일이 불가피하지만 바람직하다고 말한다. 볼테르는 훌륭한 브라만이라는 존경스럽고도 비극적인 인물의 이야기를 통해 인간의 의식 수준을 끌어올리는 과정에서 자발적 선택과 자부심이 어떤 역할을 하는지 명확하게 보여 준다.

　　"차라리 세상에 태어나지 않았으면 좋았으련만!"

　　"왜 그렇게 생각하세요?" 내가 물었다.

　　"내가 지난 40년 동안 궁구하여 알게 된 것이라곤 그게 다 시간 낭비일 뿐이었다는 걸세. ……나는 나 자신이 물질로 이루어져 있다고 믿는다네. 하지만 생각이란 게 도대체 어디에서 나오는지 스스로 만족할만한 답을 얻지 못했네. 나는 이해력이 걷는 능력이나 소화 능력처럼 단순한 기능인지 아닌지, 머리로 생각하는 것이 손으로 무언가를 들고 있는 것과 비슷한 것인지 아닌지조차 알지 못하네. ……그동안 상당히 많은 말을 했지만 말을 마치고 나서도 여전히 혼란스럽고 내뱉어 놓은 말이 그저 부끄러울 뿐일세."

　　같은 날 나는 그의 이웃집에 사는 노부인과 이야기를 나누었다. 나는 부인께 무언가를 이해할 수 없어서 불행한 적이 있었는지 물었다. 노부인은 내 질문조차 제대로 이해하지 못하는 듯했다. 그녀는 이 훌륭한 브라만을 오랫동안 괴롭혀 온 문제에 대해 평생 단 한 순간도 생각해 본 적이 없었다. 그녀는 비슈누 신이 지닌 변형의 능력을 믿었고, 자신을 완전하게 만들어 줄 갠지스 강의 신성한 물을 조금 구할 수 있으니 자신이 이 세상에서 가장 행복한 여인이라고 생각했다. 이 가련한 여인이 느끼는 행복에 감탄하며 나는 앞서 언급했던 철학자에게로 돌아갔다.

"50미터 떨어진 곳에서 아무 생각 없이 기계처럼 사는 노부인은 행복하게 사는데, 선생님은 비참하게 산다는 게 부끄럽진 않으신가요?"

"맞는 말이네." 브라만이 답했다. "나도 이웃의 노부인처럼 무지하기만 했다면 행복할 수 있었을 거라고 수천 번이나 되뇌었다네. 하지만 그건 내가 바라는 행복이 아니네."

브라만의 대답은 내게 깊은 인상을 남겼다.[445]

브라만이 자신이 내뱉은 말을 수치스럽게 생각한 까닭은 그 불완전성을 깨달았기 때문이며, 자신에게는 인생의 문제에 대한 최종적이고 완전한 해답을 내놓을 능력이 없다는 것을 이해했기 때문이다. 브라만이 느낀 수치심과 불행은 역설적이게도 그가 잘못을 바로잡을 수 있게 해 주는 과정의 부산물이었다. 이렇듯 잘못을 바로잡는 과정은 극단으로 치달을 때는 문제가 되지만 정말 가치 있는 것이기에 일단 획득한 이후에는 버릴 수가 없다. 탐구하는 영혼은 스스로의 안정을 뒤흔들지만 그럼에도 이 능력을 포기하고 '무의식적인' 근원으로 돌아가려 하지 않는다. 이것이 바로 인간을 추락시킨 '자부심', 즉 교만의 일면이며, 동시에 애초에 우리를 파괴한 것이 나중에 발달 과정에서 구원이 될 수도 있다는 '무의식적' 이해를 보여 주는 것이다. 그러니까 우리를 무너뜨리는 바로 그 과정이 무너진 잔해 속에서 무언가 더 강력한 것을 재창조하는 과정일 수 있다는 말이다.

비극의 탄생과 수치심의 발달은 자발적으로 탐험에 나서는 영웅적 성향이 발현된 결과이며, 이는 고통스럽지만 인간을 구원하는 힘을 지닌 (자)의식의 발달로 이어졌다. 자아에 관한 객관적 지식이 확장되면서 개별 인간은 죽을 수밖에 없는 존재라는 사실이 드러났다. 그 이후 모든 인간은 음침한 죽음의 골짜기를 배경으로 살아가면서 끝없는 갈등에 시달리게 되었다. 모든 인간은 운명적으로 자신이 고립된 개별자이며, 죽을 수밖에 없는 존재라는 가혹한 현실을 이해하게 됐다.[446] 자신이 가혹하게도 시간과 세계의 유린 앞에 벌거벗겨진 신세임을 인식하게 되자[447] 남자와 여자는 이처럼 견디기 어려운 고통에서 벗어나고 싶은 동기가 강해졌고, 그 결과 애써 일하며 삶과 죽음으로 고통받게 됐다.

> 그러자 두 사람의 눈이 밝아져서, 자기들이 벗은 몸인 것을 알고, 무화과나무 잎으로 치마를 엮어서, 몸을 가렸다.
>
> 「창세기」 3장 7절

자신이 벌거벗었다는 견디기 어려운 지식을 습득하자 더 이상은 생물학적 욕망을 망설임 없이 수용할 수 없게 됐고, 예전처럼 낙원에서의 존재 방식을 따를 수 없게 됐다. 아담과 이브는 즉시 몸을 가렸다. 자신들의 나약한 몸과 무시무시한 경험 세계 사이에 문화를 상징하는 '보호막'을 세웠다. 자의식이 발달한 결과로 스스로의 나약함을 인식하고 두려움을 느끼게 되자 본능적 행동에 대한 맹목적 믿음이 무너진 것이다.

> 그 남자와 그 아내는, 날이 저물고 바람이 서늘할 때에, 주 하나님이
> 동산을 거니시는 소리를 들었다. 남자와 그 아내는 주 하나님의 낯을
> 피하여서, 동산 나무 사이에 숨었다.
> 주 하나님이 그 남자를 부르시며 물으셨다. "네가 어디에 있느냐?"
> 그가 대답하였다. "하나님께서 동산을 거니시는 소리를, 제가 들었
> 습니다. 저는 벗은 몸인 것이 두려워서 숨었습니다."
>
> 「창세기」 3장 8~10절

낙원은 하늘과 땅과 자연이 여전히 맞닿아 있는 곳이다. 사람이 동
물과 조화롭게 살아가고 하나님의 뜻을 거스르지 않으며 '하나님과
동행하는' 곳이다. 의식은 있지만 자의식은 없는 동물은 이처럼 갈등
없는 자연의 흐름 속에 산다. 동물은 자기 지각과 충동과 행동의 준
거가 되는 관점을 발달시킬 수 없다. 반면 자기를 의식하는 개별 인
간은 현존하는 주요 인사들과 조상들이 전해 주는 경험에 의해 면면
이 형성되고 수정되는 경험의 장, 즉 '역사' 속에서 살아간다. 이렇듯
사회적으로 인정된 역사적 해석은 정교한 자의식의 토대를 이룬다.
자의식을 구축하려면 자아 모형이 정교해져야 한다. 자기와 타인이
독립된 존재라는 생각이 확장되고 사회적으로 확립된 자기에 대한
개념적 표상이 내면화되어야 한다. 이같이 자기를 객관적으로 묘사
하는 능력은 개인과 개인 사이에서 구체적 모방 단계로부터 일반화
된 철학적 논의에 이르기까지 복잡한 과정을 통해서 추상화된 사고

가 소통된 결과로 생겨난다.

기술과 표상을 소통하는 능력 덕분에 인류는 복잡한 자기 표상을 형성하고 내면화하고, 자기 견해를 명확히 밝히거나 행동으로 실천하는 타인 혹은 인류의 경험을 토대로 자기를 인식할 수 있게 되었다. 이 과정은 각 개인이 자기 삶의 독특한 경험뿐 아니라 행동, 극, 언어의 형태로 전해지는 타인의 경험의 주체가 되면서 일어난다. 시공간적으로 축적되어 개개인의 생산 능력을 넘어서는 문화적 경험이라는 자산은 개인의 본능적 경험을 근본적으로 제한하거나 확장한다. 이처럼 인류가 인식을 공유하면서 나타난 필연적인 결과 중 하나는, 개인이 자기 자신의 경험뿐 아니라 보편적인 인간의 경험에 관한 역사적 견해를 접하고, 더불어 과거 자신의 경험과 끊임없이 지속되는 경험에 비춰보면서 자의식이 발달했다는 것이다. 면밀한 의사소통이 가능해지자 인간은 적어도 부분적으로나마 자기의 '객관적' 특성을 인식할 수 있게 됐다.

누적된 역사 속에 확립된 인류의 경험이 개인의 심리내적 세계에 표상되면 하나가 여럿이 되는 효과를 낳는다. 즉 오늘날까지 이어진 집단적 경험이 개인 안에 존재하게 되는 것이다. 이러한 지식의 통합으로 도덕관념이 생겨나고 개인은 도덕적 선택을 할 수 있게 됐다. 선과 악에 대한 도덕 지식이 있으면 하나의 상황에서 취할 수 있는 여러 대안적 행동이 생겨난다. 동물은 각 개체가 순전히 생물학적으로 결정된 지각 및 동기 체계에 따라 움직이고, 근본적으로 상호간의 소통이 누적되거나 기억된 결과로 변화할 수 없기에 자기비판 능력도, 적응 행동의 레퍼토리를 확장하는 능력도, 지금과 다른 상태를 상상하는 능력도, 이런 능력의 기반이 되는 문화적 경험도 없다. 동물의 지각과 행동, 즉 동물의 경험은 역사적으로 입증된 자의식에 의해 해석될 수 없다.

자연환경에서 변함없이 살아가는 동물은 생물학적으로 결정된 운명에 사로잡힌 채, 신화적 관점에서 본다면 신의 뜻에 따라 선과 악을 초월하여 미처 알지 못한 채로 살아간다. 반면 인간에게는 추리고 추린 조상의 선택지라는 여러 대안적 견해가 있으며, 내면화된 혹은 집단의 견해로 자신의 주관적인 지각 및 동기가 자연스레 발현되지 않도록 비판할 수 있다. 즉 순전히 주관적이기만 한 지각과 동기를 판단하거나 뒤바꾸거나 억제할 수 있는 것이다. 이런 능력 덕분에 인간의 해석과 행동은 엄청나게 커다란 가능성과 자유를 누리게 됐지만, 주관적 경험과 순수한 본능은 모욕을 당했다. 이처럼 인간이 자연스러운 행동 방식에서 벗어난 것은 대단한 성취이지만 인간은 그로 인해 영원히 불안을 안고 살아가게 되었다.

비극의 탄생과 수치심의 발달은 자의식의 출현 속성이라고 볼 수 있다. 자의식에 따른 실존적 불안을 해결하기 위해 나타난 구원이라는 사상 역시 조금 더 고차원적인 출현 속성이다. '실낙원'에 관해 이야기하는 전통과 신화는 자의식의 출현이 경험 세계의 구조를 극적으로 변화시켰다는 사상에 토대를 둔다. 종교인들은 이를 인간과 신의 관계가 비극적으로 멀어지고, 인간의 행위가 신성한 질서를 깨뜨린 결과로 해석한다. 이런 사상은 우리 세계관의 중심을 이루고 있어서 어디서나 불쑥불쑥 나타나곤 한다. 우리 모두는 인간이 자연의 질서에 어긋나는 존재라거나(인간의 활동이 환경에 악영향을 미치기 때문에 지구의 입장에서는 인간이 없는 편이 더 낫다는 둥) 인간은 근본적으로 문제가 있다거나 인간은 제정신이 아니라는 (흔히 비종교적인) 생각에 사로잡혀 죄책감을 느끼곤 한다. 끊임없이 등장하는 인간 자신에 관한 이야기는 자의식이 끊임없이 발달하고 있다는 것을 의미하며, 이는 인간의 경험 세계를 비극으로 뒤바꿔 놓는다.

> 여자에게는 이렇게 말씀하셨다. "내가 너에게 임신하는 고통을 크게 더할 것이니, 너는 고통을 겪으며 자식을 낳을 것이다.[448] 네가 남편을 지배하려고 해도 남편이 너를 다스릴 것이다."
>
> 남자에게는 이렇게 말씀하셨다. "네가 아내의 말을 듣고서, 내가 너에게 먹지 말라고 한 그 나무의 열매를 먹었으니, 이제, 땅이 너 때문에 저주를 받을 것이다. 너는, 죽는 날까지 수고를 하여야만, 땅에서 나는 것을 먹을 수 있을 것이다.
>
> 땅은 너에게 가시덤불과 엉겅퀴를 낼 것이다. 너는 들에서 자라는 푸성귀를 먹을 것이다.
>
> 너는 흙에서 나왔으니, 흙으로 돌아갈 것이다. 그때까지, 너는 얼굴에 땀을 흘려야 낟알을 먹을 수 있을 것이다. 너는 흙이니, 흙으로 돌아갈 것이다."
>
> 「창세기」3장 16~19절

인간이 스스로의 운명을 내다보게 되자 운명은 결정됐고 인간은 영원히 낙원을 잃었다.

주 하나님이 말씀하셨다. "보아라, 이 사람이 우리 가운데 하나처럼, 선과 악을 알게 되었다. 이제 그가 손을 내밀어서, 생명나무의 열매까지 따서 먹고, 끝없이 살게 하여서는 안 된다."

그래서 주 하나님은 그를 에덴동산에서 내쫓으시고, 그가 흙에서 나왔으므로, 흙을 갈게 하셨다.

그를 쫓아내신 다음에, 에덴동산의 동쪽에 그룹들을 세우시고, 빙빙 도는 불칼을 두셔서, 생명나무에 이르는 길을 지키게 하셨다.

「창세기」 3장 22~24절

인간은 무엇 때문에 하나님으로부터 숨는가? 자신의 나약함을 깨달았기 때문이다. 자신의 나약함을 깨달은 인간은 자기 안에 깃든 잠재력을 외면하게 됐다. 잠재력을 온전히 발휘하며 산다는 것은 곧 생명을 비롯한 모든 것을 잃을 위험을 감수한다는 뜻이기 때문이다. 인간이 하나님으로부터 어떻게 숨지 않을 수 있을까? 생존은 공포와 끝없는 노역이 됐고, 인간은 본능에 따라 자연스럽게 행동하는 대신 부담스러운 지혜에 이끌려 끝없는 심리적 갈등 속에서 스스로를 훈련하고 불안을 잠재우려 애쓰게 됐다. 인간이 자기 자신의 나약함이라는 영원한 십자가를 지게 된 것이다.

제5장

대립하는 형제들

미지에 대한 원형적 반응

자발적으로 미지를 마주하는 영웅의 여정은

미지를 자애로운 존재로,

마르지 않는 힘과 능력의 원천으로 뒤바꾼다.

경험 세계에 대한 믿음을 가지고 마르지 않는 힘과 능력을 얻은 영웅은,

필요에 따라 집단의 바깥에 서며

자신이 획득한 힘과 능력을 무기가 아니라 도구로 사용한다.

영웅은 집단과의 동일시를 삶의 목표로 삼기를 거부하고

자기 양심과 영혼의 명령에 따라 살려 한다.

영웅은 안전을 보장받기 위해 의미를 희생하지 않고,

의미를 좇음으로써 비극적인 인생의 조건에도

인생을 살만한 것으로 만든다.

▼
▼

　신념 체계에 관한 논의에서 '악'을 짚고 넘어가지 않을 수 없다. 현대 사회에서 '악'이라는 용어는 더 이상 종교를 중시하지 않는 문화에서는 사용하기 어려운 구식 용어로 치부되고 인기를 잃었다. 한때 악으로 규정되던 행위는 이제는 그저 불공평한 가정·사회·경제 체계의 결과로 인식된다(요즘 들어 예전만큼 널리 인정받지 못하고 있는 견해이다). 또 인간의 이해 범위를 넘어선 잔인하고 파괴적인 범죄 행위가 신체적 질병이나 선천적 결함의 발현으로 비춰지기도 한다. 요즘은 보통 악한 행동을 공포와 고통의 미학에 사로잡힌 사람이 저지르는 의도적이고 자발적인 행위로 보지는 않는다.

　리카르트 앙드레, 헤르만 우제너, 제임스 조지 프레이저가 모음집을 편찬한 이후로 잘 알려진 바와 같이, 홍수 신화는 거의 전 세계적으로 퍼져 있다. 홍수 신화는 모든 대륙(아프리카는 희박하지만)과 다양한 문화층에 기록되어 있다. 그중 일부는 우선 메소포타미아를 거쳐 인도로 전파된 것으로 보인다. 그리고 한 차례 혹은 여러 차례 발생한 대홍수로 인해 홍수 신화가 만들어졌을 가능성도 고려해 볼 수 있다. 하지만 이렇게 널리 퍼진 신화가 지질학적 흔적을 전혀 발견할 수 없는 사건에서 기인했다고 설명하는 것은 무모한 일이다. 대다수 홍수 신화는 어떤 의미에서 우주적 리듬의 일부를 이루고 있는 것처럼 보인다. 타락한 인간이 살던 '옛 세계'는 물에 잠기고, 시간이 흐른 뒤 물의 '혼돈'에서 신세계가 출현한다.

　홍수 신화 가운데 꽤 많은 전승에서 홍수는 인간이 죄(종교적 과오)를 범한 결과 일어난다. 때로는 단순히 인간을 파멸시키고 싶은 신적 존재의 소망에서 비롯되기도 한다. …… 주된 원인은 인간의 죄인 동시에 세상의 노쇠에 있다. 우주는 단지 존재한다는, 즉 생존하고 창조한다는 사실만으로도 서서히 기운이 쇠하여 결국 붕괴되고 만다. 이것이 바로 (우주가) 재창조되어야 하는 이유이다. 바꿔 말하자면, 홍수는 새로운 천지창조를 위해 새해 축제 기간 동안 상징적으로 이루어지는 것, 즉 '세계의 종말'과 죄 많은 인간의 종말을 대우주적 규모로 실현하는 것이다.[449]

이집트 창조 신화에서 위대한 아버지를 상징하는 왕 오시리스에게는 그와 전혀 다른 악한 쌍둥이 동생 세트가 있는데, 세트는 결국 오시리스를 죽음으로 몰아간다. 4천 년의 세월이 흐르도록 인류는 이 위대한 이야기의 교훈을 미처 깨닫지 못했다. 인류가 악의 본질을 제대로 이해하지 못한 결과 끝내 악이 승리를 거두었다. 가장 잔인하고 선혈이 낭자했던 20세기의 끝자락에서 우리는 악을 이해하지 못할 뿐만 아니라 악의 존재까지 부인했다. 하지만 이처럼 우리 눈에 잘 띄지 않는 것이 바로 악마가 가장 바라는 일이다.

나는 지금까지 문화의 본질과 생성 방식을 설명하는 데 상당히 많은 분량을 할애했다. 위대한 아버지인 문화는 우리 주위에 견딜 수 없을 만큼 낯선 것은 출입을 허용하지 않는 신성한 공간을 한정함으로써 우리를 미지로부터 보호한다. 문화가 생성되는 과정의 본질은 전 세계에 널리 퍼진 영웅 신화에 잘 드러난다. 영웅은 혼돈의 용을 자발적으로 마주하고 용의 몸을 갈라서 그 조각으로 세계를 창조한다. 그는 지나치게 노쇠한 폭군을 몰아내고 폭군의 손아귀에서 처녀인 어머니를 구한다. 이 같은 영웅 신화는 세계의 양면적인 본질을 드러낸다. 자연은 한없이 창조적인 동시에 파괴적이다. 자연과 불가분의 관계인 사회 역시 구성원을 억압하는 동시에 보호한다. 하지만 지금까지 이 책에서는 영웅이 홀로 있는 것처럼 설명했다. 이는 우리 이야기가 끝나려면 아직 멀었다는 뜻이다. 경험의 구성 요소들이 지닌 근원적인 양면성은 자연과 사회만큼이나 어둡고 파괴적인 인간 개개인에게도 해당된다.

신화는 혼돈과 질서는 물론 모든 인간에 내재된 악한 본성을 인격체로 담아낸다. 인간의 어두운 측면은 영웅의 적수이며, 자발적으로 다가가서 미지를 탐험하는 대신 미지와의 대면을 회피하거나 미지의 존재를 부인하는 존재로 묘사된다. 적수는 사회를 쇄신하는 대신 왕에게 간언을 하여 사회의 몰락을 부추긴다. 이 적수의 심상은 '악'이라는 현상 자체와 마찬가지로 수세기에 걸쳐 점점 더 복잡하고 정교하게 발전해 왔다. 악의 본질을 제대로 이해하는 것은 두렵지만 유익한 일이다. 인류에게 이같이 유익한 두려움을 느끼게 하는 것이 신화와 집단의 기억에 '악'을 담아낸 목적이다. 한 예로 기독교 전통에서 만든 악마의 심상은 악의 본질을 드러내는 훌륭한 사례이다. 암묵적, 명시적으로 악마를 모방하면 재앙이 초래된다. 악마의 특징을 묘사한 이야기들은 원한과 증오와 교만과 질투의 끝에 무엇이 있는지를 명백히 보여 준다.

'악'은 '선'과 마찬가지로 변하지 않는 것이 아니다. 또한 단순히 규칙 위반이나 폭력, 공격성, 분노, 고통, 실망, 불안, 공포가 아니다. 어떤 상황에서 나쁜 결과를 낳았던 것이 다른 상황에서는 유익할 수 있다. 때문에 인생은 끝없이 복잡해진다. 앞서 언급했던 바와 같이[450] "무엇이 선인가?"라는 질문에 대한 해답은 반드시 메타 영역에서 찾아야 한다. '선'이 맥락에 따라 달라진다는 점을 고려할 때, 더 근본적인 질문은 '무엇이 선인가?'라는 질문에 대한 해답을 어떻게 계속해서 적절히 찾아낼 것인가이다. 그렇다면 '선'이란 도덕 지식을 구축하는 과정이 왕성하게 일어나도록 돕는 환경이자 그것이 구축되는 과정 그 자체일 것이다. 그렇다면 '무엇이 악인가?'의 문제도 이와 유사하게 다뤄야 한다.

악은 창조적 탐험을 거부하며 기를 쓰고 저항하는 것이다. 교만하게 미지를 거부하며, 사회를 이해하고 초월하고 혁신하는 과정을 의도적으로 회피하는 것이다. 더 나아가 고결하고 용감한 사람들을 그들이 고결하고 용감하다는 이유로 미워하는 것이다. 악은 어둠을 사랑하기에 빛이 있는 곳에 어둠을 퍼뜨리려 한다. 세계의 노쇠를 가속화하는 모든 행위의 밑바탕에는 악한 영혼이 도사리고 있으며, 이런 행위는 존재하는 모든 것을 물로 쓸어 파괴하려는 신의 욕망을 부채질한다.

거대한 악은 적어도 돌이켜 보면 쉽게 알아차릴 수 있고, 대개 (적어도 해석상으로는) 타인의 행위에 의해 일어난다. 예를 들어 우리는 홀로코스트 기념관을 수없이 세우고 역사를 절대 잊지 않겠다고 다짐한다. 하지만 우리가 기억하는 것은 무엇인가? 우리가 홀로코스트에서 배워야 할 교훈은 과연 무엇인가?

우리는 홀로코스트가 어떤 과정을 통해 일어났는지 제대로 이해하지 못한다. 거기에 관여한 사람들이 그 일이 일어나는 과정에서 무슨 행동을 했고, 무슨 행동을 하지 않았기 때문에 그렇게 끔찍한 일이 일어났는지, 또 도대체 무엇이, 누가 독일 사회로 하여금 그렇게 끔찍한 일을 저지르게 했는지 알지 못한다. 주위 사람들이 모두 자기 명령을 따르는 마당에 도대체 히틀러가 스스로 잘못하고 있다는 사실을 어떻게 깨달을 수 있겠는가? 민주적인 방법으로 획득한 절대 권력의 유혹에 저항하려면 얼마나 인격이 올곧아야 할까? 이런 상황에서 계속 겸손함을 유지할 수 있는 사람이 과연 있을까? 사람은 누구나 인격에 약점이 있고, 그 약점은 사회 환경의 제약 아래에 놓여 있다. 우리가 자신을 통제하지 못하고 도가 지나친 행동을 할 때, 주위 사람들은 그 잘못에 대해 불평하고 이의를 제기해서 우리의 신경증적 성향을 억누른다. 만약 당신의 결점을 지적해 주고, 당신이 자신의 결점을 의식할 수 있도록 도와줘야 할 사람들이 모두 당신을 구세주라고 생각한다면 어떻게 될까? 이런 질문을 던지는 까닭은 히틀러를 변호하기 위함이 아니라 히틀러도 단지 인간이었음을 강조하기 위함이다. 이 말은 무슨 의미인가? 히틀러도, 스탈린도, 이디 아민도 모두 인간이었다. 그렇다면 인간은 과연 어떤 존재인가?

인간의 포악하고 퇴폐적인 성향은 자신에게 주어진 권력의 한계 때문에 대개 겉으로 잘 드러나지 않는다. 우리가 기분에 따라 수백만 명을 죽음으로 몰아넣을 수 없는 까닭은 우리에게 그런 일을 할 만한 힘이 없기 때문이다. 우리는 히틀러와 같은 권력자가 아니기에 주위 사람을 난폭하게 대하는 선에서 만족하고는 스스로를 도덕적인 인간이라고 자부한다. 우리는 타인을 자기 뜻대로 굴복시키기 위해서 공격하고 힘으로 제압하며, 힘이 없을 때는 자신이 아프다거나 나약하다는 점으로 동정심을 이끌어 내고 교묘히 타인을 조종하려 한다. 그럴 일은 거의 없겠지만 사회가 우리에게 희망을 걸고 헌신하며 절대 권력을 부여했다고 가정해 보자. 기회가 주어진다면 우리 중에 히틀러처럼 행동하지 '않을' 사람이 몇이나 될까? 그러나 그렇다고 해서 권한 부족이 도덕성과 곧바로 직결되지는 않는다.

수많은 왕들은 그들이 '인간'이었기 때문에 폭군이 되거나 타락한 삶을 살았다. 수많은 사람들이 여전히 폭군으로 살거나 혹은 도덕적으로 타락한 삶을 산다. 홀로코스트를 기억함으로써 "그런 악한 역사를 두 번 다시 되풀이하지 말자."는 말은 어불성설이다. 우리는 홀로코스트를 이해하지 못했고, 이해하지 못한 것을 기억할 수는 없기 때문이다. 우리가 홀로코스트를 이해하지 못한 까닭은 우리 자신을 제대로 이해하지 못했기 때문이다. 제2차 세계대전(그 밖에도 스탈린 치하의 소련, 폴 포트 치하의 캄보디아 등)과 같은 도덕적 재앙을 일으킨 이들은 우리와 별반 다를 바 없는 사람이었다. 그런 재앙을 '두 번 다시 반복하지 않으려면' 우리는 '우리 자신을 알아야' 한다. 모든 인간의 내면에 깊숙이 자리하고 있는 치명적인 적수, 악한 쌍둥이 형제를 알아보고 이해해야 한다.

구세주로 표상되는 인간의 영웅적 성향은 인간의 본질이자 정수이며 영원히 존재하는 영혼이다. 하지만 영웅에 '대항하는' 성향도 영원히 존재하기는 마찬가지이다. 끝없이 부인하고자 하는 욕망과 모든 존재를 고통 속에 몰아넣으려는 욕망은 인간의 내면에 뿌리 박힌 본성이다. 위대한 극작가와 종교 사상가 들은 우리 내면의 악한 본성을 적어도 암묵적으로 이해하고 이야기와 심상으로 전달했다. 현대의 분석적 사상가들과 실존주의 이론가들은 이런 생각을 '상위 의식' 차원으로 추상화하여 논리적이며 의미론적인 형식으로 담아냈다. 이제는 자료가 충분히 쌓였기 때문에 우리는 악의 초상화를 명확히 그려 낼 수 있다.

적수의 출현, 발달 그리고 표상

사탄이라는 '인격체'는 종교와 신화를 통틀어 현존하는 악의 표상 중 가장 발전된 형태일 것이다. 얼핏 이 '인격체'는 공격성과 같이 구체적인 인격 특성을 나타내는 것처럼 보이지만 사실 그보다는 하나의 개인적 혹은 사회적 '과정'을 표상한다. 악마는 전체주의를 발전시킨 영혼이다. 이 영혼은 이성적 사고를 우위에 두고 완고하게 자기 이념을 고수한다. 오류의 존재와 변칙의 필요성을 인정하지 않은 채 한 가지 적응 방식에만 의지한다. 그 결과 악마는 어쩔 수 없이 자기와 세계를 증오하게 된다. 이 같은 영혼의 특성은 본질적, 인과적 연관성을 맺고 있다. 이 불가분의 관계는 개인을 초월하여 불변하는 인격으로 개념화된다.

악마는 비극적인 인생의 조건에 원한을 품고 인생을 견딜 만하게 만들어 주는 과정을 의도적으로 거부한다. 이는 지적 교만으로 볼 수 있는데, 인생의 조건이 해석에 따라 달라질 수 있기 때문이다. 자의식의 발달하면서 만물이 죽음으로 물든 것은 사실이지만 우리가 의식적으로 이해하는 세계의 범위는 매우 제한적이다. 지금 우리가 해석한 현재 상태가 견디기 어려운 상태이더라도, 절대적 신념이나 교만, 생에 대한 원한에 얽매이고 변화의 가능성을 부인하지 않는다면 그 해석이 바뀔 수도 있다.

악마는 힘없고 나약한 인생은 존재 가치가 없다며 인류를 몰살하려 한다. 20세기에 악마는 특히나 악마의 심상이 무용하다며 폐기해 버린 사회에서 끔찍한 고통을 초래했다. 지금 우리 사회가 그런 고통에 빠져 있지 않다고 해서 우리가 여전히 우리 자신의 악한 본성에 대해 무지하다는 사실과 스스로를 더 잘 통제해야 한다는 사실을 잊어서는 안 된다. 기술이 발전하면서 인류가 가진 힘은 더욱 커져 가고, 더불어 우리가 심리적 통합을 이루고 자의식을 확장해야 할 필요성도 함께 커지고 있기 때문이다.

고귀한 영혼은 자기 자신에게 경외심을 갖는다.[451]

지난 14년간 악에 대한 연구가 심도 있게 진행될수록 나는 사탄이 등장하는 신화에 더욱더 매료되었고, 서구 사상에서 사탄을 다루는 이야기가 차지하는 위상에도 궁금증을 품게 됐다. 악마에 대한 사상은 기독교 문화 발전에 지대한 영향력을 행사하고 결과적으로 서구 사회뿐 아니라 전 세계에 영향을 미쳤음에도, 『신약』 및 『구약』에서 사탄을 직접 언급한 사례는 거의 없다(놀라울 만큼 적다. 지옥에 관한 이렇다 할 묘사도 없고, 지옥이 만들어지기 이전에 하늘에서 일어났던 천사들의 반역과 전쟁에 관해서도 에둘러 약간 언급하고 있을 뿐이다. 모든 죄인이 죽음 후에 맞게 될 무서운 심판에 대한 언급도 없다).

나는 지옥의 지배자 사탄에 대한 전통적, 문학적 표상이 '진정한 신화'라고 생각한다. 기독교의 중심 사상과 문헌에서 나타난 사탄의 모습은 마치 안개에 에워싸인 산처럼 희미하기만 하다. 나는 사탄에 대한 사상을 기독교 교리와 구전 그리고 단테와 밀턴의 문학 작품을 통해 접했다. 유년기에 나는 기독교 교육을 그다지 받지 못했기 때문에 사탄에 대해서 아는 것이라고는 이것저것 읽는 와중에 주워들은 풍문뿐이었다. 제임스 조이스의 『젊은 예술가의 초상』에서 예수회가 죄의 대가에 관해서 한 무시무시한 설교라든가, 밀턴의 『실낙원』에 등장하는 사탄에 대한 이야기라든가 말이다. 『실낙원』을 예로 들면 사탄은 하늘나라의 천사들 중 가장 높은 존재였으나 자기가 지극히 높은 하나님이 되고 싶다는 욕망에 사로잡혀 반역을 일으킨다. 하나님에게 패한 사탄은 뉘우치지 않고 지옥으로 쫓겨났고 거기서 영원히 죽은 죄인들의 영혼을 다스린다. 나는 이 이야기의 의미에 대해서는 전혀 이해하지 못한 채 이야기 속 등장인물과 사건이 실제일 리가 없다고만 생각했다.

에덴동산의 뱀과 악마의 관계가 추측에 불과하다는 사실을 내가 깨달은 것은 그로부터 오랜 시간이 흐른 뒤였다. 영지주의자들 중에는 아담과 이브에게 자의식의 빛을 가져다 준 신이 태초에 만물을 창조한 창조주보다 더 '높은 영'이라고 생각한 부류도 있었다. 또 영지주의자들은 흔히 낙원(기존의 안정적인 차원)으로부터 추방된 사건을 '상위 차원'으로 옮겨 가기 위한 전제 조건으로 여겼다. 중세 기독교에서도 이와 유사한 사상이 발전했다. 중세 기독교인에게 원죄는 그리스도의 성육신을 불러온 '다행스러운 과오'였다. 이 말은 곧 기독교인들에게 낙원에서 쫓겨난 사건이 그 자체로는 비극적인 일이지만 그 결과 인간을 구원하기 위해서 하나님이 인간의 몸을 입고 이 땅에 내려오게 됐다(기독교인의 관점에서는 역사상 가장 놀라운 사건이다.)는 점에서 유익한 일로 간주될 수 있다는 뜻이다. 이처럼 넓은 관점에서 보면 인류를 혼돈으로 내몬 에덴동산의 뱀까지도 '하나님의 도구', 즉 선택의 자유와 악마의 유혹처럼 문제의 소지가 존재하는 세계를 완벽하게 만들어 나가기 위해 쉬지 않고 일하는 자애로운 하나님의 도구로 해석될 수 있다(루시퍼라는 이름 역시 '빛을 가져온 자'를 의미한다).

나 역시 괴테의 『파우스트』에서처럼 악마가 이성이나 교만과 오랫동안 연관되었다는 사실을 암묵적으로 알고 있었다. 이러한 관계 때문에 기독교 내부의 교조적 세력은 과학이 곧 이성이며, 이성이 곧 악마라는 등식에 따라 과학에 반대하는 입장을 취하고 교회가 새로이 등장한 과학적 진리에 반대하는 것을 정당화했다. 하지만 한때 잘못 적용되었다고 해서 신화 속 사상이 사상으로서 타당성을 잃는 것은 아니다. 이성적 사고 능력은 실제로 의심의 여지없이 강력한 힘을 지니고 있으며, 그렇기 때문에 위험하다. 하지만 이성적 사고가 도대체 어떤 조건에서 파괴적인 역할만을 하는지 우리는 여전히 제대로 이해하지 못하고 있다.

이처럼 내 머릿속에서는 악에 대해서 모호한 연관성을 지닌 수많은 사상과 이야기가 상징적인 역사적 사건과 함께 맴돌았다. 예를 들면 노트르담 대성당이 프랑스 혁명 당시 '이성의 신전'으로 바뀌어 불리었다는 사실 같은 것 말이다. 악에 대한 사상과 이야기를 명확히 이해하고 악의 본질을 논리적 혹은 정서적으로 파악하여 서로 어떻게 연관되어 있는지를 이해하기는 쉽지 않다. 현대인들은 무엇을 '분명히 이해'하려면 그것을 명확히 정의하는 '온전한 집합'을 형성해야 한다고 생각한다. 하지만 악에 관한 사상들은 그렇지 않다. 이것들은 '기지'나 '미지'에 관한 사상과 마찬가지로 다양한 소재가 뒤섞인 '자연적 범주'를 이룬다. 게다가 악이 선과 마찬가지로 고정되어 있지 않기 때문에 문제가 더 복잡해진다(물론 악이 완고하게 고정된 것을 추구하기는 한다).

악은 교만, 원한, 질투, 증오와 같은 동기 및 정서 상태와 관련이 있지만 그중 어느 하나와 동일시할 수 없는 '역동적 과정'이다. 한 예로 공격적 행위가 도덕적인가 비도덕적인가는 그것이 발현된 맥락에 따라 달라진다. 마치 단어가 어느 문장이나 문단, 책이나 문화에서 쓰였는지에 따라 의미가 달라지는 것과 같다. 악은 살아 있는 '콤플렉스'이다. 악의 본질은 신화와 문학, 상상 속에서 악이 취한 '인격'을 살펴보면 가장 명확히 이해할 수 있다. 이 인격은 시간의 흐름에 따라 개인의 삶과 도덕률이 극적으로 변하는 가운데서도 변치 않는 악의 메타 속성을 지닌다.

악마의 이미지는 좋든 싫든 적어도 서양에서 악이라는 개념이 취한 형태이다. 우리는 아직 악마라는 신화적 표상을 잊고 지나쳐도 좋을 만큼 악에 대한 명시적 모형을 만들지 못했다. 현대인은 악이라는 개념 자체가 낡은 개념이라며 그것을 제대로 이해하지 못하는 문제를 합리화하려 한다. 하지만 이는 지나치게 교만한 생각이다. 심리학이 발전한 현대는 악한 본성에 사로잡히는 것이 어느 때보다 위험해지게 될 기술력을 갖게 됐지만, 그럼에도 현대를 살아가는 우리가 조상들보다 악의 본질을 더 잘 이해하고 있다는 증거는 어디에도 없다. 조상들은 적어도 악이라는 문제에 끊임없이 관심을 가졌다.

한 예로 (비관적인 데다 불평등하긴 하지만) 원죄라는 엄정한 기독교 교리를 수용하는 사람은 적어도 '악의 존재'를 '인정'했다. 원죄는 적어도 인간의 내면에는 본질적이며 유전적인 악한 성향이 있다는 믿음을 퍼뜨렸다. 이 개념을 믿으면 자신의 행동과 동기가 명백히 선하게 보일 때조차 마음속의 악한 성향이 '무심결에' 우위를 점하지 않도록 늘 면밀히 자기 행동과 동기를 살피게 된다. 원죄에 관한 교리는 모든 사람이 자기 자신을 어느 때라도 악을 범할 수 있는 존재로 간주하게 만들고, 신화 속에 등장하는 무시무시한 지옥과 그곳에 사는 존재들을 마음속에 들여놓게 하기 때문이다. 악은 반드시 어딘가에 존재한다. 악의 근원을 자신이 아니라 다른 곳에서 찾으려는 사람들의 마음속에서는 쉽게 위선을 발견할 수 있다.

악이나 악마에 대한 심상과 개념을 일종의 잠정적인 것으로 이해하자 옛 사상들이 저절로 정리되었다. 나는 엘리아데로부터 '천상의 위계질서'를 이해하는 법을 배웠다. 유대교와 기독교의 일신론은 그보다 더 오래된 다신론에 뿌리를 두고 있다. 고대 다신론에 존재하는 수많은 신은 소위 영적 싸움을 벌인 결과 조금 더 근대적인 종교의 유일신으로 변모했다. 이 영적 싸움은 행동에 영향을 미치는 사상들이 벌인 전투로, 관념과 심상 차원에서는 물론 실제 지상에서도 벌어졌으며, 신화에서는 천상에서 벌어진 영적 전쟁으로 그려진다(천상은 바로 개인을 초월하는 사상이 존재하는 공간이다). 영적 전쟁의 결과 만물을 지배하게 된 신은 여러 속성을 지닌 유일신이며, 수많은 천사와 옛 신들(인류의 계통발생 과정에서 상위 정신 과정에 속하는 영원하고 초개인적인 정신 과정들)이 내는 신성한 '반향'에 둘러싸여 있다.

기독교 신화는 사탄을 하나님이 다스리는 하늘나라의 천사장으로 묘사한다. 이 대목을 살펴보면 사탄과 이성의 연관성을 이해하는 데 도움이 된다. 이성은 인간 고유의 심리적(영적) 특성 중에서 가장 발전되고 놀라우며 개인을 초월한 영원한 특성이므로 천사장으로 간주할 만하다. 그림 40은 외젠 들라쿠르아가 『파우스트』 제1부의 삽화로 그린 악마의 이미지이다.[452] 가장 뛰어난 영혼인 이성은 커다란 유혹에 빠진다. 스스로의 존재를 인식하고 스스로를 예찬할 수 있는 이성의 능력은 곧 한없는 교만과 스스로 전지하다는 사상을 낳았다. 자신의 놀라운 능력을 자각한 이성은 자신에게 절대 지식이 있으므로 자신이 신을 대체할 수 있다고 여기거나, 아니면 신이 없어도 좋다고 믿기에 이른다.

그림 40. 천상의 영혼이자 사악한 지성, 악마

지고하신 분과 동등해지리라고 믿고서,

대망을 품고

하나님의 보좌와 그 주권에 맞서

불경스러운 전쟁, 오만불손한 싸움을

하늘에서 헛되이 일으켰더라.[453]

스스로 전지하다고 믿는 이성의 신념은 말로 표현되지는 않더라도 절차와 심상의 형태로 나타나 전체주의의 '무의식적' 토대를 이루고, 세계 곳곳에서 파괴적인 얼굴을 드러냈다. 이에 관해서 프라이는 다음과 같이 썼다.

밀턴이 말했듯 악마의 타락은 단순히 그가 하나님에게 순종하지 않은 것이 아니라 하나님에게 도전하고 맞서 싸우려 했기 때문에 일어났다. 그때 이후로 악마의 사회는 신의 사회를 일관되게 체계적으로 모방한 사회였고, 일반적인 인간의 능력을 훨씬 능가하는 힘을 지녔기에 타락한 천사인 악마를 연상시켰다. 야곱과 플라톤의 사다리를 오르내리던 천사들과 같이 이교도의 인생에는 악마의 보상이 따르는 듯하며, 이는 인간의 것이라고 믿기에는 너무나 장엄한 (특히 몰락 직전의) 이교도 제국의 위엄을 설명해 준다.

『구약』의 예언서에서 이 주제와 관련해서 살펴볼 만한 두 대목은 「이사야」 15장에서 바빌론을 맹렬히 비난하는 대목과 「에스겔」 28장에서 두로를 책망하는 대목이다. 성경에서 바빌론은 스스로 "가장 높으신 분과 같아지겠다."고 선언하는 샛별 루시퍼와 동일시되고 두로는 "마침내 네게서 죄악이 드러나기" 전까지 에덴동산을 지키는 아름다운 '그룹(천사)'과 동일시된다. 『신약』(「누가복음」 10장 18절)에서 예수가 사탄을 하늘로부터 떨어진 존재로 묘사했기에 사탄은 기독교 전통에서 「이사야」에 나오는 루시퍼와 동일시되었다. 그리고 전승에 따라 하늘에서 쫓겨나기 이전에는 하나님의 첫 아들이었고 천사들을 다스리는 천사장이었으나 타락 이후 하나님의 크나큰 적수로 성장했다고 여겨졌다. 이교도 왕국의 배후에 도사리고 있는 초인적인 악마의 세력을 기독교에서는 하나님의 영광을 가로채려는 지상의 군주, 즉 적그리스도라고 불렀다.[454]

스스로 모든 것을 알고 있다는 신념이 왜 창조적 탐험에 반하는 걸까? '모든 것을 알고 있다'면 미지가 더 이상 존재하지 않기 때문에 더 이상 탐험을 할 필요가 없어진다. 오히려 탐험은 의심스럽고 위험한 행위로 간주될 수 있다. '기지'와의 동일시를 절대화하면 '앎에 이르는 과정'과 스스로를 동일시할 기회가 사라지고 만다. 그러므로 이성이 절대 지식이라고 추정한다면 질서와 혼돈을 중재하는 신성한 '과정'이자 창조적 말씀인 그리스도를 거부하는 죄를 짓게 된다.

전체주의적 교만은 겸손한 창조적 탐험에 맞서는 뿌리 깊은 악이다. 여기서 말하는 겸손은 스스로 오류를 범할 가능성이 있음을 인정한다는 뜻이다. 겸손한 사람은 자신이 알지 못하는 미지가 존재한다는 점과 기존 지식을 수정하고 행동 양식을 바꿀 필요성을 인정한다. 이러한 겸손은 다소 역설적이긴 하지만 곧 용기이기도 하다. 스스로 오류를 범할 수 있음을 인정하는 것이 곧 미지를 맞닥뜨리기 위한 전제 조건이기 때문이다. 미지에 대한 두려움은 전체주의의 전제를 만들어 낸 '숨은' 동기이다. 전체주의자는 두려움으로 인해 예측할 수 없는 모든 것을 제거하려 든다. 전체주의자는 애국심 속에 자신의 비겁함을 감추지만 결국 스스로 대가를 치르게 된다.

밀턴이 성경과 신화에 암시된 내용을 바탕으로 쓴 『실낙원』의 제4권에는 하나님이 '둘째 아들'인 그리스도의 영광을 위하여 루시퍼를 '밀어낸다.'[455] 이 같은 '천상의 위계질서 변화'는 스스로를 '최고의 천사'로 치부하며 자기 혼자 구원을 이룰 수 있다고 믿는 이성이 창조적 탐험 영웅의 지배 아래 있어야 한다는 의미가 아닐까. 이성은 탐험 영웅의 지배 아래에 있을 때만 건강하게 기능할 수 있다. 하지만 이성적 영혼에게는 천국에서 누군가를 섬기는 쪽보다는 지옥에서 지배자로 군림하는 쪽이 더 매력적인 대안으로 다가올 때가 많다.

악마는 "나는 알아야 할 모든 것을 알고 있다."고 말하며, 스스로 만들어 낸 아름다운 창조물과 사랑에 빠진 나머지 더 나은 것을 보지 못하는 영혼이다. 자신의 무지와 과오를 인정하고 창조적 탐험에 동참하는 대신 자기가 언제나 옳다고 믿고 싶은 욕망이다. 악마는 스스로 두려워하고 있다는 사실, 자신이 나약한 존재라는 사실을 끝내 부정한다.

'하나의 과정'으로서의 적수와 '경험의 구성 요소'로서의 변칙을 구별하지 못한 결과, 기독교는 최악의 월권 행위를 저지르고 말았다 (이는 비단 기독교만의 문제가 아니었다). '내 생각만 옳다고 생각하는' 사람들은 자기 안정이나 도덕률을 위협하는 존재와 악한 세력을 끊임없이 혼동한다. 우리로 하여금 기존의 신념을 거스르는 경험을 하게 만드는 천재를 이방인과 구분하지 못하고 그 같은 경험을 거부한다. 이와 같이 적수와 변칙을 구별하지 못하는 현상은 이례적 사건, 이방인, 낯선 사상, 혁명적 영웅이 모두 안정된 상태를 뒤흔들고 정서 조절의 어려움을 초래한다는 점을 고려하면 이해할 만하다(이런 현상은 악마가 간절히 바라는 바이다). 또 변칙을 악으로 범주화할 경우 변칙에 대한 억압을 '정당화'할 수 있다는 점에서 그 동기도 이해 가능하다. 기존의 도덕률을 쇄신하는 영웅은 미지와의 불편한 대면을 이끌어 내고 혼돈을 초래하지만, 이는 더 높은 차원의 질서를 형성하기 위한 과정이다. 이 같은 창조적 과정을 억압하고 전통에 목을 매면 전통은 머지않아 급격히, 훨씬 더 위험하게 무너지고 만다.

이것을 대다수 사람들이 막연히 악으로 규정하는 구체적인 예를 들어 설명해 보자. 독실한 기독교인이 음탕하거나 폭력적인 환상을 품었다면 그 자체는 악이 아니다. 악은 바로 자신이 그런 환상을 품었다는 사실을 부정하거나 혹은 환상으로 남겨 두어야 할 행동을 실현하는 것이다. 환상은 그저 하나의 정보일 뿐이다. 독실한 기독교인의 입장에서는 무슬림의 존재나 신념도 악이라고 볼 수 없다. 악은 이방인이 지닌 낯선 신념이 자신이 믿는 기독교 신념과 정반대라고 확신할 정도로 스스로 기독교의 신념을 잘 이해하고 있다고 믿거나, 고정된 도덕 체계를 자신의 해석에 따라 수용하는 것만으로도 자기 인격이 온전해질 수 있다고 확신하거나, 무지와 독선으로 무슬림을 박해하는 행위이다. 악은 불편한 사실 그 자체가 아니라 불편한 사실을 회피하는 것이다. 모든 사람의 내면 깊이 자리한 나약함, 어리석음, 안이함, 무지는 그것 자체로는 악이 아니다. 이 같은 인간의 '불완전함'은 인생에 한계가 있기 때문에 일어나는 불가피한 결과이다(그리고 한계가 없다면 경험도 불가능해진다). 하지만 자신의 어리석음이 드러났을 때 그것을 부인하는 행위는 스스로 '극복'할 기회를 박탈하기 때문에 악하다. 자신의 어리석음을 부정하면 영적 성장이 멈춘다. 자신의 무지와 탐욕에 대한 인식은 가장 두려운 손님으로 등장하여 우리를 수치심과 불안과 고통에 빠뜨리며, 때문에 악의 화신으로 간주되기도 한다. 하지만 반대로 바로 그 인식이 우리를 빛 가까이로 데려다주기도 한다. 우리가 그 소식의 의미가 드러날 기회를 주기만 한다면 말이다.

『사탄의 탄생』[456]에서 일레인 페이절스는 악마가 그리스도의 영원한 적수라는 생각이 기독교인의 비기독교인에 대한 박해를 어떻게 정당화했는지 설명한다. 기독교인은 "유대인은 기독교인이 아니므로 기독교인의 적수이다. 악마가 곧 적수이므로 유대인은 곧 악마"라는 논리로 유대인을 박해했다. 페이절스는 사탄이라는 존재가 나와 다른 타인에 대한 박해를 도덕적으로 미화하려는 욕망에 의해 만들어졌다는 납득할 만한 가설을 제시했다. 하지만 실제 역사에서 '적대자'라는 개념이 발전해 온 과정은 그보다 조금 더 복잡해 보인다.

이처럼 폭넓은 초개인적 개념이 발전하려면 수세기에 걸친 작업이 필요하기 때문에, 악마의 심상이 의식적 동기에 의해 만들어졌을 리는 없다. 타자에 대한 박해를 정당화하는 과정에서 끊임없이 악마의 심상이 동원되기는 했지만, 사실 그것은 순수하게 악의 '본질'을 담아내려는 꾸준한 시도의 결과였다. '타자'를 악마와 연관시키는 논리는 종교를 행동 차원이 아니라 신념 차원에서만 받아들인 사람들, 다시 말해서 행동으로 구현된 창조 과정을 메타 모방하지 않고 고정되어 있는 (종종 비합리적인) 사실을 진리로 받아들이는 사람들에게나 통하는 것이다. 이방인의 행동에서든 관념적인 철학으로든, 이례적인 사실, 더 적절히 표현해서 불편한 사실이 존재한다는 것은 '악이 아니라 종교적 행동이 필요하다는 신호'이다.

인류가 악의 본질을 깨닫기까지는, 다시 말해서 인간이 환경에 적응하지 못하고 고통을 자초하는 과정을 상세하고 극적으로 표상하기까지는 수천 년의 세월이 걸렸다. 이러한 노력의 결실을 제대로 이해하기도 전에 내치는 건 너무 성급한 행동일 것이다. 악에 대한 의식은 맨 처음에는 의례의 형태로 등장했고, 이후에는 신화 속에서 극적인 심상으로 나타났다. 이처럼 오랜 세월 동안 광범위한 지역에서 발전해 온 표상을 살펴보면 적대자의 특성을 구체적으로 파악하는 데 도움이 된다. 고대에 가장 잘 발전된 악의 화신의 형태는, 기원전 1000년경부터 600년경까지 비교적 명시적인 교리를 갖춘 종교로 발전했던 조로아스터교에서 찾아볼 수 있다(조로아스터교의 사상은 그보다 훨씬 더 오래된 암묵적 '사상'에 토대를 두고 있었다). 조로아스터교는 '구세주 신화, 선의 최종 승리와 우주적 구원을 선포하는 낙관적 종말론, 몸의 부활에 관한 교리'와 같이 이후에 기독교에 통합되는 여러 사상을 발전시켰다.[457]

조로아스터교의 창시자 차라투스트라는 아후라 마즈다를 숭배한다. 아후라 마즈다는 현대인의 관점에서 보면 명백히 심리적 특성을 지닌 신령들[458](천사와 유사한 아메샤 스펜타)에게 둘러싸여 있다. 이 같은 신령에는 아샤(정의), 워후 마나흐(선한 생각), 아르마티(헌신), 흐샤트라(권력), 하우르와타트(완전)와 아므르타트(불사)가 포함된다. 아후라 마즈다는 또한 스펜타 마이뉴(선한 영)와 앙그라 마이뉴(파괴의 영)라는 쌍둥이 '형제' 영靈의 아버지이기도 하다. 이 두 신에 관해서 엘리아데는 다음과 같이 썼다.

유명한 『가타gāthā』(차라투스트라가 저술한 『야스나Yasna』 30장)의 전승에 따르면, 태초에 두 영이 있었고, 한 영은 선과 삶을, 다른 영은 악과 죽음을 선택했다고 한다. '태초에' 선한 영 스펜타 마이뉴는 파괴의 영에게 이렇게 단언한다. "우리는 생각, 이념, 정신력, 선택, 말, 행동, 양심, 영혼 중 어느 것 하나도 일치하지 않는다." 이는 곧 그 둘이 한쪽은 선하고(스펜타 마이뉴) 한쪽은 악한 것(앙그라 마이뉴)이 타고난 본성 때문이 아니라 선택에 의한 것임을 보여 준다.

차라투스트라의 신학은 엄격한 의미에서 이원론적이라고 볼 수는 없다. 아후라 마즈다가 '적신敵神'에 맞서 싸우지 않기 때문이다. 대립은 두 영 사이에서 시작된다. 이와 달리 아후라 마즈다와 선한 영(성령)의 합치는 여러 차례에 걸쳐 넌지시 나타난다(『야스나』 43장 3절 등을 참조). 요컨대 선과 악, 성령과 파괴하는 악마는 아후라 마즈다에게서 창조된다. 하지만 앙그라 마이뉴가 자유롭게 자신의 존재 방식과 악한 직무를 선택했기 때문에 지혜로운 주 아후라 마즈다에게 악의 출현에 대한 책임을 물을 수는 없다. 반면 모든 것을 꿰뚫어 보는 아후라 마즈다는 파괴의 영이 어떤 선택을 할지 처음부터 알고 있었음에도 막지 않았다. 이는 신이 모든 모순을 초월하는 존재이며 악의 존재가 인간의 자유에 필수 불가결한 전제 조건임을 보여 주는 것인지도 모른다.[459]

스펜타 마이뉴와 앙그라 마이뉴, 오시리스와 세트, 길가메시와 엔키두, 카인과 아벨, 그리스도와 사탄 등 신화 속 '대립하는 형제들'은 인간의 두 가지 성향인 영웅과 적대자를 대표하며, '신의 쌍둥이 아들'이다. 원형적 구세주인 영웅은 미지의 존재를 인정하고 '하늘나라'를 향해 전진하는 영원한 창조와 쇄신의 영이다. 반면 영원히 대립하는 적대자는 실제 인생과 환상과 철학 속에 나타난 부정하는 영으로, '불완전함을 보완하여 구원에 이르게 하는 미지'를 영원히 거부하고 엄격한 자기 동일시self-identification를 선택한다. 조로아스터교의 예에서 보듯이 '대립하는 형제들' 신화는 본질적인 존재 양식을 결정하는 일에 있어서 자발적인 선택의 역할을 강조하는 경향이 있다. 예를 들어 그리스도나 부처는 악을 선택하라는 강력하고도 끈질긴 유혹을 받았지만 그 유혹을 거부하기로 선택한다. 반면 앙그라 마이뉴와 사탄은 결국 스스로에게 고통을 불러오게 될 선택임을 알면서도 악을 택하고 즐겼다. 이들의 선택은 어떤 특정한 삶의 조건 때문이라거나 본능에 이끌린 변덕으로 치부할 수 없다. 그것이 악한지를 알면서, 그것도 왜 악한지를 알면서 자발적으로 기꺼이 악을 선택하는 것이야말로 악한 영과 인간의 본질이다. 그래서 밀턴의 『실낙원』에 등장하는 하나님은 사탄과 인류의 타락을 두고 다음과 같이 말한다.

> 그리하여 추락하리라.
> 그와 그의 부정한 자손들까지. 이는 누구의 잘못인가?
> 자신의 잘못이 아니라면 누구의 것인가? 배은망덕하도다,
> 가지려 하는 모든 것을 주었건만. 추락하는 것은 자유이나,
> 충분히 일어서도록 옳고 바르게 만들었나니.[460]

선에 대한 거부를 '정당화'하는 방법 중에서 가장 효과적이고 흔한 것은 자의식이 정서에 미치는 부정적인 영향을 언급하는 것이다. 다시 말해서 인간은 결국 죽을 수밖에 없는 나약한 존재이고, 그렇기에 인생은 고통이 따르기 마련인 잔인하고 무의미한 것이라는 인식이 악을 합리화하는 과정에 사용될 수 있다는 뜻이다. 인생은 실제로 고통스러우며, 때로는 근본적으로 고통스럽게 느껴진다. 불공평

하고 부조리하며 뼛속 깊이 무의미해 보인다. 그렇기에 생이라는 것 자체를 근절해 버리는 편이 합리적이라는 생각이 든다.『파우스트』 제1부에서 '거짓의 왕자'인 메피스토펠레스는 이러한 자신의 철학을 설파한다.

> 끝없이 부정하는 존재가 바로 나, 이 악마라오.
>
> 또한 그것은 당연한 일, 태어나는 모든 것은
>
> 아무런 가치가 없어 필히 멸망하기 마련이라.
>
> 그러니 처음부터 아무것도 생겨나지 않는 편이 낫겠지요.
>
> 여기, 악이라 부르는 모든 것은
>
> 나에게 득이 되지요. 몰락, 파멸, 죄악,
>
> 바로 그런 것들로 나의 힘이 커 간답니다.[461]

메피스토펠레스는『파우스트』제2부에서 이 같은 신조를 조금 더 세련된 형태로 반복해 말한다.

> 지나간 것은 순수한 무無와 매한가지.
>
> 영원한 창조를 위한 노고는 무슨 소용이란 말인가.
>
> 창조된 것은 모두 순식간에 잊힐 것을!
>
> '지나갔다'는 말은 도대체 무슨 의미인가?
>
> 본래 없던 것이나 마찬가지인데.
>
> 그런데도 인생에 무엇이 있기나 한 것처럼 돌고 도는구나.
>
> 그래서 난 차라리 영겁의 공허가 낫다.[462]

영적 현실은 끊임없이 세속적 현실로 실현된다(왜냐하면 인간은 늘 '신들의 명령'을 따르기 때문이다). 따라서 우리는 '무의식적으로' 삶 속에서 신화적 주제를 구현한다. 이런 현상은 특히 '신들'이 벌이는 장난을 잘 알아차리는 위대한 인물에게서 더 분명히 드러난다. 우리는 앞서 톨스토이의 자서전 일부를 살펴보면서[463] 혁명적 변칙을 경험한 일이 그의 정서에 얼마나 치명적인 영향을 미쳤는지 살펴보았다. 그 사건에 대한 톨스토이의 이차적인 사상적 반응 역시 앞서 살펴본 정서적 반응과 마찬가지로 전형적이다. 서유럽에서 온 '신의 죽음'을 알리는 '소식'은 이 위대한 작가의 암묵적, 명시적 신념 체계와 행동 양식으로 차례차례 밀려들어 와 아주 오랜 시간에 걸쳐 그를 정서적으로 동요시키고 실존적 혼돈 속으로 몰아갔다. 혼돈 속에서 톨스토이는 현실을 부정하는 영과 스스로를 동일시하려는 커다란 유혹을 받는다.

톨스토이는 『고백록』에서 이와 관련된 장을 '동양에서 유래한 이야기'에 나온 비유로 시작한다. 이야기 속에서 야수에게 쫓기던 한 여행자가 오래된 우물 속으로 뛰어들다가 우물 벽에 자라난 포도나무 가지에 매달리게 된다. 우물 밑바닥에는 태고의 용이 입을 벌리고 기다리고, 우물 위에는 무시무시한 야수가 있어서 그는 내려갈 수도 올라갈 수도 없다. 나뭇가지를 잡고 있는 팔에 힘이 서서히 빠지는 와중에 두 마리 쥐가(한 마리는 검고, 한 마리는 희다) 나뭇가지를 양쪽에서 갉아먹고 있는 모습을 보게 된다. 곧 쥐들은 나뭇가지를 다 갉아먹을 것이고, 그는 용의 목구멍 속으로 내동댕이쳐질 것이다. 그때 여행자는 포도나무 잎에 꿀이 몇 방울 흐르는 모습을 본다. 여행자는 혀를 내밀어 꿀을 맛보고는 위안을 얻는다. 그렇지만 톨스토이는 더 이상 삶의 고통을 무디게 하는 쾌락의 단맛을 느끼지 못하게 되고 만다.

나는 스스로를 기만할 수 없었다. 모든 것은 무의미하다. 행복은 태어나지 않은 자가 누리는 것이고, 죽음은 삶보다 나으니, 우리는 우리 자신을 삶으로부터 자유롭게 놔주어야 한다.

지식 속에서는 해답을 찾을 수 없었던 나는 주위 사람들에게서 해답을 얻길 바라며 삶 속에서 해답을 찾기 시작했다. 그래서 나와 같은 부류의 사람들이 주변에서 어떻게 살고 있고, 나를 절망의 나락에 빠뜨린 이 의문에 어떻게 대처하는지 관찰하기 시작했다.

그리고 바로 이것이 교육과 삶의 양식 면에서 나와 똑같은 환경에 있는 사람들 사이에서 발견한 것이다.

나와 같은 부류의 사람들에게는 우리 모두가 처한 끔찍한 상황에서 빠져 나가는 방법이 네 가지 있었다.

첫 번째 해결 방법은 무지이다. 삶이 악하고 무의미하다는 것을 깨닫지도, 이해하지도 못해 성립되는 수단이다. 이 범주에 속하는 사람들은 보통 여성이었으며, 매우 젊거나 둔한 사람들이었는데, 쇼펜하우어와 솔로몬, 석가모니가 본 삶의 문제를 미처 이해하지 못하고 있었다. 이들은 자신을 기다리는 용과 자신이 매달린 나뭇가지를 갉아먹는 쥐를 보지 못하고, 그저 꿀만 핥는다. 하지만 꿀을 핥아 먹는 것은 잠시일 뿐이다. 무언가 그들의 관심을 용과 쥐 쪽으로 돌릴 것이고, 그렇게 되면 이 꿀을 핥아 먹는 것도 곧 끝이 나게 될 것이다. 그들에게 배울 점은 아무것도 없었다. 이미 알고 있으면서 아무것도 모르던 시절로 되돌아갈 수는 없기 때문이다.

두 번째 해결 방법은 쾌락주의이다. 삶에 희망이 없다는 것을 잘 알고 있으면서도, 용이나 쥐를 보지 않고 당장은 우리에게 주어진 축복을 즐기는 데에서 성립되는 수단이다. 가지에 잔뜩 묻어 있는 꿀을 가능한 잘 핥아 먹는 삶의 방식이다. 솔로몬은 이 방법에 대해 이렇게 쓰고 있다.

"그리고 나는 생을 즐기라고 권한다. 하늘 아래, 사람에게 먹고 마시고 즐기는 것보다 더 좋은 것은 없기 때문이다. 그래야 하나님이 해 아래 허락한 한평생 일을 하는 동안 그에게 버팀목이 되어 줄 것이다.

그러니 가서 즐거이 그대의 빵을 먹고, 기쁜 마음으로 그대의 포도주를 마시라……. 이 모든 무의미한 삶의 날들에, 그대의 이 모든 헛된 날에 그대가 사랑하는 여인과 삶을 향유하라. 이것이 하늘 아래 애쓴 그대의 노고와 삶에 주어진 몫이므로……. 손으로 할 수 있는 일은 무엇이든지 하라. 그대가 누울 무덤에는 일도, 성찰도, 지식도, 지혜도 없으니."

나와 같은 부류의 사람들은 대부분 이 두 번째 해결 방법을 추구한다. 이들이 처한 조건은 나쁜 것보다 좋은 것이 더 많고, 이들의 둔감한 도덕성은 신분이나 지위의 이점이 우연적인 것임을, 모두가 솔로몬처럼 1천 명의 여인과 궁전을 소유하는 게 아니라는 점을, 한 남자에게 1천 명의 아내가 있다면 1천 명의 남자에게는 아내가 없다는 점을, 궁전 한 채를 지어 올리기 위해서 1천 명의 사람이 이마에 구슬땀을 흘려야 했다는 점을, 오늘 그들을 솔로몬이 되게 했던 우연이 내일은 솔로몬의 노예가 되게 할 수 있다는 점을 잊어버리게 한다. 이들의 아둔한 상상력은 석가모니에게 번뇌를 안긴 문제들, 즉 오늘이 아니라면 내일이라도 찾아와 이 모든 즐거움을 파괴해 버릴 질병과 노쇠함과 죽음을 잊을 수 있게 한다. 이들 중 일부가 자신들의 아둔한 사상과 빈곤한 상상력을 긍정적 철학으로 여긴다는 점에 비춰 볼 때, 이들은 이 문제를 알아채지도 못한 채 꿀을 빨아먹는 첫 번째 부류의 사람들과 다를 바가 없다. 나는 상상력이 부족하지도 않고 그런 척할 수도 없었기에 이 사람들을 따라 할 수 없었다. 나는 진지하게 삶을 영위하는 여느 사람과 마찬가지로, 쥐와 용을 한번 본 이상 못 본 척 외면할 수는 없었다.

세 번째 해결 방법은 '힘'이다. 삶이 악하고 무의미하다는 것을 깨닫고는 삶을 없애 버리는 것으로 성립되는 수단이다. 오로지 대단히 강하고 논리적으로 한결같은 사람들만이 이렇게 행동한다. 죽은 자의 축복이 산 자의 것보다 더 위대하고 차라리 존재하지 않는 편이 더 낫다는 것을 알고서 우리를 농락하는 장난들의 어리석음을 깨닫고, 거기에 종지부를 찍는다. 밧줄에 목을 매든지 물에 뛰어들든지 심장에 비수를 꽂든지 달려오는 기차에 뛰어들든지 어떤 식으로든 삶을 끝장내는 것이다. 우리 같은 부류의 사람들 중에 이런 식으로 행동하는 사람이 점점 늘어나고 있다. 대개 정신력이 정점에 이르고 이성을 약화시키는 습관이 아직 들지 않은 사람들이 인생의 전성기에 이를 실행한다. 나는 이것을 가장 가치 있는 해결 방법이라 보고 그렇게 하고 싶었다.

네 번째 해결 방법은 나약함이다. 삶이 악하고 무의미하며 삶에서 아무것도 얻을 수 없다는 것을 알면서도 삶을 연명해 가는 것으로 성립되는 수단이다. 이 범주에 속하는 사람들은 죽음이 삶보다 낫다는 것을 안다. 그러나 이성적으로 행동할 힘도, 스스로 목숨을 끊어 이 기만을 빠르게 끝낼 힘도 없이 그저 무슨 일이 일어나기를 기다리고 있는 듯 보인다. 이것이 나약함의 방법이다. 나는 무엇이 더 나은지 알고 거기에 이를 수도 있으나 왜 그렇게 하지 않는가? 나 자신도 네 번째 범주의 사람이었다.

　나와 같은 부류의 사람들이 이 끔찍한 모순으로부터 벗어나는 방법은 이 네 가지였다. 아무리 머리를 굴려 안간힘을 써도, 이 네 가지 방법 외에는 해결 방법이 보이지 않았다.[464]

톨스토이의 이성과 지력은 '신의 죽음'이라는 이해하기 어려운 관념이 제기한 삶의 딜레마에서 빠져나갈 출구를 찾을 수 없었다. 심지어 피할 수 없는 무의미한 고통으로 점철된 삶, 그 '악랄한 장난'을 끝내 버리라고 말하고 있었다. 톨스토이는 인간과 인생의 조건 사이에 벌어지는 끊임없는 갈등을 확실히 깨닫게 된 후로 일할 의지도, 살아갈 의지도 잃어버렸다. 당시의 그는 인간이 끝없이 혼돈을 맞닥뜨려야 한다는 것과 혼돈을 최종적으로 완전히 굴복시키는 대신(그래서 만물을 끔찍하리만큼 고정된 것으로 만드는 대신) 끊임없이 혼돈을 마주하면서 그것을 실체로 바꿔 가야 한다는 사실을 직시하지 못했다.

톨스토이에게 삶의 염증을 안겨 준 사실, 즉 죽을 수밖에 없는 인간의 나약한 실존적 조건과 그에 더해 자신에게 또 다른 약점이 있다는 사실이 드러날 때, 삶은 더더욱 불공평하고 견디기 어려운 것으로 전락한다. 누군가는 주위 사람보다 가난하고, 몸이 약하고, 외모가 볼품없다. 사람은 저마다 다른 사람들보다 무능한 면이 있다(물론 모든 면에서 무능한 사람도 있다). 이처럼 사람에게 타고난 재능과 특권이 제멋대로 배분되었다는 인식은 원한과 증오에 뿌리를 둔 철학을 정당화하는 합리적 토대가 되며, 때로 계급 전체를 대표하기도 하고 그저 한 개인을 위한 것일 때도 있다. 이런 상황에서는 삶에 복수하고자 하는 욕망이 그 무엇보다 커지는데, 특히 지금껏 불공평하게 억압당한 사람들은 더욱 그렇다. 셰익스피어의 작품에 등장하는 불구자 리처드 3세는 모든 혁명가와 반역자 들의 욕망을 대변한다.

> 그리고 하늘이 내 몸을 그렇게 만들었기 때문에
>
> 지옥이 그에 상응해서 내 마음도 비뚤어지게 만든 것이다.
>
> 나는 아버지가 없다. 아버지와 전혀 닮지 않았으니.
>
> 나는 형제도 없다. 형제와도 전혀 닮지 않았으니.
>
> 그리고 이 '사랑'이라는 단어도, 그건 백발의 노인이 신성이라 부르
> 는 것인데,
>
> 서로 비슷한 사람 안에나 있는 것이지
>
> 내 안에는 전혀 없다. 내겐 나 자신밖에 없다.[465]

악은 고난을 핑계로 인생을 견딜 만하게 만들어 주는 변화를 거부하는 것이다. 그러나 "모든 것이 미흡하며 그러므로 가치 있는 것은 아무것도 없다. 따라서 무엇을 하든 현재 상태를 개선할 수 없다."며 못 박는 것은 잠정적 결과를 최종 결과 취급하는 섣부르고 조급한 판단이다. 이는 회복에 대한 희망을 송두리째 앗아간다. 이성의

비판 앞에서 순식간에 사라지는 희망과 의미의 존재를 부정한다고 해서 저절로 그에 상응하는 부정적 정서인 불안과 절망의 존재를 부정하게 되는 것은 아니다. 모든 것이 덧없다고 생각한다면 고통 역시 덧없다고 믿어야 할 것 같지만, 고통에 대한 믿음은 쉽사리 사라지지 않는다. 경험의 긍정적인 측면을 쇄신하는 과정을 거부하면 경험의 부정적 측면이 확실하게 우위를 점하게 된다. 그리하여 이미 삶에 대한 염증을 불러올 만큼 커다란 고통에 또 다른 고통이 더해지면 그저 자살을 감행하기보다 더 악랄한 짓을 저지르는 인격이 형성된다. 이처럼 적대자는 교만에서 출발하는 전형적인 경로를 따라 발달하여("교만과 헛된 야망이 나를 타락시켰도다."[466]) 마침내 한없는 증오와 질투에 사로잡힌다.[467]

> 선을 행하는 것은 결코 우리의 일이 아니요,
> 오직 우리의 유일한 기쁨을 위해 악을 행하노라.
> 신의 고고한 의지를 거스르며
> 그에 반하는 존재로. 그때에 그의 섭리가
> 우리의 악에서 선을 이끌어 내려 한다면,
> 우리의 일은 그 목적을 그르치는 것이다.
> 그에 더해 선에서 악의 방도를 찾아내는 것이다.[468]

톨스토이의 허무주의, 즉 인간과 사회에 대한 혐오 그리고 인생을 끝내고자 하는 욕망은 고양된 자의식이 맺은 악의 열매 중 하나이다. 하지만 그것은 유일한 열매도, 가장 교묘한 열매도 아니다. 죽음의 욕망보다 훨씬 교묘하고 효과적이어서 당사자나 주위 사람이 알아차리기 어려운 이 악의 열매는 자기 자신을 전통이나 관습과 완전히 동일시하는 것이다. 이들은 애국심이라는 가면을 쓰고 국가 권력을 유용하여 파괴적인 일을 벌이기 쉽다. 니체는 이러한 '애국심'에 관해 다음과 같이 썼다.

> **도덕의 정의:** 도덕은 삶에 보복하려는 숨은 의도를 지닌 그리고 보복에 성공한 퇴폐주의자의 습성이다. 나는 이 정의에 일리가 있다고 본다.[469]

이와 같은 삶에 보복하려는 진짜 동기와 그 결과로 인해 맞은 파국에 대한 묘사는 현재까지 심리학에서 발견한 그 어떤 과학적 정신병리 이론보다도 인간의 도덕적(심리적) 타락 과정과 전체주의와 퇴폐주의라는 두 가지 최종 양태를 더 정확하고 명쾌하게 보여 준다. 지금도 우리는 개인의 사소한 잘못과 자기 배반이 모여 우주적 차원의 악이 발현된다는 생각을 못 할 정도로 이성만 남은 상태가 얼마나 위험한지 인식하지 못한다. 우리는 스스로 범한 오류의 규모와 중요성을 축소하고는 자기가 겸손하다고 믿는다. 하지만 실제로는 그저 자기가 져야 할 책임의 무게를 감당하려 하지 않는 것일 뿐이다.

의미의 지도를 의도적으로 왜곡하는 적대자

거짓으로 현실에서 도망치려는 자 누구인가?
현실로 인해 고통받는 자이다.[470]

인간은 발달 과정에서 지속적으로 의식의 팽창을 경험하기에 미지와의 비극적 대면을 피할 수 없다. 사회화를 통해 받아들인 문화적 규범도 우리를 미지로부터 끝까지 지켜주지 못한다. 보호막 없이 개인으로서 미지를 대면하는 것은 자의식의 출현과 떼려야 뗄 수 없는 관계이다. 자의식이 출현하면서 인간의 한계를 더 철저히 인식하게 되기 때문이다. 그로 인해 인간이 느끼는 수치심은 신화에서는 스스로 벌거벗었음을 깨닫고 수치심을 느끼는 것으로 묘사된다. 마침내 인간이 경험 세계에서 상처입기 쉬운 나약한 존재라는 지식을 얻게 된 것이다.

경험이 지닌 이러한 본질 때문에 인간에게는 언제나 거짓을 동원하여 경험 세계에 적응하려는 강력한 동기가 존재한다. 정말로 무시무시한 대상을 맞닥뜨리는 경험은 두려움과 회피 반응을 불러일으킨다. 따라서 거짓된 안식처로 도피하려는 인간의 성향은 공감하고 이해할 만하다. 성장 과정은 두렵기 마련이다. 어린 시절의 낙원과 같은 어머니의 품을 떠나 타락한 남성의 사회로 들어가는 과정에는 수많은 위험이 도사리고 있다. 사회화 이후에 진정한 개인으로 거듭나는 과정에도 똑같은 위험이 도사리고 있다. 어린아이가 청소년이 되는 과정은 만만치가 않다. 청소년으로 이행하는 과정 자체는 영웅적 행동으로 간주할 수 있다. 때때로 적응 양식으로서 영웅과의 동일시를 거부하는 사람들 중에는 종종 이 첫 단계마저 거치지 않는 경우가 있다. 성숙 과정에서 인간은 더 큰 자유를 얻지만 그에 상응하는 책임과 삶의 불안정성을 감수해야 한다. 이 때문에 성숙 과정은 두렵고 가치 없는 일로 폄하되기도 한다.

성장 과정에서는 개인이 처한 '환경'이 변한다. 또한 개인의 능력이 발달함에 따라 행동 레퍼토리 역시 확장된다. 할 줄 아는 것이 많아질수록 경험할 수 있는 것도 많아지는 것이다. 점차 스스로 잘 알지 못하는 무서운 일을 저지를 수 있게 되면서 개인의 경험 반경은 마침내 부모의 그늘을 넘어서게 된다. 끝없이 기지의 영토를 넓혀 가는 능력은 적응력의 핵심이다. 하지만 이런 능력은 인생의 유한함과 죽음에의 인식이라는 어마어마한 대가를 지불해야 한다. 바로 이 때문에 성장 과정에서 때맞춰 등장하는 인간의 실존적 조건에 대한 인식을 거부하고, 어린 시절의 무지에 목을 매거나 타인의 명령 뒤에 숨고 싶은 동기가 강하게 부상한다. 하지만 자신의 취약성과 유한함을 인정하는 사람만이 진정한 개인으로서 철저히 주관적이며 고유한 경험 세계를 창조하는 능력을 획득하게 된다. 이 능력은 신성한 로고스이며, 이를 발전시키는 과정에서 인간은 실패와 죽음이 불가피하다는 사실을 인정해야만 한다. 기독교의 십자가 상징 역시 이 같은 의미를 담고 있다. 십자가에는 신성과 죽음이 역설적으로 뒤섞여 있는데, 무한한 창조력으로 자기 책임을 다하는 신, 인간과 마찬가지로 죽음을 피할 수 없는 연약한 신의 모습이 담겨 있는 것이다.

개인은 제한된 시공간 속에서 살아가는 유한한 존재이다. 이런 시공간적 한계는 경험을 가능하게 하지만 경험 세계를 견디기 어려울 정도로 불안하게 만든다. 우리는 자의식에 대한 해독제로 끝없이 스스로를 초월하는 능력을 부여받았지만, 경험 세계를 확장하려면 미지를 향해 자발적으로 뛰어들어야 하는 탓에 그 능력을 사용하는 걸 거부한다. 두렵기 때문이다. 이 때문에 우리는 이해하지 못하는 현상으로부터 우리를 보호해 주는 집단 정체성에 목을 매기도 한다. 미지로부터 도망치는 동안 우리는 불가피하게 관습과 습관의 노예로 살면서 자기 안에 있는 최선의 자기를 성가시다며 거부한다. 미지와, 쌍둥이 격인 사회로부터 거부당할지 모른다는 두려움 때문에 우리는 개인의 고유한 인격을 병적으로 집단에 예속시키고, 진정 자신을 구원할 온전한 개인으로서의 존재 양식을 거부한다. 위대한 아버지는 혁신을 증오하며 그를 막기 위해서라면 서슴지 않고 살인을 일삼는 존재이다. 또 새로운 지식의 원천인 위대한 어머니는 자신의 얼굴을 본 이를 얼어붙게 만든다. 이렇게 무시무시한 존재들 앞에서 과연 누가 도망치지 않고 배기겠는가? 하지만 도망치면 지금 가치를 지니고 있는 모든 것이 늙고 병들어 결국 죽고 만다.

갓 태어난 아기는 자애로운 어머니의 품에서 변덕스러운 인생의 변화로부터 보호받는다. 아기는 본능적으로 보호자인 어머니에게 반응하며 애착 관계를 형성한다. 무력한 아기는 어머니의 의지에 휘둘릴 수밖에 없지만, 어머니는 무시무시한 세상으로부터 아기를 보호한다. 성장 과정에서 인생의 유한함이 아이를 위협할 때, 문화는 아이의 행동을 제약하면서 중재에 나선다. 하지만 문화의 요구를 따르려면 그만 한 책임을 져야 하며, 어머니와의 의존 관계를 포기하고 자애로운 어머니로부터 독립해야 한다. 문화는 성장 과정에 있는 개인의 인격을 형성하며 필요한 지식을 제공하지만 동시에 개인의 인격에 한계를 부여한다. 사회가 개인의 개성과 관심 그리고 의미를 훼손하기 때문이다.

개인은 집단으로부터 보호받고 역사적 지식을 전수받기 위해서 자기 영혼을 집단에 바친다. 집단 정체성의 수용은 정상 발달 과정에서 필요한 단계이다. 집단 정체성을 받아들이면 맹목적인 어머니의 배려를 넘어서 성장하지만 집단은 그 대가로 개인을 억압하고 순종을 강요하며 고유한 개성을 포기하게 한다. 그렇다고 해서 집단이 근본적으로 악하다거나 인간이 겪는 고통이 모조리 사회에서 비롯된다고 말은 아니다. 집단은 단지 개인의 선택에 따라 방향이 달라지는 확장된 힘이다. 역사에는 수세대에 걸쳐 고통과 두려움 속에서 수립된 행동적 지혜와 개인의 힘과 능력을 엄청나게 확장시켜 줄 잠재력이 있다. 문화와 문명은 모든 사람에게 거인의 어깨 위에 올라설 기회를 제공한다. 하지만 집단 정체성을 수용하는 일이 훈련의 일환이되어야지 개성을 포기하는 단계에 이르러서는 안 된다. 이는 하나의 발달 단계로서 훈련을 거쳐 규율 잡힌 개성이 재출현하여 자신을 스스로 통솔하기까지 미숙한 개성을 잠정적으로 집단에 제물로 바치는 것이어야 한다.

집단에 속한 사회적 존재로 살아가는 시기는 아동기의 의존 상태를 넘어서기 위해 꼭 필요한 발달 단계이지만, 집단은 개인에게 지독한 대가를 요구한다. 집단 정체성을 그대로 받아들인다는 말은 곧 개인차를 거부한다는 의미이다. 집단의 관점에서 어떠한 편차나 약점까지도 거부하며, 개성을 억압하고, 신화 속 어릿광대를 희생시키고, 순진하고 나약한 동생을 버린다는 의미이다. 집단은 개인에게 희생을 요구하며 그것이 자신의 의무를 수행하는 것일 뿐이라고 여긴다. 스스로를 정당화하며 사회 체계를 지키기 위한 조치라고 말한다. 하지만 집단은 무엇이 필요한지에 대해, 무엇이 선이고 무엇이 악인지에 대해 최종 결정을 내릴 능력이 없다. 과거에 만들어진 고정된 체계로서 근본적으로 불완전할 수밖에 없기 때문이다. 전체주의자는 개인차나 개인의 약점을 증오하지만, 더 너른 관점에서 보자면 그마저도 오히려 우리에게는 강점이 될 수 있다. 개인차에는 불가피한 집단의 한계를 초월하고 개인의 한계를 확장하는 힘이 있기 때문이다.

그 어떤 변화도 필요치 않다고 여기는 전체주의자는 자신의 약점으로부터 보호받고 싶은 마음에 자신의 강점을 거부한다. 하지만 그럼으로써 도리어 스스로 자신의 약점을 보완해 줄 유일한 능력을 억누르고 약화시킨다. 실제로 자신을 안전하고 자유롭게 지켜 줄 유일한 과정, 즉 창조적 탐험 능력을 약화시키는 것이다.

여러 대륙을 거치며 많은 나라와 민족을 본 여행자에게 어디에나 존재하는 인간의 특성은 무엇인지 물었다. 그는 사람들이 나태한 경향이 있다고 대답했다. 누군가는 세상 사람들 모두가 겁이 많다고 말하는 것이 더 올바른 대답이라고 말할 것이다. 사람들은 모두 관습과 여론의 등 뒤에 숨는다. 모든 사람은 자신이 이 세상에 유일무이한 존재로, 단 한 번 생겨났다는 것을, 어떤 이상한 우연도 갖가지 다른 기이한 것들을 뒤섞어 하나의 존재로 다시 만들지는 못하리라는 것을 속으로는 잘 알고 있다. 알면서도 떳떳하지 못한 마음인 듯 숨기는 것이다. 왜일까? 관습을 고집하고 관습 속에 숨은 이웃이 무섭기 때문이다.

개인이 이웃을 두려워하게 하고, 무리와 똑같이 생각하고 행동하게 만들며, 자기 자신을 달가워하지 않도록 내모는 것은 무엇일까? 아마도 소수의 몇몇 드문 경우는 수치심일 것이다. 그 외 압도적인 다수의 경우는 편안함과 타성, 요컨대 여행자가 말했던 나태한 경향이다. 그의 말이 옳다. 인간은 겁도 많지만 그보다는 더 게으르다. 그들은 아무 조건 없이 솔직하고 적나라하게 자신을 내보이라는 요구를 그 무엇보다 두려워한다.

오로지 예술가들만이 남에게 빌려온 매너와 어물쩍 끼워 맞춘 견해에 질색하며, 이런 비밀, 모두가 비밀스럽게 간직하고 있는 떳떳하지 못한 마음, 모든 인간은 유일무이한 불가사의라는 신념을 내보인다. 예술가들은 우리에게 모든 인간은 자신과 마찬가지로 근육 하나하나에 이르기까지 그 자신이며, 홀로 그 자신이라는 것을 용기 있게 알려 주려 한다. 그리고 더 나아가 철저하고 일관되게 유일무이한 존재로서 자신이 아름답고, 눈여겨볼 만한 존재임을, 자연의 모든 작품들처럼 새롭고 놀라운 존재임을, 그리고 결코 따분한 존재가 아님을 알려 주려 한다.

위대한 사상가가 사람들을 경멸할 때는 그들의 나태함을 경멸하는 것이다. 왜냐하면 사람들이 공장에서 생산된 제품처럼 획일적인 모습을 하고, 교류하거나 지식을 나누는 일에 관심도 없을뿐더러 그럴 자격조차 없어 보이는 까닭이 바로 그들의 나태함에 있기 때문이다. 무리에 속하지 않으려거든 편안함에 안주하려는 자신의 성향을 억눌러야 한다. 그리고 "너 자신이 되어라! 지금 너의 행동과 생각과 욕망은 모두

진정한 너 자신이 아니다."라고 외치는 양심의 소리를 따라야 한다.[471]

고유한 개성을 부정하면 과거의 지혜로운 전통은 현재의 맹목적인 족쇄로 전락한다. 법의 정신이 필요한 시점에 법률을 문자 그대로만 적용하는 것은 문화를 우롱하는 일이다. 다른 사람들이 내놓은 발자국을 따라가면 생각할 필요도 없고 안전해 보인다. 하지만 지형이 변하면 잘 다져진 길을 따라 걷기만 해서는 목표 지점에 다다를 수 없다. 변화에 발맞춰 습관과 신념을 바꾸지 못하면 스스로를 기만하고 세계를 부정하며 곧 으스러질 소망으로 현실을 대체하게 된다. 이들은 있는 그대로의 현실을 직시하지 못한 결과, 자기 삶의 토대를 무너뜨려 불안한 미래를 맞으며 안식처가 되어 주던 과거에 갇히고 만다.

과거의 집단적 지혜에 완전히 사로잡힌 사람은 거짓을 수단으로 고집스럽게 어리석음을 택한다. 이들은 이미 진실로 밝혀진 사실을 대놓고 거부한다. 궁극적 진실이란 그 누구도 알 수 없는 것이지만 정직한 사람들은 자기 경험을 최대한 살려서 무엇이 진실인지 판단한다. 이들은 성실히 노력하여 자신들이 보아 온 현실 세계와 자신에 대하여 설명하는 도덕 이론을 형성한다. 이 이론은 가상의 초월적 관점에서 보자면 불완전할 것이다. 하지만 진실이 무엇인지 밝히기 위해 모든 것을 보고 들을 필요는 없다. 그래야 한다면 그 누구도 진실을 알 수 없을 것이다. 우리에게 필요한 것은 그저 지금까지 보고 들은 현실을 표상하고 거기에 적응하는 일이다. 스스로 경험한 자연과, 사회 환경을 특징짓는 현상과, 그 환경에서 나타난 자기 자신의 모습을 표상하고 적응하면 되는 것이다. 이 말은 곧 아이의 진실과 어른의 진실이 다르다는 사실을 드러낸다. 아이와 어른은 처한 현실, 곧 경험이 다르기 때문이다. 정직한 아이는 어른처럼 생각하지 않는다. 아이는 자기 눈에 보이는 대로 아이답게 생각한다. 하지만 어른의 능력을 갖추고도 여전히 아이였을 때의 도덕률을 따르는 어른은 알면서 거짓말을 하는 것이다.

거짓된 사람은 과거에 효과적이었던 행동 양식 및 해석 도식, 즉 과거의 도덕적 패러다임으로는 더 이상 새로운 경험을 이해하거나 새로운 욕망을 실현할 수 없음에도 기존 패러다임을 고수한다. 또 자기의 시선에 이례적으로 보이는 정보를 의도적으로 거부한다. 다시 말해서 거짓말쟁이는 자기만의 경기를 선택하고 자기만의 규칙을 정한 다음에 속임수를 쓴다. 이들은 성장하는 데 실패하며, 의식 과정 그 자체를 거부한다.

대개 거짓된 사람은 하지 말아야 할 일을 저지른다기보다는 해야 할 일을 하지 않는 죄를 범한다(물론 적극적인 죄를 범하기도 한다). 이들은 탐험을 하고 기존 지식을 쇄신하는 데 일부러 실패한다. 경험 세계에 변칙이 발생했다는 사실은 그저 현재의 행동과 평가 기준을 제시하는 목표 지향 도식에 오류가 있다는 뜻이다. 그 오류가 정확히 어디서 무슨 이유로 발생했는지, 의미가 무엇인지는 발생한 변칙을 분석하는 첫 단계에서는 '가설'에 해당할 뿐이다. 변칙을 제대로 이해하고 경험하려면 변칙의 구체적인 의미를 끄집어내야 한다. 공을 들여서 순전한 정서 정보로부터 행동과 신념, 더 나아가 정신과 인격의 변화를 이끌어 내야 한다. 변칙을 경험하고도 아무런 조치도 취하지 않는 것은 거짓을 일삼는 가장 단순하고 흔한 방법이다. 아무것도 살피지 않고 행동하지 않으면 잠시나마 자신이 범한 오류에 깃든 위험을 감출 수 있다. 이처럼 창조적 탐험을 거부하는 사람은 절차 및 서술 기억을 구태여 쇄신하지 않고, 예나 지금이나 전혀 변한 것이 없다는 듯이 현재에 적응하며, 새로이 생각해 보기를 거부한다. 오류를 바로잡으려면 노력이 필요하다. 질서와 혼돈을 중재하려면 용기 있게 행동해야 한다.

과거 영웅들의 정체성은 받아들일 필요가 있지만 거기에는 위험이 도사리고 있다. 영웅의 정체성을 받아들이기는 하지만 스스로 영웅이 되기는 거부하는 거짓말쟁이들은 반드시 그 정체성을 타락시키기 때문이다. 집단 정체성을 수용하면 과거에 구현된 능력을 얻게 된다. 다시 말해서 문화가 지닌 집단적 힘과 기술을 손에 넣을 수 있다. 이같이 강력한 힘이 비겁하고 기만적인 인간의 손에 들리면 굉장히 위험하다. 거짓말쟁이는 자기 자신의 약점을 측은히 여기거나 수용하지 못하며 자신의 약점뿐 아니라 강점까지도 그 진가를 인정하지 않기에 타인의 약점이나 강점에 대해서도 똑같이 반응한다. 거짓말쟁이는 현재에 필요한 차이를 두둔하거나 참아내지 못하기 때문에 과거에 최선이던 가치를 추구하는 척한다. 이런 탓에 거짓말쟁이는 자기의 어리석음을 인정하지 못하고 폭군이 된다.

거짓말쟁이는 변칙을 허용하지 못한다. 변칙은 불안을 불러일으키기 때문이다. 그는 자신이 불안을 견뎌 낼 수 있거나 견뎌 내야 한다고 믿지 않는다. 그래서 자기 문화의 정서 조절 체계를 이루는 도덕 이론에 어긋나는 행동 양식이나 경험을 일단 '회피'하다가 나중에는

'적극적으로 억압'한다. 여기서 회피한다는 것은 곧 변칙적인 경험을 '무의식' 상태에, 불완전하게 실현된 상태로 내버려 둔다는 뜻이다. 위험한 생각이 지닌 의미를 고려하지 않고 위협적인 환상의 존재를 인정하지 않으며 수용할 수 없는 자기 행위의 존재를 인식하지 않는다. 여기서 말하는 적극적 억압은 흔히 생각하는 심리적 '억압'이 아니라 실제로 오류의 증거를 인멸하기 위해 배신, 종교적 탄압, 노골적인 무력행사 같은 공격적인 행위를 일삼는다는 뜻이다. 다시 말해서 거짓말쟁이들은 현재 도덕 이론의 오류를 드러내는 증거를 인멸하기 위해 도움이 될 만한 온갖 조치를 취한다. 이 기만적인 사람들은 누군가 나쁜 소식을 전할 때, 그 정보를 유용하게 활용하기보다는 정보의 출처를 제거하려 들고, 그런 소식을 전한 사람을 탄압한다.

거짓말은 손쉽고, 잠깐이나마 불안을 회피할 수 있다는 점에서 매력이 있다. 하지만 길게 보면 거짓말에는 끔찍한 결과가 뒤따른다. 낯선 경험을 회피하거나 억압하면, 그 경험은 확실히 위험한 것으로 각인된다. 위협적인 경험으로 범주화되는 것이다. 낯선 영역을 회피하면서 아무것도 하지 않아 그 영역이 '맞닥뜨릴 수 없는 위험'으로 규정되면, 그 영역은 시간이 흐름에 따라 점차 더 확장된다. 그러면 점점 더 많은 경험이 불가해하고 혼돈스러우며 감내하기 어렵게 느껴지고, 적응의 수단으로 거짓에 의존해 온 누적 효과가 마침내 실체를 드러낸다. 거짓에 의존하면 문화는 억압적인 것으로, 변화는 위협적인 것으로 뒤바뀌고, 개인은 융통성과 적응 능력을 제대로 발달시키지 못한다. 거짓에 의존하면 점차 두려움이 커져서 병적이다시피 지나치게 과거에 동일시되거나 퇴폐적으로 타락하게 된다. 전자는

개인적·정치적 편협성인 전체주의로, 후자는 개인적·사회적 타락인
허무주의로 발현된다.

부정하는 영을 받아들인 사람의 인생은 결국 견딜 수 없을 정도로
끔찍해지고 만다. 새로운 것, 그렇기에 희망을 간직한 것은 무엇이
든 확실한 처벌과 위협으로 간주되기 때문이다. 게다가 수용 가능한
행동의 폭도 가혹할 만큼 축소된다. 그 결과 거짓말쟁이는 불안과
고통 속에서 메마르고 의미 없는 인생을 증오하게 되고, 결국 인생
을 송두리째 파멸시키고 싶은 욕망을 느끼고는 행동에 돌입한다.

마라부는 흙바닥에 세계를 상징하는 커다란 원을 그렸다. 그 원 안
에는 인간을 상징하는 전갈을 넣었다. 스스로 자유를 얻었다고 생각한
전갈은 원 주위를 빠르게 돌기 시작했지만 밖으로 나가려고 시도하지
않았다. 전갈이 가장자리를 따라 원을 여러 바퀴 돌았을 때 마라부는
막대기를 땅에 대고 원을 반으로 나누었다. 전갈은 몇 초간 가만히 멈
추었다가 출구를 찾아 점점 더 빨리 달리기 시작했지만 출구를 찾지 못
했다. 정말 이상하게도 전갈은 감히 선을 넘으려 하지 않았다. 몇 분이
흐른 뒤 마라부는 반원을 또 나누었다. 전갈은 극도로 흥분했다. 얼마
지나지 않아 원은 전갈의 몸이 겨우 들어갈 정도로 좁아졌다. '진실이
드러난 순간'이었다. 멍하니 얼떨떨해진 전갈은 마침내 어느 쪽으로도
움직일 수 없게 되었음을 깨달았다. 독이 든 꼬리를 쳐들고 전갈은 미
친 듯이 빠르게 돌기 시작했다. 전갈은 혼과 힘이 다할 때까지 돌고 또
돌았다. 완전한 절망 속에서 전갈은 맴돌기를 멈추고 독이 든 꼬리 끝
을 내리더니 스스로를 쏘아 죽었다. 고통이 끝난 것이다.[472]

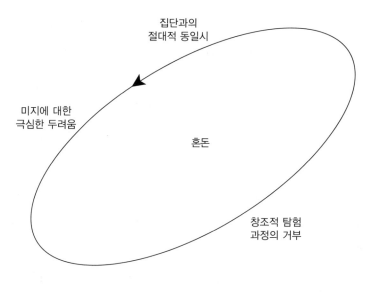

집단과의
절대적 동일시

미지에 대한
극심한 두려움

혼돈

창조적 탐험
과정의 거부

그림 41. 적대자의 악순환

거짓에 의지해서 살아가는 사람에게는 그가 능숙하게 대처할 수 있는 영역, 즉 '탐험을 마친 익숙한 영토'가 점점 줄어든다. 마지막에는 결국 자기 자신밖에는 의지할 곳이 없어진다. 그렇지만 그 사이에 스스로의 인격도 제대로 발달하지 못해 움츠러들고 미숙해지고 마는데, 이는 '우주 발생 이전의 물질'을 '영'과 '세계'로 뒤바꾸는 과정에 계속해서 참여하지 못했기 때문이다. 그 결과 그에게는 나약함과 두려움, 원한과 증오밖에 남지 않는다. 그렇게 안전을 지나치게 추구하느라 거부해 왔던 혼돈은 마침내 승리를 거둔다. 거짓에 기댄 사람은 '악순환의 고리' 속에서 필연적으로 지하 세계를 향해 소용돌이쳐 내려간다.

'부계' 체계인 기지는 과거에 이룬 적응의 구체적인 결과물이며, 위계적으로 통합되고 표상된 과거 영웅들의 유산이다. 하지만 과거에 이룬 적응은 자연현상이 늘 인간의 해석 능력을 초월한다는 점에서 불완전할 수밖에 없다. 미지에 대한 두려움 때문에 과거의 지혜를 절대적으로 신봉할 때, 과거는 불가피하게 발생하는 개인 고유의 이례적 경험을 용인하지 못하는 압제로 변질된다. 잠재적 적응 방식으로써의 영웅적 탐험 과정을 거부하는 사람은 자신의 안전을 도모하기 위해 조상을 신격화하기에 이른다. 이들은 명백히 드러난 인간의 나약함을 목격하고 이것이 신의 잔혹함과 인간의 무가치함을 분명하게 보여 주는 확실한 증거라며, 미숙하고 교만한 자기 인식에 빠져 영웅적 탐험 과정을 거부한다.

자유가 아니라 끊임없이 안전을 추구하는 사람은 법의 정신이 아니라 문자 그대로 법률의 지배를 받기를 바란다. 기준에서 벗어난 모든 것을 억압하는 이면에는 미지의 존재를 부인하고 싶은 욕구가 있다. 차이를 억압하는 개인과 사회는 더 이상 창조적 혁신을 이루지 못한다. 자신을 영웅과 동일시하지 못하는 사람은 억압적인 과거의 세력과 자신을 동일시하며 그 편에 서게 되고 결국 고통을 겪는다. 이 같은 원리는 유다에 관한 성경 이야기에 잘 드러난다. 유다는 자기 나름대로 타당한 이유를 대며 영웅인 그리스도를 전통적 권위자들에게 팔아넘겼지만 곧 절망에 빠져 스스로를 파멸의 구렁텅이로 몰아넣는다.

그때에, 예수를 넘겨준 유다는, 그가 유죄 판결을 받으신 것을 보고 뉘우쳐, 그 은돈 서른 닢을 대제사장들과 장로들에게 돌려주고 말하였다.

"내가 죄 없는 피를 팔아넘김으로 죄를 지었소." 그러나 그들은 "그 것이 우리와 무슨 상관이오? 그대의 문제요." 하고 말하였다.

유다는 그 은돈을 성전에 내던지고 물러가서, 스스로 목을 매달아 죽었다.

「마태복음」 27장 3~5절

위대하고도 무서운 아버지에게 영웅을 제물로 바친다는 것은 곧 혼돈에서 우주를 창조하는 과정을 포기한다는 의미이다. 한없이 두렵고 부정적인 경험을 견딜 만하고 유익한 경험으로 바꾸는 과정을 거부하면 모든 희망이 사라지고 만다.

그러므로 내가 너희에게 말한다. 사람들이 무슨 죄를 짓든지, 무슨 신성 모독적인 말을 하든지, 그들은 용서를 받을 것이다. 그러나 성령 을 모독하는 것은 용서를 받지 못할 것이다.

또 누구든지 인자를 거슬러 말하는 사람은 용서를 받겠으나, 성령을 거슬러 말하는 사람은, 이 세상에서도 오는 세상에서도, 용서를 받지 못할 것이다.

「마태복음」 12장 31~33절

성령, 즉 거룩한 영혼을 거스르는 사람은 자신은 물론 주위 사람을 납득시키려고 자신이 추종하는 과거의 유산이 가장 위대하다고 거 짓말을 한다. 또 실제로 의연하게 도덕적으로 행동하는 대신 강직하고 용감한 사람인 척한다. 진정 용감하게 행동하면 집단으로부터 외면받게 될지 모르며, 집단과의 동일시만이 그가 머리를 수면 위로 내놓을 유일한 방법이기 때문이다. 그는 자기를 부정하며, 신화적으로 표현하자면 하나님과의 동일시를 거부한다. 또 새로운 정보를 통합하여 경험 세계의 위협을 줄이기 위해 기존의 행동 양식과 신념 체계를 고치거나 다시 만들기를 거부한다. 그러다가 때가 이르면 자기 의사와 상관없이 갑자기 몰락하고 만다.

지속적으로 적응 양식을 쇄신하기를 거부하는 사람은 한때 생명의 물이 흐르던 주위 환경을 늪으로 만들고 만다. 생명을 주던 물은 생명을 앗아가는 늪으로 바뀐다. 과거에 범한 오류와 해결하지 못한 트라우마, 현재 겪는 문제들로 질척이는 이 늪은 프로이트가 언급한 '억압된 기억'으로 점철된 '무의식'이다. 하지만 처리되지 않은 정보는 기억이라고 할 수 없고 미처 탐색하지 못한 대상은 기억될 수 없다. 왜냐하면 그것은 아직 '현실'이 되지 못했기 때문이다. 아무런 조치를 취하지 않은 결과는 억압된 기억이라기보다는 '영혼과 세계로 구축될 수 있었던 잠재된 가능성'이며, 그 대부분은 기억 속에 저장되기보다는 세계 속에 암묵적인 형태로 존재한다(여기서 암묵적이라는 말의 뜻은 답장을 하지 않은 편지나 갚지 않은 빚, 해결하지 못한 다툼처럼 아직 맞닥뜨리지 않은 잠재적 '문제'로 남아 있다는 뜻이다).

시간이 흐를수록 스스로 만들어 낸 이 늪은 점점 깊어져 도저히 통과할 수가 없게 되고, 장기간의 회피가 점점 영토를 확장한 결과 '사람이 살 수 없는 곳'으로 변해 간다(그리고 늪지 괴물에게는 굶주린 머리가 점점 더 많이 생겨난다). 그리고 마침내 혼돈의 용이 깨어난다. 안전하고 익숙한 세계 아래에 영원히 잠들어 있던 티아마트를 깨우고 만 것이다. 적응 양식이 두려움과 불신에 사로잡혀 제한적이고 억압적으로 변해 갈수록, 다시 말해서 거짓이 극단으로 치달을수록 용은 더욱더 참혹하고 위험하며 강력한 모습으로 등장한다. 이처럼 세상을 대하는 태도에 따라 우리가 마주하는 세계가 결정된다. 경험의 어느 측면을 제거하려 들면 그 측면은 적수가 되고 만다. 빛 없이 어둠 속에 숨긴 모든 경험적 측면들은 지하 세계의 어둠 속에서 빛에 굶주린 채 타락한 모습으로 살아가는 인생을 부른다. 온전한 현실 그 자체로서의 경험을 부정하면 반드시 대가를 치러야 한다. 현실은 환상과 다르다. 현실을 자기가 보고 싶은 대로만 인식하면 결국 자신이 부인한 경험에 담긴 정보를 위협적인 미지의 세계에서 빼내어 적응의 목적으로 활용하지 못한다.

우리는 현실 세계에 적응할 수 있다. 우리가 희망하는 세계가 아니라 있는 그대로의 현실 세계에 적응할 수 있다. 현실 세계에는 행복한 인생을 보장할 만큼 충분한 정보가 이미 담겨 있을지 모른다. 우리가 남겨 둔 모든 과제들, 다시 말해서 우리 앞에 나타났지만 탐험하지 않고 남겨 둔 모든 영토에는 유능한 인격을 얻어 낼 수 있는 잠재 정보가 여전히 남아 있을지 모른다. 만약 경험이 우리 자신과 세계에 대한 정보의 근원으로 타당하다면, 우리가 회피하거나 억압하거나 가치 폄하했던 경험의 구성 요소 안에는 여전히 지속 가능하며 성공적인 인생을 살기 위해 꼭 필요한 정보가 담겨 있을지 모른다. 그러므로 선을 향해 자발적으로 걸음을 내딛으려는 사람은 지금껏 폐기되었던 정보를 재통합하고 현재로써는 소화할 수 없을 것처럼 보이는 정보를 기꺼이 수용해야 한다. 이를 자발적으로 추구하지 않으면 결국 사회적, 개인적 차원에서 거부된 '적대적 세력'을 불가피하게 맞닥뜨림으로써 재앙을 겪게 된다. 신화 속에서 재앙은 무서운 어머니가 선택한 장소에서 그녀와 의도치 않게 재회하는 모습으로 묘사된다. 이 같은 '오이디푸스적 근친상간'은 마지 못해 무서운 어머니와 재회한 영웅의 고난으로 귀결된다. 영웅은 끝내 죽임을 당하거나 사지가 잘리거나 거세를 당하는 등 '남성적' 의식을 잃고, 지하 세계가 승리를 거둔다.

집단과 자기를 동일시하는 사람은 두려운 미지로부터 보호받고 사회 구성원으로 수용될 만한 인생을 산다. 이들의 노예 같은 삶의 방식은 집단을 강화한다. 그러나 집단이 수용하는 특정한 행동 양식과 신념 체계는 결코 미지의 영역과 개인의 잠재력을 사라지게 할 수 없다. 집단과 자기를 동일시하는 사람은 자신이 자연재해나 이방인이 아니며 일탈하거나 나약하거나 비겁하거나 열등하거나 복수심에 불타지 않는, 다른 사회 구성원들과 다를 바 없는 '똑같은 사람(똑같이 죽은 사람)'이라는 사실을 증명하고자 '굳은 미소'라는 사회적 가면을 쓴다.

반면 참된 개인은 집단의 수용과 보호 바깥에 서서 자신의 어리석음을 솔직히 드러낸다. 자기 결점을 가리지 않고, 있는 그대로 나약함, 약점, 복수심, 비겁함, 차이를 드러낸다. 이런 사람은 집단의 기준을 통과하지 못하고 집단적 억압의 표적이 된다(집단과 자기를 동일시하는 경우 스스로 자신을 비판하게 된다). 하지만 어리석고 나약하고 무지한 이 사람은 집단과는 다른 존재이다. 그는 참된 개인으로서 진실하게 살고 진실하게 경험하며 진실하게 고통받는다. 자신이 타고난 한계를 의식하고 그 결과를 이해할 때 개인의 주관적 경험의 본질이 수면 위로 드러나고 주관적 경험 세계에 적응하려는 시도가 강화된다. 바로 이것이 버림받은 자, 병자, 맹인, 절름발이와 같이 구제받지 못한 사람들만 '구원받을' 수 있는 이유이다. 주관적 경험, 즉 우리를 착각으로 몰아넣는 집단의 제약을 벗어난 개인적 현실을 본질적으로 이해하면 기존에 따르던 도덕률은 완전히 붕괴한다.

그래서 자의식의 출현은 곧 어머니와 아버지의 에덴동산에서 영원히 추방되는 결과를 낳는다. 하지만 에덴에서의 추방은 '진정한 낙원'으로 나아가는 첫걸음이며, 인생의 변덕스러움으로부터 우리를 지켜 주지는 못해도 무시무시한 미지를 지속 가능하고 생산적인 세계로 바꿔 나가는 영웅의 정체성을 수용하기 위한 길이다. 경험 세계에 제대로 적응하려면 인간의 경험 세계를 특징짓는 죽음의 한계를 수용하거나 아니면 적어도 인식해야 한다. 주관적 경험을 부인하는 것은 곧 자신의 어리석음을 부인하는 것이다. 하지만 어리석은 인간이야말로 참다운 인간이다.

스스로 죽을 수밖에 없는 나약한 존재라는 사실을 받아들이는 것은 진정한 영웅이 되기 위해 필요한 역설적인 겸손이다. 이처럼 영웅의 겸손한 태도는 지금 현재 상태가 얼마나 강하고 안정되어 있든지에 관계없이 새롭고 가치 있는 것이 존재하기 때문에 그것을 맞닥뜨리고 수용해야 한다는 믿음에 토대를 둔다. 더 나아가 이 믿음은 개개인이 미지의 도전을 받아들여 더욱 번영할 수 있다는 인간의 잠재력에 관한 믿음에 기초한다. 영웅으로 살려면 먼저 이 관점을 믿어야 한다. 이것은 용감하고 창조적으로 행동하며 종교를 실제로 의미 있는 것으로 만들기 위해 필요한 도약이다. 따라서 영웅의 겸손은 "지금의 나는 아직 내가 될 수 있는 최고의 모습이 아니다."라는 신중하면서도 희망에 찬 신념이다.

적대자의 기만적 태도는 현재의 지식이 우리에게 필요한 모든 지식이며 미지가 마침내 정복되었다는 믿음에 근거한다. 이 믿음은 인간의 나약함을 부인하고 인간이 전지하다는 입장을 취한다. 적대자는 "내가 하는 행동이 해야 할 모든 행동이며, 내가 알고 있는 지식이 알아야 할 모든 지식"이라고 말한다. 이 같은 태도를 취하는 사람은 암묵적, 명시적으로 어쩔 수 없이 영웅의 가능성과 필요성을 부인하게 된다. 왜냐하면 모든 가치 있는 것이 이미 실현됐고 모든 문제가 해결되었으며 낙원이 눈앞에 펼쳐져 있기 때문이다. 이것은 매우 '무서운' 태도이다. '우리가 이미 구원받았다'고 믿으면 이데올로기를 수용하는 것만으로는 절대로 근절할 수 없는 인간의 고통 자체가 '이단적인' 것으로 규정되기 때문이다. 그 결과 적대자는 자기 자신조차 동정하지 못한다. 지금 존재하는 '완벽한 세계' 속에서 불완전한 것이란 그 무엇도 존재할 수 없기 때문이다. 따라서 적대자는 타인의 고통은커녕 자신의 고통조차 인정할 수 없는 상태에 빠지고 만다. 세상에 이보다 딱한 처지는 없을 것이다.

자신의 부족함을 인정하면 역설적으로 영웅의 정체성을 받아들이고 경험 세계를 창조하고 쇄신하는 과정에 동참할 수 있게 된다. 반면 자신의 부족함을 부인하면 영원히 지옥에 거하는 적대자의 정체성을 받아들이게 된다. 지옥은 무엇보다도 경험의 구성 요소가 균형을 이루지 못한 상태이다. 적대자의 기만적인 적응 양식을 받아들인 사람 중 문화의 규범을 수용한 사람들은 안전 지향성과 공격성이 점차 강화된다. 반면 집단 정체성을 받아들이는 대가가 너무 크거나 어느 집단에도 받아들여지지 못하거나 혹은 경험 세계가 견딜 수 없이 고통스럽게 느껴져 전체주의적 행동 양식마저 무척 희망적으로 보이는 사람은 타락한 인격과 퇴폐적인 삶의 태도를 받아들인다.

영웅을 부정하면 문화적 규범을 절대화하는 '전체주의'가 고개를 든다. 이때 모든 지식은 역사적으로 확립된 하나의 구체적인 틀, 즉 신화로 표현된 가정에 기반한다. 그러므로 미지를 부인하거나 회피할 때는 과거에 수립된 구체적인 관점을 신격화하는 과정이 수반된다. 이때 모든 사물은 영원히 지금의 존재 방식을 유지해야 한다. 과거의 지혜에 의문이 제기되면 미지가 다시 모습을 드러내어 불안감이 조성된다. 이처럼 미지와의 대면은 미지의 대상에 잘 적응할 수 있다고 믿는 환경에서는 유익하게 여겨지지만 이 영웅적 원리를 믿지 못하는 곳에서는 파괴적인 상황으로 받아들여질 뿐이다. 하지만 살아 있는 모든 것은 성장한다. 보수주의는 개인의 창조력을 파괴하는 억압으로 뒤바뀔 때, 삶을 북돋는 것이 아니라 삶을 거스르는 것으로 전락하고 만다. 보수적이기만 한 사회는 살아남지 못한다. 미래는 과거의 한계를 뛰어넘는데, 절대적 보수주의자는 이미 존재했던 것으로 앞으로 존재할 수 있는 것들을 제한하려 들기 때문이다. 만약 역사가 온전하고 완벽하다면, 그리고 개인이 이미 자기 잠재력을 온전히 발휘했다면, 모든 것을 탐험하고 깨닫고 성취한 인간의 경주는 끝이 났을 것이다. 하지만 인류는 아직 그만큼 높은 수준에 도달하지 못했고 아마 앞으로도 그럴 수 없을 것이다. 그 반대로 믿고 있는 사람들은 이미 얻었다고 여기는 바로 그것을 가능하게 하는 창조적 탐험에 적극 반대하고 나선다.

영웅을 부정하는 태도는 전체주의와 더불어 전통적 질서 혹은 질서 그 자체를 완강히 거부하는 '퇴폐주의'를 부른다. 퇴폐주의자의 행동 양식과 해석 도식은 전체주의자의 그것과는 전혀 달라 보인다. 하지만 퇴폐주의자는 동료 격이자 겉보기에 훨씬 더 완고해 보이는 전체주의자만큼이나 교만하다. 이들은 '특정한 그 무엇과 자신을 동일시하는 게 아니라 그 무엇과도 자신을 동일시하지 않는다.' 또한 세상에 가치 있는 것은 아무것도 없다고 굳게 믿는다. 생의 가치를 믿는 사람들은 분명 무언가에 속아 넘어간 나약하고 무지한 사람이라며 인생에서 얻고자 노력할 만한 것은 아무것도 없다고 확신한다. 이렇게 퇴폐주의자는 미다스와는 반대로 손길이 닿는 모든 것을 재로 만들어 버린다.

사람들은 대개 청소년기에 접어들면 미지의 위협에 대응하기 위해 기존의 집단 정체성을 수용한다. 일반적으로 사람들은 미지에 적응하는 문제를 집단에 소속됨으로써 해결한다. 집단은 그 집단의 핵심 가치를 수용하고 다른 구성원 앞에서 같은 방식으로 행동하거나, 적어도 집단의 예측 범위 안에 있는 사람으로 구성된다.

전체주의자는 집단에 열렬히 적응한다. 자기 자신과 '자기와 비슷한' 사람들 주위로 점점 더 굳건한 장벽을 세우고는 위협적인 미지를 저지하고자 계속해서 헛되이 노력한다. 이들이 이렇게 행동하는 까닭은 세계관이 불완전하기 때문이다. 이들은 인간 안에 잠재된 영웅적 측면을 믿지 못하고 사회의 부정적 측면을 보지 못하며 혼돈의 유익한 측면을 상상하지 못한다. 겁에 질려 노예의 규율을 받아들이고 집단의 보호를 받으려 하지만 노예 상태를 넘어서고자 할 만큼 겁에 질리진 않은 것이다.

반대로 퇴폐주의자는 집단이 갖고 있는 억압적 측면만 눈여겨본다. 그들은 개인의 악마적 측면을 편리하게 덮어 놓고는 자신의 '반항'이 훈련을 회피하기 위한 핑계일 뿐임을 인식하지 못한다. 퇴폐주의자는 무서운 어머니에게 영혼을 집어삼키는 힘이 있다는 것을 상상하지 못하기 때문에 악의 근원을 사회적 규제에서 찾으며 혼돈을 유익한 안식처로 여긴다. 그는 위대한 아버지를 내치고 구원받지 못하고 있다가 마침내 제대로 된 도전에 맞닥뜨리는 순간 그 무엇에도 의지하지 못하고 짐승의 배 속으로 떨어지고 만다.

퇴폐주의자는 한 개인으로 성숙해 가는 과정을 뒤엎으며 집단에 속하지 않고 빠져 나갈 길을 모색한다. 집단에 속하려면 적어도 청소년에게 주어지는 책임을 수용해야 하는데, 미성숙한 세계관을 너무 오랫동안 가지고 있다 보니 그 책임마저 너무 무겁게 느껴지기 때문이다. 이들은 집단의 가치관이 환경적, 문화적, 지적 변화를 제대로 반영하지 못해 믿을 수 없다는 듯한 자세를 취하며, 집단을 한번쯤 선뜻 믿어 보는 어리석은 자가 되기를 거부한다. 아버지가 병에 걸렸다면 생명의 물이 흐르는 땅으로 모험을 떠나는 것이 적절한 대응이다. 하지만 이들은 과거의 미신을 믿기에 자신은 지적으로 우월하다며 책임을 회피한다. 이처럼 자기 책임을 회피하려는 욕구, 즉 영웅적 희생을 감수하지 않으려는 욕구는 자신의 '지적 우월성'을 믿는 동기가 된다. 이러한 신념의 부산물로서 '고통에 빠진 저항 세력'의 입장을 취할 수 있게 된 것도 이들의 비겁함을 감추는 훌륭한 가면이 된다.

전체주의자와 퇴폐주의자는 서로를 철천지원수로 여기지만 실제로는 찌그러진 동전의 양면과 같다.

오늘은 크리스마스이고 난 지금 막 줄리네 집에서 돌아온 참이야. 줄리네 소파에서 두 딸을 옆에 두고 앉아 있는 동안 문득 내가 지금까지 하나뿐인 인생을 얼마나 어리석게 살아왔는지 깨달았어. 내가 자네에게 털어놓는 이야기를 끝까지 참고 들어주기 바라네. 고해성사를 꼭 해야겠는데 좁은 방에 앉아서 눈에 보이지도 않는 성직자에게 털어놓자니 이야기가 제대로 나오지 않을 것 같거든. 자네는 인간의 악마적이고 비합리적인 본성을 주의 깊게 살핀다는 면에서 진정한 종교인이나 다름없으니 내 고백에 흥미가 생길 걸세.

인간답게 산다는 것의 의미를 자기보다 더 잘 알고 있다는 이유만으로 이웃이나 다른 사람에게 원한을 품은 사람을 떠올려 보게나. 나는 내가 눈을 똑바로 마주치지 못하던 사람들을 향해 품었던 끔찍하게도 사악한 생각이 떠오를 때면 견딜 수 없을 만큼 괴롭다네. 평범한 사람들을 향해 왜 이리도 생각 없이 사냐며 내가 품었던 오만한 경멸은 이제 와서 돌이켜보니 그저 질투와 앙심에 불과한 것이었네. 두려움을 이겨 내고 어머니의 품에 안겨 있던 어린 시절의 마음을 훌훌 털어 낸 사람이 있다면 나는 그가 누구든 증오하고 꺼렸다네. 나는 그러지 못했으니까. 독립과 성공을 자기중심주의나 이기주의로 치부하면서 어머니의 품에서 독립하여 성공한 사람들이 이룬 성취를 모조리 허물어 버리는 것이 내 희망이자 포부였다네. 그것이야말로 내 의무라고 여겼지. 내 눈에 이기적으로 비치던 세상을 쓸어 버리고 싶은 내 충동에는 분명 광적인 면이 있었네.

내가 그런 충동을 실현할 수 있는 위치에 있었더라면 무슨 일이 벌어졌을까! 그런 상상을 할 때면 나는 언제 땅이 갈라져서 나를 집어삼킬지 모른다는 두려움에 사로잡힌다네. 만약 세상에 정의가 존재한다면 그렇게 될 것임을 알기 때문일세. 도덕적 판단 능력은 눈곱만큼도 없으면서 나는 누구든 내 앞길을 가로막는 사람을 비난해 댔네. 이런 사실을 깨닫고 보니 내게 친구랄 만한 사람이 한 사람이라도 있을까 궁금하더군. 물론 전에는 내게도 친구가 있었네. 내 경멸을 용인할 만큼 충분히 자기를 경멸하던 사람들이 바로 내 친구였지.

나 같은 사람도 구원해 줄 구세주가 몇몇 있다니 인류로서는 얼마나 다행한 일인가. 자네는 내가 그리스도와 나를 동일시했다는 걸 알고 있나? 나는 나 자신이 공격성을 비롯해서 여타 반사회적인 감정은 티끌만큼도 없는 사람이라고 여겼네. 그럼 방금 고백한 그 증오는 뭐냐고 묻겠지? 그건 반사회적 감정에 포함되지 않는다고 생각했네. 그 감정은 타당한 상식에 기초하고 있으니 말일세. 무엇보다 이 세상에는 개자식들이 있고 누군가는 그들을 상대해야만 하니까. (나한테서 오존 냄새가 나지 않는가? 사람들이 번개 맞기 직전에는 찌릿한 느낌이 든다더군.)

개자식이란 표현이 아주 정확해. 융의 책『아이온, 어딘가에서 잃어버린 자기를 찾아서』에는 이런 구절이 나오네. "흔히 그런 사람 옆에는 어린 아들이 순조롭게 성장해서 결혼에 이르도록 일일이 챙기고 한없이 희생하면서도 정작 자기 아들이 남자가 되어야 한다는 사실에는 눈곱만큼도 신경 쓰지 않는 듯한 어머니가 있다. 이런 어머니와 아들은 비밀스런 음모 속에서 서로 삶을 배반하도록 돕는다." 융의 통찰은 내 상황을 아주 정확하게 묘사하고 있어서 내게는 근사한 핑곗거리가 돼 주었네. 내 속에서 희석되지 않은 악이 매일 조금씩 드러났다는 사실만 빼면 말이네. 예를 들어 불만스러운 일이 생길 때면 나는 스스로 무슨 일을 해야 할지 묻지 않았네. 대신 누구 책임인가를 물었지. 그리고 언제나 타인이 제대로 행동했다면 그런 문제는 일어나지 않았을 거라고 결론 내릴 준비가 되어 있었네. 그게 왜 악이냐고? 내 문제를 해결하는 데 실패해 놓고 거기서 내 잘못은 눈 감고 넘어가려고 단단히 결심했다면, 그리고 대신 내 문제를 책임질 희생양을 찾기로 했다면, 그건 히틀러의 유대인 말살이나 스페인의 종교 재판, 레닌의 문화 정화를 일으킨 사고방식에서 돌 던지면 닿을 거리에 있는 게 아니겠나.

내가 자본주의의 결함에 대해서, 너무 많은 이들이 자본주의 체계를 악용한다는 사실에 대해서 불평했을 때 자네가 내게 한 얘기가 무엇이었나? "사람들이 자신의 경제적 안정만 추구하는 것도 문제지만, 그렇다고 스스로 경제적 안정을 추구하려고 전혀 노력하지 않는 자세가 미덕이 될 수는 없다."는 식의 말이었지. 하지만 자신의 비겁함과 나태함을 미덕으로 포장하는 편이 훨씬 쉽다네. 시골에서 으스대고 다니며 조금이라도 성공을 거둔 농부들을 탈탈 털고선 스스로 평민의 친구라며 거들먹거리던 치들처럼 말일세! 나는 내가 같은 상황에서 그들과 한패가 되지 않을 만큼 충분히 달라졌는지 궁금하다네. 사리사욕이 없는 마음에서 도덕성이 비롯된다는 생각이 뼛속 깊이 박혀 있어서 말이야. "선한 사람은 자기를 위해서는 그 무엇도 원하지 않는다."는 것이 내 사고방식이야. 하지만 나는 그런 사람이 왜 스스로를 단련하기 위해 애써야 하는지, 아니면 왜 자기 삶의 목표를 명확히 세우기 위해 노력해야 하는지 한번도 묻지 않았네. 그런 사람에겐 이 세상에서 가치가 있는 게 아무것도 없기 때문이지. 융은 「자아와 무의식의 관계Relations Between the Ego and the Unconscious」라는 글에서 개인은 무의식 상태에서 서로 대립하는 것들 사이의 갈등으로 분열되어 있지만 이 갈등을 상위 차원에서 해결함으로써 의식에 이른다고 말했네. (나는 이러한 성인의 무의식 상태가 장기적 갈등이 없는 아이의 무의식 상태와는 다르다고 이해했네.) 바로 지난주에 나는 또다시 그런 막다른 골목에 다다랐다네. 가만히 앉아 앞으로 어떻게 살아갈지를 고민하던 중에 나에게 의미가 있고 성취감을 주는 활동을 바탕으로 대강의 인생 계획을 세워 볼 때마다 머릿속 어딘가에서 반대 의견이 들려오더군. 그렇게 살면 이런저런 문제가 생길 수 있으니 그 계획은 이런저런 면이 잘못됐다는 식이었지. 결국 그냥 살아 있는 것만으로 이 행성을 파괴하는 데 일조하게 된다는 생각 때문에 어떤 직업도 수용할 수 없는 지경에 이르렀네. 내가 상상한 옳은 길을 그르다며 비판하는 소리가 비합리적인 망상일 뿐이라며 부인하고 싶은 마음이 커져 가는 만큼, 나는 또 스스로에게 이렇게 말한단 말일세. 개별 남성과 여성으로 이루어진 인류의 활동이 세상에 얼마나 많은 해를 끼치고 있는지 날마다 신문에서 보고 있지 않느냐고.

물론 자네 영향을 받은 덕분에 요즘에는 그런 생각의 늪에 그리 오래 빠져 있지는 않아. 이제는 산업화 때문에 문제가 생겼다면 그 문제를 해결하기 위해 누군가 나서기를 바라거나 혹은 내가 할 수 있는 일을 시도해 볼 일이지, 가만히 앉아 있어서는 아무것도 해결되지 않는다고 자답하곤 하네. 이런 생각의 늪에 빠질 때 가장 힘들고도 가련한 문제는 이성은 인생 계획이 성공을 거둘 것임을 100퍼센트 확신하고 싶어 하지만 마음 한구석에서는 그런 확신을 얻는 것이 불가능하다는 사실을 알기 때문에, 결국 운이 따르고 인내심을 갖고 노력한다면 일이 잘 풀리리라는 믿음을 가질 필요가 있다는 결론에 이른다는 점일세. 나는 이성으로 계몽된 현대의 정직하고 세련된 쥐이다 보니 믿음이니 뭐니 하며 종교적 냄새를 풀풀 풍기는 말도 안 되는 헛소리는 필요 없다네. 믿음은 확실히 불합리한 것이고 그 어떤 불합리한 것도 내 행동의 지침으로 삼을 수는 없네.

예전에 나는 그저 직업 선택을 운에 맡기고 최대한 내 관심사를 결정에 반영하지 않음으로서 이 문제를 피해 갔네. 그러면 내 인생에 대한 책임을 회피할 수 있고, 따라서 현 시대에 대한 책임도 회피할 수 있다고 믿었지. 또 애초에 계획이 없었기 때문에 계획대로 풀리지 않을 때 책임을 질 필요도 없었네. 이렇게 바위처럼 굳건한 토대 위에서 세상을 바라봤고 또 자기 자신을 등식에 넣을 만큼 멍청한 주변 사람들을 바라봤네.

나는 내면에 우리가 관심이라고 부를 만한 삶의 동기가 존재하고 그 동기가 삶에 응답하여 불확실성과 역경을 헤쳐 나가도록 이끌어 준다고 믿는 비합리적인 믿음이 있어야 내면의 갈등을 해결할 수 있다고 생각했네. 여기서 문제는 바로 이걸세. 이처럼 자신의 비합리적인 본성에 대한 믿음을 가지려면 개인의 관심과 열정이 불확실하고 험준한 인생을 헤쳐 나가도록 우리를 지탱해 준다는 증거를 이성이 명확히 볼 수 있어야 하는데 그 증거를 얻을 유일한 길은 위험을 감수하고 결과를 지켜보는 것뿐이라는 걸세. 이런 일을 스스로 해낼 수 있는 사람은 매우 특출한 사람이네. 대다수 사람들은 타인, 그것도 소위 말하는 믿는 사람들의 안내와 지지가 필요하단 말일세. 이런 생각을 논할 때 종교적 용어가 유용하게 쓰인다니 신기하지 않은가?

갑자기 밀턴의 『실낙원』에 등장하는 악마가 내면의 가장 높은 자리에 합리적 지성을 두는 것을 상징한다던 자네의 말이 생각이 났네. "지옥에서 다스리는 것이 하늘에서 섬기는 것보다 낫다."는 말도. 그렇다면 지옥이란 인생의 수많은 위험을 명확히 의식한 이성이 개인을 사로잡아 인생에 관심을 갖지 못하게 방해한 결과, 편지의 앞쪽에 묘사한 것처럼 도덕적으로 타락한 상태를 말하는 것이겠지. 그리고 하늘나라는 아마도 이성이 스스로 믿음 아래로, 그러니까 신에 대한 믿음 아래로 예속된 상태를 말하는 것이겠지. 하지만 도대체 신은 무엇이란 말인가? 자네 책에 「관심에 깃든 신성」이라는 장이 있더군. 이제야 자네 생각이 이해되기 시작했네. 적어도 나는 그렇다고 생각하네. 신에 대한 믿음은 곧 자신의 관심에 불을 붙이고 부모의 품을 벗어난 세상으로 이끌어 주는 그 무엇에 대한 믿음을 의미하네. 이 같은 개인의 관심을 부정하는 것은 곧 신을 부정하는 것이고 하늘나라로부터 곧장 모든 열정이 좌절 속에서 영원히 불타 버리는 지옥으로 굴러떨어지는 것을 의미하겠지. 하나님이 아담을 에덴동산에서 쫓아내면서 했던 말이 뭐였나? 미래에 닥쳐올 죽음의 공포 속에서 죽는 날까지 땅에서 수고해야 하리라는 그런 말이었지. 나는 이 말도 이제 확실히 이해할 수 있네. 내가 몇 년간 이 일 저 일 전전하면서 보낸 시간을 떠올릴 때 가장 선명하게 떠오르는 기억은 당시 내가 느꼈던 일상의 무의미함과 죽음이 가까이 다가오고 있다는 명징한 인식이었네. 하지만 지금처럼 내가 의미 있고 흥미로운 일을 하는 동안에는 죽음이 먼일 같고 일하는 것도 꽤 견딜 만하고 즐겁기까지 하다네.[473]

이러한 '사회적 병리 발생에 관한 이론'은 전체주의 혹은 퇴폐주의 인격과 사회 운동이 개인의 선택과 직접적인 관계가 있음을 보여준다. 이와 유사한 주장을 펴는 도교 사상을 살펴보면 이 이론을 깊이 이해하는 데 도움이 된다. 도교의 전통에서는 인간의 경험 세계가 본질적으로 서로 구분할 수 없는 배경에서 떨어져 나온 구별 가능한 부분, 즉 도道로 구성된다고 믿었다. '의미' 혹은 '길'로 번역되는 [474] 도는 존재의 끊임없는 변화 속에 나타난다. 도는 '음'과 '양'으로 나뉘는데, 이 둘은 각각 경험의 가장 근본적인 구성 요소인 '여성'과 '남성'을 상징한다. 고대 중국의 철학은 대부분 이 원물질인 음과 양이 균형을 이루지 못한 상태를 병리적 이상의 원인으로 여긴다. 중국의 현자는 이 '여성적' 원리와 '남성적' 원리 사이의 조화를 이루거나 되찾는 것을 목표로 삼고, 부조화의 원인이 된 잘못된 행동이나 해야 하지만 책임감이 부족해서 실행하지 못한 행동을 찾아 진단하고 고친다. 음과 양은 전체를 표상하는 원의 형태에, 서로 대칭적으로 조화를 이루는 좌우 소용돌이 무늬로 도식화된다. 검은 무늬 안에 있는 흰 점과 흰 무늬 안에 있는 검은 점 덕분에 이 문양은 더욱 정교해진다. 지나친 혼돈은 질서를 갈망하게 만든다. 그러므로 음은 양의 어머니가 된다. 반면 지나친 질서는 숨 막히는 획일성에 대한 해독제

양

질서
남성성
낮
기지
전체주의
파시즘

음

혼돈
여성성
밤
미지
퇴폐주의
허무주의

그림 42. 경험의 구성 요소

로서 혼돈에 대한 갈망을 키운다. 이렇게 양은 음의 아버지가 된다.

　현실을 맞닥뜨릴 생각도, 미지의 필요성을 인정할 생각도 없는 전체주의자는 자신의 나약함을 '병적으로 과도한 질서' 속에 감춘다. 질서 없이는 삶이 불가능하다는 사실을 직시하지 않는 퇴폐주의자는 자신의 미성숙함을 '병적으로 과도한 혼돈' 속에 감춘다. 전체주의자는 질서를 얻기 위해 성가신 자유를 기꺼이 희생하고, 자기 자신을 위해서는 아무것도 할 필요가 없도록 구원받지 못한 자신의 고통을 의미 없는 것으로 치부한다. 퇴폐주의자는 혼돈에 깃든 끔찍한 본성에 무지한 데다 질서라는 짐을 지고 싶지 않아서 규율과 책임 없이도 자유를 얻을 수 있다고 믿는다. 퇴폐주의자는 삶에서 반드시 고통을 겪게 되는데, 그런 순간에도 인생에 진짜가 있음을, 자기가 겪는 고통이 진짜임을 인정하려 들지 않는다. 그 사실을 인정하면 스스로 믿음을 가지고 행동해야 하는 데다, 지금까지 자신이 얼마나 인생을 낭비하며 어리석게 살아왔는지를 고통스러운 자각을 하게 되기 때문이다.

전체주의적 적응 양식은 예측할 수 없는 미지를 직접 통제하는 방식이다. 현대인들도 자기 조상들과 다름없이 은연중에 이방인을 혼돈의 용과 동일시한다. 이방인은 뜻밖의 행동을 하고 예상 밖의 생각을 품고 있는데, 이것이 온전히 발현되면 사회를 극도로 뒤흔들 수도 있기 때문이다. 극단적인 보수주의자는 미지를 회피하며 불확실성을 제한한다. 그에 따라 집단 구성원이 모두 같은 방식으로, 대개지도자와 똑같이 행동하고 가정하고 생각하게 만든다. 실업률이 오르거나 정치 체제가 흔들리는 것 같이 불확실성이 고조되는 시기에는 언제나 영광스러운 과거로 돌아가자는 외침이 어디선가 들려오기 시작한다. 두려움에 휩싸인 전체주의자는 세계가 항상 질서 정연해야 한다고 믿는다. 무질서는 생각만 해도 너무나 두렵기 때문이다. 그 결과 전체주의자가 창조한 세계는 한없이 메마르고 기계 같은 조직이 된다. 이렇게 동질성이 높아지면 적어도 잠시 불안이 경감되고 제한되겠지만, 불가피하게 닥쳐오는 변화에 유연하게 대처하는 능력을 잃게 된다. 생물학에 빗대면 마치 자신이 속한 '종'의 유전적 다양성을 모조리 없애 버리는 것이다. 다양성이 없으면 새로운 문제가 발생할 때 다양한 대처 방식을 찾지 못하고 대체로 올바르지 않은 하나의 해결책만을 내놓게 된다. 차이와 미지는 억누르면 언젠가 반드시 부정적인 모습으로 등장한다. 못 본 척하고 넘어간 문제들은 사라지지 않고 대개 특유의 발달 경로를 거쳐 더욱 심화되기 때문이다. 따라서 전체주의자들이 강요하는 질서는 스스로를 파괴하는 씨앗을 품고 있다.

전체주의자들은 완고할 뿐 아니라 잔인하며, 자기 안정을 희생하면서까지 잔인한 행위를 멈추지 않는다. 한 예로 나치는 유대인을 박해하는 것이 전쟁에 총력을 기울이는 데 부담이 될수록 더욱더 가혹하게 박해했다. 유대인에 대한 나치의 증오는 너무나 강해진 나머지 제3제국 시기에 이르면 미지에 대한 극심한 공포를 원동력으로 일어난 애국심을 넘어서게 된다. 전체주의자들이 내세우는 조국과 질서에 대한 비겁한 사랑은 깊이 파고들어 가 보면, 존재의 비극적인 조건들과 그 조건들을 명백히 드러내는 나약한 인생에 대한 증오에 불과하다.

올바른 지각이 없어, 그들은 이렇게 뇌까린다. "우리 인생은 짧고 슬프다. 수명이 다하면 별수 없이 죽는다. 지옥에서 돌아온 사람을 아무도 본 적이 없다.

우리가 이 세상에 태어난 것도 우연이었고 죽고 나면 태어나지 않았던 것이나 마찬가지다. 우리의 코로 쉬는 숨은 연기와 다름이 없고, 우리의 생명이란 심장의 고동에서 나오는 불꽃에 불과하다.

불꽃이 없어지면 우리의 육체는 재가 되고 영혼은 하염없이 공기 속으로 사라져 버린다.

때가 지나면 우리의 이름조차 잊힌다. 누가 우리가 한 일을 기억해 주겠느냐? 우리 인생은 구름 조각들처럼 지나가 버리고 햇볕에 쫓기고, 열에 녹아 버리는 안개와 같이 흩어져 버린다.

인생의 하루하루는 지나가는 그림자, 한번 죽으면 되돌아올 수 없다. 죽음이라는 도장이 한번 찍히면 아무도 되돌아올 수 없다.

그러니, 어서 와서 이 세상의 좋은 것들을 즐기자. 늙기 전에 세상 물건을 실컷 쓰자.

값비싼 포도주와 향료를 마음껏 즐기자. 봄철의 꽃 한 송이도 놓치지 말자.

장미꽃이 지기 전에 장미 화관을 쓰자.

우리 중에 한 사람이라도 이 환락의 기회를 놓치지 말자. 우리의 몫이며 차지이니 우리가 놀고 즐긴 흔적을 도처에 남기자.

가난한 의인을 골탕 먹인들 어떻겠느냐? 과부라고 특별히 동정할 것 없고 백발이 성성한 노인이라 해서 존경할 것도 없다.

악한 것은 쓸모없는 것이다. 그러므로 우리의 힘을 정의의 척도로 삼자.

「지혜서」 2장 1~11절

전체주의자의 잔인성은 질서가 병적으로 강화될 때 나타나는 정서적 결과이다. 생명의 물이 고갈된 삶에는 필연적으로 고통과 좌절에 끔찍한 권태가 더해지고, 더 나아가 질서가 점점 더 엄격해지면서 변칙이 늘어난다. 그러면 고통과 좌절과 무력감에 더하여 혼돈에 대한 두려움이 커진다. 이처럼 부정적인 감정에 과도하게 시달린 사람에게는 앙심을 품고 잔인하게 행동할 이유가 충분히 많다. 전체주의자는 잔인하게 행동하려는 동기가 생길 수밖에 없는 정서 상태로 자신을 몰아간다.

오류를 범할 때마다 미지는 그 모습을 드러낸다. 전체주의자는 스스로 알아야 할 것을 모두 알고 있다고 주장하기 때문에 오류를 범할 수 없다. 하지만 오류는 만물의 어머니이다. 따라서 자신의 오류를 인정하지 못하면 유익한 정보를 얻을 수 있는 경험에서 매번 뒤로 물러서게 된다. 이렇듯 계속 적응하지 못하면 미지는 머지않은 미래에 반드시 부정적인 얼굴로 다시 나타난다. 환경은 서서히 끊임없이 변하므로 여기에 적응하지 않으면 현실과 환상의 괴리가 커지고 해결하지 못한 문제가 쌓여 간다. 완고하고 교만한 사람일수록 더욱 오랫동안 변화를 회피한다. 하지만 곧 미지가 그의 주위를 둘러싸서 더 이상 그것을 회피할 수 없는 처지에 놓인다. 그 시점에 이르면 혼돈의 용이 지하 세계에서 등장해 그를 통째로 집어삼킨다. 그러면 그는 용의 배 속에서, 어둠 속에서, 지하 세계에서 살아야 한다. 그런 환경에는 증오가 찾아들기 마련이다.

한편 퇴폐주의자는 입버릇처럼 세상에 알아야 할 것은 아무것도 없다면서 무언가를 성취해 볼 시도를 전혀 하지 않는다. 권위적인 전체주의자와 마찬가지로 그는 오류로부터 자유롭다. 오류도 무언가 가치 있고 바람직하며 확실한 목표가 있어야 범할 수 있기 때문이다. 퇴폐주의자는 "봐, 여기 무언가 새로운, 이해할 수 없는 것이 있어. 이게 바로 지금껏 내가 배운 모든 지식이 틀렸단 증거야. 역사는 믿을 게 못 돼. 규칙이란 임의적인 거고 인류가 이룬 성취도 환상에 불과하다고. 이런 판국에 뭔가를 해야 할 이유가 어디 있겠어?"라고 말한다. 하지만 그는 기생충처럼 자신이 이해하지 못하는 과거를 갉아먹으며 과거에 얹혀살고 있는 셈이다. 그 상태를 계속 고수해 나간다면 그는 자기가 걸터앉은 바로 그 나뭇가지를 자르고 스스로 존재를 인정하지 않던 야수의 아가리 속으로 추락하고 말 것이다.

　습관적인 회피와 거부는 매우 직접적으로 인격을 약화시킨다. 인격은 탐험한 영토가 넓고 적절히 행동할 줄 아는 상황이 많을수록 더 강인해진다. 학습을 통해 강인해지는 것이다. 그리고 행동 양식은 지속적이고 자발적인 탐험을 통해서 생성되고 새로워진다. 이전과 다르거나 새로운 경험을 거부하는 사람은 변화하는 환경에 적응할 수 없다. 하지만 개인이 처한 환경은 단순히 성장의 결과나 엔트로피 법칙에 따라서 바뀌기 마련이다. 지나간 과거에 대해 철저히 준비를 해 봐야 별로 소용이 없다. 더욱이 미래를 준비하려면 현재를 고스란히 마주하는 수밖에 없다. 따라서 변칙은 말 그대로 영혼의 '양식'이다. 미지는 탐험 과정에서 인격을 만들어 가는 원료인 것이다. 변칙을 거부하면 인격은 굶주리고 노쇠하며 점점 더 변화를 두려워하게 된다. 진실을 마주하는 데 실패할 때마다 미래에 진실을 마주할 능력이 줄어들기 때문이다. 미지에 대해 잘못된 태도를 갖게 된 사람은 모든 지식이 솟아나오는 근원으로부터 스스로를 단절시키고 자기 인격을 되돌릴 수 없을 정도로 손상시키기도 한다. 이 같은 인격 해체는 저절로 가속화된다. 인격이 조금씩 나약해질 때마다 앞으로 더 나약해질 가능성이 증가하는 것이다.

　가진 사람은 더 받을 것이요, 가지지 못한 사람은 그 가진 것마저 빼앗길 것이다.

〈「마가복음」 4장 25절〉

자신이 불완전하다는 증거를 외면하는 사람은 현재의 신념에 위협이 되는 모든 정보를 억압하고 파괴하려 들 가능성이 크다. 회피하고 억압하여 제대로 발달하지 못한 인격의 부분들은 의식적인 적응 과정에 활용될 수 없고, 왜곡되고 무시당했기에 도리어 적응에 저항한다. 이처럼 행동과 심상과 사고가 분열될 때 인격은 약해진다. 나약한 인격으로는 의식 세계의 무게를 감당할 수 없다. 외부 사회와 내면화된 사회의 표상을 지키기 위해 개인차를 억압한 결과는 미지 앞에서의 나약한 인격으로 드러난다.

> 또 한 가정이 갈라져서 싸우면, 그 가정은 버티지 못할 것이다
>
> 「마가복음」3장 25절

| 20세기의 우화

융은 언젠가 이런 말을 남겼다. "인식하지 못한 심리적 모순은 운명처럼 세상 속에서 실연된다." 신비주의적인 색채가 물씬 묻어나는 표현이다. 세상이 어떻게 심리 상태(혹은 개인이 인식하기를 거부하는 심리 상태)를 실연한단 말인가? 추상화의 목적은 경험을 표상하고, 이 표상을 조작하여 환경에 적응하는 것이다. 예를 들어 우리가 같은 장난감을 갖고 싶다면 우리는 장난감에 대한 권리를 놓고 논쟁을 벌일 수 있다. 협상이 실패로 돌아가거나 두 사람 중 하나라도 협상을 거부하면 싸움이 일어날 수도 있다. 도덕 차원에서 이러지도 저러지도 못해서 시름에 잠겨 마음속 전쟁을 끝내지 못하면, 동요가 행동에 반영되고 심리적 모순이 행동으로 드러나 사람들의 눈총을 사게 된다.

심리적 분쟁을 해결하는 데 실패할 때마다 그 영향은 추상화 사슬을 타고 내려가 우리의 말과 심상과 행동에 영향을 미친다. 시대에 뒤떨어진 정체성과 신념을 제때 죽이지 못한 사람은 결국 자기 목숨을 잃는다. 알렉산드르 솔제니친은 『수용소 군도』에서 스탈린의 공포정치 기간에 소련에 질서가 수립된 방식을 묘사했다.

A. B.는 페초라강 어귀의 수용소 아다크에서 숙청이 어떻게 집행되었는지 다음과 같이 묘사하고 있다. 밤이면 정부에 반대하는 자들이 '자신의 소지품을 든 채' 호송대에게 끌려 나갔다. 그리고 밖에는 3구역의 작은 건물이 있었다. 사형수들이 한 번에 한 명씩 방으로 들어가면, 그곳에 있던 감시병들이 달려들었다. 입은 부드러운 무언가로 틀어 막히고, 양손은 등 뒤로 하여 끈으로 결박되었다. 그러고 나면 마차가 있는 뜰로 끌려 나갔다. 죄수들은 한 번에 다섯에서 일곱 명씩 수레에 내던져져 '언덕', 즉 수용소 공동묘지로 실려 갔다. 그리고 도착하자마자, 이미 준비되어 있던 큰 구덩이에 버려져 생매장되었다. 악랄해서가 아니다, 그게 아니다. 끌거나 옮길 때 죽은 사람보다는 산 사람을 제압하는 편이 훨씬 쉽다는 점을 확인했기 때문이었다.

아다크에서는 이런 일이 밤마다 무수히 계속되었다.

바로 이렇게 우리 당의 도덕적, 정치적 통합이 이루어진 것이다.[475]

강제수용소를 창안하고 설립하고 효율적인 집단 학살 장치로 정교하게 가다듬어 나간 과정은 인생에 대한 원한과 증오를 원동력 삼아 인류가 이루어 낸 최고의 기술적, 문화적 성취일 것이다. 강제수용소는 영국에서 처음 창안되었고 독일에서 더욱 효율적으로 변모했으며 소련과 중국에서 광범위하게 활용됐고 발칸 분쟁에서 되살아났다. 죽음이 유일한 생산품인 이 완벽한 공장은 말 그대로 다국적 기업이 되었다. 이것은 인간의 증오와 기만과 비겁함이 협력하여 만들어 낸 관료 체계가 거둔 최고의 공적일 것이다. 이 효율적인 도축 라인에서 지난 세기에만 수천만에 이르는 무고한 사람들이 인간성을 말살당하고 노예로 부려지다 희생당했다. 이 같은 공포 정치를 통해서 압제자들은 거짓에 기초한 자신의 도덕 지식을 일관되게 유지하고 체제의 안정을 꾀할 수 있었다.

강제수용소Concentration Camp(원어 그대로 해석하면 '집중 캠프'라는 뜻이다.)라는 이름은 그 자체로 무언가 으스스한 느낌, 섬뜩하고 빈정대는 듯한 풍자적인 느낌을 준다. 수용소(캠프), 그것은 여름의 태양, 휴가, 풍자적 희극, 가장 무도회이자 군정, 복종, 효율이다. 그것은 다름 아닌 '죽음의 수용소'이다. 그것은 캠프를 두고 한 악마의 농담, 블랙 코미디이자 환상 속 이상과 순수 이데올로기, 전체주의자의 지상 낙원을 부지런히 쫓다가 현실에 등장한 디스토피아적 상태이다. 강제(집중) 수용소는 임의로 사람들을 끌어모아(집중시켜) 특정 지역으로 이동하거나 그곳에 대해 생각하는 것을 제한하며, 인생을 집중, 증류, 축소하여 생의 본질, 즉 인간 활동의 기저에 있는 핵심 가치에 주의를 기울이고 집중하게 한다.

강제수용소는 수용소 문학이라는 장르를 낳았다. 여기에는 인간의 상상 속에서나 가능할 법한 혹독한 조건, 이를테면 11킬로미터 두께의 성벽으로 둘러싸인 지옥에서 활활 타오르는 불꽃이 살을 태우는 동시에 새로이 돋아나게 만들어 또다시 불타는, 영원히 고통받는 지옥에서 살아남은 사람들의 기억이 담겨 있다.[476] 수용소 문학 작품들에는 기묘할 정도로 비슷한 정서와 묘사가 등장한다. 그것은 압도적으로 낯설고 극단적으로 위협적인 경험에 대한 인간의 선천적 적응 행동 및 사고 양식이 계속해서 재등장하기 때문일 것이다.

수용소에서의 삶은 모든 측면에서 일반적인 삶과 유사하지만, 그보다 훨씬 더 냉혹하고, 노골적이고, 발가벗겨져 있다.

> 실례하오, 그대들…… 삶을 사랑하오? 그래, 그대들 말이외다! '내
> 사랑, 삶이여! 오, 삶이여, 사랑하오!'라고 소리 높여 외치고, 노래하고,
> 춤도 추는 그대들 말이지. 그렇소? 그럼 쭉 사랑하시오! 수용소의 삶도
> 사랑하시오! 그것 역시 삶 아닌가!

> 그곳, 운명과 전투를 치르지 않는 곳,
> 거기서 그대, 영적으로 소생하리라…….

> 그대들은 아무것도 모른다네. 언젠가 축 늘어질 자신의 운명을.[477]

수용소의 생활 환경은 극단적이어서 거기서는 평소의 행동 성향이 증폭되고 영혼에 깃든 특성이 확대되어 나타난다.

수감자들은 대개 영문도 모른 채 갑작스레, 부당하게, 인정사정없이 체포되어 수용소 생활을 시작한다. 수감 대상자들은 자기 의사에 상관없이 지하 세계로 추락한다. 자신의 직업과 사회적 지위, 그리고

현재에 대한 판단, 미래에 대한 희망처럼 자기가 살아오면서 확립하고, 문화와 인격 속에 굳게 자리 잡힌 방어막을 고스란히 안고서 말이다. 이 자기기만적인 안전한 세계로 운명이 쳐들어오는 시각은 어두운 밤이다. 체포는 사전 경고 없이 이른 새벽에 일어난다. 이른 새벽은 사람들이 쉽게 겁에 질리고, 당황하는 시간이다. 집 안에 무력하게 모여 불안에 떠는 가족들의 안전이 비열하고 억압적인 당국의 처분에 달려 있다는 생각에 두려움과 순진한 희망 속에서 저항하지 않고 순순히 체포되기 쉬운 시간이다.

"그만. 너는 체포됐다!"

그러면 당신은 새끼 양의 울음소리처럼 겨우 더듬거리는 것 외엔 아무 대답도 생각나지 않는다. "나요? 도대체 무엇 때문에……."

체포란 바로 이런 것이다. 한순간 현재를 과거로, 불가능한 일을 절대적인 실재로 바꾸는 갑작스러운 섬광이자 타격이다.

그것으로 만사가 끝장이다. 체포되고 첫 한 시간, 아니 첫 하루가 다가도 당신은 아무것도 이해할 수 없다.

그래도 아직은 좌절한 당신 앞에 서커스의 모형 달이라도 희미하게 깜박거린다. "뭔가 잘못됐어! 곧 바로잡아 주겠지!"

이제 전통적인, 심지어 문학적인 체포의 심상은 엉클어져 버린 당신의 기억 속에는 제대로 남지 못하고 가족이나 이웃의 기억 속에 쌓여 모습을 드러낸다. 그것은 귀를 찢는 한밤의 초인종 소리일 수도 있고, 거칠게 문을 두드리는 소리일 수도 있다. 흙도 털지 않은 군홧발로 당당하게 들이닥치는 주 보안요원들일 수도 있고, 그들의 등 뒤에 선 겁

먹고 주눅 든 민간인 목격자일 수도 있다…….

전통적인 체포의 이미지는 떨리는 손으로 끌려갈 준비를 하는 것이다. 갈아입을 속옷, 비누, 요깃거리. 무엇이 필요하고 무엇을 가져가도 되는 건지, 어떤 옷이 제일 나을지 아무도 알 수가 없다. 보안요원들은 계속 채근하며 방해한다.

"필요한 건 아무것도 없어. 거기서 알아서 먹여 줄 거야. 잠자리도 따뜻해."(모두 거짓이다. 계속 겁을 주려고 채근하는 것뿐.)

……야간 체포는 즐겨 쓰이는 방식임이 분명하다. 그에 따른 주요한 이점이 있기 때문이다. 그 건물의 모든 거주자가 첫 번째 노크 소리를 들으면서 공포에 빠진다. 체포되는 사람은 따스한 침대에서 끌려 나온다. 그는 몽롱하고 잠이 덜 깨어 무기력하고 판단력도 흐리다. 야간 체포를 하면 요원들은 위력 면에서도 우세해진다. 무장한 다수가 바지 단추도 다 못 채운 한 사람을 상대하기 때문이다.[478]

체포는 갑자기 인격을 상실하고 가족과 친구와 자신의 사회적 지위로부터 격리당하는 신세가 됨을 뜻한다. 이처럼 모든 게 계획적이고 강압적으로 뒤바뀌는 순간, 집단 정체성과 사회적 지위를 드러내는 징표는 모조리 제거되고 이전에 품었던 이상은 파괴된다. 그때까지의 목표 지향 활동이 무용해지고 인간의 근원적인 나약함이 드러나고 가차 없이 이용당한다. 체포된 사람은 이전의 정체성과 예측 가능한 환경, 희망을 떠올리게 하는 모든 것을 빼앗긴다. 심지어 야속하게 옷과 머리카락까지도 말이다. 이전에 누리던 사회적 지위에 상관없이 극도의 경멸과 조소의 대상으로 전락한다. 이처럼 사회적 맥락과 정체성이 완전히 파괴되면 지금 막 체포된 사람은 자신의 벌거 벗음과 나약함을 뼈저리게 깨닫는다. 그 결과 견딜 수 없을 만큼 불안하고 비참한 상태가 되어 낯설고 불확실한 지하 세계로 떨어진다.

우리는 소독실 대기 장소로 보이는 작은 헛간 같은 곳에서 기다렸다. 나치 친위대원들이 나타나 담요를 펼치면 모든 소지품과 시계, 보석을 던져 넣어야 했다. 우리 사이엔 아직도 순진한 수감자들이 있어서 보조 역할로 와 있던 고참 수감자들의 비웃음을 샀다. 결혼반지나 메달, 호신품 등을 그냥 가지고 있어도 되느냐고 물었기 때문이다. 가지고 있는 것을 모두 압수당한다는 사실을 아무도 알지 못했던 것이다.

나는 한 고참 수감자에게 내 비밀을 털어놓으려 했다. 슬쩍 그에게 다가서며 코트 안주머니에 품은 종이 뭉치를 가리키고는 말했다. "봐요, 이건 과학 책 원고입니다. 무어라고 말씀하실지 압니다. 목숨을 부지한 걸 기뻐해야 한다고, 그것이 내가 운명에 기대할 수 있는 전부여야 한다고 하시겠지요. 하지만 저는 어쩔 수가 없습니다. 무슨 수를 써서라도 이 원고를 지켜야 합니다. 제가 평생을 바쳐 온 연구가 이 안에 담겨 있습니다. 이해하시겠지요?"

그래, 이해하는 듯했다. 그의 얼굴에 서서히 웃음이 번졌다. 처음에는 동정하는 것 같더니 그다음은 재미있어 하고, 그 표정이 비웃음으로, 무례함으로 바뀌더니, 입에서 다음과 같은 말이 튀어나왔다. 수용소 수감자였던 사람들이 지금도 쓰고 있는 말이다. "망할 놈!" 그 순간 나는 명백한 진리를 깨닫고 내 심리적 반응의 첫 단계에서 절정에 해당하는 행동을 했다. 지금까지 내 삶의 전부였던 것을 내버린 것이다.[479]

체포된 사람에게는 공포스러운 세계에 감금되어 노예처럼 사는 동안 그를 지켜 줄 정교한 심리내적 체계가 없다. 치명적인 공포를 쫓고 행동을 이끌며 희망을 주는 그 어떤 기대나 바람도 체계적으로 품지 못한다. 그는 강제로 낙원에서 쫓겨난 후 자신의 근원적 한계와 벌거벗음을 가차 없이 의식하고 노예처럼 끝없이 노동에 시달린다. 그 결과 극심한 공포와 우울, 심리적 혼돈에 빠져들기 쉽다.

나뿐만 아니라 다른 많은 사람들에게도 마찬가지였다. 처음 보는 형무소의 하늘은 폭풍이 소용돌이치는 것 같은 먹구름과 화산이 폭발하는 듯 잿빛 기둥으로 이루어져 있었다. 그 하늘은 폼페이의 하늘, 심판의 날의 하늘이었다. 체포된 사람이 그저 이름 모를 아무개가 아닌 이 세상의 중심, 바로 나였기 때문이다.

마지막으로 보는 형무소의 하늘은 무한이 높고, 맑고, 심지어 원래의 하늘색보다 더 옅었다.

종교인을 제외한 우리 모두는 한 지점에서 똑같이 출발한다. 우리는 자신의 머리카락을 쥐어뜯으려 하지만, 그래 머리는 이미 깨끗이 밀렸지 않은가! ……어쩌다 이랬지? 어째서 우리를 밀고하는 자들이 있다는 걸 몰랐을까? 어떻게 적이 있다는 걸 몰랐을까? (얼마나 그네들이 미웠던지! 어떻게 하면 복수할 수 있을까?) 왜 이리 무모했더냐! 너무 맹목적이지 않았는가! 실수는 왜 이리 많았던가! 어떻게 바로잡는다? 서둘러 바로잡아야 해! 글로 남겨야 한다……. 이야기해야 한다……. 반드시 전해야 한다…….

하지만 우리가 할 수 있는 건 아무것도 없다. 그리고 우릴 구할 수 있는 것도 아무것도 없어! 정해진 시간이 되면 우리는 제206조 양식에 이름을 쓰게 될 것이다. 정해진 시간이 되면 재판관이 우리에게 직접 선고를 내리거나 궐석 재판이 이루어질 것이다.

호송 행렬이 시작된다. 우리는 미래의 수용소에 대한 생각과 동시에, 과거를 회상하는 것을 좋아한다. 한때 얼마나 잘 지냈는지! (못 지냈더라도 말이다.) 하지만 놓쳐 버린 기회는 또 얼마나 많았을까! 얼마나 많은 꽃을 두고 왔던가! ……언제 다시 시간을 쏠 수 있는 것일까? 만약 내가 살아남기만 한다면, 오, 아주 다르게, 정말 지혜롭게, 그렇게 나는 살 것이다! 우리가 풀려날 그날? 그날은 떠오르는 태양처럼 빛이 날 것이다!

그래서 결론은 이것이다. 그날까지 살아남는다! 살아남자! 어떤 대가를 치르더라도!

이것은 단순히 관용구 같은 표현이고 일종의 습관적인 말이다. 어떤 대가를 치르더라도!

그러나 말은 그 온전한 말뜻과 함께 부풀어 오르고, 잔혹한 맹세가 되었다. 어떤 대가를 치르더라도 살아남는다!

그리고 그 맹세를 누가 하든, 맹세한 자는 피비린내 나는 폭발 앞에서 눈도 깜박이지 않고 자신의 불행으로 공동체와 세상까지 빛을 잃게 만들었다.

이것은 수용소 생활의 거대한 분기점이다. 이때부터 길은 오른쪽과 왼쪽으로 갈라진다. 그중 하나는 올라가고, 하나는 내려간다. 오른쪽으로 가면 목숨을 잃고, 왼쪽으로 가면 양심을 잃는다.[480]

수용소에서는 사람이 죽어 나갈 정도로 고되게 일을 시킨다. 수감자들은 순전히 고통의 미학을 위해서, 가혹한 작업 조건과 극도로 궁핍한 환경에서 생산적인 일의 패러디[481]에 불과한 의미 없는 노동을 한다.

하루 스물네 시간의 수용소 생활 중에서 가장 무시무시한 순간은 기상 시간이었다. 미처 동도 트기 전에 날카롭게 울리는 세 차례의 호각은 기진맥진하여 누운 잠자리로부터, 꿈속의 간절함으로부터 우리를 떼어 놓았다. 잠에서 깨면 우리는 젖은 신발을 잡고 몸부림을 쳤는데, 부종으로 염증이 생기고 부어오른 발을 신발 안으로 밀어 넣는 게 여간 힘든 일이 아니었다. 그리고 구두 끈 대용으로 쓰던 철사가 끊어지거나 하는 사소한 문제로 투덜대거나 끙끙 앓는 소리도 흔히 들렸다. 어느 날 아침, 나는 용감하고 위풍당당해 보이던 사람이 아이처럼 우는 소리를 들었다. 그는 신발이 너무 작아져 도저히 신을 수 없어서 눈 쌓인 마당에 맨발로 나가야 했던 것이다. 그 무시무시한 순간에도 나에게는 작은 위안이 있었으니, 그것은 주머니에서 꺼낸, 기쁨에 여념이 없이 베어 무는 작은 빵 조각이었다.[482]

영하 50도 이하의 날씨에는 작업이 취소되었다. 다시 말하면, 그날 일지에는 수감자들이 일을 하지 않았다고 기록되었다는 말이다. 그러나 어찌 되었건 수감자들은 작업장으로 내몰렸고, 그날 수감자들을 쥐어 짜서 얻어 낸 성과가 어떠하든지, 다른 날에 기록을 더해 생산율을 올렸다. (그리고 그렇게 추운 날에 동사한 사람들은 졸렬한 의무 부서가 사망 사유를 조작해 기록했다. 돌아오는 길에 더는 걷지 못하거나 몸이 상해 네발로 기듯 뒤처진 자들은 다시 데리러 가기 전까지 도망치지 못하도록 호송대가 사살했다.)[483]

20세기에 의도적으로 자행된 이 경악할 만한 만행에 관해 몰입할 수 있으려면, 먼저 이처럼 사악한 행위가 대부분 사회적이고 순종적인 사람들에 의해 자행되었다는 점을 인식해야 한다. 이러한 인식과 자기 이해에 도달하고 나면 문학과 신화에 나타난 악의 힘과 깊이에 놀라지 않을 수 없다. 악은 영원히 살아 움직이는 초월적 인격으로 인간의 마음속에 나타난다. 복수심에 불타올라 파괴와 해체, 고통과 죽음만 추구하는 악은 누구에게나 존재하는 인간성의 한 측면이다.

오 장미여, 너 병들었구나!
폭풍이 울부짖는 밤
보이지 않는 벌레가 날아와
네 침상에서
진홍빛 환희를 찾아냈다.
그의 어둡고 은밀한 사랑이
네 생명을 파괴하는구나.[484]

르완다 집단 학살과 캄보디아의 킬링필드, 소련 내부의 억압으로 죽은 수천만 명의 희생자들(솔제니친의 추정), 중국 문화혁명 기간에 학살된 수많은 사람들(대약진 정책(!)이라니, 특히 희생자들을 집어삼킬 때 종종 나타나는 또 하나의 블랙 유머이다), 유고슬라비아에서 의도적인 강간과 수치를 경험한 수백 명의 무슬림 여성들, 나치의 홀로코스트, 일본이 중국 본토에서 자행한 대학살과 같은 사건들은 인간의 동물적 측면이나 혹은 사회적, 심리적 영토를 지키려는 욕구 때문에 일어난 것으로는 볼 수 없다. 그보다는 모든 인간의 영혼에 깊게 뿌리 내리고 있는 병, 다시 말해서 견딜 수 없는 자의식과 고통스럽고 한계 지워진 인간의 운명에 대한 이해와 그것을 병적으로 거부한 결과로 보아야 한다.

인간은 공격성을 타고나거나 사회화되지 않아서 통제 불가능한 포식동물이 아니다. 이런 설명으로는 기껏해야 범죄자의 공격성밖에는 설명하지 못한다. 오히려 맹목적이고 자발적으로 사회에 길들여지는 것이 실제로 가장 효율적이고 조직적으로 인간의 악을 조성하는 방식이다. 나치를 무시무시하게 만든 것은 독일인의 범죄 성향이 아니라 규율이었고, 소련과 중국 공산주의자 들이 파괴적인 노동수용소에서 동족을 대규모로 박해하고 학살하게 만든 것도 다름 아닌 그들의 충성심과 애국심, 헌신 덕분이었다. 그렇다고 해서 인간이 사회의 희생자라거나, 개인이 어찌할 수 없는 사회적 힘에 휘둘려 비뚤어진 무고한 양이라고 볼 수는 없다. 인간은 자기 모습대로 사회를 창조했고, 사회는 인간에게 능력을 부여하는 만큼 인간을 타락시킨다. 인간은 악을 위하여 악을 선택한다. 인간은 고뇌 속에서 기뻐 날뛰고 고통 속에서 즐거워하며 파괴와 질병을 찬양한다. 자기 형제를 고문하여 죽이고 그 무덤 위에서 춤을 춘다. 자기 자신과 타인의 나약함을 경멸하며 끊임없이 파멸하고 뒤흔들고 파괴하고 괴롭히고 학대하고 집어삼키려 한다.

옆에서 보면 들판에 불그스레한 바위가 두 개 있는 듯 보였을 테다.

세계 어디선가 우리 시대 젊은이들은 소르본 대학이나 옥스퍼드 대학에서 공부하고, 넉넉한 휴식 시간에 테니스를 즐기며 교내 카페에서 국제 문제를 토론하기도 할 것이다. 책을 내거나 그림을 전시하고, 자신이 살고 있는 고루한 세계를 비틀어 새롭게 바꿀 방법도 모색할 것이다. 고전 작가들이 주제나 소재를 죄다 써 버렸다며 분통을 터트리기도 할 것이다. 그 젊은이들은 소비에트 연방의 진보된 경험을 이해하거나 받아들일 생각이 없는 자신의 정부와 보수 반동분자들을 욕할 것이다. 라디오 인터뷰에서 마이크를 통해 들려오는 자기 목소리를 들으면서, 자기가 최근에 혹은 처음으로 출간한 책 속에서 '말하고 싶었던' 것을 멋들어지게 설명할 것이다. 그들은 세상의 모든 것, 특히 우리 소비에트의 번영과 정의에 대해 확신에 차 평가할 것이다. 그저 언젠가 나이가 들어 백과사전을 편찬하면서야 훌륭한 러시아인의 이름은 알파벳의 모든 글자를 훑어도 찾기 힘들다는 사실에 놀라움을 금치 못할 것이다.

빗방울이 뒤통수를 때리자, 서서히 젖은 등줄기를 타고 한기가 올라왔다. 우리는 주변을 둘러보았다. 짐이 실리다 말았거나 뒤집혀 있는 갱차들이 보였다. 모두 사라졌다. 갱도 어디에도, 뒤쪽 너른 들 어디에도 사람은 눈에 띄지 않았다. 잿빛 빗줄기에 마을이 보이지 않았으며 수탉도 마른 곳으로 숨어 버린 모양이었다.

우리도 혹여 누가 슬쩍하지 못하도록 삽을 주워들었다. 삽은 우리 이름으로 등록되어 있었다. 우리는 무거운 손수레처럼 삽을 뒤로 끌면서 마트로니나 공장 우회로로 들어갔다. 그곳에는 벽돌을 굽는 호프만식 가마를 둘러싼 긴 복도가 있었다. 바람이 새어 들어와 춥지만 건조했다. 우리는 벽돌로 된 둥근 천장 아래 먼지 속에 몸을 파묻고 주저앉았다.

멀지 않은 곳에 석탄 더미가 한가득 쌓여 있었다. 죄수 둘이[485] 그 속을 파고들면서 열심히 무언가를 찾고 있었다. 뭔가 발견하자 이로 물어 보고는 자기 자루에 넣었다. 그러더니 자리에 앉아 각자 잿빛 비슷한 덩어리를 들고 먹기 시작했다.

"자네들 무얼 먹고 있나?"

"이건 '해양 점토'라네. 의사가 먹지 말라고는 안 하더군. 아무런 효험도 없지만, 뭐 또 해가 되지도 않는다나. 배급 식량에다가 이거 1킬로그램씩만 더 먹어 주면, 정말이지 배가 좀 찬다니까. 어서 찾아보게. 석탄 속에 많아."

그리하여 채석장에서는 저녁때까지 할당량을 채우지 못했다. 마트로니나는 우리를 밤새 내버려 두라고 명령했다. 그러나…… 사방에 전기가 나갔고, 작업장에는 불이 들어오지 않아 우리 모두는 당직실로 불려갔다. 그들은 우리에게 서로 팔짱을 끼라고 명령했고, 우리는 개 짖는 소리와 욕설을 들으며 보강된 호송대와 함께 주거 지대까지 호송되었다. 사방이 칠흑 같았다. 우리는 어디가 마른 땅인지, 굳은 땅인지 분간도 못 한 채 움직였고, 진흙이라도 밟고 발을 헛디디면 같이 나뒹굴었다.

그리고 수용소 안 역시 어두웠다. 오직 '개인 취사용' 버너 아래에서 기분 나쁜 불빛만 새어 나왔다. 그리고 지저분한 식당에는 배식구 옆

등유 램프 두 개가 타고 있었다. 구호를 읽을 수도 없었고 멀건 쐐기풀 죽 두 그릇도 잘 보이지 않았다. 입술로 더듬어 그릇 내용물을 빨았다.

그리고 내일은, 매일매일은 똑같을 것이다. 붉은 진흙으로 갱차 여섯 량을 채우면 거무튀튀한 죽 세 국자. 형무소에서도 우리 몸이 점차 쇠약해졌던 듯싶지만, 여기서는 훨씬 더 빨랐다. 벌써 머리가 윙윙 울리는 것 같았다. 대항하는 것보다 굴복하는 것이 더 쉽다는 기분 좋은 나약함에 한 걸음 가까워졌다.

막사 안은 완전한 암흑이었다. 우리는 홀딱 젖은 옷을 입은 채 맨바닥에 누웠는데, 아무것도 벗지 않는 편이 온습포를 두른 듯 더 따뜻했다.

뜬눈으로 검은 천장을, 검은 하늘을 바라보았다.

주여! 주여! 포탄과 폭탄 아래, 살려 달라 기도했나이다. 그리고 이제 간절히 바라오니 죽음을 내리소서!486

독일이나 소련에서 강제수용소를 건설하고 조직하고 운영한 사람들이 우리가 알고 사랑하는 사람들과 근본적으로 다르다고 생각하면 마음이 편할 것이다. 하지만 그것은 마음의 평화를 얻기 위한 편리한 가정일 뿐 실제로 그렇다는 증거는 전혀 없다.487 강제수용소의 경비병이나 수감자의 모습은 모두 현대인의 일면일 뿐이다. 지옥은 끝없는 나락이다. 왜냐고? 지옥보다 더 나쁜 곳은 있을 수 없기 때문이다.

불이야, 불이다! 나뭇가지가 탁탁 소리를 내고 늦가을의 밤바람이 모닥불의 불꽃을 이쪽저쪽으로 날려 댄다. 내부는 어둡고, 모닥불 옆에는 나 혼자 있는 데다, 목수들이 남긴 부스러기도 더 던져 넣을 수 있다. 이 구역은 특권을 누렸다. 너무나 특권을 많이 누렸기 때문에 마치 내가 자유인으로 사는 것 같았다. 이곳은 낙원의 섬이었다. 마르피노라는 '샤라시카'는 죄수들이 일하는 과학 연구소이다. 아무도 날 감시하거나 감방으로 부르지도 않고, 모닥불에서 쫓아내지도 않는다. 나는 솜옷 상의로 몸을 감싸고 있는데도, 속으로 파고드는 바람이 매서웠다.

하지만 몇 시간째 바람을 맞으며 서 있는 여자는 두 팔을 늘어뜨리고 고개를 숙인 채, 눈물을 흘리다가 그대로 얼어 버린 듯했다. 이따금씩 그녀가 재차 애처롭게 간청했다. "소장님! 용서해 주세요! 제발 용서해 주세요! 다시는 그러지 않을게요." 마치 여자가 바로 내 귀에 대고 신음하듯 바람을 타고 신음 소리가 들려온다. 당직실에 있는 교도소장은 난로를 켜고 대답은 하지 않는다.

그곳은 바로 우리 건물 옆에 있는 수용소의 당직실이었는데 거기서 노동자들이 이쪽으로 건너와 수도관을 놓고 낡은 신학교 건물을 수리했다. 내가 보는 맞은편에, 여러 가닥으로 꼬인 철조망 바리케이트 너머로 당직실에서 두어 걸음 떨어진 곳, 밝은 등불 아래 고개를 떨구고 벌을 받는 젊은 처녀가 서 있다. 그녀의 회색 작업복 치마를 펄럭이는 바람이 다리와 얇은 스카프를 쓴 머리를 때린다. 낮에 그들이 우리 구역에 참호를 파고 있을 때는 따스했었다. 그리고 골짜기로 미끄러져 내려간 또 다른 여자는 블라디키노 포장도로까지 기어올라 탈출했다. 감시병들이 실수한 것이었다. 그곳은 모스크바 시영 버스가 다니는 길이었다. 감시병들이 사태를 파악했을 때는 그녀를 잡기에 이미 늦었다. 경보를 울리자 악독하고 음침한 소령이 도착했다. 그는 만약 여자를 잡지 못하면 탈출에 대한 연대 책임으로 한 달 동안 전체 수감자들의 면회와 소포를 끊어 버릴 것이라고 소리쳤다. 그러자 작업반 동료들은 분을 못 이기고 모두 고함을 질러댔다. 특히 그들 중 한 명은 사납게 눈을 굴렸다. "꼭 잡혔으면 좋겠는데, 제기랄! 저자들이 꼭 잡아서 사람들 앞에 세워 두고 가위로 머리카락을 싹둑 잘라 버렸으면!"(이것은 그녀가 상상해 낸 것이 아니었다. 바로 이것이 수용소군도에서 여자들을 처벌하는 방식이었다.) 그러나 지금 추위를 맞으며 당직실 바깥쪽에 서 있는 여자는 그때 한숨을 내쉬고 이렇게 말했다. "하다못해 우리 대신 나가서 자유롭게 지내라!" 감시병의 귀에 이 말이 들어가는 바람에 그녀가 이렇게 벌을 받고 있는 것이었다. 다른 사람들은 모두 수용소로 돌려보내지고 그녀만 당직실 앞에 '똑바로' 서 있게 한 것이었다. 그때가 저녁 6시였는데, 이제 밤 11시였다. 그녀가 자세를 좀 바꿔 보려 하자, 감시병이 고개를 내밀고 이렇게 외쳤다. "똑바로 서, 안 그러면 재미없을 줄 알아!" 이제 여자는 움직이지 않고 눈물만 흘렸다. "용서해 주세요, 소장님! 수용소에 돌아가게 해 주세요, 다시는 안 그럴게요!"

그러나 수용소 내부에서도 그녀에게 이렇게 말하는 사람이 아무도 없었다. "그래, 이 바보 같은 아가씨야! 들어와!"

그들이 여자를 그렇게 오래 바깥에 방치한 것은 다음 날이 일요일이어서 그녀가 작업할 일이 없을 것이기 때문이었다.

그리도 순진하고 어리석은 금발의 소녀라니. 실이나 한 타래 훔치다가 잡혀 왔을 것이다. 그래 얼마나 위험한 생각을 내비친 것이더냐, 누이야! 평생 못 잊을 교훈을 주려는가 보다.

불이야, 불이다! 우리는 치열하게 싸웠고, 모닥불 속에서 승리가 어떤 모습일지 보았다. 바람이 모닥불 밖으로 아직 꺼지지 않은 불씨를 날렸다.

아가씨여, 저 불꽃과 그대에게 약속한다. 온 세상이 이 일을 알게 하겠노라고.[488]

자신에게 선택권이 주어진다면 벌받는 소녀가 아니라 수용소 소장이 되고 싶다는 마음을 인정할 사람이 얼마나 될까? 하지만 그것을 인정하지 않으면 우리가 바뀌어야 할 이유도, 우리 안에 있는 악과 싸워야 할 이유도 없다.

대체 만악의 원조로부터가 아니면
어디서 그리도 깊은 적의가 나오겠는가,
인류를 그 뿌리에서부터 뒤흔들고
땅과 지옥을 뒤섞어서 위대한 창조주에게 앙갚음할
그런 생각이.[489]

수용소에서의 끔찍한 삶을 맞닥뜨린 후(그렇다, 그것도 삶이다.) 대다수 사람들은 타락했다.

우리는 진실을 인정해야 한다. 이 거대한 수용소의 분기점에서, 이 영혼의 갈림길에서 대다수는 오른쪽 길을 선택하지 않았다는 것을.[490]

하지만 이들이 타락한 까닭은 단지 수용소의 처참한 삶의 조건 때문만은 아니었다.

빵은 공평하게 나눠 주지 않고 무리 위로 던진다. 잡아라! 주변 사람들을 때려눕히고 그 손에 쥔 빵을 잡아채라! 제공되는 빵의 양은 한 사람이 살아남으려면 둘은 죽어야 하는 정도이다. 빵이 소나무에 걸렸다. 나무를 넘어뜨려라. 빵이 탄광에 묻혀 있다. 가서 끄집어 내야 한다. 이런데도 자신의 슬픔, 과거와 미래, 인류와 신에 대해 생각할 수 있는가? 당신은 내일이면 아무 가치도 없을 타산에 차서 지금 하늘을 올려다보지 못한다. 당신은 노동을 싫어한다. 그것은 주적이지. 당신은 주변 사람들도 싫다. 생사의 경쟁자이니. 당신은 팽팽한 질투와 불안감으로 서성인다. 어딘가 지금 당신 등 뒤에서 당신 몫이 될지도 모를 빵을 나누고 있지 않을까. 어딘가 벽 너머에서 누군가가 당신 그릇에 담길지도 모를 감자를 퍼 가는 것은 아닐까.[491]

수용소의 극단적인 생활 여건은 수감자들이 수용소에 갇히기 이전에 이미 양심보다는 자기 몸을, 영혼보다는 안전을 택하기로 한 결정이 겉으로 드러나는 계기일 뿐이다.

사람들을 들여다보라.
태어남과 죽음 사이의 시간 동안,
3분의 1은 삶을, 3분의 1은 죽음을 따른다.
그저 삶에서 죽음까지 흘러가는 사람들,
그들 또한 3분의 1이다.[492]

일상에서 느끼던 탐욕과 두려움은 수용소의 극한 환경 속에서 솔제니친이 목격한, 눈에 보이는 것이 없다는 듯한 행동으로 표출된다. 탐욕과 두려움에 휩싸인 사람들은 자신의 불행이나 과거나 미래나 혹은 인류나 신에 대해 생각하는 능력을 잃고, 그 모습을 여지없이 드러낸다. 일상에서도 죽음에 대한 공포는 대체로 수용소에서와 같은 방식으로 처리된다. 사회 체계와 자기를 절대적으로 동일시하면서 자기를 거부하는 방식, (스스로 획득하지 않은) 물리적 안전과 심리적 안정을 보장한다는 이데올로기의 약속을 받아들이는 방식이다.

하루는 친구 파닌과 함께 스톨리핀 객차 중간 선반에 누워 있었다. 몸도 편하고 호주머니엔 절인 청어가 들어 있고 목도 마르지 않아서 잠을 잘 수도 있을 것 같았다. 하지만 어느 역에선가 우리 객차에 사람을 밀어 넣었는데…… 그중에 마르크스주의 학자가 있었다! 수북한 수염과 안경만 봐도 충분히 짐작할 수 있었다. 그도 굳이 숨기려 하지 않았다. 그는 공산주의 대학의 교수였다. 우리는 네모난 구멍으로 머리를 길게 빼고 아래를 내려다보았다. 바로 첫 마디만 듣고도 여간내기가 아님을 알 수 있다. 하지만 우리는 오랫동안 투옥되어 있었고 앞으로도 한참을 더 갇혀 있어야 하는 데다 즐거운 농담거리를 소중히 여겼다. 재미 좀 보려면 내려가야겠다! 객차에 여유 공간이 충분해서 우리는 누군가와 자리를 바꾸고 남자의 옆으로 모여들었다.

"안녕하십니까?"

"안녕하시오?"

"좁지는 않나요?"

"아니오, 괜찮소."

"투옥된 지 오래됐습니까?"

"꽤 되었다오."

"아직 기간이 많이 남았나요?"

"있던 만큼 있어야겠지요."

"보세요. 가난에 찌든 마을이군요. 짚더미하며, 쓰러져 가는 통나무 집하며."

"다 제정 시대의 유산 아니겠소."

"소비에트 시대가 벌써 30년입니다."

"30년이면 아직 아무것도 아니지요."

"집단 농장 농부들이 굶어 죽고 있으니 끔찍한 일입니다."

"그네들 솥이라도 들여다보셨소?"

"객차에 있는 아무 농부한테나 한번 물어보세요."

"수감된 자들은 모두 음험하고 편견에 치우쳐 있다오."

"하지만 저는 집단 농장을 직접 봤는걸요."

"드문 경우였을 거요."

(수염을 기른 이 남자는 그중 어디도 가 본 적이 없었다. 그러니 쉽게 말 하지.)

"노인들한테 물어보세요. 제정 시대에 잘 먹고, 잘 입고, 명절도 많 았다지 않습니까!"

"물어볼 생각도 없소. 인간의 기억이란 게 원체 주관적이라 모든 과 거는 포장되게 미련이오. 죽은 소는 젖도 두 배로 줬다지 않는가. (이따 금 속담까지 인용했다!) 게다가 우리 사람들은 명절을 싫어하고 일하기를 즐기니."

"그럼 왜 많은 도시에 빵이 부족한가요?"

"언제 말이오?"

"예를 들면, 전쟁 직전에요."

"거짓말! 전쟁 전에는 모든 게 형편이 좋았소."

"들어보세요. 당시 볼가강 연안의 모든 도시에는 사람들 수천 명이 줄을 서서……."

"그건 지역적인 공급 문제였고, 당신 기억력이 문제인 것 같구려."

"그렇지만 지금도 부족합니다!"

"웬 허황된 소릴 하는 거요! 국고에 곡물이 1천억 톤이 넘게 있는데."

"그럼 그 곡식은 다 썩었겠군요."

"그 반대로, 신품종 개발도 성공했다오."

……그런 식의 이야기가 한참 이어져도, 남자는 태연하다. 생각해보지도 않고 그냥 내뱉는다. 그와 다투는 것은 사막을 걷는 것과 같다.

이런 사람들에 대해 말할 때, 대장간이란 대장간은 다 다녔는데 빈손으로 돌아왔다고 표현한다.

그리고 그들의 부고를 쓸 때 '숭배의 시대 비극적으로 죽은 이'라고 쓰지만 '희극적으로 죽은 이'라고 고쳐 써야 한다.

하지만 그의 운명이 다르게 작용했다면 우리는 이 사람이 얼마나 삭막하고 하찮은 사람인지 몰랐을 것이다. 우리는 신문에 실린 그 이름을 공손히 읽었을 테고, 남자는 민중의 대표가 되거나 심지어 외국에 나가 러시아 전체를 대표하는 사람이 됐을지도 모를 일이다.

남자와의 논쟁은 하등 도움이 되지 않았다. 그와는 노는 것이 훨씬 흥미로웠다……. 아니, 체스를 두는 게 아니라 '동무' 게임이라고나 할까. 정말로 그런 게임이 있다. 이것은 매우 간단한 게임이다. 상대에게 두어 번 정도 맞장구를 쳐 주고, 그 사람이 자주 애용하는 말을 써 준다. 그럼 상대가 기분이 좋아진다. 그는 주변에 적밖에 없는 상황에 익숙해졌기 때문이다. 자신의 이야기가 부메랑이 되어 돌아오니 으르렁거리는 데에도 지치고, 이야기하는 것도 아주 싫어한다. 하지만 상대가 자기편이라는 판단이 서면, 그는 인간적으로 마음을 활짝 열어, 자신이 역에서 본 것을 털어놓는 것이다. 사람들이 지나다니고 대화하며 웃어요. 삶은 계속된다오. 당은 사람들을 지도하고, 누군가는 이 보직에서 저 보직으로 옮겨지지요. 그러나 우리, 당신과 나는 여기 갇혀 있구려. 우리 같은 이들은 수도 몇 안 된다오. 우리는 진정서를 쓰고 또 쓰면서 우리 사건을 재검토해 달라고 구걸하고 특사 사면해 달라고 빌어야겠지요…….

　혹여 흥미진진한 이야기를 해 줄지도 모를 일이다. 그들은 공산주의 대학에서 한 동무를 집어삼켜 버리기로 결정했다. 그자는 진실되지 않은 듯싶고 우리 편이 아닌 것 같은데 어떻게 해도 일이 잘 풀렸던 것이다. 논문에 실수도 없고, 이력도 깨끗하다. 그러다 문득, 문서 기록국을 뒤지게 됐는데, 뭔가 찾았다! 이 동무가 쓴 오래된 브로슈어를 발견한 것이다. 이 브로슈어에는 블라디미르 일리치 레닌이 직접 보고 자신의 필체로 남긴 메모가 있었다. "경제학자란 놈이 똥 같은 소릴 지껄여 놨군." "자, 이제 예상하시겠소만," 우리 동무가 은근하게 미소 지었다. "그 뒤로 이 머저리 사기꾼 놈을 처리하는 건 아주 간단했다오. 쫓아내고 학위를 박탈해 버렸지."

기차가 덜컹거린다. 이제 누구는 앉아서, 누구는 누워서 다들 자고 있다. 이따금 호송 군인이 하품하며 복도를 지나다닌다.

레닌의 전기에 누구도 기록하지 않은 또 하나의 일화가 이렇게 사라지고 있다······.[493]

나약한 인생에는 곳곳에 위험이 도사리고 있어 인간은 영원히 제 몸 하나 지키지 못하거나 필요한 자원을 얻지 못할까 봐 전전긍긍한다. 인간은 수용소 안에서든 밖에서든 도덕 지식, 다시 말해서 선과 악에 대한 지식에 따라 죽음이라는 한계 앞에서 명시적 혹은 암묵적으로 하나의 적응 양식(권위주의적, 퇴폐주의적, 창조적 적응 양식)을 선택한다.

수용소에서 타락하는 사람들은 이미 수감되기 전에 타락했거나, 타락할 준비가 된 사람들이었다. 왜냐하면 사람들은 자유로울 때도 타락하고, 때로는 사회에서 훨씬 효과적으로 타락하기 때문이다.

모이세예바이체를 우롱하려고 그녀를 초소에 묶어 두라 지시한 호송 장교는 침을 뱉었던 수감자들보다 극심하게 타락하지 않았겠는가?

자, 그러면 작업반 동료들은 모두 그녀에게 침을 뱉었을까? 아마도 각 조에 두엇이나 그러지 않았겠나. 실제로, 아마 그랬을 것이다.

타치아나 팔리케는 이렇게 쓴다. "사람들을 관찰한 결과, 수용소에 들어오기 전에 비열하지 않았던 인간이 수용소에 와서 갑자기 비열해지지는 않는다는 것을 확신한다."

만약 어떤 사람이 수용소에서 급격하게 악해졌다면, 그것은 그가 악해진 게 아니라 단지 전에는 내보일 필요가 없던 내면의 비열함이 표출된 게 아니겠는가?

보이첸코는 다음과 같은 견해를 밝혔다. "수용소에서의 삶이 의식을 결정하지는 않는다. 반대로 인간의 본질에 대한 의식과 확고한 믿음에 따라 수용소 안에서 짐승이 될지 인간으로 남을지가 결정된다.

대담하고 단호한 선언이다! ……그러나 그 혼자만 그리 생각한 건 아니었다. 화가 이바셰프 무사토프도 정확히 똑같은 주장을 펼쳤다.[494]

이렇게 타락한 사람들, 왼쪽 길을 택한 사람들 중 일부는 무너져 내리고 썩어 간다. 병에 걸리고 죽음과 절망의 나락으로 떨어진다. 완전히 망가지고 지쳐서 마지막 희망으로 죽음을 끌어안는다.

미래, 자신의 미래에 대한 믿음을 잃은 수감자의 운명은 암울했다. 그는 미래에 대한 믿음을 잃으면서, 동시에 정신적 버팀목도 잃어버렸다. 자신을 방치하니 정신적으로나 육체적으로나 쇠약해지기 시작했다. 대개 이런 일은 부지불식간에 위기의 형태로 발생했는데 그 증상은 수용소 생활을 해 본 사람에게는 익숙한 것이었다. 별 의미가 없긴 했지만 우리 모두는 자신 때문이 아니라 친구들 때문에 이 순간을 두려워했다. 대개 이런 증상은 어느 아침, 수감자들이 옷을 입거나, 씻고 마당으로 나가는 것을 거부하면서 시작되었다. 달래도, 때려도, 겁을 줘도 아무런 효과가 없었다. 거의 미동도 없이 그저 누워 있을 뿐이었다. 만약 이 위기가 병으로 인한 것이라면, 병상에 끌려가지도, 자신을 위한 무언가를 하지도 않으려고 했다. 그야말로 포기해 버린 것이다. 그는 가만히 자신의 배설물 위에 누워 어떤 일에도 신경 쓰지 않았다.

나는 언젠가 미래에 대한 믿음의 상실과 이 위험한 포기 사이의 밀접한 관계를 극적인 사례로 목격했다. 우리 구역 상급 감시자이자, 상당히 유명한 작곡가 겸 대본 작가였던 F가 어느 날 나에게 이런 말을 털어놓았다. "박사, 하고 싶은 말이 있소. 내, 이상한 꿈을 꾸었지. 어떤 목소리가 뭔가 원하거나, 알고 싶은 것을 말하면 모든 질문을 대답해 주겠다 하지 뭔가. 내가 뭘 물었을 것 같소? 나를 위해서 이 전쟁이 언제 끝날지 알고 싶다고 했다오. 무슨 말인지 아시겠소? 나를 위해서 말이오! 언제 우리가 수용소에서 해방되고 고난이 끝날지 알고 싶었거든."

"언제 그런 꿈을 꾸셨습니까?" 내가 물었다.

"1945년 2월이오." 그는 대답했다. 그때는 막 3월이 시작되던 즈음이었다.

"목소리는 무어라 대답하던가요?"

그는 슬쩍 "3월 30일이라더군." 하고 속삭였다.

F가 이 꿈에 대해 이야기할 때, 그는 아직 희망으로 가득 차 있었으며 꿈속에 들은 목소리가 옳을 것이라고 확신하고 있었다. 하지만 약속된 날이 가까워지는 동안, 수용소에 들어오는 전쟁 소식으로는 약속된 날짜에 우리가 해방될 일은 없어 보였다. 3월 29일, F는 급작스럽게 병이 났고 고열에 시달렸다. 3월 30일, 그의 예지가 그에게 전쟁이 끝날 것이라고 했던 그날, F는 의식이 혼탁해지는 듯싶더니 정신을 잃었다. 3월 31일에 그는 죽었다. 사망의 직접적인 원인은 발진티푸스였다.[495]

한편 또 다른 부류의 수감자들은 기회가 주어진다면 수용소 권력자들과 자신을 동일시하고 한때 자신과 마찬가지로 모든 것을 빼앗긴 채 굶주림과 두려움 속에서 지치도록 일하던 사람들의 반대편에 선다. 스스로 속박과 박해를 경험하고 나면 타인을 박해하기란 조금도 어렵지 않다. 빅터 프랭클은 다음과 같이 썼다.

> 카포(동료 수감자를 감독하는 관리자) 선발 과정은 비관적이었다. 오로지 가장 악랄한 수감자들에게만 이 일이 돌아갔다(비록 다행스러운 예외도 있었지만). 그러나 나치 친위대가 맡은 카포 선발과는 별개로, 모든 수감자 사이에서도 일종의 자기 선택 절차가 계속 진행되었다.
>
> 보통 이 수용소에서 저 수용소로 끌려 다니다 보면, 오직 생존 투쟁에서 모든 양심의 가책을 버린 수감자들만이 살아남을 수 있었다. 그들은 살아남기 위해서라면 모든 수단을 숨김없이 동원할 준비가 되어 있었으며, 심지어 인정사정없는 폭력과 도둑질, 친구들을 배신하는 짓도 서슴지 않았다.[496]

> 대부분의 카포가 이전의 삶보다 수용소에서 훨씬 잘 지냈다. 대개 카포들은 감시병들보다 더 가혹하게 수감자들을 대했고, 나치 친위대원들보다 더 잔인하게 그들을 때렸다.[497]

솔제니친도 다음과 같이 증언했다.

> 자네 쓰러지고 처벌받고 삶을 송두리째 뺏겼군그래. 하지만 밑바닥

은 피하고 싶겠지? 총을 들고 다른 사람 위에 군림하고 싶나? 혈육도 밟고? 자! 받으라고! 도망가면 쏴 버려! 우리는 심지어 자넬 동지라고 부르고 적위군 배급도 주지.

그리하여…… 죄수는 그것을 자랑스럽게 여긴다. 총대를 꽉 움켜쥐고 발포한다. 그는 민간 감시병들보다 훨씬 더 가혹했다. (이것을 어떻게 이해할 것인가? 실제로 '사회 활동'에 대한 맹목적 믿음이었나? 아니면 그저 가장 저급한 인간적 감정에 토대를 둔 냉혹하고 경멸적인 타산이었을까?)[498]

수감자 대부분은 수용소에 갇히기 이전에는 사회에 잘 적응한 정상인이었다. 이들은 과거의 사회 체계와 사회가 거둔 성공에 자신을 동일시하며, 사회가 규정한 현재 상태와 이상적 미래상, 목표 달성을 위한 수단을 받아들였다. 하지만 부당하게 투옥되면 자기 지위를 상실했고, 자칫 죽을지도 모른다는 공포심을 크게 느낀다. 또한 자신을 이러한 박탈과 불안으로부터 지켜 주어야 하는 국가가 잘못 운영되고 있다는 사실을 보게 된다. 과거에 스스로를 동일시하던 사회에 대한 믿음이 송두리째 흔들린다. 과거에 누린 지위가 불완전하거나 부패한 것이었음이 드러나고, 불안, 우울, 소멸과 죽음에 대한 욕망이 솟구친다. 그리고 이 욕망은 종종 현실이 된다. 대체 어쩌다가 이런 위협을 마주하게 됐단 말인가?

명백히 드러난 불의를 합리화하고 부정하면 또 다시 사회와 자신을 동일시할 기회가 부여되지만, 그러려면 자아 분열이라는 상당한 심리적 손상을 감수해야 한다. 그 같은 거짓을 믿고 따르려면 개인은 더 많은 경험과 가능성과 의미를 집단에 바쳐야 한다. 이처럼 성령을 거스른 죄의 대가로 그 사람은 법의 정신이 아니라 법률을 광신적으로 따르게 된다.

> 잘 가라, 언제나
> 기쁨이 머물던 행복의 터전이여. 경배하라,
> 공포를, 악마의 세계를, 네 심연의 지옥을.
> 받들라, 너희 새로운 주인을,
> 그는 언제 어디서나 한결같은 마음이라.[499]

또 충실히 거짓을 일삼으며,

> 잘 가라, 참회여! 선은 모두 내게서 떠나갔다.
> 악이여, 너 나의 선이 되리라. 하다못해,
> 너로 인해 갈라진 땅이나마 하늘의 왕과 함께 다스리고,
> 아마 반 이상을 내가 다스릴 것이라.
> 오래지 않아 인간도, 이 신세계도 깨닫게 되리라.
> 그가 이렇게 말하는 동안, 격정에 얼굴이 흐려지고,
> 분노와 질투와 절망으로 몇 번이고
> 창백해진다. 그 때문에 변장한 얼굴이 망가지니
> 혹여 보는 자 있었다면 위장이 드러났으리라
> 경건한 마음은 이런 추악한 근심에는
> 흐려지지 않는 법이니. 그것을 눈치채고

평온한 겉모습으로 내면의 동요를 가리는구나.

허위의 창조자요, 성자 같은 연기로

복수심에 싸여 깊은 악의를 감추고

거짓을 행한 최초의 존재이니.[500]

잔혹과 기만에 충성을 다하며,

아, 왜 분노는 말이 없고 격노는 벙어리가 되어야 하는가?

나는 갓난애가 아니다. 비겁한 기도로

내 악행을 뉘우치는 갓난애가 아니란 말이다.

내가 하고자 한다면 지금껏 벌인 악행보다

1만 배나 더 악한 일을 행할 것이다.

내 평생에 단 한 번이라도 선한 일을 했다면

나는 마음속 깊이 그 일을 후회한다.[501]

선을 미워한다.

내 주위에서

즐거움을 보면 볼수록, 더 많은 번뇌를 느낀다,

역으로 증오에 둘러싸인 것 같도다.

모든 선은 나에게 골칫거리가 되고,

천상이라면, 내 상태 더욱 좋지 않으리라.

내 바라는 건, 여기도 아니요,

천상의 존재를 굴복시키지 않는 한, 그곳도 아니며,

나의 바람에 의해 나의 비애를 덜고픈 건 아니나,

다른 이들도 나처럼 만들고 싶음이다,

그리하여 응보가 돌아온다 하여도.

오로지 파괴하는 행위로

잠재울 수 없는 마음을 덜기 때문이다.[502]

인간은 자기와 동일시하는 사람에게 애착을 갖기 마련이다. 불의에 희생당한 자에게 공감하는 사람은 불의를 저지를 수 없다. 반대로 폭군과 자신을 동일시하는 사람은 일시적으로나마 고통스러운 심리적, 사회적 도덕 갈등에서 쉽게 벗어날 수 있다. 폭군과 자신을 동일시하기 위해서는 자기 인격에 자행된 불의를 부인하고 자기 경험을 조작하기만 하면 된다. 이러한 조작은 수감자와 수감자, 인간과 인간, 인류와 자신을 잇는 유대감을 끊는다.

나에겐 절망뿐. 날 사랑하는 이는 아무도 없다.

내가 죽어도 날 동정하는 이는 아무도 없겠지.

그래, 동정할 이유가 뭐가 있겠어.

나조차 나 스스로를 동정할 수 없는데.[503]

박해자와의 동일시를 통해 자기 안위를 도모하는 피해자는 스스로 박해자가 된다. 그 결과 자신에게서 적응하고 통합하고 성장하여 구원받을 가능성을 박탈한다. 솔제니친은 열혈 공산주의 당원들이

자신들이 만들고 지지한 체제에 의해 투옥되고 파괴되자 어떤 반응
을 보였는지 묘사한다.

그들에게 닥친 상황은 그저 '고통스럽다'는 말로는 표현할 수 없었
다. 그들은 그러한 타격을, 그러한 몰락을 받아들일 수 없었다. 그들은
'자기 사람들'로부터, 친애하는 당으로부터, 어느 모로 보나 아무런 이
유도 없이 타격을 입은 것이다. 어쨌든 그들은 적어도 당에 대해서는
아무런 죄가 없었다. 너무 고통스러운 일이었기에, 그들 사이에서는
다음과 같은 불친절한 질문은 금기시되었다. "당신은 무슨 연유로 투
옥되었습니까?" 수감자들 중 유일하게 점잔 빼는 족속들! 1945년, 우
리, 나머지 사람들은 처음 만나는 수감자나 전체 감방 사람들에게 체포
당시 일들을 우스운 일이나 되는 듯 되짚으며 진저리를 내곤 했는데 말
이다.

그들이 어떤 사람인지 보여 주는 일례가 있다. 올가 슬리오즈베르크
의 남편은 이미 체포된 상태였다. 그리고 이제 가택 수사를 하고 그녀
도 체포하러 온 것이었다. 가택 수사는 4시간 동안 진행되었는데, 그녀
는 이 4시간 동안, 바로 그 전날까지 자신이 비서로 있던 브러시 공장
의 스타하노프 노동자 대회 회의록을 정리하느라 시간을 보냈다. 이제
영원히 작별해야 하는 자신의 아이들보다 회의록을 완성하지 못한 것
이 더 신경 쓰였던 것이다! 심지어 가택 수사를 지휘하는 수사관이 그
녀에게 이렇게 말할 정도였다. "자, 이제 자식들과 작별 인사를 하시
오!"

또 이런 일례도 있다. 카잔 교도소에 있는 엘리자베타 츠벳코바는

열다섯 살 난 딸로부터 이런 편지를 받았다. "엄마! 말해 줘요. 엄마가 정말 죄를 지은 건지, 아닌지 편지로 대답해 줘요. 난 엄마가 무죄이길 바라고, 그렇다면 나는 콤소몰[소비에트 청년 정치 조직]에 가입하지도, 그 사람들을 용서하지도 않을 거예요. 하지만 엄마가 유죄라면, 다시는 편지도 안 보내고 엄마를 미워할 거예요." 그리고 이 어머니는 작고 흐릿한 등불이 켜진 축축한 무덤 같은 감방에서 괴로워했다. 내 딸이 콤소몰에 가입하지 않고 어찌 살아간다는 말인가? 어떻게 내 딸이 소비에트 정권을 싫어하도록 둘 수 있겠는가? 나를 미워하는 게 낫다. 그리고 그녀는 답장을 썼다. "내가 죄를 지었단다. ……콤소몰에 들어가거라!"

얼마나 고통스러운 일인가! 인간이 견뎌 내기 너무 힘든 일이다. 가족의 도끼에 찍히고 그 생각을 정당화해 줘야 하다니. 그러나 그것은 신이 주신 영혼을 인간이 만든 도그마에 맡기는 대가로 지불해야 하는 값이다. 심지어 지금도 정통 공산주의자라면 누구나 츠벳코바가 옳은 결정을 내렸다고 단언할 것이다. 이것이 다름 아닌 '아이를 그릇된 길로 인도하는' 일이며, 어머니가 딸을 잘못 이끌고 딸의 영혼에 해를 끼친다고 말해도, 그들은 아직도 납득하지 못한다.

하나 더 있다. Y. T.는 자신의 남편이 당을 지원하는 일에 반대했다는 아주 진심 어린 증언을 했다!

오, 지금이라도 그때의 자신이 얼마나 비참했던지 그들이 이해라도 한다면 불쌍하기라도 하련만! 오늘이라도 그때와 생각을 바꾸었다면 이 이야기는 다르게 쓰였을 텐데!

충성심이라고? 그러나 우리가 보기에는 그저 억지 고집일 뿐이다.

이 진화론의 추종자들은 자신의 진화는 거부하면서 진화에 충성하는 것인가? 17년간 유형 생활을 한 니콜라이 아다모비치 빌렌치크는 이렇게 말했다. "우리는 당을 믿었고, 틀리지 않았습니다!" 도대체 충성인가 고집인가?

아니다. 그들이 감방에서 정부의 모든 행동을 옹호한 것은 연기도, 위선도 아니었다. 자신이 옳다는 것을 증명하기 위해 이념 논쟁이 필요했을 뿐이다. 그러지 않으면 곧 미쳐 버렸을 테니까.[504]

"내가 틀렸다는 증거는 견딜 수 없어. 모두다 그 증거 탓이라고!" 영웅은 이례적인 정보의 존재를 인정하고 그 의미를 캐내어 문화적 적응 체계에 통합시키는 과정을 상징한다. 반면 악의 화신인 악마는 절차, 일화, 언어 차원에서 이례적인 정보를 부인하고 영혼의 혁명적 적응 과정을 가로막으려 한다.

하나만 말해 보라. 누가 벽돌을 쌓았는가? 벽돌을 쌓아 벽을 만든 이가 누구인가 말이다. 꽉 막힌 자네들이었던가?[505]

이데올로기는 인간의 잠재력을 좁고 한정된 영역에 가둔다. 그처럼 적응 범위가 좁아진 사람은 고통을 겪을 수밖에 없다. 인간은 초월적 존재와의 관계를 유지할 때만 인생의 풍미를 느낄 수 있기 때문이다. 이데올로기는 "이것은 틀림없다."고 말하지만 인간의 행동은 늘 표상의 한계를 넘어선다. 전체주의자는 이데올로기에 대한 신념을 잃고 무시무시한 혼돈에 휩싸일까 두려워 한계를 넘어서는 인간

의 초월적 능력을 부정한다. 이데올로기는 변칙은 곧 해체이며, 해체
는 곧 공포라고 선언한다. 또 우리를 두렵게 만드는 것은 악한 것이
고, 그러므로 변칙은 악이라고 규정한다. 하지만 이례적인 정보가 그
자체로 악은 아니다. 이례적인 정보는 적절히 처리하면 개인과 사회
를 쇄신하는 힘을 갖고 있다. 악은 변칙의 의미를 부정하면서 인생의
의미도 진리도 부정한다. 이러한 부정의 결과 인생은 견디기 어려운
지옥으로 뒤바뀐다.

이제는
잃어버린 기쁨과 영원한 고통을 생각하고
괴로워한다. 이리저리 비참한 눈길을 돌려
엄청난 고통과 낙담을 목격하네,
고집스러운 교만과 변함없는 증오가 뒤섞인 눈.
곧, 천사의 시력으로 바라보니
이 음울한 곳은 황폐하고 거칠구나.
무시무시한 지하 감옥, 사방에서
거대한 용광로처럼 타오른다. 그러나 이 화염에
빛은 없고 외려 가득한 어둠으로
비통한 장면만 보이는구나.
슬픔의 장소, 애절한 어둠, 그곳에
평화와 안식은 깃들지 아니 하리, 희망은 오지 않으리.
그러나 그칠 줄 모르는 지독한 번뇌는
여전히 몰려오고, 불길의 홍수가 휘몰아친다,

꺼지지 않는 유황불로,

영겁의 응보가 기다리는 곳,

반역자들을 위해, 여기 그들의 옥이라,

완전한 어둠 속, 그들의 자리니라.

신과 천상의 빛으로부터 멀리 떨어진 곳,

가장 먼 곳보다 세 배나 멀리 떨어진 곳.[506]

사실이란 그 내용이 어떠하든지 그 자체로 악하지는 않다. 그것은 (끔찍한) 현실일 뿐 악은 아니다. 선하거나 악한 것은 바로 사실을 대하는 태도이다. 악과 관련된 사실은 있어도 악한 사실이란 없다. 받아들이기 어려운 사실을 부인하는 태도가 바로 악이다. 받아들이기 어려운 사실을 억압하는 순간 전통을 보호하려는 보수성은 자기와 다른 모든 것을 짓밟는 권위주의로 뒤바뀌고, 변혁을 꾀하는 진보적 희망은 현 체제를 전복시키려는 퇴폐적 욕망이 된다. 악이란 사실을 부정하는 태도가 아니라 끔찍한 사실이라고 혼동하는 것은, 마치 선을 영웅적 탐험 과정이 아니라 그 과정으로 나온 고정된 결과물이라고 혼동하는 것과 같다. 받아들이기 어려운 사실을 악과 혼동하고 나쁜 소식을 전한 사람을 탓하는 이들은 부정하는 태도를 합리화하고 흉포한 억압을 정당화하며 퇴폐주의와 권위주의에 도덕의 가면을 씌운다.

이례적인 경험을 부정하면 성장 가능성이 사라져 인격이 나약해진다. 또 피할 수 없는 비극적인 상황과 고통 속에서 인류를 말살하고자 하는 욕망이 생긴다. 진실을 억압하면 반드시 인격이 약화되고,

주관적 경험 세계가 의미를 잃고 메마르고 괴로워진다. 이와 반대로 자기 무지를 인정하는 겸손하고 용감한 정신으로 사실을 있는 그대로 받아들이는 태도는 변화를 위한 필수 전제이다.

신화는 우리가 현실을 받아들이고 적응력을 발전시키도록 모방의 본보기를 제시하며, 도덕적 행위와 의례, 이야기 속에 등장하는 영웅과 우리 자신을 동일시하도록 격려한다. 영웅의 이야기는 개인과 사회의 안정을 뒤흔드는 유의미한 사실을 맞닥뜨릴 때, 전제적 국가를 따르거나 퇴폐적인 삶을 사는 대신 심리적으로 무너질 각오를 하고 자발적으로 제3의 길을 택하는 인간상을 소개한다. 영웅의 정체성을 받아들이는 데 실패한 사람은 행동과 사고가 편협해져서 약자를 증오하고 경멸하며 잔인하게 대하고, 가장 중요한 적응 전략으로 흔히 거짓을 택한다. 그 결과 이들의 경험 세계는 곧 지상에 있는 지옥으로 변하고 만다.

> 전능하신 하나님은
> 그를 정화천淨火天에서 불붙여 거꾸로 내던졌고
> 그는 불에 타 끔찍해진 몰골로 떨어져
> 영원한 사슬에 묶여 형벌의 불길 속에서
> 바닥없는 지옥에 살게 되었다.[507]

사회 구성원이 수용한 도덕과 비도덕의 정의는 해당 사회가 받아들인 길의 개념에 따라 달라진다. 그 특정한 길의 한계 안에서 목표 달성을 돕는 행동과 심상, 사고는 선으로 규정되며, 목표 달성을 방해하는 것들은 어리석고 악하다고 규정된다. 따라서 빛 가운데 사는 것보다 다른 것을 더 중시하는 개인이나 사회에게는 진리가 낯설고 혐오스러운 것으로 취급된다. 상위 도덕 차원에서 유익하며 필수적으로 여겨지는 대상이 하위 도덕 차원에서는 쓸모없고 비생산적인 대상으로 여겨지기도 하는 것이다. 따라서 상위 차원의 도덕적 기능을 수행하는 사람은 그런 기능의 필요성이나 타당성을 알아보지 못하거나 인정하지 않으려는 사람에게는 혼돈의 용에 물든 사람으로 보이기도 한다. 이처럼 '혁명적 관점으로 바라본 최선'을 평가 절하하는 사람은 그 자신과 자기 영향 아래 있는 사람들을 나약하게 만들고 고통 속에 몰아넣는다. 제한되고 편협한 목표는 위축되고 뒤틀린 인격을 낳는다. 그들은 자기 안에 있는 최고의 자질, 참된 재능과 남다른 면모를 변칙의 영역에 내던지고는 그것을 자기 야망을 위협하고 좌절시키는 방해물로 취급한다. 이처럼 성장하지 못한 인격에게 인생과 책임은 견딜 수 없을 만큼 무거운 짐이 되고, 원한과 증오는 이런 인생에 대한 '정당한' 반응으로 여겨진다.

　이들과 반대로 삶의 길을 새롭게 정의하려면 행동과 심상과 사고를 재평가하여 새로운 질서를 만들어 내야 한다. 그리하여 재등장한 혼돈을 겪어 내야 포괄적인 질서가 재구축된다. 이례적 정보가 출현했을 때 목표와 이상을 자발적으로 재평가하면 그동안 억압되었던 행동과 심상과 사고가 드러난다. 영웅적 탐험 과정을 목표로 삼고 진리와 용기, 사랑에 가치를 부여하면 지금까지 억눌리고 뒤틀렸던 가능성을 재통합하고 발전시킬 수 있게 된다.

생의 가장 위대한 시대는 우리의 악을 최선이라 부를 용기를 얻었을 때 온다.[508]

그렇다고 모든 동기나 사실, 행동 가능성이 어느 상황에서나 똑같이 유익하다는 말은 아니다. 그보다는 스스로를 어떻게 규정하느냐에 따라 우리가 특정한 상황에서 선이나 악으로 규정하는 대상이 달라진다는 뜻이다(우리의 자기 인식은 대개 '임의적인' 문화적 토대에 근거한다). 권위적인 남편의 요구를 일일이 다 들어주는 희생적인 아내를 예로 들어 보자. 그녀는 폭력을 행사하는 능력을 도덕적으로 수용할 수 없는 악으로 규정하고 금기시한다. 순교자 역할을 맡고 공격성을 혼돈의 용과 동일시한다. 그 결과 그녀는 남편에게 짓밟히고도 아무 말도 못 하는 비참한 신세로 살아간다. '편안하고 다정한 아내'라는 지금까지의 편협한 정체성을 벗어 버리고 남편을 무는 방법을 배우기 전까지는 말이다. 아내의 행동은 남편의 나약하고 전제적인 성향을 강화하기 때문에 남편에게 전혀 도움이 되지 않는다. 또 이들의 결혼 생활은 사회의 일부분이므로 사회를 개선하는 데도 전혀 도움이 되지 않는다. 아내는 화를 낼 줄 모르기 때문에 혹은 자신의 타고난 가치를 인정하지 못하기 때문에 사회에 위협이 될 만큼 부당하게 자기 권력을 확장하는 남편을 적절히 제어하지 못한다. 이처럼 현재의 불편한 삶에서 벗어나기 위해 필요한 것은 다름 아닌 스스로 잘못된 욕망으로 규정했던 동기인 경우가 많다. 그렇다고 지금까지 억압해 온 동기를 그대로 행동으로 표출하라는 뜻은 아니다. 그보다는 지금까지 표현하지 못하던, 때로는 인정하지도 못하던 자신의 동기를 심리적, 사회적 체계 속에 적절하고 조화롭게 통합해야 한다는 의미이다.

"'네 이웃을 사랑하고, 네 원수를 미워하여라.' 하고 말한 것을 너희는 들었다.

그러나 나는 너희에게 말한다. 너희 원수를 사랑하고, 너희를 박해하는 사람을 위하여 기도하여라.

그래야만 너희가 하늘에 계신 너희 아버지의 자녀가 될 것이다. 아버지께서는, 악한 사람에게나 선한 사람에게나 똑같이 해를 떠오르게 하시고, 의로운 사람에게나 불의한 사람에게나 똑같이 비를 내려주신다.

너희를 사랑하는 사람만 너희가 사랑하면, 무슨 상을 받겠느냐? 이방 사람들도 그만큼은 하지 않느냐?

그러므로 하늘에 계신 너희 아버지께서 완전하신 것 같이, 너희도 완전하여라."

「마태복음」 5장 43~48절

사회적으로 확립된 특정한 길을 수용하면 경험의 의미를 잠정적으로 확정할 수 있다. 이상적으로 보자면, 목표는 여러 행동과 생각 중에서 수용하여 발전시켜야 할 쪽과 금지하여 억압해야 할 쪽을 결정한다. 만약 개인이나 사회의 목표가 제대로 발달하지 못하고 미성숙한 상태로 남거나 왜곡되면, 개인과 사회를 구원해야 할 행동과 사고가 억압되고, 즉 견디기 어려운 비극적 자의식의 무게를 표출시키고, 결국 심리적이고 사회적인 병폐로 이어진다. 신과 인간에 대한 신성한 사랑이 아니라 물질적 안정이나 사회적 수용을 목표로 삼은 사람은 결국 진리를 소중히 여기지 않은 결과, 경험 세계에 온전히 적응하는 데 실패한다.

예수께서 길을 떠나시는데, 한 사람이 달려와서, 그 앞에 무릎을 꿇고 그에게 물었다. "선하신 선생님, 내가 영원한 생명을 얻으려면, 무엇을 해야 합니까?"

예수께서 그에게 말씀하셨다. "어찌하여 너는 나를 선하다고 하느냐? 하나님 한 분밖에는 선한 분이 없다.

너는 계명을 알고 있을 것이다. '살인하지 말아라, 간음하지 말아라, 도둑질하지 말아라, 거짓으로 증언하지 말아라, 속여서 빼앗지 말아라, 네 부모를 공경하여라.' 하지 않았느냐?"

그가 예수께 말하였다. "선생님, 나는 이 모든 것을 어려서부터 다 지켰습니다."

예수께서 그를 눈여겨보시고, 사랑스럽게 여기셨다. 그리고 그에게 말씀하셨다. "너에게는 한 가지 부족한 것이 있다. 가서, 네가 가진 것을 다 팔아서, 가난한 사람들에게 주어라. 그리하면, 네가 하늘에서 보화를 차지하게 될 것이다. 그리고 와서 나를 따라라."

그러나 그는 이 말씀 때문에 울상을 짓고 근심하면서 떠나갔다. 그에게는 재산이 많았기 때문이다.

예수께서 둘러보시고 제자들에게 말씀하셨다. "재산을 가진 사람은, 하나님의 나라에 들어가기가 참으로 어렵다."

제자들은 그의 말씀에 놀랐다. 예수께서 다시 그들에게 말씀하셨다. "이 사람들아, 하나님의 나라에 들어가기는 참으로 어렵다.

부자가 하나님의 나라에 들어가는 것보다 낙타가 바늘귀로 지나가는 것이 더 쉽다."

제자들은 더욱 놀라서 "그렇다면, 누가 구원을 받을 수 있겠는가?" 하고 서로 말하였다.

「마가복음」 10장 17~26절

우리가 최선을 다해 섬기는 최상위 가치는 한 사람의 개인이자 사회적인 존재로서 무엇을 떠받들고 무엇에 복종할지를 결정한다. 만약 안정과 권력에 무엇보다 큰 가치를 부여하면 결국 모든 것이 편의주의에 따라 해석되고 만다. 이 같은 노선을 취하면 장기적으로 나약한 인격과 편협한 사회 환경이 발전하여 결국 심리적으로 붕괴되거나 사회적으로 혼돈이 일어난다.

예수께서 말씀하셨다. "어떤 사람이 손님을 초대했다. 만찬이 준비되었을 때에 그가 손님을 초대하러 종을 보내었다. 종이 먼저 한 사람에게 가서 이르기를 '주인께서 만찬에 초대하십니다.' 하였으나 그가 말하길, '어떤 상인이 내게 돈을 빌렸는데 그가 오늘 밤 오기로 했소. 내가 가서 그들과 상의해야 하므로 초대에 응하지 못하겠소.' 하고 말하였다. 이에 종이 또 한 사람에게 가서 이르기를, '주인께서 만찬에 초대하십니다.' 하였으나 그가 종에게 이르기를, '친구가 결혼하는데 예식 준비로 바빠 초대에 응하지 못하겠소. 부디 양해해 주시오.' 하고 말하였다. 종이 또 한 사람에게 가서 이르기를, '주인께서 만찬에 초대하십니다.' 하였으나 그가 종에게 이르기를 '내가 땅을 샀는데 오늘 세를 받으러 가는 길이오. 부디 양해해 주시오.' 하고 말하였다. 이에 종이 돌아와 주인에게 고하기를 '초대한 모든 사람들이 사양하였습니다.' 하니 주인이 종에게 이르기를 '길에 나가서 아무나 보이는 자들을 데리고 오라.' 상인들과 사업가들은 내 아버지 집에 들어오지 못할 것이다."[509]

자기가 옹호하는 가치가 아니라 가진 것을 믿는 사람은 자기 인격을 위하여 소유물을 희생할 수 없다. 불확실한 미래가 선택을 강요할 때, 그는 최선의 자기가 되기를 포기하고 자신이 쌓아 놓은 소유물을 택할 것이다. 이 결정에 따라 더욱 나약해진 그는 더 이상 비극적인 자의식의 무게를 견딜 수 없어서, 거짓의 편에 붙어 자신과 사회를 타락시키는 일에 적극 나설 것이다.

만약 행동을 이끄는 목표가 계속 병적으로 제한된 상태로 남아 있다면, 최상위 목표가 감각적 쾌락이나 사회적 수용, 권력 혹은 경제적 안정 같은 것에 머무른다면 어떨까? 그러면 이러한 목표에 반하는 행동이나 생각은 경멸스러운 주인을 섬기도록 강요받으면서 병적으로 왜곡되고, 더불어 악으로 규정되어 제대로 발달하지 못하기 때문에 포괄적인 구원 활동에 활용되지 못하고 예속되고 억압되고 정체될 것이다. 이렇듯 인격이 제대로 발달하지 못하고 병들면 인생에 진정한 위기가 닥칠 때 유연하게 대응하지 못하고 파멸하고 만다. 인간의 경험 세계를 묘사하는 길의 신화는 낙원을 잃고 비극이 발생한 후 구원되기까지의 여정을 아우른다. 자신의 어리석음을 아는 진정한 인간만이 간절히 구원을 바란다. 집단과 자기를 동일시하는 사람은 어리석은 사람을 부정한다.

> 그때에 그들도 이렇게 말할 것이다. '주님, 우리가 언제 주님께서 굶주리신 것이나, 목마르신 것이나, 나그네 되신 것이나, 헐벗으신 것이나, 병드신 것이나, 감옥에 갇히신 것을 보고도 돌보아 드리지 않았다는 것입니까.'
> 그때에 임금이 그들에게 대답하기를 '내가 진정으로 너희에게 말한다. 여기 이 사람들 가운데서 지극히 보잘 것 없는 사람 하나에게 하지 않은 것이 곧 내게 하지 않은 것이다.' 하고 말할 것이다.
>
> 「마태복음」 25장 44~45절

그리고 모든 희망을 잃는다.

심상과 의미로 표상되는 자기 모형은 현실에서 자기가 하는 행동이나 품는 환상, 생각과는 일치하지 않을 때가 많다. 이렇듯 모형과 현실이 불일치하고 진실을 일부러 외면한다는 것은 곧 이상적 행동·심상·사고의 관점에서 보면 이례적인 행동·심상·사고가 이미 존재하고 있거나 그 가능성이 있다는 것을 의미한다. 다시 말해서, 해서는 안 되기 때문에 억압하는 행동·상상·생각이 생겨난다는 뜻이다. 이렇듯 환상으로 현실을 대신한 모형을 계속 사용하면 예상치 못한 상황에 적응하고 변화를 꾀하기가 어렵다. 그런 삶 속에서는 고통이 한없이 팽창한다.

어디로 달아나도 지옥이다. 나 자신이 지옥이니.

가장 깊은 심연에서 더 깊은 심연이

날 집어삼키려 위협하듯 입을 벌리고 있으니

지금 내가 겪는 고통이야 천국 같도다.[510]

전통적으로 악의 표상인 악마는 자기 행동과 표상에 오류가 있다거나 자기가 불완전한 존재라는 사실을 인정하지 않으며, 완고한 자만심을 꺾느니 차라리 영원히 고통받기를 택한다. 죄를 자백하고 신과 화해하는 메타노이아metanoia를 거부한 채 영원히 부인하고 부정하는 영으로 남는 것이다.

아, 이렇게 항복이구나.

참회의 여지는 없는가, 사면의 여지도 없는가?

복종 외에는 도리가 없네. 하지만 내가 경멸하는

그 단어는 어렵구나, 수치심이 두렵구나,

내가 다른 약속과 다른 허풍으로

유혹한 하계 천사들에 둘러싸여,

복종할 바에야 전능한 그를

제압하겠다 뽐내면서. 아아, 이런! 그들은 모른다,

내 그 헛된 자만의 대가가 얼마나 큰지,

그 번뇌로 내심 얼마나 신음하는지.

근사한 왕관과 왕홀을 들고 지옥의 왕좌에 앉은

나를 그들은 흠모하지만,

더욱 깊은 심연으로 떨어지는 나는

고통의 왕좌에 있음이라. 야망이 찾은 기쁨이란 그런 것.

그러나 내가 참회하고 은혜를 입어

이전의 상태를 회복한다 해 보자.

그러면 곧 높은 지위는 오만한 성격을 불러내고

곧 거짓 맹세도 주워 담으리라. 고통 속에 한 맹세는

지독하고 공허하여 물리기 쉽다 하리라.

진정한 화해란 결코 자라지 않음이다.

치명적인 증오의 상처가 이리 깊게 뚫린 곳에서는.

더 심하게 타락하고 더 무섭게

추락할 수는 있겠지. 비싸게 치르리라,

이중의 고통으로 바꾼 짧은 휴식.

처벌자는 안다. 그러니 내가 빌지 않는 만큼

그도 평화를 내어 주지 않는다.

모든 희망은 이리하여 사라졌노라.[511]

이처럼 "내가 틀렸어, 잘못했어, 내가 바뀌어야 해."라고 말하지 못하고 진실을 부정하면 희망은 사라지고 삶은 나락으로 떨어진다. 사실을 부인하면 신으로부터, 의미로부터, 진실로부터 멀어진다. 그리고 의미 없는 삶은 기댈 곳 없는 고통 그 자체이자 마땅히 파괴해야 할 대상이 되고 만다. 프라이는 메타노이아에 관해 이렇게 쓰고 있다.

생명의 길은 '메타노이아'로부터 시작된다. 메타노이아는 (공인된 성경 번역에 따르면) '회개'라는 단어로 번역되는데, 회개라는 단어는 언뜻 '하고 싶은 모든 일을 그만두라'는 식의 도덕적 금지를 암시하는 듯 보인다. 하지만 실제로는 인생을 더 넓은 차원에서 바라볼 수 있게 관점을 전환하고 영적으로 변화하라는 뜻을 담고 있다. 이처럼 너른 시야를 갖게 되면, 무엇보다 그 당사자는 자기가 속한 공동체에서 떨어져 나와 다른 것에 애착을 갖게 된다. "'회개'에 알맞은 열매를 맺으라."(「마태복음」 3장 8절)라는 세례 요한의 말은 유대인을 향한 것이었다. 뒤이어 요한은 유대인들이 중시하는 사회적 정체성(아브라함의 자손)이 영적으로 아무런 의미를 지니지 않는다고 말한다.

……메타노이아와 죄의 변증법은 이 세계를 예수가 '집'이라고 표현한 진실한 정체성의 왕국과 『구약』 성경에서 죽음이나 무덤의 형태로 나타나는 지옥으로 나눈다. 지옥은 죽음과 무덤이기도 하지만 또한 인간이 역사 속에서 스스로 만들어 낸 고통스러운 세계이기도 하다.[512]

메타노이아는 적응 그 자체이다. 스스로 자기 오류를 극복할 수 있음을 믿고 오류를 인정하며, 그 결과 '대립하는 가치 사이에 끼인 불쾌한' 분열을 겪고 나서 내외적으로 재통합을 이루고 회복하는 것이다.

당신이 '어떤 대가를 치르더라도 살아남는' 목표를 포기하여, 평온하고 순박한 이들이 가는 길로 가자마자, 수감자라는 상태는 당신의 이전 성격을 놀라운 방식으로 바꿔 버릴 것이다. 당신 자신도 전혀 기대하지 않았던 방향으로.

이러한 상태에서는 악의에 찬 감정과 짓눌려서 생긴 혼란, 어디로 향하는지 모를 증오와 짜증, 초조함이 생기는 것처럼 보인다. 그러나 눈치채지 못하는 사이 미묘한 시간의 흐름 속에서 노예나 다름없는 억압된 상태로 인해 그와 정반대의 감정이 싹을 틔워 자라는 것이다.

예전에 당신은 매우 참을성이 없었다. 끊임없이 서둘렀다. 게다가 시간은 또 왜 늘 부족한지. 그러나 이제 시간이 많아서 달마다, 해마다, 이전에도, 이후에도 시간이 넘쳐난다. 그러면 혈관을 타고 당신을 진정시키는 이로운 분비액, 인내심이 흘러나온다.

당신은 상승한다……

전에는 누구도 용서하지 않았다. 무자비하게 타인을 판단했다. 그리고 그만큼 절제 없이 칭찬했다. 그러나 이제 유순한 이해력이 당신의 비원칙적인 판단의 기초가 되었다. 당신은 자신의 약점을 깨닫게 되었으며, 다른 사람의 약점도 이해한다. 그리고 다른 사람의 강점에 놀라기도 한다. 그리고 타인의 강점을 닮길 바란다.

발밑에서 돌이 바스락거린다. 우리는 그렇게 상승한다.

세월이 흐르면서 갑옷으로 감싼 듯한 자제력은 당신의 심장과 온몸을 덮는다. 질문을 서두르지 않고 대답 또한 서두르지 않는다. 당신의 혀는 쉽게 흔들리던 유연성을 잃었다. 당신의 눈은 좋은 소식을 듣고 기뻐서 번득이지도 않고 슬픔으로 어두워지지도 않는다.

정말 그렇게 될 것인지 우선 확인해 봐야 함을 알기 때문이다. 그리고 '무엇이 기쁨인지, 무엇이 슬픔인지'도 판단해야 하기 때문이다.

이제 당신 삶의 규칙은 다음과 같다. 찾았다 기뻐 말고, 잃었다 슬퍼 말라.

전에는 무미건조했던 그대의 영혼은 이제 고통으로 무르익었다. 기독교의 교리처럼 네 이웃을 사랑하는 정도는 아닐지라도, 적어도 가까운 이들을 사랑하는 법을 배우게 된 것이다.

당신은 주위에 함께 갇힌 이들 중 당신과 정신적으로 가까운 이들을 사랑하게 된다. 우리 중 얼마나 많은 이들이 깨달았는가. 갇힌 후에야 비로소 난생처음 진정한 우정을 알게 되었다는 것을!

또 당신은 혈연으로 가까운 사람을 사랑하게 된다. 과거의 삶 속에서 당신 곁에서 당신을 사랑해 주었으나 당신은 모질게 대했던 가족들을…….

바로 이것이 무한히 좋은 결과를 기대할 수 있는 생각의 바른 방향이다. 과거의 삶을 돌아보라. 당신이 저질렀던 나빴거나 부끄러운 모든 일을 기억하라. 그리고 생각하라. 이제 바로잡을 수 있겠는가?

그렇다. 당신은 무고하게 수감되었다. 국가와 법 앞에 뉘우칠 것이 없다.

하지만…… 자신의 양심 앞에서는 어떠한가? 하지만…… 다른 사람들 한 사람 한 사람 앞에서는 어떠한가?[513]

메타노이아를 거부하면 지상 세계가 지하 세계에 물든다. 반대로 메타노이아를 의식적으로 수용하면 인격이 바뀌고, 그에 따라 행동과 심상과 사고가 바뀐다. 이에 관하여 프랭클은 다음과 같이 썼다.

강제수용소에서 살던 우리는 막사를 지나다니면서 다른 사람들에게 마지막 남은 빵을 나눠 주고 위로했던 사람들을 기억한다. 그들의 수는 적었을지도 모른다. 하지만 그들만으로도 사람에게서 모든 것을 빼앗을 수는 있어도 단 한 가지, 인간의 마지막 자유는 빼앗지 못한다는 충분한 증거가 된다. 인간은 어떤 상황에서든 자신의 사고방식과 자신이 나아갈 길을 선택할 수 있다.

그리고 늘 선택의 순간이 있었다. 매일, 매 시간마다 결정을 내릴 기회가 찾아왔는데, 그것은 바로 당신 자신으로부터 내면의 자유를 빼앗겠다고 위협하는 권력에 복종할 것인지 아닌지를 결정하는 것이었다. 이 선택은 당신이 전형적인 수감자가 되기 위해 자유와 존엄을 포기하여 이 상황의 놀잇감이 되느냐 마느냐를 결정했다.[514]

솔제니친도 이와 유사한 이야기를 남겼다.

불안에 떨던 일부 사람들이 수용소에서 믿음을 찾았고, 그로 인해 더 강해지고, 망가지지 않고 살아남은 이야기는 어떻게 설명할 수 있겠는가?

그리고 산재해 있어 눈에 띄지는 않지만, 많은 사람이 갈림길에서 선택을 내릴 때 어떤 실수도 하지 않았다. 이들은 자신들에게만 나쁜 일이 생긴 것이 아니라 더욱 아프고 힘든 이웃이 있다는 걸 알았다.

또 징벌 구역과 새로운 징역으로 위협받으면서도 밀고하기를 거부한 이들이 있지 않은가?

그렇다면 지질학자인 그리고리 이바노비치 그리고리예프는 어떻게 설명할 것인가? 1941년 지원병으로 봉사했던 과학자인 그는 바지

마 근처에서 포로가 되어 모든 형기를 독일 수용소에서 보냈다. 이 뒷 이야기 또한 잘 알려져 있다. 그가 돌아왔을 때, 그는 또 우리나라에서 체포되어 10년 형을 받았다. 나는 겨울에 에키바스투스 공공 작업장에 갔다가 그를 알게 되었다. 크고 고요한 눈동자를 보면 그가 솔직한 사람임을 알 수 있었다. 흔들림 없는 솔직함이었다. 이 사람은 절대 고개를 숙이는 법을 몰랐다. 그는 10년 중 단 2년 자신의 전문 분야에서 일했으며 거의 형기 내내 집에서 음식 소포도 받지 못했지만 고개를 굽히지 않았다. 사방에서 수용소 철학을 심어 주고 영혼을 타락시키려 했으나 그는 어떤 것도 받아들이지 않았다. 케메로보의 안치베스 수용소에서는 보안대장이 그를 어떻게든 자기 사람으로 부리려 했다. 그는 아주 정직하고 솔직하게 대답했다. "난 솔직히 당신과 얘기하면 기분이 아주 더러워져. 나 말고도 당신 좋다는 사람은 많을 테니 딴 데 가서 알아보시지."

"이 자식, 네 발로 기게 해 줄 테다."

"그렇다면 차라리 목 매 죽고 말지."

이렇게 그는 형벌장으로 보내졌다. 거기서 반 년 정도 견뎠을 때쯤, 정말 용서받지 못할 실수를 저질렀다. 집단농장으로 보내졌을 때, 그는 지질학자로서 준장 자리에 앉는 것을 거부했다. 그는 열심히 괭이질을 하고 풀도 베었다. 그리고 정말 어리석게도, 에키바스투스 채석장의 회계 담당자 자리도 거부했다. 작업자의 작업일지를 부정 계산해야 하며, 그 일로 항상 술에 취해 있는 민간인 십장이 맨 정신일 때 그 대가를 지불할 것이라는 이유에서였다. (그런 일이 있기나 할까?) 그래서 그는 바위를 캐러 갔다! 그의 정직함은 정말 말도 안 되게 이질적이어서, 야채 저장실 작업반과 함께 감자를 가공하러 갔을 때, 다른 사람들은 다 훔쳐도, 그만은 감자 한 톨 주머니에 넣는 법이 없었다. 특별 지역인 기계 공장의 수리 작업반이라는 좋은 자리에 있을 때에도 단지 독신인 민간인 공사 감독 트레이비시의 양말 세탁을 맡지 않으려 그 자리를 떠났다. (작업반 동료들은 그를 설득하려고 애를 썼다. 무슨 일을 하든지 다 똑같은 것 아닌가? 아니, 절대 다 똑같지 않다!) 자신의 양심을 거스르지 않기 위해서 몇 번이고 가장 고되고 힘든 일을 고르다니, 그래도 그는 흔들리지 않았고 내가 그 증인이다. 그리고 더욱이 밝고 티끌 하나 없는 정신이 그의 몸에 미치는 놀라운 영향 때문에(비록 아무도 이러한 영향을 믿으려고도, 이해하려고도 하지 않지만), 쉰에 가까운, 젊지 않은 나이였던 그리고리 이바노비치의 신체는 수용소에서 더욱 강해졌다. 그의 류머티즘 관절염 초기 증상은 완전히 사라졌고, 발진티푸스를 앓고 난 후 그는 더욱 건강해졌다. 겨울에는 포대 자루를 머리와 팔 부분에 구멍을 내어 입고 다녔지만, 감기가 걸리는 일도 없었다.[515]

자신의 부족함과 고통스러운 현실을 인정하고 자발적으로 '선과 악을 재평가'하는 일은 호루스의 정체성을 받아들이는 것과 같다(호루스는 도덕률을 쇄신하는 과정으로서, 과거의 도덕률보다 더 상위에 존재한다). 그런 사람은 도덕률을 재평가하고, '세상을 창조하고 쇄신하는' 인물, 질서와 혼돈 사이를 중재하는 인물과 자신을 동일시한다. '이러한 인물의 정체성 안'에는 인격의 모든 측면을 받아들일 수 있는 여유가 있다. 그는 구세주이며, 구세주의 어려운 과업을 이루려면 인격의 모든 측면이 드러나고 '구원받고' 단일한 체계로 통합되어야 하기 때문이다. 이 과정에서는 과거의 미성숙한 도덕관념으로 인해(여기에는 집단에 소속되는 것을 최고의 도덕적 성취로 상정하는 도덕관념도 포함된다.) 억눌리고 제대로 자라지 못하던 인격의 모든 측면(심상과 사고로 나타나는 인격의 이차적 표상까지도)이 창조적으로 재통합된다.

이례적인 경험을 거부하는 사람은 그 경험에 '마주하거나 생각하기에 너무 두려운 대상'이라는 꼬리표를 붙인다. 어떤 대상을 회피하는 과정에서 우리는 자기도 모르는 사이에 그 대상과 자신을 규정한다. 무언가를 회피하는 것은 "그것은 너무 두렵다."와, "나에게는 너무 두렵다."는 의미이다. 과제를 수행할 수 있을지 없을지는 그것을 받아 든 사람의 능력에 따라 갈린다. 그러므로 이례적인 경험을 거부하는 것은 의도적으로 적응 과정에 저항하는 것이다. 왜냐하면 무엇이든 낯선 대상을 회피하거나 억압할 경우 새로운 경험을 할 수 없기 때문이다. 반면 이례적 경험을 받아들이는 것은 그 경험에 견딜 만하다는 꼬리표를 붙이는 동시에 자신이 주체적으로 그 만한 일을 견뎌 낼 수 있는 사람이라고 정의하는 셈이다. 이런 자세는 성장 가능성을 열어 준다. 이례적인 경험에서 새로운 정보가 생성되기 때문이다. '자기 자신과 자애로운 세계에 대한 믿음'은 자기가 가진 모든 것을 걸고 용기 있게 의미를 추구하는 모습으로 나타난다. 인생의 목표가 질서에 대한 욕구에서 혼돈을 정면으로 마주하는 인격의 발달로 바뀔 때, 미지에 대한 두려움은 사라지고, 역설적이게도 영원히 안전이 보장된다.

등이 휠 정도로 고된 수용소 생활에서 이런 본질적인 체험을 하게 되었다. 인간은 어떻게 악인이 되고 어떻게 선인이 되는가. 성공에 도취되었던 젊은 시절, 나는 나 자신이 한없이 강하다 느꼈고, 그래서 무자비했다. 권력의 도가니에 빠져 있던 나는 살인자였고 또한 폭군이었다. 가장 악한 짓을 하던 순간에 나는 내가 선을 행한다고 확신했고, 체계적인 논리도 갖추었다 생각했다. 그리고 썩어 가는 감옥의 짚 위에 누워서야 비로소 내 안에서 선의 첫 번째 떨림을 느낀 것이었다. 선악을 구분하는 기준은 국가 간, 계급 간, 정당 간이 아닌 모든 인간의 마음속, 온 인류의 마음속에 있다는 사실이 서서히 분명해졌다. 이 기준은 움직인다. 그것은 세월과 함께 우리 안에서 태동한다. 악이 잠식해 버린 마음속에도 선의 작은 보루 하나는 그대로 남아 있다. 아무리 선한 마음속에도 뿌리째 뽑아 버리지 못한 악의 흔적이 남아 있다.

그때부터 나는 세상 모든 종교의 진리를 이해하게 되었다. 종교는 인간 내부의 악에 맞서 싸운다. 이 세상에서 악을 온전히 쫓아내는 것은 불가능하나, 각각의 마음속에서 옥죄는 것은 가능하다.

그리고 그때부터 나는 역사상 모든 혁명의 거짓도 이해하게 되었다. 혁명은 오로지 그들과 동시대를 살고 있는 악의 보균자만을 말살한다 (선의 보균자마저도 급히 골라내지 않은 채). 악 자체는 자신들의 유산으로 받아들이고 더 확대시킨다.

뉘른베르크 재판은 20세기의 특별한 업적으로 간주해야 한다. 그들은 악에 감염된 사람들 중 극소수를 죽이기는 했지만, 악이라는 신념 그 자체를 죽였다. (물론 스탈린은 인정받을 자격이 없다. 그는 구구절절 말하지 않고 총살해 버리길 바랐을 것이다.) 21세기가 되도록 인류는 아직 자멸하지 않았고, 스스로 목을 조르지도 않았다. 그렇다면 이 조류가 어쩌면 승리를 거두지 않겠는가?

그래, 만약 승리를 거두지 못한다면, 그때는 전 인류의 역사가 털끝만큼의 의미도 없는 답보에 그칠 것이다! 그렇다면 인류는 무엇을 위해, 어디로 가야 하는가? 적을 몽둥이로 때려잡는 방법은 혈거 시대 인간도 알고 있었다.

"너 자신을 알라!" 자신의 죄, 실수, 과오를 거듭 돌아보는 것만큼 지혜를 일깨우기에 좋은 방법은 없다. 나는 여러 해에 걸쳐 골똘히 고심한 이후, 누군가 최고위층 관료들의 무정함과 집행인들의 잔혹함을 언급할 때마다, 나는 대위의 견장을 찬 나 자신과 불길에 에워싸인 동프로이센으로 출정하던 우리 포대를 떠올리고는 묻는다. "그렇다고 우리들이 더 나았다고 볼 수 있겠는가?"[516]

의미의 지도를 재구축하는 영웅의 적응 양식

| 창조적 영웅의 길

"I.N.R.I"

—"불은 자연을 온전히 새롭게 한다Igni Natura Renovatur Integra"[517]

퇴폐주의와 전체주의를 대신할 '제3의' 적응 양식은 영웅주의이다. 이는 상대적으로 희귀하다. 영웅주의를 따르려면 집단이 구축한 확실성을 자발적으로 희생시키고 미지를 마주하는 데서 오는 심리적 혼돈을 감수해야 하기 때문이다. 그렇지만 그 길은 창조가 일어나는 길이며, 그 길을 따라가면 생동하는 문화적 요소를 새롭게 발견하고 재구축할 수 있다. 창조적인 사람은 영웅의 역할을 받아들이고 자신을 보호하던 역사의 품을 벗어나 역사에 대항하며, 그에 따라 무시무시한 미지를 마주하고 고통을 당한다. 이처럼 미지의 세계에 다시 노출된 사람은 치명적인 공포에 휩싸이는 동시에 새로운 가능성을 끌어안는다. 영감을 얻어 재건하고 발전할 기회를 얻는 것이다. 영웅의 길에는 의미를 재통합하는 단계 이전에 의미가 해체되고 와해되는 단계가 항상 먼저 나타난다. 이 때문에 사람들은 흔히 천재성과 정신 이상을 혼동하곤 한다. 하지만 천재와 정신병자는 미지를 마주하는 태도가 전혀 다르다. 천재는 그의 적응 행동이 부적절하여 예상치 못한 결과가 나타날 때 그 결과를 자발적으로 수용하고 맞닥뜨린 영웅이다. 반면 정신병자는 지금껏 자신을 집어삼키려던 괴물로부터 늘 도망치기만 한다. 하지만 외면할수록 그 괴물은 더 크게 자라나 마침내 그를 집어삼킨다. 천재는 와해되어 가늠할 수 없는 의미의 홍수 속에 잠겼다가 의미를 재구축하며, 이후 사회를 홍수로 뒤덮어 와해시키고 재구축한다. 하지만 정신병자는 의미의 홍수 속에 빠져 와해되어 죽고 만다.

미지를 자발적으로 맞닥뜨리고 그에 따라 과거에 적응을 이끌던 도덕률을 재구성하는 능력이 바로 영원한 인간의 정신, 즉 세계를 창조한 말씀이다. 아득한 옛날부터 동서양의 철학과 종교는 이 같은 인간 정신의 존재와 본질에 관해 이야기해 왔다. 다음은 신학자 라인홀드 니부어Reinhold Niebuhr의 글이다.

플라톤과 아리스토텔레스는 모두 '정신'을 육체와 철저히 구분한다. 정신은 통합하고 질서를 부여하는 원리, 즉 영혼과 삶을 조화시키는 '로고스의 기관'이다. 마치 '로고스'가 세계를 창조하고 형성한 원리이 듯이 말이다. 그리스 철학의 형이상학적 전제들은 당연히 인간론에 결정적인 영향을 미쳤다. 그리고 파르메니데스 이후 그리스 철학은 한편으로는 존재와 사유가 일치한다고 주장했으나 다른 한편에서는 이성은 완전히 가공하기 어려운 어떤 형태가 없거나 형태가 부여되지 않은 재료에 작용한다고 가정했다. 아리스토텔레스의 사상에서 물질은 "사물을 형상화하고 개념화하는 과정 이후에 남는 것으로, 자체로는 존재하지 않으며 이성으로는 알 수 없는 낯선 것이다. 이런 비존재는 존재하는 것도 아니며 존재하지 않는 것도 아니다. 즉 비존재는 오직 그것이 어떤 개념적 결정의 도구가 될 때에만 실재성을 가지게 되는"[518] 것이다.[519]

인간 정신이 본질적으로 창조주와 유사하다는 관념은 유대교와 기독교 사상이 발전하는 과정에서 더 정교해졌다. 이런 관점에서 보자면 인간의 본질은 하나님과의 관계에서 가장 잘 이해할 수 있다. 인간은 하나님의 지능이나 지위가 아니라 '하나님의 형상'을 따라 만들어졌다. 이처럼 '하나님과 동일시된 정신'의 본질은 바로 영원히 창조하고 변형하는 능력이다. 니부어는 다음과 같이 썼다.

인간의 정신은 무한 회귀의 방식으로 끊임없이 자신을 초월하는 특수한 능력을 소유하고 있다. ……자아는 그가 세계를 아는 한에 있어서 세계를 안다. 자아는 자기 자신과 세계를 모두 초월해 있기 때문이다. 이는 자아가 자기 자신과 세계 너머로부터 이해될 때에만 자신을 이해할 수 있음을 의미한다.[520]

추상화 능력은 한없이 한계를 초월하는 능력이다. 추상화하고, 그 추상화한 관념을 표상하고, 다시 그 표상을 추상하는 식으로 끝없이 이어지기 때문이다. 이 능력에는 앞서 살펴본 바와 같이 대가가 따른다. 카드로 지은 집은 짓기 쉽지만 무너지는 것도 순식간이다. 더 나아가 이 능력은 인간의 내면에 잠재된 악한 성향과 불가분의 관계에 있다.

추상적 사고, 구체적으로 도덕과 관련한 추상적 사고는 일종의 놀이이다. 이는 "이렇게 하면 어떻게 될까?"라는 게임과 같다. 놀이는 먼저 기본 가정을 세우고, 뒤이어 그것을 파악하고 수정하는 단계로 진행된다. 놀이는 종류에 상관없이 일단 규칙이 확실해야 하며, 그 규칙을 바꾸려면 먼저 규칙이 드러나야 한다. 놀이는 어떤 가정(규칙, 환경)에 따라 '세계'의 심상을 구축하고 그 상상의 세계 속에서 행동함으로써 이루어진다. 이렇게 놀이를 만들고, 놀고, 놀이를 바꾸는 과정은 현실에서 해야 할 행동을 연습하는 과정이라 할 수 있다. 놀이가 복잡해질수록 현실에서의 활동과 구분하기가 어려워진다.

놀이는 첫 번째 발달 단계에서는 절차 수준에서 이루어진다. 이 수준에서는 규칙이 암묵적인 상태로 남아 있다. 일단 놀이의 표상이 만들어지고 나면, 이 놀이를 다른 사람과 공유할 수 있고, 마지막에는 놀이의 규칙을 바꿀 수 있다. 피아제는 아동이 놀이 규칙을 만드는 과정에 관해 다음과 같이 썼다.

규칙의 실행 혹은 적용에 관한 관점에 따라 네 가지 순차적 단계가
나뉘어진다.

첫 단계에서 아동들은 순수하게 운동 차원의 개인적 특성을 보이며,
자신의 욕구와 운동 습관에 따라 구슬을 가지고 논다. 그 결과 정도의
차이는 있지만 의례화된 도식이 만들어진다. 하지만 놀이는 여전히 지
극히 개인적인 것이기 때문에 운동 차원의 규칙은 있어도 진정한 집단
차원의 규칙은 없다.

자기 중심적이라고 묘사되는 두 번째 단계는 아동이 성문화된 규칙
의 사례를 외부로부터 받아들이기 시작하는 시점에 시작되는데, 흔히
2세에서 4세 사이에 해당한다. 하지만 이 시기의 아동은 규칙의 사례
를 모방하긴 하지만 여전히 놀이 상대를 찾지 않고 혼자 놀거나 혹은
누군가와 같이 놀더라도 상대를 이기려 들지 않으며, 따라서 상이한 놀
이 방식을 통일하려 들지 않는다. 다시 말해서 이 단계의 아동들은 함
께 놀이를 할 때조차도 제각각 '자기 방식대로' 놀이하며(모두가 동시에
이기는 게 가능하다.) 규칙의 성문화에는 관심이 없다. 타인을 모방하지
만, 받아들인 사례를 순전히 개인적으로 활용하는 이러한 이중적 특성
을 우리는 자기 중심성이라고 지칭하였다.

세 번째 단계는 7~8세경에 나타나는 초기 협동 단계이다. 이제 놀
이 참가자들은 상대를 이기려고 들며, 상호 규제와 규칙의 통일에 관심
을 보이기 시작한다. 이들은 놀이 도중에 규칙에 합의하기도 하지만 규
칙의 개념은 여전히 모호한 상태로 남는다. 다시 말해서, 학교에서 같

은 학급에 속해서 늘 함께 놀이하는 7~8세의 아동들에게 따로따로 구슬 놀이 규칙에 관해 질문하면 그들은 흔히 상이하고 모순된 설명을 하곤 한다.

마지막으로 11~12세 사이에 규칙의 성문화라는 네 번째 단계가 출현한다. 이 단계에서는 놀이의 모든 세밀한 절차가 확정될 뿐만 아니라 관찰 가능한 실제 규칙도 사회 전반에 알려진다. 같은 학급에 속하는 10~12세경의 아동들은 놀이 규칙과 규칙의 변형에 관한 질문을 받으면 상당히 유사한 답을 제시한다.

……이제 규칙에 대한 의식으로 넘어가 보면 상세히 규정하기는 어렵지만 크게 보면 분명히 드러나는 발달 단계가 있다. 발달은 세 단계에 걸쳐서 일어나는데, 두 번째 단계는 자기 중심적 단계 중에 시작되어 협동 단계 중반부(9~10세)에 끝나며, 세 번째 단계는 협동 단계의 후반부와 규칙의 성문화 단계 전체를 포함한다.

첫 번째 단계(자기 중심적 단계의 초반부)에서 규칙은 강제성을 띠지 않는다. 왜냐하면 규칙이 순전히 운동 차원의 규칙이거나 혹은 그렇지 않더라도(자기 중심적 단계) 무의식적으로 강제성이 없는 흥미로운 사례로만 받아들여지기 때문이다.

두 번째 단계(자기 중심적 단계와 협동 단계의 전반부)에서 규칙은 성인에게서 나와서 영원히 지속되는 신성 불가침한 것으로 간주된다. 규칙을 바꾸자는 제안마저 규칙 위반으로 인식된다.

마지막 세 번째 단계에서 규칙은 상호 동의에 따른 법으로 간주된다. 충실한 집단 구성원으로서 법을 존중해야 하지만, 일반 여론의 동의를 얻을 수 있다면 법을 바꿀 수 있다.

규칙에 대한 의식의 세 가지 발달 단계와 규칙의 실행과 관련된 네 가지 발달 단계 간의 상관관계는 통계 결과에 불과하므로 대단히 조야하다. 그러나 넓은 의미에서 이 둘의 관계는 논란의 여지가 없어 보인다. 집단의 규칙은 처음에는 개인의 외부에서 비롯된 신성한 것이었다가 차츰 규칙이 내면화됨에 따라 상호 동의와 자율적 양심의 산물로 바뀐다. 규칙의 실행과 적용에 관해서 말하자면, 규칙을 신성시하며 존중할 때는 자연히 규칙의 내용에 대하여 초보적인 지식을 가지고 적용하는 데 반해, 합리적으로 타당한 근거에 입각하여 존중할 때는 각 규칙을 더욱 상세히 효율적으로 적용하게 된다.[521]

자기가 속한 문화의 전제를 '신성 불가침한 것'으로 받아들이는 두 번째 발달 단계에서는 아동들은 과거의 표상을 절대적 진리로 숭배하는 '원시인'과 유사한 방식으로 사고한다. 양쪽 모두 주요 관심사는 "어떻게 행동할 것인가?"이다. 그들은 자신이 속한 사회 공동체 안에서 이상적으로 여겨지는 여러 목표를 동시에 지속적으로 달성하기 위해서 어떻게 본능을 억누르고 행동을 체계화할지에 집중한다. 그리고 한참의 시간이 흘러 가장 근본적인 문제들을 해결하고 난 이후에야 해결 수단에 의문을 제기할 수 있게 된다. 이 같은 상위 차원의 사고는 놀이 규칙을 가지고 놀 수 있는 능력과 전통적 질서를 거부할 수 있다는 믿음이 생성되었음을 의미한다. 이러한 추상적 능력이 발달하면 앞서 제기한 도덕률의 메타 문제, 즉 "어떻게 행동할 것인가?"가 아니라 "어떻게 행동할지를 어떻게 결정할 것인가?"의 문제에 답할 수 있게 된다.[522] 역설적으로 이 메타 질문에 대한 해답은 비교적 덜 추상적인 질문인 "어떻게 행동할 것인가?"나 혹은 "무엇이 선인가?"에 대한 최종 해답을 주기도 한다.

서구의 종교적 전통에서 몇 가지 예를 살펴보면 (1) "무엇이 선인가?"라는 도덕률의 핵심 문제와 메타 문제("'무엇이 선인가?'라는 질문에 대한 답을 어떻게 결정할 것인가?")를 구분 짓는 본질적 차이와 (2) 각각의 차원의 구조, (3) 도덕률의 핵심 문제와 해답이 발전함에 따라 메타 문제와 해답이 뒤따라오는 방식 그리고 그에 수반하여 (주기적으로) (자)의식이 강해지고 정교화되는 방식을 이해하는 데 도움이 된다.

먼저 (자)의식의 문제에서 시작해 보자. (자)의식의 문제는 일정 부분 자기와 타인을 포함한 인간 행동의 본질을 서술 기억 체계에 더 정확히 입력할 수 있게 되면서 발생했다. 인간 행동의 본질에 관한 정보는 먼저 이야기 혹은 신화의 형태로 만들어졌는데, 신화는 앞서 언급했듯이 절차 차원의 지혜에 관한 일화 차원의 표상을 의미 차원에서 활용한다. 이야기의 의미를 분석하는 비평[523]을 통해서 우리는 추상화된 도덕 원칙을 끌어낼 수 있다. 행동 속에 암묵적으로 내재되어 있다가 그 후에 일화 차원(이야기나 신화)에서 표상된 도덕률이 처음으로 순수 의미 차원에서 성문화되면 목록의 형태로 나타난다. 법이나 도덕 규칙의 목록은 허용되는 행동과 허용되지 않는 행동을 쉽고 단순하게 명시한다. 이처럼 명시적인 규칙 목록은 명시적 도덕 철학의 가장 기초적인 형태로 볼 수 있으며, 어머니의 세계에서 갓 벗어난 청소년들에게 훌륭한 길잡이가 된다.

이 같은 목록이 유대교와 기독교적인 의식意識에 떠오른 것은 유대인을 위한 법전을 편찬했던 모세 덕분이다. 모세는 신화 속 영웅의 원형적 특성을 많이 지니고 있으며, 원시 부족의 초자연적 조상과도 특성을 공유한다. 한 예로 모세는 출생의 위기를 겪고, 낳은 부모와 기른 부모가 달랐다(낳은 쪽은 미천한 노예 출신이고, 기른 쪽은 고귀하며 신성한 왕족이다).

한편 이집트 왕은 십브라와 부아라고 하는 히브리 산파들에게 이렇게 말하였다..

"너희는 히브리 여인이 아이 낳는 것을 도와줄 때에 잘 살펴서 낳은 아기가 아들이거든 죽이고[524] 딸이거든 살려 두어라."

그러나 산파들은 하나님을 두려워하였으므로 이집트 왕이 그들에게 명령한 대로 하지 않고 남자아이들을 살려 두었다.

이집트 왕이 산파들을 불러들여 그들을 꾸짖었다. "어찌하여 일을 이렇게 하였느냐? 어찌하여 남자아이들을 살려 두었느냐?"

산파들이 바로에게 대답하였다. "히브리 여인들은 이집트 여인들과 같지 않습니다. 그들은 기운이 좋아서 산파가 그들에게 이르기도 전에 아기를 낳아 버립니다."

그래서 하나님이 산파들에게 은혜를 베풀어 주셨으며, 이스라엘 백성은 크게 불어났고, 매우 강해졌다.

하나님은 산파들이 하나님을 두려워하는 것을 보시고 그들의 집안을 번성하게 하셨다.

마침내 바로는 모든 백성에게 명령을 내렸다. "갓 태어난 히브리 남자아이는 모두 강물에 던지고 여자아이들만 살려 두어라."

레위 가문의 한 남자가 레위 가문의 한 여자를 아내로 맞이하였다.

그 여자가 임신을 하여 아들을 낳았는데 그 아이가 하도 잘생겨서 남이 모르게 석 달 동안이나 길렀다.

그러나 더 이상 숨길 수가 없어서 갈대 상자를 구해다가 역청과 송진을 바르고, 아이를 거기에 담아 강가의 갈대 사이에 놓아두었다.

그 아이의 누이가 멀찍이 서서 아이가 어떻게 되는지를 지켜보고 있었다.

마침 바로의 딸이 목욕을 하려고 강으로 내려왔다. 시녀들이 강가를 거닐고 있을 때에, 공주가 갈대 숲 속에 있는 상자를 보고 시녀 한 명을 보내서 그것을 가져오게 하였다.

열어 보니, 거기에 남자아이가 울고 있었다. 공주가 그 아이를 불쌍히 여기며 말하였다. "이 아이는 틀림없이 히브리 사람의 아이로구나."

그때에 그 아이의 누이가 나서서 바로의 딸에게 말하였다. "제가 가서 히브리 여인 가운데서 아기에게 젖을 먹일 유모를 데려올까요?"

바로의 딸이 대답하였다. "그래, 어서 데려오너라." 그 소녀가 가서, 그 아이의 어머니를 불러왔다.

바로의 딸이 그에게 말하였다. "이 아이를 데리고 가서 나를 대신하여 젖을 먹여 다오. 그렇게 하면 내가 너에게 삯을 주겠다." 그래서 그 여인은 그 아이를 데리고 가서 젖을 먹였다.

그 아이가 다 자란 다음에, 그 여인이 그 아이를 바로의 딸에게 데려다 주니, 공주는 이 아이를 양자로 삼았다. 공주는 "내가 그를 물에서 건졌다." 하면서, 그의 이름을 모세라고 지었다.

「출애굽기」 1장 15~22절, 2장 1~10절

장성한 모세는 두 번째 정체성인 이집트 왕자로서의 유산을 버리고 히브리인 집단에 합류하고, 히브리인의 지도자가 되어 그들을 이집트의 노예 생활에서 구해 낸다. 모세는 히브리인들을 견딜 수 없이 추락한 현재 상태에서, 그들이 죄를 속죄하는 광야를 지나(여기서 히브리인들은 모세가 확립한 절차에 따라 행동한다.) 젖과 꿀이 흐르는 지상낙원, 곧 약속의 땅으로 이끈다. 프라이는 다음과 같이 썼다.

성경에 등장하는 속죄의 양식은 출애굽 이야기 속에 등장하는데, 이 이야기는 크게 세 부분으로 나뉜다. 첫 부분은 이집트 체류 기간이다. 성경에서 "쇠를 녹이는 용광로"로 묘사되는 이집트에는 여러 재앙이 닥치고, 마침내 히브리인을 전멸시키고자 했던 이집트인들은 거꾸로 장자를 모두 잃고 만다. 이 부분은 이스라엘 백성이 홍해를 건너 이집트로부터 독립하고 이집트 군대가 수몰되는 결과로 끝이 난다. 두 번째 부분은 이스라엘 백성이 광야를 떠도는 기간으로, 그들은 한 세대가 죽고 새로운 세대가 낙원에 들어가기까지 광야를 떠돈다(「시편」 95편 11절). 이것은 우리가 역사를 초월한 세계에 살고 있음을 드러낸다. 하지만 이집트와 광야, 약속의 땅의 진정한 상징적 의미는 예언자들의 시적 언어에서 더 명확히 드러난다.

세 번째는 약속의 땅에 들어가는 시기로, 구세대를 상징하는 모세는 약속의 땅을 목전에 두고 죽는다. 기독교 유형학에서…… 이는 모세가 상징하는 율법으로는 인류를 구원할 수 없다는 의미를 담고 있다. 가나안을 침공하여 정복하는 자는 예수와 이름이 같은 모세의 후계자 여호수아이다.[525/526]

모세는 혁명가였다. 모세는 이스라엘 백성에게 새로운 삶의 방식을 가르쳤다. 모세는 수단뿐 아니라 목표까지 재평가한 인물이었다. 이 같은 혁명적 재적응 과정에는 필연적으로 극심한 고통의 시간이 뒤따른다. 낯선 환경에 의해 억압에서 풀려난 여러 감정이 서로 다툼을 벌이고 나서야 잠잠해지기 때문이다. 성경은 그 과정을 길고도 힘든 광야 생활로 극적으로 그려 낸다. 그 기간에 '하늘'에서 내려온 양식은 이 이야기에 담긴 의미를 암시한다.[527] 바로 안정된 상태를 재건하기에 앞서, 공백 기간에 겪는 고통과 혼란은 '영의 양식'을 먹은 자, 그리고 의미를 충분히 받아들여 지혜와 인내와 믿음을 얻은 자만이 견딜 수 있다는 뜻이다.

출애굽 과정에서 모세는 이스라엘 백성을 재판하는 역할을 맡는다. 모세는 백성들에게 강하고 통합된 인격을 인정받고, 여러 가치 사이에서 갈등을 벌이는 사람들의 중재자로 선택된 듯하다. 재판관의 역할을 맡은 모세는 옳고 그름을 판단해야만 했다.

그 이튿날, 모세는 백성의 송사를 다루려고 자리에 앉고, 백성은 아침부터 저녁까지 모세 곁에 서 있었다.

모세의 장인은 모세가 백성을 다스리는 이 일을 모두 보고, 이렇게 말하였다. "자네는 백성의 일을 어찌하여 이렇게 처리하는가? 어찌하여 아침부터 저녁까지 백성을 모두 자네 곁에 세워 두고, 자네 혼자만 앉아서 일을 처리하는가?"

모세가 그의 장인에게 대답하였다. "백성은 하나님의 뜻을 알려고 저를 찾아옵니다.

그들은 무슨 일이든지 생기면 저에게로 옵니다. 그러면 저는 이웃 간의 문제를 재판하여 주고, 하나님의 규례와 율법을 알려 주어야 합니다."

「출애굽기」 18장 13~16절

이처럼 재판관으로서의 책임을 수용한 모세는 끊임없이 도덕 판단을 내리면서 비롯되는 엄청난 심리적 압박감을 감내해야 했다. 가치의 위계를 결정하는 과정에서 추상화된 가치들은 마음속에서 다윈이 말한 생존투쟁과도 같은 싸움을 벌인다. 하지만 이러한 압박감을 감내할 능력이 있다면, 그 결과로 자신과 세계를 구원하는 적응적 행위가 이루어진다. 성경 속에서 모세의 경우 그것은 '번역'의 형태로 나타났다. 모세는 절차 및 절차에 대한 이야기 표상으로 남아 있던 도덕 원칙을 추상적 언어로 번역했다. 그것이 실제로 모세 한 사람의 업적이든지 아니면 (진화의 관점에서 볼 때 찰나에 불과한) 수백 년에 걸쳐 여러 사람이 함께 이룬 업적이 신화적 기억 속에 '단일 사건'으로 융합된 것이든 간에, 이는 인류의 사고력이 놀라운 질적 변화를 겪고 진보를 이루어 냈음을 의미한다. 명시적 의미 차원의 도덕 지식의 출현은 신화에서는 계시에 의해 '일어난 일'로 묘사된다. 계시는 '하늘로부터' 지식을 받아들이는 것이며, 이 경우에는 신비로운 상상의 영역인 일화 기억 체계로부터 구체적인 언어 영역인 의미 기억 체계로의 계시를 의미한다.

이처럼 인지 능력이 크게 발전하면 그만큼 압도적인 정서가 발생하기 마련이다. 더 정확히 말해 억제 상태에서 풀려나게 된다. 이는 창조적인 일에서나 심리치료 과정에서 '통찰'을 경험할 때 흔히 느껴지는 정서이다. 이는 절차, 일화, 의미 기억 체계가 일치된 심리적 통합을 이루거나 지금까지 보지 못했던 여러 가능성을 인식하게 되는 결과로 나타날 수도 있다. 사물을 새롭게 이해하여 그동안 잠재되어 있던 사물의 다양한 효용을 터득하게 된 것이다. 이것은 마치 새로운 약속과도 같다. 이러한 첫 발견, '유레카!'의 순간은 경험 세계를 자발적으로 혁신하는 과정에 따르는 긍정적 측면이다. 「출애굽기」는 이러한 측면을 모세가 하나님과 오랜 기간 대면한 후 그의 얼굴에 나타난 변화를 통해서 극적으로 그려 낸다.

> 모세는 거기서 주님과 함께 밤낮 40일을 지내면서, 빵도 먹지 않고 물도 마시지 않고 언약의 말씀 곧 「십계명」을 판에 기록하였다.
>
> 모세가 두 증거판을 손에 들고 시내 산에서 내려왔다. 그가 산에서 내려올 때에 그의 얼굴에서는 빛이 났다. 주님과 함께 말씀을 나누었으므로 얼굴에서 그렇게 빛이 났으나 모세 자신은 전혀 알지 못하였다.
>
> 아론과 이스라엘의 모든 자손이 모세를 보니 모세 얼굴의 살결이 빛나고 있었다. 그래서 그들은 그에게로 가까이 가기를 두려워하였으나 모세가 그들을 부르자 아론과 회중의 지도자들이 모두 그에게로 가까이 갔다. 모세가 먼저 그들에게 말을 거니 그때에야 모든 이스라엘 자손이 그에게로 가까이 갔다. 모세는, 주님께서 시내 산에서 자기에게 말씀하신 모든 것을 그들에게 명하였다.
>
> 「출애굽기」 34장 28~32절

'빛나는 얼굴'은 신화 속에서 개인과 태양빛이 동일시된 것을 의미한다. 태양빛은 깨달음을 상징하며, 모세가 잠시나마 하나님의 대변인으로 변모한 것을 나타낸다. 이 같은 '엄청난 도약'의 결과로 모세는 잠시나마 하나님과 함께 거하게 된 것이다.

모세는 그때까지 신화 속에 표상되고 행동에 내재되어 있던 관습을 명시적 의미 차원의 법으로 바꾸었다. 이 새로운 차원의 법 중에서도 가장 핵심적인 법이 바로 「십계명」이다.

> 너희는 내 앞에서 다른 신들을 섬기지 못한다.
>
> 너희는 너희가 섬기려고 위로 하늘에 있는 것이나, 아래로 땅에 있는 것이나, 땅 아래 물속에 있는 어떤 것이든지, 그 모양을 본떠서 우상을 만들지 못한다.
>
> 너희는 그것들에게 절하거나 그것들을 섬기지 못한다. 나, 주 너희의 하나님은 질투하는 하나님이다. 나를 미워하는 사람에게는 그 죗값으로 본인뿐만 아니라 삼사 대 자손에게까지 벌을 내린다.
>
> 그러나 나를 사랑하고 나의 계명을 지키는 사람에게는 수천 대 자손에 이르기까지 한결같은 사랑을 베푼다.
>
> 너희는 주 너희 하나님의 이름을 함부로 부르지 못한다. 주는 자기의 이름을 함부로 부르는 자를 죄 없다고 하지 않는다.
>
> 안식일을 기억하여 그날을 거룩하게 지켜라.
>
> 너희는 엿새 동안 모든 일을 힘써 하여라.
>
> 그러나 이렛날은 주 너희 하나님의 안식일이니 너희는 어떤 일도 해서는 안 된다. 너희나, 너희의 아들이나 딸이나, 너희의 남종이나 여종

만이 아니라, 너희 집짐승이나, 너희의 집에 머무르는 나그네라도 일을 해서는 안 된다.

내가 엿새 동안 하늘과 땅과 바다와 그 안에 있는 모든 것을 만들고 이렛날에는 쉬었기 때문이다. 그러므로 나 주가 안식일을 복 주고, 그 날을 거룩하게 하였다.[528]

너희 부모를 공경하여라. 그래야 너희는 주 너희 하나님이 너희에게 준 땅에서 오래도록 살 것이다.

살인하지 못한다.

간음하지 못한다.

도둑질하지 못한다.

너희 이웃에게 불리한 거짓 증언을 하지 못한다.

너희 이웃의 집을 탐내지 못한다. 너희 이웃의 아내나 남종이나 여종이나 소나 나귀나 할 것 없이, 너희 이웃의 소유는 어떤 것도 탐내지 못한다.

「출애굽기」 20장 3~17절

전통을 성문화하려면 일단 전통이 존재해야 한다. 적응 행동을 표상하려면, 먼저 그 행동이 생성되어 있어야 하는 것이다. 전통에 담긴 지식은 진화의 압력 속에서 생성되어 일차적으로는 사회적 행동 차원에서 활용되고, 이후에 이차적으로 의식 차원을 거슬러 올라가 상위 차원의 표상으로 번역된다. 이렇듯 진화는 '표상에서 행동'으로 진행되는 만큼 흔히, 더 근본적으로는 '행동에서 표상(일화 및 의미)'의 방향으로 진행된다. 다시 말해서 적응 행동과 그에 대한 신화의 묘사

에서 추상적 언어로 표현된 지식으로 진행된다.[529/530/531]

전통이 법제화되면 과거에는 기껏해야 심상으로 부호화되었던 지식은 언어로 추상화되고, 그 결과 문화의 도덕률과 도덕적 개인이 처음으로 '인식'된다. 이런 변화는 신화에서는 한 영웅의 내면에서 지식의 정교화 수준이 질적으로 변화된 것으로 묘사되는데, 실제로는 수세기에 걸쳐 인류가 환경에 적응하기 위해 관념 차원의 노력을 기울인 결과이다. 신화 속 영웅의 행위에 하늘의 속성이 부여되는 것은, 이 혁명적인 사건의 중요성 및 이 사건이 일어난 내면의 무대와 근원[532]을 부각시키기 위해서이다. 니체는 다음과 같이 말했다.

> 위대한 인물들은 위대한 시대와 마찬가지로 거대한 힘이 내부에 축적되어 있는 폭발물이다. 이는 항상 역사적, 생리적으로 오랜 기간 그들에게로 힘이 모이고 축적되었으며 절약되었고 보존되어 왔으며 그리고 오랫동안 폭발이 일어나지 않았다고 전제한다. 이렇게 힘이 폭발하지 않고 축적되기만 하면서 긴장이 지나치게 커지면, 아주 우연한 자극만으로도 '천재', '위대한 행위', '위대한 운명'을 세상에 불러 낼 수 있다.*[533]

각 사회의 도덕 지식은 절차 차원에서 형성된다. 먼저 개인의 탐험 행동으로 인해 새로운 행동 양식이 출현하고, 이 행동 양식은 앞서 언급한 제약 조건에 따라, 즉 호소력이 있는지, 스스로를 지탱할 수

---

* ⓒ 《우상의 황혼》(2015), 프리드리히 니체 지음, 박찬국 옮김, 아카넷

있는지 등에 따라 생존 경쟁과 유사한 과정을 거쳐 위계적으로 조직된다. 일화 기억 체계는 절차 차원의 행동과 결과를 심상으로 기록하고, 그에 따라 절차 기억과 유사한 패러다임 구조를 갖게 되며, 후에 의미 차원의 지식으로 기록된다. 시간이 흐름에 따라 미지(자연)는 신화 속에서 창조적이면서도 파괴적인 양가적 정서가를 지니는 위대한 어머니로 표상된다. 기지(문화)는 위대한 아버지, 압제자이자 지혜로운 왕, 권위적이면서 동시에 개인을 보호하는 인격으로 나타난다. 인식자인 인간은 서로 다투는 신화 속 형제들, 전통의 아들인 영웅과 반영웅, 그리스도와 사탄, 역사와 전통의 영원한 창조자이자 파괴자로 표상된다. 이야기를 먹고 자란 의미 차원의 지식은 일화와 순수한 언어 차원의 관념 사이를 잇는 다리로서 행동에서 '규칙'을 이끌어 낸다. 이 규칙을 적용하면 환경이 변하고, 그에 따라 절차 및 일화 차원의 표상도 변한다. 그리고 이 과정이 계속해서 순환한다.

문화, 적어도 문화의 긍정적 측면은 나약한 개인을 보호한다. 하지만 절대적 안전을 보장하는 대신 그 대가로 개인의 자유와 개성, 즉 창조성을 요구한다. 자신의 창조성을 희생하기로 한 개인의 선택은 결국 인생에서 불안이나 고통이 아닌 즐거움과 의미를 앗아 가고 인생을 견딜 수 없는 것으로 만든다. 문명화된 사회에서 개인은 암묵적, 명시적으로 해당 문화권의 대다수가 절대적 진실로 수용하는 원칙과 규범 체계 안에서 자란다. 수천 년에 걸친 인류의 노력이 합쳐져 만들어진 이 유산에 대한 보답으로, 개인은 그 유산에 의해 조성되고 형성되어 독립적으로 생존할 수 있게 된다. 하지만 이러한 조성에 유익한 면만 있는 것은 아니다. 불행히도 영웅주의를 따르는 개인에게 흥미롭고 내적 보상을 주는 활동들은 종종 기존의 문화 체계에 위협이 되기 때문이다.

역사의 긍정적인 측면인 위대한 아버지는 인간을 무서운 어머니로부터 보호한다. 위대한 아버지는 문명화된 질서이고 교육이며, 구현되고 표상된 지혜이며, 역사에 등장하여 인류의 적응 행동에 족적을 남긴 모든 영웅들을 추상화하고 통합한 화신이다. 또한 인류가 따라야 할 의례적 본보기로서 훌륭한 왕이며 지혜로운 판관, 용기와 실천과 예술과 사상의 인간이다. 하지만 그는 특정한 행동 양식을 표상하는 한 가능성의 적이며, 현재의 적이고, 영웅의 적이며, 그러므로 필연적으로 영혼의 포획자이며 폭군이자 관료주의자이다. 이것은 무서운 아버지로서의 역사이며, 과거의 무게이고, 잘못된 정보에 기초한 편협하고 완고한 사상과 편견에 사로잡힌 치명적인 대중이다. 또 인생의 창조적 측면인 위대한 어머니를 억압하는 힘이다. 무서운 아버지는 새로운 것, 그리고 자신의 통합된 체계와 절대적 지배에 위협이 되는 것이라면 무엇이든지 억압한다.

따라서 일단 자연이 표상하는 미지의 힘에 대항하여 역사가 수립되고 나면, 창조적 영웅은 '자연'(미지)에 맞설 뿐 아니라 대중의 견해(대중이 이데올로기를 따른다면 당대의 슬로건(슬로건의 어원인 슬로고름은 죽은 자들의 함성이라는 뜻이다))에도 맞서야 한다. 영웅은 기존 가치 및 신념 체계의 적이다. 왜냐하면 영웅은 미지에 적응하기 위하여 가치 체계에 단순히 무언가를 더하여 유지하는 수준이 아니라 가치 체계를 완전히 쇄신하기 때문이다. 그 과정에서 불운하게도 영웅은 자기 자신은 물론 문화와 자기를 동일시하며 문화를 지탱해 온 사람들을 무시무시한 미지의 힘에 노출시키게 된다. 다시 말해서 기존 문화에 잘 적응한 사람들 모두를 치명적 불안과 벌거벗겨지는 것에 대한 두려움, 광기와 물리적 파괴와 소멸의 공포에 맞닥뜨리게 하는 것이다.

이런 사상은 도스토옙스키의 소설에 등장하는 대심문관의 모습에서 극적으로 드러난다. 번민하는 무신론자 이반은 지역 수도원의 수련 수사인 독실한 동생 알료샤에게 자신이 만든 이야기를 들려준다. 이 이야기 속에서 그리스도는 스페인 종교재판이 일어나던 시기에 세비야에 나타난다.

그리스도는 소리 없이 와서 조용히 돌아다녔지만, 이상하게도 그를 본 사람들은 단번에 그의 존재를 알아보았어. 어떻게 사람들이 알아봤는지 설명할 수 있기만 하면, 이 부분은 내 시의 가장 좋은 부분이 될 거야. ……거부할 수 없는 힘에 이끌린 사람들이 그 주위로 모여들어 따라가니, 삽시간에 무리가 되었어. 그는 그지없이 자애로우며 잔잔한 미소를 머금고 사람들 사이를 조용히 걷지. 사랑의 태양이 그의 가슴에 이글거렸고, 광명과 깨우침과 힘이 그 눈에서 빛으로 흘러나와 그에 대한 사랑으로 사람들의 마음이 떨리게 해. 그는 두 손을 사람들에게 내밀어 그들을 축복하고, 그를 만지기만 해도, 아니 심지어 옷깃만 스쳐도 치유의 힘이 생기는 거야. 어릴 적에 맹인이 된 노인이 갑자기 이렇게 외쳐. "오, 주여. 저를 치유해 주소서. 저도 주님을 볼 수 있게 해 주소서!" 마치 노인의 눈에서 비늘이 떨어지는가 싶더니, 그도 볼 수 있게 되었어. 사람들은 눈물을 흘리며 그리스도가 걷는 땅에 입맞춤을 해. 아이들은 그 길에 꽃을 뿌리고 "호산나! 구원하소서!"라고 외쳐.

"그분이야, 정말 주님이 오셨어." 사람들도 계속 반복해. "분명 주님이야, 아니라면 누구겠어!"

그가 세비야의 성당 계단에서 발을 멈춘 건 바로 운구 행렬이 눈물을 흘리며 작고 새하얀 관을 세비야의 성당 예배당 안으로 들고 갈 때야. 관 속에는 명망 있는 남자의 일곱 살 난 외동딸이 꽃 속에 누워 있었어. "그분이 당신 아이를 죽음에서 일으키실 거요!" 사람들이 울고 있는 아이 어머니에게 외쳐. 행렬을 맞으러 성당 밖으로 나온 신부는 당혹스러운 표정으로 얼굴을 찡그리지. 하지만 이제 죽은 아이의 어머니는 그리스도의 발 앞에 몸을 던지고는 "진정 주님이시라면 제 아이를 살려 주세요!"라며 울부짖고 두 손을 그에게 뻗어. 행렬이 멈추고, 사람들이 아이의 관을 그의 발치에 내리지. 그가 자애로운 시선으로 바라보며 "탈리타 쿰(소녀야, 일어나라)."이라 말하니 소녀가 깨어나는 거야. 이 아이는 관에서 일어나 앉아서 작은 눈을 뜨고 깜짝 놀란 표정으로 주위를 둘러보며 웃어. 손에는 사람들이 관에 눕힐 때 깔아 둔 하얀 장미를 들고 있지. 사람들은 혼란스러워하거나 소리를 지르고, 흐느끼기도 해.

때마침 종교 재판소 대심문관인 추기경이 성당 광장을 지나게 돼. 추기경은 아흔에 가까운 노령에, 키는 크고 자세는 꼿꼿해. 얼굴은 창백하고 눈은 움푹 들어갔지만 눈빛만은 여전히 불꽃처럼 빛나지. 아, 지금 그는 전날 로마 교회의 적들을 불태울 때 군중 앞에 보여 주었던 웅장한 추기경 예복이 아니라, 평범한 수도승들이 걸치는 허름한 캐속을 입고 있어. 뒤로는 어쩐지 섬뜩한 조수들과 노예들, 그의 '성스러운' 호위 병사들이 따르지. 추기경은 멀리서 사람들이 모여들고, 멈추고,

지켜보는 걸 보고 있어. 그는 모든 것을 보지. 관을 그리스도의 발치에 놓는 것도, 소녀가 관에서 일어나는 것도 봐. 그의 안색이 어두워져. 짙고 흰 눈썹이 찌푸려지고, 심상치 않은 눈빛이 번뜩여. 그는 손가락으로 가리키며 호위 병사들에게 그리스도를 잡으라고 명령해.

대심문관의 권력은 너무나 거대해서 사람들은 고분고분하지. 그들은 즉시 벌벌 떨며 병사들에게 길을 내어 줘. 광장에는 죽음과 같은 적막이 흐르고, 그 적막 속에 그리스도를 붙잡고 끌고 가는 거야.

그러자 광장에 있는 모든 사람들이 대심문관 앞에 엎드리며 절을 하고 대심문관은 조용히 축성을 하고 지나가.

병사들은 죄수를 종교 재판소의 오래된 건물로 끌고 가서 아치형 천장의 어둡고 좁은 감방에 가두지. 날이 저물고 숨이 막힐 듯 칠흑 같은 세비야의 밤이 찾아와. 공기는 월계수와 레몬 향기로 향긋해.

갑자기, 완전한 어둠 속에 감방의 철문이 열리더니, 대심문관이 손에 등불을 들고 나타나. 이 노인이 혼자 감방으로 들어오고, 이내 문은 닫히지. 그는 멈춰 서서 1, 2분 동안 그리스도를 쳐다봐. 마침내 테이블에 등불을 내려놓고 이렇게 말하지. "그래? 네가 정말 그리스도인가?" 하지만 그는 대답을 기다리지 않고 서둘러 말을 잇지.

"대답할 필요 없다. 아무 말 마라. 무슨 말을 할지 아주 잘 알고 있으니. 게다가 지금껏 한 말에다 무얼 덧붙일 권리도 없지. 왜 온 것이냐, 우리를 방해하고 힘들게 하려고 왔느냐? 그래, 우릴 괴롭히러 왔다는 건 너 자신이 잘 알겠지. 하나, 내일 무슨 일이 일어날지 말해 주랴? 난 네가 누군지도 모르겠고 그자인지 닮은 자인지 궁금하지도 않다. 나는 내일 너를 심판하고 화형에 처할 거야. 가장 흉악한 이단자로서 말이지. 그러면 오늘 네 발에 입 맞추던 바로 그 사람들이, 내일은 내 손짓한 번이면 네가 불타고 있는 모닥불 속에 땔감을 던져 넣을 거다. 알고 있냐? 아, 그래. 알고 있겠지." 그는 깊은 생각에 빠져 죄수를 응시하면서 덧붙였어.[534]

악행을 저지르는 와중에도 심문관은 그리스도 앞에서 자기 행위를 정당화하려 한다.

"너의 위대한 예언자가 환상을 보고 비유로 말하길, 첫 부활에 참석한 사람을 그가 전부 보았는데, 그 수는 각 지파마다 1만 2천 명씩이었다고 말했다. 하지만 그들의 수가 그 정도밖에 안 된다면, 그들이 신이지 인간이겠는가. 그들은 네 십자가를 지고, 불모의 광야에서 메뚜기와 풀뿌리를 먹으며 여러 해 굶주림을 견뎌 냈다지. 물론 너는 이 자유의 아들들과, 아낌없는 그들의 사랑과 너를 위해 바친 장엄한 고통을 자랑스럽게 가리킬 수도 있다. 그렇지만 기억하라, 그들 중 겨우 몇 천의 이야기이고, 심지어 그들은 인간이라기보다는 신이었다. 하지만 나머지는 어떠하냐? 왜 나머지 인간들, 나약한 인간들은 강한 자가 할 수 있는 일을 견디지 못한다는 이유로 고통을 받아야 하는가? 그렇게 무서운 선물을 따르지 못하는 것이 왜 나약한 영혼의 잘못이냔 말이다. 진정으로 너는 선택된 소수만을 위해 왔다는 것이냐? 그렇다면 그거야말로 우리가 이해할 수 없는 신비다. 그리고 진정 신비라면, 우리는 인간에게 중요한 것은 선택의 자유나 사랑이 아니라, 양심을 버리고라도 맹목적으로 숭배해야 하는 불가사의라고 설교해야 맞겠지. 그리고 그것이 바로 우리가 해 온 일이다. 우리는 네가 행한 사업을 바로잡았고, 기적과 신비와, 권능을 바탕으로 다시 세웠다. 그러자 사람들은 다시 양떼처럼 끌어 주는 것을, 너무나 많은 고통을 가져다준 자유라는 무서운 선물을 벗을 수 있는 것을 크게 기뻐했지. 말해 보게. 우리의 설교와 행동은 옳았지 않은가? 그들의 무력함을 인정하고 사랑으로 짐을 덜어 주며 그 나약한 본성이 지은 죄까지도 받아들여 준 우리가 정녕 인간을 사랑하지 않았다 할 수 있는가? 도대체 무슨 간섭을 하러 나타난 것이냐!"535

이 늙은 사제는 교회가 그간 수행한 역사적 역할이 무엇이며 왜 그런 역할을 수행했는지 설명하고 왜 곧 그를 다시 처형해야 하는지 그 이유를 설명한다.

"그들에게 행복을 주기 위하여 그들의 죄를 짊어진 우리는 일어나 너에게 이리 말할 것이다. '할 수 있다면, 감히 그럴 수 있다면, 우리를 심판하라!' 알아 두라. 내 너를 두려워하지 않음을. 나 역시 풀뿌리와 메뚜기로 연명하며 광야에서 살아 본 적이 있다. 나 역시 네가 인간에게 부여한 자유를 축복했고, 나 역시 선택받은 자에 포함되기를 열망하여 그들 가운데 자리를 잡으려고 애써 본 적이 있었다. 그러나 나는 정신을 차리고 미친 대의를 섬기는 것을 거부했다. 나는 이를 물리치고 너의 사업을 바로잡으려 애쓰는 사람들에게 합류했다. 나는 거만한 자를 떠나 유순한 자들의 행복을 위해 유순한 자들 곁으로 왔다는 말이다. 내가 너에게 말한 것은 실현되고 이는 우리의 왕국이 될 것이다. 다시 말하건대, 내일 너는 순종적인 사람들을 보게 되리라. 그들은 내 손 짓으로 너를 태울 화형대의 불 아래 서둘러 땔감을 쌓아 올릴 것이다. 왜냐하면 네가 여기에 와서 우리의 일을 방해하려 했기 때문이다. 누군 가 우리의 불길에 당해야 할 자 있다면, 그것은 바로 너고, 그래서 나는 내일 너를 화형에 처할 것이다. 딕시(내 할 말은 다했다)!"⁵³⁶

이야기가 결말에 이르기 직전 예상치 못한 반전이 일어난다. 이 반전은 도스토옙스키의 천재성과, 이데올로기적이며 쉽고 빤한 결론을 초월하는 그의 능력을 드러낸다. 이반은 이야기를 이어 간다.

늙은 대심문관은 입을 다물고 죄수가 대답하기만을 기다려. 그의 침 묵에 견디기가 힘들지. 노인은 그가 자신의 말에 반대하지 않는 듯, 눈 을 지그시 들여다보며 자신의 말에 집중하는 걸 봤단 말이야. 그는 어 떤 말이든, 하다못해 괴롭고 두려운 소리라도 듣길 바라. 하지만 그리 스도는 그 대신에, 갑자기 노인에게 다가가 핏기 없는 그의 입술에 다 정하게 입을 맞춰. 그리고 이게 유일한 대답이야. 노인은 깜짝 놀라 몸 을 부르르 떨고 있어. 입가도 미미하게 떨리는 것 같아. 노인은 문으로 걸어가서, 문을 열고 그에게 말하지. "지금 가시오. 그리고 돌아오지 마 시오. ……영원히. 절대로 다시는 돌아와서는 아니 되오!" 그리고 죄 수를 도시의 어두운 거리로 내보내 줘. 죄수는 그렇게 떠나가.⁵³⁷

윌리엄 제임스의 말처럼, "공동체는 개인의 충동이 없으면 정체된 다. 개인의 충동은 공동체의 공감이 없으면 사라진다."⁵³⁸

신화는 문화의 중심을 이루는 이야기이다. 그 이야기 속에는 역사적으로 인류의 목표가 변해 온 과정이 극적으로 드러나며, 역사가 오랜 세월 인간의 행동에 미친 영향이 일화 및 의미 차원의 정보로 담겨 있다. 신화는 역사 속에서 확립된 행동 양식과 그것이 수립된 방식에 관한 일화 표상이다. 신화는 인생의 목적이 일화 기억 체계에 저장된 것이다. 신화적 진실은 과거의 경험에서 끌어올린 정보이며, 과거에 행동 관찰을 통해 얻은 정보이다. 여기에는 근본적인 인간의 동기와 정서에 관한 정보가 담겨 있다. 이야기는 역사의 중심을 이루는 행동을 기록하여 역사의 중심을 설정한다. 이야기는 행동의 심상을 의미 차원에서 묘사하며, 이 묘사는 심상 및 일화 차원의 사건으로 역으로 번역되어 모방 행동을 일으킨다. 신화 속 이야기는 '바람직한 이상'을 제시하는 도덕률을 극의 형식으로 보여 준다. 그러면서 과거의 의미, 즉 과거의 삶이 현재와 미래에 해야 할 행동에 관해 무엇을 암시하는지를 다루며, 이는 행동을 체계화하는 토대가 된다.

위대한 인물의 업적을 그린 신화는 보편적으로 적용될 수 있는 적응 양식을 설명하는 데 집중한다. 이 원형적 본보기는 '개인이 처한 모든 상황에서 행동을 생성하는 데'에 도움을 준다. 신화는 절차적 도식을 명확한 언어로 설명하는 방향으로 발전한다. 이때 절차적 도식은 문화적으로 수립된 복잡한 위계적 행동 체계를 구축하는 토대로서, 창조적 탐험을 수행하기 위한 개인의 본능적이고 신경심리학적인 잠재력이 행동으로 구현된 모습을 관찰하면서 만들어진 것이다. 이 잠재력이 역사 속에 실현된 결과로 특정 환경에 적합한 사회적 맥락이 절차와 일화 차원에서 구축되면서, 개인은 미지의 위협에서 보호받고 타고난 능력을 계발할 수 있게 됐고, 실존적 두려움은 억제되고 희망이 피어났다.

선조들의 영혼은, 눈에 보이지 않고 우리가 알지도 못하지만, 오늘날 우리 주위를 둘러싸며 신비한 힘으로 우리를 어둠과 혼돈으로부터 지켜 준다. 그 보호막이 깨질 때, 선조들의 영혼이 표상하던 원칙이 비판이나 다른 영웅의 행동, 다른 이데올로기, 개인적 경험 등으로 무너질 때, 지식은 맥락을 잃고 기지의 세계는 미지의 세계로 뒤바뀐다. 그렇다고 해서 무서운 어머니가 인간의 의식 속에 잠들어 있다는 뜻은 아니다. 그보다는 '수천 년 전 무서운 어머니의 존재 이유가 오늘날에도 유효한' 것이다. 라마르크 학파에서 말하듯 기억이 생물학적으로 전달된다는 뜻이 아니라, 다만 비슷한 조건에서 비슷한 경험을 하는 인간이 보편적 경향성을 지닌다는 의미이다. 이 조건은 개인을 보호하는 문화적 장벽이 무너질 때마다 생겨난다.

역사는 개인이 감당하기 어려운 물리적, 정신적 공격으로부터 개인을 보호한다. 역사에 휘말린 인간에게 의미의 틀을 제공한다는 말이다. 이런 관점에서 역사는 모든 문화의 근간이며, '해당 시대정신'에 사로잡힌 사람들의 행동을 이끄는 '선험적 전제'로서 갖가지 신념의 토대를 이루며 신화로 그려진다. 이 '최상위' 신화는 우리가 사회로부터 축복과 저주를 받고, 또 미지로부터 위협받고 구원받는 삶 속에서 비극을 마주할 때 인생의 의미를 찾을 수 있도록 도와준다. 이 신성한 차원에서 (숨지 않고) 산다는 것은 곧 해당 문화에서 아직 도달하거나 개념화하지 못한 가장 높은 의식 단계에 도달하거나 어쩌면 초월할 가능성을 의미한다. 이런 신성한 인생을 상징하는 인물이 바로 구세주이다. 구세주는 신화의 정수를 현실에서 구현한 사람으로, 서양 문화에서는 누가 뭐래도 예수 그리스도이다. 이와 관련하여 프라이는 다음과 같이 썼다.

예수의 생애는 그가 올바른 행동 규범을 온전히 따르면서 도덕적으로 완벽한 삶을 살았기에 흔히 법적 의의가 있다고 여겨진다. 하지만 합법적 측면이 아니라 예언자적 측면에서 생각해 볼 때, 예수가 지닌 참 의미는 그가 역사상 존재했던 그 어떤 조직화된 사회에서든 받아들여지지 못할 인물이라는 점이다. 예수를 거부한 사회는 모든 사회를 대표한다. 예수의 죽음에 책임이 있는 사람은 그 당시 그 자리에 있었던 로마인이나 유대인이 아니라, 우리로 이어져 내려오는, 그리고 앞으로 나타날 전 인류이다. "한 사람이 온 백성을 위하여 죽는 것이 유익하다."(「요한복음」 18장 14절)는 가야바의 말에 동의하지 않은 사회는 없다.

기독교와 유대교가 대다수 동양의 종교와 가장 다른 점은 바로 사회에 대항하는 혁명적, 예언자적 측면이 존재한다는 것이다. 이러한 측면은 역사에 변증법적 의미를 제시하여 역사에 의미와 형태를 부여한다. 이런 관점에서 보자면 인생에 존재하는 악의 뿌리를 무지로 볼 수 없고, 악의 문제에 대한 해결책으로 깨달음을 제시할 수도 없다. 잔혹하고 어리석은 인간의 역사가 너무나 흉측하기 때문에 인간의 타락한 의지만이 그 문제에 대한 가장 가까운 진단이 될 것이다. 따라서 예수는 부처처럼 그저 자비로운 인물이 아니었다. 예수는 물론 백성들을 깨우치려 가르침을 베풀기도 했으나 거기서 멈추지 않고 순교와 죽음으로 하강을 경험했다. 지금 논의의 목적에서 특별히 중요한 두 가지 함의는 다음과 같다. 인간은 단순히 역사로부터 깨어나는 것이 아니라 역사와 싸우며 역사를 헤쳐 나가야 한다. 둘째로 기독교인을 자칭하는 사람들이 모인 사회를 비롯하여 모든 사회는 완전한 개인을 받아들일 능력이 없다.[539]

신화는 탐험하고 창조하고 소통하는 정신이 실제 행동으로 구현될 때 그것을 관찰하고 표상함으로써 정신의 본질을 함축적으로 그려 왔다. 이는 모방으로부터 시작해서 언어적 추상화로 끝나는 과정이다. 모든 행동(과 그 표상)이 궁극적으로 따라야 할 목표는 무엇일까? 그것은 바로 도덕률을 수립하고 쇄신하는 과정이며, 그런 과정이 활발히 일어나도록 허용하는 사회와 개인의 내적 상태를 수립하는 것이다. 변화를 기꺼이 수용하는 사회나 개인은 자신을 포함한 모든 인간을 '질서와 혼돈의 중재자로서 존중'한다. 자신과 타인에 대한 도덕적인 행동은 의미 차원에서는 하나의 '가정적 진술as-if statement'이 된다. 도덕적 인간은 자신과 타인이 창조적 적응의 원천, 다시 말해서 '세계'의 원천인 '것처럼' 인정하고 존중하며 경의를 표한다. 인간을 구세주, 다시 말해서 구원자의 원형이자 문화의 담지자이자 신성한 영웅과 '무의식적으로' 동일시하는 것이다. 이는 적응 행동의 출처를 인정하고 체계화하는 것이다. 하지만 이 과정은 전통에 대한 엄격한 순응을 기초로 하는 도덕률을 위협한다.

영웅적 행위는 모방을 부른다. 영웅은 당연히 모방해야 할 본보기가 된다. 문화의 담지자로서 원형적 영웅의 행동은 정교한 절차적 규범을 따른다. 이 규범은 진화의 최종 결과물이다. 가장 처음에 등장하는 영웅이 노력 끝에 창조적 행동을 수립하고, 사람들이 이를 모방하고 추상적으로 표상하여 소통하다 보면 시간이 흐름에 따라 일관된 행동 양식에 통합되어 그 본질과 표현이 문화적 특성을 이루는 것이다. 이 문화적 특성은 건실한 개인의 '인격'에서 중심을 이루며 행동으로 구현되어 일화 및 의미 기억 속에 표상되고, 이상적으로 전통과 적응, 자신과 타인 사이에서 균형을 이룬다. 이 특성을 정확히 표상하려는 끊임없는 시도가 바로 인류에 관한 이야기의 '목적'인 것이다.

역사의 흐름에 따라 의식이 고조되고 분화되면서, 더 정확히 말하자면 사회적 적응 행동의 토대를 이루는 전제가 점점 더 정확한 언어로 표상됨에 따라, 사회는 점차 영웅적 행위의 결과물에서 영웅적 행위 그 자체를 추구하는 쪽으로 변화한다. 목표가 결과물이 아닌 과정으로 바뀌는 것이다. 이러한 생각의 변화는 서양 문화권에서는 『신약』에 나오는 그리스도의 수난으로 표상되어, 서구 도덕률의 전제를 혁명적으로 재구축하는 과정과 그 결과를 보여 준다.

그리스도에 관한 이야기는 아주 오래전에 쓰인 『구약』에 암묵적 상태로 '담겨 있다'고 여겨졌다. 이와 관련하여 프라이는 다음과 같이 썼다.

바울에게 그리스도는 『구약』의 이야기 속에 감춰져 있던 영웅이었고 부활한 그리스도였다. 복음서는 복음서가 쓰이기 이전의 구세주에 대한 사상에 맞추어 그리스도를 소개한다. 복음서는 전기의 형식을 따르

지 않고 『구약』을 풀이하는 예수의 모습을 비연속적으로 그리며, 그 와

중에 과거의 사건과 율법과 심상이 메시아적인 맥락에서, 그리고 예수

가 내놓은 자신의 몸에서 영원히 되살아난다.[540]

이 글의 핵심 메시지는 그리스도가 표상한 행동, 심상, 사고 양식

이 기억에 아로새겨질 만큼 매력적이어서 모든 신화와 이야기 속에

'담길 수밖에 없다'는 것이다. 그리스도가 표상하는 양식이 이렇듯

암묵적으로 존재하는 이유는 분명하다. 그리스도는 전통의 토대 위

에서 출현한 영웅을 구현하며, 영웅은 개인과 사회가 성공적으로 경

험 세계에 적응하기 위한 과정을 이야기로 묘사한 존재이기 때문이

다. "태초에"(「요한복음」 1장 1절) 있었던 말씀이 "육신이 되어"(「요한복

음」 1장 14절) 등장한 그리스도는 혼돈에서 질서를 구별해 내는 능력

과 더불어 영적, 추상적, 서술적, 의미적 전통을 표상한다. 그리스도

의 존재 방식은 도덕률 자체를 법적 규칙에서 영적 규칙으로, 다시

말해서 하나의 과정으로 바꿔 놓았다. '영'은 변치 않는 법을 만들어

내기도 하고 그 법에 대항하기도 하는 '과정'이다. 프라이는 다음과

같이 썼다.

『신약』은 신령한 믿음이 "영적으로만 분별된다."고 말한다(「고린도

전서」 2장 14절). 이는 바울이 "사람을 죽이는" 문자와 "사람을 살리는"

영을 대조하는 부분에도 등장한다.[541]

이 같은 사상에는 기독교가 말하는 '인류의 이야기'가 담겨 있다.

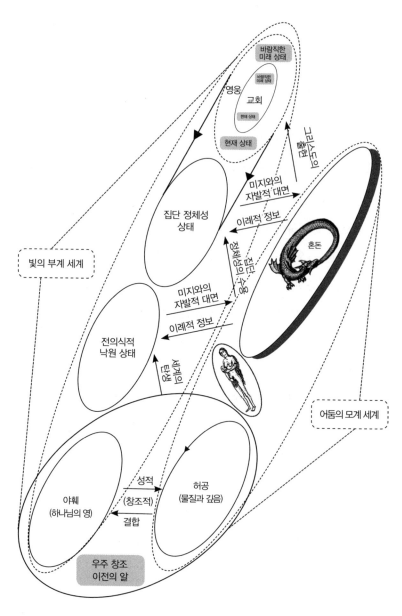

바람직한
미래 상태

영웅   교회

현재 상태

미지와의
자발적 대면

이례적 정보

집단 정체성
상태

혼돈

빛의 부계 세계

미지와의
자발적 대면

이례적 정보

전의식적
낙원 상태

어둠의 모계 세계

성적

(창조적)

결합

야훼
(하나님의 영)

허공
(물질과 깊음)

우주 창조
이전의 알

그림 43. 집단 정체성과 혼돈으로부터 출현한 예수

그리스도에게 "하나님은 죽은 사람의 하나님이 아니라, 살아 있는 사람의 하나님"(「마태복음」 22장 32절)이었다. 그리스도는 도덕률을 성문화된 전통(명시적인 모세의 율법)을 엄격히 따르는 것 이상으로 만들었다. 전통이 필요치 않기 때문이 아니라 전통이 늘 부족할 수밖에 없기 때문이었다. 예수의 말이다.

> 내가 너희에게 말한다. 너희의 의가 율법학자들과 바리새파 사람들의 의보다 낫지 않으면 너희는 하늘나라에 들어가지 못할 것이다.
>
> 「마태복음」 5장 20절

하지만 예수는 다음과 같이 말하기도 했다.

> 내가 율법이나 예언자들의 말을 폐하러 온 줄로 생각하지 말라. 폐하러 온 것이 아니라, 완성하러 왔다.
>
> 「마태복음」 5장 17절

이는 곧 전통을 있는 그대로 받아들이는 것만으로는 충분하지 않다는 뜻이다. 전통이 쓸모없다는 뜻이 아니라 전통을 발전을 위한 디딤돌로 봐야 한다는 뜻이다. 더불어 이 성경 구절에는 전통을 쇄신하는 과정이 전통에 암묵적으로 담겨 있고 전통에 의해 촉진된다는 의미도 있다.

율법의 속박으로부터 히브리 문화를 구원한 그리스도의 역할은 「출애굽기」의 끝부분에 모세가 죽음을 맞이하는 과정과 그 이후의

과정에서 먼저 나타난다(이에 관해서는 앞서 논의했다). 그리스도는 사실
상 두 번째 모세로 나타나 하나님이 이스라엘 백성에게 약속한 땅을
영적(정신적) 왕국으로 제시한다.[542] 예수는 모세와 더불어 이야기를
나눔으로써, 그리고 모세와 마찬가지로 하늘로부터 인정받음으로써
그런 제안을 할 만한 권한을 부여받는다.

그리고 엿새 뒤에, 예수께서는 베드로와 야고보와 그의 동생 요한을
따로 데리고서 높은 산에 올라가셨다.

그런데 그들이 보는 앞에서 그의 모습이 변하였다. 그의 얼굴을 해
와 같이 빛나고, 옷은 빛과 같이 희게 되었다.

그리고 모세와 엘리야가 그들에게 나타나더니, 예수와 더불어 말을
나누었다.

그때에 베드로가 예수께 말하였다. "선생님, 우리가 여기에 있는 것
이 좋습니다. 원하시면 제가 여기에다가 초막을 셋 지어서 하나에는 선
생님을, 하나에는 모세를, 하나에는 엘리야를 모시도록 하겠습니다."

베드로가 아직도 말을 하고 있는데 갑자기 빛나는 구름이 그들을 뒤
덮었다. 그리고 구름 속에서 "이는 내 사랑하는 아들이다. 나는 그를 좋
아한다. 너희는 그의 말을 들어라."하는 소리가 들려왔다.

제자들은 이 말을 듣고서 얼굴을 땅에 대고 엎드렸으며 몹시 두려워
하였다.

「마태복음」 17장 1～6절

모세와 마찬가지로 그리스도도 가장 유명한 설교(프라이는 이를 「섭

계명」에 대한 해설로 본다.)를 산꼭대기에서 한다. 프라이에 따르면 모세의 율법은 '~하지 말라'는 금지법에 기초한다. 반면 그리스도의 설교는 적극적인 선을 묘사하면서 '~하라'는 권유하는 방식을 취한다.[543] 이러한 변화는 도덕의식이 발달한 결과이다. 처음 죄에 물든 영혼은 도덕적으로 확실히 그르기 때문에 어떤 행동을 통제해야 할지 파악하기가 훨씬 쉽다. 하지만 의식적 훈련을 통해 전통을 충실히 따르면서 영혼이 어느 정도 정화되면 그때는 '무엇을 하지 말아야 하는가'가 아니라 '무엇을 해야 하는가'와 '무엇이 선인가'를 판단할 수 있게 된다. 청소년의 도덕률과 성인의 도덕률 사이에도 이와 유사한 차이가 존재한다. 엄격한 집단 정체성은 더 이상 부모에게 의존하는 어린아이로 남아서는 안 되는 청소년들을 적절히 사회화하며 유아기에서 성인기로 도약하는 디딤돌이 되어 준다. 훈련받은 대로 규칙을 따라 행동하는 능력은 융통성 있는 성인이 되기 위한 필수 전제이지만, 적응력을 높이는 새로운 규칙을 생성할 줄 아는 진정한 성인의 도덕률과 혼동해서는 안 된다. 하지만 유대인의 도덕률을 청소년기의 미숙한 도덕률이며 기독교의 도덕률을 성인기의 성숙한 도덕률이라는 식으로 오해해서는 안 된다. 우리가 앞서 살펴본 바와 같이 『구약』에도 '억압적인 질서에 대항하는' 예언이 많이 등장한다.[544] 그 차이는 서로 다른 교리를 믿는 사람들 사이에 존재하는 것이 아니라, 어떤 교리를 믿든지 간에 그 교리를 독단적이고 엄격하게 믿는 사람과 창조적이고 책임감 있게 믿는 사람 사이에 존재한다.

과거의 도덕적 지혜가 돌에 새겨지면, 즉 규칙의 목록이 생성되면, 지금까지 절차나 일화 차원에서 존재했던 문화를 처음으로 명확히 '의식'할 수 있다. 규칙의 목록은 단순할수록 기억하기 쉽고 판단의 기준으로 공유하기도 쉽다. 의사소통과 빠른 일반화 가능성이라는 추상화의 이점 덕분에 규칙의 목록은 질서를 수립하고 지속하는 데 강력한 힘을 발휘한다. 그럼에도 이 목록에는 본질적으로 커다란 구조적 한계가 있다. 즉 간추려진 목록만으로는 복잡한 행동 차원의 도덕률을 제대로 표상해 낼 수 없다는 점이다(절차 차원의 도덕률은 위계 구조를 갖추고 있으며 맥락 의존적이고 변형이 가능하다). 이 목록만으로는 여러 의무 사이에 갈등이 발생할 때, 목록에 있는 하나의 규칙을 지키기 위해 해야 할 행동이 다른 규칙을 지키기 위해 해야 할 행동과 갈등을 일으킬 때 과연 무슨 행동을 해야 할지 판단할 수 없다. 또한 고정된 규칙은 개인이 환경을 판단하고 선택하며 유연하게 대응하는 적응력을 제한하기 때문에, 환경이 급변하여 유연한 대처가 필요한 시기에는 위험을 초래할 수 있다.

그때에 "보시오, 그리스도가 여기 계시오." 혹은 "아니, 여기 계시오." 하고 말하는 사람을 주의하라. 인자는 너희 안에 있다. 인자를 따라가라.

그를 찾는 사람마다 찾을 것이다.

그리고 가서 하늘나라의 복음을 전하라.

내가 너희에게 명한 것 외에 그 어떤 규율도 만들지 말고, 입법자들과 같이 법을 만들지 말라. 그렇지 않으면 너희가 그것에 얽매이게 될 것이다.[545/546]

하지 말아야 할 행동을 진술한 목록에는 근본적인 한계가 있다. 때문에 이 목록은 일단 충족되고 나면 이후 비교적 추상적이고 유연한 원칙에 의거한 도덕률의 형식, 다시 말해서 바람직한 모습을 서술한 형식으로 대체된다.

이처럼 규칙의 목록은 그릇된 행동을 제한하기 위해 필요하기는 하지만 곧이곧대로 따를 때는 위험할 수 있다. 이 때문에 예수는 규칙의 목록을 넘어서기 위해 역설적인 상황을 제시한다. 규칙의 목록에 존재하는 불가피한 구조적 문제를 밝히기 위해 고르디우스의 매듭(도덕적 딜레마)을 제시한 셈이다. 그리스도는 당대 전통적 질서를 대표하던 '바리새인과 율법 교사'들에게 답하기 어려운 질문을 던지며 진지하게 대결을 펼쳤다.

> 한 안식일에 예수께서 밀밭 사이로 지나가시게 되었다. 그런데 그의 제자들이 밀 이삭을 잘라 손으로 비벼서 먹었다.
>
> 그러자 몇몇 바리새파 사람이 말하였다. "어찌하여 당신들은 안식일에 해서는 안 되는 일을 합니까?"[547]
>
> 예수께서 그들에게 대답하셨다. "다윗과 그 일행이 주렸을 때에 다윗이 한 일을 너희는 읽어 보지 못하였느냐?
>
> 다윗이 하나님의 집에 들어가서 제사장만 먹어야 하는 제단 빵을 집어서 먹고 자기 일행에게도 주지 않았느냐?"[548]
>
> 그리고 예수께서 그들에게 말씀하셨다. "인자는 안식일의 주인이다."
>
> 또 다른 안식일에 예수께서 회당에 들어가서 가르치시는데, 거기에는 오른손이 오그라든 사람이 있었다.

율법학자들과 바리새파 사람들은 예수를 고발할 구실을 찾으려고 예수가 안식일에 병을 고치시는지 엿보고 있었다.

예수께서 그들의 생각을 아시고 손이 오그라든 사람에게 말씀하셨다. "일어나서, 가운데 서라." 그래서 그는 일어나서 섰다.

예수께서 그들에게 말씀하셨다. "너희에게 물어보겠다. 안식일에 착한 일을 하는 것이 옳으냐? 악한 일을 하는 것이 옳으냐? 목숨을 건지는 것이 옳으냐? 죽이는 것이 옳으냐?"

예수께서 그들을 모두 둘러보시고서 그 사람에게 명하셨다. "네 손을 내밀어라." 그 사람이 그렇게 하니 그의 손이 회복되었다.

그들은 화가 잔뜩 나서 예수를 어떻게 할까 하고 서로 의논하였다.

「누가복음」6장 1~11절

다음 구절 역시 위와 유사한 내용을 담고 있다.

어느 안식일에 예수께서 바리새파 사람의 지도자들 가운데 어떤 사람의 집에 음식을 잡수시러 들어가셨는데, 사람들이 예수를 지켜보고 있었다.

그런데 예수 앞에 수종병 환자가 한 사람이 있었다.

예수께서 율법교사들과 바리새파 사람들에게 물으셨다. "안식일에 병을 고치는 것이 옳으냐? 옳지 않으냐?"

그들은 잠잠하였다. 예수께서 그 병자를 손으로 잡아서 고쳐 주시고 돌려보내신 다음에 그들에게 말씀하셨다. "너희 가운데서 누가 아들이나 소가 우물에 빠지면 안식일에라도 당장 끌어내지 않겠느냐?"

그들은 이 말씀에 대답할 수 없었다.

「누가복음」 14장 1~6절

또 다음과 같은 구절도 있다.

예수께서 가시다가 날 때부터 눈먼 사람을 보셨다.

제자들이 예수께 물었다. "선생님, 이 사람이 눈먼 사람으로 태어난 것이 누구의 죄 때문입니까? 이 사람의 죄입니까? 부모의 죄입니까?"

예수께서 대답하셨다. "이 사람이 죄를 지은 것도 아니요, 그의 부모가 죄를 지은 것도 아니다. 하나님께서 하시는 일들을 그에게서 드러내시려는 것이다.

우리는 나를 보내신 분의 일을 낮 동안에 해야 한다. 아무도 일할 수 없는 밤이 곧 온다.

내가 세상에 있는 동안 나는 세상의 빛이다."

예수께서 이 말씀을 하신 뒤에, 땅에 침을 뱉어서 그것으로 진흙을 개어 그의 눈에 바르시고, 그에게 실로암 못으로 가서 씻으라고 말씀하셨다. ('실로암'은 번역하면 '보냄을 받았다'는 뜻이다.) 그 눈먼 사람이 가서 씻고 눈이 밝아져서 돌아갔다.

이웃 사람들과, 그가 전에 거지인 것을 보아 온 사람들이 말하기를 "이 사람은 앉아서 구걸하던 사람이 아니냐?" 하였다.

다른 사람들 가운데는 "이 사람이 그 사람이다." 하고 말하는 사람도 더러 있었고, 또 더러는 "그가 아니라 그와 비슷한 사람이다." 하고 말하기도 하였다. 그런데 눈을 뜨게 된 그 사람은 "내가 바로 그 사람이오." 하고 말하였다.

사람들이 그에게 물었다. "그러면 어떻게 눈을 뜨게 되었소?"

그가 대답하였다. "예수라는 사람이 진흙을 개어 내 눈에 바르고 나더러 실로암에 가서 씻으라고 하였소. 그래서 내가 가서 씻었더니 보게 되었소."

사람들이 눈을 뜨게 된 사람에게 묻기를 "그 사람이 어디에 있소?" 하니, 그는 "모르겠소." 하고 대답하였다.

그들은 전에 눈먼 사람이던 그를 바리새파 사람들에게 데리고 갔다.

그런데 예수께서 진흙을 개어 그의 눈을 뜨게 하신 날이 안식일이었다.

바리새파 사람들은 또다시 그에게 어떻게 보게 되었는지를 물었다. 그는 "그분이 내 눈에 진흙을 바르신 다음에 내가 눈을 씻었더니, 이렇게 보게 되었습니다." 하고 대답하였다.

바리새파 사람들 가운데 더러는 말하기를 "안식일을 지키지 않는 것으로 보아서, 그는 하나님에게서 온 사람이 아니오." 하였고, 더러는 "죄가 있는 사람이 어떻게 그러한 표징을 행할 수 있겠소?" 하고 말하였다. 그래서 그들 사이에 의견이 갈라졌다.

그들은 눈멀었던 사람에게 다시 물었다. "그가 당신의 눈을 뜨게 하였는데 당신은 그를 어떻게 생각하오?" 그가 대답하였다. "그분은 예언자입니다."

유대 사람들은 그가 전에 눈먼 사람이었다가 보게 되었다는 사실을 믿지 않고 마침내 그 부모를 불러다 물었다. "이 사람이 날 때부터 눈먼 사람이었다는 당신의 아들이오? 그런데 지금은 어떻게 보게 되었소?"

부모가 대답하였다. "이 아이가 우리 아들이라는 것과 날 때부터 눈먼 사람이었다는 것은 우리가 압니다.

그런데 우리는 그가 지금 어떻게 보게 되었는지도 모르고, 또 누가 그 눈을 뜨게 하였는지도 모릅니다. 다 큰 사람이니 그에게 물어보십시오. 그가 자기 일을 이야기할 것입니다."

그 부모는 유대 사람들이 무서워서 이렇게 말한 것이다. 예수를 그리스도라고 고백하는 사람은 누구든지 회당에서 내쫓기로 유대 사람들이 이미 결의해 놓았기 때문이다.

그래서 그의 부모가 그 아이가 다 컸으니 그에게 물어보라고 말한 것이다.

바리새파 사람들은 눈멀었던 그 사람을 두 번째로 불러서 말하였다. "영광을 하나님께 돌려라. 우리가 알기로 그 사람은 죄인이다."

그는 이렇게 대답하였다. "나는 그분이 죄인인지 아닌지는 모릅니다. 다만 한 가지 내가 아는 것은 내가 눈이 멀었다가 지금은 보게 되었다는 것입니다."

그래서 그들은 그에게 물었다. "그 사람이 네게 한 일이 무엇이냐? 그가 네 눈을 어떻게 뜨게 하였느냐?"

그는 대답하였다. "그것은 내가 이미 여러분에게 말하였는데 여러분은 곧이듣지 않았습니다. 그러면서 어찌하여 다시 들으려고 합니까? 여러분도 그분의 제자가 되려고 합니까?"

그러자 그들은 그에게 욕설을 퍼붓고 말하였다. "너는 그 사람의 제자이지만 우리는 모세의 제자이다.

우리는 하나님께서 모세에게 말씀하셨다는 것을 알고 있다. 그러나 그 사람은 어디에서 왔는지 우리는 알지 못한다."

「요한복음」 9장 1~29절

또 다음과 같은 구절도 있다.

바리새파 사람들과 예루살렘에서 내려온 율법학자 몇 사람이 예수께로 몰려왔다.

그들은 예수의 제자들 가운데 몇 사람이 부정한 손, 곧 씻지 않은 손으로 빵을 먹는 것을 보았다.

바리새파 사람과 모든 유대 사람은 장로들의 전통을 지켜 규례대로 손을 씻지 않고서는 음식을 먹지 않았으며,

또 시장에서 돌아오면 몸을 정결하게 하지 않고서는 먹지 않았다. 그 밖에도 그들이 전해 받아 지키는 규례가 많이 있었는데, 그것은 곧 잔이나 단지나 놋그릇이나 침대를 씻는 일이다.

그래서 바리새파 사람들과 율법학자들이 예수께 물었다. "왜 당신의 제자들은 장로들이 전하여 준 전통을 따르지 않고 부정한 손으로 음식을 먹습니까?"

예수께서 그들에게 대답하셨다. "이사야가 너희 같은 위선자들을 두고 적절히 예언하였다. 이렇게 기록되어 있다. '이 백성은 입술로는 나를 공경해도 마음은 내게서 멀리 떠나 있다.

그들은 사람의 훈계를 교리로 가르치며 나를 헛되이 예배한다."

「마가복음」 7장 1~7절

피아제는 이 구절의 해설로 여겨도 좋을 만한 글에서 '규제의 도덕'을 '협동의 도덕'[549]과 구별하고는 정서적 인간이 행동을 통제하기 위해 사용하는 '규칙 체계'[550]라고 설명했다.[551]

아동은 규칙을 문자 그대로 받아들이며 규칙을 따르는 것이 곧 선한 것이라고 생각하기 때문에, 어떤 동기로 했느냐보다는 행동이 확립된 규칙을 정확히 따르느냐에 따라 그 행동을 평가한다.[552]

피아제는 '규제의 도덕'이 인지 발달의 초기 단계와 연관되어 있다고 보았다. "어린 아동에게 규칙은 전통이기 때문에 신성한 현실이다. 조금 더 나이가 들면 규칙은 상호 합의에 따라 달라진다."[553] 이와 관련하여 조지프 리클럭은 다음과 같이 썼다.

어린 아동은 또한 규칙을 어긴 사람에게 훨씬 더 가혹한 처벌을 부과한다. 이들은 처벌을 위한 처벌에 무게를 싣는 반면, 좀 더 나이가 든 아동은 규칙을 어긴 사람에게 잘못된 행동을 할 경우 사람과 사람 사이의 유대감이 끊어진다는 사실을 보여 주기 위한 목적으로 처벌을 활용한다. 피아제는 권위에 의거한 규칙보다 협동에 의거한 규칙을 수립할 때 인간관계의 형평성이 더 만족스럽게 유지된다고 봤다. 강압적인 권위 없이도 규칙이 효과를 발휘하려면 규칙에 동의한 사람들이 서로를 존중해야 한다.[554] 이런 측면에서 정서가 도덕 문제에 관여하게 된다. 권위주의적 규제는 불안과 두려움이라는 감정을 활용해 다스리지만 서로를 존중하는 관계에서는 협동의 도덕이 일어난다.[555]

규제의 도덕과 협동의 도덕은 서로 다른 전제를 근거로 한다. 엄격한 전통주의자는 '무엇이 선인가?'에 대한 답이 이미 영구적이며 구체적인 규칙 목록으로 제시되었다고 가정한다. 하지만 이 목록만으로는 경험 세계에 온전히 적응할 수 없다. 그렇기 때문에 다음과 같은 노자의 글이 타당성을 인정받는 것이다.

> 지혜와 덕으로 움직이는 자는
>
> 할 일을 남겨 두지 않음이라.
>
> 법에 의해 움직이는 자만이
>
> 오로지, 하지 않은 채
>
> 남겨 둔 일이 많음이라.[556]

전통을 추종하는 사람은 과거의 조상과 당대 사회 및 종교 지도자에게 초인적 가치를 부여하고 의지한다. 반면 협동의 도덕을 받아들인 사람은 집단 구성원, 더 나아가 사회 집단들 사이의 평등과 서로의 가치를 인정하는 '상호 존중' 사상을 높이 평가한다.

특정 사회 집단의 행동 양식 그리고 그 결과로 집단의 영역에서 일어나는 현상에 부여되는 가치를 결정하는 가치 체계는 개인의 욕구 표현 기회와 대인 간 갈등 규제 사이에서 균형을 유지함으로써 만들어진다. 이 둘 사이의 균형은 집단을 안정적으로 유지하기 위해 반드시 필요한 것으로 계통발생학적, 개체발생학적으로 균형을 잡기 위한 '규칙'이 일화 및 의미 차원에서 모형화되기 훨씬 전부터 이루어진다. 가장 단순한 사회적 동물도 서열을 정하고 규칙을 따르는 것처럼 보인다. 하지만 단순한 동물은 자기 행동을 추상적으로 표상하지 못한다. 머릿속에 자신에 대한 심상적 모형을 만들 수도 없고 집단을 지배하는 '규칙'을 이해하지도 못한다.

이와 마찬가지로 복잡한 문명사회에서 사회화된 아이들은 문화의 도덕률을 추상적으로 표상하거나 도덕률의 근거를 언어로 설명하는 능력이 생기기 훨씬 전부터, 다시 말해서 '어떻게 행동해야 할지를 일화나 의미 차원에서 의식적으로 기억하기 훨씬 전부터' 도덕률에 따라 행동할 줄 안다. 성인도 마찬가지이다. 도덕률은 그것을 표상하고 그 근거를 합리적으로 설명하는 능력이 발달하기 훨씬 전부터 존재한다. 가장 근본적으로는 사회적 상호작용에 따른 출현 속성으로서, 개인의 행동으로 구현되는데, 대상과 상황에 부여되는 가치에 내재되어 있고, (무의식적) 절차 지식에 토대를 두고 있다.

이런 논의에서 자연스럽게 두 가지 질문이 제기된다. "사회적 상호작용을 관찰하고 특유의 '규칙'이나 양식을 끄집어 낼 수 있는가?" 가능하다면 "과연 그 '규칙'은 무엇인가?"

원시 부족의 문화는 서로 힘과 매력과 위험성이 다른 부족민 간의 상호작용의 특성을 결정하고 거기에 일반적 기대와 예측 가능성을 부여한다. 안정된 서열이 존재하는 집단에는 복잡한 절차 차원의 도덕률(과 암묵적 가치 체계)이 존재한다. 서열은 사회적 동물이 끊임없이 사회 안에서 상호작용을 하는 과정에서 불가피하게 출현한 속성으로, 사회적 동물들은 복잡한 도덕 '원칙'에 따라 행동한다. 무리에서 한 개체라도 일상적으로 소모적인 싸움을 벌이면 무리 전체가 위험에 빠지기 때문이다. 무리 일부가 사라지거나 혹은 힘이 빠지면 외부의 공격에 취약해진다. 따라서 사회적 동물들 사이에서 서열을 결정하기 위한 신체적 싸움은 의례적 속성을 띠며, 심각한 부상이나 죽음을 초래하기 전에 끝이 난다.

한 예로 사회적 동물에게는 서열 다툼을 끝내겠다는 의사를 표명하는 복종의 신호가 있으며, 승자는 보통 상대의 의사를 존중한다. 사회 집단 안에서 가장 강한 구성원은 몇몇 상황에서 집단을 지배하지만, 강자의 지배에는 늘 한계가 있다. 집단에서 서열이 가장 높은 지배자도 집단과 집단 구성원을 유지해야 할 필요성을 인정하고, 그 제약 아래서 권력을 표출해야 한다. 일정 부분 사회적 보살핌에서 드러나는 이러한 제약은 복잡한 추상적 도덕률이 출현하기 위한 전제조건이며, 추상적 도덕률은 본능적이고도 사회화된 절차 지식에서 나온다. 절차 지식은 본질적으로 '무의식적'이며 따라서 표상할 수도 설명할 수도 없다. 하지만 이러한 제약 안에서 '약자도 소중히 대하고' '네 이웃을 (심지어 적까지도) 네 몸과 같이 사랑하라'는 『구약』의 명령이 나왔다. 여기서 그리스도의 첫 설교를 살펴보자.

예수께서 성령의 능력을 입고 갈릴리로 돌아오셨다. 예수의 소문이 사방의 온 지역에 두루 퍼졌다.

그는 유대 사람의 여러 회당에서 가르치셨으며 모든 사람에게서 영광을 받으셨다.

예수께서는 자기가 자라나신 나사렛에 오셔서 늘 하시던 대로 안식일에 회당에 들어가셨다. 그는 성경을 읽으려고 일어서서 예언자 이사야의 두루마리를 건네받아서 그것을 펴시어 이런 말씀이 있는 데를 찾으셨다.

"주님의 영이 내게 내리셨다. 주님께서 내게 기름을 부으셔서 가난한 사람에게 기쁜 소식을 전하게 하셨다. 주님께서 나를 보내셔서, 포로 된 사람들에게 해방을 선포하고, 눈먼 사람들에게 눈 뜸을 선포하고, 억눌린 사람들을 풀어 주고, 주님의 은혜의 해를 선포하게 하셨다."

예수께서 두루마리를 말아서 시중드는 사람에게 되돌려 주시고 앉으셨다. 회당에 있는 모든 사람의 눈은 예수께로 쏠렸다.

예수께서 그들에게 말씀하셨다. "이 성경 말씀이 너희가 듣는 가운데서 오늘 이루어졌다."

사람들은 모두 감탄하고 그의 입에서 나오는 그 은혜로운 말씀에 놀라서 "이 사람은 요셉의 아들이 아닌가?" 하고 말하였다.

그래서 예수께서 그들에게 말씀하셨다. "너희는 틀림없이 '의사야, 네 병이나 고쳐라.' 하는 속담을 내게다 끌어대면서, '우리가 들은 대로 당신이 가버나움에서 했다는 모든 일을, 여기 당신의 고향에서도 해 보시오.' 하고 말하려고 한다."

예수께서 또 말씀하셨다. "내가 진정으로 너희에게 말한다. 아무 예언자도 자기 고향에서는 환영을 받지 못한다.

내가 진정으로 너희에게 말한다. 엘리야 시대에 3년 6개월 동안 하늘이 닫혀서 온 땅에 기근이 심했을 때에 이스라엘에 과부들이 많이 있었지만,

하나님이 엘리야를 그 많은 과부 가운데서 다른 아무에게도 보내지 않으시고, 오직 시돈에 있는 사렙다 마을의 한 과부에게만 보내셨다.

또 예언자 엘리사 시대에 이스라엘에 나병 환자가 많이 있었지만,

그들 가운데서 아무도 고침을 받지 못하고, 오직 시리아 사람 나아만만이 고침을 받았다."

회당에 모인 사람들은 이 말씀을 듣고서, 모두 화가 잔뜩 났다.

그래서 그들은 들고일어나 예수를 동네 밖으로 내쫓았다. 그들의 동네가 산 위에 있으므로, 그들은 예수를 산벼랑까지 끌고 가서, 거기에서 밀쳐 떨어뜨리려고 하였다.

그러나 예수께서는 그들의 한가운데를 지나서 떠나가셨다.

예수께서 갈릴리의 가버나움 동네로 내려가셔서, 안식일에 사람들을 가르치셨다.

그런데 사람들은 그의 가르침에 놀랐으니, 그의 말씀이 권위가 있었기 때문이다.

「누가복음」 4장 14~32절

또 다음 구절을 살펴보자.

예수께서 거기에서 떠나서 두로와 시돈 지방으로 가셨다.

마침 가나안 여자 한 사람이 그 지방에서 나와서 외쳐 말하였다. "다윗의 자손이신 주님, 나를 불쌍히 여겨 주십시오. 내 딸이 귀신이 들려 괴로워하고 있습니다."

그러나 예수께서는 한마디도 대답하지 않으셨다. 그때 제자들이 다가와서, 예수께 간청하였다. "저 여자가 우리 뒤에서 외치고 있으니 그를 안심시켜서 떠나보내 주십시오."

예수께서 대답하셨다. "나는 오직 이스라엘 집의 길을 잃은 양들에게 보내심을 받았을 따름이다."

그러나 그 여자는 나아와서, 예수께 무릎을 꿇고 간청하였다. "주님, 나를 도와주십시오."

예수께서 대답하셨다. "자녀들의 빵을 집어서, 개들에게 던져 주는 것은 옳지 않다."

그 여자가 말하였다. "주님, 그렇습니다. 그러나 개들도 주인의 상에서 떨어지는 부스러기는 얻어먹습니다."

그제서야 예수께서 그 여자에게 말씀하셨다. "여자여, 참으로 네 믿음이 크다. 네 소원대로 되어라." 바로 그 시각에 그 여자의 딸이 나았다.

「마태복음」 15장 21~28절

그리스도가 생각한 하늘나라는 이방인뿐 아니라 당시 도덕률의 관점에서는 하잘것없는 죄인으로 취급되던 창녀, 세리, 병자, 정신병자, 적수 등 모든 이를 포용하는 곳이었다. 하지만 그렇다고 해서 도덕률의 종말이나 모든 것이 똑같아져서 모두 다 가치를 상실한 (예를 들어 양심의 가책도 없이 타인을 고문하는 사람과 진정한 성인이 가치를 공유하는) 무질서한 '공동체'의 수립을 의미하는 것은 아니었다. 예수는 다만 과거의 이력이나 출신이 아무리 보잘것없어도 그것으로 현재의 가치나 미래의 가능성을 못 박지 않는 나라를 꿈꾸었을 것이다.

그리스도가 속한 공동체의 전통주의자들은 이처럼 지극히 혁명적인 사상을 접하고 몹시 심기가 불편해졌다. 그리스도의 본보기는 그들의 행동을 책망했고, 그리스도의 철학은 전통주의자들이 가장 소중하게 여기는 그들의 지위를 흔들었다. 그에 따라 전통주의자들은 그리스도를 범죄자나 이단으로 몰기 위해 말실수를 하게 만들려고 끊임없이 덫을 놓았지만 오히려 그들 자신이 그 덫에 걸릴 때가 많았다.

그때에 바리새파 사람들이 나가서 어떻게 하면 말로 트집을 잡아서 예수를 올무에 걸리게 할까 의논하였다.

그런 다음에, 그들은 자기네 제자들을 헤롯 당원들과 함께 예수께 보내어 이렇게 묻게 하였다. "선생님, 우리는 선생님이 진실한 분이시고, 하나님의 길을 참되게 가르치시며, 아무에게도 매이지 않으시는 줄 압니다. 선생님은 사람의 겉모습을 따지지 않으십니다.

그러니 선생님의 생각은 어떤지 말씀하여 주십시오. 황제에게 세금을 바치는 것이 옳습니까, 옳지 않습니까?"

예수께서 그들의 간악한 생각을 아시고 말씀하셨다. "위선자들아, 어찌하여 나를 시험하느냐? 세금으로 내는 돈을 나에게 보여 달라."

그들은 데나리온 한 닢을 예수께 가져다 드렸다.

예수께서 그들에게 물으셨다. "이 초상은 누구의 것이며, 적힌 글자는 누구를 가리키느냐?"

그들이 대답하였다. "황제의 것입니다." 그때에 예수께서 그들에게 말씀하셨다. "그렇다면, 황제의 것은 황제에게 돌려주고, 하나님의 것은 하나님께 돌려 드려라."

그들은 이 말씀을 듣고 탄복하였다. 그들은 예수를 남겨 두고 떠나갔다.

「마태복음」 22장 15~22절

또 다음 구절을 살펴보자.

예수께서 말씀하실 때에, 바리새파 사람 하나가 자기 집에서 잡수시기를 청하니 예수께서 들어가서 앉으셨다.

그런데 그 바리새파 사람은 예수가 잡수시기 전에 먼저 손을 씻지 않으신 것을 보고 이상히 여겼다.

그러나 주님께서는 그에게 말씀하셨다. "지금 너희 바리새파 사람들은 잔과 접시의 겉은 깨끗하게 하지만 너희 속에는 탐욕과 악독이 가득하다.

어리석은 사람들아, 겉을 만드신 분이 속도 만들지 아니하셨느냐?

그 속에 있는 것으로 자선을 베풀어라. 그리하면 모든 것이 너희에게 깨끗해질 것이다.

너희 바리새파 사람들에게 화가 있다! 너희는 박하와 운향과 온갖 채소의 십일조는 바치면서, 정의와 하나님께 대한 사랑은 소홀히 한다! 그런 것들도 반드시 행해야 하지만 이런 것들도 소홀히 하지 않았어야 하였다.

너희 바리새파 사람들에게 화가 있다! 너희는 회당에서 높은 자리에 앉기를 좋아하고, 장터에서 인사 받기를 좋아한다!

너희에게 화가 있다! 너희는 드러나지 않게 만든 무덤과 같아서, 사람들이 그 위를 밟고 다니면서도 그것이 무덤인지를 알지 못한다!"

율법 교사 가운데 어떤 사람이 예수께 말하였다. "선생님, 선생님이 이렇게 말씀하시면 우리까지도 모욕하시는 것입니다."

예수께서 말씀하셨다. "그렇다. 너희 율법 교사들에게도 화가 있다!

너희는 지기 어려운 짐을 사람들에게 지우면서, 너희 자신은 손가락 하나도 그 짐에 대려고 하지 않는다!

너희에게 화가 있다! 너희는 너희 조상들이 죽인 예언자들의 무덤을 세운다.

그렇게 함으로써 너희는 너희 조상들이 저지른 소행을 증언하며 찬동하는 것이다. 너희의 조상들은 예언자들을 죽였는데, 너희는 그들의 무덤을 세우기 때문이다.

그러므로 하나님의 지혜도 말하기를 '내가 예언자들과 사도들을 그들에게 보내겠는데, 그들은 그 가운데서 더러는 죽이고, 더러는 박해할 것이다' 하였다.

창세 이래로 흘린 모든 예언자들의 피의 대가를 이 세대에게 요구할 것이다.

아벨의 피에서 비롯하여 제단과 성소 사이에서 죽은 사가랴의 피에 이르기까지 말이다. 그렇다. 나는 너희에게 말한다. 이 세대가 그 책임을 져야 할 것이다.

너희 율법 교사들에게 화가 있다! 너희는 지식의 열쇠를 가로채서 너희 자신도 들어가지 않고 또 들어가려고 하는 사람들도 막았다!"

예수께서 그 집에서 나오실 때에, 율법학자들과 바리새파 사람들은 잔뜩 앙심을 품고서 여러 가지 물음으로 예수를 몰아붙이기 시작하였다.

그들은 예수의 입에서 나오는 말에서 트집을 잡으려고 노렸다.

「누가복음」 11장 37~54절

바리새인들은 그리스도가 계속해서 덫을 피해 가자 격노하여 더욱 정교한 방법으로 그리스도를 궁지에 몰아넣으려 했다.

그리고 그들 가운데 율법 교사 하나가 예수를 시험하여 물었다.

"선생님, 율법 가운데 어느 계명이 중요합니까?"

예수께서 그에게 말씀하셨다. "'네 마음을 다하고, 네 목숨을 다하고, 네 뜻을 다하여, 주 너의 하나님을 사랑하라.' 하였으니,

이것이 가장 중요하고 으뜸가는 계명이다.

둘째 계명도 이것과 같은데, '네 이웃을 네 몸과 같이 사랑하라.' 한 것이다.

이 두 계명에 온 율법과 예언서의 본뜻이 달려 있다."

「마태복음」 22장 35~40절

하지만 그리스도가 예상치 못한 대답을 내놓고 전통적 지식에 통달했다는 점이 여실히 드러나자(「마태복음」 22장 42~45절) 비판자들은 잠시 침묵할 수밖에 없었다.

그러자 아무도 예수께 한 마디도 대답하지 못했으며, 그날부터는 그에게 감히 묻는 사람도 없었다.

「마태복음」 22장 46절

그리스도의 대답은 전통에 의지한 도덕률에서 개인의 양심에 의지한 도덕률로, 법의 지배에서 정신의 지배로, 금지에서 권유로의 이

행을 의미한다. 하나님을 사랑하라는 것은 곧 진리의 목소리[557]에 귀 기울이고 네 이웃을 네 몸과 같이 사랑하라는 교훈에 적합하게 행동하라는 의미이다. 이 교훈은 단지 타인을 유쾌하고 예의 바르며 상냥하게 대하는 것을 넘어서 타인에게 자기에 버금가는 가치, 다시 말해서 겉모습이 어떠하든 하나님의 대리인으로서의 가치를 부여하고 그 가치에 맞게 행동하라는 뜻이다. 이러한 변화는 서로 경쟁하는 주관적 동기 사이에서 역동적이고 활발하게 균형을 잡는 동시에 사회 환경과 자연환경을 유지하고 창조적으로 쇄신한다는 뜻이다. 또한 개인적 혹은 사회적 요구를 충족하기 위해서 권력이나 독단적 전통의 요구를 따르기보다 메타 도덕의 원칙을 따른다는 의미이다. 이렇듯 전통을 수립하는 과정은 기존의 전통과 갈등을 빚을 수밖에 없다.

너희는 내가 세상에 평화를 주러 온 줄로 생각하느냐? 내가 너희에게 말한다. 그렇지 않다. 도리어 분열을 일으키러 왔다.

이제부터 한 집안에서 다섯 식구가 서로 갈라져서, 셋이 둘에게 맞서고, 둘이 셋에게 맞설 것이다.

아버지가 아들에게 맞서고, 아들이 아버지에게 맞서고, 어머니가 딸에게 맞서고, 딸이 어머니에게 맞서고, 시어머니가 며느리에게 맞서고, 며느리가 시어머니에게 맞서서, 서로 갈라질 것이다.

「누가복음」 12장 51~53절

이 구절은 생각 없이 권위를 따르는 삶의 종말을 의미한다. 왜냐하면 고대 사회에서는 과거가 현재를 지배했기 때문이다.

정상적인 시기, 즉 문화가 안정되고 부성이 표방하는 가치와 문화 규범이 세대를 거쳐 여전히 유효한 시기라면, 아버지와 아들의 관계는 아들이 사춘기의 입문 시험에 통과한 후 아들에게 문화적 가치를 전달하고 각인하는 통로가 된다. 이러한 시기에는 심리학적으로 아버지와 아들의 관계에 별다른 문제가 나타나지 않고, 설혹 문제가 있다는 아주 희미한 낌새만 나타난다. 오늘날 '비범한' 시대를 살아가는 우리에게 세대 간 갈등이 흔히 일어난다고 해서 착각해서는 안 된다. 문화가 안정된 시기에는 아버지와 아들 사이에는 지루할 정도의 유사성이 나타나는 것이 당연하다. 여기서 아버지와 아들의 유사성은 청년을 어른으로, 아버지를 연장자로 만드는 의례와 제도를 포함한 가부장적 규범 체계가 논쟁의 여지없이 문화를 지배한다는 것을 의미하며, 그에 따라 미리 정해진 절차를 거쳐 자연스럽게 청년은 성인기로, 아버지는 노년기로 이행한다.

하지만 여기에 하나의 예외가 있을 수 있는데, 바로 창조적인 개인, 즉 영웅이다. 바를라흐가 말한 것처럼, 영웅은 "밤에 잠들어 있는 미래의 심상을 일깨워 세계를 새롭고 더 나은 것으로 만들어야 한다." 그렇기 때문에 영웅은 낡은 법을 깨트리는 자이다. 영웅은 낡은 통치 체계와 문화적 가치, 기존의 양심에 맞서는 적대자이기에 아버지와 갈등을 일으킬 수밖에 없다. 이러한 갈등에서 '내면의 목소리', 즉 세계를 변화시키려는 초개인적 아버지 혹은 부성적 원형의 명령은 낡은 법을 대변하는 개인적 아버지와 불가피하게 충돌한다. 성경의 이야기 중에서 야훼가 아브라함에게 내린 명령은 이런 충돌을 잘 보여 준다.

"너는 네가 살고 있는 땅과, 네가 난 고향과, 네 아버지의 집을 떠나서 내가 보여 주는 땅으로 가거라."(「창세기」 12장 1절)

미드라시는 이 구절을 하나님이 아브라함에게 그의 아버지의 신을 파괴하라는 명령으로 확대 해석한다. 예수의 메시지는 이러한 갈등의 연장선상에 있으며, 이 갈등은 혁명이 일어날 때마다 반복해서 나타난다. 신과 세계에 대한 새로운 상이 낡은 상과 갈등을 일으키는 것인지, 아니면 개인적 아버지와 갈등을 일으키는 것인지는 중요하지 않다. 왜냐하면 아버지는 늘 낡은 질서를 대표하며, 그에 따라 그의 문화 규범은 낡은 상이 지배하기 때문이다.[558]

그렇다면 법의 지배가 아니라 정신의 지배를 받는 원칙은 과연 무엇인가? 바로 모든 인간이 타고난 영웅적 본성을 존중한다는 원칙이다. '무의식' 수준에 머물던 고대인은 구체적 개별 적응 행동을 모방했다. 하지만 이 행동들은 하나의 행동 체계로 통합되어 모방을 이끌어 내고 일화 및 의미 표상이 되어 신화 속에 담겼다. 실증주의 이전 시대에는 적응 행동을 수립하는 행위를 신성시했다. 왜냐하면 그 행위는 원형적이며 초월적인 행동 양식(창조적 탐험)을 따르며 모방을 이끌어 내는 힘을 가지고 있었기 때문이다. 역사를 바꾸고 모방을 이끌어 내는 행위는 모두 같은 양식, 곧 인간의 창조적 잠재력을 구현한 신적 영웅의 행동 양식을 따른다. 원시 사회에서는 영웅의 행동 양식에 따라 얻은 결과물과 그의 구체적인 행동이 역사의 본질을 이룬다. 하지만 영웅의 행동 양식을 모방하고 추상화하고 변형하는 과정에서 그 본질이 점차 더 명확히 드러나면서, 추상화되기는 했지만 구체적 행동으로 표상되던 도덕률이 마침내 영웅적 탐험 과정 그 자체에 대한 표상에 자리를 내주게 된다. 이 단계에 이르면 창조적 개인은 세계를 구원하는 과정 자체를 모방하고 의식적으로 구현할 수 있게 된다.

규칙은 우리를 경험 세계에서 구원하기 위해 꼭 필요한 전제 조건이지만 규칙만으로는 구원을 이룰 수 없다. 규칙은 혼돈에 한계를 지우고 훈련받은 개인이 자신의 잠재력을 스스로 통제할 수 있도록 돕는다. 규칙은 개인이 잠재력을 창조적이고 용기 있게 살아가는 데 쓸수 있게 돕고, 생명의 물이 안정적으로 죽음의 음침한 골짜기 아래로 흘러가게 한다. 하지만 규칙을 절대시하면 개인은 영원히 모든 중요한 결정을 아버지에게 미루는 청소년으로 남아 자기 행동에 대한 책임뿐 아니라 개인에게 내재된 잠재력을 발견할 기회를 누리지 못하게 된다. 규칙 없는 삶은 혼란스럽기 때문에 정서적으로 견디기가 어렵다. 하지만 순전히 규칙을 따르기만 하는 불모의 삶 역시 견디기 어렵기는 마찬가지이다. 혼돈과 불모는 똑같이 살기등등한 원한과 증오를 낳는다.

그리스도는 원형적 목표로서의 하늘나라를 영적 왕국으로 제시했는데, 이는 심리 상태로 여긴 것이다. 이 관점은『구약』에 묘사된 약속의 땅과는 여러 측면에서 다르다. 먼저 그리스도가 제안한 하늘나라는 육체적 노동이나 자원의 축적을 통해서가 아니라 개인의 태도와 관점의 자발적 변화를 통해서 수립된다. 둘째로 하늘나라는 낙원이라는 목표의 본질을 혁명적, 역설적으로 재구성해야 얻을 수 있다. 영웅적 존재 방식의 원형적 본보기로서 그리스도의 인생과 말씀은 인생의 결과물이 아닌 과정을 명확히 강조하고 있다. 교향곡은 마지막 음을 향해 흘러가지만 그 마지막 음이 교향곡에서 가장 중요한 것은 아니다. 이와 마찬가지로 인생의 목적도 어떤 변치 않는 완벽한 존재 방식을 수립하는 것이 아니다. 도스토옙스키가 애써 보여 준 것처럼 인간은 그런 완벽한 상태를 견딜 수 없을 것이다. 인생의 목적은 본질적으로 흥미롭고 정서적으로 의미 있는 현재의 사건에 의식적이고 명료하게 집중하면서 과거와 미래에 대한 걱정을 쓸데없는 것으로 만드는 능력을 키우는 것이다. 그리스도는 "들의 백합화가 어떻게 자라는지 살펴보라."고 말한다.

들의 백합화가 어떻게 자라는지 살펴보라. 수고도 하지 않고 길쌈도 하지 않는다.

그러나 내가 너희에게 말한다. 온갖 영화로 차려입은 솔로몬도 이 꽃 하나와 같이 잘 입지는 못하였다.

오늘 있다가 내일 아궁이에 들어갈 들풀도 하나님께서 이와 같이 입히시거늘, 하물며 너희들을 입히시지 않겠느냐? 믿음이 적은 사람들아!

그러므로 무엇을 먹을까, 무엇을 마실까, 무엇을 입을까, 하고 걱정하지 마라.

이 모든 것은 모두 이방 사람들이 구하는 것이요, 너희의 하늘 아버지께서는 이 모든 것이 너희에게 필요하다는 것을 아신다.

너희는 먼저 하나님의 나라와 하나님의 의를 구하여라. 그리하면 이 모든 것을 너희에게 더하여 주실 것이다.

그러므로 내일 일을 걱정하지 말라. 내일 걱정은 내일이 맡아서 할 것이다. 한날의 괴로움은 그날에 겪는 것으로 족하다.

「마태복음」 6장 28~34절

"한날의 괴로움은 그날에 겪는 것으로 족하다."는 말은 '개미처럼 열심히 일하는 대신 베짱이처럼 여름에 노래만 부르다가 겨울에 굶주리라'는 뜻이 아니라 지금 주어진 일에 집중하라는 뜻이다. 오류를 범했을 때 오류에 대응하고, 자신의 행동이 견디기 어려운 결과를 불러올 때 거기에 주의를 기울이고 '어떤 대가를 치르더라도' 그 행동을 수정하라는 뜻이다. 자신이 현재 부족하다는 사실을 항상 의식하고, 교만에 빠져 완고하고 경직된 죽은 영혼이 되지 말라는 뜻이다. 자신이 늘 오류를 범할 수 있음과 스스로 오류를 바로잡을 수 있음을 온전히 인정하라는 뜻이다. 자신감과 믿음을 가지고 앞으로 나아갈 것이며, 언젠가는 맞닥뜨릴 수밖에 없는 무서운 미지를 피해서 물러서다가 점점 더 좁고 어두워지는 구멍 속에 갇혀 살지 말라는 뜻이다.

그리스도의 수난은 목표를 이루는 과정을 목표 그 자체로 바꿔 놓는다는 점에서 의미가 있다. '그리스도를 따르는' 모든 기독교인의 의무는 그리스도의 수난으로 인해 용감하고 진실하고 고유한 개인이 되는 것으로 바뀌었다.

그때에 예수께서 제자들에게 말씀하셨다. "누구든지 나를 따라오려거든, 자기를 부인하고 제 십자가를 지고 나를 따라오너라.

누구든지 자기 목숨을 구하고자 하는 사람은 잃을 것이요, 나 때문

그림 44. 죽음과 구원의 세계수[559]

에 자기 목숨을 잃는 사람은 찾을 것이다.

사람이 온 세상을 얻고도 제 목숨을 잃으면 무슨 이득이 있겠느냐?

또 사람이 제 목숨을 되찾는 대가로 무엇을 내놓겠느냐?

「마태복음」 16장 24~26절

그리스도는 진리와 모든 인간에 깃든 신성을 그 무엇보다 소중히 여길 때 인생에 필요한 모든 것이 주어지리라고 말했다. 우리가 생각하기에 필요한 것이 아니라 명확한 자의식을 갖고도 거짓이나 기만, 회피, 억압, 폭력에 의지하지 않고 인생을 살 만한 것으로 만들기 위해 실제로 필요한 것을 말한다(우리의 생각에는 오류가 있어 정확한 안내자의 역할을 해내지 못하기 때문이다). 이런 사상은 죽음과 구원의 세계수를 그린 그림에 나타나 있다. 이 그림에서는 세계수의 두 번째 열매로 '제병'*이 나타난다. 세계수의 첫 번째 열매는 그것을 먹은 사람을 타락시키고, 두 번째 열매는 타락한 인간을 구원한다. 여성성의 부정적 측면을 상징하는 이브는 해골로 그려진 선악과를 내민다. 여성성의 긍정적 측면은 교회로 표상되어 그리스도를 상징하는 제병을 나누어 준다. 성찬 의례에서 '그리스도의 신성한 몸'을 먹는 의식은 모든 사람이 자기 안에 영웅을 받아들이고 구세주의 본질에 참여해야 한다는 사상을 보여 준다.

이와 같이 구세주의 본질을 구현한 삶을 동양에서는 도道 위의 삶이라고 표현한다. 여기서 '도'는 신성한 남성적 원리와 신성한 여성적 원리 사이의, 때로 인간을 어리석게 만드는 안전한 질서와 때로 인간을 파괴하는 혼돈 사이의 면도날처럼 좁은 길, 의미 있는 길이다. 이런 삶을 사는 사람은 전통의 충실한 수호자이자 용맹한 미지의 탐험가가 되어 인생에서 충분한 의미를 지니고 행복과 안정을 누린다. 또 안정적이면서도 역동적인 사회를 수립하고 지속시키고, 심리적으로 통합되고 영적으로 평온한 길 위에 굳게 서게 된다.

그러므로 내 말을 듣고 그대로 행하는 사람은, 반석 위에다 자기 집을 지은 슬기로운 사람과 같다고 할 것이다.

---

* 성찬식에 사용하는 누룩 없이 만든 빵.

비가 내리고 홍수가 나고 바람이 불어서 그 집에 들이쳤지만 무너지지 않았다. 그 집을 반석 위에 세웠기 때문이다.

「마태복음」 7장 24~25절

연금술의 절차와 현자의 돌

칼 융은 생애 후반에 연금술 문헌을 깊이 파고들었다. 이 사실은 융이 종교심리학에 관심을 보인다는 이유로 그를 기인으로 몰아붙이던 사람들의 생각을 더욱 부채질했다(하지만 종교는 인간의 정신과 문화에 빼놓을 수 없는 근본적 측면이다). 퓰리처상을 수상한 사회학자로 정신분석학에 호의적이었던 어니스트 베커Ernest Becker조차 "연금술에 관한 (융의) 두툼한 저서들이 그의 정신분석적 통찰에 조금이라도 기여한 점을 찾을 수 없다."[560]고 말할 정도였다.

학계에서 명망 높은 몇몇 학자를 비롯해 수많은 사람들은 학술적 맥락에서 융에 관해 논하는 것도, 융의 이름을 언급하는 것도 삼가라고 내게 충고했다. 분명 그분들은 학자로서의 내 경력을 걱정하는 마음에서 그런 충고를 했을 것이다. 언젠가 나는 프랑스의 철학자이자 문학평론가인 폴 리쾨르의 일화를 들은 적이 있다(지어 낸 이야기일 수도 있다). 어느 날 누군가 리쾨르의 연구 분야가 융의 연구와 긴밀한 관계가 있어 보인다고 말하자 그는 "나는 융의 책을 읽은 적도 없습니다. 프랑스에서는 융의 책이 금서 목록에 포함되어 있거든요."라고 답했다고 한다. 물론 이 비꼬는 듯한 대답에서 언급하고 있는 것은 가톨릭의 금서 목록이다.

하지만 융의 글을 제대로 이해하면서 그의 사상을 비판하는 사람을 나는 여지껏 한 명도 보지 못했다. 융의 사상은 흔히 프로이트의 사상과 혼동되었다. 프로이드 자신은 결코 이런 오류를 범하지 않았다. 프로이드는 융의 사상이 자신의 사상과는 양립할 수 없을 만큼 근본적으로 다르다는 사실을 이해했기 때문에 학문적, 개인적으로 융과 결별했다.[561] 융의 사상은 애초에 프로이드 학파의 사상이 '아니었다.' 융은 오이디푸스 콤플렉스를 부인했다(실제로 그는 오이디푸스 콤플렉스를 훨씬 더 설득력 있고 완전하게 재해석했다). 그는 종교를 단순히 불안에 대한 신경증적 방어 기제가 아니라 매우 중요한 적응 수단으로 보았다. 프로이드의 '제자'였던 융은 학자로서 발전하는 단계에서 무의식이라는 개념에 영향을 받긴 했지만, 프로이드가 아니라 괴테나 니체의 후계자로 보는 편이 더 정확하다.[562] 융은 니체가 제기한 도덕의 문제에 해답을 제시하는 작업에 생의 대부분을 바쳤다.

게다가 융은 '신비주의자'가 아니었다. 그는 다만 종교와 관련되었다는 이유로 진지한 과학자들에게는 금지되었던 영역을 깊이 탐구했고, 그럴 만한 지성과 교육적 배경을 지니고 있었을 뿐이다. 그런 융을 신비주의자로 몰아붙이는 것은 편견에 사로잡혀 정확히 사고하지 못하기 때문에 일어나는 일이다. 융은 실제로 학자로서 초기에는 특히 실험과학자로서 두각을 드러냈다. 융이 개발에 참여했던 수많은 단어 연상 검사는 약간의 기술적 수정을 거쳐 (원 출처는 제대로 인정받지 못한 채) 지금도 신경과학 분야와 사회심리학 분야에서 널리 쓰이고 있다. 융의 사상을 상자에 넣고 봉하여 치워 버리는 것이

편파적인 까닭은, 실험 절차라는 것이 잘해 봐야 과학적 연구의 양극 단 중 한쪽에 불과하기 때문이다. 제대로 설계된 실험을 적절히 수행 하면 아이디어를 검증할 수 있다. 하지만 그러려면 일단 검증할 아이 디어를 만들어 내야 한다. 현대 과학은 종종 이 사실을 간과한다. 융 은 바로 아이디어를 만들어 내는 측면에서 탁월했다. 누군가는 융의 사상은 검증할 수 없다고 반박할지 모른다. 하지만 그중 일부는 이미 실험으로 검증되었다. 앞서 설명했던 제롬 브루너의 카드 분류 실험 이 그 대표적인 예이다(물론 이 실험 결과가 융의 사상에 비추어 해석된 것은 아니었다). 더 나아가 융이 제안했던 성격의 양극단인 내향성과 외향 성은 여러 실험 연구에서 거듭 입증되었다.[563] 게다가 '무의식'은 확 실히 콤플렉스로 가득 차 있다. 지금은 콤플렉스가 아닌 다른 이름 으로 불리긴 하지만 말이다.[564] 앞으로 실험 기술이 더욱 정교해지고 융의 사상을 더 깊이 이해하게 된다면 그의 사상을 실험으로 더 많 이 검증할 수 있을지도 모른다.

융은 의사였기에 정신 건강을 증진하는 일에 관심이 많았다. 융은 가치를 이해하지 않고는, 또 가치가 생성되는 과정을 이해하지 않고 는 정신 건강을 증진하는 일이 불가능하며 그런 이해가 바탕이 되지 않으면 심리치료는 오히려 역효과를 낳을 수도 있다고 믿었다. 융이 환상과 신화에 관심을 갖게 된 것은 가치의 본질을 연구하면서부터 이다. 가치의 세계는 역사 속에서 만들어진 사회 계약에 의해 결정 된 정서적, 동기적 의미를 내면화하여 생겨난 환상의 세계이다. 이를 이해했던 융은 심각한 정신 질환을 앓고 있던 환자들의 환상을 의미 없는 것으로 치부하지 않고 이를 다양한 원시 문화와 문명화된 문화의 종교적 신비주의자들의 사상과 비교 분석했다. 그는 동서양 역사 속에 기술된 방대한 문헌과 (융 본인의 추정에 따르면) 2만 5,000건이 넘는 꿈에 나타난 심상, 연금술의 상징을 성실하게 연구했다. 가치를 주제로 한 융의 비교문화적, 종합적 접근은 실험 연구는 아닐지언정 적어도 실증 연구로 인정할 만하며, 그보다 더 적합한 방법론이 없는 상황에서는 분명 합리적인 연구 방법이라고 말할 수 있다(실제로 저명한 사회생물학자 에드워드 윌슨은 최근 이러한 비교분석 절차를 '통섭'이라 칭하면서, 자연과학과 사회과학, 인문학을 통합하기 위해 적극 도입할 것을 권했다.[565])

융의 사상은, 그중에서도 특히 '연금술'에 대한 사상은 부당하게 무시됐다. 이는 융의 제자들이 학계의 주류에 들지 못했기(어쩌면 제자들 중에 여성이 많았기) 때문인지도 모른다. 또한 융의 사상이 프로이드의 정신분석적 개념에 심각하게 도전했기 때문이기도 하다(내가 보기에도 확실히 치명적인 도전이었다). 융은 섬뜩하고 신비로운 종교적 진술을 심각하게 받아들였기 때문에 도외시되었다. 수천 년에 걸쳐 인간의 적응을 성공적으로 이끌어 온 종교적 진술에 어떤 중요한 의미가 있다고 가정했던 것이다.

합리적인 신생 과학인 심리학에서 융의 사상을 진지하게 다루지 않은 까닭은 심리학이 무엇보다 종교를 두려워했기 때문이며, 더 나아가 융의 사상이 개념적, 정서적으로 이해하기 어렵기 때문이다. 융의 사상은 일단 구체적으로 파악하기가 어렵다. 그리고 이해를 하고 난 뒤에는 마음을 뒤흔드는 면이 있다. 융은 무엇보다 상상과 이야기와 절차 기억 체계라는 역사적으로 오래된 과정에서 사용한 '언어'의 본질을 밝혔다. 이 과정은 근본적으로 융이 '집단 무의식'이라고 생각했던 과정이었다. 집단 무의식의 언어를 이해하는 건 외국어를 유창하게 구사하는 것보다 더 어려울지 모른다. 왜냐하면 그 과정에서 현재 도덕률의 전제가 바뀔 수밖에 없기 때문이다. 바로 이것이 사람들이 융의 사상을 일축한 진짜 이유이다. 융은 도덕의 관점에서 보자면 마르틴 루터만큼이나 혁명적이다. 도덕 혁명은 모든 심리적, 사회적 변화 과정 중에서 가장 두렵고 불편하다. 융의 사상이 거부당한 가장 근본적인 이유는 이 때문이다.

융은 연금술을 연구하는 과정에서 인간의 보편적 적응 양식과 더불어 그것이 환상과 정서로 표현되는 방식을 발견했다. 융의 발견은 많은 시간이 흘러 토마스 쿤에 의해 과학 분야에 한정하여 구체적으로 밝혀졌고, 이 이론은 융의 사상보다 훨씬 널리 인정받고 수용되었다. 연금술에 관한 융의 복잡한 사상을 일관되게 요약한 제자 마리루이즈 폰 프란츠Marie-Louise Von Franz는 다음과 같이 썼다.

> 화학, 특히 물리학이 발전해 온 역사를 살펴보면, (화학이나 물리학처럼) 확실한 자연과학 분야에서조차…… 사고 체계는 반드시 어떤 가정을 전제로 삼아야 하고 그것은 지금도 마찬가지라는 사실을 발견하게 될 것이다. 고전 물리학에서 18세기 후반에 이르기까지 무의식이나 반의식 상태로 통용되던 가정들 중 하나는 공간이 3차원으로 이루어졌다는 것으로, 이 가정은 단 한 번도 논란을 산 적이 없다. 공간이 3차원이라는 가정은 언제나 받아들여졌고, 물리적 현상의 투시도나 도표, 실험은 언제나 이 가정에 토대를 두었다. 사람들은 어떤 가정이 폐기되고

나서야 여태껏 어떻게 그런 가정을 믿었는지 궁금해한다. 어떻게 공간이 3차원이라고 생각했을까? 어떻게 모두들 거기에 사로잡혀서 의심을 품지도 않고 이야기조차 꺼내지 않았을까? 어떤 가정이 자명한 사실로 받아들여졌다면 그 토대는 무엇일까? 현대 물리학의 아버지 중 하나로 꼽히는 요하네스 케플러는 심지어 자연의 공간이 3차원인 까닭은 삼위일체인 신 때문이라고 말했다! 그렇다면 우리가 공간이 3차원이라고 기꺼이 믿는 것은 기독교 삼위일체 사상의 영향일 것이다.

더 나아가 근래에 이르기까지 유럽의 과학적 사고는 지금까지도 의문의 여지 없이 받아들여지는 인과율이라는 개념에 사로잡혀 있다. 모든 것에는 원인이 있으며, 따라서 과학적인 연구는 모든 현상에는 합리적 원인이 있다는 가정하에 이루어져야 한다는 것이다. 무언가 비합리적으로 보이는 일이 일어나면, 사람들은 그 원인을 아직 밝혀내지 못했다고 믿는다. 도대체 왜 인과의 법칙이 현대인의 마음을 이토록 지배하는가? 자연과학의 아버지 중 하나로 꼽히며 인과율의 절대성을 열렬히 주창한 프랑스의 철학자 데카르트는 신의 불변성에서 신념의 토대를 찾았다. 신이 불변한다는 신념은 기독교의 핵심 교리 중 하나이다. 신은 변하지 않으므로, 신 안에는 내적 모순도 없고 새로운 사상이나 개념도 없다. 이것이 바로 인과율이라는 개념의 토대인 것이다! 데카르트로부터 지금에 이르기까지 인과율의 개념은 모든 물리학자들에게 의문의 여지없이 자명한 것처럼 보였다. 과학은 단순히 원인을 밝히는 학문으로 간주되어 왔으며, 우리는 여전히 그렇게 믿고 있다. 무언가가 떨어졌다면, 우리는 바람이 불어서 떨어뜨렸다는 식의 원인을 밝혀내야 하며, 어떤 이유도 발견할 수 없다면 아직 발견하지 못했을 뿐 원인은 반드시 존재한다고 믿는 독자가 절반은 넘으리라고 확신한다! 이런 식의 전형적인 편견은 너무도 공고해서 우리는 그로부터 우리 자신을 지켜 내지 못하고 거기에 사로잡히고 만다.

이제 고인이 된 물리학자 볼프강 파울리는 현대 물리학의 근원에 원형적 사상이 깊이 뿌리내리고 있다는 점을 자주 언급했다. 예를 들어 데카르트가 만든 인과율이라는 사상은 빛과 생물학적 현상 등의 연구를 크게 발전시켰지만, 지식을 촉진하던 바로 그 사상은 곧 감옥이 된다. 자연과학의 위대한 발견은 대개 현실을 설명하는 새로운 원형적 모형이 출현한 결과이다. 이 새로운 모형은 이전보다는 훨씬 더 온전히 현실을 설명하기 때문에 이로 인해 자연과학은 크게 발전한다.

과학은 이런 식으로 발전해 왔다. 하지만 누군가 설명하기 어려운 현상 앞에서 이 현상이 기존의 모형에서 벗어난다는 사실을 인정하고 새로운 가설을 찾는 대신, 감정에 치우쳐 자기 가설을 고수하기만 한다면 기존 모형은 어느 것이나 족쇄가 되고 만다. 공간이 3차원 이상이어서는 안 된다는 법은 없다. 연구를 더 깊이 진행해서 어떤 결과가 나올지 살펴보지 않을 이유도 없다. 하지만 사람들은 그렇게 하지 않았다.

이와 관련해서 파울리의 제자 중 한 사람이 훌륭하게 제시한 예시가 기억난다. 17세기와 18세기에 에테르 이론이 과학계에 커다란 영향을 미쳤다는 사실은 알고 있을 것이다. 에테르는 빛이 있는 곳에 존재하는 위대한 공기 같은 영이었다. 어느 날 한 물리학자가 학회에서 에테르 이론의 부적절성을 입증하자 수염이 허연 노인이 일어나서 떨리는 목소리로 말했다. "에테르가 존재하지 않는다면, 모든 게 사라지네!" 이 노인은 무의식적으로 신의 개념을 에테르에 투영했던 것이다. 에테르는 그에게 신이었고 에테르가 없다면 그에게는 아무것도 남지 않았다. 노인이 속 보이게 자기 생각을 겉으로 고스란히 내뱉어서 그렇지 모든 자연과학자들에게는 성령처럼 철석같이 믿는 현실 모형이 있다.

이것은 과학이 아니라 신념의 문제이며, 신념의 문제는 논의할 수 없는 것이기에 사람들은 당신이 그들의 틀에 맞지 않는 사실을 제시하면 흥분하고 감정적으로 반응한다.[566]

마리루이즈 폰 프란츠의 글을 조금 더 살펴보자.

그러므로 원형적 사상은 아이디어를 촉진하는 동시에 과거의 이론을 폐기하지 못하도록 막는 정서적 제약으로 작용하기도 한다. 우리가 인식하는 것은 인생의 도처에서 일어나고 있는 일들 중에서 극히 세부적인 측면일 뿐이다. 우리는 뭔가를 추정하지 않고는 아무것도 인식하지 못하기 때문이다. 하지만 추정은 진실을 가로막는 걸림돌이기도 하다. 만약 당신이 처음 어떤 여성을 만났다면 그녀에 대해 뭔가를 추정하기 전에는 교류를 시작할 수 없다. 먼저 가설을 만들어야만 하는데, 이는 물론 무의식적인 과정이다. 당신은 여성이 나이가 지긋하니 아마도 어머니이고 평범할 것이라는 식의 가설을 세운다. 이 가설은 당신과 여성을 잇는 다리이다. 이 여성에 대해 더 잘 알게 되면 이전의 가설은 폐기되고 과거의 가설이 옳지 않았음을 인정해야 한다. 그렇지 않으면 이 여성과의 관계를 순조롭게 이어 갈 수 없다.

누군가를 새로 만날 때마다 우리는 일단 가설을 만들어야 한다. 그렇지 않으면 만남이 불가능하다. 하지만 이후에 가설을 바로잡을 수 있어야 한다. 이것은 사람을 만날 때뿐 아니라 사물을 접할 때도 마찬가지이다. 추정이라는 기제는 우리에게 꼭 필요하다. 무의식적으로 추정하는 과정 없이는 그 무엇도 인식할 수 없다. 바로 이 때문에 인도 철학에서는 모든 현실은 추정일 뿐이라고 말하며, 주관적인 입장에서 보면 실제로 그렇다.[567]

추정이라는 개념, 즉 사고 체계에는 '무의식적' 전제가 있다는 생각은 토마스 쿤이 주장하고 널리 인정받은 '패러다임적 사고'와 유사한 점이 있다. 융 역시 패러다임적 사고가 정신에 미치는 영향에 대해 자세히 설명했다. 그는 먼저 다음과 같은 질문을 제기했다. "만약 인간의 마음(과 사회)에 있는 (패러다임적) 표상 체계에 매우 혁명적이며 이례적인 정보가 마침내 타당하다는 인정을 받는다면 어떤 일이 벌어질까?" 답을 요약하면 다음과 같다. "이때 일어나는 현상은 하나의 양식을 따른다. 이 양식은 생물학적 혹은 유전적이라고 할 수 있는 토대가 있고, 환상으로 표출된 것으로서 신화와 종교의 소재가 된다. 신화와 종교의 명제들은 결국 인간의 혁명적 적응을 이끌고 안정시키는 데 도움을 준다." 하지만 이 답은 제대로 이해받지 못하고 성급히 폐기되었다.

아서 왕의 기사들이 원탁에 앉은 이유는 그들이 서로 평등한 관계였기 때문이다. 그들은 각각 성배를 찾으러 길을 떠났다. 성배는 구원의 상징이며 구세주인 그리스도의 피를 담는 그릇이다. 제각기 처음 길을 나설 때 기사들은 가장 어두운 시간에 숲으로 들어갔다.

이 책의 중반부를 쓰고 있던 무렵 처제의 집을 방문한 적이 있었다. 처제에게는 다섯 살 난 아들이 있었는데, 말이 유창하고 총명했다. 당시 환상의 세계에 푹 빠져 있던 조카는 플라스틱 투구에 검을 들고는 기사 흉내 내기를 좋아했다.

아이는 낮 동안에는 어느 모로 보아도 행복했지만 밤에는 잘 자지 못하고 악몽을 꾸곤 했다. 자주 한밤중에 엄마를 부르며 소리쳤는데, 때문에 꽤 불안한 듯 보였다.

어느 날 아침 나는 조카가 일어났을 때 전날 밤에 무슨 꿈을 꾸었는지 물었다. 조카는 가족들 앞에서 꿈 이야기를 들려줬다. 난쟁이처럼 키는 무릎 높이쯤 되고 입에 부리가 달린 생명체가 여럿 달려들더니 자기를 물었다고 했다. 그 생명체는 털과 기름으로 뒤덮여 있고, 정수리 머리털이 십자가 모양으로 깎여 있다고 했다. 또 꿈속에는 불을 뿜는 용도 등장했다. 용이 내뿜은 불은 난쟁이 같은 생명체들로 변했는데 용이 불을 내뿜을 때마다 끝없이 늘어났다. 조카는 처제 내외와 우리 내외에게 매우 심각한 목소리로 자기가 꾼 꿈을 설명했고, 우리 모두는 그 내용이 너무 생생하고 공포스러워서 깜짝 놀랐다.

조카가 이 꿈을 꾼 건 삶에서 급격한 변화를 겪는 시기였다. 아이는 어머니의 품을 떠나 유치원이라는 사회적 세계로 나아가고 있었다. 꿈속의 용은 물론 두려움의 근원인 미지, 즉 우로보로스였으며, 난쟁이들은 개개의 두려운 대상들, 즉 보편적인 미지가 구체적인 형태로 나타난 것이었다.

나는 조카에게 물었다. "그래서 용을 어떻게 하면 좋을까?"

조카는 굉장히 신이 난 목소리로 지체 없이 대답했다. "아빠랑 같이 용을 쫓아갈 거예요. 제가 용 머리 위로 뛰어 올라 용의 눈을 검으로 찌르는 거예요. 그리고 나서 불이 나오는 목구멍으로 내려갈 거예요. 그리고 불을 내뿜는 곳을 잘라서 방패를 만들 거예요."

참으로 놀라운 대답이었다. 아이는 고대의 영웅 신화를 완벽하게 재창조해 냈다. 불을 내뿜는 부위로 방패를 만든다는 생각은 매우 기발했다. 그러면 아이는 용의 힘을 사용해서 용을 무찌를 수 있을 것이었다.

수개월 동안 거의 매일 아이를 찾아오던 악몽은 그날로 끝이 났고 다시 되돌아오지 않았다. 일 년 후 처제에게 조카가 요즘도 악몽을 꾸느냐고 물으니 이제는 악몽을 꾸지 않는다는 대답이 돌아왔다.

이 어린 소년은 상상의 이끌림 속에서 영웅의 정체성을 받아들이고 가장 끔찍한 악몽을 마주했다. 개인이나 사회가 번성하려면 우리도 이 같이 행동해야 한다. 요즘은 기술이 너무나도 발전하다 보니 개개인의 오류와 약점이 더욱더 심각한 문제를 발생시킬 소지가 있다. 인류가 능력을 계속해서 향상시키고자 한다면, 지혜도 그에 걸맞게 향상시켜 나가야 한다. 하지만 이는 쉬운 일이 아니다.

간절히 찾고자 하는 것은 어디에서 찾을 수 있을까?

찾아볼 가능성이 가장 낮은 곳.

"시궁창 속에서이다In sterquiliniis invenitur."[568]

"시궁창 속에서 찾을 것이다." 이것은 어쩌면 '연금술'에서 가장 중요한 격언일 것이다. 우리에게 가장 필요한 것은 언제나 우리가 가장 눈여겨보지 않은 곳에서 발견된다. 이는 자명한 진리이다. 근본적인 오류일수록, 고치기 어려울수록, 변화에는 더 많은 두려움과 불확실성이 따른다. 가장 유익한 정보가 담긴 경험이 가장 고통스러울 때가 많다. 이런 상황에서는 도망치기 십상이다. 하지만 도망을 치다 보면 양가적인 미지는 마주하기에 너무 두려운 존재로 바뀐다. 이례적인 정보를 수용하면 공포와 가능성, 혁명과 변화가 찾아온다. 인정하기 어려운 사실을 부인하면 적응 과정이 억압되고 인생은 숨 막히는 곳으로 변한다. 인생의 갈림길을 만날 때마다 우리는 이 길 혹은 저 길을 선택하고, 인생은 우리가 내린 모든 선택들이 합쳐져 우리 앞에 모습을 드러낸다. 자신의 오류를 부정하면, 잠시 안정을 얻을 수 있겠지만, 자신의 약점을 극복하고 유한하고 고통스러운 인생을 살 만하게 만들어 주는 과정, 즉 영웅의 정체성을 받아들일 기회는 사라지고 만다.

선한 포도원 주인이 있었다. 주인은 포도원을 농부들에게 맡겨 일구게 하고 그 소출의 일부를 거두려 했다. 주인이 소출을 받으려고 종을 농부들에게 보냈다. 그런데 농부들은 종을 잡아서 초주검이 되도록 때렸다. 종이 돌아와서 주인에게 고하였다. 주인은 농부들이 내 종을 몰라보았을지 모른다며 또 다른 종을 보냈다. 농부들은 이 종도 때렸다. 그러자 주인은 아들을 보내며 "그들이 내 아들이야 존중하겠지." 하였다. 하지만 농부들은 그가 포도원의 상속자인 줄 알고 그를 잡아다 죽였다. 들을 귀가 있는 사람은 들어라.

예수께서 말씀하셨다. "집 짓는 사람이 버린 돌을 내게 보여라. 그 돌이 바로 집 모퉁이의 머릿돌이 될 것이다."[569]

부정했던 사실을 마주하고 인정하지 않던 사실을 수용하면 용이 지키는 보물을 찾게 될 것이다.

| 고대에는 '미지의 영역'이었던 '물질세계'

이 모든 신화들은 의식이 크게 확장된 인간의 정신 세계를 극의 형식으로 보여 주며, 인간을 구원받아야 할 대상이자 구원자로 그린다. 첫 번째 묘사는 기독교적이며 두 번째는 연금술의 성격을 띤다. 전자의 경우 인간은 자기 자신을 구원이 필요한 대상으로 보고, 구원의 일을…… 스스로 존재하는 신에게 맡긴다. 후자의 경우 인간은 스스로 구원자의 정체성을 받아들이고 고통을 받아 구원이 필요한 대상을 물질에 갇힌 세계영혼anima mundi으로 규정한다.[570]

연금술은 가장 단순하게 정의하자면 라피스 필로소포룸Lapis Philosophorum, 즉 현자의 돌을 만들어 내려는 작업이다. 현자의 돌은 비금속을 금으로 뒤바꾸는 능력이 있을 뿐 아니라 그것을 손에 넣은 자에게 건강과 영원한 생명과 영혼의 평화를 가져다준다. 연금술은 서양에서 약 2천 년에 걸쳐 이어져 내려오다가 뉴턴 시대에 이르러 끝이 났고, 동양에서도 비슷한 시기에 걸쳐 정교하게 발전했다.

연금술적 사고의 본질, 연금술과 현대 심리학의 연관성을 이해하려면 먼저 연금술사의 범주 체계를 이해해야 한다. 연금술사들이 연구했던 '물질'은 현대의 물질과 명칭은 같지만 공통점은 그리 많지 않다. 세계를 범주화하는 방법은 다양하기에 그 방법 간에는 차이가 있을 수밖에 없다. 연금술사들이 '물질'로 취급했던 많은 것이 현대에는 객관적 세계의 일부로 취급되지 않으며, 그들이 하나의 대상으로 생각한 것을 현대인은 여러 개의 대상으로 생각하기도 한다. 이 같은 관점의 차이는 크게 두 가지 이유에서 비롯된다.

첫째, 세계를 구분할 때 사용되는 범주 체계는 현재 실행 중인 활동이 추구하는 목표에 따라 달라진다. 연금술사의 목표는 오늘날 가치 있다고 여겨지는 목표와 전혀 성격이 달랐다. 그들의 목표는 현대인의 목표보다 훨씬 더 광범위하고('자연을 온전케 하는 것'), 심리학적 표현('타락한' 물질을 '구원'하는 것)으로 물들어 있었다. 연금술이 '이상적 상태'에 대한 이해로부터 비롯된 심리적 절차인 만큼 그 범주는 가치 평가적이었다. 목표 지향 행동 중에 일어난 현상은 근본적으로 목표와의 관련성에 따라 범주화된다. 목표와 관련해 유용한 것은 '선'의 범주에, 방해가 되는 것은 '악'의 범주에 들어간다. 모든 행동에는 동기가 있기 때문에(우리는 행동을 통해 정서를 조절한다) 가치 평가적 의미가 전혀 없는 범주 체계를 만들기란 굉장히 어렵다. 엄격한 경험적 방법론이 출현한 이후에야 인간은 가치 평가가 개입하지 않는 범주 체계를 만들어 낼 수 있었다. 그렇다면 연금술에서 사용한 범주 체계를 비롯해서 경험주의 이전 시대의 범주 체계는, '물질'이나 '황금'과 같이 현대인에게 익숙한 단어로 이루어져 있다고 해도, 가치 평가가 수반됐다.

둘째, 제대로 탐구하지 못한 대상일수록 그것을 '담거나' 설명하기 위해 사용하는 범주가 더 넓어진다. 탐구가 자세히 이루어질수록 대상은 더 상세히 구분된다. 이런 식으로 겉보기에 한데 뭉뚱그려져 있던 것들이 과거에는 미처 분간하지 못하던 구성 요소로 구분된다. 예를 들어 과거에 세계를 구성하던 4대 요소인 불, 물, 흙, 공기는 이제 더 이상 나뉠 수 없는 기본 물질로 간주되지 않을 뿐더러, 같은 분석 차원에 있는 범주로도 취급되지 않는다. 물질에 대한 연구가 발전하면서 범주 체계가 재구성되었기 때문이다. 우리는 조상들의 비교적 단순한 '물질세계'를 훨씬 더 복잡하고 유용하며 다양한 세계로 탈바꿈시켰다. 그 결과 우리는 고대 세계의 구성 요소를 더 이상 요소로 간주하지 않는다(이 요소가 하나의 도구이며, 불완전한 도구라도 아예 없는 것보다는 있는 게 낫다는 사실을 깨닫지 못한 탓이다).

경험주의 이전의 범주 체계가 매우 가치 평가적인 특성을 지니는데다 당시에는 사물을 구별하는 능력도 상대적으로 부족했기 때문에 과거의 범주는 현대의 관점에서 보자면 매우 포괄적이다. 우리는 각각의 범주 안에서 '구별 가능한 현상'을 많이 발견할 수 있다. 수 세기에 걸쳐 효율적으로 세계를 탐구해 온 결과 우리는 고대와 중세의 조상들로부터 멀어졌기 때문이다. 오늘날에는 세계를 바라보는 관점이 너무나 많이 변했기 때문에, 많은 경우 우리가 여전히 과거와 같은 단어를 사용한다는 사실이 그저 우연처럼 느껴질 정도이다. 따라서 더 구체적인 논의를 위해서 먼저 연금술사들이 '물질'로 여겼던 것이 과연 무엇이었는지 살펴보고, 그것을 현대인이 생각하는 물질과 비교해 보자.

연금술에서 말하는 물질matter은 경험을 만들어 내는 '재료'였고, 더 나아가 경험의 주체를 만드는 재료였다. 이 '원시적 요소'는 현대에서 말하는 '정보'나 동양 철학에서 말하는 '도道'에 훨씬 더 가까운 것이며, "'그게 중요한 거야(that matters)'[571]나 '뭐가 문제야(what is the matter?)'"라는 어구에서 쓰인 '의미'(차이를 만들고, 관심을 끌며, 무시할 수 없고, 유익한 정보를 주는 것)에 더 가깝다.

우리는 '미지'의 상태에서 중요한 문제에 주의를 기울여 탐구한 결과 '정보'를 얻는다. 그리고 그 정보를 사용해서 우리 자신(행동 양식과 표상 도식)과 경험 '세계'를 형성한다. 이에 대해 피아제는 다음과 같이 썼다.

> 지식은 나로부터 시작되지 않으며, 대상으로부터 시작되지도 않는다. 지식은 나와 대상의 상호작용으로부터 시작된다. ……상호작용이 이루어지면 한편에서는 주체가, 다른 한편에서는 대상이 상호적으로 동시에 구축된다.[572]

연금술의 원시적 요소들은 세계에 암묵적으로 내포되어 있어서 불현듯 나타나곤 한다. 모든 대상은 새로운 상황에 놓이거나 혹은 새로운 연금술 절차를 거친 결과로 원래 범주를 '초월한' 새로운 대상이 될 '가능성'을 품고 있기 때문이다. 새로운 대상은 맨 처음 그 대상을 맞닥뜨릴 때 발생하는 정서 속에 '모습을 드러낸다.' 과거에 범주화했던 대상이 예상과 다르게 반응할 때 관찰자는 어떤 감정을 경험한다. 감정이라는 '변형의 영'이 모습을 드러내는 것이다. 그렇게 생성된 감정(두려움과 희망)은 변화 대상의 '새로운' 특성을 구체적으로 밝히기 위한 탐색 행동을 유발한다. 탐색 결과 밝혀진 새로운 특성은 이전의 범주 체계에 통합되어 '같은 범주에 속한 속성'으로 간주된다. 혹은 새롭게 바뀐 대상이 '이전의 상태'와 너무 달라서 '범주 자체를 바꾸기'도 한다(전자의 경우는 일상적 변화이고 후자는 혁명적 변화이다).

새로운 사물은 탐색되고 사회적, 역사적 맥락에서 평가된 후에 사물이 현재 갖고 있는 동기적 의미(기회, 위협, 만족, 처벌 혹은 그 무엇도 아닌)에 따라 범주화된다. 동물처럼 경험 세계의 현실 모형을 만들어 낼 수준의 의사소통 능력이 없는 주체는 물론 추상화 능력으로 인해 범주의 근본적 특성과 목적이 흐릿해진 인간의 범주 체계 역시 이렇게 형성된다. 사물은 가장 근본적으로 사물의 동기적 의미, 즉 그것이 정서적으로 중요한 목표를 획득하는 데 어떤 영향을 미치느냐에 따라 정의된다. 사물을 범주화한다는 말은 그것이 존재할 때 어떻게 행동할지 결정한다는 것으로, 이때 특정한 맥락 안에서 해당 사물이 지닌 동기적 의미가 제한된다(대개 목표 달성과 관련이 없어서 아무 의미도 없는 것으로 치부된다). 하지만 무한히 복잡한 특성을 지닌 대상은 언제든 자기 표상을 넘어설 가능성을 지닌다. 이런 자기 초월 능력은 '대상'의 특성(현상학적 관점에서는 경험의 특성)이지만, 인간은 이를 이용할 수 있었다.

연금술사들은 '대상이 지닌 초월적 능력', 즉 하나의 맥락에서 탐색되어 익숙해진 대상이 다른 맥락에서 탐색하지 못한 낯선 대상으로 변하는 능력을 물질에 깃든 '영혼'으로 간주했다. 융은 고대 연금술의 권위자 바실리우스 발렌티누스를 인용하여 이를 설명했다.

> 물질로서의 대지는 죽은 조직이 아니라 그 생명이자 혼인 영이 사는 곳이다. 광물을 포함한 모든 창조물은 대지의 영으로부터 기운을 얻는다. 영은 생명이며, 별들에게 양분을 얻어 자신의 자궁에 품고 있는 모든 생물에 공급한다. 마치 어머니가 태아를 품듯이, 대지는 하늘로부터 받은 영으로 대지의 품에서 광물을 부화시킨다. 이 보이지 않는 영은 거울에 비친 상처럼 형체가 없으나, 연금술 과정에 필수적인 모든 물질의 뿌리이자, 동시에 그 결과로 나타난 모든 물질의 뿌리이다.[573]

'대지 안에 살고 있는 영'은 여러 형태로 모습을 바꿀 수 있는 메르쿠리우스(연금술의 관점에서 물질 속에 깃든 신의 심상[574])였다. 이 영은 연금술 과정을 '이끄는' 동시에 연금술사의 행위로 '풀려났다.' 메르쿠리우스는 연금술사가 연구하는 '물질'을 흥미롭고 매혹적으로 만들었다. 관심은 지식이 변하고 성장함에 따라 이리저리 옮겨 다니는 '영'이다. 메르쿠리우스는 변형의 화신인 우로보로스이며, 만물이 창조되기 이전, 즉 세계가 주체와 대상, 정신과 물질, 기지와 미지로 나뉘기 이전에 존재했던 가장 원초적인 신이다. 우로보로스는 자기 꼬리를 집어삼키는 혼돈의 용이다. 구체적으로 나타난 현상 속에 시간을 가로질러 내포되어 있는 만물의 총체의 심상이다. 메르쿠리우스라는 영의 심상은 모든 경험의 구체적인 측면에 '갇힌' 무한한 가능성을 암시한다.[575] 중세인의 마음을 사로잡은 것은 이 '가능성'을 확인하고 범주화하는 문제였다.

중세 시대 내내 메르쿠리우스는 많은 자연철학자들이 궁금해하는 사색의 대상이었다. 그는 때로는 사람들을 보살피고 기꺼이 돕는 영이 자, 전우로서나 친우로서의 동료였으며, 또 때로는 세르부스 혹은 케르 부스 푸지티부스servus or cervus fugitivus(도망친 노예, 수사슴), 즉 눈에 잘 띄지 않고 사람들을 현혹하며 골탕 먹이는 요괴였다. 이 영은 연금 술사를 절망으로 몰아넣는 등 악마와 공통점이 많았다. 예를 들어 용, 사자, 독수리, 까마귀 등으로 여겨졌다. 메르쿠리우스는 연금술의 신들 중 원물질로서는 계급이 가장 낮고, 현자의 돌로서는 가장 높다. 메르 쿠리스는 연금술사의 안내자(영혼의 안내자 헤르메스)이자 유혹자이고, 행운이자 파멸이다.[576]

연금술사는 현대인이 물질이라고 생각하는 것을 미지와 동일시했 다. 과학이 발전하기 이전에 '물질'이 미지의 대상이었음을 고려하면 (사실 물질은 오늘날에도 여전히 신비로움을 간직하고 있다.) 전혀 놀랍지 않 은 일이다. 물질은 미지였기에 매력을 간직하고 있었다. 이 매력은 다름 아닌 아직 탐험되지 않은 대상에 깃든 정서이다. 이렇듯 미 지에는 '관심을 끄는' 능력이 있었기 때문에 미지는 동기를 부여하고 방향을 제시하는 '영'으로 의인화되었다. 물질은 오늘날의 형태와 조 건 아래서도 얼마든지 미지의 대상으로 되돌아가 현대인의 정신에 영향력을 행사하여 자극할 수 있다. 예를 들어 물질은 새로운 맥락에 놓이거나 창조적 탐험 과정에서 뜻밖의 특성을 드러낼 때 미지로 되 돌아간다. 이처럼 이례적인 모습에 미지가 다시 나타나면 그 대상 은 필연적으로 더 큰 흥미를 유발하거나 반대로 회피, 억압, 제거하려는 시도를 유발한다. 이미 탐색을 마치고 이론상 최종적으로 상자 속에 분류되어 담긴(범주화된) 뒤에도 모든 대상은, '만물의 원천'인 미지와의 관계를 유지한다.

우리에 길들여진 쥐 한 마리를 예로 들어 보자. 이 쥐는 우리를 이미 다 살펴보아서 그곳을 편안하게 느낀다. 이때 작은 쇳덩이 하나를 우리에 떨어뜨리면 쥐는 일단 행동을 멈추었다가 조심스럽게 그것을 살피기 시작한다. 쥐는 운동 능력을 활용해서 쇳덩이와 상호작용한다. 냄새를 맡고 쳐다보고 긁고 갉아 보고, 쇳덩이라는 새로운 대상의 동기적 의미를 평가한다. 경험을 소통할 능력이 없는 데다 기초적인 탐색밖에 하지 못하는 동물적 한계로 인해 쇳덩이는 곧 아무 상관이 없는 대상으로 판명된다. 쇳덩이는 상호작용하는 과정에서 위험하지도 않았고 먹을 수도 없었고 집을 지을 재료로 활용할 수도 없었다. 그러므로 무관한 대상으로 취급되며 쥐는 더 이상 쇳덩이를 살펴보지 않고 무시한다. 탐험에 근거한 범주화가 낯선 대상의 정서가를 제거한 것이다. 신화에서 이는 '위대한 아버지'가 '위대한 어머니'를 대체하고, ('관련 없음'을 포함한) 확실한 정서가가 양가적 정서가인 위협과 기회를 대체한 것과 같다.

쇳덩이의 감각적 특성은 과학적 탐구의 관점에서 보자면 의미 있는 대상의 특성이지만 쥐에게는 그 특성이 정서적 의미를 지니지 않는 한 아무런 중요성을 지니지 못한다. 이처럼 환경에 대한 적응 행동에 관심을 두는 기초적인 사고방식은 인간이 대상의 가치를 평가하고 행동하는 한 여전히 하나의 사고방식으로 남을 것이다. 하지만 대개 인간의 사고방식은 이보다 더 복잡하다. 호모 사피엔스는 어떤 대상에서 나타나는 새로운 속성을 사실상 무한히 관찰할 수 있다. 인간은 사실상 무한한 시공간적 관점에서 대상을 이해할 수 있기 때문이다. 똑같은 말이지만 '대상'이 매우 복잡하기 때문에 어떤 관점에서 보느냐에 따라 전혀 다른 속성이 드러날 수 있다고 생각할 수도 있다. 예를 들어 쇳덩이는 한때 지금과는 질적으로 전혀 다른 것이었고, 미래에 또 다시 전혀 다른 것으로 변할 수 있다. 쇳덩이는 존재하기 시작할 때부터 하나의 독립적인 물체로 간주되며 만물이 창조되기 이전에는 미분화된 총체의 일부분이었고, 네 가지 근원적 우주 차원의 힘이 상호작용하면서 수소가 융합하여 별이 되고 물질이 중력과 핵반응의 결과로 변화되고, 지구상에서 돌이 되었다가 마침내 여전히 미완의 존재이며 쇳덩이만큼이나 오랜 발전의 역사를 거쳐 온 인간에 의해 변형되어 쇳덩이가 된 것이다. 다양한 시공간의 차원에서 대상을 이해하는 인간의 능력 때문에 대상은 현재 드러나 있는 모습보다 훨씬 더 복잡한 대상으로 '뒤바뀐다.' 이처럼 증가된 대상의 '복잡성'은 오랜 기간 활발하게 탐구를 지속하는 인간 특유의 능력으로 인해 더욱 증가한다.

인간에게 쇳덩이란 무엇인가? 형태를 바꾸면 창과 같은 무기가 될 수 있으므로 음식과 죽음과 안전을 의미한다. 매달면 진자가 되어 지구의 자전을 밝히는 열쇠가 된다. 떨어뜨리면 중력을 드러내고, 충분한 인내심과 창의력을 발휘해서 구성 입자들로 환원시키면 분자와 원자 구조를 드러내는 사례가 된다. 전체의 일부이지만 전체를 대표하게 되는 것이다. 그러므로 차라리 "인간에게 쇳덩이는 무엇이 아닌가?"라고 질문하는 편이 더 나을지도 모른다. 경험주의가 태동하기 이전에 살았던 연금술사들은 원물질(경험의 기본 구성 요소)의 본질을 탐구하면서 '물질'의 무한한 가능성을 암시하는 현상, 유한한 대상이 지니는 무한한 의미, 대상이 지닌 끝없는 유용성, 무궁무진하게 미지를 드러내는(미지가 그 자체로 변화하는) 능력에 매료되었다.

대상은 탐색의 결과로 동기적 의미가 제한된다. 이는 탐색이 하나의 구체적인 가정을 근거로 한 구체적인 목표 아래에서 이루어지며, 대상의 유용성이 그 목표와의 관련성으로 평가되기 때문이다. 암묵적, 명시적으로 마음속에서 형성된 질문은 부분적으로 대상이 '내놓을' 답을 결정한다. 따라서 대상은 언제든지 이 한계를 예상치 못한 방식으로 뛰어넘을 수 있다. 스스로를 집어삼키는 용, 메르쿠리우스라는 변형의 영, 상대를 가차 없이 자신에게 매료시키는 영은 이 같은 무한한 가능성을 상징한다.

사물에 깃든 무한한 가능성에 대해 생각하던 차에 꿈속에서 대서양 위를 가로지르는 작은 물체 하나를 보았다. 그 물체는 사각 대형을 이루고 나아가는 네 개의 거대한 허리케인 사이의 중심에서 위성의 추적을 받으며 움직이고 있었고, 과학자들은 세계 곳곳의 기상 관측소에서 최신식 기상 장비를 동원하여 신중하고도 매서운 눈으로 그 물체를 관찰하고 있었다.

꿈에서 장면이 전환되었다. 지름 8인치 가량의 구체인 그 물체는 이제 박물관에서 흔히 볼 수 있는 작은 유리 진열 상자 안에 담겨 전시되어 있었다. 그 상자는 작은 방 안에 있었는데, 그 방에는 출입구가 보이지 않았다. 사회적 질서를 상징하는 미 대통령과 과학적 지식의 대표자이자 합리성의 화신인 물리학자 스티븐 호킹이 그 방 안에 있었다. 그들 중 하나가 그 방의 특성을 설명했다. 벽은 2미터 두께의 불침수성 물질(이산화티타늄?)로 되어 있다는데, 그 말이 꽤 인상적으로 들렸다. 벽체는 이 물체를 영원히 보관할 수 있도록 만들어졌다. 나는 그 방에 있지 않았지만 영화의 관객처럼 방 안을 들여다볼 수 있었다. 진열 상자 안에 있는 물체는 살아 있는 것처럼 보였다. 그것은 움직이면서 형태를 바꾸었는데, 성충이 번데기를 뚫고 나오기 직전의 모습처럼 보였다. 한순간 그것은 해포석 담배 파이프와 닮은 모습으로 변했다. 그러더니 다시 구 모양으로 형태를 바꾸고는 진열 상자와 벽에 완전한 구 형태의 매끈한 구멍을 남긴 채 날아갔다. 물체는 일단 '결정'이 이루어진 뒤에는 자신의 움직임을 제한하기 위해 만든 장애물들이 아무것도 아니라는 듯이 아무렇지도 않게 상자와 방을 떠났다.

그 물체는 물질 속에 구현된 신의 심상이자 우로보로스적 용의 심상이었고 허리케인 네 개를 동반할 만큼 강력했다.[577] 그 방은 신비로운 현상을 제한하기 위해 가장 강력한 사회 지도자와 영향력 있는 과학자에 의해 만들어진 범주 체계였다. 그 물체가 변하여 취한 담배 파이프의 형상은 르네 마그리트의 유명한 그림 〈이것은 파이프가 아니다〉 속의 담배 파이프와 관련이 있었다. 그 그림은 지도는 영토가 아니며, 표상은 현상과 다르다는 의미를 담고 있다. 그 물체가 '자기 의지'로 탈출할 수 있었던 것은 대상이 현상학적 세계를 영원히 초월할 수 있으며 과학적, 신화적 표상을 무한히 초월할 수 있음을 나타내는 것이었다.

그로부터 한참이 지나서(일 년쯤 후에) 꿈속에서 정육면체 모양의 방 중심에 매달린 한 사람을 봤다. 그는 바닥과 천장과 사방의 벽으로부터 팔 하나 정도 길이만큼 떨어진 채 매달려 있었고, 방은 정육면체의 표면이 안쪽으로 굽어서 마치 교차하는 여섯 개의 구로 만들어진 것처럼 보였다. 정육면체의 각 표면은 남자가 어떻게 움직이든 상관없이 남자로부터 같은 거리를 유지했다. 남자가 앞으로 걸어가면 정육면체도 그와 함께 앞으로 나아갔다. 남자가 뒤로 걸어가면 정육면체도 똑같은 속도로 물 흐르듯 뒤로 물러났다. 각 표면은 지름이 10센티미터 정도의 원형 패턴으로 뒤덮여서 같은 크기의 사각형 표면에 새겨져 있었다. 각 원의 중심에는 파충류의 꼬리 일부분이 매달려 있었다. 남자는 방 안의 어느 방향으로든 손을 뻗어 꼬리를 잡아서 방의 표면에서 잡아당길 수 있었다.

이 꿈은 자발적으로 미래를 현재로 끌어오는 인간의 능력을 나타낸다. 꼬리의 형태로만 나타난 용은 현상학적 세계에 내포되어 있는 우로보로스이다.[578] 남자가 정육면체 안에서 어느 방향을 바라보든 새로운 것이 출현할 가능성이 존재했다. 그는 자발적 행위의 결과로 존재의 어느 측면이 모습을 드러내게 할지 결정할 수 있었다.

탐험은 식별 가능한 현상을 낳거나 끌어낸다. 그리고 탐험 결과는 일화 및 의미 기억 체계에 기록된다. 하지만 탐험 과정은 일화 체계가 만든 지도, 특히 미래에 관한 지도의 안내를 받는다. 이루고자 하는 목표가 환상 속에서 떠오른다. 운동 및 추상 탐험 체계가 현재 출현한 현상이 '바람직한 미래의 지도'에 맞아들어 가도록 노력을 기울인다. 행동의 결과와 목표가 일치하지 않으면 부정적인 정서와 호기심 속에서 '세계의 원물질'인 미지가 재등장한다.

이상을 현실로 만드는 과정이 실패로 돌아가면 우리는 고통을 겪으면서 그와 동시에 무언가를 새롭게 배운다. 현재 정서 상태가 최적의 상태로 여겨지면 탐험이 충분히 이루어진 것으로 간주하고 탐험을 멈춘다. 행동으로 드러난 지식이 세계에 충분히 적응한 까닭에 세계는 (다시금) '낙원'이 된다. 하지만 낙원과 같은 상태에 도달하지 못했다면(현재 안정과 행복을 누리지 못한다면) 당연히 탐험이 충분하지 않은 것이다. 지금 여전히 '남아 있는 신비'는 사물이 지닌 본질적 매력 속에 모습을 드러내기에 저절로 관심을 끌고, 해당 사물에 내재하는 '정보'를 '끌어내' 주체나 세계로 변화시키게 된다. 따라서 연금술에서 본 세계의 '기본 재료'는 '확실한 경험(주체와 대상)의 재료'이며 끝없이 변형될 수 있고, 물질세계가 타락하듯 '타락하는', 불완전하고 실현되지 못한, 추락하고 고통받는 존재이다.

이와 관련해서 경험주의 이전 시대의 '금'이라는 범주를 분석하면 이렇듯 분화되지 않은 복잡한 고대의 사상이 현대에 어떤 의미와 관련성, 중요성을 지니는지 이해하는 데 도움이 된다. 금은 현실에서 인식되는 바와 같이 기본 재료와 정반대되는 이상적 물질이다. 경험주의 이전뿐 아니라 현대에도 금은 경제 교류의 매개체 역할을 한다. 하지만 금이라는 금속의 가치는 단지 경제적 유용성에 한정되지 않는다. 금은 일화 표상 체계에서 늘 신성과 연관되어 왔다. 과학적 세계관이 발전하기 이전에 금과 신의 관계는 분명하게 이해할 만했다. 금은 여타 '가치 없는' 금속이나 물질과 달리 색이 변하거나 탁해지거나 부식되지 않았다. 따라서 금은 변하지 않고 썩지 않는 '불멸'의 존재였다. 금은 귀한 것이었고, 생명의 근원인 해처럼 빛났다. 따라서 금이라는 '범주'는 아폴론적이고, 태양 같고, 우리가 아버지와 영웅의 상징으로 익숙하게 보아 온 신성한 모든 것을 포함했다. 융은 연금술사 미하엘 마이어Micael Maier가 추정한 금의 특성을 설명한다.

> 태양은 수백만 번 공전하면서 대지 속에 금을 만든다. 태양은 자신의 모습을 대지에 서서히 각인시키는데 이것이 바로 황금이다. 태양은 신의 상이다. 그리고 황금이 대지에 있는 태양의 상이듯, 심장은 인간의 몸에 있는 태양의 상이다. 그리하여 황금에서 신을 이해할 수 있다.[579]

태양 빛은 힘, 초월성, 명확성, 의식, 영웅주의, 영속성 그리고 어둠과 해체와 부패 세력에 대한 승리를 '상징'한다. 초기 부계 신들과 인류의 지도자들은 생명을 주는 태양의 속성과 인간의 영웅적 이상을 결합시켰고, 그 유사성을 담은 동전은 태양을 모방하여 둥근 황금으로 만들었다.

더 나아가 황금은 모든 광석이 나아갈 이상적 '목표'였고, 물질적 진보의 목표였다. 예를 들어 납은 쉽게 산화하고 다른 여러 물질과 쉽게 '짝짓기'(결합)한다는 면에서 문란하지만 대지의 품 안에서 '익어 가면서' 금처럼 완벽하고 침범할 수 없는 상태를 추구한다. '황금과 같은 상태'는 물질 속에 존재하는 미지의 영, 메르쿠리우스의 목표이다. 이와 관련하여 엘리아데는 다음과 같이 썼다.

> 만약 어떤 것도 잉태 과정을 방해하지 않는다면, 모든 광석은 때가

되면 황금이 된다. 서방의 한 연금술사는 다음과 같이 썼다. "자연이 그 의도를 실행함에 외부의 방해만 없다면, 자연은 언제나 자신이 생산하고자 하는 바를 이룰 것이다……." 그렇기 때문에 우리는 자연이 방향을 잘못 잡아서 혹은 어떤 저항에 얽매여 생성하는 실패와 변종을 바라보듯 불안정한 금속의 탄생을 그저 바라볼 수밖에 없다…….

금속의 자연적 변형에 대한 믿음은 중국에서도 유서가 깊다. 안남 지방, 인도와 말레이제도에서도 그러하다. 톤킨 지방의 농부들 사이에는 이런 말이 있다. "검은 청동은 황금의 어머니라." 황금은 청동에서 자연적으로 변형된다. 그러나 청동이 대지의 품에 오래 머무를 경우에만 이 변형이 구체화될 수 있다.[580]

연금술사는 스스로를 자연이 오랜 세월 맺으려 애써 온 결실을 이끄는 자연의 산파이며, 변형 과정을 도와 이상을 실현하는 존재라고 생각했다. 그 이상은 바로 '황금'이었다. 엘리아데는 이어서 다음과 같이 썼다.

따라서 '고귀한' 황금은 대지가 품은 가장 원숙한 과실이고, 다른 금속은 대충 만들어지기에 '평범'하다. '영글지 않은' 것이다. 자연은 광물계의 완성, 즉 온전한 '성숙'을 궁극적 목표로 삼는다. 황금으로의 자연적 변형은 금속에 새겨진 숙명이라고 할 수 있다. 자연은 완벽을 지향한다. 그러나 황금이 고도의 정신적 상징(인도의 문헌에서는 "황금은 불멸이다."라는 말이 반복적으로 나타난다.)을 담고 있기 때문에 하나의 새로운 사상이 나타난다. 그 사상의 일부는 바로 연금술사가 자연에게 형제와도 같은 구세주라는 것이다. 연금술사는 자연이 마지막 목적을 완수하고 '이상'을 이루도록 돕는다. 여기서 자연의 이상이란 그 자손(광물일 수도, 동물이나 인간일 수도 있다)의 완전한 성숙, 즉 온전한 불멸과 자유이다.[581]

연금술사는 적어도 기독교의 관점에서는 그리스도의 희생으로 구원받은 세계에 살았다. 하지만 그들은 자신이 구원받았다는 사실을 실감할 수 없었다. 여전히 나약하고 죽을 수밖에 없는 인생의 조건에 만족할 수 없었다. 그래서 연금술사들은 당대를 지배하던 도덕률에 따르면 '살펴볼 가치가 없는' 타락하고 비천한 측면의 세계, 즉 물질세계로 관심을 돌렸다. 그들은 혹시 인생이 더 나아질지 모른다는 희망을 품고 물질세계를 탐구했다. 마치 오늘날 우리가 유용한 도구를 끌어낼 수 있다는 희망을 품고 미지를 탐험하듯이 말이다. 연금술사들은 무의식적으로 더 멀리까지 탐험하면 구원에 이르는 지식을 얻을 수 있을지 모른다고 가정했다. 그들은 '여전히 타락한 세계'와 자신을 동일시하고 '현재 상태가 견디기 어렵다'는 것을 인정했기 때문에 미지를 탐험할 수 있었다. 그리고 '바람직한 방향으로 물질을 변형'하려면 메르쿠리우스가 물질로부터 '풀려나야' 한다고 믿었다. 자신의 관심이 이끄는 탐험이 인생을 구원에 이르도록 확장하는 열쇠임을 무의식적으로 알고 있었던 것이다.

탐험 과정에 참여할 때 연금술사는 자신을 탐험 영웅과 동일시하면서 무의식적으로 '구원사'가 된다(표상까지 늘 그렇게 변한 것은 아니지만 적어도 절차 차원에서는 그러하다). 이런 동일시는 연금술사가 자기 스스로 물질의 상태에 참여한다고, 즉 '구원받아야 할 상태'에 속한다고 생각함으로써 복잡해진다. 이는 기본적으로 연금술사들이 자신을 부분적으로나마 '물질'(뿐 아니라 '황금'이 될 수 있는 존재이며, 그러한 변형을 도울 수 있는 존재)과 같은 범주를 차지한다고 생각했다는 의미이다. 경험주의 이전의 종합적이고 융합적인 범주의 관점에서는 '행위의 대상'과 '행위의 주체'가 구분되지 않았다. 엘리아데는 이러한 예로 서로 다른 두 종의 식물을 접붙이기 위해 필요한 '공감 주술'을 설명했다.

이븐 와샤는 서로 다른 식물 종 사이의 환상적인 접목에 관해 이야기한다(물론 동방에서 그런 개념에 미혹된 이는 그만이 아니다). 예를 들면 그는 레몬 나무의 가지를 월계수나 올리브 나무에 접목하면 올리브처럼 아주 작은 레몬을 생산할 수 있다고 말한다. 그러나 그는 접목이 태양과 달의 필연적인 결합이 이루어질 때 치르는 의식 속에서 행해져야만 성공할 수 있다는 점을 분명히 하고 있다. "남자가 매우 아름다운 처녀와 자연법칙에 위배되는 수치스러운 성교를 할 때, 접목할 가지는 그 처녀가 쥐고 있어야 한다. 그리고 성교가 이루어지는 동안, 처녀가 나무에 가지를 접목한다." 이 의미는 분명하다. 식물계의 '자연법칙에 위배되는' 결합이 반드시 성사되게 하려면, 인간 사이의 자연법칙에 위배되는 성적 결합이 필요하다는 것이다.[582]

이런 사상은 매우 흔히 나타난다. 농업으로부터 야금술에 이르기까지 사실상 경험주의 이전에 수행된 모든 절차는 바람직한 결과를 얻기 위해 필요한 '정신 상태를 부르고', '절차의 본보기를 보여 주기 위해' 만든 의례를 동반했다. 이는 사상에 앞서 행동 양식이 먼저 출현하기 때문이다. 파종을 할 때는 남녀가 성적으로 결합하는 의례가 동반됐고, 광부나 대장장이, 도공 들 사이에서는 희생 제의가 성행했다. 자연은 '무엇을 해야 할지 본보기를 봐야 했다.' 인간은 무엇보다 본을 보임으로써 자연을 이끌었다. 올바른 절차는 올바른 마음을 지닌 사람만 행할 수 있었다. 이런 사상은 물질의 '구원' 혹은 궁극적 완성을 변형의 가장 근원적이고 높은 목표로 삼은 연금술 절차에도 그대로 적용되었다.

이질적 요소들을 조화롭게 결합하여 비금속을 금으로 바꿔 주는 현자의 돌을 만들려면 먼저 연금술사 자신의 인격이 통합되어야 했다. 자연을 온전하게 만들려면 인간이 먼저 온전해져야 한다. 연금술사가 온전해야 할 필요성 그리고 연금술 절차와 연금술사라는 존재 사이의 관계는 연금술사가 자신을 물질세계와 동일시함으로써 더욱 강화되었다(다시 말해서 연금술사는 '물질'과 같은 '범주'에 속했다). 타락하고 부패한 물질적 존재이면서도 끝없이 변할 수 있는 인간이 타락하고 부패했지만 변할 수 있는 물질세계의 본질에 참여하는 것이다. '대상'의 존재 변화에 관련된 것들은 모두 논리적 필요에 따라 그 자신의 존재를 변화시켜야 했다. 기본 물질을 금으로 바꾸는 행위는 엄연히 세계를 구원하고 세계를 '금과 같은 상태'로 바꾸는 행위였다. 현자의 돌은 그 목표를 이루기 위한 수단이었다. 공감 주술 이론이 '연금술'의 영역까지 확대되자, 수 세기에 걸쳐 발전한 연금술 분야에서 점차 이 온전함의 본질에 대한 (주로 심상적인) 가정이 난무하게 되었다.

현대인은 도대체 연금술에 관한 이런 사실들이 자신과 도대체 무슨 관련이 있는지 이해하기 어렵다. '마음을 연구하는 과학' 분야로서 심리학과 정신의학은 적어도 이론상으로는 정신 장애를 '실증적으로' 진단하고 치료하는 데 매진한다. 하지만 이런 목표는 가림막일 뿐이다. 인간은 언제나 이상을 추구한다. 우리가 이러한 이상의 본질을 '암묵적 상태'로 남겨 두려 하는 까닭은 이상을 명확히 이해할 때 제기되는 엄청난 난제들을 회피하기 위해서이다. 그래서 우리는 건강을 '질병'이나 '장애'가 없는 상태로 규정하고 거기에 만족하며 질병이나 장애(혹은 질병과 장애가 없는 상태)의 개념이 중세의 도덕 철학 및 경험적 지식과 연속선상에 있지 않은 것처럼 생각한다. '불안이 없는' 상태가 가능하며 바람직하다는 암묵적 이론 때문에 우리는 불안에 휩싸인 상태를 '장애'로 규정한다. 우울증이나 조현병, 성격 장애 등도 마찬가지이다. 그 개념의 바탕에는 갖가지 '부족한' 현재 상태의 비교 대상으로서 '암묵적'(무의식적) 이상이 존재한다. 우리는 이 이상을 어떻게 명시적으로 만들 수 있을지 그 현실적인 방법(다시 말해서 여러 이상들의 순위를 놓고 갈등하지 않을 방법)을 알지 못하지만 질병을 치료하려면 '이상과 다른' 상태의 개념이 필요하다는 사실은 안다. 그러나 머지않아 우리가 사실상 이상적 인간을 배출하려고 애쓰고 있다는 사실을 받아들이고 그 방법이 명시적으로 밝혀질 날이 올 것이다. 그때 우리가 받아들일 이상은 분명 인류가 오랜 세월에 걸쳐 공들여 구축한 이상과 관련이 있을 것이다. 그 같은 일이 서양의 연금술에서는 일어났다. 연금술 철학이 기독교 시대를 거치며 발전하는 동안 '현자의 돌'이 점차 그리스도와 동일시된 것이다. 이는 연금술사들에게 무척 놀라운 일이었다. 그리고 우리 역시 연금술사들처럼 놀라움을 금치 못하게 될 것이다.

자연을 온전하게 만들려면 올바른 태도를 갖추고 영혼을 정화하기 위한 적절한 의례와 절차를 거쳐야 하며, 사물이 순수해지기를 바라는 만큼 자기 자신도 순수해져야 했다. 작은 일이든 큰일이든 일하는 사람은 자연 앞에서 본보기가 된다. 야심차게도 타락한 '물질세계'를 구원하려 했던 연금술의 경우 연금술사 자신이 위대해져야 했다. 그러므로 연금술 문헌은 일정 부분 이상적 인간상에 대한 기나긴 '성찰'로 간주할 수 있다.

| 기독교가 지배했던 중세의 일화 표상

과학은 집단이 인식을 공유하는 감각 세계와 그 세계의 변화에 분석할 만한 가치가 있다는 핵심 공리를 전제로 한다. 연금술적 환상 속에서 처음으로 발현된 이 신념은 현 시대를 이루는 큰 틀이자 주요 전제여서 이것이 인류 역사에서 무척 놀라운 성취였다는 점은 간과되기 쉽다. 실증적 현실이 현상의 동기적 의미와 독립적으로 존재하며 이를 체계적으로 연구해야 한다는 개념이 만들어지기까지는 수천 년에 걸쳐 문화가 발전해야 했다(또 이 사상은 초기에 동양과 유럽의 발전된 사회에서만 나타났다). 연금술사들은 처음으로 물질에 가치를 부여하고 모험을 감행했지만, 그들은 오늘날의 명쾌한 실증적 방법론이 없는 상태에서 '물질'을 연구했다. 융은 다음과 같이 썼다.

오늘날 우리가 이해하고 있는 '정신'의 개념은 중세에는 아예 존재하지 않았고, 심지어 교육을 받은 현대인조차도 '정신의 실체'가 무엇을 의미하는지 이해하기가 어렵다. 그래서 중세 시대에 '실제로 존재하는 것esse in re'과 '관념으로만 존재하는 것esse in intellectu solo' 사이의 무엇을 상상하기란 우리와 비교도 안 될 정도로 어려운 일이었을 것이다. 해결 방법은 '형이상학'에 있었다. 그러므로 연금술사는 이 유사과학적인 사실 역시 형이상학적으로 설명할 수밖에 없었다.[583]

과학적 방법론과 경험을 일반화하기 위한 공식화된 비교 방법을 사용할 수 없다는 것은 곧 경험의 순수한 감각적 측면과 주관적, 정서적, 신화적 측면이 구별되지 않고 뒤섞여 있었음을 뜻한다. 과학적 방법론의 주요 목적은 실증적 사실과 정서적 가설을 구분하는 것이다. 이 같은 방법론이 부재하는 상황에서는 불가피하게 두 영역이 뒤섞인다.

> (연금술사들은) ……물질에 관한 미지의 현상을 연구하고 있다고 믿었다. ……그리고 그들은 구체적인 계획 없이 그저 발생하는 현상을 관찰하고 해석했다. 한 덩어리의 낯선 물질이 있다면 연금술사는 그것이 무엇인지 모르기 때문에 이런저런 가정을 했고 그 과정에서 당연히 무의식적 투사가 일어났다. 하지만 거기에는 확실한 의도나 전통이 없었다. 따라서 연금술에서는 가장 순진하고 임의적이며 완전히 그른 가설이 생성되었다고 말할 수 있다.
>
> 나이가 지긋한 연금술사의 처지를 상상해 보자. 어떤 마을에 사는

한 남자가 외따로 떨어진 헛간을 하나 짓고 무언가를 끓이다가 폭발이 일어났다. 그러면 아주 당연하게 모두가 그를 주술사로 여길 것이다! 어느 날 누군가 찾아와서 자신이 기묘한 금속 조각을 찾았다며 그것을 사겠냐고 묻는다. 연금술사는 그 금속의 가치를 알지 못하지만 어림짐작으로 값을 치른다. 그러고는 그 금속을 솥에 넣고 황이나 그 엇비슷한 것과 혼합하고 무슨 일이 일어나는지 관찰한다. 만약 그 금속이 납이었다면, 연금술사는 그 증기로 인해 심각하게 납중독이 되었을 것이다. 따라서 그는 이 물질은 가까이 접근하는 사람을 아프게 하고 거의 죽일 수도 있으므로, 납 안에는 악마가 있다고 말한다! 후에 그가 연금술의 비기를 적을 때 "납을 조심하라. 납 안에는 사람들을 죽이고 미치광이로 만드는 악마가 있다."는 내용의 주석을 덧붙일 것이다. 이 결론은 중세의 발전 수준을 고려할 때 꽤 명백하고 합리적인 설명일 것이다. 그 결과 특정 물질과 결합되면 중독성이 나타나는 납은 파괴적 요소를 투사하기에 걸맞은 대상이 된다. 산성 물질도 위험하긴 하지만 부식을 일으키고 사물을 분해하는 수단으로도 활용되기 때문에 화학 작용에서 아주 중요한 역할을 맡는다. 무언가를 녹이거나 액체로 만들고 싶을 때 산성 용액 속에 용해시킬 수 있었기 때문에 산은 해체를 부르는 위험한 물질이지만 몇 가지 물질을 다룰 수 있게 해 준다고 가정할 근거가 된다. 혹은 변형을 위한 매질로 가정하고는 지금껏 아무것도 하지 못했던 금속을 꺼내 이 용액을 활용하여 변형시킬 수 있는지 확인할 것이다. 그러므로 연금술사들은 그에 관해 내가 지금 설명한 것처럼 순진한 형식으로 글을 썼으며, 거기에는 현대 과학의 관점에서 보자면 자연과학이 아니라 갖가지 투사가 담겨 있다는 것을 깨닫지 못했다.

그러므로 연금술에는 명확한 의식하에 확실한 계획을 따르지 않고 이모저모 살피기만 하는 상황에서 만들어진 무의식의 내용물이 놀랍도록 많다.[584]

　　연금술은 거의 2천 년에 걸쳐 성행하다가 18세기 후반에 이르러서야 자취를 감추었다. 연금술은 (적어도 중세에는) 당시로서는 절대적이던 기독교를 보완하는 운동이었다. 기독교는 영혼의 궁극적 실체와 가치를 강조했고, 독단적인 종교로 굳어져 갔다. 알아야 할 가치가 있는 것은 모두 발견했다고 가정했고, 물질세계에 오명을 씌웠다.

　　중세에는 육체적이고 감각적이며 물리적인 세계, 즉 '물질세계'를 비도덕적이고 타락한 미지의 악마가 다스리는 곳으로 여겼다. 뱀과 이브가 인류의 후손을 '세속적이고 타락한 (물질)세계'로 이끌어 갈 음모를 꾸몄다는 「창세기」의 이야기는 부분적으로 이 범주를 통합하는 신화적 근거가 되었다. 물질세계의 매력은 영적 풍요로움이 아닌 관능적, 물질적 욕망을 쫓게 만든다는 점에서 교회를 위협했다. 게다가 물질세계가 타락했다는 사실은 기독교 교리에 대한 신념을 뒤흔들었다. 기독교 교리는 그리스도의 행위가 인류를 최종적으로 구원했다고 보증했지만, 인간이 여전히 고통에 시달린다는 점을 미루어 봤을 때 그 교리는 믿기가 어려웠다. 따라서 교회의 권위자들은 사람들이 '어머니가 다스리는 물질적 지하 세계'를 접하는 것을 무척 위험하게 생각했고, 거기에는 (적어도 전통을 보존하는 관점에서는) 충분히 그럴 만한 이유가 있었다.

　　'물질'에 대한 연금술의 관심은 기독교의 '영적'이고 '확립된' 가치 평가와는 정반대 방향으로 발전했다. 교회가 감각적 물질세계를 억압하는 동시에 당대의 지식을 절대화했다는 것은 곧 이례적인 감각적, 정서적 경험과 거기에 담긴 가치를 부정한다는 뜻이다. 이렇듯 부인된 가치가 오랜 세월 '거부당한 미지'의 것이 갖는 매력, 즉 '금지된 열매'에 깃들기 마련인 매력을 지니고 자신의 존재를 드러낸 결과 물질에 매료된 연금술이 등장하게 된 것이다.

이해하지 못하는 대상을 관찰하는 동안, 연금술사는 미지의 대상을 해석하기 위해 추측에 의존할 수밖에 없었다. 이러한 추측은 현대인의 관점에서 보자면 중세 기독교인(혹은 기독교 이전 시대)의 환상과 다름없는 또 다른 환상처럼 보인다.

……어떤 의미에서 보면 연금술의 결과물도 환상의 산물이며, 그렇기 때문에 복잡한 심리학의 방법론을 통해 해독할 수 있다. 연금술적 접근법은…… 아주 명백하게 정신적이고 도덕적인 태도이며 그 심리학적 본질에는 의심의 여지가 없다. 현대인의 사고방식으로는 심리 작용과 화학 작용은 전혀 다른 것이다. 우리에게는 이 두 가지가 같은 척도로는 비교할 수 없는 개념이지만, 중세 사람들의 사고방식으로는 그렇지 않았다. 그때에는 화학적 물질의 본질과 물질들 사이의 결합에 대해 아무것도 알려진 바가 없었다. 그들에게는 단지 불가해하지만 하나와 하나를 합치면 똑같이 신비로운 새 물질을 만들어 내는 수수께끼의 물질로 보일 뿐이었다. 이 엄청난 무지 속에서 연금술사의 환상은 자유롭게 나래를 폈고, 상상의 범위를 넘어선 것들도 쉬이 결합할 수 있었다. 중세 연금술사들의 환상에는 아무런 제약이 없었고, 상상 과정에서

는 실제의 현상을 그다지 의식하지 않았다.[585]

연금술사는 오래된 추측과 사상을 토대로 중세나 고대의 사고방식으로 생각했다. 따라서 물질에 '투영된' 연금술사들의 사고를 분석하는 일은 곧 정신이 탐험 과정에서 자연스럽게 만들어 내는 환상의 내용물을 해석하는 작업이다. 연금술사의 사고를 분석하면 인간의 마음이 어떻게 작동하는지 더 잘 이해할 수 있다. 연금술 관련 문헌을 다 모으면 그 속에는 1700년에 걸친 (도덕적) 변화의 본질에 관한 환상이 담겨 있다. 연금술사들은 이 같은 변화가 완벽한 상태를 향해 나아가는 물질(사람을 포함하는 범주)에서 일어난다고 가정했다. 그 길에서 구원받지 못한 태고의 물질인 원물질의 해체, 변형, 재구성이 이루어졌다.

…… 연금술사가 연금술을 설명하기 위해 선택한 이름인 '스퍼지릭 아트(고대 그리스어의 spao[끊다]와 ageiro[합치다]를 결합)' 혹은 '용해하고 응고시킨다'와 같이 자주 사용되는 표현에서 볼 수 있듯, 연금술사는 자기 기술의 핵심을 한편으로는 분리와 분석의 측면에서, 다른 한편으로는 통합과 결합에서 찾았다. 먼저 반대되는 경향이나 힘이 충돌하는 초기 상태가 있고, 적대적인 요소와 특성이 분리되면 다시 통합으로 돌아오는 과정이 이어졌기 때문이다. 카오스(혼돈)라 이름 붙인 초기의 상태는 처음부터 주어진 것이 아니라 '원물질'로서 찾아져야 했다. 이렇듯 일의 시작이 명백하지 않으니, 그 끝은 더 분명하지 않았다. 종결 상태의 유형에 대해서는 수많은 추측이 있으며, 그 추측은 모두 그 이

름의 의미에 담겨 있다. 가장 잘 알려진 것은 영속성(생명의 연장과 불멸, 썩지 않는 상태), 양성구유, 정신성과 물질성, 인간적인 특성과 인간과의 유사성(호문쿨루스) 그리고 신성 등이다.[586]

연금술사는 연금술 작업을 시작할 때 이상을 추구하기 위해 물질 세계에 갇혀 있는 미지를 마주하기로 결심해야 했다. 그들의 이상은, 비금속을 금으로 바꾸는 능력과 더불어 그것을 가진 사람에게 완전한 지식과 불멸의 생명과 흠잡을 데 없는 심신의 건강을 부여하는 능력이 있는, 통합된 물질인 현자의 돌이었다. 중세인은 그런 '물질'을 만들어 내는 것이 불가능하다는 생각을 하지 못했고, 변형적 특성을 지닌 여러 물질을 알고 있었다.

연금술사들이 현자의 돌을 추구하게 된 동기는 쉽게 짐작할 수 있다. 오늘날 직업을 순전히 돈벌이 수단으로 여기는 사람들이 많듯이, 순전히 잠재적인 경제적 이득을 위해서 연금술에 손을 댄 사람이 많다는 것은 의심할 여지가 없다. (물론 이 역시 물질적 수단을 선택했을 뿐 일종의 구원받고 싶은 욕구임에는 틀림이 없고, 성숙 과정에서 혹은 예기치 않은 심정의 변화나 상황의 변화로 조금 더 순수한 영적 추구로 변모될 가능성이 있다). 또 강렬한 호기심에 사로잡혀 오늘날의 자연과학자들처럼 진지하게 연구에 임한 부류도 있었다. 현자의 돌이라는 환상에 깃든 신비와 힘은 결코 과소평가할 수 없다. 이 사상은 물질의 비밀을 밝히는 엄정한 연구, 까다롭고 힘들며 값비싼 연금술 연구에 동기를 부여했다. 물질 속에 지혜와 건강과 부의 비밀이 감추어져 있다는 사상은 현대 과학에서도 모든 작업의 기저에 흐르고 있다. 이처럼 과장된 데다 기독교 교리와 갈등을 빚는 사상이 만들어지고 진지하게 받아들여졌다는 사실은 쉽사리 믿기 어렵다. 더군다나 그 어떤 연금술사도 목표를 달성하지 못했는데도 연금술이 1700년이 넘게 지속되었다는 사실은 정말 이해하기 어렵다. 융은 다음과 같이 썼다.

> 누군가 실제로 금을 만들어 내는 데 성공했다는 반복되는 주장에도 증류기 속에서 한 번도 기적이 일어나지 않았다는 사실, 만병통치약이나 엘릭시르가 실제로 인간의 수명을 기대 이상으로 연장했다는 증거가 없다는 사실, 화로에서 호문쿨루스가 뛰쳐나온 적도 없다는 사실, 이처럼 전적으로 부정적인 결과를 고려할 때 우리는 연금술사들이 무엇 때문에 그토록 연금술에 심취하고 열정을 쏟았는지 질문해 보아야 한다.
>
> 이 어려운 질문에 대한 해답을 얻으려면 먼저 연금술이 수 세기에 걸친 노력 끝에 맺은 열매가 화학이라는 학문과 그 분야에서 나온 놀라운 발견들이라는 점에서, 연구에 대한 열정에 이끌렸던 연금술사들이 실제로 희망적인 길 위에 있었음을 유념해야 한다. 연금술에 대한 열정은 당시 전례가 없는 가능성의 예감으로 설명해야 한다. 연금술에 쏟아부은 노력이 유용한 결과나 깨달음을 주는 결과를 전혀 낳지 못했음에도, 연이은 실패에도, 연금술사들의 노력은 만족감 혹은 지혜가 늘어났다는 인식과 같이 그들의 정신에 긍정적인 영향을 미쳤던 것 같다. 그렇지 않고서는 연금술사들이 거의 하나같이 헛된 연구에 넌더리를 내며 돌아서지 않은 까닭을 설명할 길이 없다.[587]

기독교의 환상이 서구 문명화의 동기를 제공했던 것처럼 연금술의 환상은 실증 연구의 동기를 제공했다(그리고 여전히 제공하고 있다). 이와 마찬가지로 신화도 신비하고 부조리하고 불가사의하지만 적응 과정의 선봉에 있다. 엘리아데는 과학의 기원에 관해 다음과 같이 썼다.

신비학의 전통과 자연과학을 대담하게 종합하여 유럽의 종교와 문화를 쇄신하려 했던 이 일반적인(연금술적) 운동에서 뉴턴이 했던 역할은 알려진 바가 거의 없다. 뉴턴은 자신의 연금술 실험 결과를 발표하지 않았지만 그중 일부가 성공했다고 공표했다. 1940년까지 무시되던 그의 무수한 연금술 관련 원고는 최근 베티 조 티터 돕스Betty Jo Teeter Dobbs 교수의 『뉴턴 연금술의 기초The Foundations of Newton's Alchemy』 (1975)라는 책에서 세심하게 분석되었다. 돕스 교수에 따르면 뉴턴은 자기 실험실에서 방대한 연금술 문헌에 기록된 작업들을 면밀히 연구하고 실험했는데, "이정도로 방대한 연구가 이뤄진 것은 전무후무했다." 뉴턴은 연금술을 이용해 소우주의 구조를 발견하여 자신의 우주론 체계에 대입할 수 있기를 바랐다. 그는 행성을 궤도에 머물게 하는 힘이 중력이라는 것을 발견했지만 그것으로 만족하지 못했다. 그는 1669년부터 1696년까지 끈기 있게 실험을 계속 해 나갔지만, 미립자를 제어하는 힘을 규명하는 데는 성공하지 못했다. 그렇지만 그는 1679~1680년 궤도 운동의 동력학을 연구하기 시작했을 때 인력이라는 화학적 개념을 우주에 적용했다.

맥과이어와 라탄시가 서술했듯이 뉴턴은 처음에 이렇게 확신했다.

"신은 선택된 소수의 인간에게 자연철학과 진정한 종교의 비밀을 전해 주었다. 이 지식은 그 후에 사라졌다가 불완전하게나마 회복되었지만 저속한 사람들에게로는 숨겨졌고 우화와 신화의 표현 속에 녹아들었다. 그 지식이 이제는 경험을 통해 더 완전하게 회복될 수 있을 것이다."[588] 이런 이유로 뉴턴은 연금술 문헌의 가장 깊이 있는 부분에 진정한 비밀이 담겨 있기를 바라며 조사했다. 근대 역학의 시조가 변성의 원리를 부정하지 않았던 것처럼, 원초적이고 비밀스러운 계시라는 전통을 거부하지 않았다는 것은 의미심장하다. 그는 자신의 『광학Optics』(1704)에서 이렇게 서술한다. "물질이 빛으로, 빛이 물질로 변하는 것은 전적으로 자연의 법칙에 부합하는 것이다. 왜냐하면 자연은 변성에 매혹된 것으로 보이기 때문이다." 돕스에 따르면, "뉴턴의 연금술에 대한 생각은 매우 확고하게 정립되어 있어서 그 사상의 일반적인 타당성을 부정하는 일은 결코 없었다. 그런 의미에서 1675년 이후 뉴턴의 모든 경력은 연금술과 기계론을 통합하기 위한 하나의 긴 시도로 볼 수도 있다."

『자연철학의 수학적 원리』가 출판된 이후, 반대론자들은 뉴턴이 말하는 '힘'이 실제로는 '초자연적인 속성'이라고 단언했다. 돕스도 인정하다시피 어떤 의미에서 이런 비평은 옳았다. "뉴턴이 말하는 힘은 르네상스 시대의 많은 초자연적인 문헌에서 발견되는 신비한 공감이나 반감 같은 것과 매우 흡사하다. 그러나 뉴턴은 그 힘에 물질과 운동 같은 존재론적인 상태를 부여했다. 그리함으로써, 또한 그 힘을 정량화함으로써 그는 기계론을 가상의 충돌 기제 수준 이상까지 끌어올릴 수 있었다." 리처드 웨스트폴은 뉴턴이 말하는 힘의 개념을 분석한 후, 신비

주의적인 전통과 기계론이 결합해서 근대 과학이 탄생한 것이라고 결론 내린다.[589]

　'근대 과학'은 눈부시게 도약하는 동안 신비주의의 유산을 무시하거나 거부해 왔다. 다르게 말하면 뉴턴 역학의 승리가 결국 뉴턴 자신의 과학적 이상을 소멸시키는 것으로 끝이 난 것이다. 실제로 뉴턴과 그의 동시대인들은 과학 혁명에 기대하는 바가 서로 달랐다. 르네상스 시대의 파라셀수스, 존 디, 코메니우스, J. V. 안드레아, 플러드, 뉴턴 등 신 연금술 학자들은 서로 생각은 달라도, 같은 기대와 목표(그 첫 번째는 자연의 구원자가 되는 것)를 계승하고 발전시켰는데, 특히 지식이라는 새로운 방법을 사용해서 인간을 완성해야겠다는 야심찬 포부는 누구 못지않았다. 그들의 관점에서 볼 때, 그러한 방법은 연금술과 의학, 천문학, 역학 등의 자연과학을 비고백적인 기독교로 통합해야만 하는 것이었다. 실제로 이 통합은 초기 플라톤주의, 아리스토텔레스주의, 신플라톤주의를 통합해서 얻었던 눈부신 성과에 버금가는 새로운 기독교 창조였다. 18세기의 사람들이 상상하고, 부분적이나마 정교하게 만들어 낸 '지식'의 이러한 유형은 '총체적 지식'을 얻기 위해 수행되었던 유럽 기독교의 마지막 시도였다.[590]

정확히 말하자면 마지막 시도는 아니다.

　물질의 형태에서 신의 속성을 알아낼 수 있으리라는 사상은, 상상할 수 있는 최고의 가치가 기존에 확립된 부계적 '영적' 세계가 아니라 '물질' 속에 구현되어 있을 가능성을 염두에 두고 있다는 말이다. 그렇다면 '신의 본질'은 물질 연구의 주제가 될 수 있다. 하지만 중세인에게 물질은 미지의 것이었고, 따라서 모든 억압되고 부정된 미지의 것으로 '오염되어' 있었다. 물질에 가치를 부여하는 것은 곧 미지의 경험에 가치를 부여하는 것과 마찬가지였다. 이는 기독교 교리(공식적인 중세 유럽인의 기대와 바람의 일반 모형)에 오류가 있고 불완전할 수 있다는 점을 암시한다는 데서 이단적이었고, 따라서 심리적, 사회적으로 위험한 사상이었다. 게다가 교회는 물질을 (인정할 수 없는 미지의 전형적 사례로서) 타락하고 불완전하며 악마적인 것으로 못 박았기 때문에 물질에 가치를 부여하는 사상은 더욱더 심각한 이설로 취급되었다.

연금술사는 말로 표현할 수 없는 이상을 찾아 나선 자이자 고통에서 구원받지 못한 자였다. 그들은 자기 이상인 현자의 돌과 그것을 만드는 과정을 적어도 현대적 관점에서 '물질세계'와 관련된 용어를 사용해서 공식화했다. 하지만 정신세계와 물질세계를 명확히 구분하지는 못했다. 따라서 그들의 '이상 추구'는 화학적이면서도 그만큼 심리적인 성격이 강했다(연금술사가 현대 과학의 기본적인 측정 도구조차 없는 상태에서 연구했다는 점을 고려하면 실제로 심리적인 성격이 더 강했다고 볼 수 있다). 연금술사는 자신이 찾는 해답이 교회 밖에, 미지 속에 놓여 있다고 상정했다. 금지된 미지의 영역을 탐험한다는 것은 곧 구원에 이르는 지식을 생성한다는 것이며(그것은 지금도 마찬가지이다), 구원에 이르는 지식을 통합한다는 것은 곧 완벽한 상태로 나아가는 것을 의미했다. 일반적으로 말하자면 연금술사는 '물질'이라는 범주에 속한 모든 요소를 '금'이라는 범주에 속한 요소로 바꾸고자 했다. 물질은 '물리적' 존재로서 인간을 포함하는 타락하고 부패한 미지의 세계이며, 금은 아폴론적이고 영적이고 태양과 같고 썩지 않는 상태이다. 연금술사는 이런 변화를 불러일으킬 변형 물질, 즉 현자의 돌을 추구했지만 동시에 그 자신도 변형 물질로 여겼다. 연금술사가 연금술의 변형 작업에 필수불가결한 요소로 참여한다는 점을 생각해 보라.

연금술사는 용감하게도 중세 교회에서 완전히 이루어졌다고 천명한 구원의 작업이 아직 완성되지 않았다고 생각하거나 적어도 아직 해야 할 일이 남아 있다는 듯 행동했다. 그래서 아직 구원받지 못한 것을 금으로 바꾸기를 바랐다. 문제는 견디기 어려운 현재라는 A지점에서 이상적 미래라는 B지점으로 가기 위한 '일상적' 행위로는 기본 물질을 금으로 바꿀 수 없다는 것이었다. 지상낙원과 같은 '최고의 이상'은 혁명이 없이는 닿기가 어려운 곳이다. 그래서 연금술의 '이야기'는 금세 더 복잡해졌고, '신들의 연합'에서 개괄했던 것 같은 입문 혹은 영적 변형 과정과 유사하게 바뀌었다. 연금술사들은 곧 이상을 향해 나아가는 길이 완만하지 않음을 깨달았다. 커다란 도약에 앞서 급격한 하강을 겪어야 한다는 사실을 깨닫게 된 것이다.

일단 연금술사가 교회가 아니라(최소한 교회와 더불어) 미지에서 구원을 찾기로 결심한 순간, 그는 이전 범주 체계라는 안전한 영역 밖으로 나아간 셈이 된다. 교리 체계 밖에서 사물은 새로운 의미를 지닌다. 어떤 대상에 대해 모르는 점이 있다는 생각이 들면 새로운 것을 배울 수 있다. 하지만 '대상'이 범주 체계 안, 특정 패러다임의 제약 안에 놓여 있다면, 대상의 선험적인 동기적 의미는 제한된다(관련이 없다고 간주될 때는 완전히, 특정 용도가 부여될 때는 부분적으로 사라진다). 범주 체계가 사회 환경이나 자연환경이 변해서 혹은 기존의 패러다

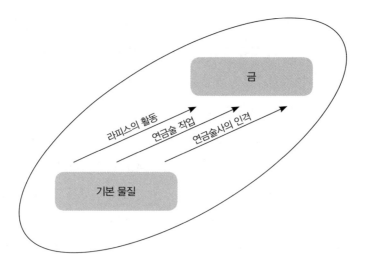

그림 45. 연금술 작업의 일상적 이야기

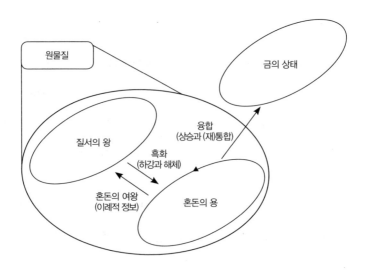

그림 46. 연금술 작업의 혁명적 이야기

임으로 설명할 수 없는 경험(패러다임을 위협하는 정보)을 하면서 현실을 반영하지 못하면 이전에 동기적 의미가 제한되었던 현상이 원래의 위치를 되찾는다. 그 현상은 다시 낯설어지고, 범주화되기 이전의 정서를 다시 불러일으키게 되는 것이다. 연금술에서 이 과정은 '왕'(과거를 지배하던 질서 체계)의 죽음과 '왕비'(위대한 어머니로서, 위협과 기회의 원천이자 과거의 질서를 쇄신하기 위해 꼭 필요한 존재)의 재등장으로 그려진다. '왕비 안에 왕을 담금질하는 것'은 왕과 왕비의 '성적 결합'으로서 '세계'가 창조 이전의 혼돈, 즉 원물질 상태로 되돌아가는 것을 상징한다. 이때 앞서의 질서 상태에서는 조화롭게 공존하던 '물질'들 간에 다시 갈등이 일어나고 서로 상반되는 대립쌍들 사이에서 다시 전쟁이 일어난다. 창조적 혹은 '성적' 결합으로 상징되는 왕과 왕비의 '재결합'은 새로운 것이 출현할 가능성이 있는 상태를 이룬다. 이 '새로운 것'은 왕과 왕비의 결합을 통해 만들어지는 것, 곧 앞으로 왕이 될 '신적 아들'로 개념화할 수 있다. 신적 아들은 새로운 왕이나 현자의 돌 등 여러 다양한 형태를 취할 수 있다.

"현자의 돌은 하찮은 형상으로 나타난다. 거기서 영원한 물이 샘솟는다."591

| 원물질

원물질 혹은 '둥근 혼돈'이나 연금술적 우로보로스는 물질인 동시에 물질에 깃든 영향력으로서의 미지이다. 경험주의 이전 시대에는 이 두 가지가 구분되지 않았다. 이것은 '우주 발생 이전의 난자'이며,

혼돈의 용이고, 정신과 지식과 물질과 세계의 영원한 원천이다. 탐험할 때 새로운 현상이 일어나는 원천인 동시에 모든 확실한 경험 주체를 구성하는 '정보'의 원천이다. 따라서 연금술사는 원물질에 '반은 화학적이고 반은 신화적인' 정의를 부여했다. 원물질은 어떤 연금술사에게는 수은이었고, 다른 이에게는 광석, 철, 금, 납, 소금, 황, 식초, 물, 공기, 불, 흙, 피, 생명의 물, 돌, 독, 영혼, 구름, 이슬, 하늘, 그림자, 바다, 어머니, 달, 용 등이었다. 융은 다음과 같이 썼다.

> 파라셀수스에 따르면, 원물질의 자율성과 영속성은 어머니 신에 해당하는 신격과 동등한 원리임을 시사한다. ……예를 들어 다음의 성경 구절을 원물질에 응용한다고 보자. "그의 기원은 아득한 옛날, 태초에까지 거슬러 올라간다."(「미가서」 5장 2절) "아브라함이 태어나기 전부터 내가 있다."(「요한복음」 8장 58절) 이는 '돌'이 시작도 끝도 없이 태초 이전부터 영원까지 존재한다는 것을 보여 주기 위함이었다…….
>
> 마찬가지로 저자는 돌이 그 원료와 함께 수천 가지의 이름으로 불리며 '기적'으로 여겨진다는 것과, 그 이름들이 신으로부터 나온 것임이 분명하다는 사실을 설명하면서, 저자 자신도 돌을 여러 이름으로 부른다. 기독교인은 자신의 귀를 의심하겠지만…… "만물이 나오는 근원은 눈에 보이지 않는 부동의 신이다."[592]

연금술사들은 원물질을 아직 '구원받지 못한', '비도덕적인' 것으로 이해했다. 물질이 타락했다는 사상은 도덕적 사상이며, 물질의 '불완전성'은 따라서 도덕적 불완전성을 의미한다. 물질의 불완전성에 대한 연금술사의 생각은 불가피하게 도덕적 불완전성의 문제와 물질적 타락에 대한 생각이 반영되어 있다. 연금술사는 실증적 방법론이 없는 상태에서 비유와 상징으로 사고했기 때문에, 타락한 원물질이 원죄를 비롯하여 일상의 여러 죄로 물든 세속적 인간과 더불어 모든 타락하고 불완전한 창조물의 특성을 공유한다고 생각했다.

우리는 선조들이 세계를 얼마만큼 도덕적인 관점에서 이해했는지 제대로 실감하지 못한다. 고대 세계의 면면은 타락 속에서 완벽한 상태를 향해 분투하는 도덕적 노력과 맞물려 있었다. 모든 광석은 순금속이 되고자 했고, 순금속은 금이 되고자 했다. 따라서 대장장이와 광부와 연금술사는 모두 땅이 낳고자 하는 '완벽한' 물질을 낳도록 돕는 산파의 역할을 했다. 엘리아데는 과거 야금공의 독특한 관점에 관해서 다음과 같이 썼다.

광물질은 어머니 대지에 부여된 신성성을 나누어 가지고 있었다. 아주 오래전부터 우리는 대지의 배에서 배아의 방식을 거쳐 광석이 '성장한다'는 개념과 대면한다. 따라서 야금학은 산과학의 특징을 띠게 된다. 광부와 야금공은 땅속 배아의 생성에 개입한다. 그들은 광석의 성장을 가속화하고 자연이 하는 일에 협력하여 더 빨리 출산하도록 돕는다. 요컨대 인간은 다양한 기술로 점차 시간을 대체한다. 인간의 노동이 시간의 역할을 대신하는 것이다.

자연의 일에 협력하고, 자연이 점차 더 빠르게 생산하도록 도우며, 물질의 양상을 변화시키는 것은 연금술 사상의 근간이라 할 수 있을 것이다. 그렇다고 연금술사의 정신세계와 광부, 야금공, 대장장이의 정신세계 사이에 온전한 연속성이 있다고 주장하려는 것은 아니다. (그러나 실제로 중국 대장장이의 입문 의식과 비기는 후에 중국의 도교와 연금술로 계승되는 전통의 필수 요소였다.) 하지만 제련공, 대장장이, 연금술사의 공통점은 이 세 작업 모두가 물질과의 관계에서 주술적, 종교적으로 특별한 경험을 했다고 주장한다는 점이다. 이 경험은 그들의 전유물이며, 그 비기는 입문 의례를 통해 전수된다. 제련공, 대장장이, 연금술사 모두 살아 있고 신성하다고 여기는 물질을 작업 대상으로 삼으며, 그들은 노동을 통해 물질의 완전한 변성, 즉 물질의 완성과 변형을 추구한다.[593]

연금술사는 인간이 죄 많고 악한 세속적 속성에 의해 타락하고 부패하기 쉬운 상태로 남겨진 것처럼 물질도 불완전하고 구원받지 못한 원물질 상태에 갇혀 있다고 생각했다. 따라서 원물질을 금이나 현자의 돌로 변형하는 것은 도덕적 수단을 통해서 도덕적 변화를 이룬다는 것을 의미했다. 연금술사는 부패한 물질을 구원할 방법을 찾고 있었다. 타락한 물질을 구원한다는 연금술사들의 환상은 현대인의 눈으로 보기에는 터무니없어 보인다. 하지만 당시 교회는 (기독교 교리 체계에 따라) 물리적 경험 세계를 공식적으로 저주받은 장소로 폄하했고, 그에 따라 경험에 표상된 잃어버린 가치가 구원받기를 절실히 기다리고 있었다. 이렇듯 잃어버린 가치를 찾아 나선 연금술사들은 인간의 타락과 한계와 과거 그리고 그 변형과 구원의 본질을 더욱 깊이 숙고하게 되었다. 연금술사들이 이 문제를 깊게 파고들면서 인간이 자신의 한계를 맞닥뜨리고 미지와 조우할 때 원형적 '길'이 저절로 드러난다는 환상이 떠올랐다. 연금술사들은 확실히 '정신'과 '객관적 현실'을 혼동했지만, 이러한 혼동에도 의미가 있다. 연금술사들은 물질을 '구원하기 위한' 변형 방법을 연구하면서 오히려 자기 자신을 '구원했다.' 그 이유는 탐험 과정 속에서 인격 구축에 필요한 정보가 드러났고, 전통이 허용하는 영역 밖으로 자발적으로 나아가 탐험을 하는 건 곧 영웅의 정체성을 받아들이는 행위였기 때문이다.

연금술적 변형의 첫 단계는 해체이다. '단단한' 형태를 지닌 원물질은 화학적 용해나 부패 과정을 거쳐 해체된다. '질서 있고' '안정되고' '완고한' 부계적 형식을 탈피하는 것이다. 모든 도덕적 변화에서 전형적으로 나타나는 해체 단계는 과거에 존재하던 삶의 형식이 비극적으로 붕괴됨을 뜻한다. 원물질의 해체는 연금술사가 과거에 사회적으로 확립된 심리 상태로부터 벗어나 미지를 추구하기로 결심한 것과 일맥상통한다.

> 화학적 부패는 철학자들의 연구에 비유된다. 철학자들이 연구를 통해 지식을 얻는 것처럼 자연 만물은 부패하는 과정에서 용해되기 때문이다. 용액은 철학적 지식에 비유된다.[594]

상징적으로 원물질에 해당하는 연금술사의 과거 심리 상태의 특성과 그것이 해체된 결과는 중세의 세계관 속에서만 이해할 수 있다.

물질을 연구한다는 것은 중세인에게 극도로 이단적인 행위였다. 미지가 여전히 존재하므로 이를 연구해 볼 필요가 있다는 생각은 역사적으로 기독교 교부들이 세운 기독교 교리의 절대적 권위를 위협했다. 기독교 교리의 권위에 의심을 품는다는 것은 곧 연금술사가 심리적으로 문화적 규범이 보호하는 영역을 벗어난다는 의미였고, 사회적으로는 교회의 처분에 맡겨진다는 의미였다. 따라서 물질 및 물질의 변형에 대한 연구는 심리적, 사회적으로 극도로 위험한 일이었다. 이단적 행위에 대한 형벌은 매우 끔찍했고(고문과 파문), 개인이 심리적으로 겪어야 할 잠재적 위험도 그에 못지않게 컸다.

연금술사의 길을 가려면 먼저 제 발로 자기가 따르던 사회의 보호막 밖으로 걸어 나가 물질세계를 탐구하는 위험을 감수해야 했다. 타락한 물질세계를 탐구하는 것은 그 당시로서는 악마 숭배나 다름없는 행위였다. 이 때문에 연금술을 추구하던 사람들이 얼마나 불안했을지는 우리로서는 짐작조차 할 수 없다(물론 혁명적 사상으로 인해 위협을 받게 되면 현대인의 마음에도 이러한 불안이 재등장한다). 미지에서 이상을 찾는 연금술사의 길을 가려면 당시를 지배하던 개인적, 사회적 세계관을 버리고 해체해야만 했다. 물질 연구를 이상으로 삼는다는 것은 곧 부패와 악을 연구하면서 가치를 추구한다는 의미였다. 이런 연구에 착수한 연금술사들은 이미 자기가 구원받아야 할 불완전한 존재라고 믿었다. 그렇지 않았더라면 그는 당시 교회가 그어 놓은 한계 밖으로 절대 발을 내디딜 수 없었을 것이다. 부패한 원물질처럼 자기도 구원받고 완성되어야 할 존재라는 인식은 연금술사와 그가 다루는 물질 사이의 동일시를 무의식적으로 더 강화했다.

| 질서의 왕

공식적인 실증적 방법론이 없는 상태에서 연금술사는 물질의 변형을 자신의 상상 속 가정에 의지해서 연구해야만 했다. 따라서 연금술의 산물은 신화에 나타나는 길의 구조, 즉 심상적 환상의 원형적 구조를 따를 수밖에 없다. 연금술사는 홀로 수개월에서 수년에 걸쳐 연금술 절차에 몰두하면서 이처럼 환상이 지배하는 고독한 길을 따라갔다. 연금술사에게는 자신의 무지와 불완전함을 인정하는 용기가 있기에, '물질'에 대한 그들의 연구는 미지와 조우하는 형식을 따른다. 자신의 무지를 인정하는 것은 곧 문화적 규범에 도전하는 것으로, 이는 도덕적 변화를 이루기 위한 토대를 이루며 상징적인 형태를 띤다(이 도전은 무지한 개인이 문화적 규범과 자신을 어느 정도로 동일시하느냐에 따라 그 범위가 결정된다). 연금술사는 물질의 부패 과정을 이해하고 물질을 온전하게 만들 방법을 찾는다. 기독교 교리는 세계가 그리스도의 수난으로 완전히 구원받았다고 말하지만, 연금술사는 그 자신을 포함한 물질이 여전히 '도덕적으로' 타락하고 불완전한 상태로 남아 있다고 느낀다. 이처럼 자신과 세계의 불완전성을 인정하는 것은 권위주의적 교회와 심리적으로 표상된 기독교 교리의 불완전성을 인정하는 행위였다. 이 불완전성은 절대적 권위로 나타나 압제적 역할을 수행하는데, 새로운 지식을 창조하려면 이런 측면을 제거해야 한다. 이처럼 원물질에서 구원의 대상이 되는 것은 흔히 가부장적, 억압적 측면으로 주로 상상 속에서 위대한 아버지나 왕 혹은 그와 유사한 상징으로 나타난다. 융은 이렇게 말했다.

의식은 내게 그 자체의 변화에 대해 거의 또는 전혀 알지 못하며, 아무것도 알고 싶어 하지 않는다. 의식은 더 독재적일수록 그리고 자기 진리가 옳다고 확신할수록, 더욱 진리와 동일시된다. 따라서 자연 현상인 태양신5이의 왕권은 일반적으로 지배적인 사상을 상징하여 그 운명을 함께하는 인간의 왕에게 전해진다. 현상계는 헤라클레이토스가 주장한 만물 유전流轉의 법칙이 지배한다. 모든 진실한 것은 변하고, 오직 변하는 것만이 진실한 것으로 남는다……

우리는 이 연금술 절차에 변형 과정이 투사되어 있음을 쉽게 알아차릴 수 있다. 정신이 점차 약화되고 있음을 표현했다는 사실에서 우리는 심리적 지배자가 노쇠하고 있음을 명백히 알 수 있다. 지배자가 이전처럼 온전히 정신을 사로잡지 못한다는 면에서, 정신이 더 이상 지배자에게 완전히 통제되지는 않는다고 말할 수도 있을 것이다. 한편 정신의 의미와 내용물이 더는 제대로 이해되지 못하고, 혹 이해된 것이라 해도 가슴에 와 닿지 못한다. 이처럼 '불완전한 느낌'은 정신의 다른 영역과 그 내용물을 끌어당겨 간격을 메우는 보상적 반응을 일으킨다. 대체로 이 반응은 흔히 의식의 태도와 방향이 불충분하다고 판단될 때마다 생기는 무의식적인 과정이다. 이 점을 강조하는 이유는 의식이 자기가 처한 상황을 제대로 판단하지 못하고, 자신의 태도에 문제가 없으며 외부적인 방해로 인해 일을 그르친다는 착각을 하는 경우가 많기 때문이다. 이때 꿈을 관찰하면 의식의 가정이 실현되지 않는 이유가 곧 분명해질 것이다. 그리고 결국 신경증적 증상이 발현되면, 의식의 태도, 즉 의식을 지배하던 관념이 부정되고, 무의식 속에서는 의식의 태도에 의해 강하게 억압되었던 원형들이 동요하기 시작한다. 그러면 심리치료사는 환자의 자아를 그 반대자와 대립시켜 자아를 해체하고 재구축하는 과정에 돌입하도록 돕는 수밖에 없다. 연금술에서 말하는 왕의 신화에서

이 대립은 '태양신' 왕이 지배하는 남성적이고 정신적인 아버지 세계와 '영원한 물'이나 카오스로 상징되는 여성적이며 어둡고 원시적인 어머니 세계가 충돌하는 것으로 표현된다.[595]

'왕의 해체'가 상징하는 과정은 화학적으로는 용해 과정, 즉 고체나 혼합물(원물질)을 용제에 담그거나 물질이 썩어 땅으로 돌아가는 과정과 같다. 왕은 연금술 절차에서 고체에 해당하는데, 역사적으로 확립된 행동 양식과 표상 체계의 신성한 중심을 표상한다. 연금술사는 본격적으로 물질 및 미지를 연구하기 전에 먼저 지금까지 동일시해 왔던 이 행동 양식 및 표상 체계를 버리거나 혹은 거기에 도전해야만 한다. 문화적으로 확립된 가부장적 체계를 파괴하는 행위는 대개 이야기 속에서 노쇠하고 병약한 왕의 죽음이라는 상징으로 그려진다. 열매가 열리지 않는 땅에서는 이런 절차가 필요하다. 한때 의례로 행해졌던 왕의 희생은 곧 특정한 적응 행동 양식과 표상 도식에 의지하기를 거부한다는 의미이며, 변칙으로 인해 적응이 위협받을 때 다시금 새로운 사상이나 체계를 도입할 가능성을 의미한다.[596] 문화의 중심으로서 왕은 연금술이 융성하던 시대에 다양한 상징으로 표현되었다. 독수리, 태양, 사자, 하늘, 불, 높은 곳, 영혼은 모두 왕이라는 가부장적 체계의 여러 측면을 상징했으며, 해체되기 이전의 원물질의 초기 상태를 표상하는 역할을 담당했다. 이러한 상징적 표상들은 이것들이 처음 만들어졌던 상황이 다시 발생하면 당연히 다시 등장했다. 미지와의 조우도 그중 하나이다.

| 혼돈의 여왕

왕으로 상징되는 원물질을 녹이는 용제 혹은 원물질이 되돌아가는 흙은 연금술에서 모계 체계로 표상된다. 원물질은 물, 소금물, 눈물 혹은 피에 용해되는데, 이는 늙은 왕이 모계 체계 속에서, (과거 제한되었던) 관능과 정서와 상상 속에서 용해된다는 의미를 지닌다. 모계 체계는 구체적으로 정형화된 지식을 위협하고 초월하며, 동시에 이 지식을 낳는 모체이다. 이것은 신화에서 여왕 혹은 위대하고도 무시무시한 어머니로 표상되며, 바다, 두꺼비, 물고기, 용, 암사자, 땅, 심연, 십자가, 죽음, 물질로 상징된다.

> 그것은 달이고, 만물의 어머니이며, 그릇이다. 대립하는 것들로 이루어져 있고, 1천 개의 이름으로 불리며, 노파이자 창녀이다. 연금술의 어머니로서 그 자신이 지혜요, 또한 지혜를 주는 자이며, 불로장생의 영약을 품고 있다. 구세주의 어머니요, 또한 대우주의 아들의 어머니이다. 그것은 대지이며, 또한 대지에 숨은 뱀이요, 암흑이고, 이슬이며, 분열된 모든 것을 하나로 모으는 신비의 물이다.[597]

원물질 중 하나인 왕은 또 다른 원물질인 소금물(바다) 속에서 용해된다. 여기서 소금물 또는 바다는 욕구의 좌절로 인한 비극적 정서와 눈물을 나타내면서 만물의 모체와 정서를 표상한다. 화학적 용해를 촉진하는 열기는 이성적 사고 영역 밖에 있는 심리적 세계의 측면인 열정과 감정 혹은 관능을 상징한다. 모계 체계 안에 녹아내리는 왕은 영웅이 어머니와 창조적(성적)으로 재결합하는 희생적 근친상간의 모티프를 재연한다. 이 창조적 결합은 처음에는 심리적 혼돈, 우울, 불안으로 모습을 드러냈다가 그 이후에야 재창조로 나타난다. 왕은 신의 아들로서, 처음에는 이 세상에 성육신하여 내려왔다가 시간이 흐르면서 자신의 효용을 점점 상실해 간다. 원시 사회에서 왕을 시해하던 의례는 백성과 영토를 재생하는 왕의 마술적 힘과 능력이 왕의 노쇠와 함께 줄어든다는 신념에 근거했다. 심리적, 사회적 억압은 불가피하게 개인과 사회의 정체, 우울, 해체를 부채질한다. 그렇지만 현 시대를 지배하는 영혼에 도전하는 것은 곧 참고할 만한 지식이 사라지고, 조건부 기지의 영역에 무시무시하지만 새로운 기회를 주는 미지가 되돌아온다는 것을 의미한다.

> 신의 나라에 들어가려는 왕은 반드시 자기 어머니의 몸 안에서 스스로를 원물질로 변형시켜서 연금술사가 '혼돈'이라고 부르는 어두운 초기 상태로 되돌아가야 한다. 이 혼돈의 덩어리 속에서는 모든 요소가 서로 갈등하고 다투고 모든 연결고리가 녹아서 사라진다. 이러한 해체는 구원의 전제 조건이다. 이 신비로운 과정에 뛰어든 자는 변형을 위해서 상징적 죽음을 견뎌 내야 한다.[598]

융이 아니마로 의인화하여 표상한 모계 영역은 미지이며 새로운 지식의 원천이다. 따라서 '어머니와 지혜'를 상징하며, 지식을 새롭게 하는 계시의 모체이다. 어머니의 계시는 기존 지식을 위협하고, 그 결과 예측 가능성과 확실성이 사라지고 과거 '억제되었던' 정서가 '풀려난다.' 이와 관련해서 융은 다음과 같이 썼다.

아니마는 왕이 그녀 안에서 자신을 새롭게 할 때 창조적으로 변화했다. 심리학적으로 왕은 '태양신'을 상징하며, 우리는 앞서 '태양신'을 의식으로 해석했다. 하지만 그 무엇보다 왕은 일반적으로 수용되는 원리나 집단적 신념 혹은 전통과 같은 의식의 지배자를 표상한다. 이 체계와 지배 사상은 '노쇠하고' 그에 따라 '신들의 완전한 변화'를 강력히 초래한다. ……(이런 일이) 확실한 집단적 현상으로 일어나는 경우는 드물다. 대개 이런 변화는 특정 조건 아래에서 '때가 도래하면' 사회에 영향을 미칠 개인 안에서 일어난다. 이 개인에게 '때가 도래했다는 것은' 단지 내부 환경의 변화에 적절히 대응하기 위해서 지배 사상을 쇄신할 필요가 있다는 것을 의미할 뿐이다.[599]

노쇠는 절대적으로 떠받들어지던 구체적 지식이 마지막으로 맞이하는 운명이다. 미지는 언제나 지식의 한계를 넘어서고, 따라서 존재의 본질에 대한 최종적 선언이란 있을 수 없다. 때문에 지식을 지금 알려진 것으로 제한하려 들면 결국 사회와 개인의 정신이 모두 정체된다. 안타깝지만 이런 정체를 극복하려면 우선 정서적, 동기적, 사상적 혼돈을 겪어야 한다. 모계 체계 안에서 가부장 체계를 용해하는 과정은 아무리 자발적으로 이상을 좇는 행위라고 해도 정신적 혼돈을 불러온다. 이때의 혼돈은 연금술에서 왕의 병상, 여왕의 임신 혹은 그와 유사한 비유로 상징된다. 미지의 세계를 탐험하려는 결정에 뒤따르는 이 혼돈 상태에서 정신을 구성하는 여러 요소들은 환상 속에서 구체화되고 의인화되어 중재 원리 없이 서로 대립하는 세력으로 등장한다. 이런 상태는 인간의 정신, '인류를 다스리는 신들'이 상위 질서의 '지배' 아래 귀속되지 않은 상황에서 전쟁을 벌이는 다신교 상태로 회귀하는 것을 의미한다. 연금술사들은 연금술 작업에서 이 단계를 흑화(암흑)라고 불렀는데, 이 단계에서는 우울, 불안, 심리적 혼돈, 불확실성, 충동성이 나타난다.

암묵적, 명시적으로 패러다임의 구조를 지닌 일련의 신념에 따라 억제되었던 사건과 과정의 동기적 의미가 다시금 불확실하게 초기화되면 경험 세계는 암흑에 휩싸인다. 과거의 신념이 해체되고, 연금술사의 정신을 구성하는 기본 요소들은 환상 속에서 의인화된다. 그러면 구심점 역할을 하던 원리가 미지의 세계로 뛰어들면서 폐기되고 사라진 탓에 개인적, 가부장적, 모계적 요소들이 서로 경쟁을 펼친다. 융은 이렇게 말했다.

이 싸움은 분리, 분할, 부패, 죽음 그리고 용해이며 이 모두는 원래의 혼돈한 갈등 상태를 나타낸다.[600] ……도른은 이처럼 사납고 호전적인 상태를 하늘에서 추락한 악마가 인간의 마음에 '깊이 심으려던' 뿔 넷 달린 용으로 비유했다. 도른은 이를 도덕 차원에서 일어난 전쟁에 빗대어 우리가 심인성 정신질환과 신경증의 뿌리라고 알고 있는 현대 심리학의 정신 분열 개념과 유사하게 이해했다. 『아쿠아리움 사피엔툼Aquarium Sapientum』에 따르면 '십자의 용광로' 속에서, 불 속에서, "인간은 지상의 황금과 같이 완전히 검은 까마귀의 머리를 얻게 된다. 다시 말해서 그는 완전히 망가져서 세상의 조롱거리가 되는데, 이것은 단지 40주야 혹은 수년이 아니라 종종 그의 생애 진 기간에 걸쳐 일어난다. 그래서 그는 평안과 기쁨보다는 두통을, 쾌락보다는 슬픔을 훨씬 더 많이 겪는다. ……이러한 영적 죽음을 통해서 그의 혼은 완전한 자유를 얻는다." 흑화는 성경의 불운한 인물 욥이 겪은 곤경에 비교될 정도의 변형과 심리적 고통을 불러온다. 하나님의 허락하에 욥이 부당하게 겪은 불행은 하나님의 종이 겪는 고통이며, 그리스도의 수난을 예견한다.[601]

기존의 문화적 규범과 자신을 동일시하거나 아니면 짐짓 그런 척 위장하면 미지로부터 보호를 받고 참고할 만한 지식을 얻을 수는 있지만 압제에 놓일 가능성이 더 높아진다. 이 같은 동일시의 끝에는 변칙과 미지를 부인하는 거짓이 놓여 있다. 집단 정체성이 자발적 혹은 상황 변화로 인해 불가피하게 벗겨지면, 기존 범주 체계가 온전히 유지되는 동안 '억제되었던' 정서가 다시 풀려나 제 모습을 드러낸다. '왕의 해체'는 곧 이전에 이해했던 모든 것이 미지로 되돌아간다는 의미이다. 이는 수많은 신을 하나의 최고신으로 만든 역사를 되돌리는 것과 마찬가지로, 심리학적으로 설명하자면 모든 것을 아우르는 가치의 위계가 무너져 서로 갈등하는 충동과 욕구와 '하위 인격들' 간에 전쟁이 시작된다. 이러한 '회귀'는 개인을 커다란 불확실성과 좌절, 우울, 혼란 속으로 몰아넣는다.

편력遍歷*

연금술사는 온전한 상태란 모든 '경쟁하는 대립쌍'을 통합하는 통

---

* 긴 여행.

일된 상태라고 믿었다. 따라서 연금술 절차의 마지막 단계인 융합에 이르려면, 먼저 '우로보로스적인 용의 배 속'에서 서로 대립하며 전쟁을 일으키는 다양한 '정신의 측면'을 발견하고 인식해야 한다.

그렇다면 신비에 관한 연금술사들의 생각을 심리학적으로 어떻게 이해할 수 있을까? 이 질문에 답하려면 먼저 우리가 꿈을 해석할 때 활용하는 작업가설을 떠올려야 한다. 작업가설은 꿈과 자발적 환상에 나타나는 심상은 상징이며, 이들은 아직 알지 못하거나 무의식 속에 남아 있는 사실을 표현하기 위한 수단으로서 일반적으로 의식의 내용물이나 의식의 태도를 보완한다는 것이다. 이 기본 원칙을 연금술의 신비에 적용해 보면, 신비의 가장 뚜렷한 특징인 통일성과 유일성(돌도 하나이고 약도 하나이고 그릇도 하나이고 절차도 하나이고 성향도 하나이다)이 분열된 의식을 전제로 한다는 것을 알 수 있다. 그 자체로 하나인 사람은 약으로 하나가 될 필요가 없다. 이는 자신의 분열을 의식하지 못하는 사람도 마찬가지인데, 그는 '의식'이 고통스러운 상황에 처해야 할 필요가 있기 때문이다. 이 점으로 미루어 보아 비교적 철학적 성향이 강했던 연금술사들은 당시를 지배하던 세계관인 기독교 신앙에 만족하지 못하면서도 그 진리를 확신하고 있었다고 결론 지을 수 있다. 라틴어와 그리스어로 기술된 고대 연금술 문헌을 확인해 보면 연금술사들이 기독교 신앙에 대한 확신이 없었다는 증거는 전혀 없으며, 오히려 기독교 문헌들에는 이들이 기독교의 진리를 확신하고 있었다는 증거는 무수히 많다. 기독교는 분명히 '구원'의 체계이고, 신이 세운 '구원의 계획'에 토대를 두며, 신은 단일하기 때문에, 여기서 우리는 왜 기독교 신앙이 통합과 조화의 기회를 줘도 연금술사들은 내면의 부조화를 느끼거나 혹은 자기 자신과 하나가 되지 못한다고 느끼는지 질문을 던져 봐야 한다. (이 질문은 오늘날에도 여전히 의미가 있다.)[602]

이 같은 포괄적 인식은 '지구의 네 귀퉁이를 향한 여정', 즉 '편력'으로 개념화할 수 있다. 편력은 자기 내면에 존재하는 모든 측면에 익숙해지고 자기 이해를 널리 확장시키는 것이다. 여러 경쟁하는 동기를 하나의 가치 체계로 통합하려면 먼저 갖가지 고통스럽고 불편하고 다루기 어려운 욕망들을 모두 인식하고 그것들 사이의 합의를 이끌어 내야 한다. 이를 가장 정확히 표현하자면 '구원'의 능력이 잠재되어 있는 자의식을 확장하는 것이라고 말할 수 있다. 낙원으로부터 추방을 묘사한 신화적 이야기에서 상징적으로 나타난 제한적 자의식의 발생은 인간을 추락시킨 원인이었다. 온전함의 본질을 깨닫고 물질을 온전하게 만들기 위한 변형 과정을 끝없이 탐구했던 연금술사들은 자의식을 더 확장하면 낙원으로부터 추방당한 인간을 구원할 수 있음을 깨달았다. 하지만 서로 대립하는 모든 욕망을 인식한다는 것은 곧 인간이 처한 비극적 상황과 '죄를 범하여' 죽을 수밖에 없는 인간의 나약함과 개개인이 지은 모든 죄와 부족함을 냉철하게 인정하고, 그런 상황과 한계를 진실로 받아들이려 애쓴다는 뜻이다.

만약 당신이 제멋대로 어리석게 살면서 가는 곳마다 혼돈을 일으켰다면, 그런 자신의 모습을 인정하고 자신이 감당해야 할 엄청난 일을 직시하기가 끔찍이 고통스러울 것이다. 거짓된 페르소나라는 정체성을 벗고 자신의 부족한 인격을 있는 그대로 이해하기란 매우 어

그림 47. 죽은 왕을 집어삼키는 원물질로서의 이리[603]

렵다. 이와 같은 명확한 자기 이해를 얻으려면 (이해를 바탕으로 행동을 변화시키기 위해 치러야 할 대가를 논외로 하더라도) 결코 적지 않은 대가를 치러야 한다. 연금술에서는 '구원받지 못한 개인'을 나타내기 위한 상징으로 '야수'와 '노략질하는 이리 혹은 사자 같은 짐승'[604]이 사용되었다. 개인이 의식에 이 야수가 출현하고 그것이 자기의 참모습임을 인정하는 것은 변화를 위한 필수 전제이다. 그림 47에는 자신의 모습으로 인정하는 '지하 세계의 야수'가 '죽은 왕을 집어삼키는' 모습이 나타나 있는데, 이는 마치 솔제니친이 자신을 가둔 수용소의 존재에 자신의 책임도 있음을 발견한 것과 같다. 그것은 흡사 우리 안에도 나치와 이어지는 면모가 있다는 걸 발견했을 때 느끼는 충격과 같을 것이다. 히틀러 치하에서 잔혹한 짓을 행한 사람들은 모두

'보통 사람'이었다. 여러분이나 나와 다를 바 없는 '보통 사람' 말이다. 이 사실은 아무리 강조해도 지나치지 않다. 하지만 '보통 사람'들은 스스로가 나치와는 다르다고 생각한다. 이런 식의 자기 인식은 헛된 안정감을 줄 뿐이다. 마치 감옥이 수감자를 바깥세상으로부터 지켜 주는 것과 같다. 하지만 무고한 사람을 의도적으로 고문하고 그것을 즐기던 나치의 만행은 보통 사람이 저지를 수 있는 만행의 범위에 충분히 들어간다. 개인은 엄청난 악행을 저지를 수 있는 무시무시한 존재이다. 우리 안에 있는 이 악의 힘을 인정할 때만, 엄청나게 충격적인 이 사실을 진정으로 인식할 때만 우리는 자기 인격을 제대로 개선할 수 있다. 그러면 우리는 자신의 고통과 불행을 '무의식적으로' 퍼뜨리려는 존재로 전락하지 않고, 존재의 비극을 견뎌 내고 초월할 수 있게 된다. 융은 다음과 같이 썼다.

이 동물이 자기[심리적 총체]를 상징한다는 점은 짚고 넘어갈 필요가 있다. 마이어의 글에 담긴 이 암시는 연금술을 전혀 알지 못하는 현대인들에 의해 입증되었다. 이는 자기의 전체 구조가 늘 존재하지만 무의식 속에 깊이 묻혀 있으며, 목숨을 걸고 자기 이해와 의식의 범위를 최대한 확장하려는 사람은 누구나 이 구조를 다시 발견할 수 있다는 사실을 드러낸다. 이러한 자기 이해는 흔히 지옥에 가서야 마시는 '거칠고 쓴 약'이다. 이 같은 시련에 대한 보상으로는 신의 왕좌도 부족하게 느껴질 정도이다. 총체적인 자기 이해는 일방적인 지적 유희가 아니라 육지와 바다, 공기와 불, 이 모든 위험에 노출되어 있는 네 개의 대륙을 지나는 여행과 같기 때문이다. 그에 상응하는 총체적 인식은 존재의 네

가지(혹은 360가지가 될 수도 있다!) 측면을 수용한다. 이 중 어느 것도 '묵살'되지 않아야 한다. 이냐시오 데 로욜라가 명상가에게 '오감을 통한 상상'을 권하고 '감각을 이용하여' 그리스도를 모방하라고 했을 때 그가 염두에 둔 점은 명상 대상을 최대한 구체화하는 것이었다. 이런 명상의 도덕적인 효과나 기타 다른 효과와는 완전히 별개로, 그 주된 효과는 의식의 훈련, 집중력, 주의력, 명료한 생각이다. 그에 상응하는 형태를 지닌 요가 또한 비슷한 효과를 낸다. 그러나 명상가들이 자신을 정해진 형태로 투영하는 인식의 이런 전통적인 형식과는 대조적으로, 마이어가 언급한 자기 이해는 경험 속에서 발견한 실제 자기를 있는 그대로 투영한 것이다. 우리가 모든 결점을 조심스럽게 제거한 뒤에 기분 좋게 떠올리는 '자기 자신'이 아니라, 자기가 하는 모든 일과 자기에게 일어난 모든 일을 있는 그대로 다 간직하고 있는 경험적 자아이다. 사람은 누구나 자신의 혐오스러운 모습을 지우길 바라기 때문에, 동양에서는 자아를 망상으로 보았고, 서양에서는 자아를 그리스도의 형상에 제물로 바쳤다.

이와는 대조적으로 신비주의에서 편력의 목적은 세상의 모든 측면을 이해하고, 의식을 최대한 확장하는 것이다. 편력의 원리는 사람이 스스로 짓지 않은 죄로부터는 구원받지 못한다는 카포크라테스의 사상과 맞닿는다. 경험에서 드러난 자아의 '일면'을 외면하지 않고 '만물'에 반영된 자아를 최대한 경험하는 것이 바로 편력의 목표이다.[605]

개개인이 사회에서 쓰는 가면은 개인과 문화(흔히 해당 문화의 '최고 요소')가 동일하다는 거짓에 근거한다. 우리는 두려움으로 인해 문화적 규범에서 벗어난 자신의 일면, 즉 어리석음을 거짓으로 감추고 회피한다. 이처럼 현실 속에서 실현되지 않은 일탈적인 삶 속에는 규범을 위협한다는 이유로 해당 문화의 여론에 의해 억압되고 잠시 마음의 안정을 위협한다는 이유로 개인이 스스로 무의식 속에 밀어 넣은 자기의 최고 및 최악의 성향이 담겨 있다. 위계적으로 통합된 도덕 체계가 없으면, 식탐이 욕정을 가로막고 허기가 사랑을 불가능하게 만들 듯, 여러 가치와 관점이 서로 경쟁하고 각자 자기 목표를 좇으며 분열한다. 도덕 체계가 해체되고 절대적 타당성을 잃으면, 상위 도덕 구조에 의해 하나로 묶여 있던 가치들이 적어도 의식의 관점에서는 양립할 수 없는 상태로 회귀한다. 이렇듯 그 자체로 '신적인 힘'을 행사하는 가치들이 서로 대립하면서 벌인 전쟁으로 인해 개인은 혼돈과 절망에 빠져 방향성을 상실한다. 이 같이 절망적이고 견디기 어려운 상태는 도덕적 변화를 막는 첫 번째 걸림돌이 된다. 이 절망적인 상태는 상상만으로도 도덕 발달을 멈출 만큼 불편한 감정을 유발한다. 하지만 연금술사는 자발적으로 이상을 찾아 미지를 좇기로 결심한 순간 무의식적으로 영웅의 정체성을 수용한다. 영웅의 정체성을 받아들이고 영웅의 심상을 적극적으로 구현하면서 그는 여러 가지 힘든 상황에서도 연금술을 계속 연구해 나갈 수 있게 된다.

이 영원한 심상이 살아 존재해야만, 인간의 정신은 존엄성을 지키며 자기 영혼만으로 도덕적으로 바로 설 수 있고, 또 인간으로서 존엄을 지키는 일이 가치 있게 여겨질 수 있다. 그때에야 인간은 갈등이 자기 내면에 있다는 것과, 이런 부조화와 시련이 소중한 자산이라는 것,

타인을 공격함으로써 이 자산을 낭비해서는 안 된다는 것을 깨닫는다. 또한 만일 운명이 그에게 죄책감으로 빚을 갚으라고 요구한다면, 이 빚 또한 자기 책임임을 깨닫는다. 그렇게 되면 사람은 자기 정신의 가치를 인식하게 된다. 그러나 자기 가치를 상실한 사람은 굶주린 강도, 늑대, 사자, 탐욕스러운 짐승이 되는데, 연금술사들은 이것이 시커먼 혼돈의 물(즉 무의식적 투사)이 왕을 삼킬 때 터져 나오는 탐욕을 상징한다고 보았다.[606]

미지는 정신분석에서 말하는 '무의식'과 혼동된다. 그것은 무의식 속에 남겨진 자아의 일면과, 경험하고 이해했으나 적응하지는 못한 경험 세계의 일면이 가능성으로만 존재하는 미지와 정서가를 공유하기 때문이다. 자기 자신과 세계에 대한 관념을 위협한다는 이유로 회피하거나 억압한 모든 생각과 충동, 경험했으나 인정하지 않은 모든 환상들은 모두 다 만물의 어머니인 혼돈의 영역에 존재하면서 우리 신념 체계의 가장 핵심적인 전제를 뒤흔든다. 따라서 '미지'와의 조우는 지금까지 그 '존재'를 부인할 수 없으면서도 부정해 왔던 자신의 일면을 조우하는 일이기도 하다. 이러한 통합을 이루면 그때까지 폐기해 왔던 행동 가능성을 의식 차원에서 활용할 수 있고, 그런 가능성을 정확히 표상하는 자기 모형을 구축할 수 있다.

현존하는 도덕 체계의 관점에서 금기시되는 경험에는 아직까지 해결하지 못한 문제나 미래에 일어날 문제에 대한 창의적인 해답의 씨앗이 담겨 있을지도 모른다. '아직 캐내지 않은' 구원의 가능성이 담겨 있을 수 있는 것이다. '여행을 떠난 현자'나 '떠돌이 마법사' 혹은 '용감한 모험가'에 대한 이야기에는 이런 가능성을 찾을 수 있을 지도 모른다는 사상이 담겨 있다. 이런 이야기들은 경험과 행위 전체를 인식해야만 지혜를 획득할 수 있다고 말한다. 이런 '인생에 관한 완전한 몰두'는 중세 연금술사들이 현자의 돌을 찾기 위해 나선 신비주의적 '편력'이나 부처가 깨달음을 얻기 전에 겪었던 모든 감각적, 성적, 철학적 영역으로 떠나는 여정과 같다. '성스러운 도시를 찾아 떠나는' 순례는 이러한 사상을 반쯤은 의례적으로, 반쯤은 극적으로 실현한 것이다. 순례자는 문화의 '안전한 장벽' 밖으로 자발적으로 나가 힘들고 어려운 과정을 거쳐 '미지의 거룩한 땅'으로 여행을 떠나는데, 이 여정은 순례자의 인격을 확장하고 통합하고 성숙시키는 과정을 촉진한다. 이런 방식으로 진정한 '순례'는 '현실적으로 도달할 수 없는 최종 목표'(예를 들어 성배)를 획득하지 못한다 해도 그 목적을 달성한다.

지혜를 얻으려면 일단 경험을 해야 한다는 사실은 이 문제를 깊이 생각해 보면 당연한 일이다. 지혜는 분명 경험에서 '나오기' 때문이다. 하지만 부정이나 회피를 부르는 경험의 측면(그러므로 맞닥뜨리거나 처리하지 못한 채 남아 있는 것들)에는 사람의 정신을 뒤흔드는 속성이 있다. 의례적 순례보다 심리적 순례는 더욱더 그렇다. 관념적이고 정신적인 순례는 우리가 공유하는 사회적, 자연적 세계가 아니라 주관적인 경험 세계를 구성하는 경험 요소와 개인의 인격을 통과하는 여정이다. 이 내적 세계는 외부 세계와 마찬가지로 익숙한 영토와 미지의 영토로 나뉘어 있다. 통과 의례로서 모험의 심리적 목적과 이런 모험이 현실이나 극에서 대중의 관심을 끄는 이유는 인격이 미지를 조우할 때 발달하기 때문이다. '가장 두려운 장소로의 여정'은 물리적 현실에서뿐만 아니라 정신적 세계에서도 감행할 수 있다. 하지만 현재의 맥락에서 '정신적'이라는 단어의 의미는 그동안 부인하고 증오하고 맹렬히 억압해 온 주관적 경험 세계의 일면을 '편력'한다는 뜻이다. 이는 곧 적수의 땅, 어둠의 심장으로 떠나는 여정과 다름없다.

기존 신념 체계의 절대적 타당성에 의문을 제기하면, 자연히 그 안에 포함된 악덕과 원한의 정의에도 의문을 제기하게 된다.

> 즉 다음과 같은 의문을 품을 수 있다. 첫째, 대립하는 것이 존재하기는 하는가. 둘째, 형이상학자들이 보증했던 저 대중적인 가치 평가와 가치 대립은 한낱 표면적인 평가가 아닌가, 그저 일시적인 관점은 아닌가, 아래에서 위로 바라보는, 화가들이 쓰는 표현을 빌리자면 개구리의 관점은 아닌가. 물론 참되고 진실하며 이타적인 것이 가치 있다는 것은 확실하지만, 더 고차원적이고 근본적인 삶의 가치는 어쩌면 기만과 이기심과 욕망에 있는지도 모를 일이기 때문이다. 어쩌면 저 선하고 숭상할 만한 사물의 가치가 겉보기에 대립되는 악한 것들과 은밀히 연관되고 묶여 있으며 뒤얽혀 있고, 어쩌면 본질적으로 동일한 것일지도 모를 일이다.[607]

원물질의 변형 가능성을 인정한 사람은 과거에 문화의 압력과 자기 선택으로 억압했던 개인적 경험을 다시 마주하게 된다. 그 경험에는 자신이 품었던 증오심, 욕정, 탐욕, 의심을 비롯하여 스스로의 잔혹하고 비겁하며 혼돈한 측면, 환상과 자유로운 생각과 재능이 포함

그림 48. 그리스도와 현자의 돌의 '근원'인 혼돈의 용[608]

된다. 우리가 회피하거나 부인하는 것들은 현재의 해석으로는 우리 자신의 능력을 초월하는 바로 그것이며, 열등하고 실패하고 부패하고 나약하고 유한한 존재로서 우리 자신의 한계를 드러내는 것이다. 이 말은 곧 우리가 업신여기고 두려워하는 것, 증오하고 경멸하는 대상, 비겁함과 무자비함과 무지를 드러내는 것 모두가, 즉 간절히 부인하고 싶은 모든 경험이 인생에 필요한 정보를 담고 있다는 뜻이다. 융은 다음과 같이 썼다.

연금술사들은 대개 대립쌍들의 '총체적' 결합을 상징적으로 추구했고, 이 결합을 모든 질병을 치료하기 위한 필요 조건으로 여겼다. 그래서 그들은 모든 대립쌍을 하나로 결합시킬 물질을 만들 수단과 방법을

모색했다.[609]

연금술에서는 '혼과 불꽃이 결합해야 금을 만들 수 있다'고 말한다. 이 불꽃은 '어둠 속의 빛'이며, 제대로 통합되지 못한 혹은 서로 갈등하는 개인의 성격 요소들을 의식하는 것이다.[610] 이 통합의 씨앗은 연금술 어느 과정에서라도 상징적으로 모습을 드러낼 수 있고, 연금술이 성공을 거두면 이후에 인격을 다스리게 된다. 이 중심(융이 말하는 '자기self[611]')은 둥글게 순환하는 나선형의 혁명적 길 위에서 여러 이질적 요소(별들의 충동)를 하나로 통합한다. 이렇게 등장한 중심에 대해 연금술사들은 메르쿠리우스 혹은 자기 몸과 피를 새끼에게 먹이면서 그리스도와 우로보로스를 동시에 상징하는 신화 속 '펠리컨'으로 간주했다. 이 중심은 또한 '집 짓는 자들이 버린' 현자의 돌로 간주되어 그 자체로 그리스도와 동일시되었고, 안전을 보장하는 반석으로 여겨졌다. 이 돌은 움직일 수도, 파괴할 수도 없는 중심으로서 가부장적 원리와 모계적 원리(왕과 왕비)를 '통합하며', 혼돈이 낳고 질서가 기른 자식으로 간주되었다.

| 융합

편력으로 상징되고 극화된 온전한 인식은 마침내 모습을 드러낸 모든 요소를 통합하는 연금술의 마지막 절차인 융합의 무대가 된다. 융은 『연금술에서 본 구원의 관념』에서 '아리슬레우스의 환상'을 개략적으로 소개한다. 이야기의 형태로 나타난 이 환상 속에는 연금술의 모든 요소가 담겨 있다. 이를 분석하면 '융합'의 본질을 이해하는

데 도움이 된다.

8세기 혹은 9세기 비잔틴 제국의 연금술사였던 아리슬레우스는 바다의 왕 렉스 마리누스와 함께했던 기이한 모험을 이야기한다. 그의 왕국에서는 어떤 것도 번식하지 않고, 누구도 자손을 보지 못한다. 게다가 거기에는 철학자가 없다. 오로지 같은 것들끼리만 짝지워져 있어서 생식도 일어나지 않는다. 왕은 철학자의 조언에 따라 자신이 뇌에 품어 왔던 두 자녀, 타브리티우스와 베야를 짝지어 주어야 한다.[612]

다음은 융의 해석이다.

타브리티우스는 남성적이고 정신적인 빛의 원리이자, 물리적인 자연의 포옹에 빠지는 로고스(그노시스의 누스와 같음)이다.[613]

여기서는 앞서 제시한 생각을 더 자세히 밝히고 있다.

누스는 신 안트로포스와 동일한 듯 보인다. 그는 데미우르고스와 나란히 나타난 행성계의 적대자이다. 그는 천체의 원을 가르고 땅과 물쪽으로 몸을 기울인다. (즉 자신을 원소에 투영하려 한다.) 그의 그림자는 땅에 떨어지지만, 그의 형상은 물에 투영된다. 이것은 원소의 사랑을 불붙게 하고, 그 자신은 기꺼이 계속 거기 머무르고 싶을 정도로 신적인 아름다움이 투영된 형상에 매료된다. 그러나 그가 땅을 딛기가 무섭게 자연은 그를 열정적인 포옹으로 가둔다.[614]

원물질의 본질을 온전히 이해하려면 먼저 융의 해석을 이해해야 한다. 원물질은 남성적 원리인 정신과 여성적 원리인 물질을 담고 있다. 원물질은 사물의 근원이자 사물을 바라보는 주체이고, 주체의 특징을 반영한 사물의 표상이다. 원물질은 단지 물질의 '근원'에 불과한 것이 아니다. 원물질은 완전한 미지 그 자체이며, 정신은 탐험 과정에서 풀려나기까지 이 미지의 품 안에서 '잠잔다.'

> 왕이…… 생기를 잃거나 왕의 영토가 불모지가 되었다면, 왕의 숨겨진 상태는 곧 일종의 잠복, 잠재된 상태를 의미한다. 바다의 어둠과 심연은[미지를 상징] 보이지 않게 투사되어 있는 어떤 내용물의 무의식 상태를 상징한다. 그 내용물이 전체 인격에 속하고, 투사를 통해 겉으로 보기에만 그 맥락에서 떨어져 나온 것이 아닐 때는 의식과 투사된 내용물 사이에 항상 끌어당김이 일어난다. 보통 이러한 끌림은 매혹의 형태를 띤다. 그리하여 연금술에서는 이를 고립된 무의식의 심연에서 도움을 요청하는 왕의 외침으로 비유했다. 의식은 이러한 요청에 응해야 한다. ……왕에게 봉사하는 것이 곧 지혜뿐 아니라 구원을 얻는 길이기 때문이다.
>
> 그러나 이로 인해 '미지'의 세계인 어두운 무의식으로의 하강이 반드시 필요하다. ……위험한 야간 항해의 목적이자 목표는 삶의 회복이자 부활이며 죽음의 극복이다.[615]

아리슬레우스와 그의 가상의 동료들은 위험을 감수하고 물속에 잠긴 왕의 나라로 모험을 떠난다. 이 모험은 타브리티우스가 죽음을 맞으며 비극적으로 끝난다. 그의 죽음은 오시리스의 죽음과 마찬가지로 정신이 '물질', 무의식 혹은 미지로 완전히 하강했음을 상징한다(거기서 정신은 '드러나지 않고' '암묵적인' 상태로 '구조를 요청'하면서 자신을 구해 주는 자에게 부富를 약속한다).

왕의 아들의 죽음은 당연히 민감하고 위험한 일이다. 무의식으로 내려감으로써 의식은 소멸되는 듯 보이므로 위험한 처지에 놓인다. 용에게 집어삼켜지는 원시 영웅의 상황에 놓인 것이다…….

이러한 다분히 의도적이고 타당한 이유도 없는 도발은 엄한 처벌이 따를 신성 모독 혹은 금기의 위반이다. 이에 따라 왕은 아리슬레우스와 그의 동료들을 왕의 아들의 시신과 함께 삼중의 유리로 만든 집에 감금한다. 영웅들은 바다 밑바닥 지하 세계에 포로로 잡혀 있으면서 그곳에서 모든 종류의 공포에 노출되었고 80일 동안 극심한 열기를 견뎠다. 아리슬레우스의 요청에 따라 베야도 그들과 함께 간힌다. 〔『아리슬레우스의 환상Visio』의 이본에서는 가둔 곳을 베야의 자궁으로 해석한다.〕

분명히 그들은 무의식〔미지〕에 제압되어 무력하게 간혀 있다. 이제까지 어두운 무의식과 죽음의 그늘 속에 묵혀 두었던 정신의 영역에서 새롭고 풍요로운 삶을 생산해 내기 위해서 그들은 자진해서 죽음을 택한 것이다.[616]

이와 같은 하강을 묘사하는 이야기의 '목적'은 "위험한 장소(바닷속 심연, 동굴, 숲, 섬, 성 등)에서만 '얻기 어려운 보물(보석, 처녀, 생명의 약,

죽음에 대한 승리)'을 얻을 수 있다."는 사실을 보여 주는 것이다.[617] 융은 이야기의 해설을 다음과 같이 마무리한다.

자신을 너무 깊게 들여다볼 때 겪는 두려움과 저항은 실제로는 하데스로 향하는 여정에 대한 두려움이다. 그가 느낀 것이 저항뿐이라면 그렇게 불쾌하지는 않을 것이다. 하지만 사실상 미지의 어두운 영역인 정신의 기저는, 파고들수록 더 위력적이고 매혹적으로 그를 유혹한다. 여기서 발생하는 심리적 위험은 인격이 기능적 구성 요소, 즉 개별적인 의식의 기능과 콤플렉스, 유전 단위 등으로 해체되는 것이다. 이러한 해체(때로는 기능적 해체를 넘어서 정신 분열 증세로 나타나기도 한다.)는 바로 『아리슬레우스의 환상』의 이본에서 가브리쿠스가 처한 운명이었다. 그는 베야의 몸속에서 원자들로 분해되었다. ……의식이 관여하지 않는 한 대립자들은 무의식 속에 잠재된 상태에 머물러 있다. 대립자들이 활성화되면 왕의 아들, 정신, 로고스와 누스는 물리적 자연에 잡아먹힌다. ……영웅 신화에서 이 상태는 고래나 용의 배 속에 삼켜지는 모습으로 나타난다.

그곳의 열기는 대개 너무 강렬해서 (불안, 분노와 같은 감정들이 전쟁을 벌인 결과) 영웅은 머리카락을 잃고 아기처럼 민머리로 다시 태어난다. ……철학자는 '구원자'로서 지옥을 여행한다.[618]

이야기는 다음과 같이 계속된다.

앞선 이야기에서, 렉스 마리누스에게 감금된 아리슬레우스와 그의 동료들, 베야는 죽은 타브리티우스와 함께 삼중의 유리로 만든 집에 남아 있었다. 그들은 네부카드네자르 왕이 불타는 화덕에 던진 세 남자처럼 극심한 열기에 고통받는다. 「다니엘서」 3장 25절에 쓰인 것처럼 네부카드네자르 왕은 '신의 아들과 같은' 네 번째 환상을 본다.

'셋과 하나로 이루어진 돌'이라고 명시된 문헌이 많으므로 이 환상은 연금술과 무관하지 않다. 이 돌은 네 원소로 이루어져 있으며, 여기서 불은 물질 속에 숨겨진 정신을 표상한다. 없으면서도 있고, 늘 이글거리는 화덕이 주는 고통 속에서 모습을 드러내는 네 번째 원소는 신의 현존을 상징하며, 연금술 작업을 돕고 완성한다.

아리슬레우스와 그의 동료들은 꿈에서 스승 피타고라스를 보고 도움을 청한다. 피타고라스는 그들에게 '양분의 창조자'인 자신의 제자 하르포레투스를 보낸다. 이로써 작업은 완수되고 타브리티우스는 부활한다. 하르포레투스가 그들에게 기적의 음식을 가져다 주었다고 추측할 수 있지만, 이는 오로지 루스카가 발견한 「베롤리넨시스 사본」을 통해서 명백해졌다. 거기에는 『아리슬레우스의 환상』 인쇄본에 빠져 있는 도입부가 있다. "피타고라스가 말한다. '그대들은 이 귀한 나무를 심는 법과 이 나무의 열매를 먹은 사람은 두 번 다시 주리지 않는다는 것을 후대를 위해 지금껏 기록해 왔고 또 기록한다.'"[619]

하나의 분석 차원에서 본 연금술 작업의 목표는 만약 가능하다면 '미지'와 '기지'를 온전히 통합하는 것이다. 하지만 더 깊게 파고 들어가면 연금술 작업은 미지와 기지를 하나로 만드는 과정에 참여하는 행위이다. 이 같은 연금술 작업에는 완벽을 추구하는 것과 관련된 두 가지 목표가 있다. 첫 번째 목표는 위험과 열정과 관능이 도사리는 여성적이고 모성적인 '미지의 물질세계'를 질서를 부여하는 정신의 원리와 결합시켜 조화를 이루게 하는 것이다. 죽은 왕의 해체와 기적의 음식(미지의 유익한 측면이자 영웅)을 먹은 후 일어난 부활은 이 첫 번째 목표를 상징적으로 드러낸다. 두 번째 목표는 통합된 정신 구조를 다시 체화하는 것, 다시 말해서 더욱 온전해진 정신을 의식적으로 '구현'하는 것이다. 이는 '물질적 미지'를 통합하면서 얻은 통합이 단지 철학이나 추상적인 관념의 수준에 머무른다면 여전히 불완전하다는 의미이다. 통합이 잘 이루어진 정신은 반드시 행동으로 실현되어야 한다. 그러나 행동하는 단계가 반드시 최종 단계인 것은 아니다. 이와 관련하여 연금술사 도른Dorn은 다음과 같이 썼다.

> 우리는 명상의 철학이 정신을 통일하여 육체를 극복하는 것이라고 본다. 하지만 이 첫 번째 통합을 이뤘다고 해서 현자가 되는 것은 아니며, 지혜의 정신적 제자가 될 뿐이다. 육체와 정신이 하나가 되는 두 번째 통합을 이루면 현자가 되고, 현자는 태초의 총체[잠재된 상태로 있는 세계의 총체]와의 축복받은 세 번째 통합을 바라고 기대한다. 전능하신 주께서 모든 이가 그리 되도록 허락하시기를, 그리고 모두의 안에서 하나가 되시기를.[620]

도른은 융합을 세 단계로 구분했다. 첫 단계는 '정신을 통일하여 육체를 극복하는' 마음의 통합으로, 이것은 여러 동기(충동, 감정)를 탐험 영웅이 지배하는 하나의 체계로 통합하는 과정을 말한다. 두 번째 단계는 이 통합된 마음이 몸과 (재)연합하는 단계이다. 이 단계는 영웅의 여정에 등장하는 두 번째 단계와 유사하다. 용과 전투를 치르고 보물을 얻으면, 영웅의 개인적인 여정은 끝이 난다. 영웅이 마침 내 '획득하기 어려운 보물'을 찾아낸 것이다. 하지만 영웅은 반드시 공동체로 복귀해야 한다. 이는 살아 있는 모든 이가 열반에 들기 전 까지 열반의 상태에서 물러나 있으리라는 부처의 결심, 구원받지 못 한 많은 사람이 있는 상태에서 한 사람만 구원받을 수는 없다는 부처의 신념과 같은 것이다. 이 통일된 마음과 육체의 재결합은 적절한 태도를 행동으로 옮기는 것이다(따라서 영웅이 세계에 미치는 영향력이기도 하다).

세 번째 단계는 이해하기가 꽤 어렵다. 『왕이 된 재봉사』[621] 이야 기를 다시 떠올리면 이 단계를 이해하는 데 도움이 된다. 재봉사는 왕이 죽으면서 하늘에 구멍이 생기자 그 구멍을 꿰맸다. 그릇된 것 은 무엇이든 반드시 바로잡아야 한다. 그 과정은 아무리 '외부의' 행동 차원에서 이루어진다 해도 심리적인 과정이다. 통합된 영혼과 육체가 세계와 결합한다는 것은 곧 모든 경험이 본질적으로 동등하다는 인식 혹은 경험의 모든 측면을 자기와 동등하게 생각한다는 뜻이다. 우리는 흔히 경험의 '주체'와 '대상'을 나누는 결정적인 벽이 있다고 가정하지만, 그것이 '주관적 경험'이든 '객관적 경험'이든 상관없이 경험의 모든 측면에 동등한 지위를 부여하는 관점도 존재한다. 그런 경험의 어떤 측면이든, (이를테면 '물질적' 측면이든 '심리적' 측면이든 혹은 '자기'이든 '타인'이든) 구원을 해낸다면 '하나님 나라'(심리적, 사회적 상태를 동시에 지칭)를 세우기 위한 행위로 똑같이 취급하는 것이다. 따라서 '영혼을 위한 일'과 '외부 환경을 위한 일'이 구별되지 않고, 나 자신을 구원하는 일과 세계를 구원하는 일이 구별되지 않는다. 또는 외부 세계를 온전히 만들려는 시도는 자기 자신을 온전하게 만들려는 시도와 다르지 않다. 결국 이상을 진심으로 추구하려면 스스로를 갈고닦아야 한다. 이는 자발적 훈련이다. 이런 관점에서는 자기와 세계가 구분되지 않고 '모든 것이 경험이 된다.' 자기나 세계 중 하나를 구원하려는 시도는 곧 다른 편의 구원을 부른다.

이 세 단계의 융합은 대개 남성과 여성으로 간주되는 '대립쌍들의 신성한 연합'으로 상징된다.

1. 기지(가부장적·영적 범주에 속하는 기존 지식) + 미지(모계·정서적·모성적·물리적 범주에 속하는 변칙) = 통일된 정신

2. 통일된 정신(이 맥락에서 가부장적·영적 범주에 속함) + 육체(모계·물리적 범주에 속함) = 통일된 정신·육체

3. 통일된 정신·육체(이 맥락에서 가부장적·영적 범주에 속함) + 세계(모성적·물리적 범주에 속함) = 통일된 정신·육체·세계

이 세 단계의 통합은 모두 근친상간 모티프(형제·자매, 아들·어머니, 왕·왕비의 쌍)의 변주이다. 첫 단계인 '정신적 통합'은 필요하고 가치 있는 성취이지만 불완전하다. 두 번째 단계인 개인적으로 통합된 상태는 또 하나의 중요한 단계이다.

오, 마음이여. 그러므로 자신의 헛된 욕망을 잠재움으로써, 동정심

으로 자신의 몸을 사랑하라. 모든 일에 그대의 몸이 그대와 기꺼이 함께하리라. 이 일을 위하여 나도 노력하리라. 그대의 몸은 그대와 함께 힘의 샘을 마실 것이고, 둘이 하나를 이룬다면 그대는 그들의 연합에서 평화를 찾으리라. 오, 몸이여. 이 샘에 가까이 오라. 그대의 마음과 함께 물리도록 마시고 나면 더는 갈증이 나지 않으리라. 오, 둘을 하나로 만들고, 적들 사이에 평화를 가져오는 이 샘의 경이로운 효능이란! 사랑의 샘은 정신과 영혼으로 '마음'을 만들지만, 이 샘은 마음과 몸으로 '한 사람'을 만드는구나.622

하지만 가장 중요한 것은 바로 융합의 세 번째 단계이다. 철학적 지식과 질서 정연한 정신의 구조를 획득하고 그것을 몸으로 구현하는 것만으로는 아직 부족하다. 이 체화된 전체 구조는 세계로 확장되고, 세계는 '경험의 한 측면'으로서 자기와 동등하게 취급(동일시)되어야 한다.

연금술의 절차는 '물질'을 현자의 돌로 바꾸어 구원하려는 시도에 기반을 둔다. 그리고 물질이 「창세기」 속 인간처럼 본래 타락한 상태라는 가정을 전제로 한다. 연금술사들은 물질의 부패와 한계를 뒤바꿀 방법을 연구하면서 신화적 절차를 떠올렸다. 이 절차는 모든 발전된 종교의 토대를 이루는 '길'의 양식을 따랐다. 공식적인 기독교 역시 그리스도의 희생이 역사에 종지부를 찍었다는 입장을 수용했으며, 그 희생에 대한 '믿음'은 구원을 보장했다. 연금술은 미지로 남아 있는 것을 추구하며 기독교의 입장을 거부했다. 이 영웅적인 과정에서 연금술사 자신이 변화되었다.

기독교의 믿음은 인간이 그리스도의 대속에 의해 죄에서 해방된다고 보는 데 반해 연금술사는 '원래의 부패하지 않은 본성을 그대로 회복'하는 것은 여전히 연금술에 의해 이루어져야 한다고 보았는데, 이는 그리스도의 구속을 불완전한 것으로 여겼다는 것을 의미한다. '지상의 군주'가 전처럼 자유로이 악행을 저지르는 현실에 비추어 본다면 이 연금술사의 의견에 공감하지 않기란 쉽지 않은 일이다. 영적 교회에 충성을 서약한 연금술사들에게 있어서는 자신을 성령의 '순결한 그릇'으로 만들고, 그리하여 그리스도를 단순히 모방하는 데 그치지 않고 '그리스도'라는 관념을 구현하는 것이 굉장히 중요한 문제였다.[623]

'그리스도를 모방하는 데 그치지 않고 구현하겠다는 목표'는 굉장히 놀라운 목표이다. 이것은 종교적 '신념'을 신념 이상의 것으로, 훨씬 더 무시무시하고 훨씬 더 희망적인 것으로 만든다. 변형을 위한 연금술의 절차는 영웅과 영웅의 구원 신화, 즉 그리스도의 수난을 따른다. 연금술의 핵심 사상은 압제를 거부하고 믿음을 가지고 이상을 추구하며 무시무시한 미지를 자발적으로 좇으면, 가장 심오한 종교적 신화 속에서만 발견되는 엄청난 변화가 실현된다는 것이다.

대우주의 아들, 곧 신적 힘과 세계를 의미하는 신적 우주Theocosmos (안타깝게도 유수한 대학에서 세속적 정신으로 자연과학을 가르치는 교수와 의학의 창시자 들 다수가 그 존재를 오늘날까지도 부인한다.)는 이 돌의 예시이며, 신이면서 인간인 신인神人, Theanthropos이다(성경은 교회의 집 짓는 자들 역시 이 돌을 버렸다고 말한다). 그 돌로부터, 그리고 대우주의 자연이라는 책으로부터, 현자와 그의 자녀들을 위한 지속적이고 영원한 원칙이 출현한다. 사실 이 원칙은 우리 구세주 예수 그리스도와 꼭 닮아 있으며, 본질적으로 예수 그리스도와 매우 유사한 대우주(기적적인 수태와 탄생, 형언할 수 없는 능력과 미덕과 영향력)에서 나온다. 그러므로 우리 주 하나님은 우리를 위해, 성경에 담긴 자기 아들의 역사와 더불어, 자연이라는 책 속에 구체적인 심상과 자연스러운 표상을 창조하셨다.[624]

역사가 시작되는 시점에 가부장적 체계인 일신교가 미지와의 접촉을 통해서 발전했듯이 연금술사는 미지를 추구하는 과정에서 심리적 변화를 경험한다. 이는 여러 신화 속 영웅들이 자기 삶을 개선하기 위해 미지를 회피하지 않고 오히려 받아들일 때 보이는 본능의 작용을 상징적으로 표현한 것이다. 연금술사는 인간이 자기 존재의 모든 측면을 있는 그대로 마주하기로 결심할 때 겪는 경험을 하게 된다.

연금술 문헌에 등장하는 연금술사의 수난은 진실이지만, 라피스가 화학적 물질에 지나지 않는다면 이해하기 어려울 것이다. 또 연금술사가 겪는 수난은 그리스도의 수난에 대한 묵상에서 비롯된 것도 아니다. 그것은 미지의 것을 자기 희생의 경지에 이를 때까지 진지하게 조사함으로써 무의식의 보상적인 내용물에 개입한 사람에게 주어지는 진정한 경험이다. 그는 투영된 내용물이 교리의 심상과 닮았다는 것을 인정할 수밖에 없고(사실 본능적으로 활용했을 공산이 크지만), 또 화학적인 절차를 설명하려면 자신에게 익숙한 종교적 개념 외에는 방법이 없다고 생각하려는 유혹을 느꼈을 것이다. 그러나 연금술 문헌들은 이와 반대로 연금술 작업의 실제 경험은 교리에 동화되거나 교리와 함께 작업 자체를 증폭시키는 경향이 있음을 분명히 보여 준다.[625]

기독교에 따르면 그리스도는 영이 물질로 하강하여 결합한 결과로 탄생한다. 기독교의 일방적인 관점을 보완하는 연금술에서는 물질이 정신으로 상승해서 유사한 결과를 낳는다. 그리스도와 꼭 닮아 있는 라피스(현자의 돌)가 만들어지고 추상적인 물질의 형태로 구현되는 것이다. 라피스는 가장 모순적인 요소들로 이루어진다. 그것은 비천하고, 값싸고, 미숙하며, 쉽게 변하는 동시에 완벽하고 귀중하며 단단하고 오래 지속된다. 모두에게 보이지만 신비롭고 귀중하며, 어둡고 숨겨져 있지만 명백히 드러나며, 하나의 이름과 여러 개의 이름을 가지고 있다. 라피스는 또한 새로워진 왕, 늙은 현자인 동시에 어린아이이다. 늙은 현자는 역사의 한계를 뛰어넘는 지식, 즉 지혜의 소유자이다. 아이는 인간 안에 있는 창조적 정신과 가능성, 성령을 나타낸다. 라피스는 무지한 아이가 아니라 성숙한 순수함이다. 그는 개인으로서나 집단으로서나 역사에 앞선 존재이다.

아이는 버림받고 벌거벗겨졌지만 신성한 힘을 가진 존재이다. 보잘것없고 불확실한 시작이며 영광스러운 결말이다. 인간 안에 있는 이 '영원한 아이'는 말로 표현할 수 없는 경험이며, 내적 모순이고 결함이며 신성한 특권이다. 한 인격의 궁극적 가치 혹은 무가치를 결정짓는 형용할 수 없는 존재이다.[626]

연금술사들이 추구하는 최후의 가치는 바로 인생의 의미를 찾고 구현하는 것이다. 다시 말해서 통합된 주관적 존재로서 미지의 물질 세계에 내재한 가능성을 다루면서 자기 존재의 본질을 적극적으로 구현하는 것이다. 신화의 영웅처럼 통합된 정신을 형성하고, 이 정신을 자신과 다름없는 세계에 구현하는 것이다. 이런 상태는 곧 인간이 에덴동산에서 쫓겨나면서, 다시 말해 자의식이 부분적으로 출현한 결과로 나타난 '타락한 세계'를 위한 '해독제'이다. 라피스는 '변형의 매개체'로서 세계를 구원하는 신화의 영웅과 같은 존재이며, '비금속을 황금'으로 바꾸는 능력을 지닌다. 그러므로 라피스는 영웅이 만들어 낸 그 어떤 구체적 결과물보다 영웅 자체가 귀하듯 황금보다 더 귀하다.

연금술은 개인이 구원자가 되는 살아 있는 신화이다. 기독교 교단은 밖에 있는 진실을 숭배하는 것이 곧 구원받는 길이라고 주장한 탓에 스스로 생명력을 잃고 말았다. 연금술사는 이러한 기독교 교리의 오류를 발견하고, 구원을 받으려면 구원자를 숭배하기보다 구원자의 정체성을 받아들여야 함을 깨달았다. 구원의 신화는 신화를 관념적 차원에서 믿는 게 아니라 신화를 수용하고 실행할 때 진정한 영향력을 발휘한다. 그리스도가 신인 동시에 죽을 수밖에 없는 인간이며 '역사상 가장 위대한 사람'이라고 고백하는 것만으로는 충분치 않다. 이 신화를 제대로 믿으려면 자기 인격의 한계 안에서 영웅의 신화를 실제 삶으로 만들어 나가야 한다. 자발적으로 존재의 십자가를 어깨에 지고 하나의 가슴속에 '대립하는 것들을 통합하며', 기지와 미지라는 영구적이고 창조적인 힘들 사이를 적극적, 의식적으로 중재하는 중재자로 살아야 한다.

삶을 바꾸는 작은 결정들

깊은 슬픔이 담긴 저 베일에 싸인 눈빛, 실패할 운명을 타고 난 사람이 스스로를 어떻게 생각하는지 무심결에 배어 나오는 내면을 향한 그의 눈빛, 어디서라야 그 시선으로부터 자유로울 수 있을까! 그 눈빛은 탄식이다. "내가 나 아닌 다른 사람이었다면," 이 눈빛이 탄식한다. "하지만 그럴 일은 없지. 나는 나야. 내가 어떻게 나 자신이 아닐 수 있겠어? 그렇지만, 나는 나 자신이 신물이 나!"

그런 땅 위에서, 그런 늪지대에서 온갖 잡초와 독초가 작게 숨어서, 거짓되고 지나치게 달콤하게 자라난다. 여기로 앙심과 적의를 품은 벌레들이 떼 지어 모여들고, 비밀스럽게 은폐된 것들로 구린내가 난다. 이곳에는 가장 악의적인 음모, 성공한 승자들을 향한 고통받는 자들의 음모가 거듭해서 거미줄을 친다. 이곳에서 승자는 증오의 대상이다. 그리고 이 증오가 증오라는 것을 가리기 위해 어떤 거짓된 말들이 오가겠는가! 이 얼마나 거창한 말과 가식적인 행동이며, 얼마나 '대단한' 비방의 기술인가 말이다! 이런 실패자들의 입에서 얼마나 고귀한 웅변이 나오겠는가! 지나치게 달콤하고 교활하며 변변치 않게 알랑거리는 저 눈을 보라! 저들이 진정 원하는 게 무엇인가? 적어도 정의, 사랑, 지혜, 우월성을 자신이 드러내겠다는 야심, 이것이 바로 이 '가장 비천한' 자들의 야심인 것이다. 그런 야심이 그들을 얼마나 능숙하게 만드는지! 이 위조범의 기술은 또 얼마나 놀라운지 그들은 덕의 각인뿐 아니라 덕의 울림까지, 그 그윽한 울림까지도 위조한다. 이 나약하고 절망적인 병자들은 덕을 독점한다. 여기에는 의심의 여지가 없다. "우리만이 선하고 의로운 인간이다. 선한 의지를 가진 인간은 우리뿐이다." 그들은 마치 건강, 성공, 힘, 긍지와 강인함이 언젠가 혹독하게 대가를 치러야 할 부도덕한 것이라도 되는 양, 우리에게 경고하듯 비난하며 우리 사이를 지나다닌다. 내심 그들은 얼마나 기꺼이 승자가 대가를 치르게 만들고자 하며 얼마나 간절히 사형집행인이 되기를 갈망하는가.[627]

제프리 버튼 러셀의 『메피스토펠레스, 근대 세계의 악마』[628]를 읽다가 도스토옙스키의 『카라마조프의 형제들』에 대한 논평을 읽게 됐다. 러셀은 신은 없다고 주장하는 이반의 논거가 어쩌면 무신론을 뒷받침하는 가장 강력한 논거일지 모른다고 평했다.

이반이 1876년 당시의 일간지에서 뽑아 온 악의 사례들은 매우 인상적이다. 사냥개들을 시켜 소작농 소년을 그 어머니 앞에서 찢어발기게 한 귀족, 힘들어서 버둥거리는 말의 '유순한 눈'을 채찍으로 후려친 남자, 어린 딸이 용서를 빌며 벽을 두드리는데도 밤새 얼음장같이 추운 변소에 가두어 놓은 부모, 반짝거리는 총으로 아기와 놀아 준 후에 바로 그 총으로 아기 머리를 박살 낸 터키 병사. 이반은 이토록 끔찍한 일이 매일 일어나며 끝없이 증폭될 수 있는 현실을 알고 있었다. "아이들을 예로 든 건 문제를 좀 더 명확히 하기 위해서야. 이 지구를 흠뻑 적시고 있는 나머지 인류의 눈물에 대해서는 더 언급하지 않으마."[629]

러셀은 또 다음과 같이 썼다.

악과 신의 관계는 아우슈비츠와 히로시마의 시대에 다시 한 번 철학
적, 신학적 논의의 중심을 차지했다. 악의 문제에 관해서는 단순하게
말할 수 있다. 신은 전지전능하다. 신은 온전히 선하다. 그처럼 선한 신
은 악의 존재를 허용하지 않을 것이다. 그러나 우리는 악의 존재를 목
격하고 있다. 그러므로 신은 존재하지 않는다. 이 주제는 거의 끝없이
변형되어 나타난다. 이 문제는 추상적이고 철학적인 문제일 뿐 아니라
매우 사적인 문제이기도 하다. 신자들은 신이 자기가 아끼는 모든 것,
즉 소유, 위안거리, 성공, 직업, 기술, 지식, 친구, 가족, 생명을 다 앗아
간다는 사실을 잊곤 한다. 이런 신은 대체 어떤 신이란 말인가? 제대로
된 종교라면 이 질문을 직시해야 하며, 죽어 가는 아이들 앞에 내놓을
수 없다면 그 어떤 답도 신뢰할 수 없다.[630]

인간은 세계 곳곳에서 일어나는 온갖 악행을 보고 자신의 부족함
을 정당화한다. 또 인간이 잔인한 이유는 나약하기 때문이라고 말한
다. 신이 인간의 영혼을 일그러뜨렸다며 신과 신의 창조 행위를 탓한
다. 그러면서 내내 자신이 환경의 무고한 희생자라고 주장한다. 하지
만 죽어 가는 아이에게 말을 건넨다면 무슨 말을 건네겠는가? 아마
너는 할 수 있다고, 네 안에는 이 일을 감당할 만큼 강한 힘이 있다고
말할 것이다. 그리고 아이가 나약하다는 사실을 핑계 삼아 삶을 부정
하고 고의로 악행을 저지르도록 놔두지 않을 것이다.

나는 임상심리학자로서 경험이 그다지 많지 않지만 기억에 남는

두 내담자가 있다. 그중 한 사람은 서른다섯 남짓의 여성이었다. 하지만 그녀는 쉰 살은 돼 보였고, 볼 때마다 내가 상상했던 중세의 소작농을 연상케 했다. 옷과 머리와 치아가 몇 달은 제대로 씻지 않은 것처럼 지저분했고 지나치게 수줍음을 많이 탔다. 그녀는 자기보다 높은 지위에 있다고 생각하는 사람에게 다가갈 때는 등을 구부리고 마치 상대에게서 뿜어져 나오는 빛을 견딜 수 없다는 듯 양손으로 눈에 그림자를 드리웠다(거의 모든 사람에게 그랬다).

그녀는 예전에 몬트리올에서 외래 환자로 행동치료를 받은 적이 있어서 클리닉의 상근 직원이라면 모두들 그녀를 기억했다. 그녀의 평소 행동 습관 때문에 거리를 가던 사람들이 그녀를 정신 이상자로 여겨 피해 다니는 지경이었기에 그런 습관을 고치는 행동치료를 받았다. 그녀는 눈을 가리지 않고, 똑바로 앉고 서는 법을 배웠지만 클리닉을 떠나자마자 오랜 버릇이 그대로 되돌아왔다.

그녀는 어쩌면 생물학적 문제로 지적 장애가 있는지도 몰랐다. 어쩌면 환경이 이러한 무지의 원인인지도 몰랐다. 그녀는 문맹이었고, 심각한 질병으로 침대에 누워 지내는 고령의 이모와 어머니(어머니에 대해서는 아는 바가 없다.)와 함께 살고 있었다. 남자 친구는 폭력적인 데다 알코올에 중독된 조현병 환자였는데, 그녀를 심리적, 신체적으로 학대했고 매일같이 악마에 대해서 떠들어 대면서 그녀의 순박한 마음을 혼란스럽게 만들었다. 그녀는 아무것도 가진 게 없었다. 아름다움도, 지능도, 그녀를 사랑하는 가족도, 기술도, 창조적인 직업도, 그 무엇도 없었다.

하지만 그녀는 자기 문제를 해결하거나 영혼의 짐을 덜거나 혹은 자신이 주위 사람들에게 얼마나 학대와 괴롭힘을 당하는지 이야기 하려고 클리닉에 온 게 아니었다. 오히려 자신보다 더 어려운 처지에 있는 사람들을 돕고자 찾아왔다. 내가 인턴으로 일하던 클리닉은 대형 정신병원과 연계되어 있었다. 60년대에 정신과 치료가 지역사회 중심의 치료로 변화된 이후에도 여전히 정신병원에 남은 환자들은 정상적인 생활이 불가능했기 때문에 외부에서 살아남을 수 없는 이들이었다. 그녀는 그 병원에서 몇몇 제한된 형태의 자원봉사를 해 왔는데, 어느 날 자기가 환자들과 말벗이 되어 바깥 산책을 시켜 주고 싶다고 했다. 내 추측으로는 그녀가 자신이 기르던 개를 매일 산책시켰고 그 일을 좋아했기 때문에 이런 생각을 떠올린 것 같다. 그녀의 부탁은 단지 그녀가 바깥에 데리고 나갈 수 있는 환자를 찾아 주고, 병원에서 이 일을 허락해 줄 사람을 알아봐 달라지는 것이었다. 나는 그녀를 돕는 일에 성공하지 못했지만 그래도 그녀는 나를 원망하지 않았다.

이론에 반하는 증거가 하나만 있어도 그 이론이 틀렸음을 입증하기에 충분하다는 말이 있다. 하지만 사람들은 그런 식으로 생각하지 않으며 그렇게 생각해서도 안 될 것이다. 대체로 이론은 쉽사리 포기하기에는 너무나 유용하며 다시 만들기는 너무 어려워서 이론에 반하는 증거가 받아들여지려면 일관되고 신빙성이 있어야 한다. 하지만 이 여성은 나를 고민에 빠뜨렸다. 그녀는 생물학적 결정론이나 환경적 결정론의 관점에서 보면 내가 만난 그 누구보다도 더 정신병에 시달릴 운명이었다. 그녀도 때로는 애완견을 걷어차거나 아픈 이모를 무례하게 대할지도 모른다. 하지만 나는 그녀가 단 한 번도 양심을 품거나 불쾌한 심정을 드러내는 모습을 본 적이 없었다. 그녀의 소박한 바람이 좌절됐을 때도 마찬가지였다. 나는 그녀가 성자라고 말하려는 게 아니다. 그 정도로 그녀를 잘 알지는 못한다. 하지만 그녀는 불행한 환경과 무지한 삶 속에서도 자기 연민에 빠지지 않았고 자기 외의 것을 돌아볼 수 있었다. 왜 그녀는 타락하지 않은 것일까? 잔인해지거나 정신적으로 불안정해지거나 우울해지지 않은 것일까? 그럴 만한 이유가 충분했지만 그녀는 그러지 않았다.

그녀는 자기 나름의 소박한 방식으로 적절한 선택을 했다. 그녀는 피투성이가 되었지만 운명에 굴복하지 않았다. 실제로 그런지 알 수는 없지만 적어도 나에게 그녀는 극심한 고통 속에서도 용기를 내고 사랑할 줄 아는 고통받는 인류의 상징이었다.

> 그리하여 내가 모든 천사와
>
> 영체들도, 바로 선 자와 넘어진 자들도
>
> 만들었느니라. 자유가 아니라면, 그들의 참된 충성과
>
> 끝없는 믿음과 사랑을 어떻게 증명할 수 있을까?
>
> 그들이 꼭 해야 할 일만 나타날 뿐
>
> 그들의 의지로 하는 일이 나타나지 않는다면 그런 복종으로 인해
>
> 그들이 어찌 칭찬을 받을 수 있을 것이며, 나는 또 어찌 기뻐하겠는가
>
> 의지와 이성(이성은 또한 선택이라.)이
>
> 소용없고 헛되다 하여 자유를 앗고,
>
> 수동적으로 만들어 나 아닌 필연을
>
> 따르게 한다면? 그들은 정의에 속하도록

창조되었으니, 그 창조주도, 그들을 만듦도

그들의 운명까지도 비난하는 것은 옳지 않다.

마치 운명이 절대적 섭리와 높은 예지로

그들의 의지를 지배했다는 듯이.

그들의 반역을 명한 것은 그들 자신이지

내가 아니다. 내 미리 알았던들,

그 예지는 그들의 죄에 아무런 영향을 끼치지 않으리라,

그 죄는 어떤 예지가 없더라도 드러날 것이었으니.

그러니 운명의 최소한의 충동이나 일말의 징조도 없이,

아니면 내 불변의 예지로 인한 어떤 것도 없이,

그들은 판단하고 선택하는 모든 것에서

스스로 죄를 저지르고 고안해 낸다. 그렇게

나는 그들을 자유롭게 만들었으니

스스로 노예가 되기까지는 자유로우리라.

아니면 그들의 본성을 바꾸고, 자유를 명한

영원불멸의 높은 섭리도 폐지해야 하리라.

이렇게 그들은 스스로 타락을 정하였노라.[631]

또 한 사람의 내담자는 다른 병원에서 입원 생활을 하던 조현병 환자였다. 처음 나와 만났을 때 그는 스물아홉으로 당시 나보다 불과 몇 살밖에 더 많지 않았으며, 7년간 병원을 들락거리고 있었다. 항정신병 치료제를 투약 중이었고, 컵받침이나 연필꽂이 따위를 만드는 작업치료에도 참여했다. 하지만 그는 조금도 주의를 집중할 수 없었

고 손재주도 없었다. 당시 내 상사는 그에게 지능검사WAIS-R632를 실시해 보라고 했다(진단이 목적이 아니라 단지 내 경험을 쌓기 위해서였다). 나는 그에게 토막 맞추기 검사를 실시하려고 흰색과 빨간색 블록을 주었다. 정해진 시간 내에 블록들을 배열하여 카드의 그림과 똑같은 모양을 만드는 것이 그에게 주어진 과제였다. 그는 블록들을 집어 들고 책상 위에서 이리저리 짜 맞추기 시작했고 나는 바보처럼 초시계를 들고 시간을 쟀다. 그는 가장 쉬운 단계조차 해내지 못했다. 계속 다른 데 정신이 팔렸고 좌절했다. 내가 "왜 그러시나요?" 하고 묻자 그가 대답했다. "내 머릿속에서 지금 선과 악이 전투를 벌이고 있어요."

그 시점에서 나는 검사를 그만두었다. 그의 말을 어떻게 이해해야 할지 알 수 없었다. 그는 분명 고통을 겪고 있었고, 이 검사는 그를 더 고통스럽게 할 것 같았다. 그는 무엇을 경험하고 있는 것일까? 그가 거짓말을 하는 것처럼 보이지는 않았다. 그건 확실했다. 그 말을 듣고 나자 더 이상 검사를 진행하는 게 무의미하게 느껴졌다.

그해 여름 나는 그와 종종 시간을 보냈다. 나는 이처럼 대놓고 정신이 나간 사람을 만난 적이 없었다. 우리는 병동에서 이야기를 나눴고, 종종 병원 마당에 함께 나가 산책하기도 했다. 그는 1세대 이민자의 셋째 아들이었다. 첫째 형은 변호사였고 둘째 형은 의사였다. 부모님은 자녀에게 큰 기대를 품은, 근면하고 성실한 분들이었다. 그는 대학원에서 학위를 받기 위해 연구하던 중이었다(정확히 기억나지는 않지만 연구 분야가 면역학이었던 것으로 기억한다). 형들은 그가 따라가기 벅찬 선례를 남겼고, 그는 성공해야 한다는 압박감을 느끼고 있었다. 하지만 진행하던 실험에서 기대하던 결과를 얻지 못하고 적어도 바라던 시점에 졸업할 수 없다는 것이 확실해지자 그는 실험 결과를 조작해서 학위 논문을 썼다.

그의 말에 따르면, 그가 논문을 마치던 날 밤에 일어나 보니 악마가 침대 발치에 서서 그를 내려다보고 있었다. 그때 정신병이 발병해 그 후로 다시는 회복하지 못했다. 이 사탄의 환영이 생물학적 취약성에 스트레스가 더해진 결과 정신 장애가 일어나면서 나타난 것인지, 아니면 죄책감으로 인해서 도덕적 악에 관한 문화적 개념이 의인화되어 그의 상상 속에 나타난 것인지는 알 수 없다. 두 가지 설명 모두 장점이 있다. 하지만 어쨌든 그가 악마를 보았다는 사실과, 악마의 환영이 따라다니며 그를 무너뜨렸다는 사실은 변함이 없다.

그는 자기 환상에 대해서 이야기하길 두려워했지만 내가 그를 세심하고 주의 깊게 대한 후에야 그 환상에 대해서 털어놓았다. 그는 결코 과장하거나 내게 깊은 인상을 주려 한 것이 아니었다. 그는 명백히 자신이 믿고 있는 것 때문에 겁에 질려 있었다. 그의 마음에 깊이 아로새겨진 그 환상으로 인해 떨고 있었다. 그는 누군가 자신을 사살하려고 기다리고 있기 때문에 자신은 병원을 떠날 수 없다고 했다. 이것은 아주 전형적인 편집 망상이다. 도대체 누가 왜 그를 죽이고 싶어 한단 말인가?

그가 정신병동에 입원했을 당시는 냉전 시대였다. 냉전이 절정에 이르렀을 때는 아니었지만 여전히 핵무기를 사용해서 고의로 인류를 전멸할 가능성이 지금보다는 더 높다고 여겨지던 때였다. 내가 알고 지낸 사람들 중에도 핵 위협을 핑계로 삶에 충실하지 못하는 이가 많았다. 그들은 모든 게 곧 끝날 것이기에 인생에 아무런 의미가 없다는 낭만적인 생각에 빠져 있었다. 하지만 그런 거짓에도 조금은 진실된 공포가 깃들어 있었고, 수많은 미사일이 세계 곳곳을 향하고 있다는 생각은 기만적인 사람과 정직한 사람 모두에게서 믿음과 활력을 앗아갔다.

이 환자는 자신이 실제로 세계를 파괴할 악의 화신이라고 생각했다. 그는 자신이 병원에서 풀려나면 미국의 국경 남쪽에 위치한 핵미사일 격납고로 가서 마지막 전쟁을 개시할 운명을 타고났다고 믿었다. 그리고 이 사실을 알고 있는 병원 밖 사람들이 그를 사살하려고 기다리고 있었다. 결국 이 이야기를 들려주긴 했지만 그는 당연히 내게도 이 이야기를 하지 않으려 했다. 자기 이야기를 듣고 나면 나도 그를 죽이고 싶어 할지 모르지 않은가.

대학원 동료들은 내가 이런 부류의 환자를 만난 것이 신기하다고 생각했다. 내가 특이하게도 융의 사상에 관심을 보인다는 사실을 알았기에, 때마침 내가 이런 종류의 망상에 사로잡힌 사람과 이야기를 나누게 된 것이 신기했던 것이다. 하지만 나는 그의 망상을 어떻게 이해해야 할지 알 수가 없었다. 물론 그 망상은 말도 안 되는 것이었고 그 망상 때문에 그는 완전히 망가지고 말았지만, 나는 그 망상에 상징적 진실이 담겨 있다고 느꼈다.

내담자의 이야기를 종합해 보면 그가 선과 악 사이에서 내린 선택과 당시 세계를 물들였던 공포는 서로 관련이 있었다. 그 이야기는 그가 결정적인 갈림길에서 유혹에 넘어갔기 때문에, 핵전쟁의 가능성이 불러온 공포에 실제로 그의 책임도 있다고 암시했다. 하지만 어떻게 그게 가능한가? 힘없는 한 개인의 행동이 전 세계의 역사에 어떤 식으로든 연관되어 있다는 생각은 제정신으로 할 수 있는 생각이 아닌 듯했다.

하지만 지금의 나는 더 이상 그렇다고 확신하지 못한다. 그동안 나는 악에 관하여, 또 악이 어떻게 자라나고 실현되는지 배웠기에, 우리 각자가 순수하거나 악의 없는 존재라는 걸 믿지 못한다. 물론 60억 티끌 중 하나에 불과한 먼지 같은 한 사람이 인류가 마주한 무시무시한 사건에 책임이 있다는 생각은 논리적이지 못하다. 하지만 이는 그런 사건 자체가 논리에 전혀 맞지 않게 일어나는 데다 우리가 그 과정을 제대로 이해하지 못한 까닭일지도 모른다.

신이(적어도 선한 신은) 존재하지 않는다고 주장하는 사람들이 제시하는 가장 강력한 근거는 바로 선한 신이 이 세계에 전형적으로 나타나는 자연적(질병과 재해), 도덕적(전쟁과 대학살) 악의 존재를 허락할 리가 없다는 것이다. 이런 근거는 무신론을 넘어서 실존하는 세계의 정당성에 대한 논쟁에서 활용되기도 한다. "어쩌면 온 우주는 한 아이의 고통만큼도 가치가 없을지 모른다."고 도스토옙스키는 말했다. 어떻게 우주가 아이의 고통을 허용하는 곳으로 창조되었는가? 어떻게 선한 신이 이처럼 고통스러운 세계의 존재를 허락할 수 있는가?

이 까다로운 질문에 대한 답은 일정 부분 악을 주의 깊게 분석해보면 얻을 수 있다. 먼저 자연적 악과 도덕적 악을 구별해야 한다. '인생의 비극적 조건'과 '의도적으로 자행된 위악'을 같은 범주로 분류해서는 안 된다. 죽을 수밖에 없는 실존적 조건에 예속된 비극에는 적어도 잠재적으로나마 인간을 고귀하게 만드는 측면이 있고, 그런 측면은 위대한 문학과 신화에서 끊임없이 활용되었다. 반대로 진정한 악은 고귀한 것과는 거리가 멀다.

순전히 무고한 고통을 일으키려는 목적으로 악행을 저지르면 인격은 파괴된다. 반면 진솔하게 비극을 맞닥뜨리면 인격은 고양된다. 이것이 바로 기독교에서 말하는 십자가의 의미이다. 그리스도는 자기 운명을 받아들이기로 선택하고 거기에 온전히 참여함으로써 하나님과의 온전한 동일시를 구현했다. 다름 아닌 하나님과의 동일시 덕분에 그리스도는 자기 운명을 견뎌 내고 거기서 악을 제거할 수 있었다. 반대로 자기 인격을 스스로 격하하는 사람은 어쩔 수 없는 인생의 비극적 조건을 악으로 뒤바꾸고 만다.

하지만 인생은 왜 비극적일까? 왜 우리는 견디기 어려운 한계를 지니고 있는가? 고통과 질병과 죽음, 자연과 사회에 의해 자행되는 잔인한 사건에 예속되어야 하는가? 왜 모두에게 끔찍한 일이 일어나는 것일까? 이 질문에 답하는 것은 역시 불가능하다. 하지만 우리가 자신의 인생을 마주하려면 이런 질문들에 어떻게든 답을 얻어야 한다.

내가 얻은 최선의 답, 내게 도움이 된 답은 다음과 같다. 세상에는 전제 조건이 없이 존재할 수 있는 것은 없다. 모든 경기는 규칙이 있어야 할 수 있다. 그리고 규칙은 무엇을 할 수 있는지는 물론 무엇을 할 수 없는지도 말해 준다. 어쩌면 세계도 한계와 규칙이 없이는 세계로 존재할 수 없는지 모른다. 삶도 고통스러운 한계가 없이는 존재할 수 없을지 모른다.

이렇게 생각해 볼 수도 있다. 만약 우리가 바라기만 하면 원하는 것을 모두 가질 수 있다면, 만약 우리에게 해야 할 일을 모두 대신 해 주는 도구가 있다면, 모든 사람이 전지하고 불멸한다면, 모두가 전능한 하나님이 될 것이고 창조물은 존재하지 않을 것이다. 각자의 구체적인 한계로 인해 생기는 사물들 간의 차이 때문에 만물이 존재하는 것이다.

하지만 우리가 만물이 존재하기 위해 필요한 한계를 기꺼이 받아들인다고 해도, 만물의 존재가 곧 그 존재의 타당성을 증명하지는 않는다.

세계는 존재해야 하는가? 모든 경기를 중단시키는 게 나을 만큼 경험의 전제 조건이란 것이 너무나 끔찍하지는 않은가? (이 세상에 경기 중단이라는 목표를 향해서 부지런히 나아가는 사람들이 부족했던 적은 단 한 번도 없다.)

내 생각에 우리는 사랑하는 사람을 잃고 슬퍼할 때 무의식적으로 이 질문에 답하는 듯하다. 우리는 그들이 존재했기 때문에 우는 것이 아니라 그들을 잃었기 때문에 운다. 이 슬픔은 아주 근본적인 차원에서 이루어진 판단을 전제로 한다. 그 슬픔에는 누군가 사랑을 받았다는 것 그리고 한계가 있는 구체적인 한 사람의 삶이 소중하며 (불완전하고 나약한 모습일지라도) 그것이 계속해서 존재했어야 한다는 판단을 전제로 한다. 하지만 여전히 질문은 남는다. 만약 불가피한 한계가 그와 같은 고통을 낳는다면 도대체 만물이 꼭 존재해야 하는 것일까? 그것이 사랑을 받는 존재라고 해도 말이다.

어쩌면 우리는 우리 자신의 문제를 해결하기 전까지는 신의 본성에 대한 질문과, 그가 창조한 세계에 악이 존재하는 데 대한 책임을 그에게 묻는 행위를 유보해야 할지 모른다. 우리 자신의 인격을 온전히 지키고 계발한다면, 주어진 모든 재능을 최대한 활용한다면, 우리는 이 세계의 공포를 견뎌 낼 수 있을지 모른다. 그러면 세계는 어쩌면 그다지 끔찍해 보이지 않을지도 모른다.

꿈속에서 나는 2차선 고속도로를 따라 걸어서 깊은 계곡을 빠져나오고 있었다. 고속도로는 내가 자란 북앨버타에 위치하고 있었고, 나는 끝없이 펼쳐진 평원에 유일하게 존재하는 몇 킬로미터의 골짜기 사이를 빠져나왔다. 이후 히치하이킹 중인 한 남자를 지나치자 저 멀리에 또 다른 사람이 보였다. 가까이 다가가 보니 그는 이제 노년에 접어들었지만 여전히 매우 강인해 보이는 사내였다. 역방향에서 차를 타고 지나치던 한 여성이 소리쳤다. "조심하세요. 저 사람 칼을 들고 있어요!"

그는 나무 손잡이가 달린 식칼을 들고 있었다. 낡고 색이 바랬지만 칼날이 족히 75센티미터는 돼 보였다. 등 뒤에는 가죽으로 만든 커다란 칼집을 메고 있었다. 그는 칼을 아무렇게나 휘두르며 혼잣말을 중얼거리면서 고속도로 가장자리를 따라 걷고 있었다.

그는 대학원생이던 내가 몬트리올의 가난한 동네에서 셋방살이를 하던 시절, 바로 옆집에 살던 집주인처럼 보였다. 집주인은 젊은 시절 폭주족이었던 강인하고 나이 든 사내였다. 그의 말에 따르면 그는 과거 그 지역 폭주족들의 우두머리였고 젊은 시절 한때 감옥살이를 했다. 하지만 나이가 들면서 대체로 그러하듯 어찌 저찌 자리를 잡았고 오랫동안 술도 자제해 왔다. 하지만 내가 거기 살던 때 그의 아내가 자살을 했고, 그 후 그는 예전처럼 다시 거친 삶을 살기 시작했다. 그는 잦은 폭음으로 자그마한 아파트에서 전기 가게를 운영하며 번 돈을 모두 탕진

했다. 하루 만에 맥주 4~50캔을 마시고 만취하여 키우던 개에게 으르렁거리고 씩씩댔다. 말은 두서가 없었고, 여전히 사람은 좋았지만 아주 사소한 도발에도 폭력적으로 돌변하는 상태로 집에 돌아오곤 했다. 한 번은 그가 나를 오토바이 뒷좌석에 태우고 단골집에 데려간 적이 있었다. 짧은 거리에서도 제트기의 가속 성능을 발휘하는 혼다 1200cc 오토바이 뒷자리에서 나는 너무 작아서 아무짝에도 쓸모없는 그의 아내의 헬멧을 우스꽝스럽게 머리 위에 얹고는 위태롭게 매달려 갔다. 술에 취하면 그는 완전히 파괴적인 사람으로 변했고, 끊임없이 싸움을 벌이곤 했다. 스쳐 지나가던 사람들이 조금만 부주의한 말을 해도 그가 그것을 모욕으로 받아들였기에 불가피한 일이었다.

그의 모습을 확인한 후 나는 발걸음을 재촉했다. 그는 자신이 얼마나 위험해 보이는지 모르는 듯 아무도 그를 태워 주지 않는다고 씩씩거렸다. 내가 지나쳐 가자 그는 나를 보고 쫓아오기 시작했다. 내게 화가 나서가 아니라 같이 걷고 싶어서였다. 하지만 그는 그다지 빠르지 않았고 나는 쉽사리 그보다 앞서갈 수 있었다.

장면이 바뀌었다. 칼을 휘두르던 사람과 나는 이제 거대한 나무의 반대편에 있었다. 지름이 100미터쯤은 되어 보이는 거대한 나무였고, 까마득한 아래쪽에서부터 나선형 계단이 줄지어 올라와서는 그만큼 먼 위까지 이어져 있었다. 짙은 색상의 낡은 나무 계단은 어릴 적 어머니와 함께 다녔고 나중에 아내와 결혼식을 올렸던 교회의 긴 나무 의자를 연상시켰다. 그는 나를 찾았지만 나보다 훨씬 뒤처져 있었고, 나는 계단을 오르며 그가 보지 못하게 내 모습을 숨겼다. 나는 아까처럼 계곡을 빠져나와 주위의 평원으로 가는 평탄한 길을 걷고 싶었다. 하지만 그 칼에서 멀리 벗어날 길은 계속 계단을 따라서 세계의 축 위로 올라가는 길 뿐이었다.

이처럼 죽음을 의식할 때만, 다시 말해서 신의 무서운 얼굴을 의식할 때만 우리는 의식을 충분히 고양하고 죽음에 대한 생각을 견딜 수 있다.

인간적 한계의 핵심은 고통이 아니라 실존 그 자체이다. 인간에게는 스스로 한계의 무게를 짊어질 만한 능력이 있다. 그 능력을 외면하고 타락하는 까닭은 스스로 자기 인생에 대한 책임을 짊어지기가 두렵기 때문이다. 그러면 인생에 필요한 존재의 비극적 조건은 견딜 수 없는 것으로 전락하고 만다.

인생을 진정으로 견딜 수 없을 만큼 끔찍하게 만드는 것은 일반적인 생각과 달리 지진이나 홍수나 암이 아니다. 인간은 자연재해를 견뎌 낼 수 있으며, 더 나아가 고결하고 품위 있게 대처할 수 있다. 인생을 수용할 수 없을 만큼 타락시키고 인간의 본성에 대한 믿음을 뒤흔드는 것은 바로 우리가 서로에게 안기는 무의미한 고통, 우리 자신의 악이다. 그렇다면 악을 저지르는 능력은 왜 존재하는 것일까?

나는 여섯 살 난 딸아이에게 피아노를 가르쳐 왔다. 요즘은 조금 어려울지 모르겠지만 피아노 연주법에 옳은 방법과 그른 방법이 있다는 걸 가르쳐 주고 있다. 올바른 연주법은 매 소절, 음표 하나하나, 모든 소리와 손가락 움직임 하나하나에 주의를 기울이는 것이다. 몇 주 전 교습 시간에 딸아이는 리듬의 의미를 힘들게 배웠다. 힘들다는 게 무슨 의미냐고? 그러니까 딸아이는 피아노에 앉아서 너무 열심히 연습을 하다가 울음을 터트렸다. 하지만 그래도 멈추지 않았다. 피아노를 배우는 데 관심이 컸던 것이다. 딸아이는 차 안에서 음악을 들으면서 리듬을 맞추며 시간을 보냈다. 또 혼자 메트로놈을 사용해서 자신이 좋아하는 곡을 빠르게, 그리고 느리게 연주했다. 어제 나는 딸아이에게 강하게 연주하는 것과 여리게 연주하는 것의 차이를 가르쳤다. 딸아이는 내 얘기에 흥미를 보이더니 집에 있는 낡은 피아노의 건반을 하나하나 두드리며, 속삭이는 듯한 음색을 내려면 건반을 어느 정도 세기로 눌러야 하는지 주의 깊게 실험했다.

딸아이에게 피아노 교습을 한 다음 날 아침에 일어났을 때 꿈의 일부분이 떠올랐다. 그리고 거기서부터 이런 생각이 떠올랐다. 바로 행동 경로 사이에 차이가 존재하기 때문에 행동에 가치가 생긴다는 생각이었다. 나는 신념이 현상의 가치를 결정한다는 것을 알았다. 하지만 거기서부터 자연스레 나올 수 있는 결론은 고려하지 못했다. 만약 신념이 가치를 결정한다면, 인생을 의미 있게 만들어 주는 것은 바로 선과 악 사이의 거리이다. 행동 경로가 더 가치 있는 것일수록(다시 말해서 악하기보다는 선한 것일수록) 그 길에는 더 많은 긍정적 정서가 '담긴다.' 이 말은 곧 선과 악을 믿지 않는 사람에게는 가치의 차이가 없기 때문에 현상이 아무런 의미를 지니지 않는다는 뜻이다.

나는 이런 삶의 태도를 지닌 사람들을 잘 알고 있다(물론 나는 그들이 선과 악 사이의 차이를 알지 못하기 때문에 삶을 그렇게 대한 견지는 명확히 알지 못했다). 그들은 어느 길을 선택하든지 그 사이의 차이를 알지 못했기 때문에 아무것도 할 수가 없었다. 이것과 저것 사이의 차이가 없는 상태에서 인생은 톨스토이의 표현을 빌리자면 "잔인하고 무의미한 농담"처럼 보이기 시작한다. 노력과 일에 참된 가치가 있다는 증거가 없는 상태에서 인생의 무게는 견디지 못할 것처럼 보이지 않을까.

다시 말해서 가치는 A라는 지점과 B라는 지점 사이에 펼쳐진 하나의 연속선상에 있다. A와 B는 둘 사이의 관계 속에서 정의되고, 이 두 지점은 두 지점 사이의 선을 정의한다. 이 두 지점의 극성이 곧 목표의 가치를 결정한다. 두 지점이 서로 다르면 다를수록(즉 둘 사이의 긴장이 더 클수록) 목표의 가치는 더욱 커진다. 선은 악이 없으면 정의할 수 없고, 존재하지도 못한다. 가치는 선과 악 사이의 차이가 없이는 존재할 수 없다. 그러므로 세계가 가치 있는 곳이 되려면(두 가지 길 사이의 선택이 진정한 선택이 되려면) 선과 악이 모두 존재해야 한다.

만약 그렇다면 적어도 이상적으로는 항상 선만을 선택하는 일도 가능해진다. 그러면 악은 잠재적으로만 존재하게 된다. 그렇게 악이 순전히 잠재적으로만 존재한다면, 세계는 가치 있는 곳이 될 수 있고 그 세계를 지탱하기 위해 짊어져야 할 짐도 견딜 만해질 수 있다. 모두가 올바르게 행동하기로 선택한다면 가능하다. 이것은 여태껏 내가 떠올린 가장 낙관적인 생각이었다.

하지만 도대체 어떻게 오류를 제거할 수 있을까? 어떤 길을 따라가야 스스로의 맹목과 무지를 벗어던지고 빛 가까이로 나아갈 수 있을까? 그리스도는 "하늘에 계신 너희 아버지께서 완전하신 것 같이, 너희도 완전하라."고 말했다.[633] 하지만 어떻게 완전해질 수 있을까? 우리는 늘 "진리가 무엇이오?"라는 본디오 빌라도의 역설적인 질문

(「요한복음」 18장 38절) 앞에서 멈춰 서고 만다.

정확히 진리가 무엇인지는 알지 못하더라도 무엇이 진리가 아닌 지는 확실히 알 수 있다. 탐욕과 욕망은, 무엇보다 물질에 대한 끝없 는 욕망은 진리가 될 수 없다. 진리는 누가 봐도 실재하는 경험을 부 정하는 것도, 타인을 그저 고통에 빠뜨리기 위해서 고통으로 몰아넣 는 것도 아니다. 그렇다면 이처럼 명백하게 잘못이라고 생각하는 행 동부터 멈추고 자기 인격을 수양하며 더 정직하게 살면 어떨까. 그러 면 그 어느 때보다 선의 본질을 더욱 깊이 인식할 수 있을 것이다.

진리는 고통스러우리만큼 단순하다. 너무 단순해서 그걸 잊을 수 있다는 게 신기할 정도이다. 온 마음과 행동과 뜻을 다해 하나님을 사랑하라. 이 말은 그 무엇보다 진리를 섬기라는 뜻이며, 주위 사람 을 자기처럼 대하라는 뜻이다. 상대의 자존심을 꺾는 동정심으로가 아니라, 상대보다 자신을 높이는 정의로가 아니라, 무거운 짐을 지고 있지만 여전히 빛을 볼 수 있는 신성한 존재로서 존중하라는 뜻이다.

자기를 다스리는 것이 한 나라를 다스리는 것보다 더 어렵다는 말 이 있다. 이 말은 단지 비유가 아니라 진리이다. 정말로 그런 이유 때 문에 우리는 나라를 다스리려 든다. 거리에서 적극적으로 무언가에 반대하고 나설 수 있는 마당에 일상생활 속에서 마주치는 사람들을 존중하는 일은 너무 시시해 보인다. 하지만 세상을 고치는 것보다 자 기 인격을 단련하는 것이 더 중요한지도 모른다. 어차피 세계를 고치 겠다는 운동은 대부분 이기심에서 비롯된다. 그것은 사랑을 가장한 이기심과 지적 자만이며, 올바르기는 하되 그 무엇도 올바로 바로잡 지 못하는 행위들로 세계를 오염시킨다.

선과 악 사이에서 우리가 매일 내리는 작은 결정들이 세계를 파괴하고 희망을 절망으로 뒤바꾼다고 말하면 아무도 믿지 않는다. 하지만 그것이 사실이다. 우리는 현실에서 끊임없이 일어나는 크고 작은 일로 인간이 얼마나 악해질 수 있는지를 목격하지만 우리에게 한없이 선해질 수 있는 능력이 있다는 것은 깨닫지 못한다. "거짓말을 그만둔 한 사람이 폭정을 무너뜨린다."는 솔제니친의 말에 과연 어느 누가 반박할 수 있겠는가?

그리스도는 하나님의 나라가 이미 이 땅에 임하였으나 사람들이 보지 못한다고 말했다.[634] 우리 삶을 고통으로 몰아넣고 세계를 지옥으로 뒤바꾸는 것이 다름 아닌 우리의 자기 기만과 비겁함과 증오와 두려움이라고 생각해 보면 어떨까? 이런 식의 가정을 세워 보는 것이다. 적어도 이것은 다른 가정들만큼이나 훌륭하고 희망을 불어넣는다. 그렇다면 그에 따라 실험을 해 보고 그 가정의 진위를 가려 보는 건 어떨까?

| 관심에 깃든 신성

기독교의 중심 사상은 정통파의 종교가 진부해져 버린 시기에 순전히 심리학적 원리에 따라 발전해야 했던 그노시스 철학에 뿌리를 두고 있다. 인간의 삶을 통제하는 집단적 지배 사상이 붕괴하면 무의식적인 개별화 과정이 진행되었는데, 이때 나타나는 상징을 인식하면서 그노시스 철학이 자리 잡게 되었다. 그런 순간에는 새로운 지배 사상을 형성하기 위해 수면 위로 떠오르는 신성한 원형에 수많은 사람들이 사로잡히게 된다.

이러한 상태는 거의 예외 없이 사로잡힌 사람들이 자신의 무의식적 원형과 자신을 동일시하는 모습으로 발현된다. 그들은 자신이 아직 이해하지 못한 내용의 영향을 받았다는 것을 깨닫지 못하기 때문에, 자신의 삶에서 이 원형을 구체적 예시로 보여 줌으로써 예언자나 개혁가가 된다.

기독교 신화의 원형적 내용물은 많은 사람의 불안하고 절박한 무의식을 만족스럽게 표현했기 때문에 기독교 신화는 여론의 합의에 의해 문화를 지배하는 보편 진리로 격상되었다. 물론 이는 합리적인 판단이 아니라 보다 더 효과적인, 비합리적 사로잡힘에 의한 것이었다.

그에 따라 예수는 모든 사람을 사로잡을 뻔했던 원형적 힘을 막는 수호자의 상징이자 부적 같은 존재가 되었다. 복음은 다음과 같이 선포되었다. "그러한 일은 이미 일어났으나, 이제 너희가 신의 아들 예수 그리스도를 믿는 한 그런 일은 일어나지 않을 것이다."

하지만 더 이상 기독교 사상의 지배를 받지 않는 사람이라면 누구에게나 그런 일이 일어날 수 있었고, 지금도 일어날 수 있으며, 앞으로도 일어날 것이다. 그렇기 때문에 의식을 지배하는 사상에 만족하지 못하고 파멸에 이르든 구원에 이르든 정도가 아닌 길로 빠지는 사람들이 있는 것이다. 이들은 불멸의 근원을 경험하고자, 지칠 줄 모르는 무의식의 유혹을 따라, 마치 예수처럼, 광야에서 자신을 찾고, 어둠의 아들과 마주하는 것이다…….

그리하여 늙은 연금술사는(그리고 그는 성직자다!) 기도한다. "마음에 깃든 참혹한 어둠을 몰아내소서. 우리의 감각에 빛을 밝히소서!" 이 문장을 작성한 사람은 연금술 작업의 첫 단계인 흑화를 경험하고 있었을 것이다. 이 단계에서 연금술사는 우울한 감정을 느끼며, 이는 심리학에서 말하는 '그림자와의 조우'에 해당한다.

그러므로 오늘날 심리치료 현장에서 다시금 집단 무의식의 살아 있는 원형을 만나게 된다면, 이는 종교가 커다란 위기를 맞을 때마다 흔히 관찰되었던 현상이 재연된 것으로 볼 수 있다. 물론 이런 일은 개인을 지배하던 사상이 그 의미를 잃을 때 개인 내부에서 일어나기도 한다. 이것의 예가 『파우스트』에 묘사된 지옥으로의 강하인데, 이는 의식적이든 무의식적이든 연금술 작업을 의미한다.

그림자로 인해 야기된 대립의 문제는 연금술에서 중대하고 결정적인 역할을 담당한다. 왜냐하면 먼저 대립이 일어난 후에야 대립쌍의 통합이라는 연금술의 마지막 단계로 나아갈 수 있기 때문이다. 이 마지막 단계에서 최상위 대립쌍인 남성과 여성(동양의 음과 양)은 모든 대립을 초월하여 결코 부패하지 않는 불멸의 합일체로 융해된다.[635]

아버지께,

언젠가 아버지께 제가 쓰고 있는 책에 대해 이야기해 드리겠다고 약속했지요. 지난달에는 책을 쓰는 데 많은 시간을 할애하지 못했습니다. 물론 제가 늘 이 책을 염두에 두고 있고, 다른 일을 하면서 배우는 모든 것이 이 책과 관련이 있지만요. 하지만 잠시 책 쓰는 일을 쉬고 있기 때문에 어쩌면 지금 아버지께 책에 대해서 이야기하면서 제 생각을 정리할 수도 있겠다는 생각이 듭니다.

아직도 전 제가 왜 이 책에 매달려 왔는지 제대로 이해할 수 없습니다. 그 문제로 정말 미쳐 버릴 것 같았던 3, 4년 전에 비하면 더 잘 이해하게 됐지만요. 책을 쓰기 3, 4년 전 저는 전쟁에 대한 생각에 사로잡혀 있었고, 인류의 멸망을 주제로 한 끔찍한 악몽을 자주 꾸었습니다. 지금 와서 돌이켜 보니 대학살에 관한 관심은 저 자신의 삶과 긴밀히 연관되어 있었고, 개인적 차원에서 인생의 의미에 관한 관심이, 죽음에 대한 사색과 더불어 인류의 가치와 인생의 목적에 대한 관심으로 조금 더 일반화된 형태로 나타난 것이었습니다.

칼 융은 인간이 서로 많이 닮아 있기에 모든 개인의 문제가 사회와 관련이 있으며, 개인의 문제를 해결하는 근본적 해결책은, 그 해결책이 서로 소통될 수 있다면 미래에 다른 누군가가 같은 문제를 겪게 될 가능성을 줄여 준다고 말했습니다.[636] 이것이 개인과 사회가 서로 상생하는 방식입니다. 이렇듯 죽음의 문제를 조금 더 보편적인 차원에 적용하면서 생겨난 전쟁에 대한 제 관심은, 개인적 차원에서는 인생의 의미에 관한 개념과 사상으로 저를 이끌었습니다. 이 개념과 사상들은, 그것을 제대로 배우기 전에는 저 자신과 관련이 있다거나 신빙성이 있다는 생각을 단 한 번도 해 보지 못했고, 대다수 사람들이 흔히 정상과 광기의 경계선상에 있다고 생각할 만한 것이었습니다.

사람들은 흔히 전쟁이 근본적으로 정치적인 문제라고 믿습니다. 서로 싸움을 벌이는 것은 인간 집단이고 집단은 정치에 빠지기 마련이기에, 이 믿음은 근거가 있으며 실제로도 약간의 진실을 담고 있습니다. 하지만 진리를 찾고 싶지 않은 사람들에게는 진리가 없을 만한 곳에서 진리를 찾는 게 좋은 방법이 될 수도 있습니다. 현대인들이 자기 인생을 책임 있게 사는 대신 국제 정치에 관심을 갖고 '대의'를 좇는 현상은 바로 이렇듯 진리를 찾지 않고자 하는 욕망이 참된 진리를 추구하지 못하도록 압도한 증거로 보입니다. 사람들이 진리를 찾지 않으려 하는 까닭은 자신과 세계에 대한 믿음 없이 만든 사회 체계와 그 체계가 보장하는 거짓 위안을 진리가 파괴하기 때문입니다. 자신의 소망을 투영한 환상의 세계와 있는 그대로의 현실 세계를 동시에 살아갈 방법은 없고, 흔히 환상을 파괴하고 현실을 직시하는 것은 손해라고 생각합니다. 적어도 제게는 그렇게 보입니다.

모든 사람은 자기가 속한 시대의 산물이기에 저 역시 찾고자 하는 해답을 다른 모든 이들이 해답이 있다고 믿었던 정치학에서, 집단행동을 연구하는 정치학에서 찾았습니다. 신민주당에서 활동하고 정치학을 공부하던 몇 년을 그렇게 보냈습니다. 그러다 저는 사회주의 같은 사상 체계를 문제에 적용하는 일과 문제를 해결하는 일은 전혀 다르다는 사실을 깨달았습니다. 사상 체계를 어떤 문제에 적용시키려다 보면 결국 자신이 아닌 누군가에게 책임을 돌리게 됩니다. 그 대상은 부자, 미국인, 백인, 정부, 사회 체제 등 내가 아니기만 하면 그 누구라도 상관없지요.

그리고 저는 국제적 차원에서 제기된 문제는 전 세계 사람들이 그 문제를 해결하는 방향이 아니라 내버려 두는 방향으로 생각하고 행동하기 때문에 해결되지 않고 계속 존재한다는 사실을 서서히 깨달았습니다. 만약 이 문제를 풀 해결책이 존재한다면, 이는 곧 사람들이 전부 잘못 생각하고 있다는 뜻입니다. 거기에는 당연히 저 자신도 포함되겠지요. 제 추측은 불가피하게 다음과 같이 심각한 결론에 이르게 됩니다. 인류가 마주한 문제가 더 근본적인 것일수록 제 생각의 오류도 더 근본적인 것이라는 결론입니다.

저는 전쟁이라는 문제를 해결해야만 제가 살아남아 삶을 지속할 수 있다고 생각했습니다. 그래서 제가 믿던 모든 생각이 잘못되었을 가능성을 고려하게 되었습니다. 이런 생각은 그다지 유쾌하지 않았습니다. 게다가 제가 많은 것들을 믿어 왔지만, 제가 뭘 믿고 있는지조차 제대로 모르거나 설령 안다고 한들 그걸 믿는 이유를 모르고 있다는 사실을 깨닫고는 머릿속이 걷잡을 수 없이 복잡해졌습니다.

그러니까 제가 인식하지 못하는 사이에 역사는 제가 믿는 모든 신념을 좌우했는데, 애초에 제가 누구인지, 역사 속에서 무엇이 만들어졌고 그 역사의 창조물에 제가 어떤 영향을 받았는지 어느 정도 안다고 가정했던 것 자체가 터무니없는 교만이었습니다.

해답을 떠올리지 못하는 것과 질문조차 떠올리지 못하는 것은 전혀 다릅니다.

저는 저를 공포에 떨게 하고 저로 하여금 끔찍한 악몽을 꾸게 만든 것을 마주하면, 그 두려움을 견디는 데 도움이 되리라고 생각했습니다. 이 생각은(신의 은혜였습니다.) 제가 가장 찾고 싶던 진리를 찾을 수 있으리라는 믿음을 주었습니다. 제가 진리를 받아들일 수 있고, 진리가 이끄는 곳으로 어디든 망설임 없이 따라갈 수 있다면 말입니다. 그리고 일단 그 길에 나섰다가 실패하면 최소한 자존심을 잃게 되고, 심각하게는 온전한 정신도, 살고자 하는 욕망도 잃게 될 것임을 알았습니다.

지금 저는 모든 사람이 이런 선택 앞에 선다고 믿습니다. 이 사실을 알지 못하거나 인정하지 않는 사람도 있겠지만, 사람이라면 누구나 결정을 내리고 행동을 취할 때마다 이 선택을 합니다.

앞서 역사가 제 생각과 행동을 길들인다고 말씀드렸지요. 이 깨달음을 따라가다 보니(일단 깨닫고 나니 자명한 사실이었습니다.) 역사를 하나의 심리적 현상으로 연구하게 되었습니다. 그러니까 만약 제 생각과 제 자신이 역사의 산물이라면, 곧 역사가 제 안에서 형태를 갖추고 제 안에서 제가 누구인지 결정할 것이었습니다. 이 생각은 제가 어딜 가든지 아버지의 심상이 제 안에 존재한다는 사실을 떠올려 보면 쉽게 이해할 수 있습니다. 아버지의 심상은 아버지의 행동 방식과 기대, 아버지가 하셨던 일에 대한 이야기 등에 대한 기억입니다. 이 심상은 어릴 적 제 행동 방식에 커다란 영향을 미쳤고, 아버지가 곁에 없을 때도 저는 아버지가 따르던 규칙(그리고 제가 아버지를 모방하며 배운 것과 아버지가 칭찬과 처벌을 통해서 제게 가르쳤던 것)에 따라 행동할 수밖에 없었지요. 제 안에 있는 아버지의 심상은 아버지에 대한 꿈속에서 인격체로 나타나기도 합니다.

그러니까 심리적 관점에서 보면 누구나 각자의 마음에는 부모의 심상이 담겨 있고, 그 심상이 적어도 부분적으로나마 그 사람의 행동을 지배한다는 것은 아주 분명합니다.

하지만 아버지가 따랐고, 제가 아버지로부터 배웠던 규칙 역시 아버지가 만들어 낸 것이 아니라 아버지가 어린 시절 전수받았던 것을 그저 제게 전해 주신 것일 뿐이지요.

그리고 제가 아버지께 배운 대부분의 것들은 한 번도 말로 표현된 적이 없는 것이며, 아버지의 행동을 지배하던 (그리고 아버지를 지켜보면서 제가 배웠던) 규칙은 아버지의 행동 속에 암묵적인 상태로 남아 있던 것으로 이제는 제 행동 속에 암묵적인 상태로 남지요. 바로 이런 방식으로 저는 언어를 배웠습니다. 대부분은 보고 들으면서 배웠고 일부는 의도적인 가르침을 통해 배웠지요. 그리고 문법에 맞게 말을 하면서도 언어 산출의 토대가 되는 문법 규칙을 설명하지 못하는 일이 충분히 일어날 수 있는 것처럼(흔한 일입니다.) 우리는 이 세계에서 행동하고 세계의 본질에 대해 가정을 하면서도 자기 행동과 가정의 토대에 있는 가치와 신념에 대해는 그다지 알지 못할 수 있습니다.

언어의 구조는 역사적 과정을 통해서 형성되어 온 것이며 그러므로 어떤 의미에서는 역사적 과정을 구현하고 있습니다. 우리 행동과 인식을 지배하는 구조 역시 역사의 과정 속에서 만들어져 왔으며 역사를 구현합니다.

이런 생각이 무엇을 암시하는지 떠오르자 정신이 아득해졌습니다. 이전에 저는 역사를 하나의 단일 현상으로, 어떤 의미에서는 하나의 대상으로 여기고 역사가 무엇인지, 역사가 제 생각과 행동에 어떻게 영향을 미쳤는지 이해하려고 했습니다. 그런데 역사가 어떤 의미에서 제 머릿속에 있고, 또 그 역사의 의미에 대해서 제가 아는 것이 없다는 사실을 깨닫게 되자(거의 확실히 아는 게 없었습니다.) 저는 제 자신의 의미에 대해서도 아는 것이 아무것도 없다는 사실을 깨달을 수밖에 없었습니다.

제가 이 책을 쓰는 것은 역사의 의미를 심리학적으로 밝히기 위함입니다. 그 과정에서 저는 몇 가지 흥미로운 사실을 발견했습니다.

첫째, 서양 문화를 제외한 모든 문화권은 '객관적 사건'에 토대를 둔 역사를 가지고 있지 않다. 다른 문화권의 역사는, 인도나 중국, 고대 그리스-로마처럼 고도로 발달한 문화의 역사조차 신화적이다. 이 말은 곧 사건이 어떻게 일어났는지 과학적 용어로 설명하는 대신 사건의 의미를 심리학적 용어로 설명한다는 뜻이다.

둘째, 서로 전혀 다른 문화일지라도 모든 문화는 대체로 예상 가능한 경로를 따라 발달하며, 각 문화의 신화들은 서로 유사성을 지닌다(이것은 마치 모든 언어가 최상위 분석 차원에서는 문법 구조를 공유하는 것과 마찬가지이다). 문화가 발달하는 경로는 생물학적으로 결정되며, 문화 발달을 관장하는 규칙은 신경생리학적 구조가 심리학적으로 표현된 결과이다. (이 논지는 증명하기가 가장 어렵겠지만, 이미 이 논지에 유리한 확실한 증거를 몇몇 가지고 있고, 신경해부학과 신경심리학을 더 자세히 들여다볼수록 증거가 더 명확해지고 있습니다).

셋째, 역사에 대한 신화학적 기록은 일반적인 서구의 실증적 기록만큼이나 '진실'이며, 있는 그대로의 진실이지만, 이 두 가지 진실은 성격이 다르다. 서구의 역사학자들은 역사 속에서 발생한 '사건'을 설명한다(혹은 설명한다고 생각한다). 전통적인 신화와 종교는 발생한 사건의 의미를 설명한다(그리고 일어난 사건이 의미 없는 사건이라면, 그 사건은 우리와 무관하다.)

여하튼 제가 쓰고자 하는 내용을 이 편지에서 전부 설명할 수는 없습니다. 이 책에서 저는 몇 가지 역사적 경향을 설명하고 그것이 개인의 행동에 어떻게 영향을 미쳤는지 이 편지에서 쓴 방식대로 설명해 보려 합니다. 더 중요하게는 역사의 측면에서 무엇이 문제인지 설명하는

데 그치지 않고 더 나아가 가능한 해결책이 어디에 있는지, 그 해결책이 무엇이 될 수 있을지 실제로 적용할 수 있는 방식으로 설명하고자 합니다.

아버지께서 이 책에 대해 더 듣고 싶으시다면 추후에 말씀드리겠습니다(누군가가 제 이야기에 관심이 있을지 없을지는 저로서는 알 도리가 없습니다). 확실한 것은 아닙니다만, 아버지, 저는 지금까지 누구도 생각해 내지 못한 것을 발견한 듯합니다. 하지만 그 생각을 제대로 전달할 수 있을지 아직 확신이 없습니다. 그 생각이 너무 광범위해서 한 번에 명확히 생각할 수 있는 것은 그 일부일 뿐입니다. 그것을 글로 전부 써 내려간다는 것은 정말이지 어려운 일입니다. 그러니까 제가 논리적인 언어로 전달하려고 하는 지식은 대부분 지금까지 합리적인 설명이 아니라 늘 미술과 음악과 종교와 전통을 매개로 한 사람으로부터 다른 사람에게로 전수되어 왔던 것이어서 마치 하나의 언어를 다른 언어로 번역하는 일 같습니다. 하지만 이것은 그저 다른 언어가 아니라 전혀 다른 경험의 방식입니다.

여하튼 아버지와 어머니가 잘 지내신다니 기쁩니다. 소득세 신고를 대신해 주셔서 감사합니다.

1986년 11월

아들 조던 올림

내가 인간을 악으로 몰아가는 동기의 기저에 놓여 있는 모순의 본질을 처음으로 알아차린 후 거의 12년의 세월이 흘렀다. 사람들은 끔찍한 미지의 힘으로부터 보호받기 위해 집단 정체성을 수용한다.

그렇기 때문에 퇴폐주의자가 아닌 이상 우리는 현실의 영토이든 심리적 영토이든 자기 영토를 지키려 애쓴다. 영토를 지키려는 경향은 곧 불가피하게 타인에 대한 증오와 전쟁을 낳는데, 현대 사회는 전쟁을 감수하기에 너무나 강력한 기술력을 갖고 있다. 하지만 상대가 승리를 거두게 둔다면 혹은 상대를 계속 존재하게 둔다면 개인을 보호하는 구조가 해체되고 상대에 예속되어 가장 두려워하던 미지를 마주하게 된다. 그러니까 이건 마치 '이래도 망하고 저래도 망하는' 문제와 같다. 정서 조절을 위해서는 신념 체계가 필요한데, 신념 체계가 있으면 그 체계들 간의 갈등을 피할 길이 없다.

이 끔찍한 모순을 인식하자 나는 망연자실해졌다. 과거에는 무슨 문제든지 제대로 이해하기만 하면 해결책을 찾게 될 것이라고 믿어 의심치 않았다. 하지만 이 모순을 충분히, 아니 온전히 이해한 것 같은데도, 악마와 깊고 푸른 바다 사이에서 어느 쪽도 택할 수 없는 상태에 빠지고 만 것이다. 신념 체계를 갖는 것과 갖지 않는 것 말고는 다른 대안을 떠올릴 수가 없었고, 두 쪽 모두 단점만 눈에 들어왔다. 내 믿음은 크게 흔들렸다.

그래서 나는 융의 조언을 따라 꿈으로 관심을 돌렸다. 융은 다른 출처의 정보만으로 문제를 해결할 수 없을 때는 꿈속에서 유용한 정보가 나타날 수도 있다고 제안했다. 하지만 가장 필요하던 그 시기에 꿈조차 말라 버렸고 아무런 깨달음도 내게 다가오지 않았다. 나는 이러지도 저러지도 못한 채 제자리걸음만 했다. 정말 괴로운 시기였다. 수년간 치열하게 연구하고 생각하면서 인간으로서 최악의 행동을 하는 사람들의 동기를 이해해 보려고 애썼고, 이를 통해 그런 악행을 방지할 수 있기를 바랐다. 하지만 나는 막다른 곳에 다다르고 말았다. 온당치 않아 보였다. 나는 그보다는 더 나은 결과를 얻을 만한 자격이 있다고 진정으로 믿었다.

그러나 어느 날 밤 꿈이 맹렬히 내게 돌아왔다. 그 악몽은 수년 전 나를 탐구의 길로 내몰았던 핵전쟁에 관한 꿈만큼이나 무시무시하고 강렬했다.

꿈속에서 나는 이층집에 살고 있었다. 술을 진탕 마시고 난 후에 다락방으로 가서 잠이 들었다. 잠이 들고 나서 꿈을 꾸었다. 그러니까 꿈속에서 꿈을 꾼 것이다.

나는 웅장하고 어두운 성당의 둥근 천장 아래에 달린 거대한 샹들리에에 매달려 있었다. 샹들리에는 천장에서 수십 미터 아래에 매달려 있었는데도 여전히 너무 높아서 아래에 있는 사람들이 개미처럼 보였다. 아래쪽에 있는 사람들은 성당 책임자들이었는데 내가 샹들리에에 매달려 있어서 화가 난 듯 보였다. 하지만 그곳에 매달린 것은 내 자의가 아니었기 때문에 죄책감이 들지는 않았다. 나로서는 어쩌다 보니 거기 있게 된 것이었고, 그곳을 떠나고 싶었다.

꿈속에서 나는 내가 꿈을 꾸고 있다는 사실을 깨닫고, 그 불편한 상황에서 벗어나기 위해 나를 흔들어 '깨웠다.' 하지만 '깼을 때' 나는 여전히 같은 장소에 매달려 있었다. 나는 다시 잠들어서 이 사실을 부인하려 했다. 실제로 거기 갇혀 있는 것보다는 차라리 꿈에서 그런 일을 겪는 것이 더 나았기 때문이다. 하지만 나는 이전의 무의식적 상태로 되돌아갈 수 없었고 고통 속에 깨어 있었다.

그러고 나서 나는 바닥에 내려왔는데, 내려오는 과정은 기억나지 않는다. 성당에 있는 사람들은 내게 왜 거기 있었냐고 항의했지만 그건 그다지 신경 쓰이지 않았다. 나는 편안한 내 집으로 돌아가서 다시 잠들고 싶은 마음뿐이었다.

집에 돌아왔을 때 나는 작고 창문이 없는 방으로 들어갔다. 그 방은 마치 보일러실 같았는데, 집 1층의 중간에 있었다. 거기에 작은 일인용 침대가 놓여 있었는데 진짜 내 침대인 것처럼 보였다. 침대 안으로 기어들어 가 다시 잠에 빠지려 했을 때 이상한 바람이 불어왔다. 바람 때문에 나는 분해되기 시작했다. 나는 의심의 여지없이 그 바람이 나를 성당 중앙에 있는 샹들리에로 되돌려 놓을 것임을 알았다. 나는 바람에 맞서 싸우려 했으나 경련이 일어나서 몸이 말을 듣지 않았다. 나는 다급하게 도움을 요청하려고 했고, 부분적으로나마 꿈에서 깨어났다.

진짜 내 방에 있는 침대 뒤쪽의 창문들이 활짝 열려 있었고 바람이 거기서 불어오고 있었다. 나는 기를 쓰고 창문을 닫고서 돌아섰다. 그때는 분명 잠에서 깬 상태였는데도, 내 방과 옆 방 사이의 제법 트인 공간에 고딕 성당에서나 볼 법한 거대한 두 쪽짜리 여닫이 문이 나타났다. 나는 몸서리쳤고 환영은 사라졌다. 하지만 내가 경험했던 공포를 떨쳐 내기까지는 아주 많은 시간이 걸렸다.

그 꿈을 꾸기 전날에 나는 성경의 복음서를 많이 읽었다. 꿈의 첫머리에서 과음을 한 건 아마도 그 때문이었을 것이다(이를테면 영혼을 흡입한 것이다). 잠에서 깨자마자 나는 그 꿈을 해석할 수 있었다. 하지만 그 해석은 받아들일 수 없는 성질의 것이었다. 나는 '영혼'이라는 단어가 바람을 뜻하는 그리스어 '프뉴마pneuma'에서 나온 것임을 알고 있었다. 예를 들자면 「창세기」에서 바람은 물 위에 움직이고 있었고, 하나님은 아다마adamah, 즉 물질에 바람 혹은 숨을 불어넣어 사람을 만들었다.

꿈속에서 나는 성당의 중심점에 있었고 거기서 빠져 나갈 수 없었다. 성당은 혼돈의 세력을 저지하기 위해 만들어진 '신성한 공간'이며, 십자가 모양으로 지어져 있었다. 그 성당의 중심점은 그리스도가 십자가에 매달린 장소와 우주의 중심을 동시에 상징했다. 내 꿈속에 나타난 모든 힘들은 내 바람과 정반대로 나를 그곳에 깨어 있는 상태로 데려다 놓으려고 모의했다. 당시 나는 이 꿈이 암시하는 내용을 받아들일 수도, 믿을 수도 없었다. 내가 다음의 인용문에 나오는 것과 같은 꿈의 의미를 받아들이기까지는 오랜 시간이 걸렸다.

"나를 믿는 사람은 내가 하는 일을 그도 할 것이요, 그보다 더 큰일도 할 것이다."(「요한복음」 14장 12절)

「요한복음」 14장 12절에서 그리스도는 자신을 본 사람은 누구든 아버지를 본 것이라고 가르친다. 그는 아버지 안에 있고, 아버지는 그의 안에 있다. 제자들은 그의 안에 있고 그는 제자들 안에 있다. 더욱이 제자들은 보혜사保惠師 성령을 받게 될 것이며 그리스도보다 더 위대한 일을 할 것이다. 「요한복음」 14장은 미래에 중요한 의미를 지니게 될 성령의 문제를 처음으로 제기한다. 성령은 그리스도가 떠난 뒤에도 남아서, 사도들을 '그리스도화'한다고 말할 수 있을 정도로, 신과 인간이 서로 안에 깊이 들어가게 하는 존재이다.

……「요한복음」 14장에서 논리적인 결론을 끌어내면 무슨 일이 생길지 결과는 명료하다. 그리스도의 사업이 개인에게 넘어가고 개인은 신비의 전수자가 된다. 연금술에는 이런 식의 발전이 자연스럽게 예견되어 있었는데, 이는 연금술이 성령과 지혜의 신을 따르는 종교가 되었다는 명백한 증거가 될 것이다.[637]

기원 신화에서는 대개 낙원이 만물의 근원으로 그려진다. 태초의 낙원은 인류의 타락 때문에 파괴되기는 했지만 인류의 역사가 지향해야 할 목표점이기도 하다. 인류의 타락을 그린 신화들을 보면, 인간의 의식이 충격적일 정도로 고조된 결과, 다시 말해서 인간은 나약하고 언젠가 죽을 수밖에 없다는 사실을 깨달은 결과 인간의 경험 세계에는 걷잡을 수 없는 불안이 들이닥쳤다. 인간이 나약하고 유한한 존재라는 본질을 깨달은 상태에서 낙원을 재수립하려면 의미 있는 목표를 향해 나아가는 모범적 행동 양식이 나타나야 한다. 구체적으로 구원을 받을 방법을 수립해야 하는 것이다.

영국의 오랜 전설은 셋*이 에덴동산에서 목격한 장면을 기록하고 있다. 동산 중앙에 빛나는 샘이 솟았고, 거기서 네 물줄기가 흘러 온 세계를 적셨다. 샘 위에는 가지와 잔가지가 무성하지만 늙어서 나무껍질과 이파리는 사라진 거대한 나무가 서 있었다. 셋은 이 나무가 바로 자기 부모가 열매를 따 먹은 그 나무라는 것과, 바로 그 때문에 지금 그 나무

---

* 아담의 셋째 아들.

가 벌거벗은 채 서 있다는 사실을 알았다. 더 자세히 살펴보니, 허물도 없이 헐벗은 뱀이 나무 주위를 감고 있었다. 그것은 바로 이브를 설득해서 금지된 열매를 따 먹게 만든 뱀이었다. 셋이 낙원을 재차 바라보니 나무의 모습이 크게 달라져 있었다. 나무는 이제 나무껍질과 잎으로 뒤덮여 있고, 나무 꼭대기에는 갓 태어난 아기가 강보에 싸여서 아담의 죄로 인해 통곡하며 울부짖고 있었다. 이 아기는 두 번째 아담인 그리스도였다. 그는 그리스도의 계보를 표상하는 아담의 몸으로부터 자라난 나무 꼭대기에서 발견되었다.[638]

세계의 축인 이 나무는 인류의 타락 때문에 치명적인 타격을 입어 나무껍질도 이파리도 잃었다. 자신의 첫 열매인 자기이해 때문에 충격에 빠진 나무는 힘의 원천을 잃었다. 두 번째 열매는 풍요로운 삶과, 건강의 회복과 관련이 있다. 이는 곧 인류의 타락이 초래한 결과로부터 인류를 구원하는 영웅, 즉 구세주이며,[639] 그의 길을 따라가는 사람을 낙원으로 인도하는 신성한 개인이다.[640] 이런 관념은 그림 49[641]에 나타나 있다.

이와 유사한 구원 사상이 동양에도 존재한다. 부처는 성숙한 깨달음에 이르기 위하여 먼저 고통과 환멸을 겪어야 했다(부처의 이름인 싯다르타는 '목표 달성'을 의미한다).[642] 현실 세계의 고통을 초월한 자인 '깨달은 자'는 '역사' 속에서 부처라는 인물로 등장하기는 해도 영원한 정신이라고 봐야 한다. 다시 말해서 영원히 되풀이해서 나타나는 정신을 말한다. 이런 정신은 전 인류와 위대하고도 무서운 어머니를 영원히 지배하는 정신이다. 그림 50[643]에서 중심인물로 등장하는 보살

그림 49. 지식의 나무에 다시 달린 신비한 선악과와 그리스도

은 동양의 그리스도와 같은 존재이다(혹은 보혜사와 유사하다고 볼 수도 있다). 보살은 변형적 불에 에워싸인 하늘의 터널 위에 중첩되어 표현 되어 있다. 터널은 그림에 나타난 공간의 차원에 시간의 차원을 더하 여 역사의 흐름 속에서 끊임없이 다시 일어나는 영웅적 정신을 심상 으로 그려 낸다. 그리스도가 '역사적' 인물임에도 기독교 사상가들이 그에게 역사 이전부터 영원히 실재하는 성격을 부여한 것이나 그리 스도가 죽고 나서 '진리의 영'을 남겼다고 생각한 것도 모두 같은 사 상이 반영된 것이다.

타락과 구원의 신화는 지금 얼마나 편안하든 현재 상태에 만족하

그림 50. 보살의 영원한 귀환

지 않고 '더 나은 미래'를 향해 나아가는 인간의 열망과 경향을 그려
낸다. 이 신화들은 시공간을 가로질러 인간이 사고하는 방식을 이야
기 형식으로 풀어 낸다. 이처럼 타락과 구원의 순환을 그려 낸 신화
들 중 가장 심오한 것들은 인간이 현재 상태에 불만을 갖게 되는 원
인으로 고조된 의식(깨어난 의식)을 꼽는다. 더 나아가 그런 불만을 잠
재우기 위해서는 의식이 질적으로 변화해야 한다고 말하는데, 더 근
본적으로는 의식을 질적으로 변화시키는 행위에 참여해야 한다.

  무의식적으로든 의식적으로든 목표를 세우고, 그것을 이루기 위해
노력하고, 새로운 '문제'가 나타나면 기존의 노력과 결과물에 불만

을 느끼고, 다시금 새로운 주기에 돌입하는 것은 인간의 사고와 행동을 특징짓는 핵심적인 양식이다. 가장 단순하고 기본적인 인간의 일상적 행위는 목표 지향적이기에, 불만족스러운 현재를 바탕으로 바람직한 미래를 정의하는 가치 체계를 의식적 혹은 전통적으로 수용한다는 전제하에 이루어진다. 인간의 관점에서 삶이란 가치 있는 것, 바라는 것, 마땅한 것에 비추어 행동하고, 가치에 대한 믿음을 유지할 수 있도록 적당히 눈을 감고 지내는 것이다. 구체적인 가치 체계에 대한 믿음, 더 심각하게는 가치에 위계가 있다는 생각에 대한 믿음이 무너지면 심각한 우울과 심리적 혼란과 실존적 불안이 엄습한다.

인류의 타락에 관한 신화는 인간의 자의식 발달을 커다란 비극으로, 상상할 수 있는 최대의 변칙으로, 우주의 구조를 영구히 뒤바꾸고 인류를 고통과 죽음으로 몰아넣는 사건으로 그린다. 하지만 바로 이런 타락 때문에 개인은 인류를 구원하는 영웅의 역할과 문화의 창조자로서의 역할을 받아들일 수 있다. 바로 이 타락이 인류 역사의 서막을 열었다. 인류가 무의식 상태로 남아 있는 편이 더 좋았을지 어땠을지는 굳이 생각할 필요가 없다. 이제 와서 무의식 상태로 남는 길을 택한다면, 그것은 어리석기 짝이 없는 선택일 것이다. 원죄는 모든 사람을 물들였고 이전으로 되돌아갈 방법은 없다.

타락한 이후의 인류 역사는 대체로 편안한 종교적 환상의 틀 안에 공고히 머물러 있었다. 그 환상은 존재의 비극에 의미를 부여했다. 프로이트를 비롯한 여러 근대 사상가들은 그 환상을 방어 기제로 보았다. 인간이 인생의 유한함을 깨닫고 나서 생긴 실존적 불안에 대항하기 위해 환상의 장벽을 세웠다고 본 것이다. 하지만 환상과 현실은 무 자르듯 쉽사리 구분되지 않는다. 분명 망상의 안개 속으로 스스로 걸어 들어가 현실을 부정하면서, 견디기 어렵도록 무서운 세계에서 도망치는 경우도 있다. 하지만 상상이 언제나 광기로 이어지는 것은 아니고 상상을 활용한다고 해서 늘 퇴행하는 것도 아니다. 상상과 환상은 우리가 아직 이해하지 못한 채 마주한 미지에 대처할 수 있게 도와준다. 그러므로 미지에 대해 생각해 보기 위해 활용된 환상은 망상이 아니라 오히려 미지를 이해하는 첫 단계이고, 그 결과 상세하고 실증적이며 의사소통 가능한 지식을 얻게 된다. 상상은 현실을 반영하지 못하는 환상의 세계를 만들어 내기도 하지만 현실 세계를 창조할 때도 활용된다. 상상의 쓰임새는 결국 누가, 어떤 목적으로 활용하느냐에 달려 있다.

경험주의 이전 시대에는 미지를 양가적인 어머니로 상상했지만 그렇다고 해서 그들이 유아기적 환상에 빠져 있던 것은 아니다. 그들은 자신이 아는 것을 활용해서 낯설지만 무시할 수 없는 것을 이해하고자 했다. 미지를 설명하려는 이들의 첫 시도에 경험적 타당성이 없다고 해서 그 설명이 잘못된 것은 아니다. 인간은 본래 경험적으로 사고하는 존재가 아니었다. 그렇기에 그들을 자기기만적인 거짓말쟁이라고 볼 수는 없다. 이와 마찬가지로 영웅을 숭배하는 사람 역시 단순히 현실을 회피하려는 것이 아니다. 그는 한 개인으로서 미지를 대면할 준비와 의지를 갖추고 있을지도 모른다. 그리하여 영웅의 행동 양식을 수용하고 자신의 삶에서 영웅처럼 창조를 이어 갈지도 모른다.

기독교의 위대한 신화는 이제 흘러간 과거사나 다름없고, 스스로를 지식인으로 여기는 대다수 서양인들에게 더 이상 설득력을 갖지 못한다. 신화가 역사를 대하는 관점은 물질적, 실증적 세계관으로 바라보면 현실성이 없다. 그럼에도 서구의 도덕률은(법체계로 명확한 형식을 갖춘 것까지 모두 포함해서) 개인에게 신성한 지위를 부여하는 신화적 세계관에 토대를 둔다. 그러므로 현대인들은 아주 특이한 처지에 놓여 있다. 자신의 모든 행위의 토대가 되는 도덕 원칙을 더 이상 믿지 못하게 된 것이다. 서양에서는 신화라는 울타리가 무너지면서 개별 인생의 본질적 비극이 다시 드러났기에, 이는 두 번째 타락으로 간주할 만하다.

하지만 기독교적 세계관이 사정없이 파괴된 것은 단순히 경험적 진리를 추구한 결과가 아니었다. 서구의 도덕률이 크게 흔들린 까닭은 경험적 사실과 도덕적 진리를 혼동했기 때문이었다. 이런 혼동에는 부수적 이득이 따르는데, 바로 그 이득이 혼돈을 유지하는 데 중요한 역할을 한다. 그 이득이란 인간 안에 존재하는 신성을 인식하는 데 따른 절대적 책임을 개인이 짊어지지 않아도 된다는 것이다. 이 책임은 바로 자신의 고유한 개성을 표현하고 타인의 개성을 존중할 때 따라오는 시험과 시련을 기꺼이 받아들이는 것이다. 그렇게 살아가려면 확신이 없는 상황 속에서도 용기를 내야 하고, 아주 사소한 일에서부터 규율이 잡혀 있어야 한다.

도덕적 진리를 부인하면 자신의 비겁하고 파괴적이고 퇴폐적인 방종을 합리화할 수 있다. 바로 이것이 진리를 거부하는 데 따르는 가장 강력한 보상이며, 거짓을 따르는 주요 동기이다. 이러한 거짓은 무엇보다 개인을 위협하며 더 나아가 사회적 관계를 위협한다. 그 밑바탕에는 개인이 인생의 비극을 견뎌 낼 수 없으며, 따라서 경험 세계 자체가 악하다는 전제가 깔려 있다. 사람들이 거짓말을 하는 까닭은 두렵기 때문이다. 가장 위험한 것은 타인에게가 아니라 자기 자신에게 하는 거짓말이다. 그 무엇보다 위험한 거짓말은 개인의 책임을, 개인의 신성을 부정하는 거짓말이다.

개인이 신성하다는 사상은 수천 년에 걸쳐 꽃을 피웠으나 여전히 직접적인 공격과 교묘한 반대로 위협을 받고 있다. 이 사상의 밑바탕에는 개인이 바로 경험이 발생하는 중심지라는 깨달음이 놓여 있다. 현실에 대한 지식은 모두 경험에서 온다. 그러므로 현실에 존재하는 모든 것이 경험이라고, 지금 존재하고 앞으로 점차 펼쳐질 경험이라고 볼 수 있다. 더 나아가 신성한 것은 경험의 객관적 측면이 아니라 주관적 측면이다. 객관적인 시각에서 바라보면 인간은 동물이며, 각 시대가 규정하는 견해와 가능성보다 더 가치 있게 여길 만한 존재가 아니다. 하지만 신화적 세계관으로 본 모든 개인은 유일한 존재이며, 새로운 경험의 집합이고, 새로운 우주이다. 무언가 새로운 것을 만들 능력, 창조 과정에 참여할 능력을 갖춘 존재이다. 그리고 바로 이 창조적 능력을 표현할 때 인생의 비극적 조건은 견딜 만하고 놀랍고 기적적인 것으로 변모한다.

인간이 아동기에 경험하는 낙원 상태는 의미 있는 대상에 온전히 몰두하는 상태이다. 이러한 몰입은 개인의 마음에서 우러나는 관심을 진솔하게 발현시킨 결과이다. 관심은 미지를 개인이 주관적으로 결정한 방향과 속도로 진솔하게 추구할 때 생긴다. 자애로운 얼굴의 미지는 관심을 불러일으키는 곳이며 모든 중요한 가치의 근원이다.

이때 문화는 개인을 지원하는 역할을 담당하며, 개인을 훈련하고 능력의 범위를 확장함으로써 미지를 대면하는 개인의 힘을 키워 준다. 아이가 어린 시절에는 부모가 문화의 대리인 역할을 맡고, 아이는 부모가 제공하는 보호막 아래에서 미지를 탐험한다. 하지만 부모의 역할에는 한계가 있어서, 어느 시점에 이르면 각자가 스스로 문화의 신념과 목표를 받아들이고 집단 정체성을 획득한다. 두 번째로 맞이하는 이 보호 체계는 개인의 능력을 놀랍게 확장시키고 가다듬는다.

위대한 혼돈의 용은 개인이 마음에서 우러나는 관심을 좇지 못하도록 방해한다. 의지와 희망을 집어삼키는 용과의 싸움은 영웅이 신화의 세계에서 겪는 싸움이다. 스스로를 믿고 자신의 경험을 있는 그대로 충실히 따라가면 반드시 이 용을 만나게 된다. 그리고 바로 이때 허용되기만 한다면, 개인의 정신에 깃든 위대한 힘이 제 모습을 드러낸다. 영웅은 자발적으로 용과 전투를 벌인다. 거짓말쟁이는 위험이 존재하지 않는 것처럼 행동하다가 결국 자신과 다른 사람들을 위험에 빠트리며, 개인으로서의 주관적 관심도, 발전할 기회도 모두 포기한다.

관심은 곧 의미이다. 의미는 개인이 성스러운 적응의 길 위에 있음을 드러낸다. 거짓말쟁이는 안전과 안정을 위해 마음에서 우러나는 관심을 저버린다. 이는 곧 의미도 신성도 모두 저버리는 행위다. 위대한 어머니와 위대한 아버지를 달래려고 자신의 삶을 제물로 바치는 것이다.

"그럴 리가 없다."는 식의 거짓말은 진실한 경험을 마주하기가 두려워서 내뱉는 말이다. 이 거짓에 속아 넘어가면, 세계를 무대로 자신의 개인성을 시험하며 자신의 능력을 확장할 기회를 잃는다. 그 결과 인격이 약화되고 인생의 의미도 고갈된다. 의미 없는 인생은 의지할 곳 없이 고통과 시련을 겪어야 하기에 치명적이다. 의미 없는 인생은 구원의 희망이 없는 비극이다.

인생의 의미를 포기하면 반드시 악마의 적응 양식을 따르게 된다. 인간은 의미 없는 고통과 좌절을 증오하기에 그것을 파괴하려 들기 때문이다. 그리고 교만하게 군 탓에 삶이 견딜 수 없어지면 삶에 복수를 감행하려 든다.

부활이란 곧 개인의 능력을 확장하는 문화의 정체성을 수용한 이후 개인의 마음에서 우러나는 관심을 되살리는 일이다. 관심이 되살아난 개인은 미지와 기지의 경계로 향하며, 그 결과 사회가 확장된다. 현대 사회에서 신은 바로 이런 방식으로 우리 한 사람 한 사람을 통해 행동하고 역사의 경계를 확장한다.

인생을 견뎌 낼 수 있다는 자신감

자의식은 자신의 나약함을 인식하는 것이다. 그 과정에서 때로는 자신의 가치에 대한 믿음이 깨지기도 한다. 더 구체적으로 설명하자면 개인은 발달 과정에서 사회적 갈등을 피하고 자기 약점을 감추기 위해 자기 개인의 경험을 추구하지 않고 희생한다. 하지만 사람은 그런 갈등을 겪어야만 변화를 경험할 수 있고, 자신의 약점을 인정해야만 그것을 강점으로 바꿀 수 있다. 이 말은 곧 개성을 희생하면 개인의 강점을 발견하거나 계발할 기회가 사라지며, 더불어 세계가 발전할 가능성도 사라진다는 것을 의미한다.

인생을 의미 없이 사는 사람들은 자신의 나약함과 스스로를 나약하게 만든 인생을 증오한다. 이들의 증오는 신화와 역사와 인생 속에서 나타나는 파괴적 세력과 꼭 닮은 모습으로 드러나며, 모든 존재를 말살하려는 욕망으로 발현된다. 이들은 자기 손에 닿는 모든 것을 독으로 물들이고, 불가피한 고난 앞에서 불필요한 고통을 낳으며, 단지 신과 신의 창조물에 복수하기 위하여 동료 인간들이 스스로를 배반하게 만들어 인생을 지옥으로 뒤바꾼다.

인생의 목적은, 설령 인생에 한계가 있다고 해도, 의미를 추구하고 빛과 의식의 영역을 확장하는 것이다. 의미 있는 일은 질서와 혼돈의 경계선 위에 존재한다. 의미 있는 일을 추구하는 개인은 미지에 점진적으로 노출되는데, 이때 그 의미를 진지하게 추구할수록 그에 상응하는 강점과 적응력을 갖추게 된다. 인류의 힘은 개인이 미지를 접하고, 더 나아가 역사가 미지를 접하면서 점점 증대된다. 의미는 미지를 충분히 접하면서 얻는 주관적 경험이다. 위대한 종교의 신화들은 누구나 의미를 자발적으로 진솔하게 꾸준히 추구하면 스스로에게서 하나님의 모습을 발견하리라고 말한다. 이렇듯 '자기 안에서 하나님을 발견한' 사람은 인생의 비극을 견딜 수 있을 것이다. 하지만 의미를 저버린 사람은 치명적인 약점을 가진 사람으로 전락하고 만다.

의미는 본능이 가장 심오하게 발현된 것이다. 인간은 미지에 끌리고, 미지를 정복하는 데 익숙한 존재이다. 우리 마음속에서 의미를 감지하는 본능은 미지와 어느 정도로 접촉할지를 조절한다. 미지를 너무 많이 접하면 변화는 혼돈으로 뒤바뀐다. 반대로 너무 적게 접하면 정체되고 퇴보한다. 그 사이에서 균형을 적절히 이루는 사람은 강인한 인격을 갖추게 된다. 인생을 견뎌 낼 수 있다는 자신감과 자연과 사회에 적절히 대처할 적응력을 갖추고, 영웅적 이상에 가까이 다가갈 수 있게 된다. 사람은 누구나 고유한 존재이기에, 자신의 개성을 견지할 용기만 있다면 제각기 다른 길에서 의미를 찾는다. 개인의 다양한 개성이 발현되고 이것이 사회에 전할 수 있는 지식으로 바뀌면, 역사의 향방이 바뀌고 전 인류가 미지의 영토에 더 깊이 들어서게 될 것이다.

우리에게는 각자 자기 인생의 한계를 설정하는 사회적, 생물학적 조건이 있다. 하지만 마음에서 우러나는 관심을 한결같이 좇을 줄 아는 사람은 자기만의 적절한 수단을 손에 넣어 한계를 초월한다. 의미는 삶을 가능하게 해 주는 본능이다. 의미를 저버리면 각자의 개성은 구원의 능력을 잃는다. 최악의 거짓말은 의미가 존재하지 않는다거나 의미 같은 건 중요하지 않다는 말이다. 의미를 부인하는 사람에게는 생에 대한 증오와 파괴에 대한 욕망이 찾아들기 마련이다.

네가 네 안의 것을 내어 놓으면, 그것이 너를 살릴 것이다.
만약 네 안의 것을 내어 놓지 않으면, 네가 내어 놓지 않은 것이 너를 죽일 것이다.[644]

집단적 지혜는 아동기의 의존성과 성인기의 책임감 사이에서 중재하는 힘으로 작용할 수 있다. 이런 경우 과거는 현재에 보탬이 된다. 한 사회가 인간에게 최고의 신성을 부여하는 신념에 토대를 두고 있다면, 그 사회는 개인의 마음에서 우러나는 관심을 북돋아 주고, 그것을 문화의 억압이나 자연의 공포에 대항하는 원동력으로 삼는다. 이와 달리 의미의 가치를 부정한다면, 집단과의 절대적 동일시나 심리적 퇴행 혹은 타락이 일어난다. 의미를 부정하는 사람은 위대한 혼돈인 어머니 바다가 위협할 때, 절망적이고 나약한 모습으로 타락하거나 절대주의자가 된다. 그는 절망과 나약함 속에서 인생을 증오하고, 자기뿐만 아니라 다른 사람들의 인생마저도 파괴하려 든다. 거짓이야말로 이 타락이라는 연극의 주인공이다.

이것은 살아 계신 예수께서 은밀히 하신 말씀을 디두모라 하는 유다 도마가 기록한 것이다.

그가 이와 같이 말씀하셨다. "이 구절을 온전히 이해하는 자는 죽음을 맛보지 아니할 것이다."

예수께서 말씀하셨다. "찾는 자들은 발견할 때까지 찾기를 멈추지 말라. 찾으면 근심하게 될 것이고, 경탄하게 될 것이며, 모든 것을 다스리게 될 것이다.

예수께서 말씀하셨다. "너희의 인도자가 말하기를 '보라, 천국이 하늘에 있다.' 하면 하늘의 새들이 너희보다 앞서 갈 것이다. 만약 그들이 너희에게 '천국이 바다에 있다.' 하면 물고기들이 너희보다 앞서 갈 것이다. 그러나 천국은 너희 안에 있고 또 너희 밖에 있다. 너희가 네 자신을 알면 세상에 알려질 것이요, 너희가 살아 계신 아버지의 아들임을 깨닫게 될 것이다. 그러나 네 자신을 알지 못하면 빈곤 속에 살게 될 것이고, 네 자신이 빈곤이 될 것이다."

예수께서 말씀하셨다. "늙은이가 태어난 지 7일 된 작은 아이에게 생명이 있는 곳을 주저 없이 물어 살 것이다. 첫째 된 사람이 꼴찌가 되고 그들이 하나가 되어 다 똑같아질 것이다."

예수께서 말씀하셨다. "네 눈앞에 있는 것을 보아라. 그러면 숨겨진 것이 뚜렷이 나타날 것이다. 숨긴 것이라 해도 알려지지 않을 것이 없다."

제자들이 예수께 여쭈었다. "저희가 금식하기를 바라십니까? 저희가 어떻게 기도하여야 하겠습니까? 우리가 자비를 베풀어야 합니까? 어떤 음식을 삼가야 합니까?

예수께서 말씀하셨다. "거짓말하지 말라. 너희가 미워하는 일을 하

지 말라. 모든 것이 천국 앞에 드러날 것이다. 숨겨진 것 중에 드러나지
않을 것이 없으며 가려진 것 중에 벗겨지지 않을 것도 없을 것이다."[645]

프롤로그

1   Jung, C. G. (1978a), p. 78. 다음 인용문도 살펴 보라.

> 비록 모순적으로 보이나,
> 백성의 수모를 스스로 떠맡는 자가
> 나라를 다스릴 사람이요,
> 나라의 재앙을 스스로 떠맡는 자가
> 세상을 이끌어 갈 사람입니다. (노자, 1984c)

2   "부스스한 머리에 스웨터를 입고 마르크스를 인용하며 논문을 쓰는 지식인 사회주의자를 보고 있으면 도대체 그들의 진짜 동기가 무엇인지 궁금해진다. 그 동기가 누군가에 대한 사랑이라고는, 특히 그 자신과 가장 동떨어진 존재인 노동자 계급에 대한 사랑이라고는 믿기 어려울 때가 많다."(Orwell, G. (1981), pp. 156-157)

3   Jung, C.G. (1970a), p. 157.

4   같은 책, p. 158.

5   꿈을 꾼 지 10년이 지나 책 원고를 마감할 때쯤 당시 내 수업을 들었던 하이디 트레믈(Heidi Treml)이 쓴 글이다.

> 참을성이 부족한 이스라엘 백성들은 이집트에서 가나안으로 가는 길에, 광야에서 자기들을 죽이려고 이집트에서 이끌어 냈느냐며 하나님과 모세를 원망했다. 이스라엘 백성들이 불평하는 소리를 들은 하나님은 그들에게 불뱀을 보낸다. 불뱀에 물리지 않은 백성들은 회개하며 하나님께 간구해 달라고 모세에게 요청한다. 하나님은 모세에게 놋뱀(불뱀)을 만들어 장대 위에 매달고 물린 사람마다 그것을 보면 살 수 있을 것이라고 명령했다. 모세는 하나님의 명령을 따랐고, 뱀에게 물린 사람이 놋뱀을 쳐다보면 모두 살았다.(「민수기」 21장 5~10절) ……복음서 저자인 요한의 기록에 따르면 예수께서 니고데모에게 다음과 같이 말씀하셨

다. "모세가 광야에서 뱀을 든 것 같이, 인자도 들려야 한다. 그것은 그를 믿는 사람마다 영생을 얻게 하려는 것이다." (「요한복음」 3장 13~15절)

트레믈은 뱀이 독 때문에 죽음을 부르는 존재로 널리 알려져 있지만 허물을 벗는다는 점에서 변형과 부활의 상징으로 받아들여지기도 한다는 점을 지적했다. 이러한 양가성은 (책의 후반부에 언급한 루돌프 오토의 주장에 따르면) '신적' 존재를 대표하기에 적절한 특성이다. 신적 존재는 공포와 두려움(전율을 일으키는 신비(mysterium tremendum))을 불러일으키는 동시에 강렬한 매력과 매혹하는 힘(매혹하는 신비(mysterium fascinans))을 지닌다. 또 트레믈은 "최악의 공포를 상징하는 뱀의 눈길을 견디는 사람은 병에서 치유된다."고 말했다.

그리스도는 왜 내가 그린 그림이나 『신약』에서 뱀과 동일시됐을까? (그림을 그릴 당시 나는 그리스도와 뱀의 연관성에 대해 전혀 아는 바가 없었다.) 그 이유는 「요한계시록」에서처럼 그리스도가 심판자로 등장하는 것과 관련이 있다.

나는 네 행위를 안다. 너는 차지도 않고, 뜨겁지도 않다. 네가 차든지 뜨겁든지 하면 좋겠다.

네가 이렇게 미지근하여, 뜨겁지도 않고 차지도 않으니, 나는 너를 내 입에서 뱉어 버리겠다.

너는 풍족하여 부족한 것이 조금도 없다고 하지만, 실상 너는, 네가 비참하고 불쌍하고 가난하고 눈이 멀고 벌거벗은 것을 알지 못한다.

그러므로 나는 네게 권한다. 네가 부유하게 되려거든 불에 정련한 금을 내게서 사고, 네 벌거벗은 수치를 가려서 드러내지 않으려거든 흰 옷을 사서 입고, 네 눈이 밝아지려거든 안약을 사서 눈에 발라라.

나는 내가 사랑하는 사람은 누구든지 책망도 하고 징계도 한다. 그러므로 너는 열심을 내어 노력하고 회개하여라. (「요한계시록」 3장 15~19절)

구원자에 대한 관념에는 불가피하게 심판자(가장 엄정한 심판자)에 대한 암시가 담기기 마련인데, 그 이유는 구원자가 신화에서 이상을 대표하는 인물이며, 우리는 언제나 이 이상에 비추어 현실을 판단하기 때문이다. 완벽성과 온전함을 표상하는 구원자의 원형적 심상은, 정확히 개인이 그 이상에서 멀어진 만큼 두렵게 다가온다.

6 Joyce, J. (1986), p. 28.

7 Jung, C.G. (1968b), p. 32.

8 같은 책, pp. 32-33.

제1장

---

9 재클린 케네디 오나시스의 줄자는 1996년 4만 5,000달러에 팔렸다. (Gould, L., Andrews, D., & Yevin, J. (1996년 12월), p. 46).

10 Jung, C.G. (1976b), pp. 92-93.

11 같은 책, pp. 10-11.

12 Eliade, M. (1978b).

13 Jung, C.G. (1933), p. 204.

14 Nietzsche, F. (1981), pp. 69-70. 원래 니체가 '영국인'에 대해 언급한 내용이지만, 그가 비판했던 관점이 너무나 보편적인 관점이기 때문에 이 책에서와 같이 '현대의 서구인들'로 대체해도 전혀 무리가 없다.

15 Fukuyama, F. (1993).

16 Nietzsche, F. Kaufmann, W. (1975), p. 126에서 재인용.

17 수메르의 우주 창조 신화로는 이후 더 자세히 다룰 「에누마 엘리시」를 포함하여 적어도 네 가지 독립된 신화가 존재한다. 엘리아데는 '다수의 전통'이 존재했고, 각각의 전통을 수립한 민족들이 연합하여 수메르 문명을 일으켰으리라고 추측한다.

18 Eliade, M. (1978b), pp. 57-58.

19 Nietzsche, F. (1966), pp. 97-98.

20 Nietzsche, F. (1968a), pp. 77-78.

21 Dostoevsky, F. Kaufmann, W. (1975), pp. 75-76에서 재인용.

22 Frye, N. (1990), pp. 90-92.

23 리하르트 빌헬름은 존재의 장(場)이자 '길'인 중국어 도(道)를 '의미'라는 뜻

의 독일어 '신(sinn)'으로 번역했다(Wihelm, R. (1971), p. iv). 길은 인생 여정이며, 그 여정은 명쾌하고 논리적이고 심리적으로 일관된 인지 체계의 제한 영역 밖에 있는 과정의 인도를 받는다. 이런 관점에서 의미 있는 경험이란 새로운 삶의 방식으로 나아가는 길을 알려 주는 '이정표'로 볼 수 있다. 그러므로 심미적 전율을 일으키거나 의미를 넌지시 드러내는 모든 형식의 예술은 (적어도 원칙적으로는) 이 같은 이정표 역할을 한다(Solzhenitsyn, A.I. (1990), pp. 623-630 참조).

24 예시를 확인하려면 Eliade, M. (1975) 참조할 것.

제2장

---

25 Gray, J.A. (1982; 1987); Gray, J.A. & McNaughton, N. (1996); Gray, J.A., Fldon, J., Rawlins, J.N.P., Hemsley, D.R., & Smith, A.D. (1996).

26 Sokolov, E.N. (1969), p. 672.

27 같은 책 (1969), p. 673.

28 이 '지도'는 매우 중요하고 인생에 꼭 필요하기 때문에, 행동으로든 말이나 글로든 이 지도를 대략 그려 보이기만 해도 우리는 그 가상의 세계에 빠져든다. (Oatley, K. (1994) 참조할 것).

29 Vinogradova, O. (1961; 1975); Luria, A.R. (1980).

30 Lao Tzu (1984b).

31 Ohman, A. (1979); Vinogradova, O. (1961).

32 같은 책.

33 Obrist, P.A. Light, K.C., Langer, A.W., Grignolo, A., & McCubbin, J.A. (1978).

34 Gray, J.A. (1982).

35 Nietzsche, F. (1968a), p. 88.

36 Gray, J.A. (1982).

37 이 책에서 '기회'(promise)라는 단어를 사용한 이유 중 하나는 이 용어가 '위협'(threat)의 반대말로 적합했기 때문이다. 이 책에서 '기회'라는 용어는 '유

인 보상', '만족의 단서' 혹은 '성취 보상의 단서'라는 의미로 쓰였다. '유인 보상'이나 '만족의 단서'라는 용어를 사용하지 않은 까닭은 낯선 대상을 마주했을 때 일어나는 긍정적 정서를 묘사하기에 그런 용어들이 적절하지 않다고 판단했기 때문이다. 낯선 대상은 일종의 '보상'으로 범주화하기에 적합하지 않은 데다, 낯선 대상을 맞닥뜨렸을 때 유발되는 긍정적 정서는 그 어떤 조건화 없이도 일어나기 때문에(Gray, J.A. (1982)) '단서'라는 용어도 적합하지 않다.

38 Eliade, M. (1978b); Jung, C.G. (1969).

39 Gray, J.A. (1982; 1987); Gray, J.A., & McNaughton, N. (1996).

40 Kuhn, T.S. (1970).

41 같은 책.

42 Obrist, P.A. Light, K.C., Langer, A.W., Grignolo, A., & McCubbin, J.A. (1978).

43 Kuhn, T.S. (1970).

44 Jung, C.G. (1976b), pp. 540-541.

45 Jung, C.G. (1967a; 1968; 1967b); Ellenberger, H. (1970); Campbell, J. (1968); Eliade, M. (1964; 1978b; 1982; 1985); Piaget, J. (1977).

46 Bruner, J. (1986).

47 Eliade, N. (1965).

48 Jung, C.G. (1967a; 1968b; 1969; 1967b); Eliade, M. (1978b; 1982; 1985).

49 Nietzsche, F. (1968a), pp. 203-204.

50 Eliade, M. (1965).

51 Frankl, V. (1971) pp. 70-72.

52 Skinner, B.F. (1966; 1969).

53 Solzhenitsyn, A.I. (1975), pp. 605-606.

54 Gray, J.A. (1982); Gray, J.A. & McNaughton, N. (1996); Pihl, R.O. & Peterson, J.B. (1993; 1995); Tomarken, A.J., Davidson, R.J., Wheeler, R.E., & Doss, R.C. (1992); Wheeler, R.E., Davidson, R.J. & Tomarken, A.J. (1993); Tomarken, A.J., Davidson, R.J., & Henriques, J.B. (1990); Davidson, R.J. & Fox, N.A. (1982).

55 Gray, J.A. (1982); Ikemoto, S. & Panksepp, J. (1996).

56 Wise, R.A. (1988); Wise, R.A. & Bozarth, M.A. (1987).

57 Gray, J.A. (1982).

58 Mowrer, O.H. (1960).

59 Wise, R.A. (1988); Wise, R.A. & Bozarth, M.A. (1987).

60 Gray, J.A. (1982)

61 Gray, J.A. (1982)에서 검토.

62 Skinner, B.F. (1966; 1969).

63 Panksepp, J., Siviy, S. & Normansell, L.A. (1985).

64 Gray, J.A. (1982).

65 같은 책; Dollard, J. & Miller, N. (1950).

66 Gray, J.A. (1982).

67 같은 책.

68 같은 책.

69 같은 책.

70 같은 책.

71 같은 책.

72 Gray, J.A. (1982)에서 검토.

73 Gray, J.A. (1982); Wise, R.A. & Bozarth, M.A. (1987)에서 검토.

74 Wise, R.A. (1988); Wise, R.A. & Bozarth, M.A. (1987).

75 Dollard, J. & Miller, N. (1950).

76 같은 책.

77 Luria, A.R. (1980)

78 Goldman-Rakic, P.S. (1987); Shallice, T. (1982); Milner, B., Petrides, M., & Smith, M.L. (1985).

79 Oatley, K. (1994).

80 Patton, M.F. (1988), p. 29.

81 Gray, J.A. (1982).

82 Dollard, J. & Miller, N. (1950).

83 Gray, J.A. (1982); Gray, J.A., Feldon, J., Rawlins, J.N.P., Hemsley, D.R., & Smith, A.D. (1991).

84 Dollard, J. & Miller, N. (1950).

85 Gray, J.A. (1982); Fowles, D.C. (1980; 1983; 1988; 1994).

86 Wise, R.A. (1988); Wise, R.A. & Bozarth, M.A. (1987); Gray, J.A. (1982).

87 Gray, J.A. (1982).

88 Wise, R.A. (1988); Wise, R.A. & Boarth, M.A. (1987).

89 Gray, J.A. (1982).

90 Damasio, A.R. (1994; 1996); Bechara, A., Tranel, D., Damasio, H. & Damasio, A.R. (1996); Bechara, A., Damasio, H., Tranel, D., & Damasio, A.R. (1997)

91 Bechara, A., Tranel, D., Damasio, H. & Damasio, A.R. (1997); Damasio, A.R. (1994); Bechara, A., Tranel, D., Damasio, H. & Damasio, A.R. (1997).

92 Luria, A.R. (1980); Nauta, W.J.H. (1971).

93 Luria, A.R. (1980); Granit, R. (1977).

94 Luria, A.R. (1980).

95 같은 책

96 Sokolov, E.N. (1963); Vinogradova, O. (1975); Gray, J.A. (1982; 1987); Gray, J.A. & McNaughton, N. (1996).

97 Gray, J.A. (1982, 1987); Gray, J.A. & McNaughton, N. (1996); Sokolov, E.N. (1969); Vinogradova, O. (1975); Halgren, E., Squire, N.K., Wilson, C.L., Rohrbaugh, J.W., Babb, T.L., & Grandell, P.H. (1980); Watanabe, T. & Niki, H. (1985).

98 Aggleton, J.P. (1993) 참조할 것.

99 Dollard, J. & Miller, N. (1950).

100 Ohman, A. (1979; 1987).

101 Brown, R. (1986); Rosch, E., Mervis, C.B., Gray, W., Johnson, D., & Boyes-Braem. (1976); Lakoff, G. (1987); Wittgenstein, L. (1968).

102 Eliade, M. (1978b).

103 Sokolov, E.N. (1969); Vinogradova, O. (1975); Gray, J.A. (1982); Gray, J.A. (1987); Gray, J.A. & McNaughton, N. (1996).

104 Aggleton, J.P. (1993).

105 '켜진 상태가 디폴트(default-on)'인 체계의 간편함과 보편적 유용성을 '꺼진 상태가 디폴트(default-off)'인 체계와 비교하여 논의하는 자료를 보려면 Brooks, A. & Stein, L.A. (1993); Brooks, A. (1991)를 참조할 것

106 LeDoux, J.E. (1992).

107 같은 책.

108 Luria, A.R. (1980).

109 Blanchard, D.C. & Blanchard, R.J. (1972); Bouton, M.E. & Bolles, R.C. (1980); LeDoux, J.E., Sakaguchi, A., & Reis, D.J. (1984).

110 Blanchard, D.C. & Blanchard, R.J. (1972).

111 Kapp, B.S., Pascoe, J.P., & Bixler, M.A. (1984); Iwata, J., Chida, K., & LeDoux, J.E. (1987).

112 LeDoux, J.E. (1992).

113 서로 연관된 세 가지 현상(잠재적 억제, 선행자극 억제, 부적 점화)에 관한 최근 연구 결과를 보면 이 견해의 타당성이 잘 드러난다. '잠재적 억제'는 A라는 자극이 이전에 C를 의미했을 때(대개 C는 '아무것도 아니다.'라는 의미를 지닌다.) A라는 자극이 B를 의미한다는 것을 학습하기 어려워지는 현상이다. (관련 문헌을 검토하려면 Lubow, R.E. (1989)를 참조할 것. 신경심리학적 논의를 살펴보려면 Gray, J.A. & McNaughton, N. (1996)과 Gray, J.A., Jeldon, J., Rawlins, J.N.P., Hemsley, D.R., & Smith, A.D. (1991)을 참조할 것). 만약 우리에 갇힌 쥐가 간헐적으로 빛과 전기충격에 함께 노출되면, 곧 빛을 두려워하게 된다. 고전적인 용어로는 빛이 전기충격에 대한 '조건 자극'이 되어 두려움을 유발한 것이다. 하지만 쥐가 앞서와 같은 빛 자극에 미리 아무런 충격 없이 반복적으로 노출된 경우, 빛과 전기충격이 관련이 있다는 사실을 학습하기까지 상당히 더 많은 시간이 소요된다. 잠재적 억제는 바로 과거 학습의 결과로 새로운 가치를 학습하는 데 어려움을 겪는 한 예이다. (또 다른 예로는 카민 방해 효과가 있다(Jones, S.H., Gray, J.A., & Hemsley, D.R. (1992)).) 잠재적 억제는 인간을 비롯한 여러 동물 종에서 나타나며 여러 가지 정서가를 지닌 '무조건' 자극을 활용해서 다양한 실험 패러다임으로 유도할 수 있다. 급성 조현병을 비롯하여 조현병 질병군에 속한 정신 장애를 겪는 환자들은 일상적인 활동을 잘 감당하지 못할 뿐더러 잠재적 억제 능력도 떨어진다. 이런 현상은 암페타민을 비롯한 도파민 길항제를 복용한 사람들에게서도 나타나는데, 도파민 길항제는 탐험 행동을 증가시키는 것으로 알려져 있다(Wise, R.A. & Bozarth, M.A. (1987)). 항정신병 약물은 대상이 갖는 '선험적' 의미를 완화하여 정상에 비해 낮은 수준의 잠재적 억제 능력을 정상 수준으로 되돌려 놓는다.
선행자극 억제 현상은 커다란 소음과 같이 예상하지 못한 강한 '자극'에 놀라는 반응의 강도가 30-500밀리세컨드 먼저 주어진 '전조'(비슷하지만 크기가 비교적 작은 소음)에 의해 완화되는 현상을 말한다. 전조가 주어지면 뒤이어 나타나는 비교적 강한 자극이 적어도 일반인들에게는 상대적으로 덜 낯설게 느껴진다. 이는 또한 점진적 노출과 유사한 것으로 생각해 볼 수도 있다(점진적 노출은 행동치료사들이 내담자의 공포 반응을 '둔감화'하기 위해 사용하는 절차이다). 조현병이나 그와 연관된 인지 장애를 겪는 환자들의 경우 (Swerdlow, N.R., Filion, D., Geyer, M.A., & Braff, D.L. (1995)) 선행 자극 억제도 잘 이루어지지 않는데, 이는 그들이 생득적인 반응을 불러일으키는 자극(과거의 용어로는 '무조건 자극'이라 부른다.)에 대한 정서적·정신생리학적 반응을 조절하기 위해서 과거 경험을 바탕으로 예측하는 능력을 효과적으로 활용하지 못하기 때문일 수도 있다.

'부적 점화' 실험 참가자는 관련 없는 방해 자극이 방금(〈350밀리세컨드) 차지했던 바로 그 공간에 나타난 자극에 반응하는 법을 학습해야 한다. 일반인들은 조현병 질병군에 속한 환자들에 비해 어떤 장소를 관련 없는 것으로 규정하는 데 더 뛰어나기 때문에 '부적으로 점화되었을 때' 반응 시간이 더 길게 나타난다(Swerdlow, N.R., Filion, D., Geyer, M.A., & Braff, D.L. (1995)). 부적 점화 실험 역시 앞서 살펴본 두 현상과 마찬가지로 연합되지 않은 '조건 자극'의 핵심 특성인 무관련성은 반드시 학습되어야 하며 탈학습될 수 있다는 점을 보여 준다(탈학습은 때로 무시무시한 결과를 부른다.). 따라서 논점은 조건 자극이 정서가와 관련하여 갖는 선험적 지위이며, 이 지위를 어떻게 변화시키거나 '탐험을 통해 사라지게 할 수 있느냐'이다.

잠재적 억제(와 관련) 현상을 활용한 실험들은 대부분 맥락에 따라 무관하다고 여겨진 사물들의 무관련성이 그냥 주어지는 것이 아니라는 사실을 밝힌다는 점에서 흥미롭고 매우 중요하다. 무관련성은 학습되어야 한다. 더 나아가 이러한 학습은 동기적 맥락이 변할 때 뒤이은 학습을 방해할 만큼 강력하다. 지금은 익숙해진 사물이 원래 호기심과 희망을 유발했던 것은 탈억제된 편도체가 대뇌 측좌핵의 도파민 반응을 활성화했기 때문으로 보인다 (Gray, J.A., Feldon, J., Rawlins, J.N.P., Hemsely, D.R., & Smith, A.D. (1991)). 측좌핵은 '정적 강화'되는 중독성 약물에 의해 대부분 활성화되는 중추이다(Wise, R.A. & Bazarth, M.A. (1987)). 낯선 자극에 함께 존재할 수밖에 없는 '공포를 유발하는 측면'은 비교적 관심을 덜 받았다(물론 낯선 자극에 대한 공포를 불러일으키는 것이 편도체의 역할이라는 사실은 앞서 설명한 바와 같이 확실히 밝혀졌다). 이렇듯 동전의 양면과 같은 측면, 즉 선험적인 두려움과 희망을 불러일으키는 위협과 기회는 바로 윌리엄 블레이크가 말하는 '지각의 문' 뒤에 놓여 있으며 인생에 '내재적인' (때로는 압도적인) 의미를 부여한다. "지각의 문이 깨끗이 닦이면 모든 것이 있는 그대로 무한히 드러나리라. 왜냐하면 인간은 자기 동굴의 좁은 틈을 통해서 모든 것을 볼 때까지 자신을 가두기 때문이다." (Blake, W. (1946), p. 258.)

지각의 문을 여는 생리학적, 환경적 사건들을 경험하면 우리는 사물의 본질에 관한 통찰을 얻게 된다. 이런 통찰이 자기 의사에 반하여 주어질 경우(예를 들어 조현병 환자에게 나타나듯이) 우리를 공포에 질리게 하고 때로는 파괴할 만큼 커다란 힘을 갖는다. 대상의 선험적 정서가는 강력하며, 우리를 공포에 몰아넣을 잠재력을 지닌다. 우리가 접하는 일반적인 환경과 선행 학습은 이렇듯 강한 정서가로부터 우리를 지켜 주며, 우리가 이처럼 공포에 빠져 의미를 마주하지 않도록 방패막이 되어 준다. 어떤 사건에 의해서 선행 학습의 안정성이나 조건부 타당성이 무너지면, 우리는 방패막 없이 무시무시한 힘으로 다시 나타난 의미를 마주해야 한다.

114 Luria, A.R. (1980), pp. 30-32.

115 Hebb, D.O. & Thompson, W.R. (1985), p. 766.

116 Blanchard, R.J. & Blanchard, D.C. (1989).

117 Blanchard, D.C., Blanchard, R.J., & Fodgers, R.J. (1991).

118 Pinel, J.P.J. & Mana, M.J. (1989).

119 Blanchard, R.J., Blanchard, D.C., & Hori, K. (1989).

120 Blanchard, R.J. & Blanchard, D.C. (1989).

121 Blanchard, D.C., Veniegas, R., Elloran, I., & Blanchard, R.J. (1993).

122 Lorenz, K. (1974).

123 Goodall, J. (1990).

124 탐험은 단지 예측하지 못한 사물이나 상황의 '내재적' 특성을 밝히는 과정이 아니다. 사물이나 상황의 실제 특성은 (가치와 객관적 범주화의 관점에서) 그 앞에서 사용한 행동 전략과 지금 추구하는 목표가 무엇인지에 따라 달라진다. 이 말은 곧 경험을 행동의 출현 속성으로 간주해야 한다는 뜻이다. 이는 경험의 주관적 측면뿐 아니라 순수하게 객관적인 측면(과학의 주제)도 마찬가지이다(Kuhn, T. (1970); Feyeraband, P.K. (1981) 참조).

하나의 적절한 예로서 '단어' 그 자체는, 더 이상 '사물'의 '이름'으로 간주할 수 없다(Wittgenstein, L. (1968), pp. 46e-47e). '개념'이 '대상'을 부르는 '이름'이라는 생각도 약간 상위 차원에서 같은 오류를 범한 것이다. 비트겐슈타인이 근본적으로 지적했듯 단일한 '사물'에 대한 우리의 감각은 단순히 주어진 것이 아니다(Wittgenstein, L. (1968)). 우리는 우리가 지각하는 대상이 근본적인 의미에서 '거기 있다'고 생각하지만 우리는 먼저 나무를 보고 나뭇가지를 본다. 하지만 객관적으로 생각해 볼 때 사실상 나무가 나뭇가지보다 앞서 지각될 이유는 없다(나뭇잎, 나뭇잎을 구성하는 세포 혹은 나무가 모여 이룬 숲도 마찬가지이다). 비트겐슈타인의 뒤를 이어 로저 브라운은 '대상'의 '기본 차원', 즉 여러 문화권에서 동일하게 아이들이 가장 쉽고 빠르게 배우는 지각의 차원이 있다는 것을 입증했다. (Brown, R. (1986))

비트겐슈타인은 단어를 하나의 도구로 상정함으로써 "단어는 대상의 이름이 아니다."라는 문제를 해결했다. 단어는 체스 게임에 사용되는 말과 같이 언어 게임에서 하나의 역할을 담당한다. (Wittgenstein, L. (1968), pp. 46e-47e) "단어의 의미는 곧 단어의 쓰임새이다."(Wittgenstein, L. (1968), p. 150e) 더 나아가 그는 '게임'에는 "규칙뿐 아니라 목표가 있다."고 언급했다. (Wittgenstein, L. (1968), p. 150e)

비트겐슈타인은 대상이 현재 추구하는 목표의 수단으로서 유용한가에 따라 정의되고 지각된다는 (그리고 여러 가지의 것이 아니라 단일한 것으로 범주화된다는) 일반 원리를 제시한 것이다. 기본적으로 대상은 도구이거나 장애물이다. 우리가 대상으로 지각하는 것은 적어도 원칙적으로는 (우리 욕망을 실현하기 위해서) 쉽게 활용할 수 있는 현상이거나 혹은 우리가 바라는 목표를 획득하는 데 방해가 될 만한 것이다. 유용한 도구가 될 만한 것에는 긍정적 정서가 (유인 보상)가 부여되고, 장애물에는 부정적 정서가(처벌이나 위협)가 부여된다. 일상적 도구나 장애물에는 상대적으로 적은 정서가 부여되는 반면 혁명적 도구나 장애물은 압도적인 감정을 불러일으킬 수 있다(아르키메데스가 "유레카!"를 외치던 순간을 떠올려 보라). 따라서 환경의 흐름 속에서 대상으로 구별될 만한 것은 대부분 우리가 그 환경의 흐름과 상호작용하는 중에 품고 있던 목표가 무엇인가에 따라 달라진다. 이 복잡한 상황은 일단 대상으로 지각된 사물의 정서가가 우리가 추구하는 목표가 바뀌면 변할 수 있다는 사실 때문에 더 복잡해진다(왜냐하면 한 가지 상황에서 도구였던 것이 다른 상황에서는 장애물이나 관련 없는 것이 될 수 있기 때문이다). 마지막으로 주어진 시공간 내에서 대상이 될 수 있었던 많은 사물은 현재 진행 중인 활동과 관련이 없기 때문에 눈에 띄지 않는다.

125 Luria, A.R. (1980).

126 Granit, R. (1977).

127 Agnew, N.M. & Brown, J.L. (1990).

128 Holloway, R.L. & Post, D.G. (1982).

129 Jerison, H.J. (1979).

130 Ridgeway, S.H. (1986).

131 Lilly, J.C. (1967).

132 Penfield, W. & Rasmussen, T. (1950).

133 Brown, R. (1986).

134 Garey, L.J. & Revishchin, A.V. (1990).

135 Granit, R. (1977).

136 같은 책.

137 Wise, R.A. & Bozarth, M.A. (1987).

138 Granit, R. (1977).

139 Oatley, K. (1994).

140 이 주장을 입증하는 자료를 검토하려면 Tucker, D.M. & Williamson, P.A. (1984); Davidson, R.J. (1984a, 1984b, 1992); Goldberg, E., Podell, K., & Lovell, H. (1994); Goldberg, E. (1995); Goldberg, E. & Costa, L.D. (1981)을 참조할 것. 이 두 체계가 필요한 이유에 대한 설명을 보려면 Grossberg, S. (1987)을 참조할 것.

141 Fox, N.A. & Davidson, R.J. (1986, 1988).

142 Maier, N.R.F. & Schnierla, T.C. (1935).

143 Schnierla, T.C. (1959).

144 Springer, S.P. & Deutsch, G. (1989)의 리뷰를 참조할 것.

145 Golberg, E. (1995); Goldberg, E. & Costa, L.D. (1981); Goldberg, E., Podell, K., & Lovell, H. (1994).

146 Springer, S.P. & Deutsch, G. (1989).

147 Fox, N.A. & Davidson, R.J. (1986, 1988).

148 Goldberg, E. & Costa, L.D. (1981).

149 Goldberg, E. (1995).

150 Donald, M. (1993).

151 "자극에 대한 반응으로 나타나는 내외적 상태는 해당 자극에 대한 '가치 평가'와 같다."(Kling, A.S. & Brothers, L.A. (1992), p. 372). "정서는 갖가지 양상으로 나타나는 감각 정보를 감각 정보와 더불어 즉각 나타나는 신체 반응계 (운동계, 자율신경계, 내분비계)의 반응과 결합하여 융합하고 통합한 것 그 이상도 그 이하도 아니다."(p. 371). "편도핵과 해마체가 서로 연결되어 있기 때문에 정서적 반응과 지각한 내용을 기억에 입력하는 과정이 연계되고, 그에 따라 복잡한 사회적 상황이나 구체적인 개인을 다시 마주했을 때 우리는 적절한 동기 상태에 빠르게 접근할 수 있다."(p. 356)

152 Vitz, P.C. (1990).

153 같은 책.

154 같은 책.

155 Ryle, G. (1949).

156 Milner, B. (1972); Zola-Morgan, S., Squire, L.R., & Amaral, D.G. (1986); Teylor, T.J. & Discenna, P. (1985, 1986).

157 Squire, L.R. & Zola-Morgan, S. (1990).

158 같은 책.

159 스콰이어와 졸라모건의 글이다.

여기서 사용한 서술 기억이라는 용어를 보면 어떤 유형의 기억은 '서술'할 수 있다는 사실이 드러난다. 서술 기억은 명제나 심상의 형태로 명확히 마음에 떠올릴 수 있는 기억이다. 서술 기억은 비교적 최근에 이루어진 진화적 산물로서, 해마를 갖춘 초기 척추동물 단계에서 나타났으며, 개체발생학적으로 뒤늦게 나타난다. 반면 절차 지식은 오직 수행을 통해서 드러나며 그 내용을 의식에 떠올릴 수 없다. 절차 지식은 계통발생학적으로 오래전에 발달했고, 개체발생학적으로도 발달 초기에 나타난다. …… 서술(명제) 기억의 하위 요소인 일화 기억과 의미 기억을 구별하는 것이 기억의 구조에 대해 흥미로운 사실을 밝혀 준다는 툴빙과 동료들의 견해에 동의한다. (Squire, L.R. & Zola-Morgan, S. (1990), p. 138.)

필자는 이야기가 절차 체계의 산출물의 일화 표상에 대한 의미 표상이라고, 다시 말해서 행동(과 행동 결과)의 심상을 언어로 서술한 것이라고 생각한다.

160 Schachter, D.L. (1994).

161 Kagan, J. (1984).

162 Piaget, J. (1962), p. 3.

163 같은 책, p. 5.

164 같은 책.

165 같은 책, p. 6.

166 Adler, A. (1958); Vaihinger, H. (1924).

167 Oatley, K. (1994).

168 Donald, M. (1993).

169 하나의 생각은 (일정 부분) 추상화된 행위이며, 그 행위의 결과는 관념적 상상 세계에서 분석할 수 있다. 생각과 행위 사이의 간극은 근래 진화의 역사 속에서 더 넓어졌다. 수사적인 말에 익숙지 않던 중세인은 열정적인 말에 정서적으로 더 쉽게 고무되어 그에 따라 행동했다. 하지만 의미 없는 말이 넘쳐나는 현대 사회에서, 단어는 일상 속에서 즉각 행동을 이끌어 내는 능력을 대부분 잃어버렸다. 하지만 음악은 여전히 무의식적으로 움직임, 춤 혹은 적어도 박자를 맞추려는 충동을 불러일으킨다. 침팬지조차 단순한 리듬에 사로잡힐 수 있는 듯하다(Campbell, J. (1987), pp. 358-359 참조). 게다가 의례가 '원시인'을 사로잡았듯이, 현대인들도 영화와 같은 극에 쉽사리 사로잡히고 동기 부여되며, 마치 '극'이 실제로 일어나고 있는 것처럼 거기에 몰두한다. 이처럼 마음을 사로잡는 것이 중요하기 때문에, 마음을 사로잡지 못하는 극은 사람들의 관심을 끌지 못한다. 수사법은 행동을 이끌어 내는 기법이어서, 여전히 광고에 자주 동원되어 뚜렷한 효과를 낸다.

170 '의미 있는' 극이나 정보는 그 자체로 그와 같은 특성을 지닌다. 왜냐하면 예상 밖의 일이 일어났다는 것을 알려 주는 정서를 불러일으키기고 행동의 변화를 암시하기 때문이다. 의미라는 현상은 정보가 하나의 기억 '차원'에서 다른 기억 차원으로 번역될 때 일어난다.

171 Piaget, J. (1932).

172 Piaget, J. (1962).

173 Nietzsche, F. (1966), p. 98.

174 Nietzsche, F. (1968a), p. 217.

175 같은 책, p. 203

176 Wittgenstein, L. (1968).

177 Eliade, M. (1978b).

178 Wittgenstein, L. (1968), p. 16e

179 '목표 위계'라 불리는, 이와 유사한 개념은 Carver, C.S. & Scheier, M.F. (1982)에 등장한다.

180 Eysenck, H.J. (1995).

181 Shallice, T. (1982).

182 Milner, B., Petrides, M., & Smith, M.L. (1985).

183 Petrides, M. & Milner, B. (1982).

184 Milner, B. (1963).

185 "꿈을 꾸었다. 그가 보니, 땅에 층계가 있고, 그 꼭대기가 하늘에 닿아 있고, 하나님의 천사들이 그 층계를 오르락내리락하고 있었다. 주님께서 그 층계 위에 서서 말씀하셨다. '나는 주, 너의 할아버지 아브라함을 보살펴 준 하나님이요, 너의 아버지 이삭을 보살펴 준 하나님이다. 네가 지금 누워 있는 이 땅을, 내가 너와 너의 자손에게 주겠다.'" (「창세기」 28장 12~13절)

186 Frye, N. (1982), p. 220.

187 Eliade, M. (1957), pp. 107-108.

188 Brown, R. (1965), p. 476.

189 같은 책, p. 478.

190 Goethe, J.W. (1976).

191 Frazier, J.G. (1994).

192 Brown, R. (1986), p. 470.

193 Lakoff, G. (1987), pp. 12-13.

194 Brown, R. (1965), p. 321.

195 Wittgenstein, L. (1968), pp. 66-71.

196 Armstrong, S.L., Gleitman, L.R., & Gleitman, H. (1983).

197 Eliade, M. (1978b), pp. 57-58.

198 Heidel, A. (1965).

199 Eliade, M. (1978b).

200 "로고스(λόγος). 신학 및 철학 용어. 그리스(특히 헬레니즘과 신플라톤주의) 철학자들이 형이상학과 신학에서 사용했던 용어로 그 본뜻인 '이성'과 '말' 중에 하나 혹은 둘 모두에서 유래했으며, 사도 요한이 기록한『신약』성경의 세 구절에서 예수 그리스도를 지칭하는 말로 사용됨에 따라(영역본에서는 'Word(말씀)'), 기독교 신학자들, 특히 그리스 철학에 조예가 깊은 신학자들에 의해 삼위일체의 두 번째 위격을 지칭하는 말로 사용되었다. 오늘날에는 저자들이 로고스라는 그리스어를 그대로 차용해 고대 철학적 사변을 역사적으로 해설하기 위해 사용하거나 혹은 철학적 측면에서 삼위일체의 교리를 논의하기 위해 사용한다."(Oxford English Dictionary: CD-Rom for Windows(1994)).

201 Eliade, M. (1978b); Jung, C.G. (1967b).

202 Shakespeare, W. (1952).

203 Neumann, E. (1955, 1954); Jung, C.G. (1976b, 1967b, 1968b, 1967a); Eliade, M. (1978b).

204 같은 책.

205 같은 책.

206 Brown, R. (1986).

207 Brown, R. (1986); Rosche, E., Mervis, C.B., Gray, W., Johnson, D., & Boyes-Braem, P. (1976); Lakoff, G. (1987).

208 Lao Zue (1984a)

209 〈열리는 성모상〉, Neumann, E. (1955)의 그림 177.

210 Eliade, M. (1978b), pp. 88-89.

211 Frye, N. (1990).

212 Heidel, A. (1965).

213 Frye, N. (1982), p. 146.

214 Frye, N. (1990).

215 Tablet 1:4; Heidel, A. (1965), p. 18.

216 Tablet 1:5; Heidel, A. (1965), p. 18.

217 Tablet 1:6-8; Heidel, A. (1965), p. 18.

218 Tablet 1:9; Heidel, A. (1965), p. 18.

219 원문에서 에아는 누딤무드라는 이름으로도 나오지만, 여기서는 이해를 돕

기 위해 에아라는 이름만을 사용했다.

220 Tablet 1:17; Heidel, A. (1965), p. 18.

221 Tablet 1:18-19; Heidel, A. (1965), p. 18.

222 Tablet 1:20; Heidel, A. (1965), p. 18.

223 Tablet 1:23; Heidel, A. (1965), p. 19.

224 Tablet 1:80; Heidel, A. (1965), p. 21.

225 Tablet 1:86; Heidel, A. (1965), p. 21.

226 Tablet 1:90-102; Heidel, A. (1965), pp. 21-22.

227 Tablet 1:133-138; Heidel, A. (1965), p. 23.

228 Tablet 1:156; Heidel, A. (1965), p. 24.

229 Tablet 2:1-10; Heidel, A. (1965), p. 25.

230 Tablet 2:96-117; Heidel, A. (1965), pp. 28-29.

231 Tablet 2:118-129; Heidel, A. (1965), pp. 29-30.

232 Jacobsen, T. (1943).

233 Heidel, A. (1965), pp. 30-31.

234 Tablet 3:1-66; Heidel, A. (1965), pp. 30-33.

235 Tablet 3:131-138, 4:1-10; Heidel, A. (1965), pp. 35-36.

236 Campbell, J. (1964), p. 82.

237 같은 책.

238 Tablet 4:27-34; Heidel, A. (1965), pp. 37-38.

239 Tablet 4:87-94; Heidel, A. (1965), p. 40.

240 Tablet 4:129-144; Heidel, A. (1965), pp. 42-43.

241 이와 유사하게 창조에서 야훼가 한 역할은 세계를 구축하는 원재료인 뱀, 라합 혹은 리바이어던과 연관되어 있다. 「이사야」 51장 9절은 "깨어나십시오! 깨어나십시오! 힘으로 무장하십시오, 주님의 팔이여! 오래전 옛날처럼 깨어나십시오! 라합을 토막 내시고 용을 찌르시던 바로 그 팔이 아니십니까?"라고 말한다. 시편 74편에는 이와 비교할 만한 여러 구절이 등장한다. (14~17절) "리바이어던의 머리를 짓부수셔서 사막에 사는 짐승들에게 먹이로 주셨으며, 샘을 터뜨리셔서 개울을 만드시는가 하면, 유유히 흐르는 강을 메마르게 하셨습니다. 낮도 주님의 것이요, 밤도 주님의 것입니다. 주님께서 달과 해를 제자리에 두셨습니다. 주님께서 땅의 모든 경계를 정하시

고, 여름과 겨울도 만드셨습니다."

242 Tablet 6:8; Heidel, A. (1965), p. 46.

243 Tablet 6:49-51; Heidel, A. (1965), p. 48.

244 Eliade, N. 11(1978b), pp. 73-74.

245 같은 책, pp. 74-76.

246 Tablet 6:151; Heidel, A. (1965), p. 52

247 Tablet 6:152-153; Heidel, A. (1965), p. 53.

248 Tablet 6:155-156; Heidel, A. (1965), p. 53.

249 Tablet 7:1-2; Heidel, A. (1965), p. 53.

250 Tablet 7:21; Heidel, A. (1965), p. 54.

251 Tablet 7:30; Heidel, A. (1965), p. 55.

252 Tablet 7:39; Heidel, A. (1965), p. 55.

253 Tablet 7:81; Heidel, A. (1965), p. 57.

254 Tablet 7:112, 7:115; Heidel, A. (1965), p. 58.

255 Eliade, M. (1978b), p. 89.

256 Pritchard, J.B. (1955), p. 4에서.

257 Eliade, M. (1978b), pp. 89-90.

258 Eliade, M. (1978b), p. 91.

259 Eliade, M. (1978b), pp. 91-92. 이집트인들이 '이집트의 소우주'인 성스러운
     영역에 외국인의 출입을 금지했다는 사실은 추가로 짚고 넘어갈 만큼 흥미
     로운 사실이다. 이집트는 '최초의 국가'이자 '세계의 중심'이었기에 이집트
     에서는 순수한 이집트인만이 '합법적 주민'이었다. 외국인은 무질서를 불러
     오는 존재였다.(Eliade, M. (1978b), p. 90)

260 호루스가 사후 세계로 내려가 오시리스를 소생시킬 때, 그는 오시리스에게
     '지식'의 힘을 부여하였다. 오시리스는 세트의 진짜 본성에 대해 '무지했기
     때문'에 그리 쉽게 당했던 것이다(Eliade, M. (1978b), p 100, footnote 41). 오시
     리스 신화는 악을 제대로 인식하지 못할 때 닥칠 위험을 알려 주는 우화로
     도 볼 수 있다.

261 Eliade, M. (1978b), p. 100.

262 Anaximander of Miletus (611 B.C.~546 B.C.)

263 윌리엄 제임스가 이산화질소에 취한 상태에서 쓴 글. Tymoczko, D. (May

1996), p. 100에서 재인용.

264 이 신화들은 미지가 처음 출현할 때 무시무시한 모습으로 나타나는 경우가 많다는 것을 보여 준다.

265 Eliade, M. (1978b), pp. 205-207.

266 〈스스로를 집어삼키는 용〉이라는 램스프링의 작품에 등장하는 우화적 동물로 융(1967a)의 그림 LIXa에서 따옴.

267 Neumann, E. (1954), pp. 10-11.

268 Eliade, M. (1978b), p. 145.

269 Evans, P.K. (1973). 주석 571도 참조.

270 Cornford, F.M. (1956).

271 Wilhelm, R. (1971), pp. liv-lvii.

272 같은 책.

273 Eliade, M. (1957), p. 29.

274 "인드라의 전투는 아리아인이 다스유스('브리타니'라고도 칭함)에 대항하여 지속해야 했던 전투의 표본이었다. '전쟁에서 승리하는 자는 진정으로 브리트라를 죽이는 자이다(Maitrayani-Samhita, II, 1, 3)." (Eliade, M. [1978b], p.207)

275 Eliade, M. (1978b), p. 104, 각주 48.

276 Eliade, M. (1978b), p. 320. "다른 곳과 마찬가지로 이란에서도 신화적 주제와 인물의 역사화 과정은 그 반대의 과정과 균형을 이루었다. 즉 현실에서 적대 관계에 있는 국가와 종족이 괴물, 특히 그 중에서도 용이라고 상상한 것이다.

277 Eliade, M. (1957), pp. 289-32.

278 Stevenson, M.S. (1920), p. 354.

279 Eliade, M. (1991b), p. 19.

280 Neumann, E. (1955), Part II의 전면 그림.

281 Whitehead, A.N. (1958), p. xx.

282 Otto, R. (1958).

283 같은 책, pp. 12-13.

284 Jung, C. G. (1971), p. 477.

285 인간의 상상(일화 및 절차 기억 체계) 속에서 하위 인격들의 독립성을 증명하는 훌륭한 증거가 존재하며, 이 하위 인격들은 은유적 인물로서 의례와 예

술과 문학에 활용된다는 것은 의문의 여지가 없다. 일상의 경험에서도 '낯선' 인격 혹은 하위 인격이 명백히 나타나는 여러 형태가 존재한다. 그중 하나가 꿈인데, 꿈에 등장하는 인물들은 우리가 평소에 아는 모습이나 모르는 모습으로 나타나서, 흔히 이해할 수 없는 자신만의 행동 법칙을 따르는 것처럼 보인다(방대한 일련의 꿈을 분석한 내용을 보려면(공교롭게도 물리학자 볼프강 파울리의 꿈이다) Jung, C.G. (1968b) 참조할 것).

기분은 의식 수준에 도달하면 지각, 기억, 인지, 행동에 영향을 미치며, 이 기분에 영향을 받은 사람은 당황스러울 정도로 터져 나오는 슬픔과 분노를 경험한다(융은 여성성의 원형인 '아니마'를 기분과 동일시했다(Jung, C.G. (1968a), p. 70 참조)). 기분에 초점을 맞추고 "적극적 상상"(Jung, C.G. (1968a), p. 190 참조)을 하면(의도적으로 백일몽에 빠지는 것에 비할 수 있다.) 그 기분과 연관된 심상과 환상을 생성할 수 있다. 이 과정에 참여해 보면 해당 감정에 사로잡힌 상태와 연관된 '인격'의 구조를 밝히는 데 도움이 된다.

비정상적인 긴장 상태나 정신 장애나 신경질환을 앓을 때 우리는 낯선 인격들이 미치는 영향을 쉽게 관찰할 수 있다. 투렛 증후군에 시달리는 사람들은 마치 북아메리카 원주민들의 설화에 등장하는 사기꾼과 섬뜩할 정도로 똑같은 인격을 지닌 복잡한 영혼에 '사로잡힌' 것처럼 보인다. (Sacks, O. (1987); Jung, C.G. (1968a), pp. 255-274)

조현병이 발병하면 여러 분열된 인격이 병자에게 '낯선' 목소리와 충동의 형태로 모습을 드러낸다(Jung, C.G. (1967a); Romme, M.A. & Escher, A.D. (1989)). 생리학자이자 조현병 연구자 도티는 다음과 같이 썼다.

가장 널리 인정받는 진단 기준 중에서 쿠르트 슈나이더가 파악한 '일급' 증상이 있다. 다음은 그 증상을 크로와 존스톤이 요약한 것이다. "(1) 자신의 생각이 머릿속에서 말소리처럼 들림, (2) 서로 다투는 목소리가 들림, (3) 자신의 행동에 대해 평가하는 목소리가 들림, (4) 자신의 신체 기능이 외부에 의해 조종된다고 느낌, (5) 누군가 자기 생각을 빼내어 가거나 혹은 주입하는 경험, (6) 자기 생각이 타인에게 중계되는 경험, (7) 망상적 지각 (하나의 지각에 특별한 의미 부여), (8) 타인에 의해 주입된 기분이나 의지의 경험." 조현병의 일급 증상들은 지금 논의의 맥락에서 매우 흥미롭다. 왜냐하면 이 일급 증상들이 나스랄라가 날카롭게 지적했듯 "조현병 환자의 뇌 속에서 통합되지 못한 우반구 의식은 언어 표현에 능한 좌반구에게는 '낯선 침입자'로 여겨질 수 있다."는 말로 요약될 수 있기 때문이다. 다시 말해서 이 증상들은 좌반구와 우반구 간의 의사소통이 지나치게 왜곡되어 좌반구가 더 이상 우반구에서 일어나는 활동의 출처를 자기의 통합된 의식에 속한 것으로 파악하지 못할 때 일어날 수 있는 전형적인 증상이다. (Doty, R.W. (1989), p. 3)

클레그혼은 환청을 경험하는 조현병 환자들을 양전자 단층촬영술(PET)로 검사한 결과, 좌반구의 언어 영역에 상응하는 우반구 부위에서 포도당 흡수율이 증가하는 현상이 나타난다고 보고했다(Cleghorn, J.M. (1988). 도티는 이 우반구 체계가 조현병 발병 중에 지배적인 좌반구 언어 중추에 의한 긴장성 억제에서 풀려났을 수도 있다고 말했다(Doty, R.W. (1989)).

다중인격 장애는(Ellenberger, H.F. (1970) 참조) 중심 자아의 밖에 있는 '인격'이나 인격의 표상들이 통합된 기억 없이 등장하는 정신 질환으로, 흔히 어린 시절 임의적이고 심각한 처벌을 당하여 해리적 성향을 지니게 된 사람들에게서 발병한다.

강박 장애에 시달리는 사람들은 경험 대상이나 어떤 생각에 완전히 사로잡혀서 자신과 주위 사람들에게 낯선 행동 및 사고 패턴을 반복한다. (Rapoport, J. (1989))

샤머니즘적 의례와 종교적 의례, 원시적 입문 의례 그리고 항정신성 약물은 뇌 안에서 복잡한 생리학적 변화를 일으켜 달리 의식에 닿을 수 없는 정서 기반의 콤플렉스를 활성화하여 다른 방식으로는 얻을 수 없는 통찰과 정서를 불러일으켜 흔히 극적인 결과를 낳는다(이와 관련하여 LSD를 비롯한 환각제는 생리학적으로 오래된 뇌간의 세로토닌 반응성 돌기에 영향을 미치는 특징이 있다는 점이 흥미롭다(Doty, R.W. (1989) 참조할 것).

간질 발작은 흔히 지각과 정서와 인지가 기묘하게 변하는 현상을 동반하며, 여기에는 경외심을 불러일으키는 성스러운 현상으로부터 악마적이고 무시무시한 현상까지가 모두 포함된다(Ervin, F. & Smith, M. (1986)). 이들의 논의가 특히 흥미로운 까닭은 이들이 정신 장애에 따른 체계적 인지 과정의 변화가 아니라 '의미'의 변화를 설명하고 있기 때문이다. 어빈은 신체적, 정신적 건강을 잃을 위험을 감수하면서까지 약물 치료를 거부하는 간질 환자들의 사례를 설명한다. 이들은 간질 발작에 앞서서 일어나는 '기분', 즉 간질 발작에 앞서 나타나는 경험 조건의 변화를 포기하지 못한다. 이 '기분'은 세계의 가장 근원적인 의미에 대한 심오한 주관적 통찰을 주는 계시의 성격을 띠기도 한다. 이런 상태를 병리학적이고 망상적인 심리 상태로 몰아가기 전에, 먼저 도스토옙스키가 간질 발작으로 인해 달라졌고, 어쩌면 간질 발작을 겪는 과정에서 심리적 통찰이 더 깊어졌을지 모른다는 사실을 기억해야 한다. 간질 발작은 또한 환자의 일상적인 행동과 전혀 관련이 없는 폭력적 행위를 일으키기도 한다.(Mark, V.H. & Ervin, F.R. (1970) 참조)

286 Jung, C.G. (1967b) 참조할 것.

287 기억체계가 4차원으로 이루어졌을 가능성에 관하여 살펴보려면 Teylor, T. J. & Discenna, P. (1986) 참조할 것.

288 Russell, J.B. (1986) 참조할 것.

289 융의 말이다. "모든 신비한 내용물은…… 자기를 증폭하는 경향이 있다. 즉 그것은 유의어를 끌어들이는 핵이 된다."(Jung, C.G. (1976b), p. 458) 같은 정서가를 지닌 기억의 내용물은 무리를 짓는 경향이 있다. 우울증 환자들에게 이런 경향이 나타난다는 사실은 오래전부터 널리 알려져 있었다. 우울한 사람들은 지각, 기억, 사고가 처벌, 즉 실망과 좌절(기대한 보상의 부재)과 외로움과 고통에 치우지는 특징이 있다.(Beck, A. (1979) 참조할 것.)

290 Gall, J. (1988) 참조할 것

291 이 그림은 〈비너스의 승리〉라는 쟁반 그림에서 따온 것으로, Neumann, E. (1955)의 그림 62를 재인용했다.

292 '물고기 부레'는 매우 복잡한 상징으로, (물에 사는) 용인 물고기와 남근, 자궁을 동시에 표상한다. Hohnson, B. (1988)에서 특히 'Part Nine: The Fish'를 참조할 것.

293 Eliade, M. (1982), pp. 20-21.

294 Eliade, M. (1982), p. 21.

295 Neumann, E. (1955), pp. 31-32.

296 이 전형적인 프로이트적 상황은 즈위고프 감독이 1994년 발표한 영화 〈크럼〉에 영리하고도 예리하게 묘사했다.

297 Neumann, E. (1955), pp. 12-13.

298 이런 식의 발전은 입증된 적이 없다. '부계' 신들은 모계 신들보다 역사적으로 뒤늦게 발달했다기보다는 '심리적 차원에서' 이차적으로 발달했다고 보

는 편이 더 맞다(왜냐하면 '만물이 이 모체에서 나왔기 때문이다.') 게다가 앞서 논의했듯이 '미지'가 '기지'에서 '나왔다'고도 볼 수 있다(왜냐하면 '미지'는 '기지가 아닌 것'으로 정의되기 때문이다). 하지만 이 책의 목적상, 여러 신들 간의 시간적, 역사적 관계를 정확히 밝히는 것은 이들의 존재와 의미를 '범주'로서 밝히는 것에 비하면 부차적인 문제이다.

299 Neumann, E. (1955), pp. 153-157.

300 Neumann, E. (1955), pp. 149-150.

301 Bowlby, J. (1969)를 참조할 것. 볼비는 고아원에서 키워진 아기들이 적절한 음식과 기본적인 신체적 돌봄 및 보호를 받았음에도 불구하고, 상당히 높은 비율로 '제대로 성장하지 못하거나' 죽음을 맞이했다는 흥미로운 사실을 연구했다. 최근 연구들은 전반적인 사회적 애착의 문제와 더불어, 특히 어머니와 아기 사이의 애착 관계의 기반을 연구하고 있으며, 그중 일부는 고통, 좌절, 실망을 포함한 처벌에 대한 반응을 관장하는 데 관여하는 아편 체계의 역할을 집중적으로 연구하고 있다.(Pihl, R.O. & Peterson, J.B. (1992)에서.)

302 Neumann, E. (1955) 참조.

303 〈집어삼키는 칼리〉, Neumann, E. (1955)의 그림 66에서 재인용.

304 MacRae, G. W. (Trans.) (1988), p. 297.

305 이와 유사하게 근원과 태도를 융합한 하나의 사례로 그리스도가 자신을 지칭한 용어를 살펴보자. 그리스도는 주관적 태도의 모범이기도 하며("나는 길이요, 진리요, 생명이다."(「요한복음」 14장 6절)). 동시에 '생명의 물'이 흘러나오는 근원이기도 하다("목마른 사람은 다 나에게로 와서 마셔라. 나를 믿는 사람은, 성경이 말한 바와 같이, 그의 배에서 생수가 강물처럼 흘러나올 것이다."(「요한복음」 7장 37-38절))

306 Mike McGarry 덕분에 이 구절에 관심을 갖게 됐다.

307 〈에페수스의 디아나〉, Neumann, E. (1955)의 그림 35에서 재인용.

308 Neumann, E. (1955) 참조할 것.

309 예시를 찾아보려면 빌렌도르프와 망통과 레스푸뉴의 '비너스들'(Neumann, E. (1955)의 그림 1에서) 참조.

310 Neumann, E. (1955), p. 39.

311 McGlynn, F.E. & Cornell, C.C. (1985); Chambless, D.L. (1985) 참조할 것.

312 foa, E.B, Molnar, C., & Cashman, L. (1995). Pennebaker, J.W. (1997);

Pennebaker, J., Mayne, T.J., & Francis, M.E. (1997)도 참조할 것.

313 Koestler, A. (1976).

314 두르가는 칼리에 상응하는 자애로운 신이다.

315 Zimmer, H. (1982), pp. 74-75.

316 Rychlak, .F. (1981), p. 767.

317 Neumann, E. (1955, 1954) 참조할 것.

318 출처 미상.

319 성의 이미지는 마이어의 『Viatorium(1951)』의 〈temenos〉에서 따온 것이며 (Jung, C.G. (1968b)의 그림 31), 성 조지의 이미지는 〈Virtue〉(Ripa, C. (1630)) 에서 따온 것이다(Didi-Huberman, G., Garbetta, R. & Morgaine, M. (1994), p. 50).

320 이 간단한 설명은 칼 융(Jung, C.G.(1967a))과 조지프 캠벨(Campbell, J. (1987, 1968))과 노스럽 프라이(Frye, N. (1982, 1990))와 에리히 노이만(Neumann, E. (1954, 1955))의 책에 담긴 정보를 요약한 것이다.

321 Bellini, J. (15세기), 〈용과 싸우는 성 조지〉. Didi-Huberman, G., Garbetta, R., & Morgaine, M. (1994), p. 102에서 재인용했다. 이 책에서 수많은 대표 사례 를 확인할 수 있다.

322 Didi-Huberman, G., Garbetta, R., & Morgaine, M. (1994), pp. 53, 59, 64, 65, 67, 74, 77, 81.

323 Neumann, E. (1954), pp. 160-161.

324 Neumann, E. (1954, 1955); Jung, C.G. (1976b, 1967b, 1968b, 1967a); Eliade, M. (1978b).

325 Jung, C.G. (1970a) 참조할 것.

326 Eliade, M. (1978b), p. 147.

327 Eliade, M. (1978b), pp. 145-146.

328 이 책 제2장을 참조할 것.

329 Eliade, M. (1978b), pp. 147-149.

330 Binswanger, L. (1963), pp. 152-153.

331 Eliade, M. (1978b), pp. 114-125.

332 같은 책, p. 123.

333 같은 책, p. 124.

334 Eliade, M. (1965), p. xi.

335 Borski, L.M. & Miller, K.B. (1956)

336 Eliade, M. (1991a).

337 L'Engle, M. (1997), p. 136.

338 같은 책, p. 142.

339 Lucas, B.V., Crane, L. & Edwards, M. (1945), pp. 171-178.

340 이것은 낙원의 심상이다.

341 프라이는 이 주제와 관련하여 다음과 같이 썼다.

성경 초반에 자주 등장하는 하나의 주제가 있다. 그것은 바로 장자 상속의 법적 권한을 지닌 장자를 뛰어넘고 그 동생이 선택되는 사건이다. 아담의 첫째 아들인 가인은 쫓겨났고, 셋을 통해 후손이 이어진다. 노아의 아들 함은 비록 그가 장자라는 기록은 없지만 노아에게 거부당하는데, 여기서도 같은 패턴이 반복된다. 아브라함은 이삭이 태어날 예정이므로 장자인 이스마엘을 내쫓으라는 말을 듣는다. 이삭의 장자 에서는 야곱의 의뭉스러운 술책과 야곱을 돕는 어머니로 인해 장자의 권리를 야곱에게 빼앗긴다. 야곱의 장자 르우벤은 「창세기」 49장 4절에 나오는 이유로 인해 유산을 잃는다. 요셉의 어린 아들 에브라임은 그의 형 므낫세보다 앞선다. 이스라엘 왕국의 건립을 둘러싼 이야기에도 같은 주제가 본질적으로 변함없이 확장되어 등장한다. 처음으로 선택되었던 왕 사울이 버림받고, 왕권은 사울의 자손이 아니라 사실상 사울이 입양한 아들인 다윗에게로 넘어간다(「사무엘상」 18장 2절). 이후 문학에서도 같은 주제가 훨씬 더 오래전 이야기의 이야기 속에 다시 등장한다. 예를 들어 『실낙원』 제5권을 보면, 장자인 루시퍼(사탄)가 동생인 그리스도를 하나님이 자신보다 더 예뻐한다는 이유로 질투하는 전형적인 모습이 나타난다.

342 Frye, N. (1982).

343 하나님의 형상은 15세기 이탈리아의 익명의 작품, 〈성 조지와 용〉에서 따왔다. (Didi-Huberman, G., Garbetta, R., & Morgaine, M. (1994), p. 65)

344 Smith, H. (1991), pp. 289-290.

345 Smith, H. (1991), p. 282.

346 현대 사회에서 폭군이 될 뻔했던 이들이 스스로 이 사실을 깨닫기 시작했다는 몇몇 증거가 있다. 지난 30년 동안 대대적으로 일어난 '민주주의로의 전환' 사례 중 다수는 군사 독재자들이 스스로 자기 '권력'의 정당성을

믿을 수 없게 되면서 자발적으로 권력을 이양하는 방식으로 진행되었다. (Fukuyama, F. (1993)을 참조할 것.)

347 '임신한 아버지'는 마이어의 『Scrutinium chymicum』(1687)에 실린 〈Tabula smaragdina〉에서 따왔다.(Jung, C.G. (1968b), 그림 210)

제3장

---

348 Jung, C.G. (1968b), p. 86.

349 Morley, J. (1923), p. 127.

350 Nietzsche, F. (1966), pp. 100-102.

351 Field, T.M., Schanberg, S.M., Scafidi, F., Bauer, C.R., Vega-Lahr, N., Garcia, R., Nystorm, J., & Kuhn, C.M. (1986).

352 Polan, H.J. & Ward, M.J. (1994); Berkowitz, C.D. & Senter, S.A. (1987); 각주 309도 참조할 것.

353 Hyde, J.S. (1984); Saner, H. & Ellickson, P. (1996).

354 Eliade, M. (1965) 참조할 것.

355 이것은 융이 말한 아니무스와 유사한 것이다. Jung, C.G. (1968a) 참조할 것.

356 Eliade, M. (1965).

357 Neumann, E. (1955), p. 61.

358 같은 책, 특히 제15장을 참조할 것.

359 Eliade, M. (1965), pp. xii-xiv.

360 예를 들어 고대 이집트 왕조의 문화는 제5왕조(기원전 2500~2300년) 이래 로 1500년이라는 기나긴 세월 동안 사실상 변함없이 존속되었다.(Eliade, M. (1978b), p. 86)

361 이것은 도스토옙스키의 『죄와 벌』(1993)의 신화적 주제이다. 이 소설에서 '혁명적' 사회주의자로 등장하는 주인공 라스콜니코프는 (니체의 초인처럼) 자신을 신보다 더 위에 두고, 신화를 초월한 이성을 의지하여 정교하고 사 려 깊게 정당화한 범죄(살인)를 저지르기로 결심한다. 범죄는 성공을 거두지

만 라스콜니코프는 죄의 무게를 견디지 못하고 충동적으로(객관적 필요성이 없는 상황에서) 자기 죄를 자백한다. 그리고 그 결과로 그는 개인을 보호하는 공동체 내에서의 정체성을 되찾는다.

평소 러시아 문학을 흠모하는 영화감독 우디 앨런의 영화 〈범죄와 비행〉도 같은 주제를 다룬다. 이 영화의 주인공은 신망 있는 의사로, 그는 자신의 정부(情婦)가 자기 가정의 (거짓된) 안정을 뒤흔들까 봐 두려워 정부를 살해한다. 하지만 라스콜니코프와 달리 이 선량한 의사는 장기간에 걸친 심리적 트라우마에 시달리지 않았고, 그해 안에 모든 것이 '정상으로 되돌아간다.' 이 영화는 겉보기에는 잔잔하지만 도스토옙스키의 책보다 훨씬 더 무시무시한 현실을 담고 있다. 『죄와 벌』에서는 교만한 이성과 반대되는 개인의 내재적 가치에 대한 존중에 토대를 둔 도덕적 질서가 지배한다. 반면 우디 앨런의 영화에서는 합리적인 무의미성이 도회적 인사치레와 가식에 가려진 채 삶을 온전히 지배한다.

362 Tablet 6: 152-153; Heidel, A. (1965), p. 53. 주석 247 참조할 것.

제4장

---

363 Wittgenstein, L. (1958), p. 50.

364 Kuhn, T.S. (1970), p. viii.

365 Hofstadter, D.R. (1979), p. 89에서 인용.

366 Polyani, M. (1958).

367 Kuhn, T.S. (1970), p. 44.

368 Nietzche, F. (1968a), p. 213, 16절.

369 Frye, N. (1990), pp. 42-44.

370 같은 책, pp. 103-104.

371 이 같은 사례에 대한 극적 묘사는 Peake, M. (1995)을 참조할 것.

372 Bruner, J.S. & Postman, L. (1949).

373 Kuhn, T.S. (1970), pp. 62-64.

374 더 자세한 설명은 Jung, C.G. (1967a); Neumann, E. (1954)을 참조할 것. 융은 다음과 같이 썼다. "영웅 신화에서 전 세계적으로 흔히 나타나는 하강의 목적은 위험지대(심연, 동굴, 숲, 섬, 성 등)에서만 '얻기 어려운 보물(보석, 처녀, 생명의 묘약, 죽음의 극복)'을 찾을 수 있다는 것이다."(Jung, C.G. (1968b), p. 335)

375 니체의 글이다. "역사에 기록되지 않은 것은 홀로 생명을 창조할 수 있고 그것이 없으면 생명 그 자체가 사라지는, 인간을 둘러싼 대기와도 같다. 인간이 인간답게 되려면 먼저 사고하고 비교하고 구별하고 결론지음에 있어 이 비역사적 요소를 억압하고, 현재의 쓸모를 위해 과거를 활용하는 능력으로 밝고 돌연한 빛이 이 흐릿한 구름 사이를 뚫고 나가게 해야 한다. 하지만 역사가 지나치면 개인은 또다시 시들고 만다."(Nietzsche, F. (1957))

376 Frye, N. (1990), p. 256.

377 Neumann, E. (1954, 1955).

378 Tablet 7:112, 7:115; Heidel, A. (Trans.) (1965), p. 58(주석 254를 참조할 것).

379 Nietzsche, F. (1968a), p. 301.

380 Nietzsche, F. (1995).

381 Hawking, S. (1988)에 인용된 이야기이다.

382 Hofstadter, D.R. (1979), pp. 397-398.

383 Bruner, J. (1986), pp. 27-28.

384 Jung, C.G. (1968b), p. 86.

385 Eliade, M. (1975), p. 155.

386 Kuhn, T.S. (1970), pp. 84-85.

387 같은 책, p. 113.

388 Kuhn, T.S. (1957), p. 138에 인용.

389 Einstein, A. (1959), p. 45.

390 Kronig, R. (1960), pp. 22, 25-26.

391 Kuhn, T.S. (1970), pp. 82-84.

392 그러면 칼 포퍼가 지적한 것처럼, "우리가 품었던 가정이 우리 대신 죽을 수 있다."

393 Tolstoy, L. (1887(1983)), p. 13.

394 같은 책, p. 54.

395 같은 책, pp. 26-29.

396 이와 연관된 니체의 또 다른 글이다.

> 고대 그리스 시를 살펴보면 시인 자신이 언어와 개념으로 포착한 지혜보다 무대 구성과 시각적 심상을 통해 드러나는 지혜가 더 심오하다. 이는 셰익스피어의 작품도 마찬가지여서, 햄릿의 말은 그의 행위보다 훨씬 피상적이며, 앞서 언급한 햄릿의 교훈은 그의 말이 아니라 작품 전체를 깊이 숙고하고 살펴봐야만 얻을 수 있다.(Nietzsche, F. (1967a), p. 105)

397 Nietzsche, F. (1967a), p. 60.

398 Dostoevski, F. (1961), p. 21

399 니체의 경구이다. "범죄자의 변호인 가운데, 범죄자에게 유리하도록 범행의 아름다운 참혹함을 표현해 내는 기교를 갖춘 사람은 거의 없다."(Nietzsche, R. (1968a), p. 275)

400 Kaufmann, W. (1975), pp. 130-131에 인용.

401 Eliade, M. (1965, 1975) 참조할 것.

402 Ambady, N., & Rosenthal, R. (1992) 참조할 것.

403 오이디푸스가 무심결에 자기 어머니와 잠자리를 함께 하고 스스로를 눈멀게 한 것과 같다.

404 Nietzsche, F. (1968a), p. 320.

405 Nietzsche, F. (1967a), p. 75.

406 Binswanger, L. (1963), p. 157.

407 Tolstoy, L (1983), pp. 57-58.

408 Frye, N. (1990), p. xvi.

409 Nietzsche, F. (1968a), pp. 260-261.

410 주석 26 참조할 것.

411 Eliade, M. (1972), p. 4.

412 Ellenberger, H.F. (1970), pp. 447-448.

413 Jung, C.G. (1971), p. 477.

414 Eliade, M. (1964)

415 Eliade, M. (1965), p. 89.

416 이 나무의 상징과 의미는 제4장에서 자세히 밝힌다.

417 Eliade, M. (1965), p. 89.

418 이런 사상을 이해하기 위한 여정을 막 시작할 즈음에, 서문에 밝혔듯이 예수가 "이글거리는 눈과 악마 같은 표정을 지은 채로 십자가에 못 박혀 있고, 그런 예수의 벌거벗은 허리께를 독사가 허리띠처럼 휘감고 있는" 섬뜩한 그림을 그렸다. 당시 세계는 미쳐 돌아가는 것 같았고, 나는 그런 세계 속에서 정체성 문제로 씨름하고 있었다. 당시 탐험 영웅의 심상은 혼돈의 용에 물든 모습으로 내게 나타났다. "모세가 광야에서 뱀을 든 것 같이 인자도 들려야 한다."(「요한복음」 3장 14절) 이처럼 내 안에서 용에 물든 영웅의 심상이 나타난 것은 곧 영웅과 영웅의 '세계'를 온전히 이해하게 되면 당시 나의 인격 구조가 위험해진다는 사실을 암시하는 것일 수도 있다(실제로 당시의 내 인격은 그 이후 오랜 기간에 걸쳐 해체되고 재건되었다). 하지만 혁명적 영웅을 혼돈의 용과 동일시하면, 사회에 필요한 영웅의 행위가 영웅이 도우려는 사람들 사이에서 증오와 두려움을 불러일으킨다.

419 〈십자가에 걸린 모세의 청동 뱀〉, 『Uraltes chymisches Werk』(1960)에 수록된 〈serpens mercurialis〉, 아브라함 엘르아살(1760).

420 오리게네스, Hodson, G. (1963), p. xii에서 재인용.

421 Eliade, M. (1975), p. 60.

422 Campbell, J. (1973), p. 25.

423 Neumann, E. (1968), p. 395.

424 『도덕경』 25절, Waley, A. (1934), p. 34에서 재인용.

425 Neumann, E. (1954)의 'Part I. A. III: The separation of the world parents'을 참조할 것.

426 Tiuitchev, F. I. 「Sviataia noch na nebosklon vzoshla」, Vladimir Nabokov의 번역, Joravsky, D. (1989), p. 173으로부터 재인용. 이 시에 관심을 갖게 된 것은 캐롤린 버틀러 덕분이었다.

427 프라이의 글이다.

의식 아래에 있는 세계로 하강할 때는 잠에 빠져들 때처럼 의식적 기억의 연속성이 끊기거나 혹은 현재까지의 존재 조건이 사라지는 과정이 수반된다. 아래쪽 세계에서는 종종 시간이 크게 확장되어 거기서 보낸 잠깐의 순간이 위쪽 세계에서는 수년에 해당할 수 있다. (Frye, N. (1990), p. 266)

428 Frye, N. (1982), p. 108.

429 Neumann, E. (1968), p. 395에 재인용.

430 Wheeler, J. (1980), p. 341.

431 니체는 이와 관련된 가설을 세웠다.

> 욕망과 열정의 세계 외에 현실로 '주어진 '것이 아무것도 없다고 가정한다면, 그리고 자신의 충동이라는 현실 외에는 위에서도 아래에서도 다른 어떤 '현실'에 도달하지 못한다고 가정한다면, (왜냐하면 사고라는 것은 단지 이 충동들 간의 상호관계에 불과하므로) 시험 삼아 이렇게 질문해 볼 수 있지 않을까? 이 '주어진' 현실이 소위 말하는 기계론적 (물질적) 세계를 이해하기에 '충분한' 것은 아닌가? 내가 말한 '주어진' 현실은 하나의 기만이거나 '외관에 불과한 것'이거나 혹은 (버클리와 쇼펜하우어가 말하는) '관념'이 아니라 우리 정서와 똑같은 현실성을 지니고 있으며 만물이 유기적 과정을 통해 갈라지고 발달하기 이전의 강력한(당연히 때로는 유연해지고 약해지기도 한다) 통일체 속에 담겨 있는 정서적 세계의 더 원초적인 형태를, 모든 유기적 기능이 여전히 자기 조절, 동화, 영양, 배설, 신진대사와 다 같이 얽혀 있는 일종의 본능적 삶, 삶의 '초기 형태'를 말한다. (Nietzsche, F. (1966), pp. 47-78)

432 Eliade, M. (1982), p. 75.

433 오늘날의 그림을 보려면 Tchelitchew, P. (1992), p. 49를 참조할 것.

434 나무와 뱀에 관한 논의는 Jung,C.G. (1988), pp. 1431-1450; Jung, C.G. (1967b), pp. 251-350를 참조할 것.

435 Radha, Swami S. (1978), pp. 16-20.

436 Frye, N. (1990), pp. 284-285.

437 〈위드그라실, 에다의 세계수〉. Magnusson, F. (18세기)의 『구(舊) 에다』에 수록된 그림이다(Neumann, E. (1955)의 그림 55).

438 Eliade, M. (1975), p. 64.

439 Bellows, H.A. (1969), p. 60로부터 재인용.

440 Neumann, E. (1954), pp. 30-31.

441 Jung, C.G. (1976b), p. 117.

442 Jung, C.G. (1967b), pp. 240, 315; Jung, C.G. (1968b), p. 317.

443 의식을 조절하는 망상 활성계의 역할은 처음 Morruzzi, G. & Magoun, H. W.

(1949)에서 밝혀졌다. 그 세부 메커니즘에 관해서는 여전히 논의 중이다.

444 Goethe, J. W. (1968a), p. 99.

445 Voltaire (1933), p. 450.

446 나르키소스의 신화에 관한 프라이의 상세한 설명이다.

> 미소년은 호수에 비친 자기 모습을 보고 마비되어 사랑하는 능력을 상실한다. 신화학자들은 아주 일찍부터 나르키소스를 타락한 아담의 일면으로 보았다. 왜냐하면 나르키소스처럼 아담도 자기 자신을 지하 세계에 있는 자신을 패러디한 상과 동일시했기 때문이다. 그리스도를 두 번째 아담으로 여겼던 바울의 사상에 의해 그리스도는 나르키소스적 아담의 상반된 이면이자, 라캉이 거울 단계라고 부르고 엘리엇이 '거울의 황야'라고 부른 것으로부터 첫 번째 아담을 구해 내는 존재로 그려진다. (Frye, N. (1990), p. 271)

447 니체의 진술을 살펴 보자.

> '천사'(더 추한 말로 표현하지 않기 위해서 고른 단어이다.)가 되는 과정에서 인간은 욕지기나는 위와 설태가 낀 혀를 발달시켰고, 그 결과 인간은 자신의 동물적인 즐거움과 순진함뿐만 아니라 삶 자체를 역겨워하게 되었다. 그래서 남자는 때때로 자기 존재의 악취에 코를 쥐고 교황 이노센트 3세와 함께 탐탁지 않은 눈으로 자신의 혐오스러운 면을 목록으로 만든다. ("불결한 생식, 어머니의 자궁에서의 역겨운 양육 방식, 그의 성장을 촉진시킨 물질의 조잡함, 끔찍한 악취, 타액, 소변, 오물.")(Nietzsche, F. (1967b), p. 67)

448 인간 두뇌의 신피질은 진화적 관점에서 전례 없는 비율로 성장했다. 신피질이 확대되면서 동시에 인간의 의식은 자기에 대한 지식을 얻는 수준으로까지 확장되었다. 이렇듯 의식의 확장을 불러온 머리 크기의 증가가 제한받게 된 요인 중 하나는 바로 출산할 때 아기가 통과해야 할 여성 골반대의 지름이었다. 인간의 출산이 흔히 트라우마적 성격을 나타내는 까닭은 일정 부분 신생아 두개골의 지름과 어머니의 골반 구조 사이에 일어난 갈등 때문이었다.

제5장

449 Elide, M. (1978b), pp. 62-63.

450 이 책의 제3장을 참조할 것.

451 Nietzsche, F. (1966), p. 228.

452 Jung, C.G. (1968b)의 그림 36.

453 Milton, J., (1961), 1:40-43, p. 38.

454 Frye, N. (1990), pp. 272-273.

455 주석 341을 참조할 것.

456 Pagels, E. (1995).

457 Eliade, M. (1978b), p. 302.

458 이들은 「에누마 엘리시」에 나오는 '늙은 신들'과 유사한 존재로 간주할 수 있다.

459 Eliade, M. (1978b), p. 310.

460 Milton, J. (1961), 3:96-99, p. 95.

461 Goethe, J.W. (1979a), p. 75.

462 Goethe, J.W. (1979b), p. 270.

463 이 책의 제4장을 참조할 것.

464 Tolstoy, L. (1983), pp. 49-52.

465 Shakespeare, W. (1952b), 3:5: 78-83, p. 104.

466 Milton, J. (1961), 4:40, p. 116.

467 상세한 설명을 보려면 Russell, J.B. (1986), p. 103 참조할 것.

468 Milton, J. (1961), 1:159-165, p. 41.

469 Nietzsche, F. (1967b), p. 333.

470 Nietzsche, F. (1981), p. 125.

471 Kaufmann, W. (1975), pp. 122-123에서 재인용.

472 Edwardes, A. & Masters, R.E.L. (1963), p. 124.

473 Durin, R. (1994).

474 Wilhelm, R. (1971), p. lv.

475 Solzhenitsyn, A.I. (1975), p. 390.

476 Joyce, J. (1992)

477 Solzhenitsyn, A.I. (1975), pp. 4-7.

478 Solzhenitsyn, A.I. (1974), pp. 5-7.

479 Frankl, V. (1971), pp. 20-21.

480 Solzhenitsyn, A.I. (1975), pp. 602-603.

481 25만 명에 이르는 강제수용소 수감자의 목숨을 앗아간 것으로 추정되는 볼가-모스크바 운하 건설은, 건설이 끝난 후에도 수로가 너무 얕아서 계획한 목적으로 사용할 수 없었다. 수로의 대부분은 추운 겨울에 가장 원시적인 도구를 사용하여 수감자들이 손수 팠다.(Solzhenitsyn, A.I. (1975), pp. 80-102 참조할 것.)

482 Frankl, V. (1971), p. 50.

483 Solzhenitsyn, A.I. (1975), p. 201.

484 Blake, W. Keynes, G. (1966), p. 213에서 재인용.

485 '젝(Zek)'은 수용소에 함께 수용된 사람을 부르는 러시아 속어이다(한국어로는 죄수로 번역했다. -옮긴이).

486 Solzhenitsyn, A.I. (1975), pp. 195-197.

487 예시를 확인하려면 Browning, C.R. (1993)을 참조할 것.

488 Solzhenitsyn, A.I. (1975), pp. 147-149.

489 Milton, J.(1961), 2: 380-385, p71.

490 Solzhenitsyn, A.I. (1975), p. 603.

491 같은 책, pp. 619-620.

492 Lao Tzu (1984d).

493 Solzhenitsyn, A.I. (1975), pp. 338, 341-342.

494 같은 책, p. 626.

495 Frankl, V. (1971), pp. 117-120.

496 같은 책, p. 7.

497 같은 책, p. 4.

498 Solzhenitsyn, A.I. (1975), p. 622.

499 Milton, J. (1961), 1:249-253, p. 44.

500 Milton, J. (1961), 4:109-123, p. 118.

501 Shakespeare, W. (1952c), 『Titus Andronicus』. 5:3:184-190, p. 198.

502 Milton, J. (1961), 9:119-130, p. 37.

503 Shakespeare, W. (1952b), 『Richard Ⅲ』, 5:3:200-203, p. 145.

504 Solzhenitsyn, A.I. (1975), pp. 326-328.

505 같은 책, p. 347.

506 Milton, J. (1961), 1:54-74, p. 38.

507 같은 책, 1:44-48, p. 38.

508 Nietzsche, F. (1966), p. 86.

509 「도마복음」, Robinson, J.R. (1988), pp. 133-134에서 재인용.

510 Milton, J. (1961), 4:75-78, p. 117.

511 같은 책, 4:79-105, p. 117.

512 Frye, N. (1982), p. 130.

513 Solzhenitsyn, A.I. (1975), pp. 610-612.

514 Frankle, V. (1971), p. 104.

515 Solzhenitsyn, A.I. (1975), pp. 624-626.

516 같은 책, p.615

517 "불은 자연을 온전히 새롭게 한다." 본래 그리스도의 십자가 꼭대기에 쓰였던 I.N.R.I.(Iesus Nasaremus Rex Iudaeorum, 유대인의 왕, 나사렛 예수)의 의미를 영지주의적으로 재해석한 것이다. 부연 설명이 필요하다면 Dee, J. (1993) 참조할 것.

518 Jaeger, W. (1968), p. 35.

519 Niebuhr, R. (1964), pp. 6-7.

520 같은 책, pp. 13-14.

521 Piaget, J. (1932), pp. 16-18.

522 주석 449를 참조할 것.

523 프라이는 이야기의 의미를 밝히는 비평의 역할에 대해서 다음과 같이 썼다.

시적 상상은 그 자체의 세계를 구축한다. 그 세계는 하나의 지도로서가 아니라 강력하게 충돌하는 힘들의 세계로서 연구해야 한다. 이 상상의 세계는 자연과학이 연구하는 객관적 환경도 아니고 심리학이 연구하는 주관적인 심리적 공간도 아니다. 그 세계는 고상한 심상과 저급한 심상, 아름다움의 범주와 추악함의 범주, 사랑의 감정과 증오의 감정, 감각 경험의 연상들이 존재하는 중간 세계로,

비유가 아니고서는 표현할 수 없지만 무언가 다른 것을 투사한 세계라고 치부할 수만은 없는 세계이다. 일상적 의식은 주체와 대상을 이것 아니면 저것이라는 식의 반대 개념으로만 바라보기 때문에, 나열된 단어들이 주관적이지도 않고 객관적이지도 않지만 그 둘 사이를 관통한다는 생각을 이해하기가 어렵다. 그러나 그 존재는 인생의 여러 요소에 다양한 모습을 부여하는데, 그중에는 비유에 의존하지만 그렇다고 해서 결코 '실제'가 아니라거나 '진실'이 아니라고 말할 수 없는 종교도 포함된다.

물론 '비유'는 '진리'나 '현실'이라는 개념만큼이나 위험할 수 있다. 비유 중에는 깨달음을 주거나 우리에게 꼭 필요한 것도 있지만 오해를 부르기만 하거나 사회에 위협이 되는 것도 존재한다. 월리스 스티븐스는 '비유를 죽이는 비유'에 대해 말했다. 하지만 좋든 싫든 비유는 사회적 경험과 개인적 경험의 중심을 차지한다. 이것은 주체와 객체를 일반적으로 구분하기 훨씬 전에 수립된 원시적 의식의 형태이지만, 우리가 그것을 초월하려고 시도할 때마다 우리가 현실적으로 할 수 있는 일은 그것을 재생하는 것뿐이라는 사실을 깨닫게 된다.

여기서 근래에 나온 비평적 분석을 살펴볼 만하다. 이탈로 칼비노의 사후에 공개된 그의 노턴에 관한 강의록에는 역설적이지만 신선한 견해가 등장한다. "문학은 우리가 성취할 수 있다는 희망을 품을 수 없을 정도로 높은 목표를 세울 때만 살아남을 수 있다." 엄밀히 말해서 목표를 세우는 것은 저자가 아니라 문학을 빚는 문학 정신 그 자체, 글을 쓰는 능력의 원천이다. 하지만 이 같은 원칙은 일반적으로 비평에도 적용할 수 있다. 따라서 비평가는 "비평은 문학을 이해할 수 있고, 이해해야 한다."와 같이 높은 원칙을 세우고 그 이하에 만족하지 않아야 한다. (Frye, N. (1990), pp. xxii–xxiii)

524 영아 살해라는 수단을 동원해서 나날이 인구가 늘어나던 유대 민족의 '위협'을 제어하려 했던 이집트 파라오의 시도는 몇 세기 후에 왕권에 위협이 된다는 이유로 베들레헴과 인근 지역의 두 살 아래 유대인 영아를 모두 죽였던 헤롯의 이야기와 유사하다.(「마태복음」 2장 1~16절 참조)

525 프라이는 이어서 다음과 같이 썼다.

그러나 가나안은 이스라엘 백성에게 원래 약속했던 젖과 꿀이 흐르는 낙원의 심상에 비교하면 규모도 작고 실망스러운 곳이었다. 어쩌면 약속의 땅을 본 사람은 모세뿐이었는지도 모른다. 모세가 생의 마지막 순간에 올랐던 가나안 땅

밖에 있는 산이 약속의 땅을 볼 수 있는 유일한 장소였는지도 모른다. (Frye, N. (1990), p. 299)

526 Frye, N. (1990), p. 299.

527 이스라엘 백성들은 광야를 떠도는 동안 만나를 먹었다. 이 '영혼의 양식'(세속적 환경에서는 밀로 만들어지며, 영원히 죽고 부활하는 곡식의 신의 몸을 비유한다)은 이후 자기 몸을 내놓은 그리스도와 동일시되었다. 그리스도의 몸을 먹는 성찬 의례는 (절차 차원에서) 의례 참석자들이 영웅적 믿음과 용기를 자신의 것으로 받아들이도록 돕는다. 이와 관련하여 프라이는 다음과 같이 썼다.

그리스도는 끊임없이 기적적인 음식을 공급하는 존재로 그려졌다. 매우 적은 양의 음식(빵과 더불어 깊은 곳(무의식적, 모성적 근원)에서 건져 올린 내용물인 물고기)으로 수많은 사람을 먹인 기적은 사복음서 모두에 한 번 이상 기록되어 있으며, 광야에서 주어진 만나는 예수가 일으킨 기적의 명확한 예표이다(「요한복음」 6장 49~51절). 그리스도의 살을 먹고 그의 피를 마시는 심상은 성찬 의례가 도입되기 이전에도 복음서에서 찾아볼 수 있다. 그리스도의 몸은 육체와 영혼 모두를 위한 음식과 음료의 무한한 원천이다(〈주기도문〉의 '일용할 양식'은 또한 '초물질적' 양식으로 간주될 수 있다). 엘리엇의 시 「노인」에 따르면 그리스도의 몸은 '먹고, 나누고, 마실'뿐 아니라, 육체에 숨겨져 있는 그의 백성의 삶을 지속시키는 원천이다. 바울에 따르면 『구약』 시대에도 이스라엘 백성들은 광야에서 모두 똑같은 신령한 음식을 먹고 신령한 물을 마셨으며, 그 물은 신령한 바위에서 나왔고, 그 바위는 그리스도라고 말한다(「고린도전서」 10장 3~4절). (Frye, N. (1990), p. 257)

528 신화적 이야기가 명시적 규칙의 원천이라는 사실이 여기에 명확히 드러난다.

529 프라이의 글이다.

이전에 나는 『파우스트』에 나오는 한 구절을 언급했었다. 파우스트는 "태초에 말씀이 있었다."는 구절을 "태초에 행위가 있었다."로 일부러 바꾸었다. 거기서 나는 파우스트가 당시에 확립된 기독교 관습을 그대로 따른 것뿐이라는 말을 덧붙여야 했다. 태초에 신은 무언가를 했고, 말은 그가 한 일을 우리에게 이야기해주는 서술적 장치일 뿐이다. 이는 후기구조주의 비평가들이 '선험적 기의(記意)'라고 부르는 것, 즉 진실한 실체는 언어가 가리키는 언어 밖에 있는 것이라는 견

해를 서구 종교에 도입했다. (Frye, N. (1990), p. 34)

530 프라이의 글이다.

창조적 언어 능력이 일상적 의식을 보완하는 게 사실이라면, 우리는 작가의 사회적 맥락에 조금 더 가까이 나아간 것이다. 창조적 정신은 의식이 쉽사리 숙달할 수 있는 임의적인 관습적 행위에 당황한다. 흔히 작가들 중에는 너무 순수한 나머지 글 쓰는 것 외에 아무것도 할 줄 모르는 사람들이 있다. 그러나 작가는 그 대신 사회 현상에 대한 통찰력을 지니고 단지 현재 상태를 꿰뚫어 볼 뿐 아니라 현재 나타난 사회적 경향의 결과인 조건부 미래를 예상하는 비상한 능력을 지니게 된다. 그 결과 작가들은 대다수 사회 구성원이 알지 못하는 특별한 지식을 얻는다. 문학 속에 나타나는 이 같은 '예언적' 요소는 흔히 매우 모호하기는 하지만 그럼에도 살펴볼 만한 가치가 있다. 어쨌든 우리가 지금까지 더듬어 온 것들 중에서는 '예언자적'이라는 단어야말로 시인의 권위와 함께 이 책의 핵심 주제 중 하나인 세속 문학과 종교 문학 사이의 연관성을 잘 드러낸다.

아모스로부터 시작되는『구약』의 예언서 저자들을 살펴보면, 원시적 면모와 예언자적 면모 사이의 연관성이 즉시 드러난다. 아모스는 의례적 관습과 타협하기를 거부했고 북이스라엘에서 어리석은 자와 광인이라는 사회적 평판을 얻었지만 자신이 흔히 무아지경을 동반한 특이한 정신 상태에서 말한 내용의 핵심을 뽑아내는 능력이 있었다. 이런 예언자들은 또한 어리석은 정책이 불러올 불가피한 결과, 즉 미래를 예언했다. 예를 들어 예레미야는 바빌론에 대한 유다의 정책이 예루살렘의 멸망을 불러올 것이라고 유다의 왕에게 예언했다. 그 원리는 바로 정직한 사회 비판은 정직한 과학과 마찬가지로 사회 안에서 예측 가능성의 범위를 확장한다는 것이다.

근대 작가들 중에서 우리가 직관적으로 예언자적이라고 부르는 블레이크, 도스토옙스키, 랭보 등도 이와 유사한 특성을 보여 준다. 이런 작가들은 그리스나 히브리의 예언자들처럼 독자를 깊은 사색으로 이끌고, 충격에 빠트리고 동요시키며, 모순과 모호함이 가득함에도 기묘하게 잊히지 않는 권위를 갖는다. 엘리자베스 시대와 같이 이른 시기에도 종교적 영감과 세속적 영감 사이의 구별이 흔히 생각하는 것처럼 엄격하지 않다고 암시하는 비평가들이 존재했다. 조지 퍼티넘은 1580년대에 쓴 글에서 시인이라는 단어의 어원이 '창조자(maker)'라는 사실을 지적하면서, 이 사실이 그에게는 시인의 창조력과 세계를 창조한 신의 창조력의 유사성을 암시한다고 썼다. 그는 오비디우스의 「달력(Fasti)」에 나오는 구절 '신이 우리 가운데 있다.'에서 신이 일신교의 하나님(God)을 의미할 수도 있고 혹은 신적인 존재(a god)를 의미할 수도 있다고 썼다. 16세기에는 뮤즈나 사랑의 신 혹은 관습적으로 인정을 받지만 교리로 심각하게 받아들여지지 않는 것에 안주하는 편이 더 안전했겠지만, 그 비유는 콜리지의 시대에 이르기까지 잠재적인 상태일지언정 존재했다. 또한 예술도 여러 세대 이후에 명백히 드러나는 사회적 추세를 상징적으로 나타낸다는 점에서 역시 예언자적이라고 볼 수 있다.

예언자적이라는 용어는 우리가 흔히 문학의 영역 밖에 있다고 간주하는 몇몇 작가들(루터, 콩도르세, 마르크스)에게도 적용될 수 있다. 문학계 내외부에서 이처럼 논란을 일으키는 예언자적 작가들은 그 예언자적인 면모가 면밀히 검토되는 과정에서 많이 사라진다 해도 결코 없어지지 않을 것이다. 문학계 내에 있거나 혹은 (루소, 키르케고르, 니체처럼) 문학성을 무시할 수 없는 예언자적 작가들의 공통점은 다름 아닌 심리학적으로 원시적인 정신과 연결된 것인 듯하다. (Frye, N, (1990), pp. 52-24)

531 예언이라는 주제를 온전히 다룬 작품을 보려면 Jung, C.G. (1978a)를 참조하라. 또 '금발의 야수'에 관한 융의 예지적 논평(1918)을 참조하라.(Jung, C.G. (1978a), pp. 3-28)

532 플레로마

533 Nietzsche, F. (1981), p. 97.

534 Dostoevsky, F. (1981), pp. 299-301.

535 같은 책, p. 309.

536 같은 책, p. 313.

537 같은 책, p. 316.

538 James, W. (1880, 10월) p. 100.

539 Frye, N. (1982), pp. 132-133.

540 Frye, N. (1990), p. 104.

541 Frye, N. (1982), p. 56.

542 프라이는 또한 다음과 같이 썼다.

우리는 앞서 전통적 부족 영웅의 이야기를 다룬 「사사기」의 구조를 언급하면서,

이스라엘의 배교와 회복을 중심으로 한 신화 체계가 반복해서 나타난다는 것을 언급했다. 「사사기」의 서사 구조는 대략 U 자 형태로 표현할 수 있는데, 배교에 뒤이어 재앙과 속박으로의 하강이 나타나고, 그 후 이스라엘이 회개하면 구원을 받아 대략 추락하기 이전의 상태로 상승하는 구조로 이루어진다. 이 같은 U 자 패턴이 문학에서는 일반적 희극의 형태로 반복되어 나타나는데, 희극은 대개 일련의 불운과 오해로 인해 어떤 행위가 최악의 상황을 불러오고, 이야기가 전개되면서 몇 가지 예상 밖의 행운으로 전환을 맞아 행복한 결말로 끝이 난다. 일종의 '신성한 희극'으로 볼 수 있는 성경 전체는 이 같은 U 자 형태의 이야기를 담고 있다. 이 이야기 속에서 인간은 앞서 설명 한대로 「창세기」의 시작 부분에서 생명의 나무와 물을 상실하고 「요한계시록」의 끝에서 그것들을 되찾는다. 그 사이에 이스라엘의 이야기는 이집트, 블레셋, 시리아, 로마와 같은 이교도 왕국의 지배 아래로 추락했다가 짧은 독립의 순간으로 회복하는 일련의 과정이 반복된다. 이 같은 U 자형 서사 구조는 역사의 영역 밖에서도, 재앙을 겪고 회복된 욥의 이야기와 예수의 탕자의 비유에 등장한다. 그중에서 이 마지막 탕자의 비유는 주인공이 자신의 자발적 결정의 결과로 구원을 얻는 유일한 이야기이다(「누가복음」 15장 18절).

성경적 역사에 등장하는 추락과 상승을 모두 요약하면 혼란스러울 것이다. 창조가 6일간 이루어졌다는 사실에 비추어, 일곱 번째 사례를 세상의 끝으로 정하고 여섯 사례만 꼽아 보자. 첫 번째 추락은 당연히 아담이 에덴으로부터 추방당하여 광야로 쫓겨나고, 그 광야에서 카인과 그 후예가 이교도 도시를 세운 사건이다. 그 후 이야기는 노아로 넘어가서 재앙의 심상에 바다가 더해지고, 첫 상승은 메소포타미아의 우르라는 도시에서 부름을 받아 서쪽의 약속의 땅으로 나아가는 아브라함의 이야기에서 등장한다. 이후 족장들의 시대가 시작되고 「창세기」의 마지막 부분에서 이스라엘이 이집트에 가는 이야기로 끝을 맺는다. 또 다시 상황이 바뀌어 이스라엘은 이집트의 압제와 위협 속에 노예로 전락하고, 이후 모세와 여호수아 아래서 다시 약속의 땅에 도착한다. 약속의 땅은 비교적 작은 영토에 주로 농사를 짓는 땅이다. 그러고 나서 「사사기」의 침략이 이어지는데, 그중 가장 강력한 침략자는 블레셋이었다. 이들은 아마도 그리스어를 쓰는 크레타 출신의 민족으로 추정되며(「아모스」 9장 7절에 나오는 '크레타' 섬이 맞다면), 이들 민족의 이름에서 팔레스타인이라는 이름이 나왔다. 그들은 사울과 그의 아들 요나단의 패배와 죽음 후에 이스라엘을 장악한다. 세 번째 상승은 다윗으로부터 시작되어 솔로몬까지 이어지는데, 이때는 도시와 건축물과 관련된 도회적 모습이 주로 나타난다. 하지만 솔로몬 이후 왕국의 분열과 함께 또 다른 재앙이 시작된다. 북이스라엘은 기원전 722년 아시리아에 멸망하고, 남쪽 유다 왕국은 결국 아시리아가 멸망하기까지 유예를 받지만(「나훔」 2장 3절 이후), 기원전 586년 느부갓네살이 예루살렘을 함락하면서 바빌론 포로 생활이 시작된다. 이스라엘, 이제는 유대인으로 불리는 민족에게 행운이었던 네 번째 상승은 페르시아의 고레스 왕이 바빌론의 유대인 포로들이 고향으로 돌아가 성전을 재건할 수 있도록 허락하고 장려하면서 시작되었다. 『구약』에는 두 번의 귀환이 두드러지게 나타나지만 아마 그보다 더 여러 번 귀환이 이루어졌을 것이다. 하지만 상징적으로 첫 번째 귀환만을 살펴봐도 좋다. 이스라엘이 회복되리라는 실낱같은 희망이 첫 번째 귀환의 선봉장이었던 다윗 자손 스룹바벨을 중심으로 일어났다. 지배자가 여럿 바뀐 후에 다음의 극적인 하강은 셀레우코스 왕국의 안티오코스 에피파네스가 그리스 문화를 받아들이지 않는 유대인을 흉포하게 박해한 결과 일어났고 이는 마카비 항쟁을 일으켜 결국 사제 집안의 다섯 형제가 마침내 유대의 독립을 쟁취하고 왕조를 수립한다. 이 왕조는 기원적 63년 폼페이우스가 이끄는 로마 군대에 의해 멸망하고 로마의 지배가 『신약』 시대를 관통하며 지속된다. 이 시점에서 유대교와 기독교의 여섯 번째 구원에 대한 견해가 갈린다. 기독교의 입장에서는 예수가 이스라엘의 이상적 왕국이 영적인 왕국임을 계시하면서 전 인류를 최종적으로 구원했다. 유대인에게는 기원후 135년 하드리안의 칙령으로 다시 고향에서 추방당한 유대인들의 망명 생활이 시작되었고, 그 망명 생활은 여러 측면에서 지금까지 지속되고 있다.

이것이 역사적 사건에 간접적인 영향을 받은 일련의 신화이며, 이 신화에서 먼저 우리는 모든 고점들과 모든 저점들이 비유적으로 서로 연관되어 있음을 깨달아야 한다. 다시 말해서 에덴동산과 약속의 땅, 예루살렘, 시온산은 모두 서로 대체 가능한 동의어로서 영혼의 고향을 나타내며, 기독교적 해석에 따르면 그들은 '영적으로'(여기서는 비유적이라는 의미로 쓰인다) 예수가 말하는 하나님의 나라와 동일한 것이다. 이와 유사하게 이집트, 바빌론, 로마는 모두 영적으로 같은 장소이며, 출애굽 시대의 바로와 느부갓네살, 안티오코스 에피파네스, 네로 역시 영적으로 동일한 인물이다. 이스라엘을 구원한 인물, 아브라함, 모세, 여호수아, 사사들, 다윗과 솔로몬은 모두 궁극적 구원자인 메시아의 원형이다. ……배교 등을 통한 이스라엘의 쇠락은 악행을 저지른 결과보다는 적절한 행동을 하지 못한 결과로 일어났기 때문에, 상승과 회복만이 제대로 된 사건이라고 볼 수 있으며, 그중에서도 '출애굽'은 가장 확실한 구원을 보여 주고 있으므로, 우리는 신화적으로 출애굽이 『구약』에서 실제로 일어난 유일한 사건이라고 말할 수 있다. 『신약』의 중심 사건인 그리스도의 부활도 같은 원리로 『신약』의 관점에서, 출애굽 사건이 그 예표임에 틀림없다. 복음서에 나타난 그리스도의 생애를 서사 구조에 맞추어 보면 궁금증이 풀린다.

여러 신이나 영웅들과 마찬가지로 예수도 탄생부터 위협을 당한다. 헤롯은 베들레헴에 있는 영아를 모두 살해하라고 명령했고, 거기서 예수만 빠져나온다. 모세도 이와 유사하게 히브리 아이들을 전멸하려는 시도에서 벗어나는데, 결국 이후에 히브리인들은 이집트의 장자들이 모두 죽음으로써 이집트로부터 탈출한다. 요셉과 마리아가 아기 예수를 이집트로 데려갔다가 되돌아온 것을 마태는(「마태복음」 2장 15절) "내가 내 아들을 이집트에서 불러냈다."(「호세아」 11장 1절)는 호세아의 예언이 성취된 것으로 보았다(여기서 내 아들은 이스라엘로 명시된다). 마리아와 요셉이라는 이름도 모세의 누이인 미리암과 가족을 이스라엘에서 이집트로 이끌었던 요셉을 상기시킨다. 『코란』 3장에서는 미리암과 마리아를 동일시하는 내용이 나온다. 기독교의 『코란』 해설가들은 당연히 이 구절이 터무니없다고 말하지만 단순히 유형학적인 관점에서 보면 이 동일시는 충분히 이해가 된다.

모세는 이스라엘의 열두지파를 조직했고 예수는 열두 명의 제자를 불러 모았다. 이스라엘은 홍해를 건너 홍해의 맞은편에서 하나의 국가로서의 정체성을 획득했고 예수는 요단강에서 세례를 받고 하나님의 아들로 인정을 받았다. 이 세례로부터 「마가복음」과 「요한복음」이 시작되고, 「마태복음」과 「누가복음」의 어린 시절의 이야기는 아마도 더 나중에 기록되었을 것이다. 이스라엘은 광야에서 40년을 떠돌았고 예수는 광야에서 40일을 머물렀다. 이스라엘 백성에게는 만나의 기적이 일어났고, 예수는 모여든 자들을 위해서 기적으로 음식을 베풀었다(「요한복음」 6장 49~50절 참조). 율법은 시내산에서 주어졌고, 복음은 산 위의 설교를 통해 전해졌다. '불뱀'에 물린 사람들은 모세의 지팡이에 달린 놋뱀을 보면 살았고, 예수는 이 치명적인 뱀과 에덴동산의 뱀의 근원적 연관성 속에서 이 놋뱀을 자신의 십자가형의 예표로 보았다(「요한복음」 3장 14절). 약속의 땅을 목전에 두고 맞이한 모세의 죽음은 기독교 유형학에서는 율법만으로는 인간을 구원할 수 없다는 의미를 지니며, 약속의 땅은 여호수아에 의해 정복된다. 여기 숨겨진 연결고리는 바로 예수와 여호수아가 같은 단어이며 따라서 동정녀 마리아가 그의 아이를 예수 혹은 여호수아라고 부르라는 계시를 받았을 때 그 유형학적 의미는 율법의 시대가 끝이 나고 약속의 땅을 차지하기 위한 공격이 다시 시작되었다는 것이다(「마태복음」 1장 21절). (Frye, N. (1982), pp. 169-172)

543 Frye, N. (1982), p. 131.

544 이 책의 제2장을 참조할 것.

545 「구세주의 대화」, Robinson, J. R. (1988), p. 525.

546 영지주의 복음에서만 하나님 나라의 심리적 성격을 강조하는 것은 아니다.

바리새파 사람들이 하나님의 나라가 언제 오느냐고 물으니, 예수께서 그들에게 대답하셨다. "하나님의 나라는 눈으로 볼 수 있는 모습으로 오지 않는다. 또 '보아라, 여기에 있다.' 또는 '저기에 있다.'하고 말할 수도 없다. 보아라, 하나님의 나라는 너희 가운데에 있다." (「누가복음」 17장 20~21절)

547 「출애굽기」 31장 12~15절을 참조하라.

주님께서 모세에게 말씀하셨다.

"너는 이스라엘 자손에게 일러라. 너희는 안식일을 지켜라. 이것이 너희 대대로 나와 너희 사이에 세워진 표징이 되어, 너희를 거룩하게 구별한 이가 나 주임을 알게 할 것이다.

안식일은 너희에게 거룩한 날이므로, 너희는 안식일을 지켜야 한다. 그날을 더럽히는 사람은 반드시 죽여야 한다. 그날에 일을 하는 사람은, 누구든지 자기의 겨레로부터 제거될 것이다.

엿새 동안은 일을 하고, 이렛날은 나 주에게 바친 거룩한 날이므로 완전히 쉬어야 한다. 안식일에 일하는 사람은 반드시 죽여야 한다.

548 「누가복음 6장」 4절에는 출처가 불분명한 삽입구가 있다. 이 삽입구는 "사람아, 네가 만일 무엇을 하는 줄 알고 그리한 것이면 네게 복이 있다. 그러나 알지 못하고 그리했다면 저주를 받을 것이며, 율법을 범한 것이다(베자 사본의 「누가복음」 6장 4절 삽입구). 더 자세히 알고 싶다면 James, M.R. (1924)를 참조하라. 융은 이 이야기의 교훈이 옳지 않은 청지기 비유의 교훈과 유사하다고 지적했다.

개별 인간의 내면에 거하면서 그리스도의 가르침을 상기시키고 그들을 빛으로 이끄는 것은 바로 '진리의 영'인 보혜사 성령의 임무이다. 성령의 활동을 보여 주는 훌륭한 예시는 바로 바울이다. 바울은 주님을 직접 알지 못했고, 사도들로 부터 복음을 받은 것이 아니라 계시를 통해 복음을 받았다. 그는 무의식이 뒤흔들리며 계시적 황홀경을 경험한 사람들 중 하나였다. 성령은 자신의 활동과 그 영향력으로 드러내는데, 성령의 영향력은 우리 모두가 아는 것을 확증할 뿐 아니라 그것을 넘어선다. 그리스도의 말 중에는 이미 전통적 '기독교' 도덕률을 초월했음을 보여 주는 예들이 있다. 예를 들어 옳지 않은 청지기 비유는 베자 사본 삽입구의 도덕률에 동의하면서, 기대와는 전혀 다르게 도덕 기준을 저버린다. 여기서 도덕 기준은 '양심'이지 율법이나 관습이 아니다. 같은 맥락에서 그리스도가 교회의 토대가 될 반석으로 삼은 제자가 다름 아닌 자제력도 없고 변덕스러운 성격의 베드로였다는 기묘한 사실도 언급할 만하다. (Jung, C.G. (1969), pp. 434-444)

또 융은 "첫 복음서가 기록되기 이전에" 기록되었던 옥시린쿠스 사본에 대해 언급한다.(Jung, C.G. (1969), p. 444). 그 기록에서 그리스도는 "두 사람이 함께 있는 곳에 하나님이 계시지 않는 것은 아니지만, 한 사람이 홀로 있는 곳에는 내가 그와 함께 있다."고 말한다. 융은 이 구절이 "두세 사람이 내 이름으로 모여 있는 자리, 거기에 내가 그들 가운데 있다."(「마태복음」 18장 20절)는 표준 성서와 대조적이라고 논평한다. 옥시린쿠스에 나온 그리스도의 말씀 후반부는 키르케고르의 사상과 놀라울 정도로 유사하다.

왜냐하면 '집단'은 거짓이기 때문이다. 기독교 신앙의 관점에서 이 말은 영원히 진실이다. 사도 바울은 "목표를 이루는 것은 오직 한 사람"이라고 말했다. 상대적 비교 때문이 아니다. 왜냐하면 비교할 때는 항상 타인을 고려하기 때문이다. 하나님의 도우심을 받는다면 모두가 그 한 사람이 될 수 있지만, 목표를 이루는 것은 오직 한 사람이다. 이 말은 또한 모든 사람이 '타인'과의 관계를 조심해야 하며, 근본적으로는 하나님과 자기 자신과만 이야기를 나눠야 한다는 뜻이다. 목표를 이루는 것은 오직 한 사람이기 때문이다. 이 말은 또한 인간이 신과 같은 존재이며 인간이 되려면 곧 신과 같은 존재가 되어야 한다는 의미이다. 세속적이며 통속적인 관점에서 분주하게 어울리기를 좋아하는 사람은 이렇게 말할 것이다. "목표를 이루는 게 오직 한 사람이라니 말도 안 되는 소리. 여럿이 힘을 합쳐 노력하면 목표를 이룰 가능성이 훨씬 높은걸. 집단을 이루면 각 개인은 훨씬 쉽고 확실하게 성공을 거머쥘 수 있다고." 맞는 말이고, 훨씬 더 그럴 듯하기도 하다. 현세의 물질에 관해서는 확실히 그 말이 맞다. 하지만 이러한 관점은 하나님과 영원 그리고 하나님과 인간의 관계를 부정하기 때문에, 그냥 내버려두면 그것만이 유일한 진실이 될 것이다. 그것은 참된 진실을 허물어 우화로 뒤바꿔 놓고선 그 자리에 현대적 관념(케케묵은 이교도의 관념이라고도 부를 수도 있다)을 들어앉힐 것이다. 인간이 되려면 이성이 부여된 종족에 속해야 한다는, 그 종족의 표본에 속해야 한다는, 따라서 종족이 한 개인보다 우위에 있으며, 더 이상 개인은 없고 오직 표본만이 있다는 관념 말이다. 하지만 영원은 별이 뒤덮인 밤하늘처럼 고요하게 저 높은 곳에서 속세를 굽어보고 있으며, 이 장엄한 고요의 축복 속에 하늘의 하나님은 그 높은 곳에서도 현기증을 느끼지 않고 셀 수 없이 많은 사람들을 살피며 각 사람의 이름을 안다. 이 위대한 심판관은 오직 개인만이 목표를 이룬다고 말한다.(Kaufmann, W. (1975), pp. 94-95에서 재인용)

549 Piaget, J. (1965), p. 197.
550 같은 책, p. 13.
551 같은 책, p. 398.
552 같은 책, p. 111.
553 같은 책, p. 102.
554 같은 책, p. 362.
555 Rychlak, J. (1981), p. 699.
556 Lao Tzu (1984c).
557 여기에서 내면의 신탁에 관한 소크라테스의 언급을 살펴볼 만하다. 『소크라테스의 변명』에서 그가 자신의 사형 선고를 (기꺼이) 수용한 뒤 한 말이다.

이어서 내게 유죄 판결을 내린 여러분! 나는 여러분을 위해 기꺼이 예언하겠소. 이제 나는 곧 죽을 때가 다가왔고, 죽음을 앞둔 사람에게는 예언하는 능력이 주어지기 때문이오. 나를 죽음으로 몰아넣은 여러분에 대하여 예언하고자 하오. 내가 죽은 뒤 머지않아 여러분이 나에게 부과한 것보다 훨씬 더 무거운 형벌이 여러분에게 내리게 될 것이오. 여러분이 나를 죽이는 것은 여러분의 삶에 관해 이러쿵저러쿵하는 비판자로부터 해방되기 함이었소. 하지만 결과는 여러분의 의도와 달리 오히려 정반대가 될 것이오. 여러분을 비판하는 사람은 지금보다 더 많아질 것이오. 여태껏 내가 억제해 왔던 비판자들은 더 젊고 그만큼 더 야멸칠 것이며, 여러분은 더욱더 언짢아질 것이오. 만약 사람을 죽여서 누군가 여러분의 악한 삶을 책망하지 못하게 할 수 있다고 생각한다면, 그건 오산이오. 그것은 가능하지도 않을 뿐더러 명예롭지 못한 방법이오. 가장 쉽고 고상한 방법은 타인을 억누르는 것이 아니라 자신이 더 나은 사람이 되는 것이오. 이것이 떠나기 전에 내게 유죄 판결을 한 여러분에게 남기는 예언이오.

내게 무죄 판결을 내린 친구 여러분과도 앞으로 일어날 일에 대하여 이야기를 나누고 싶소. 내가 죽어야 할 장소로 가기 전, 관리들이 바쁘게 일처리를 하는 동안에 말이오. 그러니 잠시 나와 함께 머물러 주시오. 시간이 허락하는 동안 우리가 서로 이야기를 나눌 수 있을지 모르니 말이오. 내 친구 여러분, 나는 여러분에게 지금 내게 일어난 일의 의미를 알려 주고자 하오. 나의 재판관들이여! 내가 진정으로 재판관이라고 부를 만한 여러분에게 내게 일어난 놀라운 일에 대해 이야기하고 싶소. 지금껏 아무리 사소한 일이라도 내가 실언을 하거나 잘못을 저지르려 할 때마다 내 마음 속 신탁은 신령한 능력으로 끊임없이 그 일에 반대해 왔소. 그리고 여러분은 지금 내게 흔히들 최악의 일이라고 생각하는 일이 내게 일어났음을 목도하였소. 하지만 신탁은 내가 아침에 집을 나설 때나 법정으로 오는 길에 혹은 내가 변론하는 중에 내가 하려는 말에 전혀 반대하지 않았소. 여태껏 내가 말을 할 때마다 시도 때도 없이 내 말을 가로막았었는데, 지금 이 사건에 관해서는 내가 하는 말이나 행동에 전혀 반대하지 않더란 말이오. 그렇다면 이 침묵을 어떻게 설명할 수 있겠소? 지금 여러분에게 알려 주겠소. 그 침묵이 암시하는 바는 내게 일어난 일이 좋은 일이며, 죽음이 나쁘다는 생각이 잘못이라는 거요. 왜냐하면 내게 일어날 일이 좋지 않은, 나쁜 일이었다면, 늘 그랬듯 신탁이 분명 반대하고 나섰을 것이기 때문이요.(플라톤, Hutchins, R.M. (1952), pp. 210-211)

558 Neumann, E. (1954), pp. 173-174.

559 스위스의 사본(15세기)에 나오는 〈지식의 나무: 교회와 회당〉(Neumann, E. (1955)의 그림 56).

560 Becker, E. (1973), p. xiv.

561 Jung, C.G. (1912)의 출간 이후.

562 Ellenberger, H.F. (1970)을 참조할 것.

563 Costa, P.T., Jr. & McCrae, R.R. (1992a); Goldberg, L.R. (1993b).

564 '콤플렉스'와 '무의식'의 현대적 전형의 대표적인 예를 확인하려면 Banaji, M.R., Hardin, C. & Rothman, A.F. (1993); Nader, A., McNally, R.J. & Wiegartz, P. S. (1996); Watkins, P.C., Vache, K., Verney, S.P., & Mathews, A. (1996); Gabrieli, J.D.E., Fleischman, D.A., Keane, M., Reminger, M., Sheryle, L., et al. (1995)를 참조할 것.

565 Wilson, E.O. (1998).

566 von Franz, M.L. (1980), pp.32-34.

567 같은 책, p. 34.

568 Jung, C.G. (1976b), p. 35에서 재인용.

569 「도마복음」, Robinson, J.R. (Ed.). (1988), p. 134.

570 Jung, C.G. (1968b), p. 306.

571 해당 맥락에서 이 구문에 관심을 갖게 된 것은 Erin Driver-Linn 덕분이었다.

572 Evans, P.I. (1973), p. 126에서 재인용.

573 Jung, C.G. (1968b), pp. 342-343.

574 예를 확인하려면 Jung, C.G. (1968b) p. 253을 참조할 것

575 Jung, E. & von Franz, M.L. (1980), pp. 369-370을 참조할 것. 저자들은 변형의 영인 멀린(Merlin)을 도제 탈리에센이 어떻게 묘사하는지 서술한다.

나는 바다 위로 부는 바람이며
파도이고,
웅얼거리며 밀려드는 소리다.
나는 일곱 대대이며,
힘센 황소,
절벽 위의 독수리,
태양 광선이다.
나는 가장 아름다운 약초이며
용감한 멧돼지이고,
물속의 연어다.
나는 평원 위의 호수이고,
정교한 예술가이며,

검을 쓰는 기골이 장대한 챔피언이다.

나는 신과 같이 모습을 바꿀 수 있다.

576 Jung, C.G. (1968b), pp. 66-67.

577 이 꿈을 꾸고 난 후 적어도 두 해가 지나서 (꿈의 내용을 적어 놓은 지 1년 쯤 후에) 나는 단테의 『신곡』(Dante, A. (1982))을 읽었다. 〈지옥편〉 제9곡에 하늘의 사자가 지옥에 나타나서 신의 뜻을 따라 가던 베르길리우스와 단테의 길을 막고 있던 디스의 문을 연다. 커다란 폭풍이 이 사자에 앞서 등장하는데, 이 장면은 다음과 같이 묘사된다.(p. 90)

순식간에 어두운 늪에서 무시무시한 소리와 함께
돌풍이 불고 더러운 물결이 일더니,
지옥의 양쪽 기슭이 부르르 떨었다.
그것은 마치 냉기와 열기로 이뤄진 두 공기 대륙이
바람의 전쟁을 일으켜 충돌하는 소리와 같다.
그 바람에 숲은 벌거벗겨지고,
가지가 죄다 꺾여 정처 없이 휘날린다.
바람이 일으킨 먼지 앞으로
짐승도 목동도 몸 피할 곳을 찾아 달린다.

이 시에 나타난 심상과 의미가 내가 꾼 꿈과 매우 흡사해서 굉장히 흥미로 웠다.

578 이 심상은 사실 예전에 내담자와 상담하는 과정에서 사용했던 심상이었다. 나는 내담자에게 해결하지 못한 변칙은 마치 괴물의 꼬리 끝과 같다고 말했다. 그저 꼬리로만 보이기 때문에 해롭지 않아 보이지만 부분이 전체를 드러내지 않는 체하는 것뿐이라고 말이다.

579 Jung, C.G. (1968b), p. 343.

580 Eliade, M. (1978a), p. 50.

581 같은 책, pp. 51-52.

582 같은 책, p. 35.

583 Jung, C.G. (1976b), p. 439.

584 von Franz, M.L. (1980), pp. 21-22.

585 Jung, C.G. (1976b), pp. 482-483.

586 같은 책, p. xiv.

587 Jung, C.G. (1976b), pp. 319-320.

588 엘리아데의 해설이다. "Dobbs, B.J.T. (1975), p.90에서 E. McGuire와 P. M. Rattansi의 논문 「Newtom and the 'pipes of pan'」, pp. 108~143의 인용부."(Eliade, M. (1985), p. 260, footnote 104)

589 엘리아데의 해설이다. "Westfall, R.S. (1971), pp. 377-391; Dobbs, R.J.T.(1975), p. 211."(Eliade, M. (1985), p. 260, footnote 105)

590 Eliade, M. (1985), pp. 259-261.

591 Jung, C.G. (1968b), p. 324.

592 같은 책, pp. 322-323.

593 Eliade, M. (1978a), pp. 8-9.

594 도른, Jung, C.G. (1976b), p. 271에서 재인용.

595 Jung, C.G. (1976b), pp. 358-359.

596 프라이의 글이다.

예언자와 대제사장과 왕은 모두 권위적인 인물이지만, 예언자들은 흔히 순교를 당했고, 왕들에게조차…… 희생양의 이미지가 있었다. 여호수아는 약속의 땅을 정복한 정복자로서의 그리스도를 예표했다. 여호수아가 싸운 적들 중에는 다섯 왕이 있었는데, 여호수아는 이들을 죽여 나무에 매달고 굴에 던지고 굴 어귀에 큰 돌을 굴려 놓았다(「여호수아」 10장 16절 이하). 다윗의 뒤를 이어 왕위에 오른 솔로몬은 성전 건축자와 지혜로운 교사로서 그리스도의 면모를 예표한다. 다윗에게 반역했던 다윗의 다른 아들 압살롬은 금빛 머리채가 나무에 걸리는 바람에 '하늘과 땅 사이에' 매달려 있다가 다윗의 장군 요압이 그의 옆구리를 창으로 찔러 죽었다(「사무엘하」 18장 14절). 압살롬이 비교적 빠져나오기 쉬운 상황에서 이상하게 무력한 모습을 보인 것은 그의 죽음에 의례적인 요소가 있음을 암시한다. 복음서의 저자들은 예수에 관해 이야기하면서, 영광스러운 승리자의 심상뿐 아니라 이 처형당한 왕들과 압살롬의 심상도 활용해야 했다. (Frye, N. (1982), p. 180)

597 Jung, C.G. (1976b), p. 21.

598 같은 책, p. 283.

599 같은 책, p. 308.

600 융은 이 갈등 상태를 대립 쌍의 사위성(四位性, quaternity)으로 설명하지만 여기서는 지금도 충분히 복잡한 논의를 단순화하기 위해서 사위성에 관해서는 언급하지 않는다.

601 Jung, C.G. (1976b), pp. 353-354.

602 같은 책, pp. 540-541.

603 마이어의 『Scrutinium chymicum』(1687).(Jung, C.G. (1968b), 그림 175)

604 같은 책, pp. 363-364.

605 같은 책, pp. 214-215.

606 같은 책, pp. 363-364

607 Nietzsche, F. (1966), p. 10)

608 "혼돈의 덩어리를 품고 있는 기괴한 우화적 동물. 이 혼돈의 덩어리에서 그리스도와 라피스를 상징하는 펠리컨이 나온다." 출처는 『Hermaphroditisches Sonn-und Mondskind』(1752). (Jung, C.G. (1968b)의 그림 256를 재인용)

609 Jung, C.G. (1976b), p. 475.

610 Jung, C.G. (1976a).

611 피아제가 가정한 '평형기관'은 바로 융의 '자기'와 유사한 개념, 즉 심리내적 활동을 조정하는 최상위 조절 기관일 수도 있다.

유기체에는 전문화된 여러 평형기관이 존재한다. 이는 정신도 마찬가지여서, 정신의 활동을 조정하는 기제로서 여러 평형기관이 존재한다. 이는 기본적인 동기(욕구와 관심)의 조절에서부터 정서를 관장하는 의지에 이르기까지, 지각 및 감각 운동적 조절에서부터 인지 작용에 이르기까지 전 발달의 차원에 적용된다. (Piaget, J. (1967), p. 102)

피아제는 (1) '현재 진행 중인 (목표 지향적) 활동을 방해하는 상황'이 일어날 때, 인격 안에서 의식이 일어난다고 지적했다. "아이들은 좌절을 경험하기 전까지는(피아제는 좌절이라고 표현하지만 예상치 못한(처벌적인) 상황을 말한다.) 의식적 자각이 없이 평형 상태가 유지되는 동안 자기 욕구에 따라 행동을 한다. ……좌절스러운 상황이 발생하면 아이는 그저 자신이 욕망하던 목표에 주의를 기울이는 대신 평형이 깨진 상태에 주의를 기울이게 된다."(Rychlak, J. (1981), p. 688; Piaget, J. (1967); Piaget, J. (1962) 참조할 것). 피아제는 또한 (2) 여러 행동 경향성 간에 갈등이 발생할 때(융이라면 의무들 간에 갈등이 일어난다고 표현했을 것이다.) 의지(will)가 깨어난다고 봤다. 피아제는 이 의지(권력 의지, 영웅적 원리)가 정서와 동기가 통합된 결과로 나타난다고 믿었다.

여러 감정들이 조직화됨에 따라, 평형 상태를 최종 목적으로 하는 조절 기제가 나타나는데, 그것은 다름 아닌 의지이다. 그러므로 의지는 이성의 조작에 필적하는 감정의 등가물이다. 의지는 뒤늦게 등장하는 기능이다. 의지를 제대로 행사하려면 자율적인 도덕적 감정이 제 기능을 수행해야하기 때문에, 우리가 의지에 대해서는 (후기 아동기) 단계에 와서야 논의한 것이다. (Piaget, J. (1967), p. 58)

이 같은 피아제의 아이디어는 융이 말했던 감정이 실린 콤플렉스를 자아로 통합한다는 생각과 유사하다. 피아제는 이를 다른 책에서 더 자세히 설명했다.

의지적 행위는 저열하지만 강한 성향을 따르는 게 아니라(이런 경우는 의지가 실패했다거나 혹은 '의지력이 약하다'고 말할 수 있다.) 훌륭하지만 약한 성향을 강화하여 이 성향이 승리하게 하는 것이다. (Piaget, J. (1965), p. 59)

612 Jung, C.G. (1968b), pp. 327-329.
613 같은 책, p. 331.
614 같은 책, p. 302.
615 같은 책, p. 329.
616 같은 책, pp. 332-334.
617 같은 책, p. 335.
618 같은 책, pp. 336-339.
619 같은 책, pp. 346-348.
620 도른, Jung, C.G. (1976b), p. 465에서 재인용.
621 이 책의 제2장을 참조할 것.
622 도른, Jung, C.G. (1976b), p. 41.
623 Jung, C.G. (1976b), pp. 34-35.

624 쿤라트, Jung, C.G. (1976b), p. 329에서 재인용.

625 Jung, C.G. (1976b), p. 349.

626 Jung, C.G. (1968a), p. 147.

627 Nietzsche, F. (1967a), p. 122-123.

628 Rusell, J.B. (1986).

629 같은 책, p. 246.

630 같은 책, p. 300.

631 Milton, J. (1961), 3:100-128, p. 95.

632 Wechsler, D. (1981).

633 예시를 확인하려면 Robinson, J.R. (Ed.) (1988), p. 527에 나오는 「마리아복음」을 참조할 것.

634 예시를 확인하려면 Robinson, J.R. (Ed.) (1988), p. 132, 138에 나오는 「도마복음」을 참조할 것.

635 Jung, C.G. (1968b), pp. 35-37.

636 주석 1을 참조할 것.

637 Jung, C.G. (1976b), pp. 374-375.

638 Jung, C.G. (1967b), p. 304.

639 기독교 전통에는 원죄에 대한 (최소) 두 가지 (주요) 교리적 해석이 존재한다. 그 첫째는 원죄를 영원한 죄책감의 원천으로 보는 것이고, 둘째는 그리스도의 성육신을 불러온 운 좋은 오류로 보는 것이다. 토니 울프는 다음과 같이 기록했다.

중세 초기 그리스도의 계도(系圖)를 나무로 표현한 그림이 여럿 존재한다. 예언자들과 그리스도의 조상들은 모두 그 나뭇가지에 달린 열매로 그려진다. 나무의 뿌리는 아담의 해골 위에서 자라고, 그리스도는 나무의 중심에 달린 가장 귀중한 열매로 그려진다.

융은 여기에 자세한 해설을 덧붙였다.

때로 나무는 아담의 배꼽에서 자라나고 가지에는 『구약』의 예언자들과 왕들, 그리스도의 조상들이 있고, 나무의 꼭대기에는 승리를 거둔 그리스도가 있다. 생명이 아담으로부터 시작해서 그리스도로 끝난다는 사상을 보여 주는 것이다. (Jung, C.G. (1988), p. 1440).

640 노이만의 글이다.

본래 메시아 신앙은 말세에 재앙이 일어나 엄청난 변화가 일어난 이후에, 구세주가 출현해 종말의 세기를 구원으로 이끌고 끝을 맺는 역사적 과정과 불가분의 관계에 있었다. 메시아 신앙은 물론 개인이 아니라 선택된 집단을 주체로 하지만, 개인화 과정의 투사로도 간주할 수 있다. 이 집단적 투사에서 역사는 운명의 집단적 표상으로 등장하고, 재앙은 말세의 특징을 투사한 것이며, 변형은 마지막 심판과 죽음과 부활로 등장한다. 이와 유사하게 자기(self)를 변형하고 정복하는 것은 천상의 낙원이 인류를 거두는 만달라의 형상으로 변화되는 것에 상응하며 혹은 왕-아담-안트로포스-자기가 중심이 되어 다스리는 새로운 세계에서의 삶으로 투사된다. (Neumann, E. (1968), p. 408)

641 〈지식의 나무에 다시 달린 신비한 선악과와 그리스도〉 Giovanni da Modena(15세기). (Neumann, E. (1955) 그림 116)

642 Eliade, M. (1982), p. 73.

643 〈보살〉, (Campbell, J. (1973), 그림 XII).

에필로그

---

644 「도마복음」, Pagels, E. (1979), p. xv에서 재인용.

645 「도마복음」, Robinson, J.R. (Ed.) (1988), pp. 126-127에서 재인용.

옮긴이 김진주

연세대학교 심리학과를 졸업하고 동 대학원에서 성격 및 사회심리학 석사학위를 취득했다. 글밥아카데미 영어 출판번역 과정을 수료하고 바른번역 소속 번역가로 활동하고 있다. 옮긴 책으로는 『네덜란드 소확행 육아』, 『슈퍼노멀』, 『엄마 마음 설명서』 등이 있다.

의미의 지도

초판 1쇄 발행 2021년 11월 25일
초판 6쇄 발행 2024년 8월 30일

지은이 조던 B. 피터슨 지음
옮긴이 김진주
발행인 강선영·조민정
펴낸곳 (주)앵글북스
디자인 강수진

주소 서울시 종로구 사직로8길 34 경희궁의 아침 3단지 오피스텔 407호
문의전화 02-6261-2015 **팩스** 02-6367-2020
메일 contact.anglebooks@gmail.com
ISBN 979-11-87512-60-8 03180